献给父母，故乡，先贤！

右调《临江仙》

颍谷发源深远，渚河派注澄泓。堤垂杨柳绿
荫横，游鱼枝上跃，飞鸟波心鸣。

莫说钟灵孕秀，正堪玩物适情。抗怀洗耳淡
浮名，一瓢高致邈，万古此河清。

银鹤 著

龙脊

北方文艺出版社
哈尔滨

图书在版编目（CIP）数据

龙脊 / 银鹤著 . –– 哈尔滨：北方文艺出版社，
2022.4
ISBN 978-7-5317-5471-8

Ⅰ . ①龙… Ⅱ . ①银… Ⅲ . ①河南 – 地方史 Ⅳ .
① K296.1

中国版本图书馆 CIP 数据核字 (2022) 第 032986 号

龙 脊
Long Ji

作　者 / 银　鹤
责任编辑 / 富翔强　　　　　　　　封面设计 / 叶郝佳

出版发行 / 北方文艺出版社　　　　邮　编 / 150008
发行电话 / （0451）86825533　　　经　销 / 新华书店
地　址 / 哈尔滨市南岗区宣庆小区 1 号楼　网　址 / www.bfwy.com

印　刷 / 三河市嵩川印刷有限责任公司　开　本 / 787mm×1092mm　1/16
字　数 / 558 千　　　　　　　　　　印　张 / 25.5
版　次 / 2022 年 5 月第 1 版　　　　印　次 / 2022 年 5 月第 1 次印刷

书　号 / ISBN 978-7-5317-5471-8　　定　价 / 80.00 元

目 录

引子 颍 川

1

曹操在许昌东边的荒野中狩猎毕，兴致极好，意犹未尽，便让当地豪门出身的荀彧带着他等一干人，信马由缰沿着弯弯曲曲的乡间黄土小道，在附近一边溜达一边闲谈。

走到许昌东南约百里许的一道隆起土岗时，曹操被周围环境吸引，便跳下马来，让众人在土岗上休息，他自己却不住地转来转去查看周边环境。

土岗南、北周围低洼处有水塘数口，初春的塘水清清的，微风吹来，水面涟漪微微，包围着上面闲游的一群群野鸭，野鸭身后拖着一道道扫帚般的长长波纹。每口水塘边上，都长满正吐着嫩黄新芽的粗大野柳，柳树都歪扭着身子倾向池塘方向，似乎向池塘水的滋养表达致敬和感谢一般，极其谦恭。歪七扭八的老柳间，夹杂着正欢快地开放着五颜六色花朵的各种野生果树，清风将花香吹来，很是惬意、舒畅。加之今天围猎收获颇丰，曹操很是高兴，随口吟道：

> 绿水本无忧，因风皱面

一边的文若接道：

> 人生当从简，由贪而烦

曹操颔首称是。人一高兴话就很稠，说话也百无禁忌。望着脚下土冈南边约10里许另一处更高更长、在薄雾中若隐若现郁郁葱葱的土岗，曹操对身旁的荀彧说：文若，此地风水不错。如不是为平定天下拯救苍生黎民于水火，当在此处水塘边结庐为家，稼穑渔猎了此一生，日日与大地田园为邻，岂不快哉？百年以后当葬在南侧土岗之上，继续看着日出日落云起云消，也是不错的归宿。

荀彧答曰：以您的雄心抱负和未来定位，身后事儿恐怕您自己做不了主。况以我华夏之大、四海之美，后人必定为您选定最佳安眠之地。不过，此地确是一处田园胜境，以我粗通堪舆的有限知识，脚下这个和南侧那个黄土岗，未来都是有故事之地。可惜我们这一代人是无法看到了。

曹操点点头道：文若说的是大实话。人死如灯灭，由人不由己。死后的事情，谁也说不清楚，更无法控制，无论他的地位有多高。

忽然，东边稍远处那片水塘，传来孩子们清脆的嬉戏声。在寂静开阔的这个平原地带，童声的纯净、甜美，十分清晰而引人注意。曹操不禁想起自己的儿女们，尤其是聪慧乖巧的七子冲儿，为人父的舐犊之情油然而生。他告诉荀彧：文若，我们过去看看。

言毕，他让其他人继续原地休息、待命。他和荀彧沿着土岗顶部踩出的那条弯弯曲曲蛇形小道，徒步向东边走去。

孩子们眼尖，看到突兀的土冈上有俩人走过来，便暂时停止打闹，并冲着附近一个汉子喊道：爷爷，爷爷，西边有人过来了。

正在大水塘边一棵大柳树下忙着结网的一个半百之年汉子，放下手中的活计，慢悠悠地站起身来，一边向曹操和荀彧这边张望着，一边呼儿唤女烧水，另一边又叫身后茅屋内的女人准备茶具。

就在汉子这边忙活时，曹操和荀彧已接近大水塘。荀彧首先喊道：老人家，可否讨口水喝？

看起来一脸黝黑满面尘垢的粗鲁汉子，却文绉绉地欢迎道：有朋自远方来，不亦乐乎！同时向二人挥着手，表示热烈欢迎。

曹操和荀彧都大吃一惊。他们显然都没料到，如此偏僻荒凉之地，竟也有读书人的文明之光闪现。俩人相互对视一下，脸上写满了惊喜。曹操道：看来我们来对了，此行应该不虚。

来到近前的曹操对汉子说道：贤弟就住在此处吗？

汉子不慌不忙地指着东边约五里许处说：看到那个高高的土陵没？我家祖祖辈辈就结庐在大陵南侧脚下。在下高祖是守陵人，后来时代变幻王朝更迭，加之此处平坦开阔，土地肥沃有收成，就永远留在这里了。虽住在大陵，却也在此处水塘边建了茅屋，时不时过来打鱼、读书，并耕种附近田地，养家糊口。

荀彧道：说来我是本地土著。虽然少来此处，却早就听说这一带有楚王陵，东边那个土陵，难道就是楚王陵吗？

汉子答道：看您白白净净的，先生果然博学。那里确实是楚王陵，又称大陵、巨陵。不过，据我爷爷听他的老师叔重先生说，那是座衣冠冢、虚葬之陵。从此地向西南约一舍之地，还有一座类似陵墓，也叫楚王陵。我们旁边这个黄土岗，被先辈称作小龙脊，龙脊之首，就是东边楚王陵之所在，也是当年在那里建楚王陵的重要原因之一。至于南边那个更高更大的黄土岗，当地乡民称之为四十五里黄龙岗，风水先生则将之称为大龙脊是也。

曹操向汉子抱抱拳道：原来贤弟祖上是许叔重许慎大师门下，景仰景仰。叔重先生乃饱学之士，人称许圣人，其《说文解字》远播四海影响巨大。可惜我来到这个世界前，他老人家已去世八年之久了，无缘谋面。想来叔重先生故里距此不远吧？

荀彧接话道：从此向南约百里许，便是叔重先生故里汝南召陵许庄，他老人家至今还安息在那里。战国时期，那里还是"召陵之盟"发生地，一度还是以沙澧河为界隔河而治的楚国北界。

他们对话这会儿，汉子的女人已经领着孩子们，沏好了茶水摆在室外大柳树下那张发着深灰色油亮光泽的原木茶桌上，并请他们入座品尝。

经过大半天的驰马追逐，曹操一行早就干渴了。分宾主落座后，曹操并不客气，端起大陶碗，将一碗茶水一饮而尽。然后呼曰：痛快痛快，好茶啊！

荀彧则慢打慢悠地品尝着茶水，也附和着说好喝，有股淡淡的清香，却又不像是正常南方茶叶的味道，便问汉子这是啥茶？

汉子答道：这是我们本地产的小竹叶茶。也不知从哪年哪代开始，此地几乎各家各户房前屋后或围绕篱笆，都会种些这种小叶竹子，春末夏初会及时采集些鲜嫩的竹叶，慢慢晾干后，装进篮子里挂在房梁上悬空收藏起来，防止霉变腐烂虫吃鼠咬，然后慢慢享用。此茶虽不及南方过来的茶叶厚重浓郁，但清香淡雅，消暑止渴、清热解毒，甚至有消除疲劳之功效。

曹操一口气喝完三大碗茶水后，上午驰马飞奔张弓搭箭逐鹿追兔的疲劳顿消，更来了精神，便很有兴致地和汉子探讨起本地的风土人情、稼穑收成之类家常。

荀彧则见缝插针问汉子道：我小时候常听大人说，半夜三更到大陵祷告，可以获得金碗银盆，可有此事儿？

汉子呵呵笑道：金碗银盆是求告不来的。只是偶尔有人半夜盗墓，做贼心虚慌里慌张，便难免丢三落四，将一些冒着生命危险才好不容易从地下深处带到地面的陪葬品，匆忙间散落陵墓表面和周围乱草木丛中。当年我爷爷和父亲都习惯早早起来，遵照先祖遗命按时巡查陵墓，便无意间发现那些被盗墓者从地下带出来却遗落大陵的零碎陪葬品，然后不得不花费心思想方设法放回陵墓中去。

停了一会儿，汉子接着说道：人死如灯灭。人走了，其实啥也不知道了，更别提享受啥金银玉器陪葬品了。想开了，就不会放置任何陪葬品了，免得死后也不得安生。我们普通百姓，死后往黄土里一埋，久而久之就化作尘土，与大地、天空和日月同在了，不需要担心被盗挖坟墓、暴露肉体凡胎甚至遭受凌辱。

曹操接话道：贤弟说得极是。人劳累一生，死了就不希望被人打扰。陪葬恰恰事与愿违，不但无法安息，反而常常闹得鸡犬不宁。等我百年之后，一定要薄葬，不要啥陪葬品。文若，你可给我记住了。

荀彧一边轻轻点头表示赞同，一边却对曹操道：您正值盛年，不可轻谈百年身后之事儿。然后又饶有兴致地问汉子：有传言说，大陵有蟒蛇出没，可真有此事儿？还说，西汉太傅陈蕃被罢职后返乡途径巨陵，家奴与巨陵卒相殴？

汉子答道：大陵周围及其上树木森森荒草茂盛，长虫等野兽自是不少。但大蟒蛇从没见过，应该是被传言夸大了的长虫而已。听我祖辈口口相传下来说，我的祖居地古楚国云梦泽一带，因气候湿热水草丰美鱼虾遍地，确实有大量蟒蛇。至于颍川一带，还真没见过大蟒蛇。不过，大陵之东北约3里许，有一个叫豢龙的寨子，那里就是传说中刘累养龙之地。想必二位饱学之士知道这个故事，我就不班门弄斧了。至于陈太傅之事，就不清楚了。

荀彧看看曹操，曹操用眼神鼓励荀彧讲讲看。

于是，荀彧缓缓讲述道：记得《左传》是这样记述刘累的，有一天，村东南天空突然降下两条龙。众人觉得此为祥瑞之兆，于是赶紧奏报当政的夏朝国王孔甲。孔甲闻讯不敢怠慢，即刻选派刘累到此，照看豢养两条龙。大概以前养过蛇、蜥蜴或鳄鱼之类的爬行动物，因此刘累比较熟悉龙的生活习性，也热爱其本职工作。经过他的精心饲养，两条龙活得很好。为此，刘累被孔甲封为御龙氏。就在一切看来都顺顺利利风平浪静时，雌龙却突然死去，应该是年老体衰正常的新陈代谢生老病死之类。但刘累可不这样想，他觉得天塌地陷了。因为死的不是一般动物，而是当朝国王的兄弟姐妹、上天的孩子，死了还得了？忧惧之下，刘累连夜出逃西方的鲁山一带。孔甲一开始就没打算追究此事。以他居庙堂之高的地位和见识，完全明白天子和传说中的龙是怎么一回事儿，且比一般人更了解这些愚民骗人之把戏。随着时间推移，孔甲更不把这件事放在心上，并明确放出话说：不再追究此事。得此金口玉言圣旨的刘累，这才面黄肌瘦胡子拉碴地返回养龙之地。几年后，便终老病逝于此。当地人将刘累葬在村西南隅一条河边，并将村名改为豢龙城以纪念他。再后来，村民建庙年年祭拜这个养龙人。

曹操道：我也听说颍川历史上有个养龙的地方，原来就在此地附近啊。难怪颍川人才辈出，地灵人杰。

作为名震天下的颍川荀氏之一员和颍川派代表的荀彧，不得不谦虚道：颍川地处华夏文明肇始之中心，是沾了华夏文明长期沐浴浸润的光，所谓近朱者赤近墨者黑是也。据我所知，豢龙城是颍川历史上著名的十六连城之一。十六连城多属夏、商、周和东、西两汉文化遗址，其中包括颍川县治城顶、繁城、商高宗城、停灵城等。商高宗城和停灵城均与殷商中兴英主武丁有关，武丁巡守捕蝗时筑城，因后世尊谥其高宗，故称高宗城；停灵城也源自商高宗，商高宗捕蝗时驾崩于此，故名停灵城。

曹操自然知道荀彧这是谦虚，但也不得不频频点头，赞许他对历史的了然于胸。并自顾自地唱道：

　　　　邑然不乐，思我刘君。何时复来，安我下民。

荀彧知道，曹操这是想起了西汉淮南厉王刘长次子济北贞王刘勃之后颍川人刘陶刘子奇，便应道：这是顺阳父老的《思刘陶歌》吧？子奇举孝廉、除顺阳长，有政绩，《后汉书·刘陶列传》卷五十七载他"以病免，吏民思而歌之。他通《尚书》《春秋》，中平初因被诬告与边章勾结，为表忠贞不食而死。后被追封中陵侯。流传于颍川的另一个《思刘陶歌》版本是：

　　　　郁郁不乐，思我陶君，何时再来，安此下民。

曹操接道：是啊，刘子奇沉勇有大谋，不修威仪，不拘小节。颍川不但出人才，也出谏才和忠贞之士啊。汉灵帝久闻其名，几次召见刘陶。当时巨鹿张角假托大道，刘陶上书提醒朝廷张角妖惑百姓，需要小心其聚众谋反。但皇帝始终不警惕，却下诏要刘陶编次《春秋》条例。后张角果然作乱，天下骚动。帝追想刘陶的话，封刘陶为中陵乡侯，三迁尚书令。因刘陶多次痛切劝谏，权臣都怕他，于是被调到京兆尹。到京兆尹职后，朝廷让刘陶提交千万的修宫钱，即买官钱。刘陶清贫，又以花钱买官为耻，便托病不办公。皇帝素重刘陶的才华，便原谅了其"罪过"，征授谏议大夫。当时，国家局势一天比一天危险，外寇内贼，危若累卵，极为紧张。忧国忧民的刘陶禀性难移，再次上书提醒却无果后，便闭气而死。四海之内，没有不悲痛的。享荣华富贵容易，忠贞直谏最难啊。希望文若未来是个刘子奇式的人物。

荀彧接道：确实，苟活易，守节难。

曹操道：刘子奇忠言直谏，先后有《灾异疏》《太学上疏》《铸钱议》《黄巾上疏》《忧致崩乱疏》《省州郡半吏以赴农工议》《讼朱穆疏》和《忧国上疏》等，并著书数十万言，又作《七曜论》《匡老子》《反韩非》《复孟轲》及上书言当世便事、条教、赋、奏、书、记、辩疑，共百余篇。他熟读《尚书》和《春秋》，曾为这两本书做过注解。生前推重夏侯建、夏侯胜、欧阳和伯三家的《尚书》及古文，并改正其中文字七百多处，名曰《中文尚书》。

荀彧接道：我至今还记得他在《灾异疏》中开篇即惊人的两句名言：

臣闻人非天地无以为生，天地非人无以为灵。故帝非人不立，人非帝不宁。夫人之与帝，帝之与人，尤头之与足，相须而行也。

曹操道：是啊，寥寥数言，便将天、地、人、君之间的关系，阐释得清楚明了。可惜其才未得大展，便一命呜呼永远而去了，生不逢时啊。

打一开始，汉子就从二人的穿着与谈吐，觉得他们绝非草根布衣。听二人如此对话，便进一步默默地琢磨起二人的身份来历。白面书生模样者伟美有仪容，身带香气，谦恭有礼；另一位虽相貌平平，却霸气侧漏。从二人走来时的身位，在茶桌上的座位差别，后者地位显然高于前者。

从外表看，汉子年龄最大，曹操次之，荀彧最小。事实是，曹操年长荀彧 8 岁，荀彧又年长汉子 5 岁。但粗通文墨的乡野村夫天天风吹日晒粗茶淡饭，自然要比锦衣玉食、生活安逸得多的曹操和豪门公子哥荀彧，显得老相很多。自古如此，不足为奇。曹操见多识广，知道汉子肯定比自己年轻，于是从一开始便称他贤弟。

曹操问汉子：贤弟既识文断字，为何不谋取功名比如举个孝廉，然后谋个一官半职的，却隐居在此穷乡僻壤、默默无闻了此一生呢？

汉子答道，我算不上啥读书人，只是从小跟着爷爷和家父读读杂书而已，没啥谋略妙计。和颍川大名鼎鼎的西壕荀家子弟相比，云泥之差、天上地下之别。

听到这里，曹操悄悄看看荀彧，并向他挤了挤眼。

汉子已经确认，这个白面书生，应该就是大名鼎鼎的西壕荀家后生，却并不说破，而是继续自顾自地说道：读书人有两种，一种如西壕荀家，世世代代书香门第，祖祖辈辈登堂入室，有大格局大谋略，可以辅助明主匡扶王朝，拯救黎民百姓。一种如我之辈，粗通文墨，不愿抛头露面闻达诸侯，只想隐居乡间传经颂道，将诸如叔重先生这些先贤达人的知识口传心授代代传下去，教化土民，稳定一方乡土，传播华夏文明。虽登不得大雅之堂，但也不能说不重要：基石稳，大厦久；百姓安，王侯宁。

这次轮到荀彧向曹操挤眉弄眼传递自己的惊讶了，意思是：此人虽久居乡野，见识却不一般，非常不一般。

曹操向荀彧点点头，却对汉子道：贤弟尊姓大名？便于今后有机会寻访求教。

汉子说道：刚出生时，爷爷给我起名申，祖上天格一武字，贱名武申，字文弱。

曹操拊掌笑道：巧了，你们二人果真有缘分，都字文弱（文若）。

荀彧闻听也忍不住笑起来，并对汉子说：好名字啊，武申。必要时伸（申）张一下武力，天下方可太平；没有武力之张扬，何来天下太平？没有安定的生活，文明之传播便会中断。

汉子谦逊道：让二位大人见笑了。

曹操却真心佩服荀彧借题发挥的见解，道：是啊，在这个军阀混战八方割据的汉末乱世，不伸张武力大张挞伐，华夏文明不但无法传承，反而很可能会断了香火销声匿迹，被永远掩埋在历史尘埃之中不见天日。

听到这里，汉子已基本肯定自己对白面书生身份的判断，便对荀彧道：先生当是颍川大名鼎鼎的西壕荀家公子文若先生？

曹操见汉子虽居乡野，却对世事人情了然于胸，便不再隐瞒身份，对汉子道：不瞒贤弟，他正是荀文若。贤弟腹有诗书才华，却甘与黄土同在，我曹孟德佩服之至，也羡慕至极！可惜天命在身，无法效仿贤弟悠游于乡野的洒脱。

汉子则抱拳作揖道：久仰久仰！多谢孟德公抬爱。公怀经天纬地之雄心抱负，让人佩服并期待之至。望您尽早荡平天下，威加四海，匡扶汉室，还百姓草民以和平安宁。

曹操道：多谢贤弟厚爱！王命在身，不敢久留。多谢茶水之待，但愿后会有期。

说罢，和荀彧一起告辞离去。

临行前，荀彧摘下自己随身佩戴的一个散发着香味的玉佩，恭敬地送给汉子，并嘱他有机会到许昌找他谈天说地品茶。

汉子在二人身后喊道：二位大才肩负天命，望不负众望，早日大功告成！然后目送二人沿着来时的小龙脊顶部蛇径，向西方走去。

此时夕阳正浓，二人身后的投影，在金色夕阳下越拉越长，像两棵参天大树，不断生长、越来越高大。

2

曹操、荀彧及草民武申在颍川境内小龙脊的鱼塘边说古论今闲聊时，许昌南大约400里许、宛城郊外汉水支流之一的白水河边一个舒缓的小山岗上，比荀彧小18岁、后来闻名于世的青年诸葛亮，正和他的好友崔钧崔州平、颍川人石韬石广元、汝南人孟建孟公威，及贫民出身的徐庶徐元直，在野外交流读书体会、谈论天下大势和各自的志向等。

当讨论到以天下之大，为何唯独颍川多奇异之才时？石广元说：颍川作为华夏文明之发源地及发展中心久矣，人文历史积淀深厚。这里不但土地肥沃足以自给，文化也极发达，当地人们很久以来就崇尚读书且代代相传，人文淳朴而学风浓厚。传说中的人文始祖黄帝，就诞生于此。有一种说法认为，颍川是海内第一个王朝夏朝的都城所在地，境内有夏亭城，夏禹始封于此，为夏国。《史记·秦始皇本纪》称：十七年，内史腾攻韩，得韩王安，尽纳其地。以其地为郡，命曰颍川。

孟公威接过话头道：西汉时，颍川始现豪门贵族。高祖刘邦把一些开国元勋有功之士的食邑分封到颍川：樊哙分封至颍川之舞阳，食邑五千户。灌婴因追杀项羽之功封在颍川之颍阴，食邑两千五百户；后又因其灭掉汉初三大名将韩信、彭越和黥布之一的淮南王黥布，加封两千五百户；共计五千户，此封地一直传到其孙辈。秦之郡县制以人口万户为一县。这两位功臣一下子就占了相当于一个县的地盘。而当年颍川郡只有十二个县，境内还有朱濞、祭遵等食邑二、三千户的列侯数人。只是富不过三代，汉武帝之后，这些豪门贵族就逐渐腐朽没落了。汉光武帝在南阳起兵中兴汉室时，因颍川就在南阳北邻，近水楼台，颍川便与光武帝多有交接。著名的昆阳之战，就发生在颍川本土。借助地利之便，很多颍川豪族加入光武帝的队伍。颍川人祭遵，深受光武帝刘秀喜爱，生前拜征虏将军、定封颍阳侯。新息侯马援次子马防，官拜车骑将军；东汉肃宗孝章皇帝建初四年，封颍阳侯，食六千户。如此一来，当时的颍川便贵族林立了。但当时的颍川豪族，既不是最先追随光武帝的南阳派，也不是光武帝赖以克敌制胜复兴汉室的河北派。所以东汉之期，颍川人士在朝中并没举足轻重的发言权。不过从光武帝始，东汉很注重儒学，并要求官员必须明经。这就给世代重视子弟教育的颍川人以重新崛起的大好机会。但因大部分地方只有官学而无私学，普通人想读书便十分困难，只有钱也远远不行，家里还得有书，更得有老师愿意教授。颍川人是幸运的，因为他们拥有张兴、丁鸿和钟浩等儒学大家。这些大儒在教育好本家族子弟的同时，也采取开明开放的姿态，为当地所有求学者大开方便之门。一时间颍川成为儒学圣地，极大地提高了整个颍川郡在汉朝的声望。汉朝实行举荐制度，想入仕首先得有一个为世人称道的好名声，以明经知名且忠孝传家的颍川人就成为金字招牌，进入朝廷做官的也因此越来越多。当地方豪族官僚化以后，就形成了一个可以插手地方政事甚至影响朝堂施政的世家高门帮派。

诸葛孔明接道：颍川一带地杰人灵自古以来人才辈出蔚为壮观。那里不但盛产人才，也是不少隐士们钟情的地方。帝尧曾想将天下让给巢父，巢父不受。后又准备让给许由，许由也不干。但成就了许昌这一地名，许字就来自高古隐士许由，有许君以昌的美好愿望。优游山林、结志养性的许由，听说尧要让位给他后，认为自己的耳朵遭受了严重污染，便在颍水洗耳以明其志。巢父更奇葩，他坚信许由洗耳后水体受到更严重污染，便不让自己的牛在许由洗耳处的下游饮水。两人从此隐居颍水河畔，终老荒野。自巢、许栖隐颍滨之后，很多饱学之士纷纷效仿。他们隐居颍水之滨的乡间旷野，不求闻达于红尘，只求心灵的宁静和肉体之淡泊。

徐庶接道：说来也是缘分或天命使然，少年时的孔明兄曾在豫州颍川西部一带、即颍川郡昆阳县境内生活过，也算是沾了那里的灵气。昆阳是墨家文化发源地，与军事有关的八阵图、木流牛马和连弩等，均发源于此地。

众人有些愕然：什么？孔明在颍川之昆阳生活过？他不是直接从故乡徐州琅琊郡前来荆州的吗？于是，纷纷要求孔明详细道来个中曲直。

徐庶说，事由我起，还是我来讲吧。让孔明休息休息，以便接着讲解颍川出人才的内在原因。孔明兄生于光和四年。中平五年冬，青、徐两州的黄巾余部死灰复燃、战乱频仍民不聊生，战火逼得青、徐士庶四出奔逃避难。孔明一家包括祖父、父亲、叔父和兄弟等，不得不走上出徐州、入豫州、望荆州的漫漫逃生道路，于是来到颍川郡昆阳县境之平顶山下。这里是青、徐、兖诸州通往荆州大道的必经之地。因长途跋涉担惊受怕，孔明兄之祖父和父亲不幸双双染病，并被迫取消原定行程、而在平顶山下暂时居住下来。不久，孔明兄之父、祖双双病逝，遂就地安葬于此。之后，孔明兄随其叔父诸葛玄公按礼制规定时间为其父、祖守墓三年。并因此于其少年时代的 8 至 14 岁在平顶山下度过。汉献帝兴平元年，才随其叔父诸葛玄公迁居荆州。

孔明兄，我讲的没错吧？

孔明道：确实如此。不过，你漏了我和你在建安六年春，一起游颍川之昆阳、共同拜谒张良宗祠中的张良像而大发感慨的事情了。

明代叶县本地人牛凤赴任南京太常寺卿的路上，绕道此地游观山寺及武侯祠。见祠宇破旧，遂捐金募人整修。以诸葛武侯与刘关张俱面南而坐有失臣君之分，遂撤去刘关张塑像，独祠诸葛武侯。并立《改正诸葛武侯祠记》石碑一通，碑文为牛凤本人所撰、其子牛沈裕题写、钧州杨嘉刻。碑文书写工楷，雄健有力，刻工精细。经牛凤修葺过的武侯祠占地十余亩，坐北面南，前有石牌坊一座，四柱三楼，雕工精细，额刻"诸葛遗墟"四个径尺正楷颜体大字。中间两柱正面刻联一副："旨寻六家业窥五际，内学七纬旁通三微"。坊后为山门三间，额悬巨匾"武侯祠"。中为大殿，建于三尺高的台基之上；面阔五间，进深三间；房顶为青瓦覆盖，封檐实山，饰以五脊六兽；殿门额书"名垂宇宙"。殿内正中塑诸葛武侯坐像，儒冠羽扇，神情平和自若。东西两壁为诸葛亮生平事迹彩色壁画，殿前左右各有配殿三间，大殿后为读书堂。祠内有井一眼，碑刻十余通。

明代牛凤《改正诸葛武侯祠记》石碑显示：既而游观山寺，有断石幢在焉，刻文仅数十字。中云：此地有诸葛之旧坟墟高阳华里……再考古幢岁月，盖隋文帝开皇壬寅（隋开皇二年）。

清《叶县志》载："诸葛坟墟在县北平顶山下，有隋开皇二年断石幢云此地有诸葛之旧坟墟。隋去三国未远，言必有据。今山下稍西有诸葛庙，后有金鸡冢，疑即武侯父、祖葬处。"又云："诸葛武侯庙在平顶山下稍西。"诸葛庙因诸葛坟墟而建。庙后百余步处，有诸葛亮父、祖之坟墓。"《叶县志·舆地志·诸葛遗墟》载：盖武侯本琅琊人，避地而西，或自其前世已寓于叶，居南阳则自武侯始，未可知也。

实际上，这个地方原来是一座古老村落，名叫诸葛庙。该村原属叶县，1956年划归平顶山矿区。平顶山建市后，该村先后属西高皇公社、大营公社和东高皇公社管辖，称诸葛庙大队。1979年因建平顶山锦纶帘子布厂，该村土地全部被征用，从而成为城市居民区，村民全部转为市民。据有关资料，原诸葛武侯祠占地数亩，自成一院落，前有山门，后有正殿三间。正殿房顶为青瓦覆盖，有五脊六善，东西山墙为封檐实山墙。此地的诸葛武侯祠，在20世纪50年代初还存在。这是后话。

徐庶拱手道：孔明兄说得极是。这是小插曲，你继续剖析颍川吧。

孔明便接着论述道：有先贤认为，颍川有天佑之星象，所以出人才。《周礼》曰："房心为豫州。"《史记·天官书》也称氐、房和心为豫州分星。颍川处豫州腹地，当应氐、房、心三个星宿。《周礼·春官·保章氏》称："保章氏掌天星，以志星辰、日月之变动，以观天下之迁，辨其吉凶……"保章氏以星土辨九州之地，所封域均有分星，以观妖祥。颍川之应张分，则辩吉凶、谨修省于是焉系矣。人事修于下，天道见于上，不可不审也。夏朝的卞随更极端，商汤讨伐夏桀时，曾找卞随求教。卞随拒不作答。汤战胜夏桀后，要让天下给卞随。卞随认为受到污辱，自投颍水而死。《庄子·让王》《吕氏春秋·离俗》《史记·伯夷传》嵇康《高士传》和张显《逸民传》等都記载有卞随的故事。在下和元直学兄的恩师、水镜先生司马德操讳徽，也出自颍川。其为人清高脱俗，博学多识，精通道学、经学、奇门、兵法等，更有知人论世鉴别人才之能。这点想必与恩师交往甚密的庞德公，在座的崔兄、石兄和孟兄都知道。以水镜先生之大才，他同样不愿出仕，甘愿隐居乡野，谈经论道。即便是人才辈出炙手可热、现如今权势熏天的颍川豪门荀家，历史上数代也都有隐逸之士。

老成持重、已在官场混过多年但已看破红尘退隐的崔州平接过孔明话头说：家族遗传和家风非常重要，足以影响一个家族无数代子孙的前程命运和人生取向。遗传和家风是啥？看不见摸不着，好像玄而又玄不得其门，而又鲜活得很。以颍川西壕荀家来说，其祖上是战国末期儒家代表人物，著名思想家、文学家和政治家，时人尊称荀卿的荀子荀况（为避汉宣帝刘询的讳又叫孙卿）。而荀子的先祖，至少可以追索到春秋五霸之一晋文公时期的重臣晋国正卿、中军元帅荀林父荀桓子。荀家源出春秋时期的大国晋国，三家分晋后，荀子祖上一支成为三家之一的赵国臣民，所以荀子本人算是赵人。太史公的《史记》载，荀子五十岁跑到齐国投奔儒家门下学习儒学，后来学有所成担任齐国稷下学宫的祭酒。此间，他一边做学术研究、整理和传播儒家学说，一边讲学授徒。稷下学宫声名远播四海，吸引了全天下无数青年学子和饱学之士前来学习、求教。作为名校院长的荀子，名气也越来越大广受天下人敬重。后来青史留名的韩非和李斯，就是此时追随荀子学习、并最终成为法家著名代表人物的。"战国四公子"之一的楚国春申君，极为仰慕荀子的才华，本着广开门路招贤纳士积极引进不拘一格降人才的宗旨，亲自写信邀请荀子到楚国做领军人才。盛情难却之下，荀子辞去天下名校稷下学宫院长一职，到楚国传经颂道，一直到去世。世人以为荀子的学问比孟子要博，共32篇的《荀子》包罗万象洋洋洒洒，涉及哲学、逻辑、政治、道德和教育等诸多方面。荀子本人虽以儒家自居，但兼收并蓄广采众长，不故步自封抱残守缺，更不排斥各派学说，反而积极研究、学习、吸纳其他流派的思想。他吸收了商鞅的一些思想，高度评价了商鞅在秦国变法的成就，同时指出商鞅制度设计的缺陷，并提出了改善方案。他虽然批评墨家功利，但不否定墨子实用主义的宗旨。荀子之前诸子百家的思想是独立、分散、甚至是凌乱的，缺乏系统的论证分析。荀子充分吸收儒、法、墨和道等各家理论后，加以严密论证、系统研究，用摆事实、明观点、出方法、讲道理的手法，将此前先贤的思想观点做了系统学术研究，成为不可多得的集大成者。正因如此，一心想当大儒的荀子，虽然最终连儒庙都没进去、更在儒庙十哲之外，且他自己看不惯的孟子却被供奉在儒庙且高居次席被尊为亚圣，荀子却失之桑榆收之东隅：自己的得意弟子韩非和李斯成为法家响当当的代表人物而名扬海内外。韩非集法家之大成，学术成就登峰造极。李斯奠定中国两千多年帝王体制的框架，实现了老师荀子主张的"天下者，至重也，非至强莫之能任"和儒家的传统倡导"修身齐家治国平天下"。不受封建统治者欢迎的荀子，通过他的门徒，实现了他改进、丰富后更贴近现实世界的王道思想和他提倡的选举制度。由此很好地实践了荀子在其千古名篇《劝学》里所说的"青，取之于蓝，而青于蓝；冰，水为之，而寒于水"，即后世教育家们追捧的所谓"青出于蓝而胜于蓝"宗旨。

孔明接过话道：州平兄总结得太精辟了！看不见的是家族遗传和家风血脉，看

引子 颍川

得见的是家族的世代繁荣与昌盛，或者相反。确实，家族遗传和家风血脉是一条条看不见的长线，将家族文化传统、为人处世之道、墨香书韵、智慧谋略和坚韧不拔等种种优良品质，去粗存精去伪存真，一代又一代传承下去，永不停歇。就像眼前的白水，我们无法看见其源头她却有源，河水跋涉百里千里汇入汉水，进而流入长江。历经成千上万年、甚至百万年，万里征途披荆斩棘势如破竹，一路奔腾进入浩瀚的大海，成就大地上的一道道亮丽风景线。

　　崔州平接过孔明的话继续说道：从晋文公至今，已经过去八百余年了，但时光没有稀释荀家的优良遗传和醇厚家风，反而使之更加浓郁厚重。荀家依然是荀家，枝繁叶茂人丁兴旺人才辈出，朝堂内亲朋故旧盘根错节密如蛛网，一般人家难以望其项背。就说颍川西壕荀家吧，眼下曹操最为倚重的荀文若，他爷爷荀淑荀季和是荀子十一世孙，品行高洁，学识渊博，乡里称之为"智人"，当时名士李固和李膺都曾拜他为师；汉顺、桓之时十分出名，曾征拜郎中、迁升当涂长、任朗陵令，人称"神君"。荀淑有八子，世人称八龙。其中荀彧的父亲荀绲任济南相。三叔荀靖有德名，终身隐居；名士许劭许子将评价荀靖和他六弟荀爽"二人皆玉也，慈明（荀爽）外朗，叔慈（荀靖）内润"。六叔荀爽少时有神童之谓，更有"荀氏八龙，慈明无双"之评；汉桓帝时被太常赵典举为至孝，拜郎中；他博通群经，尊崇儒学，重视礼制，是东汉著名古文经学大师；为躲避第二次党锢之祸，隐遁汉滨达十余年，先后著《礼》《易传》和《诗传》等，号为"硕儒"；后被董卓征召，历任平原相、光禄勋和司空，位居三公；见董卓残暴，便暗中与司徒王允等谋除董卓，但在举事前病逝，年六十三。荀彧三兄荀衍荀休若，以监军校尉守邺，督河北事；四兄荀谌荀友若，袁绍部下，与高干一起劝说冀州刺史韩馥投降。大伯荀俭之子荀悦荀仲豫，政论家、史学家，献帝时官至秘书监、侍中；曾撰《汉纪》30篇，时人称其"辞约事详，论辩多美"。六叔荀爽之子荀棐，官至射声校尉，为北军八校尉之一，位次列卿，属官有丞、司马等。荀爽之女荀采，字女荀，聪慧敏捷而有才艺。荀文若妻子唐氏，东汉中常侍唐衡之女。荀彧子侄辈中，长子荀恽字长倩，官至虎贲中郎将，妻子为曹操之女安阳公主，因与曹植有交情而被曹丕憎恨，早卒；次子荀俣，字叔倩，任御史中丞；三子荀诜，字曼倩，任大将军从事中郎，早卒；四子荀粲，字奉倩，魏晋玄学代表人物，与王弼齐名；五子荀顗，字景倩，博学而心思缜密，任散骑常侍；荀彧之女荀氏，魏司空陈群之妻。二哥荀谌之子荀闳，字仲茂，官终黄门侍郎；大哥荀衍之子荀绍，位至太仆；堂侄荀攸，字公达，曹操顶级谋士之一。直系孙辈中的荀頵，本为散骑常侍，后进爵广阳乡侯；荀頵二弟荀霬，官至中领军，其妻为司马懿之女，与司马昭、司马师有交情，死时谥贞侯，追赐骠骑将军。荀寓，字景伯，少与裴楷、王戎、杜默皆有名于京城……展望未来，几十年乃至百年后，无论如何改朝换代、庙堂之高江湖之远，依然会有荀氏这个依靠智谋立于世的家族的位置且不可或缺，还是因为家族遗传和血脉家风的加持。

　　孔明接过话道：确实，靠脑子和知识引领天下最长久，凭武力吃饭则难过3数代。荀彧和他丛子荀攸都是高瞻远瞩的大智慧之人，曹操得益于西壕荀家多矣！世人对荀彧多发自肺腑溢美之词：南阳名士何颙见到荀彧，惊呼"颍川荀彧，王佐之器"。27岁时被举孝廉，任守宫令，掌管皇帝的笔、墨和纸张等物品。29岁时离袁绍而投曹操，曹操大悦道："吾之子房也"，并任荀彧为别部司马。当时董卓荼毒天下，曹操问计于荀彧，荀彧预测说：董卓残暴已超常理，定会因祸乱暴毙，果如其言。后来曹操评价荀彧说："天下之定，彧之功也。"潘勖说他"夫其为德也，则主忠履信，孝友温惠，高亮以固其中，柔嘉以宣其外，廉慎以为己任，仁恕以察人物，践行则无辙迹，出言则无辞费……"陈群说"荀文若、公达、休若、友若、仲豫，当今并无对，世上无双之人"。钟繇称赞荀彧"能备九德，不贰其过，惟荀彧为然"。虽然是王位继承人曹丕的敌手，曹植也由衷地称赞支持曹丕的荀彧道：如冰之清，如玉之絜，法而不威，和而不褻，百寮士庶，唏嘘沾缨，机女投杼，农夫辍耕，轮给辄而不转，马悲鸣而倚衡。大智慧如司马懿者，也不得不赞叹荀彧是百年难得一见的贤才：书传远事，吾自耳目所从闻见，逮百数十年间，贤才未有及荀令君者也……

石广元简短插话说：颍川何止荀家？钟皓、荀淑、韩韶和陈寔是汉朝同郡的鼎鼎人物，时人称为"颍川四长"，四人皆以清高有德行而闻名于世。《后汉书·循吏传序》称："自章和以后，其有善绩者，往往不绝。如鲁恭、吴祐、刘宽及"颍川四长"，并以仁信笃诚，使人不欺。"李贤注：谓荀淑为当涂长、韩韶为嬴长、陈寔为太丘长、钟皓为林虑长。淑等皆颍川人也。

孔明点点头，接着评价荀彧道：荀彧高瞻远瞩，极力劝说曹操前往洛阳寻找已成丧家之犬漏网之鱼的汉献帝：诚因此时奉主上以从人望，大顺也；秉至公以服雄杰，大略也；扶弘义以致英俊，大德也。天下虽有逆节，不能为累，明矣。韩暹、杨奉怎么敢为害呢？如不及时扶正朝廷，天下将生叛离之心，以后即使想考虑此事，也来不及了。曹操从善如流，亲率精兵进抵洛阳，奉迎献帝迁都许县，并因此被封为大将军、武平侯；荀彧则升为汉侍中、守尚书令；从此形成曹操奉天子以令诸侯的战略优势，并为其此后统一北方抢得先机、奠定坚实基础。如果曹氏未来统一天下成就大业，荀彧功不可没当居首功。荀彧很少随军出征，而是居中持重：曹操在外征战，军国之事则由荀彧调度筹划。一天，曹操问荀彧：谁能代卿为我谋者？荀彧答：荀攸、钟繇。荀彧善于举荐人才，最初举荐了戏志才，戏志才死后又举荐了郭嘉；此外，还举荐了陈群、杜畿和司马懿等人，都是当时名士。荀攸为曹操谋主，荀彧与丛子荀攸分主内外。荀彧仗义疏财，常将所赐之物散给族人和朋友，家无余财。荀彧运筹帷幄，屡立大功，曹操自然很看重他，并将安阳公主许荀彧长子荀恽为妻。荀彧性爱香，上厕常置香炉；他拜访别人家，坐席三日香；因曾担任过尚书令，被人尊称为荀令君，故有成语美称"留香荀令"。

孔明越讲越来劲，几乎不容他人插话，继续讲荀攸道：荀攸，字公达，从小失去父母。祖父荀昙是广陵太守，父亲荀彝任州从事。13岁时，祖父荀昙去世。荀昙手下一个叫张权的官吏，主动要求为荀昙守墓。荀攸见过张权后对叔父荀衢说：此人脸上神色反常，大概做了啥违法之事。荀衢趁晚上睡觉时盘问，果然张权因杀人逃亡在外，想以守墓隐藏自身。从此人们对荀攸另眼相待。中平六年，大将军何进秉政，征海内名士荀攸等二十余人。荀攸抵达洛阳后，拜黄门侍郎。同年，董卓作乱，荀攸与议郎郑泰等人商议刺杀董卓，事未成被发觉，何颙、荀攸入狱，何颙忧惧自杀。荀攸言语饮食自若，后董卓被杀而得以幸免。弃官返归，又被官府征召，考试名列优等，升迁为任城相，但没有赴任。因蜀汉地险城坚，人民生活殷实，荀攸于是请

求担任蜀郡太守；但因道路不通，停驻荆州。建安元年，曹操迎献帝至许县建都后，给荀攸写信请他出山，并征其为汝南太守，入为尚书。自此，荀攸成为曹操的军师。曹操曾这样评价荀攸：忠正密谋，抚宁内外，文若是也，公达其次也；公达外愚内智，外怯内勇，外弱内强；不伐善，无施劳，智可及，愚不可及，虽颜子、宁武不能过也；军师荀攸，自初佐臣，无征不从，前后克敌，皆攸之谋也；孤与荀公达周游二十余年，无毫毛可非者；荀公达真贤人也，所谓"温良恭俭让"以得之。钟繇评荀攸道：我每有所行，反复思量，自谓无以易；以咨公达，辄复过人意……

最后，孔明结论性评道：未来统一天下助曹篡汉者，必西壕荀氏为首之颍川派；而最后灭曹者，必鹰视虎步文武双全的司马氏。

已沉默良久的徐庶徐元直接道：诸位仁兄都说得很有道理。颍川据九州之中，实乃华夏中心之中心。那里沃野千里物阜民丰，四通八达有地利之便，可以提供充足的粮草后勤保障。加之还有取之不尽用之不竭的无数大才之人，尤其是颍川文人派的代表西壕荀家、陈家、钟氏、郭嘉及被拉入伙的司马懿等等。可以这样说，谁拥有颍川，谁基本就会拥有天下。既然得颍川者得天下，我们何不审时度势，一起投奔曹魏呢？识时务者为俊杰！

孟公威鼓掌道：如此甚好，到曹操那里，我们咋也可以闹个郡守做做吧？至于孔明，说不定可以取代荀彧，成为曹孟德的核心谋士。

孔明侧躺在春天的清新草地上，用右手撑着右侧头部注视着徐元直和孟公威说：此言差矣！我固然同意元直兄和公威兄的分析，却断无加入曹操阵营之可能。宁佐明君创基业，不辅奸相捞资本。

石广元道：难道孔明兄想辅助你的徐州同乡、妻姨夫刘表刘景升？当今乱世，为图自保，各地世家高门纷纷站队：关陇士族选择了董卓、董卓死后作鸟兽散，冀州士族依附于袁绍，南阳士族归顺了袁术，荆州士族选择了刘表，颍川人士皈依于曹操，江东俊杰拥戴了孙氏。除此之外，再无其他英雄可以同甘共苦了。

孔明答曰：世事难料。常言道，乱世出英雄。当今乱象初起，英雄或蛰伏其中暂无出头之日，岂曰无人？再者，上述所谓人物，董卓毒辣凶狠，违反天道人情没有善终。袁绍外宽内忌，对外人好对内则猜忌斗狠，貌似宽容而内心狭窄；任用人才却疑心太重，遇事迟疑犹豫少有决断，往往错过良机；军纪不严法令不能确立，士兵虽多却不能巧为任用；袁绍凭其出身名门贵族，装模作样沽名钓誉，耍小伎俩博取名誉，归附于他的大多士人缺乏才能而喜好虚名，其祸不远。袁绍的同父异母弟弟袁术少谋寡断，好高骛远，德不配位，其势也不会长久。刘表虽姿容甚伟名列八俊，但性多疑忌好于坐谈，立意自守无志四方，大权旁落后妻蔡氏，亦非长久可辅之人。曹操确属枭雄，孙权也是一代英雄。但均非我意中可以终生投靠之君。总之不急，且看未来发展再说。

崔州平说：孔明兄说得极是。大丈夫立于天地间，岂能为混一口饭吃而随意委身他人？时势造英雄，英雄审时度势，有随时应变之主动。最开始，颍川世家并不看好没实力且是宦官家属的曹操。现今曹操最重要的谋臣荀彧，辞官后先是投奔袁绍，绍待彧以上宾之礼，于是彧弟谌及同郡辛评、郭图等，皆为绍所任。郭嘉也是先去了袁绍所在的冀州。后来这些颍川人觉得，袁公徒欲效周公之下士，而未知用人之机；且袁公好谋无决，欲与共济天下太难，定霸王之业更难，最终必不能成大事，于是离开袁氏投奔曹操。郭嘉觉得在曹操那里可以尽展才华，荀彧主动转投曹操时，后者不过是东郡太守。随着荀彧的加入，大批颍川才子被他推荐给曹操，其中包括郭嘉。见到郭嘉并论天下事后，曹操曰：使孤成大业者，必此人也。荀彧举荐给曹操十多人，其中颍川人九位。前后所举者，皆命世大才，邦邑则荀攸、钟繇、陈群，海内则司马懿；及引致当世知名郗虑、华歆、王朗、荀悦、杜袭、辛毗、赵俨，终为卿相；此十数人，皆以智策举之，终各显名。其中阳翟赵俨、阳翟辛毗、许昌陈群和定陵杜袭，并称"颍川四大名士。"

孟公威道：挟天子以令诸侯这一大手笔战略方针，正是荀彧力排众议，促使曹操下定决心获取的最大政治资本，也是颍川派为曹操做出的第一个巨大贡献。曹操迎献帝于颍川境内的许都，代表着颍川正式纳入曹操的势力范围，越来越多的颍川人也因地利之便加入曹操阵营。荀彧担任汉朝尚书令时，就负责人才搜罗及任官；后来曹操大规模征集人才，也是由荀彧牵头主抓。颍川派的影响力之所以巨大，除了其中很多人为曹魏立下汗马功劳这一直接因素外，曹魏朝廷的官员由颍川派直接负责选拔，自然也是不可忽视的重要因素。

孔明轻叹道：颍川派固然足智多谋人才济济，但也不过是纯粹的文人集团而已，并没那么可怕；真正让我忧心者，唯司马氏而已！

崔州平半调侃半认真地笑道：呵呵，孔明兄终于有对手了。

崔氏进而正色道：据我所知，河内司马氏和颍川荀氏在诸多方面都有惊人相似之处，世代为官，人丁兴旺，人才辈出，书香世家，人才济济……大概这也是他们两大豪门一拍即合走得很近的原因之一吧。司马氏是高阳之子重黎的后裔，即夏官祝融后代，远古至商朝时期世代袭承夏官这一职位，周朝时夏官改称司马。周宣王时，其先祖程伯休父（程氏，字休父，程国国君，伯爵）平定徐方有功，恩赐司马为族姓。司马懿的12世祖司马卬，随项羽灭秦有功，受封殷王，建都河内，汉朝时成为河内郡，司马家族世代居住此地。司马懿的高祖父司马钧，为汉安帝时征西将军。曾祖父司马量为豫章太守，祖父司马俊为颍川太守，父亲司马防为京兆尹。司马防有八子（和荀彧的爷爷荀淑有一拼啊），因字中都有一个达字，当时号称司马八达。东汉末年，司马懿生于乱世，乃司马防次子，少年时便胸怀谋略，常慨然有忧天下心。司马懿少年时和胡昭交好，周生欲杀害司马懿，胡昭知道后立刻涉险寻找，在崤山渑池之间找到周生一行，请求他们放过司马懿。周生开始不肯，但胡昭哭泣的诚意最终感动了他，由此救下司马懿。南阳太守杨俊素以知人善任著称，司马懿二十岁前，杨俊曾见过他，说他绝非寻常之子。尚书崔琰与司马懿兄长司马朗交好，曾对司马朗说：你弟弟聪明懂事，做事果断，英姿不凡，不是你所能比得上的。建安六年，郡中推荐司马懿为上计掾，负责佐理州郡上计事务。当时曹操正任司空，听说司马懿的名声后，派人征辟他到府中任职。司马懿见东汉政权已被曹氏控制，但曹氏却是阉宦之后，便不想屈节在曹操手下，于是借口自己有风痹症、身体不能起居而不出仕。曹操不信，派人夜间前往刺探消息，只见司马懿躺在那里一动不动，好像真染上了风痹。司马懿好学。曹洪自以为才疏，想请司马懿来帮助他。司马懿耻于和曹洪来往，假装拄拐不去。曹操逐渐察觉司马懿有雄豪志，又发现他有狼顾之相，心里很是忌讳。

并因此对曹丕说，司马懿不是甘为臣下之人，必会干预我们家族事务，你务必小心。但曹丕和司马懿关系极好，总是处处维护他。加之司马懿勤于职守，工作起来废寝忘食，遂使曹操逐渐安心，并因此得以保全身家性命。司马懿的确非平凡之辈！孔明兄的担心不是没有道理的。

然后，大家又抒发了各自的未来追求和期许。

孔明豪气地说，他的志向是文追管仲，武比乐毅，文武兼备文武双全；未来辅助明君运筹帷幄，安邦立国开疆拓土，更可以在战场上指挥千军万马大杀四方。大有舍我其谁之豪迈气魄。

在座的众人没有不服气的。大家相互知根知底，更了解孔明的才学。如果孔明不是有此远大抱负，以他在宛城和荆襄一带的名声，随便出仕当官做老爷，根本就不在话下。此外，孔明在荆襄一带的上层中，也是亲戚连亲戚关系盘根错节。只要他愿意，谋个较高的职位吃吃皇粮，根本不是啥问题。

因为要想进入东汉末年的官场，须有以下途径之一：当地名门望族的推荐，当地名士或名师举荐，政治联姻。这些途径，诸葛亮统统具备，而不仅仅是之一。

孔明的家世，尽管无法与颍川荀氏和河内司马氏比肩，但他也并非布衣，至少童年时不是布衣。

汉灵帝光和四年，诸葛亮出生在徐州琅琊郡阳都县一个官吏之家。诸葛氏也算是琅琊望族，先祖诸葛丰曾在西汉元帝时做过司隶校尉。西汉时司隶校尉在三公之下、九卿之上；东汉时则与尚书令、御史中丞一起号称"三独坐"，也算是位高权重。诸葛亮的父亲诸葛珪，在东汉末年做过俸禄六百石的泰山郡丞、辅佐郡守。诸葛亮3岁时母亲章氏病逝，8岁丧父。此后与弟弟诸葛均，一起跟随由袁术任命为豫章太守的叔父诸葛玄，到豫章赴任。后来，东汉朝廷派朱皓取代了诸葛玄的职务，诸葛玄被迫前往荆州投奔刘表。建安二年，诸葛玄去世。诸葛亮就在隆中隐居，平日喜欢吟诵《梁父吟》，又常以管仲、乐毅自比。当时很多人都以为他是吹牛大王，并等着看他的笑话，只有好友徐庶、崔州平等人相信他的才干和志向。

诸葛亮的岳父黄承彦，是荆州沔南一带名士，在荆州身份特殊，是荆州六大豪族之一黄家的代表人物。黄的妻子姓蔡，其父为蔡讽。蔡家在汉末是荆州著名豪族之一，刘表手下的重臣蔡瑁就是蔡讽之子。蔡讽的姐夫则为曾经担任过尚书令、大司农、太尉、司隶校尉等职的汉末名臣张温，蔡讽的幼女则是荆州牧刘表的续弦。也就是说，黄承彦既是蔡瑁的姐夫，又是刘表的连襟。

客居荆州的颍川名士司马徽，是诸葛亮的师友。荆州士人领袖庞德公，也公开称赞诸葛亮，并将其比喻为伏龙；而将另一位在荆州与诸葛亮齐名的青年名士庞统，誉为凤雏。俩人都是诸葛亮的座上宾。荆州六大豪族之中的马家和习家，也有不少人是诸葛亮好友。

总之，孔明这个北方徐州之外来户，在荆襄一带并不孤单。他只是刚开始因一时找不到未来的方向，而有些孤单和苦闷而已。

正因如此，这些最了解孔明的朋友，在听到外人议论说孔明狂妄自大自以为是、身居乡野却心向朝堂好高骛远时，刚开始也偶尔会为孔明辩解一下：那是你们不了解他的才学而已，如果有幸，十年后你们会看到他梦想实现的那一天。

那些讥笑孔明的乡野村夫们听到这种解释，大都不以为意，摇摇头就笑嘻嘻地走了。

但绝大多数时候，孔明的朋友们对这些讥讽孔明的言语干脆置之不理：没有必要浪费这个时间。

最后，众人七嘴八舌地问孔明：以孔明兄卓越的预见能力，你看我们这些你的朋友们，将来可以干些啥？

孔明几乎不加思索，开口就答曰：好兄弟之间不说假话。诸位仁兄未来做个太守，也就不枉饱读诗书寒窗十年了。只有崔兄例外，他已经在这个位置上摸爬滚打过了，也不会再渴望封侯拜相一人之下万人之上了，但他未来会超越我们在座的所有其他人。

众人不解，纷纷问孔明道：也超过你孔明兄吗？

孔明答：正是。

众人不解：孔明兄未来可以封侯拜相，你说崔兄会超越你，难道他要称王称霸当皇帝吗？

孔明答：皇帝就一定最大吗？皇帝也是滚滚红尘中执迷不悟的受苦人。不是还有脱离红尘、比皇帝更令世人羡慕的清凉世界吗？

众人默然思考不明所以，崔州平也微笑不语。

3

几年后初夏的一天，曹操到小龙脊附近考察屯田成果，为南征北伐统一天下做后勤储备。

当他骑着高头大马领着一帮人，在一片金黄的小麦田田埂上信马由缰喜看小麦千重浪时，附近麦田中一窝斑鸠被马群所惊，突然冲着走在最前面的曹操倾巢而出飞将过来。本来安静的马匹被这群斑鸠吓坏了，一时惊慌失措乱了方寸，进而冲下田埂进入麦田，将一片即将成熟收割的麦子踏坏。

就在几天前，曹操刚刚颁布法令：小麦即将成熟进入收割阶段，大半年的劳作得来这些非常不容易；有胆敢踏坏麦田者，斩无赦！

法令的钟声尚余音袅袅，不料曹操自己就先来了个以身试法。这给曹操本人和大家，出了一道大大的难题：如果不真刀真枪表示一下，法令将形同废纸，屯田的目标就难以实现，统一大业更无从谈起。但显然，也不能因此真的将曹操斩首。

为此，曹操当场下马，并拔剑做自杀状。

如曹操此前所料，他身边的人反应奇快及时拦住。

经大家七嘴八舌劝慰宽解，曹操决定割须自罚。

古人相信，身体发肤受之父母不可轻动，也因此不随便割发剃须，因为割须就相当于枭首了。这也是为何当年会有那么多大胡子，典型代表如曹操的好友关羽关云长者等。

几天后，曹操以身作则保护麦子割须自罚的消息传来，身在大陵的武申闻听十分动容。特意带着那个还留有余香的玉佩，骑着一头老黄牛，亲赴许昌请荀彧为他题字：曹公孟德割须自罚处。然后又请大陵附近有名的石匠，将这幅汉隶题字刻在

一块儿青石碑上，立在当年他们三人喝茶聚会的小龙脊麦田附近。

这是武申第一次、也是唯一一次踏足许昌这个当年天下首善之区城内。

4

又过了几年，苦苦打拼数年后却依然上无片瓦下无立锥之地两手空空的刘备刘玄德，无奈之下来到许昌投奔曹操。

但这里也不是啥安乐窝。虽然好吃好喝被待为上宾，但毕竟在人屋檐下必须要低头；加之汉献帝向他诉苦，曹操又怀疑刘备未来会与他争夺天下……总之烦心事儿很多，这让心怀大志的刘备很是苦闷。

曹操见刘备好几天都闷闷不乐的，就建议他在许昌附近的乡野间走走看看散散心，随便查看一下有啥不足之处，给提提意见和建议。

于是，刘备就带着关、张俩兄弟，骑着马慢打慢悠地在许昌城外漫无目的地闲逛周游。

这天，三人无意间的信马由缰，鬼使神差般不知不觉来到小龙脊附近。远远在马背上看到脊上有一亭子，十分突兀醒目，便好奇地近前观看。正是几年前武申立的"曹公孟德割须自罚处"碑及碑亭。

碑亭附近那口水塘边，已垂垂老矣正半躺在茅屋前大柳树下藤椅上打盹的武申，被三人的空谷足音扰了好梦，便站起身来手搭凉棚打量。看到仨大汉在饶有兴致地品评石碑，便用有些苍老的声音，热情招呼三人前来喝茶一叙。

盛情难却，刘备也刚好有兴趣了解此地的风土人情。三人便一起牵马离开碑亭，来到武申茅屋处。三人把马匹分别拴在茅屋篱笆墙外的3棵大柳树上，然后进入院内和武申喝小竹叶茶、聊天。

武申回答了刘备关于碑亭来历的问题，并叙述了和曹操、荀彧在此地偶遇的故事。

刘备饶有兴趣地听着，并不插话打断他。

就在这时，一个老汉骑着一头毛驴来找武申，央求文弱先生给他算一下孙子是否应该进入曹营当兵吃饭、占卜一下吉凶。老汉住在大陵东偏北一箭之地的店街，原为大秦帝国始设的无数古老驿站之一，即大陵驿。

武申知道老汉很急，便先给刘备等三人表达了歉意。然后从篱笆边拔了几根毛毛草，并很快用一把小刀裁成整整齐齐的50小根，当作蓍草，按照古老的《易经》算法，为老汉的儿子占卜起来。

刘备非常感兴趣地看着，关、张也非常好奇地盯着看热闹，感觉比在许昌曹操那里闷着有意思多了。

只见武申从50根蓍草中，随意取出一根放在茶桌下不用。这个象征天地奥秘大衍之数，武申这样解释道，像是自言自语，又像是免费义务科普相关知识。然后将余下的49根蓍草随意分成两小堆，分别握于他自己的左、右手中。左手象征天，右手象征地。他又解释道。

随后武申从右手中抽出一根，夹在左手的小指与无名指之间。这根象征人，他用夹杂着楚地口音的颍川话再次解说道。

然后他放下右手中的蓍草，用右手一根根地数左手中的蓍草，每四根一数。这象征一年四季，他说。

最后把余下的四根或四根以下蓍草，夹在左手的无名指与中指之间，用来象征闰月。然后他开始数刚才从右手中放下的蓍草，也是每四根一数。最后将余下的四根或四根以下蓍草，夹在左手中指与食指之间。夹在左手小指与无名指之间的那根，与左、右手中余下的蓍草，合起来必定是九或五根。以上是第一变。他解释说。

将第一次余下的九根或五根蓍草除去，再用44根蓍草，按照第一变的方法，同样随意分握于左、右手中；再依上法，由右手中取出一根，夹在左手的小指与无名指之间；然后分别数左、右手中的蓍草，每四根一数；再将左、右手中余下的蓍草加上小指间的一根……

经过差不多半个时辰的耐心计算，刚刚还兴致勃勃地观看的张飞和关羽，早已有些不耐烦了。

这时，武申抬头看着老汉给出了结果：虽说好汉不当兵，好铁不打钉；但先贤也说，好男儿志在四方。去吧，去吧，欢欢喜喜地送孩子去吧。

老汉谢过文弱先生，喜滋滋地骑着毛驴走了。

看着老汉和毛驴走远了，刘备这才坐下来，看着武申说：如果我没有猜错，想必老哥你撒了一个善意的谎言吧？难道老汉孙子此去凶多吉少？

武申并不掩饰，而是推心置腹地对刘备等三人道：您说得不错，确实如此。如果我没有猜错，你们哥仨也是许昌来的吧？想来你们是外人，不会在此地久留，也不会再见到老汉。根据我的占卜，老汉孙子3年之内将战死楚地。这也是他的命数，没法子的事情。生逢乱世，战端频开，自然有短命儿郎。

刘备点点头，表示完全同意武申的意见。然后说道：听老哥的口音，似乎不是本地土著？

武申说：先祖本是楚人，因粗通易理术数，当年受命从长江流域携家带口到此地监造两座楚王陵，其中一座就是东边那座大陵。一边说着，一边站起身来指了指东边的巍峨之处。另一座在此地西南约30里许。陵墓建成后，又继续在此地守陵。久而久之，熟悉了此地的生活，更喜欢上了当地的古老文明和深厚文化，便在这里定居下来，不再想念楚地的鱼米之香，倒是越来越离不开此地丰富多彩的面食了。

刘备点点头，若有所思地说：有缘千里来相会。既然我们兄弟有缘遇到了，老哥不介意也给我们哥仨都占卜一下吧？

武申是个有求必应的主。听刘备如此央求，便不再多说，立即再次启用茶桌上、下那50根蓍草的替代品，先后给刘、关、张三人占卜起来。

全部完毕以后，武申先给刘备讲道：你这个兄弟是水龙之命。北方酷寒，你无法施展，此前一直不顺利；也可以说是屡败屡战，精神可嘉，却无收益。何以如此？需要到南方去打天下。你最终的归属在华夏西南一隅，你的终极事业、人事助力和一大家人，未来都在那里。

然后又对关羽和张飞说，这位红脸膛兄弟和这位黑脸兄弟，都是火命之人；也都是来去匆匆风风火火急如流星，人生的巅峰也成于南方，但也终于南方。

又盯着关羽看了一会儿说：这位兄弟急公好义，身后颇有荣焉，青史留名也不奇怪。我能和你见上一面，也是我的荣幸。望将军保重，多纳身边人之善言，方可吉祥长久！

之后对张飞言道：这位兄弟性子很急，加之爱喝酒，所以面庞发暗。酒是穿肠毒药，还是少喝为佳。遇大事儿最好不喝，否则有血光之灾。慎之慎之！

最后又对三人补充说：从天象上看，颍川将有两拨人南行寻找机遇。一成一败，你们算是第一波。话说回来，乡野村夫之言，不可全信，人各有命，望好自为之。

刘备看老汉颇通识人之术，便油然想起自己正寻访高人助力。万一眼前这位自称乡野村夫之人，是秦王朝百里奚般的人物呢？想到这里，便恭敬地问老汉有否兴趣跟他们一起去闹革命，当个参谋军师之类？

老汉摇手道：我命中只有三钱，不敢追求半斤。大陵这里就是我的归宿，不敢违抗天命！

刘备也不勉强，让关羽拿出一锭金子，一定要给老汉留下。

老汉年迈，拗不过身强力壮的关羽，只好说"愧领了"并收下，感谢之语自然是少不了的。

三人告别武申返回许昌的路上，刘备对关、张俩兄弟说：看来我们该尽快离开许昌了，就按武申占卜得来的天意，南下寻找机会如何？曹操又是大规模屯田，又是招兵买马，还要对南方用兵，不知是打张绣、刘表还是江东孙氏？

一边这样说着，一边又和二人商量如何安全脱离曹操南下。

外表看起来莽汉一个的张飞说：既然曹操要对南方用兵，大哥不如向曹操借兵，就说是到南方探听一下张绣等的虚实，为曹操打打前站。

刘备和关羽都觉得这个主意好，并称赞三弟越来越会动脑筋了。

闻听二位哥哥的美言，张飞颇有自得之色。

刘、关、张三人离开许昌城外出闲逛时，曹操派了自己的俩贴心人远远地跟着他们，看刘、关、张到过哪里？见过啥人？

这天虽然跑了许昌城外不少地方，但刘、关、张只见过武申一人。眼线将此事报告曹操。但因怕刘备发现距离较远，眼线并不知道三人和武申谈过啥。

曹操并不以之为意。他知道武申只是个布衣世界的读书人，并不会坏他啥大事儿。他们还能谈啥？无非是当地风土人情农桑稼穑之事儿，也就没把这件事儿放在心上。

两年后，武申才从南方战事的传闻中，品味出当年那三个特征出众之人，原来是刘（臂长过膝两耳垂肩）、关（面色紫红如放了好几年的大枣，胡子长且漂亮）、张（面色黢黑，一脸卷曲的路腮胡子，两只滴溜溜圆的眼睛）三兄弟。

后来武申临终前，将见过曹操、荀彧和刘、关、张的事情，一并讲给自己的孙辈们听；并将自己对这几位的印象和判断，留给后人。

5

时光荏苒，世事沧桑。

又是几年过去了。当年在宛城白水河畔草地上高谈阔论指点江山挥斥方遒、豪迈抒发各自志向的那几个注定会青史留名的好友，如今都已发生天翻地覆令人愕然的变化。

孔明终于被刘备的三顾之情打动，帮助后者出谋划策开疆拓土在西南建立一片天地，让此前上无片瓦下无立锥之地、经常急急如丧家之犬惶惶如漏网之鱼的皇叔，拥有华夏边陲的天府之国，算是实现了双赢：前者实现了当初自比管仲乐毅的远大志向，后者也从一个编席织履一无所有的空头皇叔，成为称霸一方的王者。个中曲折精彩，几乎尽人皆知家喻户晓，不必赘述。

让人有些错愕的，倒是孔明那几个曾经一日不见如隔三秋的好友们过于华丽的转身。

二顾茅庐时，刘备偶遇和孔明形影不离的颍川人石广元和汝南人孟公威。当时二人正在隆中附近一家乡村酒馆喝酒唱和，颇为随性自得。当刘备诚心实意邀请他俩一起参加革命共同奋斗时，被二人以淡泊功名利禄、甘于田园生活的借口所拒。实际是看不上籍籍无名、除了关羽和张飞哼哈二将几乎一无所有的刘备，何况当时关、张两位还没啥名气。势利眼自古皆有，东汉末年也不例外。所谓高人隐士，不过如此。

诸葛四友之一的石广元，也是荆襄名士庞德公侄子庞统庞士元的好友。这个颍川人最终北上回老家颍川投奔曹操去了，最后官拜掌管农业生产、民政和田租的典农校尉、郡守或太守，实现了其省部级的理想。

想当年的初平年间，有志青年石韬石广元，与同样壮怀激烈的热血青年徐庶徐元直，一同背着简单的包裹南下，不远千里来到革命圣地荆襄，意欲在这个革命大熔炉中锤炼自己丰富自己，将来好有一番作为，也不枉来人世走一遭。并在这里结识了被当地隐逸名士庞德公庞尚长分别赞许为卧龙与凤雏的诸葛亮和庞统，当然也结识了被庞德公称为水镜先生的司马德操司马徽，并建立了极好的革命同窗和师生友谊。

建安初年，孟公威曾在荆州和诸葛亮、石广元、徐元直等一起游学。其中孟、石、徐三人学习认真肯下苦功，舍得对自己发狠，不舍昼夜务必将先贤经典烂熟于心。只有诸葛亮观其大略不肯死记硬背，而着重书中精要与核心要点。每到闲暇之时，几人常一起抱着各自的膝盖做狼啸猿鸣声，已发泄内心的苦闷。

诸葛亮曾对三人道：卿等三人的仕进，官位可至刺史、郡守。

三人反问诸葛亮能至何位？亮笑而不言。

后孟公威思乡意欲北归。

诸葛亮道：中国甚多士大夫，要四方遨游，又何必归故乡呢？

但最终，孟公威还是负箕北上仕魏，官拜凉州刺史、征东将军。和当年的荆州刺史刘表级别一样，相当于省长。

后来，已经位及蜀汉丞相的诸葛亮，并没忘记当年那些好友。在他率军二出祁

山时，曾在回复司马懿的一封信中，希望司马仲达请杜袭代他向孟公威致以亲切问候！

关于贫寒子弟颍川人徐庶这个大孝子，人们都熟知"徐庶入曹营一言不发"这个歇后语。当初因母亲成为人质而被迫离开刘备到曹营后，徐庶最终被任命为右中郎将、御史中丞，其中后者是负责监察和检查的言官，大致相当于后世的纪委书记。这个职位必须靠嘴巴说话混饭吃，似乎与传说中的"徐庶入曹营一言不发"相互矛盾，曹操恐怕也不会养个哑巴。历史与演义之差别，由此可见一斑。曹操的心机之深，同样由此可见：你不是不说话吗？我偏偏给你安排个靠说话吃饭的职务。

荆襄名士庞德公的儿子、雅号凤雏的庞统之堂兄庞山民、倦民或仙民，娶诸葛亮二姐为妻，后任曹魏黄门、吏部郎。也就是说，当孔明正辅助刘备开疆拓土时，他二姐和二姐夫，却在敌营曹魏享受异国他乡风景美食优哉游哉。当年是一个多么开放而和谐的世界啊，没有汉奸、敌特等你死我活水深火热的阶级斗争。

魏文帝曹丕黄初二年、蜀汉先祖昭烈皇帝刘备章武元年7月，为报东吴袭取荆州并擒杀关羽之深仇大恨，刘备起大军70多万东征。蜀军镇北将军黄权所部在江北防御魏军。庞统之弟庞林，以荆州治中从事兼任黄权的参军身份，投身夷陵之战。次年八月刘备溃败，黄权的归路为吴军所断，不得已率众投降曹魏。庞林跟随黄权归附曹魏，被封为列侯，官至钜鹿太守。

此前的建安13年，曹操南征，刘琮投降，大师级隐士司马徽被曹操所得。曹操真心实意地很想重用司马徽，但"清雅有知人鉴"的水镜先生不久就病死了，后归葬颍川故里。

诸葛四友中唯一不忘初心牢记使命的，是东汉名士崔烈太尉的小儿子、东汉议郎崔均之弟崔州平了。崔州平本是冀州博陵县人，历任虎贲中郎将、西河太守。因参加讨伐董卓之战，其父被董卓收押并死在狱中，崔州平则为避乱跑到荆州，成为孔明至交。一顾茅庐时，刘备即偶遇气宇轩昂、飘逸潇洒、一副大智慧模样的崔州平。二人粗粗聊了天下大势后，求贤若渴的刘备即盛情邀请崔州平一起创业干革命。被崔以闲散惯了无意功名为由婉拒，后不知所踪。大概真成了闲云野鹤并终了山野，但也有人说他云游四海浪迹天涯出家为僧了。

时间在推移，不舍昼夜。

扎根颍川本土的曹魏政权中的颍川派，其实力也在变化、更迭，总的来看是在不断壮大。除了诸如上述境外名士不时前来投奔归附外，本土颍川豪门也有更多人员加入，并且帮助曹魏开疆拓土不断壮大。颍川派开始左右政局甚至接班人或皇权。

战略大师颍川派首领荀彧，适时为曹操推荐了同郡的郭嘉郭奉孝。后者其后成为曹操须臾不可离的战术大师。先是时，颍川戏志才，筹划士也，太祖甚器之，早卒。太祖与荀彧书曰：自志才亡后，莫可与计事者。汝、颍固多奇士，谁可以继之？彧荐嘉。随着荀彧推荐给曹操的颍川人越来越多，颍川文人派逐渐成形。其中著名者包括荀攸、楷书发明人钟繇、陈群、戏志才、司马懿、荀悦、杜袭、辛毗、赵俨、郗虑、华歆、王朗和杜畿等十数人。

促成挟天子以令诸侯大战略后，在与袁绍争霸北方时，颍川派又积极出谋划策。

官渡之战前后，荀彧七出奇计，荀攸十二划策，都使曹操在军事上得了势。更多颍川派人士则留守地方，替曹操紧紧守住地盘：钟繇坐镇长安，遏制马腾、韩遂，稳定关中；陈群、赵俨作为县令在东南抵挡刘备；荀彧本人则替曹操坐镇许都稳定后方，为曹操平定北方做出巨大贡献。

建安八年，曹操上表，封荀彧为万岁亭侯。

正担任尚书令的荀彧看到曹操的表文后，非常低调地表示：自己没有战功，不宜如此，并把表文压了下来。

为此，曹操又给他写信说：同你共事以来，你帮着纠谬辅政，荐举人才，提出计策，周密谋划，已做得很多了。立功不一定都靠作战，希望你不要再推让。

荀彧这才接受万岁亭侯的封爵。封地在黄帝故里、许都以北的新郑境内。

建安12年3月，增荀彧食邑千户，前后共计二千户。还要授以三公（太尉、司徒、司空）之职。

低调的荀彧让荀攸代为推辞十几次才作罢。

同年冬，曹操准备讨伐刘表，问计于荀彧。

荀彧说：今华夏已平，南土知困矣。可显出宛、叶而间行轻进，以掩其不意。

曹操遂南征。

八月，刘表病死。

曹操遂得荆州。

建安17年，曹操欲进爵国公、加封九锡。

一直想复兴汉室的荀彧表示反对：（曹公）本兴义兵以匡朝宁国，秉忠贞之诚，守退让之实；君子爱人以德，不宜如此。

不料因此惹怒曹操。

同年，曹操征孙权，让荀彧到谯县劳军。

荀彧领命到达后，曹操乘机把他留在军中，封荀彧为侍中、光禄大夫，持节，参丞相军事。曹操军至濡须，荀彧因病留在寿春，不久忧虑而死。

也有史书说，当时曹操赠食物给荀彧。荀彧打开食器，其中却空无一物，因此服毒自尽，时年50岁。谥号敬侯，其子荀恽嗣。

次年，曹操进封魏公。

荀彧死后，就地葬于寿春，从此再没能回到颍川故里。西壕荀家失去了一位世所罕见的高才。

6

远在小龙脊的武申得到噩耗后，悲伤不已。在他心中，文若不仅仅是他文弱的类似字号者，更是一名知己、难得的一个知音；如果文若是俞伯牙，那他文弱就是钟子期。如今，文若已成绝唱，文弱咋不伤心呢？

伤心之余，武申决定在十一寒衣节这个传统日子赶到寿春，和文若见最后一面并予以凭吊。为此，武申提前3个月就开始准备一应物品：冥衣、香烛、纸钱、食物和白纸等等。

一切就绪后，武申让他的大孙子套好牛车就出发了。一路晓行夜宿，辛苦自不待言。

好在荀彧大名在外，寿春也不是小龙脊一般的无闻之地，武申很顺利地按照预定时间来到荀彧的长眠之地。

在荀彧墓前，武申给他焚烧了冥衣、纸钱等，然后痛哭失声。之后便抽泣着埋怨荀彧为何如此想不开？干吗非要在大好年华自我了断？你本不是追求荣华富贵之人啊？大不了你辞官不做，来大陵和小龙脊与我一起读书、渔猎、品茶……就这样，武申在前、孙子在后，俩人在荀彧墓前悲伤不已，从巳时一直和毫无动静的荀彧絮叨到未时，却似乎永远也说不完。

就在这时，有人在后边拍他肩膀，武申这才停下来。回头一看，原来是个英俊书生，他身后还有几个随从模样之人。书生酷似当年在小龙脊和武申初次见面时的文若，吓武申一跳。莫非文若没有死，被我唤醒活过来了？先生是……？文弱弱弱地问年轻人。

年轻人将武申搀扶起来，说：老人家，我是文弱先生的长子荀恽、字长倩。请问您是谁啊？咋从来没见过面呢？家父的朋友我基本都认识啊？

武申就将自己简单介绍一番，并叙述了自己对文若先生的感情等等。

从小长在豪门、没有任何布衣之交的荀恽，很是惊讶父亲的魅力，更对老人千里迢迢前来凭吊父亲感动不已。他一面感谢武申和他长孙，一面请二人随他前往寿春城内叙谈。

众人来到荀彧生前在寿春的临时住所。此时他的丧期未过，加之荀恽兄弟等正在丁内艰期即守孝期间，所以这片住宅内外一片缟素，望之让人垂泪。

刚刚在路上已稍稍平静了不少的武申，此时睹物思人，又不禁老泪纵横起来。

武申领着长孙在厅堂内荀彧的灵位前上过香烛、跪拜叩首后，荀恽带他们到父亲生前的书房内喝茶交谈。

虽然家父已去世多时，但室内布置一如他生前。书房内摆设更是丝毫未动，一切如故。荀恽介绍道。

少顷，荀恽告诉武申说：父亲临终前曾和母亲说，许昌东南百里许有大陵和小龙脊相邻，那里有个一面之交的同龄人字文弱，其实他的文化水平一点儿都不弱，只是效法老庄悠游乡野的生活态度而已，很是羡慕他啊。如有来世，也希望过那种生活，不再费心劳神了。告诉孩子们，将来时不时代我到那里看望一下他，看他是否需要帮助。想必父亲所说的文弱，就是您老人家吧？

武申听后大为感动，没想到他和文若先生心有灵犀，他还记得我这个乡间草民。话未说完，又止不住泪水涟涟起来。

俩人这样回忆着荀彧，不知不觉已到了晚饭时间。因在守孝期内，一切从简朴素，既无酒水，又没鱼肉，粗茶淡饭而已。

饭毕，武申告诉荀恽，他和孙子明天早饭后就回颍川了，让荀恽转告令堂等一家保重。

荀恽问武申有没有啥困难？

困难倒是没有，不过有个不情之请，不知当讲与否？武申道。

荀恽道：家父不在了，从年龄上讲，您就是父辈，有任何事情千万不要客气，请不吝吩咐。

武申道：我和令尊地位悬殊，却一见如故，在我心中他就是我的知音。如果方便，我希望请一整套令尊生前用过的衣冠袜屦。拟带回小龙脊，为文若先生建个衣冠冢，这样我就可以天天守着文若兄，更可以时不时和他聊聊天，逢年过节给他祭奠祭奠。不知是否可以？

荀恽长揖表示感谢，并很感动地说道：文弱先生有如此之心，家父若九泉之下有知，一定会宽慰很多。我这里代家父先行谢过您老了！时间不早了，您长途跋涉一路劳苦，明日还要返回，我让人带您老二人先去歇息，明早饭后给您送行。可否？

第二天早饭毕，荀恽带着几个随从，抬着、提着、抱着、扛着各种箱笼，来给武申爷孙俩送行。把一辆不大的老牛木车，装得满满当当的。

这里面，有根据您的要求提供的家父生前穿戴过的衣物鞋帽，也有家父生前闲暇时间自己辑录的部分著述文集《西壕之声》，其中包括《迎驾都许议》《散斋得宴乐议》《田畴让官议》《报赵俨书》和《报曹公书》等等，还有一些吃食您路上慢用。荀恽解释道。

然后又从自己的宽袍大袖中取出几封信函，让武申随身带好：这些信件您老带在身上，如果路上遇到劫匪等突发事件外，需要沿途官家帮忙，或许用得着。

又转身告诉武申的长孙武伯：爷爷年纪大了，路上慢点，注意安全。然后和武申二人告别，并目送他们披着秋日霞光，慢慢消失在官道尽头。

武申一路顺利回到大陵后，将豪门贵族家才使用的各种箱笼都搬进屋内仔细检点，才发现其中除了荀恽说的那些物件外，还有4锭金子和100锭银子。这是怕我没钱给文若先生修建衣冠冢啊！武申叹道。

一边这样说着，一边将荀彧生前穿戴过的衣物整理好，放进从寿春带回的一个精致大樟木箱子中，再把箱子放在厅堂正中的条几中间供起来。又找出一只多年前爷爷在大陵捡回的盗墓贼遗落下来的青铜小鼎，放在衣箱前面。小鼎里面装一些本地到处都有的黄沙土，最后插上香烛点燃，恭恭敬敬地祭拜，边拜边念叨：文若先生，先在我这寒舍里委屈一下，等我把您的长眠地建好，您就可以好好休息了。

接下来的日子，武申从未有过地忙活起来：坐着牛车或骑着黄牛到周围请石匠、木匠、泥塑匠、画匠、厨师等各种能工巧匠，大家从四面八方云集在大陵和小龙脊一带。

一时间，烧制秦砖汉瓦的几个小土窑冒出巨龙一般的浓烟；长长的板条大锯分解粗大木头的声音不绝于耳；当然还有定时散发出来的饭菜香味，那是武伯领着厨师等一帮人，在给工匠们及前来帮忙的乡邻提供扎实的后勤保障……沉寂了千余年的大陵，就这样又突然热闹起来。

在匠人们忙活各自己手头的活计时，武申则在小孙子武季陪伴下，沿着小龙脊给荀彧查勘风水宝地。

最后选定武申在小龙脊那座茅草屋斜对面、小龙脊北坡下的一处地方。这里刚好是小龙脊从笔直的东西向、蜿蜒向东北方转弯的怀抱处，背靠小龙脊，面前一口清幽的水塘，面向西北许昌方向，即荀彧的出生地，也是他运筹帷幄指挥若定的西壕故里。整个墓地形似一把太师椅，环抱着将在这里长眠的主人荀彧的衣物。武申自己非常满意这一选择。

众志成城之下，到次年的清明节这天，一切准备妥当。

在武申主持下，人们将荀彧生前穿戴过的衣帽鞋袜等，穿戴在颍川顶级木匠根据武申对荀彧生前描述雕刻而成的香樟木躯体上，然后放进一口由一株 2 千年之久的巨大柏木单独制成的棺木中。香樟木和柏木的天然香味，可以防虫蛀耐腐蚀，这是武申费尽周折花费颇巨才求购来的。再把棺木移进用青砖券出来、拱形穹顶上用白色和黑色石头镶嵌着太极八卦图案、周围墙壁上依序画有孔子和荀子等先贤画像的墓室内。然后将棺木头部一个由大理石雕刻而成的长明灯点燃，接着将一块题有"大汉故荀令君文若铭"墓志盖，放进长明灯附近的墓门处，最后封闭了墓室。

墓室后面背靠的小龙脊顶上，建有一个八角形八卦形的亭子。亭子里有一尊荀彧坐在那里读书的洁白大理石雕像，象征着文若先生高雅的品节。与墓前池塘中的荷花相映成趣。墓前立着一通高大的青石碑，碑的正面刻着"汉万岁亭侯荀文若讳彧太尉之墓"几个隶书大字，背面则是中正的小楷，上面镌刻着荀彧的生平事迹和时人对他的评价。紧贴着石碑有个石香炉。巨大的石香炉前面，立着 8 个栩栩如生且俩俩相望的石像生。

荀彧墓后，则立着一块小石碑。碑上是武申仿《诗经》体，发自肺腑为荀彧写的四言诗，算是对好友的一个交代。诗曰：

有荀君子，惠我无疆。鸿飞遵渚，载好其音。乐只君子，宽慰我心。烝我髦土，教之诲之。载色载笑，抑抑威仪。温温恭人，令闻不已。我思古人，召公似是。父母孔迩，其乐如何。悠悠南行，维以遂歌。酌言献之，以永今朝。顾瞻周道，四牡骓骓。言念君子，式遄其归。

矍铄我公，众仰风采。深深其仁，绵绵其泽。克长克君，万民是则。公堂严严，万民所瞻。有麦有麦，在颍之滨。有黍有黍，在颍之坟。既庶且富，惠此颍人。重民教化，敬敷在宽。勤勤恳恳，古人比肩。饮食教诲，式礼莫衍。其诲维何，诗书礼乐。春夏秋冬，术正学博。

实德敦崇，浮华刊落。无小无大，咸尊束约。其约维何，先知先觉。族邻亲睦，习尚质朴。勿惊庞吠，勿竞雀角。公无戏怠，万民是若。颍水汤汤，征人彭彭。言念我公，中夜彷徨。颍水浩浩，征人子子。我公此去，霖雨闲歇。留公不住，忧心如结。嗟我公去，于龙之里。

墓碑和墓志盖，都是武申让长孙武伯专程到许昌，通过荀恽的关系找钟繇写的。钟元常听说有人自发为自己的知音文若先生建衣冠冢，欣然命笔一挥而就。毕竟是知根知底有感而发，一点也不含糊。

大典礼毕，武申大病一场。

这几个月他实在是太累了，方方面面都需要他昼夜谋划、出面决断，加之上了年纪，难免吃不消。

无论如何，小龙脊又多了一道亮丽的风景线。逢年过节，颍川一带的文人墨客大小官员路过大陵附近时，都会前来拜谒荀彧，希望沾一下他的灵气，能够官运亨通脑洞大开智慧超群。

武申几乎天天都会数次前来荀彧墓前，或立在碑前和荀彧小声念叨着啥，或坐在碑亭中荀彧雕像身边，给他讲述天下新闻、朝堂变故；也或者清理坟丘上的杂草，擦拭墓碑、雕像……一天不来，武申就觉得过意不去，吃不好睡不香。来过了，心中便十分踏实。

时人都说，荀彧无意中结交的布衣武申，天天到文若墓地去看他，且比邻而居，类似天天守孝，比荀彧的孩子们还要孝顺，实在是荀文若之福啊！

7

忠于汉室反对曹操封魏公的曹操儿女亲家荀彧被逼死后，以匡扶汉室为己任的颍川派不得不默默接受这一结果。人死不能复生，家族及集团的利益和发展，自然比一个行将就木的汉室重要得多，也现实得很。

荀彧之后，时为曹魏尚书令、比他大6岁的侄子荀攸，成为颍川派的新领袖，负责招揽和安置人才。

有人认为，荀氏叔侄俩政见有别：叔叔荀彧是保皇派，侄子荀攸则为现实派或务实派。

后来，继荀攸成为颍川派领袖的是陈群。他在任曹操的西曹掾属时，就有知人之誉，而后更是负责官员选拔之要职。

随着曹魏在北方统治的稳定，颍川派和曹氏老家谯沛派之间的矛盾逐渐尖锐起来。这是世家豪门与新生权贵之间争夺权力的斗争，其中最尖锐的，是曹操的继承人之争。

曹操共有25子。其中后世较为熟悉者包括长子曹丕（实为次子，长子曹昂于建安二年被张绣所杀，曹丕荣幸晋升为长子），三子黄须儿曹彰，七部成诗的四子曹植，及以称象出名的七子曹冲。

久为儒家子弟的颍川派，极力倡导嫡长子曹丕继承制。而包括杨修和丁氏兄弟在内的谯沛派，则极力扶持文采飞扬的曹操四子曹植。也难怪，太尉杨彪之子杨修杨德祖是东汉文学家，和曹植一样学问渊博才思敏捷，自然惺惺相惜同气相求。

最终，曹丕在实力强大的地头蛇许昌土著颍川派的鼎力相助下，接过曹操的权杖，进而谋划取代早已成傀儡的妹夫汉献帝，一举承继天下大统。

于是，公元220年，颍川境内发生了一件震惊天下的大事儿：曹操的儿子曹丕，在颍川派等的鼎力支持下，准备逼迫已经延续了406年的两汉末代皇帝汉献帝刘协刘伯和，将皇位让给曹丕；并拟改国号为大魏，开始曹家对中国长江以北大部分地区的直接统治。

为此，贾诩建议搞公开禅让：让华歆命汉献帝筑一高坛，名曰受禅台。然后择吉日良辰，把朝中大小官员集合在坛下，命汉献帝亲捧传国玉玺，当面将天下让给曹丕。这样天下百姓就不会说三道四妄加评论了，曹丕也不会落下篡汉之骂名。

禅让仪式时间很短，一天足矣。但准备工作却颇耗时日，尤其是举行仪式的大

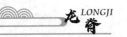

土台子即受禅台的建设，大费周章。

首先就是选址。有人提议将受禅台选在天然高地大龙脊或小龙脊的中心位置上，然后发动士兵用黄土进一步加高、拓宽、塑形。

也有人建议直接将巍峨的大陵顶部铲平、加宽，就是个很好的台子，省时省力。但现场踏勘时，遭到住在大陵脚下已经老迈年高的武申的坚决反对。他的借口是，削平先人安息的陵墓举行禅让大礼，不但打扰了旧王的平静，更对新主不吉。

这个理由很扎实，得到曹丕的认可。与此同时，曹丕觉得大陵离许昌太远，兴师动众不方便。

几经禅让大典筹备委员会广泛征询意见、现场考察、无数次讨论，并报经曹丕同意恩准，最后选定在许昌城南附近颍水之畔的繁阳筑受禅台。

在数千身强力壮士兵的共同努力下，很快，一个高三层、顶部方方正正的土坛，在颍水之畔的繁阳城南侧筑成，并决定在是年十月庚午日寅时举行禅让仪式。

为此旷世大典，先后筑起两台。除受禅台外，还有盘龙寨。受禅台乃举行禅让受禅大典之场所；高17米的盘龙寨，则因汉献帝和曹丕先后在上面居住而得名。

美其名曰禅让的这天，繁阳城南侧旷野中旌旗招展、热闹非常。汉献帝请曹丕登上受禅台，准备接受皇位禅让。

禅位大典开始，汉献帝先登坛祭告天地和祖宗。接着，汉献帝在上，曹丕在下，由汉献帝宣读禅位诏书。然后双方互换位置，曹丕正式宣布称帝，改国号为魏。汉献帝手捧传国玉玺，交予曹丕。

读册毕，曹丕接受八般大礼，满心欢喜地登上皇帝宝座。

大臣贾诩引领大小官僚立于受禅台下，宣誓将服从新皇帝领导，永远跟着曹爷干革命，在曹爷伟大旗帜指引下，上刀山下火海赴汤蹈火在所不惜。

接着宣布，改延康元年为黄初元年，国号大魏。曹丕即刻传旨，大赦天下；加封他父亲曹操为太祖武皇帝。最后，曹丕下令封妹夫汉献帝为山阳公，送往河内郡之山阳县居住，并要求他当天就离开许昌前往自己的封地。

汉献帝眼含热泪和对先祖的无限愧疚，面向曹丕拜谢，然后凄惨上马，缓缓向西北方自己的小小封地而去。

汉献帝当然愧疚。刘家的大汉天下，前后绵延数百年，曾如日中天不可一世，如今却断送在他手里，能不愧疚吗？

从来只见新人笑，有谁见过旧人哭。

其实也不全对，曹丕就目睹了汉献帝的痛哭流涕，但他还是喜滋滋地成为新主。让他想不到的是，多年后，他的后代重复着和今天的他一模一样的程序。只不过被赶下台的，是他自己的后代；而上台的，则是他生前无比信任、并帮他登基的颍川派核心成员之一的司马氏。

《三国志·魏书》和《三国志集解》，这样描述当时的禅让大典：繁阳亭五彩旌旗如林迎风。受禅台上，黄幔金伞遮天蔽日；台前台后，三军持戈严整列阵。受禅台下大小官员四百余人，御林军二十余万，还有匈奴单于及藩国使臣等数百人。寅时一到军号齐鸣，台上献帝亲捧玉玺交给魏王，台下文武百官跪听读册；而后曹丕登上皇帝之位，宣布改元黄初，国号大魏；册封刘协为山阳公。

不久，新主曹丕宣布，改颍川之繁阳亭为繁昌县。表示自己建立的魏国，是从这里开始繁荣昌盛起来的，也有人神共和繁荣昌盛之意。并树碑立表，昭告天下，流传后世。

于是，诞生了"受禅表"和"公卿将军上尊号奏"碑。两碑并列立于曹丕称帝的同一年，记载了魏公卿将军劝进及汉献帝禅位于曹丕的经过。

二碑用两块质地坚硬的鱼籽石雕琢而成。其中"受禅表"碑高 3.22 米，宽 1.02 米，厚 0.28 米。碑成圭形，上有碑穿额，题篆书阳文"受禅表"三字。其上共刻 22 行、每行 49 字。碑文为隶书阴镌，记述了受禅之全过程。大意是汉室气数已尽，魏王理当代汉；阐明禅让乃千古美德，颂扬曹丕"齐光日月才兼三级"，有"尧舜之质""伯禹之劳""殷汤之略""周武之明"；然后说曹丕在众公卿将军多次请求下，"乃回思迁虑""至于再、至于三"，才在繁阳筑灵坛举行受禅大典。"受禅表"还大谈曹丕有殷汤之略、料敌用兵睿智神武之能，加之天降祥瑞，天时地利人和具备，如此他最终"乃揽公卿之意，顺皇天之命"。

"公卿将军上尊号奏"碑高 3.22 米，宽 1.02 米。正面 22 行，背面 10 行，每行 49 字，总计 1359 字。碑额尖无花饰，篆文刻"公卿将军上尊号奏"八字阳文，上刻劝进公卿将军 46 人姓名和曹丕受禅表章。碑曰："尧知天命去已，故不得不禅；舜知历数在躬，故不得不受。不得不禅，奉天时也；不得不受，畏天命也。"

两碑书法用笔刚健，结构端正，章法严谨，富有神韵，气势恢宏；刀法圆润流畅，朴拙凝练，刚中有柔，遒劲洒脱。

两通碑由司空王朗撰文，尚书梁鹄手书，侍中钟繇镌刻。因撰文、书法、镌刻俱佳，故称"三绝碑"。

所谓"三绝"，即文表绝、书法绝和雕刻绝。两碑字体均为隶书，上承前代篆书，下启魏、晋、南北朝、隋、唐楷书风范。

颍川长社人钟繇钟元常，文武双全。是汉末至三国曹魏时著名书法家、政治家，并发明了楷书这一后来被广泛使用的书体。其早年相貌不凡，聪慧过人。历任尚书郎、黄门侍郎等职；因助汉献帝东归有功，封东武亭侯；后被曹操委以重任，为司隶校尉，镇守关中，功勋卓著，以功累迁前军师；魏国建立后，任大理，又升为相国；曹魏建立后，历任廷尉、太尉和太傅等职，累封定陵侯；在魏文帝曹丕时期，与华歆、王朗并为三公。太和四年去世，谥号"成"；正始四年，配享曹操庭庙。

钟繇擅篆、隶、真、行和草多种书体，推动了小楷的发展，被后世尊为"楷书鼻祖"，对后世书法影响深远。后世的东晋书法家王羲之等人，都曾潜心钻研其书法，钟繇与王羲之被并称为"钟王"。南朝庾肩吾将钟繇的书法列为"上品之上"。唐张怀瓘在《书断》中评其书法为"神品"。

"三绝"出世，立地生辉；骚人墨客，王公商贾，汇聚于此，慷慨悲歌，吟诗作赋，唱念作和，捶碑拓字。一时间，"三绝碑"名满天下，繁昌热闹非凡。

四年后的黄初四年建魏文帝曹丕祠，有大殿七间，配房五间。"受禅表"和"公卿将军上尊号奏"碑，就在大殿内。

明弘治二年，许州知州邵宝改曹丕祠为汉泯帝祠，俗称献帝庙。这是后话。

秋天真是一个收获的季节。

二十四年前的九月里，当汉献帝在曹操劝说下，兴致勃勃地沐浴着爽人的秋色，带领皇室成员、文武大臣，浩浩荡荡自洛阳东来许昌时，也是一个金秋。二十四年后，当他被迫交出至尊皇位离开许昌时，还是一个秋天。只是后来这个秋天，较之前面那个秋天，秋意浓了不少，也清冷了很多很多。

曹丕继位后对颍川派投桃报李，疏远了宗室新贵为主的谯沛派。曹丕继位后，陈群推动实施了"九品官人法"，为广大世家高门巩固了权势与地位。而在曹丕有意识的扶持下，陈群、司马懿等颍川派，开始掌握一定的军权。

随着谯沛派的失势和瓦解，亲戚套亲戚的颍川派越发有了凝聚力。而且因为颍川派在曹魏朝廷中强大的影响力，也吸引了其他地方的世家子弟加入其中，司马懿即其中之一。

颍川派完全把控了曹魏的人才选拔及官员升迁任免，并由此将大部分曹魏官员笼络在自己周围。

8

曹丕临终前，其四位托孤之臣包括曹真、曹休、陈群和司马懿。后来，随着曹真等一众谯沛派老将的去世，司马懿的政治和军事能力得到充分发挥，并逐渐掌握生杀大权。如此一来，颍川派已掌控曹魏的重要政治和军事力量。

司马懿出身河内名门，是世家高门的天然同盟。想要维护九品中正制带来的世家高门政治世袭特权，颍川派当然会选择位高权重的司马懿作为世家高门代表，去对付曹魏政权中那些庶族出身并占多数的谯沛派。

司马懿身边的重臣，包括陈群之子陈泰、钟繇之子钟会、荀彧之子荀颢、荀攸族子荀勖和口吃的邓艾邓士载，以及陈群招揽的高柔、傅嘏、贾充等，都是颍川派的核心成员。

按理说，以曹魏宗室为核心的谯沛派力量不算弱小。中央有曹爽和夏侯玄，地方更有手握重兵的王凌、毋丘俭、文钦和诸葛诞等襄助。可惜老曹家后继无人。司马懿发动政变时，曹爽连鱼死网破的勇气都没有，竟甘愿交出兵权束手就擒。而后王凌、毋丘俭等人虽在淮南等地发动叛乱，但终被已手握大权的司马懿击灭。

司马晋代曹魏之后，世家高门掌控朝局达数世纪之久。汉儒倡导的忠义，成为虚设的牌坊。其后数百年，篡位者此起彼伏，朝廷重臣见风使舵毫无大节。

司马懿的重臣邓艾，算是半个颍川人。他对颍川一带的水利开发、农业发展和国力强盛，做出了重大贡献，对魏晋发展功不可没。

邓氏原本是义阳棘阳即南阳新野一带大族。邓艾自幼丧父，但从小受过良好教育。

建安十三年，曹操攻下荆州后，强行将当地人民北迁。邓艾及其母亲、族人，便被迁到汝南即后来的上蔡作屯田民，12岁时随母至颍川。读到已故太丘长陈寔碑文中的两句"文为示范，行为士则"，非常喜欢。于是自名为邓范，字士则。后因宗族中有与此名相同者，遂改名邓艾。

因能读书识字有才学，邓艾很快在屯田民中脱颖而出，被任命为典农都尉学士。但因口吃，典农都尉认为他不适于担任重要职务，便指派他充当一名看守稻草的小吏。

颍川郡一长者见其家贫，常资助他。

邓艾喜欢军事，每见高山大川，都要勘察地形、指划军营处所，遭别人讥笑也不介意。

就这样，出身贫寒的邓艾，混迹在屯田民中平淡地过了近二十年。后来总算当上典农功曹，帮助管理屯田。

一次，邓艾上洛阳呈报，得以见到洛阳太尉司马懿。司马懿很赏识他的才能，召他为太尉府掾属，后升任尚书郎。文武双全、深谙兵法、对内政也颇有建树的邓艾，这才有了用武之地。

正始初，魏国准备在东南一带屯田，以积储军粮对付吴国，并派邓艾前往调查。

邓艾从陈县、项县一直考察到寿春，然后提出两项重要建议：一是开凿河渠，兴修水利，灌溉农田，提高单位面积产量和疏通槽运；二是在淮北、淮南实行大规模军屯。

为此，邓艾著《济河论》阐明自己的观点：土地肥沃，可惜水少，不能充分利用土地。应开挖河渠，引水灌溉，广积军粮，开通漕运水路……从前为平定黄巾之乱而屯兵开田，在许都积蓄了许多粮食，目的在于控制天下。而今三面已定，但淮河以南还有战事。每当大军南征，仅用于运输的兵力就占去一半，耗费巨大，劳役也很繁重。陈、蔡之间土地肥沃，可减省许昌周围的稻田，引水东下。同时在淮河以北屯兵二万人，淮河以南屯兵三万人，按十分之二的比例轮休，常有四万人，边种田边戍守。风调雨顺时，收成常常是西部的三倍多。扣除兵民的费用，每年用五百万斛作为军资，六、七年间，可在淮河上游积蓄三千万斛粮食。这些粮食够十万军民吃上五年。凭这些积蓄进攻东吴，可无往而不胜！

司马懿看后非常满意，立即采纳并实施。

从正始二年起，魏国在淮南、淮北广开河道，大举屯田。北以淮水为界，自钟离以南，横石以西，至沘水源头之间的四百多里范围土地上，每五里设置一个军屯营。每营六十人，一面屯田，一面戍卫。与此同时，淮阳、百尺两条河渠也拓宽了。从黄河引水注入淮水和颍水，颍南、颍北修建了许多陂田。淮水流域挖掘了三百多里长的水渠，灌溉农田二万顷，从而使淮南、淮北连成一体。几年后，从京都到寿春，沿途兵屯相望，鸡犬之声相闻，出现了一派繁荣富庶的景象。从此，淮水流域的水利和军屯建设得到飞速发展，魏国在东南的防御力量也大大加强。每当东南有战事，大军可乘船而下，直达江淮。军资粮食有储备，又没有水害。这些，都是邓艾的功劳。

后人有赞《邓河水利》诗歌曰：

> 延仁艾河壖，沃壤秋风清。
> 荼蓼相因依，禾麻植西成。
> 忆昔为禅日，一带留兹称。
> 万斛饶国利，三分资战争。

活活东流驶，难穷篡国名。

邓艾迁升兖州刺史加振威将军后，看到有些地方官不重视农业生产，便上书说：一个国家最当务之急不外有二，一是农业，二是战备。国家富裕了，军备才能强盛，才能战无不胜，而农业是取得胜利的根本。孔子说，粮食丰足，兵力才能丰足。粮食的重要性实在兵力之上。如果朝廷不设奖鼓励，那么百姓就不会花大力气去积储财富。今应设立奖赏，鼓励人们广积粮食。

颍川的水养育了邓艾，邓艾则丰富了颍川之水，富足了颍川百姓。

三国时期，邓艾还积极倡导在许昌周围屯田。在龙脊古城北约三十五里处，凿土引水、兴修水利，造就艾城河，又名潩水。据说此河河水最宜种稻，但因当地土著不喜食米而作罢。

唐朝时，艾城河被称作石梁湖或石梁河。唐代诗人刘长卿在其《石梁湖寄陆燕诗》中唱道：

> 故人千里道，沧波一年别。
> 夜上明月楼，相思楚天阔。
> 潇潇清秋暮，袅袅凉风发。
> 湖色淡不流，沙鸥远还灭。
> 烟波日已远，音问日已绝。
> 岁晏空含情，江皋绿芳歇。

宋时称为石塘河或五吉河，用于漕运颍川一带的粮食等出产，直达东京汴梁。当地百姓至今受益。

《魏志·邓艾传》记载：

艾为典农纲纪、上计吏，因使见太尉司马宣王。宣王奇之，录以为掾，迁尚书郎。时欲广田畜谷，为灭寇资，使艾行陈、项以东至寿春。艾以为田粮水少，不足以尽地利，宜开河渠，可以引水浇溉，大积军粮，以通漕运之道。乃著《济河论》以谕其旨。宣王善之，事皆施行。正始二年，乃广开漕渠。每东南有事，大军兴众，泛舟而下，达于江淮，资食有储而无害，艾所建也。

艾城河最终纳入颍水之中。艾城河畔之轩家庄，为艾城旧址。庄北3里许有邓艾祠，后改为玉皇庙，俗仍呼邓庙。

可以说，曹魏政权能在三国中始终保持实力最强，邓艾的许多政治主张在其中起了很大作用。

邓艾因功被赐爵关内侯，加讨寇将军，后又迁升城阳太守。

曹髦曾这样评价邓艾：艾筹画有方，忠勇奋发，斩将十数，馘首千计，国威震于巴蜀，武声扬于江岷。

王安石评邓艾道：昔邓艾不赖蔡河漕运，故能并水东下，大兴水田。

李商隐：或谑张飞胡，或笑邓艾吃。豪鹰毛崭刷，猛马气佶傈。

有孔明，就会有周瑜，并由此产生瑜亮情结和千古传奇故事。

同样，有邓艾，就有钟会。尽管后者比前者小 28 岁，但同朝为官、俱为当代俊杰，不影响他们之间发生瑜亮情结，并由此于同年殉葬于司马氏的晋朝。一起为司马王朝而死的，还有邓艾的儿子邓忠。

与邓艾穷苦困顿颠沛流离的出身相反，钟会出身豪门士族颍川钟氏，是太傅钟繇幼子、青州刺史钟毓幼弟。

钟会少时异常聪慧敏捷。5 岁时，钟繇带他去见蒋济，蒋济认为他"非常人也"。长大后，钟会有才数技艺，博学多闻，尤其精通玄学。弱冠时，与名士、玄学代表人物王弼并知名。20 岁担任秘书郎一职，22 岁迁尚书郎，24 岁任中书侍郎。此时邓艾已 42 岁了，俩人本就是两代人啊。

同为名门公子的钟会，与司马兄弟年轻时就有所交往。钟会早年受到司马师赏识，是司马氏的重要幕僚。

高贵乡公曹髦即位时，赐予时年 29 岁的钟会关内侯爵位。

钟会私下对司马师评价曹髦道：才同陈思（曹植），武类太祖（曹操）。

大将军司马师新割目瘤、身体尚未恢复东征毌丘俭时，30 岁的钟会随军主管机密事宜。后来司马师骤亡于许昌，司马昭统领大军，令钟会运筹帷幄。同年，朝廷拜司马昭为大将军、辅政，封 29 岁的钟会为黄门侍郎、东武亭侯，食邑 300 户。

钟会为司马昭出谋划策最多，也越来越得到后者的宠信。时人将钟会比作西汉谋士张良。

32 岁时，朝廷欲升他为九卿之一的太仆，被钟会坚决拒绝。仅以中郎官身份在大将军府任记室，这是司马昭心腹才可担任的要职。因及时察觉并讨平诸葛诞有功，钟会被授予陈侯之爵位，他亦反复辞让。

为此，曹髦下诏，表彰钟会功成不居的处事态度。

36 岁前后，钟会升迁为司隶校尉。虽身在外任，但朝廷大小事务和官吏任免权，钟会无不插手。名士嵇康等人被杀，也是出于钟会的谋划。

司马昭提出灭蜀，群臣皆以为不可行。唯独钟会说蜀汉可以攻取，并与司马昭共同策划谋略，勘察地形，纵论形势。

37 岁那年，钟会受封为镇西将军、假节、都督关中军事。

38 岁时，钟会为主将统兵十余万进兵伐蜀，命牙门将许仪在前修路，自己率大军紧随其后。过桥时，战马陷入坑中。钟会不顾许仪先父许褚立下的汗马功劳，将许仪斩首。诸军闻之，无不惊恐畏惧。

钟会西出阳安口，派人祭拜诸葛亮之墓，并下令军士不得在其墓附近牧马砍柴。

钟会发布《移蜀将吏士民檄》，劝蜀地军民投降。但其大军进攻剑阁失败，钟会开始考虑退兵。

但邓艾一路兵马奇袭得手，率军攻破绵竹、击杀诸葛瞻父子。进而率兵逼向成都，刘禅率众投降，蜀汉正式灭亡。

刘禅派人命姜维向钟会投降。姜维行至广汉郪县，将自己的符节送给胡烈，又从东道向钟会投降。

钟会禁止将士抢掠，礼贤下士，安抚蜀地官吏。

同年 12 月，朝廷下诏，以伐蜀之功册封钟会为司徒。年轻的他成为三公之一，

并封县侯，食邑万户。封他的俩儿子为亭侯，封邑千户。

平蜀后，一生顺风顺水、年少即开始出名、从没受过任何苦难、本人又极聪慧善谋的钟会，在降将姜维的蛊惑下，开始飘飘然并萌生谋反之心。因忌惮邓艾，便密告司马昭说邓艾有反状。

司马昭命钟会进军成都，监军卫瓘打前阵，拿着司马昭手书押邓艾进囚车。

邓艾被押后，钟会统率大军赶到成都，威震西土。正月十五到成都后，钟会先送走邓艾。次日，召请护军、郡守、牙门骑督以上将士及蜀国旧官，在蜀国朝堂为魏明帝郭皇后发丧，并假借她的遗命，准备起兵废掉司马昭。

但魏国将士并不听从钟会之命，并在正月十八发动兵变，钟会与姜维都被杀死。前者终年仅39岁，后者62岁。

钟会死后，魏军无人约束。数日里，蜀中军众抄掠，死丧狼藉。钟会帐下将士数百人被杀，姜维妻子儿女皆被杀。原蜀汉太子刘璿、左车骑将军张翼、汉城护军蒋斌、太子仆蒋显、大尚书卫继等也被乱兵所杀。关羽家被庞德子庞会灭门。

邓艾部下欲追上囚车，迎回邓艾。卫瓘指使田续杀掉邓艾父子，艾时年67岁。师纂等也被杀。因邓艾被定谋反罪，他在洛阳的诸子也都被杀，其妻和诸孙流放西域。其后卫瓘约束诸将，成都之乱方平。

钟会未娶妻，养兄二子。其中钟邕随钟会作乱，一同被杀；养子钟毅和侄子钟峻、钟迅都被下狱，应论死罪。

司马昭代表魏帝曹奂下诏，说念及钟繇、钟毓之功，仅处死钟毅和钟邕诸子，赦免了钟峻、钟迅，有官爵者如故。司马昭还默认向雄给钟会收尸。

9年后的泰始九年，邓艾被平反昭雪。

钟会足智多谋少年英雄。但论及对颍川的贡献，远不及邓艾。后者在颍川大兴水利，功在当代，利在千秋，艾城河就是他不朽的丰碑。最终，颍川土著全然不记得钟会之能，却念叨邓艾的好处。

<h1 style="text-align:center">9</h1>

又是几百年过去了。天空还是那片天空，大地也还是这块大地，颍川也依然是那个颍川；古色古香，日出而作日落而息，缓慢而踏实；颍水还在昼夜不息地流淌着，一切似乎都一成未变。但这块同样星空和大地上的人们，却已经换了好几茬了。

不变的是这片一直默默地付出的黄土地，几千年来付出的多，吸收的少。变幻的是土地主人，和这些主人们之上皇朝的更迭。

岁月流逝到此刻，已进入到华夏历史上的李唐时空。

与此前包括三国时期在内战争频仍的历代皇朝相比，祥和、安宁、悠闲、自由和诗意，成为大唐的主题。人们有了慢下脚步、细细回味历史品评古人的环境和心态，衣食丰足也创造了文人的悠闲和雅致，少了"要准备打仗"的紧绷与焦虑不安。

自由多元的宽松政治环境，带来了华夏从未有过的诗情画意和热情奔放。由此无数有家国情怀的文人骚客，有了寻幽访古探秘凭吊的雅兴和激情。总之，自由抒发出口成诗，成为李唐时代的主题和鲜明印记。众多后来闻名于世的大诗人，如雨后春笋般出现在李唐这个空前绝后的时空。

"初唐四杰"之一的骆宾王，字观光，婺州义乌人。骆宾王之父曾任青州博昌县令，并死于任所。此后，骆宾王流寓博山，后移居兖州瑕丘县，在贫困落拓中度过早年岁月。骆宾王的名字和表字来源于《易经》中的观卦：观国之光，利用宾于王。但他的名字最终为世人所知并名垂青史，是他身后的事情，与他生前关系不大。

出身寒微的骆宾王七岁能诗，并因其诗作《咏鹅》获神童称号。他曾先后任道王李元庆府属，拜奉礼郎，东台详正学士，武功主簿，迁长安主簿，侍御史等；后因事被谪从军西域，久戍边疆；再后入蜀，居姚州道大总管李义军幕，平定蛮族叛乱，文檄多出其手。在蜀地时，骆宾王与"初唐四杰"之二的卢照邻往还唱酬，颇为惬意。

武则天打破世俗"母鸡司晨"当政后，骆多次上书讽刺，并因此获罪入狱。为抒悲愤，他在《在狱咏蝉》中云：

露重飞难进，风多响易沉。
无人信高洁，谁为表余心？

次年，骆宾王遇赦得释，并出任临海县丞，世称骆临海。但他很快弃官游广陵，并作诗明志：

宝剑思存楚，金椎许报韩。

嗣圣元年，李勣之孙徐敬业即李敬业在扬州起兵反武，骆宾王为徐府属，被任为艺文令，掌管文书机要，并撰写轰动天下的《为徐敬业讨武曌檄》而名声大噪。

嗣圣元年十一月，徐敬业兵败被杀。骆宾王因久慕颍川大名，躲躲藏藏一路辗转跑到颍川，并投颍水而死。

当地村民从他留在岸边的衣服里，找出一写有《为徐敬业讨武曌檄》的白绸布，因不识字而将绸布交给乡野名流武甲辨识。

武甲读后大惊，但没有声张。只是出资将骆宾王葬在颍水河畔，墓碑上刻"马光观之墓"几个简单大字。但将此秘密传给后世子孙，并代代口授心传，不为外人所知。

后来不知何年，骆宾王的南国故里，也先后在两地为其建衣冠冢共两座。

10

由于每个人的成长经历、对社会的期许和生长环境不同，难免就有不同的情怀和追求，其最终结局也大相径庭。

这不，还是在这个世所公认的李唐盛世，一个背景显赫、完全有条件拥有众多红尘中人梦寐以求高位的人，却辞去高官厚禄远离红尘喧嚣、抛弃豪华奢靡金玉满堂，一个人打点起简单行装，坐着一辆单马拉着的小车，离开当时地球上最繁华的大都市长安，出潼关和函谷关，一路向东慢打慢悠而来。

此人乃生于唐高宗承徽六年的并州文水人武攸绪，女皇武则天的侄子，武则天从父武士让之孙。

弘道元年，唐高宗病死。武则天以太后身份临朝称制掌握唐朝大权，武攸绪被任命为太子通事舍人。天授元年九月，武则天称帝改唐为周后，武攸绪被封为安平王，并历任殿中监、扬州大都督府长史、鸿胪少卿和千牛卫将军等职。

武承嗣、武三思和武懿宗等武氏掌权后，残酷打击并屠杀李唐宗室和不附己的大臣，加深了李唐宗室和拥唐大臣对武氏的仇恨。

"少有志行，恬淡寡欲"的武攸绪，本就不喜官场的波涛汹涌尔虞我诈。在此朝堂皇室内部争权夺利的纷乱形势下，更是彻底厌恶了皇家的内部纷争，并在万岁通天元年十月、其正当41岁壮年之时，放弃一切官爵和功名利禄，到他心目中的桃花源隐居去了。从此快乐地悠游于颍川大地，混迹于芸芸乡民之中。

武攸绪退出庙堂归隐田园，并非一时心血来潮，而是久有散淡志，他从小就不喜欢抛头露面，而热衷市井小巷。他曾经"少变姓名，卖卜长安，得钱辄委去"。从小就隐名埋姓，到底层社会去和草民打成一片，不显山不露水。

武攸绪在其隐居的20余年间，"冬居茅椒，夏居石室，一如山林之士。太后所赐及王公所遗野服器玩，攸绪皆置之不用，尘埃凝积。买田使奴耕种，与民无异。"冬天猫入茅草房，夏天躲进小山洞，购田置地给人耕种，静心读书亲近自然，研读《易经》和老庄之学，"以琴书药饵为务"，有时也弹琴钓鱼、采药自足，并给乡邻诊治。女皇和王公大臣送给他的所谓珍宝，他都放在一边不再看一眼更不动一下。以至于这些在凡人眼中难得的宝贝，都蒙尘纳垢满是蛛网，隐去了应有的光芒四射光彩照人。

此外，终武则天之朝整整10年之久，武攸绪未曾出过颍川，更没返回过京城。

在颍川期间，武攸绪一边从古老书籍中追寻颍川旧事古人，并沉浸在这个华夏肇始古老大地的厚重历史遗迹，一边根据书中的描述，实地寻访如今的痕迹。当他发现城颍邑曾经是春秋时期著名的郑庄公掘地见母处时，便饶有兴趣地骑着毛驴，到如今的城顶村、曾经的城颍邑来了。

春秋时期，郑庄公置他的母亲武姜于颍川之城颍；其后，郑庄公又掘地见母于城颍。这些1400多年前赫赫有名的历史事件，就发生在颍川境内的城顶村。

郑庄公是当时盘踞中原大地的郑国之王、一国之尊。他的母亲武姜，自然是郑国太国母、王太后。郑庄公对他的母亲百依百顺极为孝顺，一点毛病没有。但因他出生时是难产，当时把他母后折腾得死去活来几乎双双毙命，这位王太后一点儿也不喜欢她这个亲生儿子，并因此一直暗中怂恿她的小儿子、即郑庄公的亲弟弟共叔段，悄悄积极武装准备夺权。等时机成熟，她在京城做内应，母子二人同心协力，一举夺了郑庄公的大位。

郑庄公郑伯听说后，一气之下派人将母亲送到颍川之城颍，并誓之曰：不及黄泉，无相见也。意思是您老咋能这样呢？我不是您亲生的吗？以后除非到了黄泉，否则我们母子再也别见面了。

无奈天意不可违。小儿子虽一表人才仪表堂堂，可惜他的能力和感召力与他的帅气不成正比。这个扶不起来的阿斗弟弟共叔段，不但未能一如母愿取代他哥哥郑庄公的大位，反而在鄢地被他哥哥打败。最后自杀丢了性命，临终还大恨母亲误他。

武姜弄巧成拙，不但害了小儿子，也弄得她自己里外不是人。

郑庄公挫败这起内乱后，时间长了也思念母亲，毕竟母子连心血浓于水。但已经发誓不见了，金口玉言不是闹着玩的，贸然前往见面等于自食其言失信于国民。于是就抹不开面天天矛盾着，无法开心生活轻松处理军国大事。

郑庄公手下一个叫颍考叔的大臣见状，就想出掘黄土地见泉水的法子，即让母子二人在黄泉相见：君何患焉？若阙地及泉，隧而相见，其谁曰不然？

于是派人在颍川之城颍，挖了一口类似斜井的东西。挖出水后，母子二人就在地下的水边相见。郑庄公进去时说道：大隧之中，其乐也融融！

其母姜氏出而赋曰：大隧之外，其乐也泄泄！

最终，母子二人从此和好如初。并由此成就了历史上有名的狗血故事：郑庄公掘地见母。

此前，武攸绪曾数次上嵩山，并时断时续在那里隐居一段时间。然后顺着嵩山的小溪追索而下，沿途考察颍水的起源、走向和沿途民风、出产及文化等等。再经过翻阅文献，他便得出：颍水之所以叫颍水，与这个脑洞大开充满智慧的颍考叔有关。颍考叔"为颍谷封人"，后人为纪念他，将原本叫溵水的河流，改称颍水。

沧海桑田，一千多年之后，当年的黄泉早已湮没于时光的尘土中而不见任何痕迹。如今的城颍邑，也不再是曾经的模样，连名字都从人口稠密的大"邑"，萎缩成人丁稀少的城顶小"村"了。

武攸绪一边叹息着人生易老，一边向城顶村东边约10华里处的巍峨大陵走去。

到大陵去，自然越不过中间的小龙脊和小龙脊的曹操割须碑及荀彧衣冠冢。

拜谒过割须碑和衣冠冢，武攸绪被附近的主人，请到武申家的茅屋喝茶叙谈。只不过此时武申早已不在人间，而是安眠在荀彧墓地之西侧、茅草屋后面小龙脊脚下。接待武攸绪的，是武申的18世孙武甲。

因为都姓武，谈话是从姓氏和籍贯开始的。两人都有兴趣想知道他们是否同宗同族？但因时间久远四海浩大，一时也无法搞清。尽管如此，两人还是兴致勃勃地谈起颍川的特色、历史名人、名胜古迹等等。

武攸绪对三国英雄人物概略评价道：至若荀彧、贾诩、荀攸、程昱、郭嘉、田丰、沮授等，可谓天下之精英。接着进一步评荀彧之死道：明知操之心已怀僭越，而终不肯附和，姑以名义折之，卒之见忌於操，而饮药以殉。其为刘之心，亦可共白于天下矣！

谈到颍川县时，武甲道：始建于西汉的颍川县，其初始县治本不在现今的龙脊城，而在您上午刚刚看过的城顶、即城颍。隋代因大水，城顶县治被冲毁。为避免类似灾难再次发生，城顶南偏东14里许极为醒目地突兀于颍川平原上、若苍龙起伏状的45里黄龙岗、也就是俗称的大龙脊，得到当时风水先生和地方官员们的一致青睐。他们毫无异议地相信，这条东西向展布的黄土岗，和太阳起、落方向完全一致，且这种一致绝非巧合，而是天意：老天爷造就了这条黄色巨龙。如此得到上天眷顾的风水宝地，弃之不顾抛之荒野，岂不是暴殄天物？惊喜之中，众人还共同得出结论：新县治在大龙脊崛起之时，就是颍川大地兴旺发达、黎民百姓富裕生活开始腾飞之

日。县治搬走后，颍川最古老的旧县治城颍，逐渐萎缩成现在的城顶、一个中原大地上丝毫也不起眼的小乡村。如今，已经没有几个人知道它在多年前曾经无比辉煌的历史地位了。而新县治所在的那个突兀于大平原地平线之上的黄龙岗，却逐渐腾飞且人丁兴旺不断发达起来。

武攸绪说：颍川水土肥美，黎民淳朴懂礼。所以《汉书》曰：颍川人尚忠。确实是不可多得的好地方啊。

在热情好客的武甲这里简单用过午饭并谢过主人后，武攸绪精神抖擞，又折返西行，前往探寻受禅台、欣赏"三绝碑"去了。

后来，他热情赋诗一首《颍川怀古》，辗转托人送给武甲留念：

乘骢晓出德星亭，东望遥趋葛伯城。
岗接玲珑山势远，河流玛瑙水源清。
摘星楼废人何在，受禅台荒草自生。
吊古兴怀思不已，谩留诗句寄深情。

神龙元年正月唐中宗复位后，武攸绪曾两次回京，但都很快返回颍川。第一次是神龙元年三月，算是祝贺唐中宗复帝位。第二次是景龙二年十一月，中宗以其爱女与武延秀结婚为由，两次派人带玺书把武攸绪请回京城。

武攸绪两次回京，都享受到中宗对他热情而隆重的迎送礼仪。但当中宗让他做官时，武攸绪坚辞不受，并婉拒了中宗给他的大量赏赐。

武攸绪淡泊生活与世无争的态度，为他全身而退创造了先决条件。在诸多武氏与李唐宗室为争夺统治权而展开的你死我活激烈斗争中，武三思、武崇训和武延秀等都先后被杀，"唯攸绪以隐居不预其祸，时论美之。"

唐睿宗李旦继位后，特别下敕书褒奖武攸绪，说他"久厌簪绂，早慕林泉，守道不回，见几而作，兴言高尚，有足嘉称"。

唐玄宗李隆基对隐居的武攸绪也很尊重，"令州县数加存问，不令外人侵扰。"

武攸绪在神龙元年回京时，曾私下受武则天之请托，为她悄悄办过一件私事儿：将三块赎罪金简，投放嵩山之巅的三个石缝中。

古代皇帝为永保江山，会率大臣遍访名山大川古刹名寺、甚至筑坛焚香，祈祷国泰民安五谷丰登。有的还将写有表明自己心迹的简策、埋进土内、置于山间或投到水中，这些简就分别被称作土简、山简和水简。

传说武则天为得皇位心狠手辣不惜一切手段，甚至连自己的孩子也不放过。她也因此笃信佛教，将精神寄托在佛身上，试图以此赎罪。老年的武则天自感罪孽深重，为了死后不至于下地狱，于是做了大量赎罪金简，放置于大唐国土内的三山五岳之上，祈求天地诸神保佑。嵩山即其中一处。

武攸绪将金简带回嵩山后，让其好友胡超道士以他本人的名义，将金简投放出去，其中一个金简上刻有：

大周国主武曌好乐真道长生神仙，谨诣中岳嵩高山门，投金简一通，迄三官九府除武曌罪名，太发庚子七月甲申朔七日甲寅小使臣胡超稽首再拜谨奏。

1982 年 5 月，这枚金简被登封一位药农捡到后上缴国家，现收藏于河南省博物院。当地政府奖励药农 1500 元人民币，并发给他一张奖状。这是后话。

开元十一年，武攸绪病死，享年 69 岁，算是寿终正寝。遵照其归于自然、时时与流水之声相伴的遗嘱，葬于颍水之滨。

11

武攸绪去世大约 11 后的开元年间，喜欢游山玩水醉生梦死的大诗人李白，就踏着他的足迹来到颍川。

李白不是专门来长期隐居的，而是来和他在蜀地结识的道友元丹丘，一起探讨得道成仙之秘籍的。

当然，此间喝酒唱和自然是少不了的，这是李白生命中最重要的构成部分之一。没有这些，李白就不是李白了，而很可能是默默无闻的草民李黑之类。

李白 20 岁左右时，就在蜀地结识了元丹丘。一心向往仙界生活的李白，和同样乐道好仙的元丹丘一见如故一拍即合，投机得很。元也由此成为李白一生中最重要的交游人物之一，二人曾一起在颍川和颍川西方的嵩山隐居。

元丹丘羡慕李白潇洒不羁热情奔放的生活态度。

李白则羡慕元丹丘把滚滚红尘的苦日子，过成超越诗意仙界生活的精神状态。并发自内心地觉得，元丹丘本人就是一个能御龙升天、飞跃高山大川的神仙。于是就有了后世耳熟能详的《元丹丘歌》：

元丹丘，爱神仙，朝饮颍川之清流，暮还嵩岑之紫烟，三十六峰长周旋。长周旋，蹑星虹，身骑飞龙耳生风，横河跨海与天通，我知尔游心无穷。

嵩山属伏牛山系，东依黄帝故里，西连古都洛阳，南濒颍水，北临黄河，居五岳之中，故谓中岳。嵩山有太室、少室二山，二山各有三十六峰，共计七十二峰。总之，山峰很多。

"嵩高维岳，骏极于天。"这是 2000 多年前，《诗经·大雅·崧高》中所描绘的嵩山。嵩山东西绵延数百千米，就像一条沉睡的巨龙，横卧在华夏文明的发源地中原大地上。

华夏五岳，泰山雄，衡山秀，华山险，恒山奇，唯中岳嵩山兼有其它四岳之雄、险、秀和奇。

嵩山不墨千秋画。从夏商周开始，嵩山就是帝王巡游祭祀之圣地。战国之前，嵩山就被定为华夏神山。《山海经·中山经》中说："太室、少室皆冢也。其祠之，太牢之具，婴以吉玉。"意思是说，嵩山的太室山和少室山是万山之祖，要祭祀必须用天子最高的"太牢"礼仪，还要用世上最精美的玉器去陪祭。

嵩山之"神山"地位确立后，便成为历代帝王祭祀的重要场所。中国的封禅制度，即始于中岳嵩山。

嵩山既是历代帝王巡游封禅之地，也是文人骚客、隐逸高士们游宴讲学、得道求仙、高谈阔论指点江山之所在。更是儒、释、道三教文化的策源地，河洛文化的

发祥地，和佛教的传播中心。

在嵩山，儒、释、道三教文化既相互对立，又相辅相成相得益彰，共同成就了嵩山文化的神奇和辉煌，显示了华夏文明兼容并包、海纳百川的宏大气魄和博大精深，形成了三教荟萃的靓丽风景线。这在华夏的名山大川中，是独一无二的。

100多平方千米的嵩山地区，不但有众多亭、台、楼、阁、宫和殿等古代建筑和少林武术、碑刻书法、绘画古塔、宗教、医学等此类人文景观，还有巍峨群山、飞流瀑布、珠雾映虹、深潭涌泉，也有郁郁葱葱的"将军"原始古柏等自然景观；更有近现代科学启蒙的西周时期的周公测影台，是周公观测日影、确定历法的天文设施，为中国现存最早的天文设施；当然，还有唐之后华夏天文学家元代郭守敬的杰作观星台，中国现存最完整、最古老的天文台，当年全世界最先进的历法《授时历》，就是根据观星台上的实地观测结果制定的。

少室山，颍水出焉。唐时这里是道教最盛的地方，著名的道教圣地嵩阳观和中岳庙就在这里。

李白对求仙学道十分入迷，并信奉"长生久视"的神仙之术。由此于开元二十二年前来颍川，这与道友元丹丘一起在嵩山隐居修炼。

但李白激情澎湃有余，耐心和常性不足。

他好道，更好不停地旅游，没有足够的定力在同一个地方久留，只是一时兴起前来短暂体验道家的生活而已。这与元丹丘长期在嵩山修炼有本质差别，他也因此十分羡慕定力十足的元丹丘。

至于李氏自己，在表达了对老友元氏的美好祝愿、并希望元丹丘像神仙一样自由快活以后，诗仙自己便去过他向往的另一种神仙生活去了：踏遍大唐的名山大川，饮尽天下美酒，永不停步……

李白从此永远离开颍川，再没回来过。

但李白并非一开始就如此寄情山水沉迷道家的。此前的李白，是个雄心万丈很有追求的有志青年。他才高志大、努力积极入世，很想像管仲、张良和诸葛亮等杰出人物一样干一番大事业。

天宝元年，李白奉诏入京，担任翰林供奉。可入京后，不但没被唐玄宗重用，反而受到权臣的谗毁排挤。两年后的天宝三年被"赐金放还"，变相撵出了长安。李白被逼出京时，朋友们都来为他饯行。求仕无望的他深感仕途之艰难，满怀愤慨地写下了《行路难三首》组诗。

如果说李白在他第一首诗《行路难·金樽清酒斗十千》中还对自己的人生前途抱有乐观豪迈气概、充满积极浪漫主义情怀、仍盼望着有一天能够施展自己远大抱负的话，那么他在第三首诗《行路难·有耳莫洗颍川水》中，不但首次提到颍川和颍水，还明确无误地表明自己的出世意愿、说明自己已彻底放下了、也终于与治国平天下拜拜了：

有耳莫洗颍川水，有口莫食首阳蕨。
含光混世贵无名，何用孤高比云月？

吾观自古贤达人，功成不退皆殒身。

子胥既弃吴江上，屈原终投湘水滨。

陆机雄才岂自保？李斯税驾苦不早。

华亭鹤唳讵可闻？上蔡苍鹰何足道。

君不见吴中张翰称达生，秋风忽忆江东行。

且乐生前一杯酒，何须身后千载名？

全诗告诫人们：不要学许由用颍水洗耳，不要学伯夷和叔齐隐居首阳采薇而食。在世上活着贵在韬光养晦，为什么要隐居清高自比云月？我看自古以来的贤达之人，功绩告成之后不自行隐退都死于非命。伍子胥被吴王弃于吴江之上，屈原最终抱石自沉汨罗江中。陆机如此雄才大略也无法自保，李斯以自己悲惨的结局为苦。陆机是否还能听见华亭别墅间的鹤唳？李斯是否还能在上蔡东门牵鹰打猎？你不知道吴中的张翰是个旷达之人，因见秋风起而想起江东故都。生时有一杯酒就应尽情欢乐，何须在意身后千年的虚名？

之后，李白便到颍川之嵩山拜会元丹丘。进而周游天下名山大川，充分放飞自我，好不潇洒快活！

12

在天宝三载春四月繁花似锦的洛阳，杜甫与被唐玄宗赐金放还的李白相遇。此时前者 32 岁，后者 43 岁。

高兴之余，两人相约同游梁、宋一带，并与诗人高适相聚。

次年，后来名满天下的两位大诗人又在齐鲁相见，并在饮酒赋诗之余，讨论了炼丹求仙之术，还结伴走访了兖州城北的隐士范野人。

此间，二人还互赠诗篇，颇为融洽惬意。杜赠李的诗说：

余亦东蒙客，怜君如弟兄。

醉眠秋共被，携手日同行。

诗仙赠诗圣的诗曰：

秋波落泗水，海色明徂徕。

飞蓬各自远，且尽手中杯！

从此以后，诗仙和诗圣再没见面，果然应了李白的"飞蓬各自远"诗句。

其实，俩人因经历、性情之巨大反差，相互之间的志趣与爱好并不相同，甚至判若云泥。

更贴近现实生活的杜甫，对虚无的炼丹求仙长生不老之术，更是发自内心地反对。这可以从二人流传后世的大量诗作中反映出来。但小弟杜甫极为崇敬、羡慕李白大哥的豪放不羁、风流倜傥，并在自己内心将之作为自己的如父长兄，也因此甘愿作为小弟追随在他身边几天，唯其马首是瞻。

除颍川当地土著外，华夏历史上著名的番外人物中，杜甫是到达颍川古郡年龄

最小的一个。需要说明的是，这里的"番外人物"，特指那些非颍川籍的人士。当历史上的其他名人在其青年甚至暮年才慕名前来颍川凭吊时，童年的杜甫，便早已亲历颍川、并对这块热土留下深刻印象了。

青壮年时期事事不顺、很不得志，后半生漂泊不定贫病交加、最终饥饿而死的诗圣杜甫，其实出生在一个家境并不如此悲惨的官宦之家，算是小小的官二代。

杜甫远祖为汉武帝时期的著名酷吏杜周，曾祖父杜依艺做过巩县县令；祖父杜审言为唐高宗咸亨进士，曾任隰城尉、洛阳丞等小官，累官修文馆直学士；杜甫的父亲，时任兖州司马一职。

杜甫与唐代另一大诗人即有"小李杜"之称的杜牧，同为晋代大学者、名将杜预之后。杜甫出自杜预次子杜耽，而杜牧则出自杜预少子杜尹。杜甫母亲崔氏，来自当时名门望族的世家大族崔家，可惜他母亲在杜甫年幼时就因病故去。

无论如何，20岁以后坎坷不顺的杜甫，童年和少年时因家庭环境优越，过着较为安定富足的生活，并因此出游过不少地方。

受书香门第之风的熏陶，杜甫自幼好学，七岁便能作诗，"七龄思即壮，开口咏凤凰"；并有志于"致君尧舜上，再使风俗淳"。但和众多少年一样，杜甫小时候也很顽皮：

> 忆年十五心尚孩，健如黄犊走复来。
> 庭前八月梨枣熟，一日上树能千回。

童年和少年时期颇为优渥的生活，使杜甫有机会受到各种文化艺术的熏陶，并对他日后的诗歌艺术创作产生重大影响。比如他六岁时在颍川之郾城看过舞蹈家公孙大娘的剑器浑脱舞；后在洛阳尚善坊岐王李范宅里、遵化里玄宗宠臣崔涤堂前，听过李龟年的歌声；在洛阳北邙山顶玄元皇帝庙里欣赏过画圣吴道子画的五圣尊容、千官行列，等等。

当时的社会名流崔尚、魏启心看到杜甫的词赋，夸他有班固、扬雄之风；甚至诸如李邕和王翰这样的长辈，也屈尊登门前来访问他。

至于杜甫当时在颍川看到了啥、又印象如何？还是让他自己来告诉我们吧。

观公孙大娘弟子舞剑器行（并序）

大历二年十月十九日，夔府别驾元持宅，见临颍李十二娘舞剑器，壮其蔚跂，问其所师，曰："余公孙大娘弟子也。"开元五载，余尚童稚，记于郾城观公孙氏，舞剑器浑脱，浏漓顿挫，独出冠时，自高头宜春梨园二伎坊内人，泊外供奉舞女，晓是舞者，圣文神武皇帝初，公孙一人而已。玉貌锦衣，况余白首，今兹弟子亦非盛颜。既辨其由来，知波澜莫二，抚事慷慨，聊为《剑器行》。昔者吴人张旭，善草书帖，数常于邺县见公孙大娘舞西河剑器，自此草书长进，豪荡感激，即公孙可知矣。

> 昔有佳人公孙氏，一舞剑器动四方。
> 观者如山色沮丧，天地为之久低昂。
> 㸌如羿射九日落，矫如群帝骖龙翔。
> 来如雷霆收震怒，罢如江海凝清光。

绛唇珠袖两寂寞，晚有弟子传芬芳。
临颍美人在白帝，妙舞此曲神扬扬。
与余问答既有以，感时抚事增惋伤。
先帝侍女八千人，公孙剑器初第一。
五十年间似反掌，风尘澒动昏王室。
梨园弟子散如烟，女乐余姿映寒日。
金粟堆前木已拱，瞿唐石城草萧瑟。
玳筵急管曲复终，乐极哀来月东出。
老夫不知其所往，足茧荒山转愁疾。

开元五载杜甫5岁，大历二年诗圣55岁。半个世纪过去，一个原本无忧无虑的儿童，已成忧国忧民、郁郁不得志、连吃饭都成大问题的垂暮老人。小时候见过的东西，历经五十年依然历历在目记忆犹新，一来足见颍川在杜甫心目中的地位，二来可见杜甫对时光的感叹和诗人的多情。也可以看作是诗人对童年美好时光的一个追忆和致敬。

诗人这样缓缓道来：

唐大历二年十月十九日，我在夔府别驾元持家里，观看临颍李十二娘跳剑器舞。感觉她的舞姿矫健优美、却也似曾相识有些眼熟，便忍不住问她源出于谁、师从何方？她回答说："我是公孙大娘的弟子"。玄宗开元五年我刚5岁，曾在郾城看过公孙大娘跳《剑器》和《浑脱》舞，舞姿流畅飘逸节奏明朗，堪称天下第一。唐玄宗初年，从皇宫内的宜春、梨园弟子，到宫外供奉的舞女中，懂得此舞的只有公孙大娘一人而已！当年她服饰华美容貌漂亮，如今我已是白首老翁，眼前她的弟子李十二娘，也已不是年轻女子了。既然知道了她舞技的渊源，又看出她们师徒的舞技果然一脉相承，抚今追昔，心中无限感慨，便写了《剑器行》这首诗。听说过去吴州人张旭擅长草书，他曾在邺县经常观看公孙大娘跳一种《西河剑器》舞，并从此草书技法大为长进，豪放激扬，飘逸不羁，由此可知公孙大娘舞技之高超了。

从前有个漂亮女人，名叫公孙大娘，每当她跳起剑舞来，就要轰动四方。观看人群多如山，心惊魄动脸变色，天地也被她的舞姿感染而起伏震荡不已。剑光璀璨夺目，有如后羿射落九日，舞姿矫健敏捷洒脱飘逸，恰似天神驾龙飞翔，起舞时剑势如雷霆万钧令人屏息，收舞时平静如水好像江海凝聚的波光。鲜红的嘴唇绰约的舞姿，如今都已逝去仅留在记忆深处。

好在到了晚年，她有弟子把艺术继承发扬。临颍美人李十二娘在白帝城表演，她和此曲翩翩起舞，精妙无比神采飞扬。她和我谈论好久，关于剑舞的来由之类。我忆昔抚今，更增添无限惋惜哀伤。当年玄宗皇上的侍女约有八千人，剑器舞姿数第一的，却只有公孙大娘一人而已。五十年的光阴，真好比翻一下手掌；连年战乱烽烟弥漫，朝政昏暗无常。

那些梨园子弟，一个个烟消云散不知所踪，只留下李氏的舞姿，掩映冬日的寒光。金粟山玄宗墓前的树木已经合抱，瞿塘峡白帝城一带秋草萧瑟十分荒凉。玳弦琴瑟急促的乐曲又一曲终了，明月初出乐极生悲我心中惶惶。我这个形同无依无靠的老

头子，真不知哪是要去的地方？荒山野岭里举步维艰，越走就越觉得凄凉哀伤。

<h1 style="text-align:center">13</h1>

杜甫去世前两年，唐代古文运动的倡导者、被后人尊为"唐宋八大家"之首、与柳宗元并称"韩柳"、有"文章巨公"和"百代文宗"之称的唐代中期官员、文学家、思想家和哲学家韩愈韩昌黎来到这个世界。

贞元八年，24岁的韩愈登进士第，两任节度推官，累官监察御史。后因论事而被贬阳山，历都官员外郎、史馆修撰、中书舍人等职。元和十二年，49岁的韩愈出任宰相裴度的行军司马，参与讨平"淮西之乱"，并因军工晋授刑部侍郎。其后又因谏迎佛骨一事被贬至潮州；晚年官至吏部侍郎，人称"韩吏部"。长庆四年韩愈病逝，年57岁，追赠礼部尚书，谥号"文"，故又称"韩文公"。元丰元年，追封昌黎伯，并从祀孔庙。

就是在其前来颍川参与平定淮西叛乱的这年秋天，49岁的韩愈再次游历颍川地区郾城境内的彼岸寺，并留下诗作《郾城晚饮奉赠副使马侍郎及冯、李二员外》一首道：

> 城上赤云呈胜气，眉间黄色见归期。
> 幕中无事惟须饮，即是连镳向阙时。

彼岸寺是当时郾城城内建成最早、规模最大的建筑群。因其近溵水即后世的沙河之北浒，故称彼岸；又因隋代前其与郾城县衙所在地古城村隔河相望，所以称彼岸。

彼岸寺最终以佛经"修心导善，以辅皇度，是为真谛，所谓世间法而彼岸者"、"生于彼岸极乐世界"而得名。始建于汉代，是盛唐以来海内名刹，历经千年香火鼎盛名扬四海，为历代文人墨客时常游历之所在。唐代杜甫、韩愈、刘长卿和公孙大娘等，宋代苏轼和苏辙二兄弟、武宗元等，元明时代的元好问、李达之、王季立和谢公翼等，和民国的冯玉祥等，均在这里留下过足迹甚至墨宝。

唐元和二年，39岁的韩愈第一次来到彼岸寺，与朋友李正封《晚秋郾城夜会连句》，得诗1000多言，刻于彼岸寺西壁。其中包括：

> 羁客方寂历，惊鸟时落泊。
> 语阑壮气衰，酒醒寒砧作。
> 和
> 江淮永清晏，宇宙重开拓。
> 是日号升平，此年名作噩。

此前的唐代宗大历五年、即诗圣杜甫去世这一年，唐中期大臣、诗人、儒客大家刘长卿，在游历了彼岸寺和沙颍河后，留下如下诗歌：

> 颍川留别司仓李万
> 故人早负干将器，谁言未展平生意。
> 想君畴昔高步时，肯料如今折腰事。

且知投刃皆若虚，日挥案牍常有馀。
槐暗公庭趋小吏，荷香陂水脍鲈鱼。
客里相逢款话深，如何歧路剩沾襟。
白云西上催归念，颍水东流是别心。
落日征骖随去尘，含情挥手背城闉。
已恨良时空此别，不堪秋草更愁人。

和

时平后送范伦归安州

昨闻战罢图麟阁，破虏收兵卷戎幕。
沧海初看汉月明，紫微已见胡星落。
忆昔扁舟此南渡，荆棘烟尘满归路。
与君携手姑苏台，望乡一日登几回。
白云飞鸟去寂寞，吴山楚岫空崔嵬。
事往时平还旧丘，青青春草近家愁。
洛阳举目今谁在，颍水无情应自流。
吴苑西人去欲稀，流连一日空知非。
江潭岁尽愁不尽，鸿雁春归身未归。
万里遥悬帝乡忆，五年空带风尘色。
却到长安逢故人，不道姓名应不识。

刘长卿天宝年间进士及第，至德年间授监察御史，迁长洲县尉。大历年间，先后出任江淮转运使判官、知淮西鄂岳转运留后，坐贬睦州司马。因刚直犯上两度迁谪。唐德宗建中年间，官终随州刺史，世称刘随州。

唐末黄巢起义、后来的军阀秦宗权、朱温在颍川郾城和蔡州一带的混战，都使宏伟的彼岸寺损毁严重。

北宋太平兴国年间，东京尉氏县契宗大师巡游到此眼见寺院破败，便募金重修寺院。历时十五载，修建房屋近千间，植柏树500多株，占地200余亩。并在寺内刻建高12.96米的彼岸寺碑。

但几乎所有这一切，后来又毁于元末战争。

彼岸寺中最为人所推崇并流连忘返的，是建于北宋景德年间的彼岸寺经幢。因其形似古塔，基座下雕刻有八根透雕盘龙立柱支撑幢体，碑文为八分古朴小篆篆刻，故俗称"龙塔古篆"。还因整个幢体坐落在六面体香水海池内，故又称"香水海池幢"。

经幢雕工精湛，通体由大青石榫卯衔扣叠压构成。整个经幢实为一套宋代前期大型佛教石雕艺术珍品。

佛家说"苦海无边，佛在彼岸。"寓意佛家所居之岸即极乐世界，是没有贫富差距，也没有邪恶、欺诈，更没有凶险的人人平等和谐美好世界。

经幢盛行于唐代中期，是指刻有佛名或经咒的石柱子，主要用来旌表佛事，制服邪恶众魔，记录佛家有关故事等。经幢多建在佛事大殿的前庭。前期多以柱状形

式出现，后多用石刻垒砌而成。

彼岸寺经幢通高 12.18 米，幢基由底座、基座、篆文碑、造像碑、幢顶等构成。其造像雕刻圆阔精细，栩栩如生；八分小篆书势锋锐，苍劲挺拔。

幢基坐落在一口井上，为八面体香水海池。池底及岸壁浮雕海浪波涛、游龙腾蛟、龟鳖鼋鼍、亭台楼阁、禅堂佛殿、高山流水、苍松翠柏、仪仗出行、车銮肩舆、西天取经故事以及讲经说法活动等。

基座为石砌佛龛须弥座即金刚座，取须弥仙山之意。须弥座分上下两层，下层中部为一巨石，八面浮雕天龙八部，即拥护佛教的诸天神及神龙。周围透雕有八根盘龙石柱，与中部巨石共同支撑上部石雕。上部的四层佛龛，雕有四大天王神像。

东龛正中之天王头戴莲花冠，面部丰满，身着甲胄，手持琵琶，坐在束腰须弥座上。琵琶放于双膝之上，为持国天王。其两侧各有侍者三。

左一头戴宝冠，着褒衣，双手合十站立；左二因时间久远，风化严重，无法辨识；左三手握一物。右一面目似鬼，手握大棒，身穿短衣；右二侧身而立，手在胸前，着短衣短裤，束腰；右三头裹巾，着短衣短裤，束腰。

南龛天王居中，手执宝剑，衣着与东龛天王相同，为增长天王。其两侧各有侍者四。左一着褒衣，手执旄；左二戴高冠，褒衣；左三两目狰狞，着短衣，双手握一小锤；左四风化严重，仅可见其大致形状。右一头戴帽，着短衣，束腰，手执矛，双腿叉立；右二着短束腰，双腿叉立，手执大刀；右三、右四风化严重，仅可看出其躬身立于菩提树下。

西龛正中天王风化严重，着甲胄，右肘外伸，右手向上；左肘外伸，左手向上，坐姿与南龛同，应为文木天王。两侧各有侍者三，左一着褒衣；左二着短衣，双手在胸前相握，跣足站立；左三着短衣，跣足站立。右一着短衣，风化严重；右二着短衣，双手在胸前各执一物；右三着甲胄，双手在胸前握拳，左拳在上，右拳在下。

北堪天王居中，右手托宝伞，左臂外伸，按在左膝上；左膝外伸，左小腿内弯，脚尖向下，右脚外伸，小腿站立，坐于基座上，为多闻天王。两侧各有侍者三。紧靠天王的左一，着褒衣，戴花冠，双手在胸前执圭；左二、左三风化严重，仅可看出着短衣。右一上部风化，右二着短衣；右三仰脸，其右手向下，手握一圭方形物，下着裙。

天王龛上边二层的平面为正方形，上一层边长 2.2 米，厚 0.28 米，外雕海石榴花和卷草；最上层由 4 块石板拼成，角边长 2.86 米，宽 0.28 米，外雕花；右有一仙女，舞姿，双手做飞燕状，下着裙；左边有一仙童，坐在莲叶上。天王龛下第一层和第二层，均刻有海石榴花和卷草，长、宽与天王上部同。天王龛四角柱雕工精巧，有仰覆莲、垂帐和圆珠等。

八棱造像位于碑底部，与四天王龛同，底座八边，由龙柱支撑，中为八棱造像。八棱造像的上、下均有 2 块八棱石，上雕海石榴花和卷草。八棱每面设一龛，龛内有造像。八棱造像的龙柱雕工精致，双龙相蟠，下有山状石雕。

海池与海壁造像平面呈八角形，由 8 块石雕组成，碑居中。浅浮雕雕出波涛滚滚，在漩涡中有海马、海兽等形象。

海池是根据佛教教义生死海设计的。海池的外部有池壁，上雕起伏山峦，内侧有造像，看起来像是一幅巨大的画卷。造像内容主要是释迦牟尼从出行到成佛的一系列佛教故事，但也有佛经故事。东北面造像山势险峻水流湍急，有三人在水中拉网打鱼。其有一人着短衣，双手推一独轮车，用力推车上坡；有6人手执兵器旌旗招展，一人牵马，马上骑一着褒衣者，这是太子出行遇渔人的故事。北面造像内容是出行图，着褒衣者骑马，马后旌旗招展，马前戒备森严，前有卫士手执兵器。马前有一着褒衣者，左边有三人执兵器，其右有躬身、拱手等身体瘦小似乞讨状人物。故事见佛经故事《如意珠》，描述勒那拨弥国太子迦良那迦梨出行遇乞丐的故事。

西北面造像，左边为肩舆，舆顶四角钻尖，帷幕中冲出云气，由穿短衣者抬。肩舆左边有旌旗二面和树木，肩舆右边有三赤体鬼怪人，一执棒，一拿相轮，一执剑；右为建筑群，均为庑殿顶，右边有大门，一门半开，一人由半开的门中挤出，中为宽三间的庑殿，一着褒义者立于前，一人跪在地上似挣扎状，为太子出行遇病人的故事。

西面造像，南部上端石雕已佚失，左边三人，中间着褒衣，形体高大，其前后有二人，也着褒衣，但身材较矮，三人行于山中，右有一人坐于山中，为太子出行图。

西南面造像，右边缺一角，深山之中，树下立三人，均着褒衣，中间者形体高大，两侧的较矮，其前有云气纹，山下有二人，一站一坐，造像内容是"太子出行遇老残"。

南面有二组造像，左边云气纹上立一着褒衣者，头戴方冠，左手执笏板，面前立一个有顶光的着褒衣佛，佛的双手交叉于胸前。戴方冠者身后，有一个穿褒衣者相随，为"太子向比丘"故事。右边有一长方形龛，边框饰纹饰。龛内左有一个执叉者，赤上身，为魔王；右为一个佛，坐于莲花上；其间有两个小佛蹲坐，故事是"太子成佛初坐道场"。东南面造像，左为高山，山下有云气，云气中走出二人。大树右侧有一人手指大棒，束腰，立于殿下；殿内坐一人，双手合十。殿后山峦重叠，有二人作走路状，其前有一马，头部已剥蚀，仅剩马身、马鞍和马尾等。造像故事为"太子深山修道"。

东南造像，山峦下有二组建筑及木架。左为一小亭，亭左植树；亭为四角钻尖顶，亭内有三人：左边为僧，着大衣，右手前伸，左手抚胸；右边一人着褒衣，双手在胸前相交，其身后立一人。右侧为庑殿式建筑，5柱4间，每间上有垂帐，下禅坐二尊佛，为释迦多宝，4间共8尊，殿右有树。木架位于殿右，中有一个方台，台上有一立柱，柱右有一人字形架，架上与木柱上有一横杆，横杆的左侧悬一物，状似钟，木架右边为山峦。

经幢中部为篆文碑，四面正方，四角棱磨去，高3.06米，厚1.04米。碑铭为小篆，书法流畅，不知出自何人之手。风化严重，许多字已不能辨认。碑文大意记述了契宗大师自太平兴国年间至郾城彼岸寺，化募资财15年，重修彼岸寺的事迹。碑应为宋真宗时立。原寺毁在唐末，后来耗费15年之久重建。碑铭之成，当在景德盟辽檀渊之后。

篆文碑上有庑盖保护，庑盖四周雕仿木屋檐，其上为造像碑。

篆文碑之上为八棱千佛造像碑，上部高2.96米，每边宽0.36米，除南、西南、东南三面保存较好外，其余各面均风化严重。每面上部均有一大龛，高0.29–0.31米，宽0.295–0.310米；下有57个小龛，共分三排，每排19龛。龛高0.12–0.13米，宽

0.076—0.090 米。

各个大龛内造像不同。西南面大龛，本尊面部丰满，身披袈裟，左手在胸前，食指伸展，四指紧握；右手持法杖，赤足站立。二弟子衣着与本尊同，双手合十，赤足站立。南面大龛，本尊高肉髻，面部丰满，身披袈裟，双手合十，肘上搭一布袋，坐于束腰须弥座上。其左右两侧为二弟子，身披袈裟，左边弟子叉手，右边弟子双手合十；弟子前有二供养菩萨，头戴花冠，面部微向外侧，上着短衣，下穿褶裤，披帛由肘部外飘，双手合十，单腿跪在束腰座上。

东南面一尊，高肉髻，面部丰满，身着通肩大衣，袒胸，怀内有一莲蓬，右手外露，坐于仰覆莲束腰座上。两侧的弟子、供养菩萨与南面龛造像同，仅供养菩萨跪于仰覆莲座上。小龛造像均光头、高肉髻，面部丰满，着褒衣，坐于仰莲之上。从手势和衣领看，有袖手者，有袖手执袋者，有双手合十者，有左手挂一袋者和袖手抱莲花者。

八棱千佛造像下为仰莲座，座厚 0.25 米，每面宽 0.6 米。仰莲之下也为 8 面。壶门内雕有伎乐仙人，即宋代《营造法式》中的 嫔伽。伎乐仙人为人首高髻，面部丰满，手持乐器，背生双翼，鸟足。南面嫔伽拍钹，东南面嫔伽击一方物，东面嫔伽吹螺，东北面嫔伽击手鼓，北面嫔伽吹觱篥，西北面嫔伽吹排箫，西面嫔伽吹笛，西南面为双首拍手鼓。嫔伽下为正方形石块，石块长 1.5 米，厚 0.25 米，上刻仰莲。

幢在造像碑之上，呈七级密檐形制，八级挑角飞檐，最上置宝瓶。整个经幢布局严谨，造型别致，建筑奇巧，气势雄峻，图案设计独具匠心，浮雕镂刻造诣深厚。

明初叶县僧人宗岩云游到此，见如此一块儿风水宝地上的寺庙几成废墟，便带领徒弟们重新修建。成化年间本寺僧人道昱等扩建，康熙十二年进一步扩建，到清朝乾隆年间，尚占地 200 多亩，房屋近千间。这是后话。

14

杜甫去世两年后，被后世誉为"诗豪"的唐代政治家、文学家、哲学家和大诗人刘禹锡刘梦得来到人间。有人说他是匈奴后裔，还有人说他籍贯和出生于彭城，也有人说他出生于苏州嘉兴。但他在自传中称与三国时期大名鼎鼎的刘备有血缘关系，是汉景帝和贾夫人之子中山靖王刘胜之后。七代祖刘亮是北魏冀州刺史、散骑常侍，随北魏孝文帝迁都洛阳。其祖父和父亲均为小官吏。

从小就学习儒家经典并吟诗作赋的刘禹锡，既聪明又勤奋，在诗歌方面曾得到当时著名诗僧皎然、灵澈的熏陶和指点。

仗着其自认的大汉王室血统，刘禹锡口无遮拦敢言敢说，也敢做敢当，并因此被世人称为大唐第一刺头诗人。

刘禹锡的一生波澜壮阔丰富多彩。进士及第后，做过太子校书，迁淮南记室参军，再迁监察御史；加入以太子侍读王叔文为首的"二王八司马"政治集团，实践"永贞革新"；革新失败后屡遭贬谪，死后追赠户部尚书。

刘禹锡诗文俱佳、文学成就巨大，留名青史。他与柳宗元并称"刘柳"，与白居易合称"刘白"，与韦应物及白居易合称"三杰"。给后世留下《陋室铭》《竹枝词》《杨柳枝词》和《乌衣巷》等佳作名篇；其哲学著作《天论》三篇，论述天的物质性，分析"天命论"产生的根源，其哲学思想具有鲜明的唯物主义倾向。著有《刘梦得文集》和《刘宾客集》等。

刘禹锡与柳宗元颇有缘分。二人同榜进士及第，同年登博学鸿词科；刘迁监察御史后，柳宗元和韩愈也均在御史台任职；"八司马事件"中，刘禹锡和柳宗元等八人同时被贬；大和二年回朝任主客郎中时，一到长安就写了《再游玄都观绝句》，表现了屡遭打击而始终不屈的韧性和意志。

与李白类似，刘禹锡深信道教，但从未真正隐居修炼。

刘禹锡任汝州刺史时，因敬仰颍川历史上人才辈出，特别是着迷三国英雄俊杰，便特意到颍川之繁城，参观了"三绝碑"和受禅台等。之后他在《玉堂嘉话》中评论道：

魏受禅碑，王朗文，梁鹄书，钟繇刻字，谓之三绝。

15

临终前一年，官至参知政事即副宰相的欧阳修告诉官府和家人，希望长眠于颍川。

按照北宋有关规定，大臣去世后只能在距离京城汴梁 500 里以内的地方安葬，这个遗嘱倒也符合官府要求。

最终，欧阳修被赐葬于距京城 200 余里的颍川北部之开封府新郑县旌贤乡、即后来的新郑欧阳寺村。时为熙宁八年九月，距离他在家中去世，已经过去了 3 年之久。

于是，新郑古代八景之一出现了，这就是欧阳修陵园。陵园北依岗阜，丘陵起伏，南临沟壑，溪流淙淙；碑石林立，古柏参天，郁郁葱葱，气象万千；雨后初晴，阳光普照，雾气升腾，如烟似雨；有"欧坟烟雨"之美称。

有人不解：颍川并非欧阳修故里，也非其长期主政之地，放着汴京之东、南和北不选，为何独独钟情于京城西边之颍川呢？

针对这一问题，便出现很多美丽而诡异的传说。

其中一种说法是：欧阳修在汴京做官时，看到京师西南角冒出三股青烟，就一直追到新郑之刘村（欧阳寺原名）。然后便看见村西北高坡处白茫茫、雾腾腾，云烟缭绕。村里人告诉他那是仙气，有利于后世子孙。于是，欧阳修开始思考百年之后长眠于此地。

享年 66 岁的欧阳修去世后的次月，获赠太子太师；去世两年后，获赠谥号"文忠"，故世称欧阳文忠公。3 年后安葬于颍川之北、黄河以南。8 年后特赠太尉；13 年后加赠太师，追封康国公；15 年后，再追封兖国公；32 年后，改封秦国公；42 年后，改封楚国公；倍极哀荣。

欧阳修的儿孙也受其阴德，有着不错前程。于是有人更加相信，此乃风水宝地。

实际上，欧阳修之所以选择安息于颍川附近，与他浓厚的三国情结和魏晋情怀密不可分。

欧阳修在做颍州和应天府知州时，曾在闲暇之余，多次前往颍川考察、凭吊三国文化遗迹。其中的荀氏西豪故里、受禅台和"三绝碑"等，都让他流连忘返、浮

想联翩。为揣摩荀彧和钟繇的书法特点，他还专门数次到小龙脊，观察、琢磨武申当年为曹操和荀彧修建的碑刻等。只是当时武申后人不在小龙脊而在大陵家中，没有见到欧阳修。

欧阳修在《读繁城受禅碑》中说：

予尝至繁城，诵《魏受禅碑》，见汉之群臣称魏功德，而大书深刻，自列其姓名以夸耀后世。又读《梁实录》，见文蔚等所为如此，未尝不为流涕也。夫以国与人而自夸耀，及遂相之，此非小人，孰能为之？汉唐之末，举其国皆小人也，而其君子者何在哉？

……

一君子存，群小人虽众，必有所忌而有所不敢为。惟空国而无君子，然后小人得肆志于无所不为，则汉、魏、唐、梁之际是也。故曰："可夺国而与人者，由其国无君子；空国而无君子，由以朋党害之也。"

呜呼！朋党之说，人主可不察哉！《传》曰"一言而可以丧邦"者，其是之谓欤？可不鉴哉！可不鉴哉！

欧阳修的经历，决定了他的上述个人喜好和最终选择。

北宋景德四年六月二十一日寅时，欧阳修出生于绵州。当时他年已56岁的父亲欧阳观，任绵州军事推官。3年后欧阳观去世，年仅3岁的欧阳修与母亲郑氏相依为命，后前往随州投奔叔叔欧阳晔。

欧阳晔在随州任推官25年，为人正直廉洁，对年幼的欧阳修产生重要影响。但欧阳晔家并不富裕。

出身江南名门望族、知书识礼受过教育的大家闺秀郑氏，便用芦苇秆当笔在沙地上教欧阳修读书写字，此即后来被传为美谈的"画荻教子"。

欧阳修10岁时，从随州大姓李氏家中得到韩愈的《昌黎先生文集》六卷，甚爱其文，手不释卷。

17岁时欧阳修科举应试未中，20岁时再试又落榜。

22岁时，欧阳修追随知汉阳军的胥偃前往京师。同年春由胥偃保举，欧阳修就试于开封府国子监。同年秋参加国子监的解试，在国子学的广文馆试、国学解试中均获第一名，成为监元和解元。在次年的礼部省试中再获第一，成为省元。同年参加在崇政殿举行、由仁宗主持的殿试，唱14名、位列二甲进士及第。

据时任主考官的欧阳修同乡晏殊后来回忆，欧阳修之所以未能夺魁，主要是其锋芒过露，众考官欲挫其锐气，促其成才。

进士及第后，欧阳修被授任将仕郎，试秘书省校书郎，充任西京洛阳留守推官。

宋代有"榜下择婿"风俗，朝中高官都喜欢在新科进士中挑选乘龙快婿。欧阳修刚一中进士，就被其恩师胥偃定为女婿。

天圣九年三月，24岁的欧阳修抵达洛阳，与梅尧臣、尹洙结为至交。同年，在东武县迎娶妻子胥氏。当时他的上司为吴越忠懿王钱俶之子、西京留守钱惟演。钱厚待欧阳修等青年才俊，给予他们自由宽松的环境。此间，欧阳修等不满骈文的卑靡拘谨，便效法先秦两汉的古人推行"古文"。

景祐元年，27 岁的欧阳修被召试学士院，授官宣德郎，回京任馆阁校勘，参与编修《崇文总目》。

两年后，因支持范仲淹打击腐败、清理冗官冗员的改革，欧阳修被贬为夷陵县令。康定元年，33 岁的欧阳修被召回京，复任馆阁校勘，编修《崇文总目》，后奉命知谏院。

庆历三年，欧阳修出任右正言、知制诰。同年，参与范仲淹、韩琦和富弼等人推行的"庆历新政"，成为革新派干将，提出改革吏治、军事和贡举法等主张。但在守旧派阻挠下，新政又遭失败。

两年后，范、韩和富等相继被贬。欧阳修因上书分辩，被贬知滁州，后又改知扬州、颍州和应天府等地。

在滁州，欧阳修写下不朽名篇《醉翁亭记》，古文艺术达到成熟。欧阳修为政"宽简"，获官民称赞，滁州被治理得井井有条。

皇祐元年，欧阳修回朝，先后任翰林学士、史馆修撰等职。

至和元年八月，欧阳修因遭诬陷又被贬。但命令刚刚下达，仁宗就后悔了。等欧阳修上朝辞行时，仁宗亲口挽留：别去同州了，留下来修《唐书》吧。于是，欧阳修以翰林学士的身份留朝，与宋祁同修《新唐书》，后又自修《五代史记》，即《新五代史》。

嘉祐二年二月，欧阳修担任礼部贡举的主考官，以翰林学士身份主持进士考试。他提倡平实文风，录取苏轼、苏辙和曾巩等人，对北宋文风转变产生重大影响。

嘉祐三年六月，欧阳修以翰林学士身份兼龙图阁学士、权知开封府。两年后，拜枢密副使。次年任参知政事，后又相继任刑部尚书、兵部尚书等职。

宋英宗治平二年，欧阳修上表请求外任，不准。此后两、三年间，因被蒋之奇等诬谤，多次辞职，都未获允准。

宋神宗熙宁二年，王安石实行新法。欧阳修对青苗法有所批评，且未执行。熙宁三年，除任检校太保、宣徽南院使等职；坚辞不受，后改知蔡州。此年改号"六一居士"。

熙宁四年六月，暮年的欧阳修以太子少师身份辞职、退居颍州。此间，他或结伴同游，或乘兴独往，经常徜徉于画船洲渚，充分领略了颍州的山水风光，并把西湖风物之美和对西湖的喜爱之情诉诸笔端，写下了纪游写景为主、抒情为辅的组词《采桑子十首》。其中他在暮春时节到西湖游玩后所创作的第四首、也是被后世认为水平最高、并入选《宋词三百首》的那首，这样唱曰：

> 群芳过后西湖好，狼藉残红。飞絮蒙蒙，垂柳阑干尽日风。
> 笙歌散尽游人去，始觉春空。垂下帘栊，双燕归来细雨中。

全词的大意是：百花过后的暮春，西湖风景依然美好，凋残的落红，任游人踏得狼藉遍地。漫天的柳絮狂乱飞舞、迷迷蒙蒙，垂柳轻拂着栏杆，整日里暖风融融。

喧闹的笙歌散尽游人离去，我才顿然发觉西湖之春的空静之美，但同时心中也感到有些失落。回到屋中，我垂下窗帘，一双燕子穿过细雨蒙蒙，翩翩回到巢中。

全词将暮春之颍州西湖的清空幽寂描绘得淋漓尽致、恬静可爱，表现出作者对大自然和现实人生的无限热爱和眷恋以及其别具慧眼的审美特点。虽写残春景色，却无伤春之感，袒露出作者恬适淡泊的胸襟。"始觉"二字，似乎也透露出作者顿悟了人生的悲欢离合，大概与他晚年信禅不无关系。

《采桑子》十首词中，前九首写景，后一首则直白地抒情：

> 平生为爱西湖好，来拥朱轮。富贵浮云，俯仰流年二十春。
> 归来恰似辽东鹤，城郭人民。触目皆新，谁识当年旧主人？

全词的大意是：我平生因为喜爱西湖的风光美妙，所以到这里任最高地方长官。可富贵就像浮云一样很快就过去了，不知不觉已经沉浮二十个春秋。

这次归来就像离家千年才化鹤归来的仙人丁令威一般，满眼的城郭人民全是陌生面孔。20年间已经沧海桑田人事更迭，有谁还认得我这个当年的颍州地方长官呢？

《采桑子十首》这组词，是欧阳修晚年退居颍州时所作。宋仁宗皇祐元年，43岁的欧阳修移知颍州，"爱其民淳讼简而物产美，土厚水甘而风气和，于是慨然已有终焉之意也。迨来俯仰二十年间……思颍之念未尝少忘于心，而意之所存亦时时见于文字也（《思颍诗后序》）。"久别颍川、宦海沉浮22年后，65岁的欧阳修于宋神宗熙宁四年，以观文殿学士、太子少师致仕，得以如愿归居颍州。从成为颍州地方长官，到最终归颍定居，欧阳修前后在颍州居住3年之久，并因此对颍州产生深厚感情。这组词借鉴民间鼓子词联章体的形式，创造性地运用了化整为零的构思方式，对颍州的西湖美景作了全方位描绘；运用动静结合的方式描绘景物、创造意境，体现出平淡清新的风格特点。对后世词的创作产生了积极影响。

除诗、词、经学外，欧阳修还热心金石学并有开辟之功。他编辑整理了周代至隋唐的金石器物、铭文碑刻上千件，并撰成《集古录跋尾》十卷四百多篇，简称《集古录》，是今存最早的金石学著作。

欧阳修也以书法著称于世，其书法受颜真卿影响较深。后世理学家朱熹评价说：欧阳公作字如其为人，外若优游，中实刚劲。

欧阳修还开创了民间家谱学之先河，著有《欧阳氏谱图序》。文中详细说明欧阳修先世的迁移图，也描写了八王之乱后，欧阳氏再度南迁，在南方各地族衍发展的历程。

因钟情金石学和书法，欧阳修对颍川魏晋文化十分偏爱。他曾专门到繁城阅读受禅碑，不胜愤慨之下，作《读繁城受禅碑》一文，讥讽曹氏及其手下群臣：此非小人，孰能为也？大骂那些在碑上留下名姓、帮助曹丕篡汉之群臣。

欧阳修还在其《受禅碑跋》中指出：

> 古魏受禅碑，世传为梁鹄书，而颜真卿又以为钟繇书，莫知孰是。

安卧颍川附近，了却夙愿。日夜梦游"三绝碑"等，呼吸着带有魏晋之风的空气，"唐宋八大家"之一的欧阳永叔、北宋伟大的文学家和政治家欧阳文忠公，可以了无遗憾，继续在文学的海洋中游刃有余自由抒发了。

小时候因把一口大缸用石块砸烂救出同伴而妇孺皆知、长大后又因主持编纂中国历史上第一部编年体通史《资治通鉴》而名垂青史的北宋政治家、史学家和文学家司马光，自认是西晋安平献王司马孚之后代。加之喜爱书法，自然不会放过其祖上发迹之地颍川和魏晋时期颍川境内发生的一切。

司马光在史学、文学、经学和书法方面都很有造诣。他的字瘦劲方正，一笔一画都中规中矩；即使是长篇大幅，也毫不马虎。如此端劲的书风，与他忠直严谨的个性密切相关。

治平四年，英宗病死，神宗赵顼即位。参知政事欧阳修极力向神宗推荐司马光，说他"德行淳正，学术通明"。

神宗便任司马光为翰林学士。不久，又任司马光为御史中丞。

那是一个惺惺相惜、文人相重、一心为民、忠君爱国、互相提挈的美好朝代，是众多后世知识分子们梦寐以求的天堂、一个黄金时代。

司马光的书体以正书和隶书为主，且正多于隶。其正书用笔提按分明，结体规整扁平，在横划的入笔出锋处，常带有隶意蚕头凤尾的意图和造型，明显融入了隶书传统笔法。而其隶书淳古不及汉隶，流美不及唐隶；但其用笔方折斩截，笔力力透毫端，笔画沉涩刚劲，结体多取纵势。字体虽小而意气雄厚，转折处锋棱宛然刚柔相济。线条以直弧相参，朴拙中带有秀美之态。其隶法之外兼带楷意，无一般唐隶多见的肥满之弊，有怒而不威的风致。

比司马光晚生 26 年的北宋著名文学家、书法家、江西诗派开山之祖黄庭坚曾在其《论书》中这样评价司马光：温公正书不甚善，而隶法极端劲，似其为人，所谓左准绳、右规矩，声为律、身为度者，观其书可想见其风采。

宋高宗则称：司马光隶书字真似汉人，近时米芾辈所不可仿佛。朕有光隶书五卷，日夕展玩其字不已。

司马光的书体，隐隐有"三绝碑"的影子。这与他几次前往颍川实地观察、拓片、揣摩等不无关系。

除对魏晋时期的碑刻感兴趣外，司马光也对汉魏时期三国人物进行过点评。他是这样评价荀彧的：

汉末大乱，群生涂炭，自非高世之才不能济也。然则荀彧舍魏武将谁事哉！齐桓之时，周室虽衰，未若建安之初也。建安之初，四海荡覆，尺土一民，皆非汉有。荀彧佐魏武而兴之，举贤用能，训卒厉兵，决机发策，征伐四克，遂能以弱为强，化乱为治，十分天下而有其八，其功岂在管仲之后乎？管仲不死子纠而荀彧死汉室，其仁复居管仲之先矣……臣以为孔子称"文胜质则史"，凡为史者记人之言，必有以文之。然则比魏武於高、光、楚、汉者，史氏之文也，岂皆彧口所言邪！用是贬彧，非其罪矣。且使魏武为帝，则彧为佐命元功，与萧何同赏矣；彧不利此而利於杀身以邀名，岂人情乎。

司马光身后之哀荣，还在欧阳修之上。

他于元祐元年去世后，被追赠太师、温国公，谥号文正；名列"元祐党人"，

配享宋哲宗庙廷，图形昭勋阁；从祀于孔庙，称"先儒司马子"；从祀历代帝王庙。

司马光为人温良谦恭，但又刚正不阿。做事用功，刻苦勤奋。以"日力不足，继之以夜"自诩，堪称儒学教化下的典范。也因此，除宋神宗时因反对王安石变法，主动离开朝廷15年外，他历仕仁宗、英宗、神宗和哲宗四朝而不倒，官至尚书左仆射兼门下侍郎。

官二代司马光自小聪明，可谓神童。6岁读书，7岁就能背诵《左氏春秋》，还能讲明白书的要意；不但"砸缸救友"名垂千古，还斩杀过蟒蛇。

12岁时，司马光随出任利州转运使的父亲司马池从东京出发，一路经洛阳、潼关、宝鸡，过秦岭前往四川广元。在栈道上遇见巨蟒，他沉着冷静手持利剑刺入巨蟒尾巴，使巨蟒在疼痛扭动过程中，滚下深不可测的栈道深渊。

司马光不但读书多，还从小跟着父亲游历，参加大人的聚会。每逢出游或和同僚密友交谈，司马池总把司马光带在身边。耳濡目染潜移默化中，司马光不但掌握了渊博知识，见识也大大超出同龄人。小小年纪的他，各方面都"凛然如成人"。

这再次证明了一个道理：既要读万卷书，又要行万里路。

17

继自己的恩师欧阳修和司马光之后，北宋著名文学家、书法家、画家，历史上治水名人苏轼苏子瞻，也对颍川颇多兴趣。

作为北宋中期文坛领袖，苏轼在诗、词、散文、书和画等方面都取得了很高成就。其文纵横恣肆；其诗题材广阔、清新豪健、独具风格，善用夸张比喻，与黄庭坚并称"苏黄"；其词则开豪放一派之先河，与后来的辛弃疾同为豪放派代表，并称"苏辛"；其散文著述宏富、豪放自如，与欧阳修并称"欧苏"，为"唐宋八大家"之一。苏轼善书，是"宋四家"之一；他还擅长文人画，尤擅墨竹、怪石和枯木等。尽管他因管不住自己的嘴巴，而在政治上颇为失意。

嘉祐二年，苏轼进士及第。宋神宗时，苏轼先后在凤翔、杭州、密州、徐州、湖州等地任职。元丰三年，因"乌台诗案"被贬为黄州团练副使。宋哲宗即位后，苏轼任翰林学士、侍读学士、礼部尚书等职，并出知杭州、颍州、扬州、定州等地。晚年因新党执政被贬惠州和儋州。

元祐六年，正当苏轼在杭州过得十分惬意、并自比唐代白居易时，突然又被召回朝。不久又因政见不合，于同年八月调往颍州任知州。

在颍川短短的一年时间内，苏轼走访三国遗迹、沐浴魏晋遗风，颇为自足。这其中，自然少不了受禅台和"三绝碑"等。

在小龙脊荀彧衣冠冢前，他问武申后人武周：传说则天女皇时代，她侄子武攸绪曾在颍川隐居。你也姓武，和他有关系吗？

武周笑笑予以否定，并告诉苏轼：自己祖上来自楚国故地，和源于三晋大地的武氏应该毫无渊源。

站在荀彧墓前和曹操割须自罚碑处，苏轼这样评价曹操和荀彧道：

汉末大乱，豪杰并起。荀文若，圣人之徒也，以为非曹操莫与定海内，故起而佐之。所以与操谋者，皆王者之事也，文若岂教操反者哉？以仁义救天下，天下既平，神器自至，将不得已而受之，不至不取也，此文王之道，文若之心也。及操谋九锡，则文若死之，故吾尝以文若为圣人之徒者，以其才似张子房而道似伯夷也。

此后，苏轼先后到龙脊古城南边的彼岸寺和许慎故里及长眠地进行了游历。在彼岸寺，当他看到北宋著名画家武宗元几年前专门为该寺所绘的文殊菩萨和玄奘高僧画像已被风雨侵蚀时，十分痛惜。并感叹时光无情、人生苦短。

武宗元，初名宗道，字总之。河南白波人。北宋画家，师法吴道子，工人物、佛道、鬼神，行笔如流水，神采活动大抵如写草书，笔术精深。他家世业儒，以荫得太庙斋郎，官至虞部员外郎。擅画道释人物，曾为开封、洛阳等地各寺观作大量壁画，如洛阳上清宫《三十六帝像》、中岳天封观《圣帝出队图》、许昌龙兴寺《帝释梵王相》、经藏院画《旃檀瑞像》和嵩岳庙画《出队》等壁画。传世作品有《朝元仙仗图》卷，绢本，墨笔，纵 58 厘米，横 777.5 厘米；人物形象端庄丰满，仪态万方，气象不凡，无款印；是一幅道教壁画的稿本，画的是道教帝君，诸神仙朝谒元始天尊的对仗行列，共 81 人，人物神采飞扬，衣袂飘举，线条疏密有致，劲健流畅。

武宗元年 17 即能画北邙山老子庙壁，颇称"精绝"。尝于洛阳上清宫画 36 天帝，其中赤明和阳天帝画成宋太宗相貌。真宗赵恒见之，叹其画笔之神。曾在广爱寺见吴道子画文殊、普贤大像；武由此杜绝人事旬余，专在广爱寺刻意临摹，结果与大像不差毫厘。宋真宗景德末营建玉清昭应宫，召天下画师三千，中选者仅百余人，分为左、右二部，武宗元任左部之长。

武宗元在慕名专程到彼岸寺游览时，主动为寺院描绘了文殊菩萨和唐玄奘画像，进一步弘扬了彼岸寺的大名。

苏轼之子苏过也能诗会文，并擅长书法绘画，颇有乃父之风，时人以"小坡"誉之。苏过曾任颍川颍昌府郾城知县四年有余，彼岸寺就在其治下。其间常陪伴其父苏轼和叔叔苏辙及朋友等到彼岸寺，并有"掩关颇得禅家味"、"我观浮屠法，成佛须我曹"等感悟，其中就有他长期沁润在彼岸寺内的心得体会。

次韵叔父上巳二首 其一
日晏幽人未下床，春风暗度百花香。
掩关颇得禅家味，却扫从教世路荒。
绝口谁能论梦幻，逢人聊祇话耕桑。
翟公门外常罗雀，要放空阶草木长。

送乡僧世鹏游嵩少
吾蜀士尚气，凭陵以相高。
傥无胜己友，便绝平生交。
诗书将吾军，道艺恃所操。

宁甘毙百战，讵肯挫一毫。
气俗未易改，波澜到方袍。
世鹏此其流，何止事风骚。
我观浮屠法，成佛须我曹。
荣枯寄梦幻，生死真鸿毛。
恨子太孤直，嶄然出蓬蒿。
须防斤斧厄，且为声名逃。
空山人迹少，晏坐狐狸嗥。
三年再见子，庶其免风涛。

苏过，眉州眉山人，字叔党，号斜川居士。苏轼子。以荫任右承务郎。轼帅定武、谪岭南，唯过随行侍奉。徽宗建中靖国元年，轼卒，葬汝州郏城小峨眉山，遂家颍昌小斜川，因以为号。历监太原府税，知郾城县，晚年权通判中山府。有《斜川集》存世。

无独有偶，紧邻郾城西南的舞阳县境内，也有一个"敕建，至正二年岁次己巳十月十五日"的彼岸寺。

在颍川郾城的日子里，苏轼怀古之心勃发，实地走访了桧圣台或会成台等名胜古迹。

春秋战国时期，蔡侯和邓侯为联合抗敌，曾在此地筑台会盟立约，故称会成台。后来孔子周游列国时来到此地，在台上栽种一棵桧树，所以又称桧圣台。

桧圣台位于沙河由南向东之转弯处。长宽各数百米，高数米。站在明显突兀于周围地平线很多的台上，遥想先贤古人，看着东流的河水，苏东坡思绪万千；联想到自己一生宦海沉浮，不胜感慨。就差来一首壮怀激烈的《桧圣台怀古》了。

到了苏轼身后的明清时期，桧圣台上建了拥有118间房屋的宏大寺院。寺内有五景：东有双龙通海井，西有千斤震坤铜钟，南有望天楼，北有龟真月圣，中有阴阳防敌洞。台上最南部有佛家弟子接客所，即会客寨。

桧圣台因位于姬石镇付庄东北附近，而被后人称为付庄遗址。其中曾先后出土有石器、骨器、陶器和蚌器等。有关专家认为，这是一处新石器时代仰韶和龙山文化遗址。此为后话。

踱步在花木扶疏、环境宜人的郾城文庙院内，苏东坡油然想起自己年轻时的科举求学之路，一时间有回到年轻时的穿越之感。

郾城文庙始建于唐元和十二年，历经宋、元、明、清千余年，屡经兴废。曾经为郾城八景之首，还被明万历年间《郾城县志》称为"瀙阳十景"之一的"东黄暮鼓"，与彼岸寺的"西寺晚钟"相对应。

文庙始称儒宫，是古代专供儒生聚学授书的地方，内有魁星门、泮水池、廊房、启圣祠、明伦堂、大成殿等。郾城文庙由当时的潋州刺史高承兴建，在当地历史上盛极一时；学宫院墙为红色，曾培养出大量秀才、举人和进士。元至正后相继扩建，明洪武三年改称孔庙，永乐年间又恢复原称，明清时代又修建了 16 间房屋，高宗乾隆十七年创建景文书院于文庙西侧，形成了颇具规模的古建筑群。

郾城文庙大成殿，是一处带有元代建筑风格的明代早期建筑，为庙学合一，东为文庙，西为儒学。

据《郾城县志》记载：位于文庙北段中轴线上、坐北向南的文庙大成殿，系文庙的宫殿式主体建筑，其为纯木结构，单檐歇山式构造，灰色和绿色琉璃瓦顶。其中升昂、斗拱等都具有典型的明代建筑特点，绿色琉璃瓦覆盖殿顶，殿内立二人合抱顶梁柱，原柱上饰蟠龙形象，工艺精美，生动逼真，堪称古代艺术杰作。殿高 11 米，长 20.4 米，宽 12.6 米，约 260 平方米；进深三间，面阔五间，悬山顶，为九椽梁架木结构建筑；重檐九脊，斗拱重施，周围出厦飞檐、挑角。黄绿色琉璃瓦盖顶，正脊两端装龙形鸱吻，张口吞脊，尾部上卷，四个脊上均有六兽。

大成殿前有苍松翠柏，花坛莲池，虬干凌霄，郁郁葱葱，古朴雅致，巍峨壮观。有明清民国时期碑刻十余通，主要记载文庙的修建以及孔子的功德。大殿左右角门，西曰"鸾旗半藻"，东曰"械朴著藏"；再往前有东庑七间，其北有陈设所三间；南有洗盥所三间，又有西庑七间，其北有礼器所三间，南有烹饪所三间；正前有戟门三间，与大成殿相直对；戟门左右各有一门，东曰"德配天地"，西曰"道冠古今"；再往前中有木枋，木枋上以浮雕蟠龙饰边，其上为红日当空，下为海水翻腾，中为双凤朝阳；更南为万仞宫墙，由彩色砖砌成。大成殿内正中祀立"至圣先师"孔子之牌位。

文庙大成殿是华夏南北方过渡地带上的一座典型明代早期建筑，并带有元代晚期的建筑风格。

明永乐十年，郾城知县王季立有诗赞郾城文庙曰：

> 文明耀中邦
> 儒庠俨东峙
> 鼓节严昏昕
> 宏音通遐迩
> 渊填震华堂
> 雍容集冠履
> 进退周折旋
> 讲经析玄理
> 伟矣弦歌声
> 洋洋满人耳
> 师严道亦尊
> 进学讵能止

这首诗道出了当时生员们傍晚在文庙聚学授书的动人景象。生员课读，以击鼓为号。每到傍晚，鼓声咚咚，震荡数十里，远近村民闻声便却步而立竖耳聆听肃然

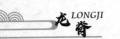

起敬，渴求读书之心随鼓声进入文庙。

在问十村那座东西横跨于小草河的小石桥上，苏轼和两位当地土著老人，讨论了孔子路过此地时发生的久远故事。春秋时期，孔子周游列国路过这里，曾在此打听渡口方位远近。后人出于对圣人的敬仰，便将该村改名为问津寨；又因孔子是在十字路口打听渡口的，也有后人将问津改名为问十。历史上，这里是颍川腹地通往南阳府和江南鱼米之乡的官道。

缅怀完孔圣人踏足过的地方，苏轼又驻足留恋于召陵故城遗址上，这里是春秋时期"召陵会盟"之地。

召陵，意即登高召唤。战国时期，魏国在此设立召陵邑，秦时置召陵县。两晋时期因避司马昭之讳，改召陵为邵陵。南北朝时复改邵为召，但仍沿袭晋代发音邵。

召陵故城一带山峦起伏、沟壑纵横，历史悠久；作为中原古邑，位居东西南北要冲，为历来兵家必争之地，曾是古战场之一。

公元前 679 年，位于颍川南部逐渐强盛起来的楚国，虎视并不断蚕食中原，先后吞并申、息、邓等国，同时对其北部边境的黄、蔡甚至更北部的郑国多次侵犯。

《左传》记载，公元前 657 年的一天，齐桓公和蔡姬在苑囿划船游玩，蔡姬摇晃船只，和齐桓公逗笑取乐。桓公却吓得脸色大变，可蔡姬还是不停。桓公很愤怒，结束游玩后就把她送回蔡国。不久，蔡侯把蔡姬嫁给了别人。"桓公闻而怒，兴师往伐……蔡溃，遂伐楚。"

周惠王二十一年春，当时北方五霸之一的齐桓公，率领齐、鲁、宋、陈、卫、郑、许和曹等八个诸侯国联军伐蔡，蔡国不战而溃；大军便长驱直入乘胜南下直奔楚国边境，驻扎于召陵一带。不久，联军又进兵当时楚国的北部边界即后来颍川境内的郾城南部，与楚国对峙。

双方从春天一直相持到夏天。

蔡姬荡舟为桓公出兵提供了借口，而齐桓公讨伐楚国，还有更冠冕堂皇的借口，那就是楚国不遵守周朝的贡赋制度，不按时向周王室纳贡。

楚国国君清楚齐桓公的来意，赶紧派大夫屈完到齐军中交涉。屈完问齐桓公：君处北海，寡人处南海，唯是风马牛不相及也。不虞君之涉吾地也，何故？

管仲代替桓公回答道：尔贡包茅不入，王祭不共，无以缩酒，寡人是征。昭王南征而不复，寡人是问。

此前，周昭王南征楚国，落汉水而亡，管仲说这也是楚国的罪过。

对此，屈完回答说，不贡包茅，确实是我们的罪过，今后怎么敢不按时纳贡？至于为何昭王南征没回去，您还是到汉水边去问吧。

召陵问答，千古流传，两千多年前的历史场景鲜活生动。而如今，这里只有老寨墙寂寞壁立，无声地告诉人们，这里曾是一个多么多姿多彩的舞台，演绎过多么恢宏壮阔的历史画卷！

楚成王派大夫屈完前来军前与联军讲和的结果，是双方最终退到召陵谈判，这就是历史上著名的"召陵会盟"。召陵之盟是齐桓公"尊王"的又一次胜利，其霸主地位进一步得到巩固。《左转》载：

僖公四年春，齐侯以诸侯之师侵蔡，次于召陵……屈完即诸侯盟。

明末清初的谢公翼有诗记此次历史事件曰：

> 东望嵯峨一土岭，人传小白驻霓旌。
> 水滨义问勤匡合，熊耳先登退结盟。
> 壁垒萧萧惟古寺，荆棘寂寂但荒域。
> 不堪更说沧桑事，汉关秦都总幻情。

150 年后的公元前 506 年春，在有周王室大臣公刘参加的情况下，晋国召集中原 18 个诸侯国即齐国、鲁国、宋国、蔡国、卫国、陈国、郑国、许国、曹国、莒国、邾国、顿国、胡国、滕国、薛国、杞国和小邾国等，再次会盟于召陵，讨伐楚国。但此次会盟没能真正阻止楚国北进，也因此没有 150 年前的那次"召陵会盟"出名。

三国时期，曹魏国的夏侯惇带重兵驻扎此地，成为拱卫北部京师许昌的南大门和铁甲长城。

……

召陵岗南北宽约 5 千米，东西长约 6 千米，其最高处高出附近低洼村庄约 20 米。清代郾城八景之一的"召陵雪霁"，即源于此。

召陵雪霁发生在夏夜之晴空。在夏秋之交，每当雨后初晴、五更微明之际，从远处可以看到召陵岗上空雪花飞舞，大地一片洁白，房屋大地树木银装素裹、粉装玉砌。但走近看时却又化为乌有。

宋高宗时，岳飞为抗金曾驻军于此。一个夏夜黎明时分，哨兵忽然发现召陵一带白雪茫茫，便情不自禁地惊叫起来，被惊醒的众将士也十分吃惊。岳武穆仔细查看一番后解释道：此乃天地氤氲之气相合而产生的自然天象，不必大惊小怪。

苏轼身后明末清初的文人谢槟谢公翼有诗赞道：

> 参差壁垒列荒郊，残雪阴云挂树梢。
> 千载共言齐小白，无人还与问包茅。

清代文人杨祥元也有诗赞曰：

> 彤云散尽晓天晴，白雪皎如牛耳盟。
> 假使苞茅不问楚，而今谁识召陵城。

据当地土著讲，1911 年农历八月一天夜半后，召陵雪霁再现。这都是后话。

召陵故城分内、外两城。位于召陵故城西北隅的内城被当地人称为老寨，南北长约 120 米，东西宽约 100 米，高出城外地面约 10 米，其中有高大建筑台基分布。外城为周长 6 千米的正方形，大约比城外高 7 米。

少陵故城南门外有土台八个，高丈许，周围五十步。相传为齐桓公伐楚时八个诸侯联军的点将台。

召陵故城西南附近的邓襄古遗址，长 300 多米、宽近 300 米，曾为邓氏诸侯国所在地。夏仲康支子封邓，为邓氏。邓，古邑名，春秋蔡地，后属楚。《左转》载：

桓公二年，郑伯会楚人于邓。简王十四年，楚、蔡公弃疾，公子比、公子黑肱

盟于邓。

《郾城县志》载：

春秋时邓侯所筑寓基，乃古召陵会盟驻跸之所。寨北有旧寨，古名平安寨。

因地处南北要冲，邓襄成名于远古。公元前710年，蔡、郑两国在此会盟，联合抗楚。东汉末年黄巾军起义，汉骠骑将军皇甫嵩率官军在颍川、汝南围剿起义军时，被后者大败，皇甫嵩本人受伤、其坐骑被打死。附近的皇甫店村名，即源于此。

北魏永平元年，颍川汝南县人白早升聚众起义，北魏王朝派精兵数万围剿，白早升派大将胡孝智率七千将士占据邓襄之鲍口，双方展开激战。

唐开元十二年，宰相裴度督师北伐割据蔡州的吴元济，唐军在鲍口沿汝曲河构筑"赫连城"设统帅部，重创吴元济之股肱董重质部。

邓襄也分老寨和外寨。因历朝历代在这里杀戮太甚，有江湖术士建议在上面建神庙镇邪驱鬼。当地人便在上面建筑了福严寺，一时烟火鼎盛。后世的清代诗人杨祥元有诗曰：

石乱云深不记年，谁将精舍建台巅。

邓侯歌舞无从问，湖内香分茂叔莲。

站在茂叔莲花香扑鼻、杨柳依依的邓湖岸边，听着附近传来的当地乡土邓湖莲歌，苏东坡恍然有一种出世之感。

茂叔是北宋理学思想的开山鼻祖、文学家和哲学家周敦颐的字，他写的散文《爱莲说》千古传颂，后人便称高雅的莲花为茂叔莲。

明末李自成起义军兴起并入侵河南。当地居民恐慌，便沿高台边缘取土筑寨自保，只留南门。周围低洼之地与当时中州重要的漕运水道汝曲河连通，形成湖泊泽国，是为邓湖。久而久之，水中多菱、荷，艳丽夺目，异香袭人。形成湖水清澈，鱼翔浅底，荷叶密布，香飘数里的优美湖泊。微风吹来，莲蓬相撞，莲柄摩擦，发出悦耳声响，如同琵琶伴奏，清雅动听，宛如莲歌。人们环湖栽柳，岸边绿树成荫。邓湖南岸紧邻江淮蔡浦通往许州和洛阳的官道，过往客商驻足湖畔饱赏仙境，邓湖莲歌由此传遍四方。

后世郾城荆其惇知县有诗赞曰：

赤白红尘暑欲蒸，谁将精舍建台巅。

邓侯歌舞无从问，湖内香分茂叔莲。

明末清初诗人谢槟谢公翼的《八景新题》之《邓湖莲歌》则叹曰：

寺外行云接水光，风前荷芰舞新妆。

昔时游赏知多少，台沼于今属梵王。

清代诗人张廷平的《邓湖》则这样写道：

邓侯游息处，变作佛台深。

歌吹繁华绩，清凉钟梵音。

荷香幽细细，湖水碧沉沉。

谩道沧桑事，悠然今古心。

清朝顺治年间举人谢槟，字公翼，自谓洄油人；《重修龙堂堤碑记》，有"谢氏昆季则世居邓襄寨"的记载。槟之父谢颜教，明万历二十八年庚子科举人、万历四十四年丙辰科进士，官及刑部主事。槟少入学，聪慧勤奋，清顺治八年中辛卯科举人。曾参与修撰明崇祯本、清顺治本两部郾城县志，并按知县荆其惇的意见，收集、整理、撰写郾城《八景新题》，即龙塔古篆、灅水风帆、崇岗饮社、老桧烟笼、周坡晓市、邓湖莲歌、裴城夜雨和召陵雪霁。

应接不暇的古代遗址，让苏东坡目不暇接感慨万千：颍川历史之厚重，华夏文明之灿烂悠久，恐无出其右者！

此刻，他正站在和邓襄寨遗址大小差不多的凌云台遗址上。

建安二十五年春正月，曹操病死洛阳。同年十月，汉献帝禅位给曹丕；曹丕在繁阳亭受禅台上接受玉玺即皇帝位，建立大魏朝，为魏文帝。

传说，当时突然有一只凤凰从台后凌空而起，打了一个旋便翩然南翔，落在距受禅台30里许的一口井里不见了，井口却出现一块方形青石。当凤凰再次起飞时，竟把平地隆成一处高台，是为颍川凌云台。凤凰最终没能挣脱高台，被压在地下；但凤凰展翅欲飞的凌云雄姿，却永留人间。

望着这天降大吉兆，曹丕万分激动，把此台视为他的帝业发祥地，遂下令在上面建造行宫，是为后来的魏文帝凌云宫。曹丕定都洛阳后，还专门在洛阳兴建了另一个凌云台。

三国时期，凌云台是曹魏皇家经常光顾的圣地。曹丕还曾把此地当作他的点兵台使用过。据《郾城县志》记载："三国魏黄初二年十二月，铸凌云台。为魏文帝曹丕次年至许昌宫巡幸而筑的行宫之一。"《中国古今地名大辞典》载："西晋咸平四年，晋武帝司马炎巡幸至凌云台，宴会百官。"

唐代时，叛将吴元济在此处驻扎，并筑大栅于台上。后被征讨他的唐将裴度赶走，吴元济弃栅逃入蔡州，故这里又称"凌云栅"。裴度也在凌云台附近留下许多故事，在如今的裴城村还留有关于他的碑刻。

宋代岳飞抗金时，曾在此驻兵抗击金兀术等金兵。

到了清代，筑寨之风在颍川古郡一带盛行，包括源汇寨在内的许多寨子，都在彼时修建。自然，当地人在凌云台上也修建了凌云寨以自保。

凌云台内部原有一条地道。后来，这里曾发现远古时代的石器和箭镞等遗物。凌云台上一度还有庙宇，内塑玉皇大帝、王母娘娘、九天玄女等诸神像。

接着，苏轼又专程拜谒了西汉开国功勋、在鸿门宴上一举成名的樊哙之墓。

樊侯墓位于颍川境内舞阳县城北37里处的鲁奉保樊庄。此时，墓冢尚高10米有余，直径30多米，下部青石围圈；墓前用石板铺成神道，四周植以松柏、槐树等。墓前有《汉书》作者班固为其撰立的碑文，碑高约1.5米，宽约65厘米，厚约30厘米，结实厚重完好无损。碑上的字乃双线镂刻，为一般碑文所少见，字大

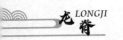

5厘米见方，上刻：

汉樊侯铭，班固撰。赳赳将军，威盖不当，操盾千钧，拔主项堂，汉兴破楚，矫矫忠良，卒于丞相，帝室以康。

樊哙，沛人。原以舍人起于沛，曾与汉高祖刘邦隐于芒砀山中。陈胜初起，萧何、曹参使樊哙迎刘邦，立为沛公，随以攻秦，屡建功勋；西汉开国功臣、大将，汉高祖刘邦心腹；刘邦初入咸阳后，想于宫中享乐，因哙阻才扎营灞上。项羽会沛公于鸿门，羽谋士范增欲杀刘邦。张良见势危，急出帐告于樊哙。樊哙操刀拥盾，拨倒卫士，直入宴席，使刘邦转危为安。以勇著称。

天下定后，迁左丞相，封舞阳侯。孝惠帝六年，樊哙卒，谥封武侯，葬舞阳。

《史记·苏秦传》载：苏秦说魏襄王曰："王之城南有舞阳、召陵。"

唐《元和郡县志》载：舞阳本汉旧县，属颍川郡，在瀙水之阳，故名。舞阳旧县城，世传楚平王建。战国为魏舞阳邑。

宋《太平寰宇记》载：舞阳县本为汉旧县，以在瀙水之阳，因以为名。汉封樊哙、魏封司马宣王皆为舞阳侯，自汉至晋不改。唐开元四年复于故城治。

《南阳府志校注》载：舞阳县，以在瀙水之阳，故名。"瀙"后讹为"舞"。汉高祖刘邦封樊哙为舞阳侯，即此地也。隋废定陵郡，以北舞属颍川郡。唐北舞属道州，贞观中属许州，寻废。开元中复置仍改名舞阳，复旧置。元和十三年县权移治吴城，后复旧置。

《读史方舆纪要·卷十五南阳府裕州舞阳县》：舞水在县南，自泌阳县流入境。志云：今县东南有舞水，泉踊跃如舞，流为三里许，即瀙水也。舞阳之名以此。

《河南通志》载：樊侯宅在县城西北隅，汉舞阳侯樊哙故宅有恒基广百步。开元寺在舞阳县治，开元年间创办。

一条叫樊侯祠街的街道至今尚存。后人为纪念他，在其故居上建有樊侯祠，俗称樊宫堂。

舞阳东不羹城位于汝河与灰河交界处，地势险要，风景优美。从军事角度看，沙、澧、灰三河可作为天然屏障，城池就建在沙河南岸，依沙河顺势而建，略呈三角形。城周长5.5千米，城内面积约7500000平方米。为防水患，在城墙西北角筑建长一千米的巨石大坝，河下为深潭，名曰"石墓潭"，传为楚平王葬身处。汉定陵县、魏定陵郡皆设于此。

东不羹城位于舞阳县章化乡前、后古城村，为春秋时楚国北部的一座重要边塞要城，在许多历史文献中都有记载。据《左传》记载："楚筑不羹，有东、西二城，此或其东城也"；又"楚筑二不羹，屯兵以拒中夏，此东城也"。该城始建于楚，经秦、汉到东晋，后燕时才弃毁。

当地百姓曾在城内发现大量战国-秦汉遗物，主要有青铜剑、铜镞、郢爰、剑范、蚁鼻钱、铲币、半两五铢、小编钟和铜壶等文物。晋太元15年，城池遭毁，遂迁址于北舞渡。

站在颍川古郡这个古老大地上，面对已经永远远去的滔滔历史长河，苏东坡觉得，人类在浩瀚的历史面前，实在是太渺小太渺小了！

但无论如何，苏轼本人并不渺小，即便放在历史的长河中，他也是伟大的。

苏轼在文、诗和词三方面，都达到了极高造诣；他在书法和绘画等领域内的成就也很突出，并对医药、烹饪和水利等有所贡献。

苏轼继承其恩师欧阳修的衣钵，十分重视发现和培养文学人才。许多青年作家文人，众星拱月般地围绕在他周围。其中成就较大者，有黄庭坚、张耒、晁补之和秦观四人，即"苏门四学士"；若加上陈师道和李廌，则合称"苏门六君子"。此外，李清照之父李格非、李之仪、唐庚、张舜民、孔平仲及贺铸等人，也都直接或间接地受到苏轼之深刻影响。

苏轼的作品，当时驰名大宋国内外，在辽国和西夏等地也广受欢迎。苏轼还以和蔼可亲、幽默机智的形象，留存普通百姓心中。

宋徽宗即位后的元符三年四月，朝廷颁行大赦，苏轼复任朝奉郎。北归途中，苏轼于建中靖国元年七月二十八日在常州逝世，享年 65 岁。

苏轼曾留下遗嘱，希望葬于颍川汝州郏城县钓台乡上瑞里之小峨眉。其子苏过，遵嘱将父亲灵柩运至小峨眉安葬。如此，苏轼也算是与其恩师欧阳修做了另一个世界的邻居。

后来，与他感情极深的弟弟苏辙，也归葬小峨眉与他亲爱的哥哥比邻而居。

宋高宗即位后，追赠苏轼为太师；宋孝宗时，追谥"文忠"。

18

也许是怕手足情深的哥哥苏轼百年之后一个人在颍川太孤单，晚年的苏辙干脆搬到颍昌即颍川，在荀氏西豪故里近旁，投巨资修建了一片大瓦房，与儿子、女儿、孙辈、侄子和侄孙们（哥哥苏轼的后代）住在一起，全家人口达 100 多，并整整在颍川生活了 11 年之久。

这是他去世前最后的居住之地。

选择与荀氏西豪故里比邻而居，算是他对荀氏表达的一种无限敬仰之情。

与历代文人骚客一样，安居颍川后的苏辙，除闭门谢客读书著述外，在天气晴朗风清气爽的日子，也会兴致勃勃地走访颍川名胜古迹并拜谒凭吊，算是一种休息和学习。

自然，汉末魏晋时期的遗迹如"三绝碑"、受禅台等等，他自然是不会漏掉的。"三绝碑"已成为历代文人墨客高官巨贾，拓片、了解、学习东汉末年书法的一个无法回避去处。其周围及附近一带，已经留下历史上无数大名鼎鼎者们的脚印。

此间，逢年过节，苏辙会在家人陪伴下，先后去墓地祭拜欧阳修和哥哥苏轼。去之前，他会提前写好祭文。然后在墓前摆好祭品，在香烛缭绕之中，满含深情地悼念自己人生中对他帮助最大的三个人之二。还有一个是他的父亲、同样是"唐宋八大家"之一的苏洵。

官至副宰相（尚书右丞、门下侍郎）的苏辙，也去祭拜过小龙脊的荀彧衣冠冢。他有的是时间。11年的光阴不是一个短暂岁月，对平均寿命本不很长的古人来讲，更是如此。

在小龙脊，苏辙同样遇到武申的后人武周。二人交流了曹操割须自罚碑和荀彧衣冠冢的来历等相关历史信息。

武周根据先祖武申传下来的故事，给苏辙进行了再普及，并拿出荀彧赠给武申的那块白玉佩给苏辙看。

苏辙饶有兴趣地把玩几下后，特意放在鼻子下面仔细闻了几下，然后微笑着说：荀令留香，尚有余香，名不虚传啊！呵呵呵。

武周自然知道这位大人在开玩笑。历经数百年，原有的香味早已飘散殆尽，就如荀彧的肉体一样，早已化作泥土和历史尘埃。

风趣幽默开玩笑，本不是苏辙所长，而是他哥哥苏轼的专利。但这并不妨碍苏辙偶尔灵光乍现、幽上一默的可能。

苏辙一向沉静严谨一丝不苟。这也是为何他的才气虽然没有苏轼高，但官运却远远超过苏轼的原因之一。即便历史上大名鼎鼎的奸相蔡京，也对苏辙这个对手评价颇高：沉毅自重令人钦佩。

看着垂柳绕荷塘塘水清如许，周围鸭鸣犬吠鸡飞狗跳，远处是大片大片翠绿的麦田，更有桃花梨花桐华等片片点缀。苏辙便对武周说：小龙脊一带是风水宝地啊，难怪你先祖武申选择这里居住。就连我也动了凡心，想在这里落脚了。

武周很高兴地说：大人如不嫌弃，我们自然欢迎之至。现在这里水面少多了。听爷爷讲，先祖时代，这里水塘要多得多。

于是，在武周斡旋帮助下，苏辙在武申茅屋西侧百丈开外，购地筑茅草屋并建篱笆小院一座，曰"遗老斋"。他则自号"颍滨遗老"，时不时从颍昌城过来垂钓、读书、养花、种菜；或和当地乡民谈天说地，寻幽访古，自得其乐，过起田园隐逸生活。

此间，苏辙评价荀彧道：

荀文若之于曹公，则高帝之子房也。董昭建九锡之议，文若不欲，曹公心不能平，以致其死，君子惜之。或以为文若先识之未究，或以为文若欲终致节于汉氏。二者皆非文若之心也。文若始从曹公于东郡，致其算略，以摧灭群雄，固以帝王之业许之矣，岂其晚节复疑而不予哉！方是时，中原略定，中外之望属于曹公矣，虽不加九锡，天下不归曹氏而将安往？文若之意，以为劫而取之，则我有力争之嫌，人怀不忍之志，徐而俟之，我则无嫌而人亦无憾。要之必得而免争夺之累，此文若之本心也。惜乎曹公志于速得，不忍数年之顷，以致文若之死。九锡虽至，而禅代之事，至子乃遂。此则曹公之陋，而非文若之过也。

后世无数文人骚客前来凭吊荀彧，也是对武申当年之选择的无声赞赏和褒奖。

之后，苏辙先后到龙脊古城南边的彼岸寺和许慎故里及长眠地游历、考察及凭吊。在彼岸寺，当苏辙看到北宋著名画家武宗元专门为该寺所绘的文殊菩萨和玄奘高僧画像已被风雨侵蚀时，同样痛惜至极，情不自禁地题郾城彼岸寺诗二首，其一《武宗元比部画文殊玄奘》曰：

> 遗墨消磨顾陆余，开元一一数吴卢。
> 本朝唯有宗元近，国本长留后世模。
> 出世真人气雍穆，入蕃老释面清癯。
> 居人不惜游人爱，风雨侵陵色欲无。

　　意思是说，前人的遗墨消磨了顾恺之和陆探微的精神，大唐开元时期值得称道的人物画名家，也就是吴道子和卢鸿一了。而大宋本朝，只有武宗元与他们俩人的高超技艺有一拼。国家有珍贵的藏本可以永久存留后世作为范本供人效法学习。看武宗元画的文殊菩萨和玄奘大师，有超凡脱俗的真人气质且雍容华贵庄重严肃，西入天竺佛国取经的玄奘大师面容清瘦仙风道骨。

　　诗中的顾陆，是东晋画家顾恺之与南朝宋画家陆探微的并称。吴卢指唐代著名人物画家吴道子和山水画家卢鸿一。吴道子，又名道玄，唐代绘画大师，被后世尊称为"画圣"；以人物画见长，擅佛道、神鬼、人物、山水、鸟兽、草木和楼阁等，尤精于佛道和人物。卢鸿一，一名鸿，字浩然（颢然），唐代画家、诗人，著名隐士；博学，能诗善书画及篆籀，工八分书，画山水树石得平远之趣，与王维不相上下；代表画作有《草堂十志图》摹本等。国本指国家的藏本。唐韩愈《画记》中有"余少时，常有志乎滋事，得国本，绝人事而摸得之。" 老释，也说释老，释迦牟尼和老子的并称，指佛教和道教，这里侧重指佛教或佛家。

　　彼岸寺内的参天古柏，同样激发了大诗人的灵感，苏辙在其题郾城彼岸寺二首其一的《文殊院古柏》一诗中唱道：

> 曾看大柏孔明祠，行尽天涯未见之。
> 此树便当称子行，他山只可作孙枝。
> 栋梁知是谁家用，舟楫唯应海水宜。
> 日莫飞鸦集无数，青田老鹤未曾知。

　　在颍川的 11 年间，苏辙闭门谢客，终日读书著述、默坐参禅，绝口不谈时事。而是将所思所想寄托于诗文之中，专心学术。此间共完成包括《诗集传》《春秋集解》《论语拾遗》《道德经解》《栾城集》（包括《后集》和《三集》）共 84 卷及 12 卷《栾城应诏集》，还曾自撰《颍滨遗老传》等。

　　而他才华横溢才高八斗的哥哥苏轼，则只有 30 余卷著作留存于世。客观原因是苏轼死得过早，大半生颠沛流离居无定所，没能像苏辙这样有整整 11 年时间可以专心学术研究和总结。

　　苏辙苏子由，一字同叔，晚号颍滨遗老。北宋文学家、宰相。苏辙与父亲苏洵、兄长苏轼齐名，合称"三苏"，是"唐宋八大家"之一。苏辙生平学问深受其父兄影响，以散文著称，擅长政论和史论。苏轼称其散文"汪洋淡泊，有一唱三叹之声，而其秀杰之气终不可没"。其诗力图追步苏轼，风格淳朴无华，文采稍逊。苏辙亦

善书，其书法潇洒自如，工整有序。

因苏轼在诗词和文学上的广泛影响与巨大成就，后人多认为他比弟弟苏辙成就大得多。但也有人认为，在政治、学术、诗文、文学成就和人格魅力方面，苏辙其实超过苏轼，或至少不亚于苏轼。

苏门四学士之一的秦观秦少游，曾评价苏辙诗文"元气内充"；另一个四学士张耒，则佩服苏辙的人格魅力……

嘉祐二年，苏辙、苏轼兄弟参加礼部会试，当时欧阳修知贡举，将苏轼、苏辙兄弟置于高等，苏辙名登五甲。嘉祐六年八月，苏辙参与殿试，尽力讲政事得失，而对宫禁朝廷之事，议论尤为激切。策问试卷送上后，苏辙自认为一定被黜落。覆考官司马光将其置于第三等，初考官胡宿不同意。司马光与范镇商议后，将其置于第四等，三司使蔡襄也力保苏辙。这是苏辙与前辈欧阳修和司马光的第一次交集。

尽管如此，当后来司马光变熙宁之法、废除雇役法、恢复差役法时，苏辙极言不可。

《宋史》称苏辙"论事精确，修辞简严，未必劣于其兄"。

苏辙与父苏洵、兄苏轼创立了苏氏蜀学，他与苏轼同为苏氏蜀学的集大成者。苏氏蜀学与荆公新学、二程洛学相对立。"三苏"博通经史，遍采六经百家之说，又吸取老庄道家学说和佛教思想，逐步形成"三教合一"的思想体系。这是北宋中期儒、佛、道三教融合之时代潮流产物，是当时具有重要影响的学术派别。

政和二年春，苏辙游华夏36个西湖之一的颍昌西湖、泛粄水，并有记述诗作如下。

游西湖

闲门不出十年久，湖上重游一梦回。

行过间阖争问讯，忽逢鱼鸟亦惊猜。

可怜举目非吾党，谁与开尊共一杯。

归去无言掩屏卧，古人时向梦中来。

同年十月三日，苏辙逝世，享年74岁。同年12月，朝廷追复苏辙为端明殿学士，特赠宣奉大夫。原拟葬苏辙于眉州祖茔，但后来仍葬于郏县小峨眉山苏轼墓旁。南宋绍兴年间，因其子苏迟显贵，苏辙获赠太师、封魏国公，夫人史氏获赠楚国太夫人。淳熙元年，经礼部尚书赵雄奏请，宋孝宗特敕追谥苏辙为"文定"。

"三苏坟"坐落在许（昌）洛（阳）古道边的小峨眉山麓，背靠嵩山奇峰，面对汝水旷川。墓东、西两边的两座小山由北向南逶迤而下，宛若两道剑眉。小峨眉山行政上属颍川汝州郏城钧台乡上瑞里。苏轼、苏辙兄弟葬此后，改称苏坟村。

19

赠汴城李师师

远山眉黛长，细柳腰肢袅。

妆罢立春风，一笑千金少。

归去凤城时，说与青楼道。

看遍颍川花，不似师师好。

一个京城名妓，搅得汴京的皇帝、大臣和文人们心神不宁却又文思泉涌。和李师师有过交往的北宋名人，除富有艺术才华的宋徽宗皇帝赵佶外，还有北宋著名词人张先、秦观、周邦彦和晏几道等人。

耄耋之年的张先，老当益壮不服老，怀着一颗一树梨花压海棠之心，专为李师师创作了一个新词牌《师师令》，并赋词一首云：

香钿宝珥。拂菱花如水。学妆皆道称时宜，粉色有、天然春意。蜀彩衣长胜未起。纵乱云垂地。

都城池苑夸桃李。问东风何似。不须回扇障清歌，唇一点、小于珠子。正是残英和月坠。寄此情千里。

这是李师师最擅长的小唱、即长短句，也就是后人熟知的宋词。

此时，李师师尚属未成年的小姑娘。而年老望重的著名文人张先，已有80余岁高龄了。可见李师师的魅力如何势不可挡，以及张先如何老当益壮不服老。张先生于公元990年，卒于1078年，终年88岁。李师师最迟出生于公元1062年，换言之，张先比李师师大70余岁。但张老爷子人老心不老，心理年龄极其年轻，所以能够高寿。

李师师本是东京城内染房店店主王寅的女儿。她蕙质兰心、能歌善舞，天生一副好嗓子。加上老鸨的耐心调教悉心指点，李师师不满15岁就已"人风流、歌婉转"了，在汴京教坊中独领风骚风头无二。到她18岁左右时，就已红极一时名动天下了。据说李师师最撩人的，是她唱曲的娇声，有勾人魂魄之功。

此时，"苏门四学士"之一的秦观30岁左右，文采风流名动一方。李师师对他也曾一度迷恋，二人交往比较频繁。才子佳人，互相爱慕，本是一段佳话。但奈何秦少游是元丰八年进士，曾任太学博士，迁秘书省正字兼国史院编修官，出通判杭州。因追随恩师苏轼太紧，"影附苏轼，增损《实录》"，而迭遭贬谪。元符三年，复命为宣德郎，放还横州。秦观久在官场，李师师却长驻娼门，注定是一段没有结局的故事。

秦观之后，妙解音律、工于文辞的周邦彦，也和李师师交往十分密切。年长李师师4岁的周邦彦，字美成，号清真居士。因其词句绮丽绝伦，京城歌伎无不以唱他的新词为荣。初见李师师，周邦彦便觉相见恨晚，即填了一首《玉兰儿》记录他对李师师的印象：

铅华淡伫新妆束，好风韵，天然异俗。彼此知名，虽然初见，情分先熟。炉烟淡淡云屏曲，睡半醒，生香透玉。赖得相逢，若还虚度、生世不足。

师师喜欢周的文采，乐于和他接近。交往日久，二人关系甚为密切。宋人陈鹄《耆旧续闻》中记载，美成至角伎李师师家，为赋《洛阳春》云：

眉共春山争秀，可怜长皱。莫将清泪湿花枝，恐花也如人瘦。清润玉箫闲久，知音稀有。欲知日日依栏愁，但问取亭前柳。

李师师年方二九即红遍京师时，晏几道已经42岁了。

这个出生于一人之下万人之上相府豪门的公子哥，此时却穷困潦倒今非昔比，但这并不妨碍他喜欢李师师。见过李师师的美貌、并领略过她的才华后，晏几道便再难忘怀。心绪激荡之下，便一气呵成写出本节开篇的《赠汴城李师师》；同时不经意间，忘乎所以把颍川女子给贬损一通：与李师师相比，颍川的女孩子一个也不行！后又作《一丛花》词，赠送李师师：

年来今夜见师师。双颊酒红滋。疏帘半卷微灯外，露华上、烟袅凉口。簪髻乱抛，偎人不起，弹泪唱新词。

佳期谁料久参差。愁绪暗萦丝。相应妙舞清歌夜，又还对、秋色嗟咨。惟有画楼，当时明月，两处照相思。

晏几道，字叔原，号小山，北宋著名词人。其父乃北宋政治家、文学家晏殊。

晏殊十四岁以神童入试，赐同进士出身。历任右谏议大夫，集贤殿学士，同平章事兼枢密使，礼部、刑部尚书，观文殿大学士知永兴军，兵部尚书等职，后封临淄公。至和二年病逝，谥号"元献"，世称晏元献。

晏殊与其第七子晏几道，被称为"大晏"和"小晏"；也有人将父子俩人合称"二晏"。

就诗词而言，晏几道的词风似父而造诣过之。他工于言情，其小令语言清丽，感情真挚。多写爱情生活，表达情感直率，是婉约派的重要作家之一。但就官场而言，晏几道远远不如其父。生性孤傲的他，一生只做过颍昌府许田镇监、乾宁军通判和开封府判官等小吏。

晏几道继承了其父优良的文学细胞，自幼聪颖过人。7岁就能写文章，14岁便参加科举考试，并拿了个进士身份回来。晏几道生来就在绮罗脂粉堆中长大，珠围翠绕，锦衣玉食；每天的生活就是跌宕歌词，纵横诗酒，斗鸡走马，乐享奢华。他的六位兄长都先后步入仕途，而晏几道过的是逍遥自在的风流公子哥生活。与此同时，他自幼潜心六艺，旁及百家，尤喜乐府，文才出众，深得其父同僚喜爱。出身豪门的他不受世俗约束，生性高傲，不慕势利，更不利用父势或借助其父门生故吏满天下的有利条件为自己谋取功名，因而仕途很不得意。

晏几道出生时，晏殊已47岁，算是老来得子。作为家中最小的儿子之一，晏几道得到了父亲的格外宠爱，17岁以前，他是地地道道衣食无忧的公子哥、花花公子。

但人算不如天算，自晏殊于仁宗至和二年去世后，汴京城内曾经如日中天的晏家，一落千丈今非昔比，生活一天不如一天。晏几道春风得意的生活也结束了。他和六哥祗德、八弟传正及姊妹四人都还年幼，由二哥承裕的妻子张氏"养毓调护"，嫁娶成家。

宋哲宗元祐初，晏几道词名盛传京师。苏轼曾请晏几道的好友黄庭坚转致期望结识之意。但晏几道回答说：今政事堂中半吾家旧客，亦未暇见也。言辞颇为倨傲。

神宗熙宁七年，晏几道因言获罪。他送给朋友郑侠的那首《与郑介夫》（郑侠字介夫）：小白长红又满枝，筑球场外独支颐。春风自是人间客，主张繁华得几时？被认为讽刺了王安石的"新政"、反对改革，晏几道因此被捕下狱。后来宋神宗释放了晏几道。

此事虽有惊无险，但经过这么一折腾，原本就坐吃山空的家底更加薄弱，晏家每况愈下。这件事对晏几道打击不小，他从一个书生意气的公子哥，沦落为潦倒落魄的贵族。

宋神宗元丰五年，晏几道监颍昌许田镇。此时的颍昌知府韩维是晏殊弟子。有这层特殊关系，加上对自己才气的自信，晏几道上任伊始，就大胆给韩维献上自己的词作。

韩维则很快回复说：盖才有余，而德不足者；捐有余之才，补不足之德。全没昔日晏家门生的温情。

晏几道读罢，全身冰冷，人生更加失意。

无论晏殊生前无比溺爱的七子晏几道如何倾心李师师，他都已经没有任何资本去拼命追求了。追名妓，不但需要才华，更需要地位和银子支撑。何况李师师身后，还有一大堆地位显赫的追随者呢。

眼中只有李师师，却再无颍川女子的晏几道，无论他年轻时如何锦衣玉食风光无限，却不得不依靠颍川父老的劳作而活下来。

真与痴是晏几道的性格特点。

除词作外，晏几道的人品也颇值得推崇。大观元年，蔡京权势正盛，曾于重九、冬至日，遣客求晏几道写长短句。晏几道为作《鹧鸪天》两首，内容只限歌咏太平，而无一语言及蔡京。此时，晏几道已是年迈之老人了，却依然像不谙世事的血气少年一般幼稚、纯真、可爱！

宋徽宗大观四年，年过古稀的晏几道安然辞世。他走了，而凝聚了他一生心血的《小山词》却流传下来，且历久而弥新。

20

儒学之集大成者、被后世尊称为朱子、唯一非孔子亲传弟子而位列大成殿十二哲者之一享祀孔庙受儒教祭祀的宋朝著名理学家、思想家、哲学家、教育家、诗人和闽学派的代表人物朱熹，其理学思想对元、明、清三朝影响极大、并享有三朝官方哲人的至尊地位，成为华夏教育史上继孔子之后又一巨人。因当时长江以北几乎尽归金人之手，朱熹没有机会到颍川走访，但这并不影响他对颍川人士的关注和品评，且这种评价有其朱氏的独到风格和辛辣意味。

北宋庆历年间，韩琦任扬州太守。就像欧阳修说的"文章太守，挥毫万字，一饮千钟"那样，宋王朝的太守多妙笔生花风流倜傥才子。

是年，扬州官署一种很特别的芍药开花：一根枝头花开四杈，且花瓣上半部与下半部都是红色，中间一段则呈金黄色，整朵花看起来有种"金缠腰"之独特意境。当时扬州满城芍药，也难得一枝金缠腰。

面对这一祥瑞景色，韩琦决定设宴赏花。既然花开四杈，就得选四位主角。于是，监郡官王珪、幕职王安石和韩琦三人，加上正在扬州的京官大理寺丞陈升之，刚好4人参加了这一特殊宴会。

酒筵过半时，韩琦唤人剪下那四朵"金缠腰"，四人各簪一枝。

也许是巧合，也许是天意。玄妙的是，后来30年间，参加此次赏花宴的四人都先后拜相。堪称蔚为壮观，绝妙至极！

建阳考亭人陈升之原名陈旭，因避宋神宗赵顼之名讳而改名陈升之。他在仁宗嘉祐五年、英宗治平二年和神宗熙宁年间，辗转宰相之位，先后任枢密副使、知枢密院事、知枢密院事加行礼部尚书同平章事等职。

枢密副使和知枢密院事是副相的俗称，同平章事则是宰相的俗称，是当之无愧的宰执重臣，三朝元老。

王安石变法时，陈升之因政见与王安石不同而罢归考亭。回到考亭的陈升之在溪山之间建起一座亭子，取名"聚星亭"。"聚星"是涉及家族荣光的闪亮代号，指向汉末陈、荀两家一次惊动太史名闻天下的聚集。

陈家有"三君"，即陈太丘（陈寔）、陈元方（陈纪）和陈季方（陈谌）。他们德高识远，是望族名士的代表，在士人心目中享有崇高地位，并称"三君"。

颍川荀家有"八龙"，是荀朗陵荀淑的八个儿子。分别是荀俭、荀绲、荀靖等八人。荀朗陵曾住在西台里。

当地县令说，以前高阳氏有八位德高才全的子孙，如今荀朗陵也有八个儿子，就将西台里改名为高阳里，荀朗陵的八个儿子也被称为"八龙"。

一次，陈太丘拜访荀朗陵。

陈家贫穷没有仆人，就让大儿子元方赶车，二儿子季方在后面跟随，年幼的孙子长文（陈群）坐在车里。到荀朗陵家后，荀朗陵让三儿子到门口迎接，六儿子敬酒，其余六个儿子上菜。孙子文若即荀彧还小，就坐在爷爷膝前。"八龙"和"三君"齐聚一堂。

那天晚上，洛阳值班的太史官夜观天象，看到一大堆熠熠生辉的星星，便大吃一惊，说此为"德星聚"。于是太史官就在写史时写道，"五百里之内，贤人聚集"。

当时正是文人雅士凋零动荡混乱不安的东汉末年，陈氏和荀氏两家共12位（加两个尚幼的孙子是14位）集结，几乎聚集了当时中原一半的贤人。

陈升之建造聚星亭，就是为了纪念这次聚会，当然也是追念家族的荣耀。

庆元五年、即朱熹辞世前一年，陈升之建的聚星亭已颓。其后人陈总龟，对正在考亭沧州精舍讲学的朱熹说起往事并提议说：沧州精舍之东，先人曾建有聚星亭，如今早已湮没，想请夫子策划，重建此亭。

朱熹答应了。

除筹建修复聚星亭外，朱熹还决定将陈、荀两家相聚的过程绘制成屏风，像连环画一般展示出"聚星"之过程。于是，朱熹安排门人吴稚考证汉末的车服制度，又找来张、黄两位画工，将吴稚的考证结果定格在屏风上。

庆元六年正月，聚星亭的屏风绘制完工。朱熹为此写了《聚星亭画屏赞并序》，这是朱熹在其生命的最后时光留下的有限文字之一。

赞曰：猗歟陈子，神岳钟英，文渊范懿，道广心平。危孙汗隆，卷舒自我，是曰庶几，无可不可。献身安众，吊竖全邦。炯然方寸，秋月寒江，愿言怀人，曰我同志。故郎陵君，荀季和氏，连峯对起，丽泽潜滋，爱而不见，有黯有思。薄言造之，顾无仆役，独呼二儿，驾予以出。青乌黄狭，布幔柴车，策舒前卫，杖谌后趋。所造伊何？高阳之里，维时荀君，闻至而喜。顾谓汝靖，往应于门，七龙矫矫，布席开尊。靖肃而前，翁拜其辱。何悟斯晨，得见清穆。命爽行筋，旅馈次陈。献酬交错，礼度情亲。载笑载言，罔非德义。益迈乃猷，以辅斯世。髧髦两稚，亦真膝前。原深本固，莫出匪贤。维此慈明，特谢傅匹。晚际国屯，敢惮濡迹，赘流之命，时以少延。邦朋之最，孰与为先？或乃附曹，群亦忘汉，嗣守之难，古今共叹。崇台罔极，于以占天，犹曰兹野，德星萃焉。我寓有亭，旧蒙斯号。今刺前闻，象仪以告。高山景行，好德所同。课忠责校，独慨余衷。百尔窥临，镜考毋怠。死国承家，永奉明戒。

朱熹在其生命的最后时刻，花费如此多心思筹建聚星亭，自然不是为追忆陈氏家族的荣光，而是借聚星亭，表达维护大宋朝纲及匡扶天下道统之良苦用心。

"德星聚"那晚，陈、荀两家的孙子陈群和荀彧都还小。但很快，他们就成为扭转历史进程的重量级人物：荀彧成曹操的重要谋士，官至尚书令，是曹魏集团的执牛耳者；陈群则是魏晋南北朝选官制度"九品中正制"和曹魏律法《魏律》的主要创始人。

陈群字长文，颍川郡许昌县人。三国时期著名政治家、曹魏重臣。东汉太丘长陈寔之孙、大鸿胪陈纪之子。陈群出身名门，早年被刘备辟为豫州别驾。曹操入主徐州时，被辟为司空西曹掾属，后转任参丞相军事。曹操封魏公时，陈群任魏国御史中丞，后封昌武亭侯。曹魏政权建立后，历任尚书令、镇军大将军、中护军、录尚书事。曹丕驾崩后，陈群受诏辅政。曹叡即位后，陈群任司空、录尚书事，累封颍阴侯。青龙四年十二月病逝，谥号"靖"。正始四年，配享曹操庙庭。陈群历仕曹操、曹丕和曹叡三代，以其突出的治世之才，竭忠尽职，为曹魏政权的礼制及政治制度建设，做出了突出贡献。陈群曾撰有文集五卷，但已佚失。其余著述见于《全三国文》。

陈群与荀彧均出生于德行高尚的高贵门第，也都是汉家后人，却都背弃了汉王朝而归附奸雄曹操。在以大汉王权为正统的士大夫心里，荀彧、陈群显然有悖纲常。于是，朱熹在《聚星亭画屏赞并序》中如此忧思道：

或乃附曹，群亦忘汉，嗣守之难，古今共叹。

写下这些文字两个月后，朱熹去世。一代大师鸿儒的肉体凡胎烟消云散，留下了他的思想和灵魂，继续在这个世界传播着。

21

明世宗朱厚熜是明朝第十一位皇帝，年号嘉靖。提起嘉靖皇帝一朝，人们最耳熟能详的大臣，恐怕莫过于大奸臣严嵩、杨廷和及青史留名的骨鲠之臣海瑞，抗倭英雄俞大猷、胡宗宪和戚继光了。

其实，明世宗嘉靖帝一朝，还有一个职位丝毫不比上述几位低、一直深得这位皇帝喜爱、且得以善终的大臣。他就是来自颍川龙脊古城南城的桂颂。

以桂颂职位之高、却鲜为世人所知的史实，其内敛及不事张扬个性，由此可见一斑，也由此可知其处世之道的高超和圆滑、不露声色。在官场摸爬滚打几十年，

在自己的学生和密友严嵩贫病交加死去后，桂颂却丝毫不受任何影响、并能得善终，又可见其官场手腕之高超、灵活。

嘉靖皇帝的一生颇为复杂，后世对其评价也很两极。总的来看，嘉靖在位早期英明苛察，严以驭官、宽以治民，整顿朝纲、减轻赋役，史称"嘉靖新政"。但后期性情和行事风格突然大变，他沉迷道教、宠信严嵩等奸相，导致朝政腐败。

在嘉靖二十一年的"壬寅宫变"中，他几乎死于宫女之手。此后长期不理朝政，迷信方士、浪费民力，最终激起民变。与此同时，蒙古俺答汗长年寇边，甚至于嘉靖二十九年兵临北京城下，造成"庚戌之变"；几乎在同一时期，倭寇侵略东南沿海。"南倭北虏"的外族入侵局面，始终困扰着嘉靖一朝，造成很大负面影响。

每个人都有自己发自内心、外人所无法道来的喜好，皇帝也不例外。他喜欢或不喜欢一个大臣，很多时候与该臣子的德才、能力和忠奸等几乎毫无关系。而仅仅是喜欢这个人的说话方式、做派和行事风格而已。事实就是如此简单。

嘉靖皇帝喜欢桂阁老是不争的事实，尽管后者在历史上没有留下任何值得称道的治国业绩、救世良方。这从嘉靖帝与桂阁老的君臣对中，就可以看出端倪：

明世宗皇帝赐大学士桂颂诗歌
史臣清职最难供，必有三长始可充。
耆俊协心宣朕志，纂修纾困赋予衷。
圣谟垂训常如见，睿德流芳岂有穷。
帝赐闲良为辅弼，寅恭端亮此为忠。

又
殿廷暑气薄，薰风洒然生。
万几有清暇，书史陶吾情。
日与圣贤伍，外诱难相婴。
对时或感物，兴到句还成。
豁然融心性，岂止谐音声。
资聊为藻润，朕志益开明。
卿本中州俊，简在登台衡。
君臣际良难，所贵德业并。
诗意本余事，治理须持平。
朕固凉卿志，夙夜怀忠贞。
喜起协舜乐，交修和商羹。
卷阿有遗响，终听凤凰鸣。

颍川邑人、桂颂大学士和曰：
和世宗皇帝赐诗
吾皇启昌运，实膺历数生。
上承万年统，下惬四海情。
中雁几多事，外变复相婴。
皇猷惟祖训，圣孝自天成。
挥洒富篇帙，铿鍧太古声。
臣本章句儒，无补愧开明。

又以樗栎质，误简居台衡。

所望唐虞治，今昔期有并。

兼有伊吕业，家国依以平。

岂敢苟然作，黾勉在忠贞。

曾览周梓传，载味和鼎羹。

但拟赓歌曲，同一韶濩鸣。

也许，能够陪皇上和诗对句，让皇帝高兴，原本就是一个臣子的本分和本事吧。

22

风流总被雨打风吹去！

但关于颍川"三绝碑"的争论却一直存在，并在后世不断延续着。

有人认为是王朗撰文、钟繇书写。颜真卿、范文澜、翁方纲和康有为等名家皆主此说。汉碑尚无撰文、书丹留名习惯，故而留下如此多争议。

王朗王景兴为汉末大儒，汉献帝和曹丕禅让时，王朗为御史大夫，位列三公，其撰文应无异议。钟繇官居九卿，爵尊列侯，且当时年事已高，让他亲自刻石，似欠情理。"公卿将军上尊号奏"碑上有"大理东武亭侯臣繇"之字样，却无梁鹄名字。如此看来，此碑应为王朗文、钟繇书。

仔细对比两碑，可见其字体笔画有明显差别。"受禅表"字体端庄、笔画劲利，翁方纲谓之"开唐隶之渐"；"公卿将军上尊号奏"则剑拔弩张、气势威严，结体方整、如铁铸成、鸱视虎顾，雄伟冠时。两碑中同一字相比，笔画波磔、长短走向等，也多有不同，大概非出自同一刻家之手。

乾隆年间进士、颍川邑人、龙脊香宅主人质莆公，在其数次参观受禅台、"三绝碑"和献帝庙后，认为两碑均由钟繇所写或书丹，并在其《钟繇古隶》一诗中这样写道：

遗庙抗苍柏，断碑曳碧云。

奸雄本篡业，胡为受禅文。

贞珉一以建，狐媚成三分。

岁月代何远，龙蛇多未湮。

独怜钟繇隶，不念汉将军。

至于龙脊古城之南沙颍河畔的彼岸寺，到大清时代达到其有史以来的巅峰状态，其规模恢宏、建筑完整，成为享誉天下的中原名寺古刹。

清顺治进士、郾城知县荆其惇曾题诗彼岸寺曰：

谁勒文幢石佛前，纵横玉盘峰山巅。

风霜蚀尽龙蛇迹，不使人知魏晋年。

不料荆进士一语成谶。大清以后，彼岸寺的命运江河日下，几成废墟。

近代的中原大地战火频仍，民不聊生。很多名胜古迹毁于此间，让人不胜唏嘘。

1913年，袁世凯的左路备补军扩编改为京卫军。冯玉祥于阴历7月29日奉令招编左翼第二团，翌晨到郾城一带招募新兵。一行人在漯河车站下车后，即到郾城一家歇业的戏院住宿，后移居彼岸寺。不到两个星期，就招足了1000多个新弟兄，

吉鸿昌、梁冠英、田金凯、赵廷选和李曾志等，都是这次应募来的，他们后来都成为军中高级将领。

1938年7月，冯玉祥副委员长来河南视察驻军防务后，从郑州返回武汉的路上，又专门到郾城视察。因原来跟着冯玉祥当过书记官的靳鼎箴，在郾城彼岸寺之召陵中学当校长，冯玉祥便再次来到彼岸寺。全校3000多师生坐在龙塔古篆北面的大礼堂，聆听了冯玉祥宣传抗日、并动员青年学生奔赴抗日前线保家卫国的演讲。此后，30名学生投笔从戎，走向抗日前线。

冯玉祥还应邀为学校题写了"郾城县召陵中学校"的墨宝。

此后在"废庙兴学"运动中，彼岸寺被辟为学校。目前仅遗存一处北宋时期的石刻经幢、即彼安寺碑。曾经古色古香宏伟无比的楼、台、亭、阁和祠堂等等，早已荡然无存。

1960年，河南省人民政府公布彼岸寺经幢为第一批省级重点文物保护单位，后又载入国家文物局主编的《中国名胜词典》。1978年和2002年先后进行拆修、扶正和加固。2012年经国家文物局批准，投资200万元，建造了仿清四角保护亭。

彼安寺碑是我国宋代前期一处罕见的佛教艺术石雕真品，是研究宋代佛教、文化、建筑、书法和雕刻艺术的重要实物，其石篆的书写、镌刻刀法堪称绝品；浮雕造型图案设计独具匠心，整体布局、建筑结构风格奇异。

据永乐元年二月的《僧宗岩重修彼岸寺记》记载：

彼岸寺在寺之西北，宋太平兴国中，僧契宗大师所居也。圣朝更化之初，叶县僧宗岩过而叹曰：是非我当力者乎？乃率其徒，刈荆夷棘，树茅以居，处足动人，施者云集。洪武十有五年，乃举宗岩道行老成，堪领僧会。礼曹试可，就任其职。由是聚才鸠工，中建佛殿神像，外广僧庐僧堂，庖湢有所，云水有舍，俨为一方之胜。殿以间计修三堂，以楹计者立三门二庑，俱有可观。以至于钟鼓应用之具，靡不周瞻。过客兴嗟，居人仰赞欢喜。

汉永平年，佛法东传。溵水名刹，是曰彼岸。香海浮屠，上侵云汉。宋兴国中，有僧契宗。过行照著，创业莲宫。迨至洪武，代传远古。僧会宗岩，开山为祖。云仍灵草，重整规绳。僧殿僧堂，三门行廊。厨库鼎造，钟鼓锵锵。旃檀之林，郁密森沉。香芜杂糅，缁素信心。代不乏贤，继后光先。阴翊王度，福利人间。缁侣内助，官豪外护。功归勒石，以图永固。

《翟葵亭彼岸寺重修佛殿碑记》则载：

县治西有寺曰彼岸寺，其制深邃宏阔，整洁庄肃。佛殿居其中，前后左右列诸神之殿。廊庑环抱者五十余楹，若拱极之状。殿前有石幢古塔，屹然中立。绿筠翠柏，森然奇观。诚中州之盛，概一方之福地也。

当年寺内一幅宣扬佛教教义并传颂至今的奇联曰：

善茅长长长长长长长长
习三乘乘乘乘乘乘乘乘
横批
荡荡自清

第一章　古　郡

1

颍川县治在龙脊古城。

古城沿一条东西向隆起的黄土岗中段筑就。45里长的黄土岗,远观如一条黄色巨龙。古城就矗立在这条黄龙突兀的脊背一线,龙脊由此得名。

唐朝的李吉甫,在其巨著《元和郡县图志》一书中,这样描述古城曰:龙脊皋东西长五十里。

一条发源于中岳嵩山东麓之颍谷的河流,自西北而东南蜿蜒舒缓且又柔曼地穿过颍川一带的黄土大地,是为颍水。

颍川者,以颍水而得名也。水势自西北入境,环抱于境之东南,盈三带。

《水经注》称:颍水出阳城县西北,少室山东南。古老的颍川由此得名。颍水广纳流域内大、中、小季节及非季节性河溪,先是会沙河入蔡,是故《尔雅》说"颍别为沙",然后归于华夏大地排行老三的淮水,继而汇聚长江,最终东流入海。由此完成地球上所有河流的宿命,百川纳海。

颍川邑人、大明都御史杜楠,曾在其一首题为《颍水清流》的诗中,点明颍水的源头:

> 晨辉荡清颍,轻桡游碧浔。
> 秋水棹声急,爽濑鸣松林。
> 鸥鹭翔我侧,蛟龙潜波心。
> 沿流达少室,群液广且深。
> 澜渚回兹土,灵钟自昔今。

颍川的书香门第老吴仙儿,也曾有诗赞颍水清流道:

> 阳乾山吐水湝湝,转抱无如此佳地。
> 共道年来更姓褚,谁知东流复名淮。
> 千帆净影霜侵櫂,一钓清光月上涯。
> 洗耳遗踪应不远,欲寻旧处涤尘怀。

诗中的"褚",乃颍水别称。

按老吴仙儿的说法,颍水虽未列华夏江、河、淮、济四条独流入海的大河之内,"而其名甚古,见于尧舜之世,下逮春秋。高隐若巢、由,纯孝如考叔,名宦若黄霸,乡贤若李膺,莫不以一当十,通为颍川发荣光而知于今。"

巢父、许由因隐居不仕而名垂青史。执掌颍谷的郑国大夫颍考叔,以孝闻名天下。黄霸乃西汉名臣。东汉时颍川人李鹰生性高傲,当时士人皆以被他接待为荣,称为"登龙门"。

老吴仙儿还说:颍自初源,及出关而东,横带嵩南百有余里,不择溪涧之细流,故能成其大。岩岩嵩嵩,实借润焉。

老吴仙儿想说的是,世间之事,无须挑拣,有容乃大;山水相依,互相扶助,才有情趣。颍水发源于嵩山,嵩山成就了颍水的阴柔之美;反过来,颍水映衬出嵩山的险峻奇幻和阳刚之气。两者阴阳调和,相辅相成。

善利万物而不争的水是生命之源。生命之源以一己之力,冲积形成广饶开阔的黄淮海大平原。而平原上这些肥沃的土地,养育了千百年来的无数苍生。黄、淮海平原,就是如此形成、如此成为华夏文明的中心和发源地的。河水流过原始碧绿的高山、雄浑苍茫的黄土高原,毫不客气地裹挟而来肥沃的有机质等养分、和巨量的滚滚黄色沙土,在包括颍川一带的异乡沉淀下来,形成幅员辽阔的黄土地。有人说,所谓黄种人,就是因了黄土地的滋养而孕育、发展、繁衍起来的。此话不无道理。

如果说豫州是华夏文明的中心、起点和发源地,那么颍川地区,则是豫州这个华夏中心的中心;而龙脊一带,则是颍川这个豫州中心之中心。

有人类活动的地方,就有故事,无论故事大或小。作为华夏文明中心之中心的龙脊,更有很有故事。

关于颍川古郡县治的变迁史实,颍川末代秀才、相士、学究、阴阳风水大师、老吴仙儿的儿子吴仙儿,通过查阅史料加上实地走访考证,在他于昏黄的油灯下编撰的那版《颍川县志》中,如此言简意赅地论述道:

《禹贡》《周职方》《汉书》皆云,颍为豫州之域,本夏禹之国。颍川,唐、虞、夏、商、周为豫州之地。春秋属许男国,有城颍邑和大陵邑。战国为韩、魏之境。秦始皇十七年,并魏置颍川郡。刘邦建汉,沿袭秦制;汉高祖五年,始于城颍邑置县。隋大业四年,颍川旧城毁于洪水,遂南迁至黄土岗之最高处,即今之城址。

秦始皇十七年乃公元前230年,汉高祖五年即公元前202年,隋大业四年就是公元608年。

吴仙儿版县志中提到的大陵邑,乃城颍邑东邻,在小龙脊东约五华里、龙脊古城北约十华里处。

郦道元在其大作《水经注》中,这样描述大陵邑:

大陵即巨陵,在颍川,其地属郑。春秋时曾以其名设大陵邑,汉设巨陵亭。

古人所谓十里长亭中的亭,就包括这里提到的巨陵亭。每每念及两千多年甚至更久以前,人们在这里推杯换盏倾诉衷肠依依不舍,"执手相看泪眼竟无语凝噎",

然后却又不得不在泪眼蒙眬之中互相拱手道别！吴仙儿总有一种别样滋味儿在心头：大地依然，黄土尚在，古人已逝，亭归何处？

明、清时期，大陵是龙脊古城连接省会开封大道与许州至周口大道的交汇点，故设有饭铺商肆等。加之地处临野，田畴禾苗，一碧万顷。又依傍林木葱茏金碧辉煌的开元寺，西为灵岗，南依楚王陵，景色宜人，蔚为壮观，从而成为颍川八景之一的"巨陵野店"。

开元寺在巨陵北，唐开元中建，元末毁，后重建。

至于城颍邑，即后来的城顶，早在春秋早期，就是颍川境内古颍河岸最大的人类聚居地，并于楚、晋争霸时，设城颍邑。西汉设置颍川县，县城旧治就在城颍邑即城顶，城周围四里一百五十步。城顶为县治最高处，后来的固厢，则为城之东厢。隋大业年间，县治为洪水淹没，遂南迁黄土岗，即龙脊古城。后于旧城城颍邑遗址上重建村落，因居旧城中心最高处，故名城顶。后有村民种瓜打井时，曾挖出黄金等。

纵贯龙脊古城南北大街的，是一条北起北京、南通湖广的古驿道。其战略地位之重要，是不言而喻的。

吴仙儿曾对颍川的地理位置、风土教化等，有过这样自豪的描述：

颍之为邑，提封不过百里。而北连燕晋，南通荆楚，地处中原要冲。承平而后，车书络绎，冠裳辐辏。既耳濡目染于德化之行，且其田肥美，其俗简朴，教养之功有可得而宏者，必要于志焉记之……其地北达京师，南通楚粤，车书冠佩相接，万里绣壤平铺，烟井纷错，诚要冲也……

意思是说，颍川这个地方虽然不大，却是沟通华夏北方京师和南方鱼米之乡的交通要道。两千多年来，这里一直是南、北方交通通讯、货物流转集散交换、调兵遣将等等的必经之地。此处土地肥沃，物产丰富，商贾云集，民风淳朴，知书达理。总之，颍川乃一不可多得之风水宝地。

《宋史·地理志》道：其俗重礼仪，勤耕织。

曾任许州知州、后因主修江西白鹿洞书院而闻名天下的明成化二十年进士二泉邵氏邵宝评价说：

许属风俗不甚相远，颍人尤笃厚好学。

2

龙脊古城，汉之旧县也，"隋迁今城。城凡周2021步，高三寻尺有咫，基广四丈八尺，承砖以石。涂隙以灰，上灌以灰浆，期固且久。"有东、西、南、北四个城门楼。"堞高五尺，门各建重楼，四角楼如之，而其二为文昌、武曲阁，阁之基皆包以砖，内砌砖为水道二十，外为敌台二十有五，台上置铺以便守者。堑深二丈，阔五倍，环注以颍水，堑中土即覆堑外为堤，堤植以柳编焉。""贸灰于禹，伐石于襄。"

大青砖筑就的城墙周围，紧紧缠绕着一条玉带一样的护城河，护城河外侧堤岸上杨柳依依桃花点点。抹红拥翠的护城河一带，是颍川骚人墨客踏青吟咏癫狂忘我

之所在。

城内东、西、南、北大街交界处的北侧有一座钟鼓楼，当地人称谯楼。沿北大街向南走，一抬头就会看到谯楼上的四个石刻大字：颍川古郡。

城内北大街东侧，有一大片黛青色砖瓦结构的建筑群，建筑群由多座老式青砖黑瓦房构成。清一色的两层建筑物均坐北朝南，每一座楼房上、下层之间，均由木制楼梯连通起来。这就是始于大唐年间的颍川书院，后世改称紫阳书院之所在。

紫阳书院隔北大街西侧斜对过，有一荷叶状椭圆形水面，形似北京什刹海，但面积比什刹海略大。此水因位于龙脊古城北大街附近，便被当地一个见过京城大世面的土著，恭称为小北海。

小北海东近紫阳书院大门口，北邻北城墙墙脚、且通过墙下一个暗洞与城外护城河沟通起来，西抵西城墙墙根并连接城外护城河。护城河则与城外北侧附近的黄龙溪相通，而黄龙溪又进一步通过城北五里许的五里河，与流经颍川的第一大河颍水连通起来。

小北海周围遍植垂柳。沿岸浅水处则荷叶片片、荷花点点，鱼翔清水、鹅鸭相戏。小北海周围地势，明显北低南高。

老吴仙儿曾这样描述小北海的春夏美景：

一池碧绿抒春意

满塘荷花散墨香

香宅的主人质莆公，曾发挥其想象，用一首《莲池孕月》诗这样描述小北海的月夜道：

清风池上钓，周览擎双眸。

泽兰被幽径，菡萏弥芳州。

义和下虞渊，冰轮上古丘。

中天扬光彩，婵娟落碧流。

晤言不知倦，抚景乐遨游。

小北海南侧东西走向突兀的龙脊线上，耸立着一座砖瓦结构的四合院。四合院坐西朝东，主房、南北偏房和各个门楼两侧的厢房，流畅的屋顶下端都舒缓地微微上翘着，屋脊上无一例外地蟠蹲着五脊六兽。

迎着旭日东升的方向，是整个四合院的大门楼。大门口上方的木匾上，刻有"香山硕宅"四个骨劲貌丰、浑厚敦实的大字。

被题字的这座宅地，与题字内容多少有些名不副实。或者说题字者出于友情的善意，故意夸张地抬高了这所四合院的规格：一条黄土岗，似乎当不得"山"字的重托；整个宅院也并非硕大无朋，比北京什刹海边上那些气势恢宏的王府相去甚远，因而也受不得一个大大的"硕"字。至于"香"，倒与四合院内那株寒冬怒放、白雪中金黄闪闪、香气四溢的老蜡梅树相符。

题字者为刘墉刘石庵、乾隆朝大名鼎鼎的中堂、民间戏称的罗锅宰相。

刘墉与"香山硕宅"当时的主人质莆，同为乾隆朝不同科进士，并同朝为官共进退多年：一起做过翰林院庶吉士和翰林院编修；刘墉做吏部尚书时，晚辈后学质莆任吏部主事、文选司郎中，是刘手下的得力干将。而让他们关系更密切的，是二人同为反和珅联盟的核心成员；此外，俩人都是《易经》的忠实爱好者和研究解读者。刘墉十分欣赏青年才俊质莆所著《易经图解》，并常常一起讨论、解读，不知疲倦。

刘墉喜欢书法及相关碑帖收藏，曾在奉旨和质莆一起到河南察看黄河水情时，忙中偷闲顺便到颍川的献帝庙观摩"三绝碑"，并在颍川籍人士质莆帮助下，获得"三绝碑"拓片。回京后不断临摹、研究，由此其小楷被后人称赞有钟繇之法度、深得魏晋风韵，并成为后世公认的清代四大书法家之一。有人甚至将刘墉推为集群圣之大成者，为一代书家之冠。

当时正赶上龙脊古城修建双忠祠，知县便通过邑人质莆公，请刘墉为之写碑记。刘大人欣然命笔《新建双忠祠碑记》曰：

天地之间有正气，上则为日星，下则为河岳，其於人也为忠义。忠义之生，所以宏一代之功业而立万古之纲常，惟此浩然正气至大至刚，充塞宇宙，虽时远时疏，闻风兴慕，景仰弥光，足以知忠义之感人深而秉彝攸好，人人所不能自已。若宋岳忠武王、明于忠肃公，其尤赫赫者。当高宗和议之日，英宗北狩之年，举朝唯诺，无能任其事。二公独出，文经武纬之才，建柱天擘地之业，精诚慣乎日月，志节烈乎冰霜，才力回乎山岳，岂非天地之正气发为忠义，有如是之充塞者乎？二公威灵照鉴天下，莫不仰之。独豫之人思之尤甚。盖以忠武尽捍卫之劳，忠肃著绥柔之绩，皆其有功德于兹土者也。颍川令以进士受职于斯，迄今数年，能以实心视事，如社仓、义学、义冢、修城、筑堤，次第举行，可谓不负所学。其暇时，复捐俸鸠工，特建双忠祠以祠二公之神。《礼》曰：以劳定国则祀之，能御大灾则祀之。忠武收复河南，由郾至颍商桥奏捷，转战县之东北，百姓皆馈肴粮牛酒，父老焚香戴盆以迎师。其有功于颍民者甚大。忠肃抚豫，十有九年，防河积粟，广树艺，教耕蚕，在镇久远，德泽宏深。而桑枣路柳之法，惟颍邑奉行为最先。夫祠之建立豫地者，朱仙镇、汤阴县祀忠武，会城有忠肃。疵民一祠，今以二公合祠于颍，故不违乎？有功德于民者，祀之之典礼亦所以表刚大之正气，俾一邑之人，瞻拜其下，而油然生忠孝臣子之思者，更自无穷也。余奉天子命巡抚河南，慨然想见於公抚豫诸政，窃欲仿而行之。颍川令能不为俗吏所为，慕古人风节，建祠以妥二公，其志行实有足嘉者。祠成来请，余记其事，且作歌以使祀焉。其词曰：神之来兮颍阳，云冥冥兮八荒。腾飞龙兮蜿蜒，骖鸾凤兮翔翔。文不爱钱兮，武有烈肠。清风两袖兮，热血一腔。千古双忠兮，羌一气而混茫。鼓瑟兮吹竽，众音纷兮辉煌，兰籍兮蕙蒸，旨酒在缩兮，窈窕兮容与，称功比德兮巽世一堂，神之昭明兮民之福作，忠孝兮与日月而争光。

作为清乾隆二十六年进士、大清颍川地区第二位文进士的质莆，十分喜欢北京什刹海及其周围的环境，也常在闲暇之余和一帮同僚到北京西山一带踏青、吟诗作赋、探讨天道人伦。爱屋及乌之下，便委托老家人在故土龙脊寻找风水宝地，最好是有山有水之处。

最终还是觉得十三世祖奂若公留下的老宅位置最佳，比邻小北海且在龙脊之上，在原来的基础上扩建翻新一下就好，可以大大节省成本。于是把小北海视作他心仪的什刹海，以其南侧高处之龙脊为山，最终成就了"香山硕宅"。

此前，质莆公一度想在城外同样杨柳依依、颇为宁静且大有田园之风的五里河畔建住宅、兴书院。后考虑到经费、便利和安保等诸多因素，而最终落脚小北海南岸。未几，又在一路之隔斜对面的颍川书院内扩建学堂、新造书房，改颍川书院为紫阳书院，以破除狭隘的地域偏见。广揽延聘各地饱学之士为师，积极培养家乡及各方学子努力向学。

扩建后的紫阳书院正中院和东西偏院各三进。气势宏敞，堂斋整饰。后又重修改建号舍，增设石几，以便儒童岁、科两试。又增修后院一进上房五间，东西夹室和两厢房各三间。

宅邸及书院既成，需要大家名师为其画龙点睛吸引人气。于是，亦师亦友的刘墉出场了。这位善学前贤而又富有创造性的书法家欣然命笔，题写了"香山硕宅"和"紫阳书院"两块匾额。

鉴于刘墉当时的社会地位和清廉官声，加之质莆公偶尔也借省亲之便在这里图解《易经》，且生动形象浅显易懂，紫阳书院一下子成为中原地区学子们借以出人头地而不断热捧的摇篮。龙脊古城由此步入前所未有的繁盛和热闹，向学之风大兴，并带动当地商业之飞跃发展。

同样因了"香山硕宅"这四个题字，颍川尤其是龙脊古城中人，每每在讨论这个四合院中的相关人和事时，都约定俗成无一例外地会说"香宅"如何如何。"香宅"二字，从此就成为这家的代称。

3

龙脊古城以北约十里处，有一条长不过七里、宽不过百丈，同样东西向展布的黄土岗。因其酷似古城所在地大龙脊，可以看作是四十五里黄土岗的迷你微缩版，是为小龙脊。

大龙脊和小龙脊一南一北、相互平行、一大一小、形同母子，相得益彰、相映成趣。

当颍川一带的土著们提到龙脊如何如何时，这里的"龙脊"，基本上就是"颍川"这一历史上著名古老行政区域的同义词了。

小龙脊不大。村中南、北两条相互平行的东西向街道，被村内东、西两侧的两条南北向街道连接起来，形成一个颇为讲究的"井"字形布局。西侧南北向街道与居南的那条东西向街道交汇的位置，是小龙脊信仰、文化和政治等一切活动的中心。

在小龙脊的这个中心位置上，有一座传说始建于北宋末年的庙宇。坐北朝南的庙宇，俯瞰着一口近乎圆形的椭圆形水塘，一个颇为神秘的阴阳水塘。传说是小龙脊的赵姓先祖，刚来小龙脊安家时修建的。

古色古香的庙宇，背靠一株古槐。古槐躯干巨大笔直，虽然有些中空，却依然郁郁葱葱、枝繁叶茂、遮天蔽日，犹如一把巨伞，终年累月俯视并罩护着下面的庙宇。古槐根部，团着一堆龙蛇般出露地表的树根，古灵精怪，透着些鬼神之气。

华夏子孙们相信，大槐树能福荫后代。所以很多古老村镇，都有大槐树。其中最为世人所熟知的，自然是见证了明朝大移民的山西洪洞县的那株大槐树。

没人知道小龙脊这棵已半是中空古槐的确切年龄，或曰百年、数百年，或曰千年、数千年，不一而足，也一直没有定论。

数百年肯定不成问题，但大多数村民，更相信它已有千年之龄，故称其为"千岁槐"。

香宅的从九品，曾为此古槐书写一联道：

晴窗一枕华胥梦　　满院清阴荫古槐

千岁槐和庙宇之东北侧，是一个广场。这里一年四季都是村人闲聊、吃饭、晒太阳、乘凉、集会、制造和传播谣言八卦等消磨时光的地方，是当之无愧的小龙脊文化与政治中心。

小龙脊的东南、西南、西北和东北四角，各有一个不小的芦苇塘。当年吴仙儿祖上武申所立的"曹公孟德割须自罚处"碑亭，就在西北角那个芦苇塘边。

关于这些芦苇塘的来历和功用，有说是为维护小龙脊风水、而刻意与村中心的阴阳水塘同时开挖建造的，也有的说是为了躲避战乱才特别修建的，还有人认为是为发展芦苇编织经济维持村民生计而挖建的。

但无论其功用究竟为何，这些芦苇塘的始建年代同样不详。尽管有人认为，它们和村中那口阴阳水塘一样，肇始于北宋末年。

芦苇塘乃风水之说的理论基础是：小龙脊所在的黄土岗是一条小黄龙，是南部大龙脊之子；小黄龙五行属水，水性的黄龙需要一年四季有水滋润方有活力；只有小黄龙保持必要的活力，居住其上及其周围的小龙脊一带乡民，才能得以安享太平、收获五谷丰登、保持人丁兴旺乃至享有福禄绵长。

坚信风水之说的一派进一步强调，四个芦苇塘代表着小龙脊原有四柱八卦中的四柱。如今四柱依然，八卦却已湮灭在小龙脊的历史长河中而难以寻觅踪迹了。

也有人信誓旦旦地说，他爷爷的爷爷传下来的话是，四个芦苇塘加上村中央那个阴阳水塘，代表着金、木、水、火、土五行。

坚持安保功能的人说，四个芦苇塘，乃小龙脊之赵姓祖先为躲避兵乱匪患而特意准备的藏身之地。土匪或兵患来犯时，巡夜二人组一阵紧张而忙乱的梆子声，大家可以各自飞奔进入距离自己最近的那个芦苇塘，隐身于茂密的芦苇丛中。

不过，这一理论的最大弊端是，万一凶狠的敌人用火攻咋办？有人如此异议道。

当然，也有人坚持实用主义说，四个芦苇塘更多是出于实用目的，就如同三国时的刘备，在离开家乡起事前所干的那项职业，编席织履、养家糊口，仅此而已。

……

关于芦苇塘的相关话题，一直是小龙脊千岁槐下庙后广场上，大家消磨时光时争论不休的话题。几乎天天如此、月月这样、年年不变，因为根本就无法有个确切结论。

每个观点似乎都有自己的道理，却又完全不具备排它性。因此几百年来争来争去的结果，就是各种观点依然存在，争论也因此没完没了。在或快或慢悄悄流逝的时光中，这个无解的话题，就一直这么坚韧不拔地持续着，没有人看得到尽头，真正是喋喋不休、没完没了。

这种没有定论的好处是，小龙脊的文化和政治中心始终不会冷场，始终有火热的话题，尽管这个话题已被大家反反复复咀嚼了无数代、无数遍。

忽然有那么一天，有人灵光闪现般提议：为啥不去请教一下大陵脚下的吴仙儿呢？

一句话，让大家醍醐灌顶豁然开朗。

众人于是公推小龙脊辈高年长望重者，在一个早秋日，提着一篮子灯笼红甜瓜，前往东边一箭之地大陵脚下的吴仙儿草庐，恭敬诚恳地登门求教，试图一劳永逸地解决这个困扰了小龙脊数代人的大问题。

灯笼红是龙脊一带特产的土甜瓜。这种瓜成熟以后，其形状和肉质的橘红颜色，神似当地一种土制手提灯笼，故名灯笼红。灯笼红橘红色的肉质、蜂蜜般甘甜的汁液，引得无数人垂涎不止。就连吴仙儿这位十分矜持的颍川末代秀才，也将灯笼红视作他的最爱。

当其时，吴仙儿正坐在篱笆院子内西侧，边品茗边读一本线装书，边享受秋日傍晚阳光里舒爽的微风，偶尔会望向身边怒放的菊花和另一侧将要变黄的修竹。他面前摆着一张紫红油亮的小桌，桌上摆放着一把敦敦实实四方四棱缠绕有竹皮提把的瓷茶壶，茶壶四个立面上点缀着简单写意的梅、兰、竹、菊；一方朴素古拙中透着雅意的砚台，砚台一端利用石质色差，巧雕着一个阴阳太极图案；一支狼毫小楷毛笔，架在一个小小的山字形瓷质笔架上，笔架上有些孤单却十分醒目地画着一朵金黄的菊花；毛笔一侧，有一叠数张微微散发着淡黄的白色绵纸，最上面的那张，落着几列字。

在大柳树下篱笆附近一丛丛盛开的菊花旁，悠闲地喝着小竹叶茶水的吴仙儿，很中庸简明地回答了来自小龙脊乡民的无限期待：兼而有之，既有风水之利、避祸之便，又有实用之虑。

吴仙儿极为扼要概括性的解惑，平息了困扰小龙脊经年累月的争论。乡民对这一解答，总体上还是满意的，并从此多了向外村人夸耀的资本：想俺小龙脊先祖，高瞻远瞩，茹苦含辛，挖坑取土，一保子孙康泰，二利后代之用……

4

前往吴仙儿处求教的，是小龙脊的寅虎、寅豹两兄弟，苇痴的俩儿子。

苇痴、吴仙儿的父亲老吴仙儿吴宗尧、和龙脊古城香宅的主人从九品相熟相知，三人一度被合称为"龙脊三贤"。

因为父辈们的这些关系，寅虎和寅豹兄弟，就和吴仙儿较为熟悉，是故敢于接受众人之托，前往叨扰吴仙儿这个颍川末代秀才。

寅虎家在小龙脊西北角那个芦苇塘南侧的高岗上，每年夏季都伴着蛙声入眠。吴宗尧有一年曾应苇痴之托，给后者的房屋书写对联曰：

开窗观风雨　闭户察人心

坐东朝西土墙草顶主房的前后和左右附近，长满了杏、柿、桃、枣和梨树等。其中的柿树粗干巨冠，已有数百年历史了。小龙脊很多童年的秋梦，就是伴着这些果树上金黄的果实度过的。

寅豹则住在祖上传下来的那座位于庙宇西侧的旧居中。但在他兄长寅虎宅院的南侧，仍有一块属于寅豹的宅基地，其中那棵古老的大柿树，就属寅豹所有。

寅虎、寅豹姓赵。赵姓是小龙脊居压倒性优势的姓氏，其余就是小龙脊的少数民族靳家和许家等了。

小龙脊的赵氏，动辄以大宋皇室的后裔自居。传说之一是他们在金灭北宋期间，自汴京皇室南逃时流落而来。原计划逃到湖广一带去，结果半路上一个女人生孩子，不得不中途走下千年官道，来到当年武申的农庄小龙脊落脚，最终彻底落地生根下来。一同留在这里的，是皇室的赵家四兄弟，后来逐渐发展壮大到整个小龙脊及其周边。大概因为四兄弟的缘故，小龙脊就有了四个芦苇塘，这是关于这些芦苇塘的又一种说法。

当时一路追随护卫赵家先祖的李将军、宋谋士、霍将军、冯将军、郭将军、梁将军和陈将军等，各带本部人员，散落驻扎在小龙脊周围东、西、南、北四面八方数十里范围内，拱卫着落脚小龙脊的这些赵氏皇亲国戚的后裔们。

随着时间推移，这些将军和军师的后代们，慢慢发展成围绕小龙脊分布的相应姓氏的村落。

其中比较特殊的是宋谋士，他受命建造实为学堂的庙宇宋阁，负责这一带孩童的教化灌输和人才招揽，为大宋的日后崛起夯实基础创造条件。

这座坐西朝东的庙宇，也是这帮大宋流民或散兵高层秘密聚会之所在。为了掩护相关的政治和军事集会、尤其是一年一度最大规模的春季准军事操练，宋谋士还别出心裁地设定了一年一度的庙会，日期定在每年农历二月二十八这天及此前两天，二十八这天是所谓的正会，二十六和二十七这两天则是所谓的偏会。

庙会期间，是要唱大戏、做买卖、耍狮子、游旱船、比武功、易货物等等等的。那些在台上唱念做打舞刀弄枪翻跟头唱戏的，实际上是一种军事操练，戏是做给普通百姓更是给当时的金朝地方官员看的。同样，台下的大比武、戏狮子、走旱船、耍把式卖艺等，也都是实实在在的军事操练。那些打铁的，却是在实打实地收集废铜烂铁，然后打制刀枪棍棒斧钺钩叉拐子流星等各种兵器。至于繁荣的商贾贸易，则是筹集资金粮饷的。

最终的结果却是，大宋最终被蒙古大军所彻底消灭。小龙脊一带皇室成员的复国之梦，也随之灰飞烟灭成为幻想。

但宋阁庙会，因给当地乡村经济发展带来了推动作用，就一直延续下来并直至今天。宋阁，这座颍川乡间最有规模的庙宇之一，后来彻底变成了学校，培养了无数代人，并一度在颍川颇有名气，这就是后来的宋阁学校。

5

小龙脊第二大姓许氏，落脚于村西那条南北向街道北段两侧一个不大的地方。同一个传说是这样解释许氏的来龙去脉的：许氏是赵姓这家皇亲国戚的内官，相当于管家之类。内官不离主人身。所以，许氏就成为小龙脊赵氏之后的第二大姓。

也有赵家人说，许氏是外来户，当他们的先祖来到小龙脊时，土地的归属早已尘埃落定各有其主，于是许氏只能悲苦地靠打长、短工或租种土地生存，从而成为后来新政权下根正苗红的贫雇农，也算是因贫得福。

穷有穷的福源，富有富的祸根。

小龙脊还有一家独门独户的靳氏。

在龙脊一带，所有人见面时的称呼，是以那种或基于血缘关系、或基于非血缘关系的辈分来称呼的。辈分高的可以直呼辈分低者的名字，但不带姓氏，否则就是不礼貌；直呼一个人的姓氏加名字之全称，只有两个人撕破脸皮准备大打出手时才会出现。

决定非血缘关系者之间辈分的，不外乎相互之间的社会地位、贫富差异、强弱之势等，而与年龄几乎没有任何关系。

社会地位高、家庭富裕，甚至强势如小龙脊水镜者等，总有和其年龄不相称的高辈分，即所谓"萝卜不大长在背（辈）上"。很多几十岁、乃至耄耋老人，也会根据千百年来流传下来的这种辈分规矩，称几岁的孩子"爷"的。

当然，在社会地位相当、又没有任何血缘关系的情况下，年龄又在辈分的划分上，起着决定作用。

6

后来独门独户的光棍汉长聚，是个很有故事的人，很惊心动魄的那种。

长聚家在小龙脊东南角那个芦苇塘西侧的高岗上，房屋坐南朝北。

长聚人到中年时，他家高大的房屋东侧已塌了屋顶，他住在房顶尚存的西侧那间屋子里。风和日丽的时候，没了遮盖的那片房屋一片阳光灿烂，也空空如也家徒四壁。

阳光灿烂的农忙季节，长聚家没了屋顶的房内热闹异常满是欢乐景象。小龙脊一带以年轻妈妈们为主的妇女们，在阳光明媚的露天房屋内外，捣麦子、磨面、箩面，一派祥和的田园风光和其乐融融的红尘美景。

因长期处于孤独状态而一向少言寡语的长聚，此时难得地有了笑脸。他在一边开心地看着、笑着、与大家热情地聊着，屋内、室外满是欢声笑语。

盈盈的快活和不断蒸腾着的人气儿，似乎也感染了东侧芦苇塘中正吐着嫩芽的芦苇，它们在和煦的春光下，更加茁壮而欢快地生长着。

长聚是个石匠，石匠绝不是龙脊这个缺山少石的黄土平原的土著，而注定是个外来户，一个来自颍川周边某个大山深处的后来者。

在小龙脊赵氏的那个传说中，长聚的先祖是跟随赵氏所谓的皇亲国戚先祖一同来到小龙脊的。他们靳家的职责，就是负责赵氏的房屋建造、陵墓打制等相关石器活的。这当然是赵氏很有些一厢情愿颇为牵强附会的一个传说。

长聚一家的来龙去脉十分清楚。他们和赵氏没有丝毫渊源瓜葛，而是另有一直不为他人所知的故事。

但无论如何，外来户长聚注定是孤独的。尽管他的名字中，满含着他祖父辈们希望一家人永远相守相聚的美好愿望：长聚，长聚，长久相聚，长相厮守。

很多时候，愿望仅仅是希冀和美好祝福，与现实之间有不小距离，有时甚至是完全背道而驰的。

后来大半生孤苦伶仃的长聚，曾经并不孤单。那时他父母双全，还有一个和他一样长得高大健壮的兄里。

龙脊一带，一直把弟弟叫兄里，兄里就是兄弟、弟弟的意思。但兄里这个词，更贴切地表达了弟弟必受哥哥姐姐保护的特殊地位。兄里、兄里，意即弟弟永远在哥哥或姐姐的保护范围里面，而不是外面；或者说，哥哥或姐姐，要天然地为弟弟提供一片可以遮风挡雨的天地。

长聚的兄里叫长根，父母显然希望他能成为这家靳氏未来的"根"、长长久久的根，将这家靳氏发扬光大、枝繁叶茂，世世代代传承下去。这和古代帝王之家"既受永昌"的观念，本质上没任何区别，都是一种美好且朴素的世俗愿望。

作为家中老大的长聚，吃苦耐劳、本分木讷、上孝父母、下护兄里。

而作为家里幼子的长根，或许是同时被父母长辈和兄长呵护关照的缘故，则十分外向张扬，天不怕地不怕。常常和坚硬的石头、钢钎、铁斧等打交道的石匠，在不知不觉中，练就了一身钢筋铁骨石头一般坚硬的好肌肉。年轻石匠们的英武性感，也因此自然天成。

高大威猛的长聚和长根兄弟，自然是小龙脊一带出类拔萃的人物、同龄人中的佼佼者。饱受父母兄长宠爱的长根，其惹眼程度，更在其兄长聚之上。大约因为这个缘故，挺拔的长根先于哥哥长聚结婚、生子，且他的俩儿子十分健壮可爱。

眼看靳家后继有人，长聚的父母在无限欣慰之余，也对未来充满无限信心。

结婚生子已为人父的长根，并没完全收心于家。相反，他依然相信有力走遍天下、拳硬趟平世界的偏见。

7

不久，小龙脊西头一户赵氏，娶来一个如花似玉、笑不离口、且因了三寸金莲而走起路来婀娜多姿的小媳妇。邻村有位粗通文墨的读书人偶然见过这个小媳妇后，这样描绘她道：

> 三寸金莲脚　一双柳叶眉

这个花容月貌新媳妇的丈夫，却病病歪歪十分羸弱，甚至有些阳气不足阴气缠绕。

本来就体弱多病的丈夫，结婚不几年就一命呜呼归西而去，留下一根独苗幼子结实。从名字上看，自然是家中长辈希望他能彻底摆脱他老爹的羸弱和短命，将这门赵氏的香火发扬光大。

寡妇门前是非多，颇有姿色笑靥如花的年轻寡妇门前是非更多。

见人微笑原本是一种姿态、优雅和礼貌，也是一种自信。见人不笑不说话的这个小寡妇，笑口常开是她天生的习惯。她总是对所有人微笑，见面就笑。

然而这种礼貌和可爱的天性，却被小龙脊几个自作多情的赵姓男子，视为对他们的好感而自我感觉良好并因此膨胀起来。

感觉好极了的这几个年轻男子，都把似乎一夜之间就守了寡的这个小媳妇，当成他们各自想象中的囊中之物。情欲是自私排他的，在一个男权社会里尤其如此。既然是自己心仪的小寡妇、尽管只是意念或想象之中的，那就不允许别人染指，绝

不！

自此，小寡妇的一举一动，尤其是她和任何其他男人的接触，都被这四个心怀鬼胎欲图不轨的男人紧紧地盯着，一副唯恐被他人捷足先登的不自信架势。

自古以来，人们就相信所谓的红颜祸水，认为长得好看的女子，绝不会给这个社会带来安定、和平，反而只会制造祸端和灾难。这对女性同胞们，显然是大大地不公平的。实际上，产生祸水的不是女人的美艳，而是追逐美艳的那些男性的情欲、和以男权为本的雄性的控制本能。

无论男女，大家都希望貌如潘安美似貂蝉，男的希望自己帅，女的盼着自己美。但天然的美貌帅气天生丽质自然风流，是上天的眷顾父母的恩赐，个人完全无法选择决定，只能听天由命。

菩提本无树，何处惹尘埃；树欲静而风不止。

娇柔的美丽不想惹祸，富有侵略性的雄性却不愿放过她们。这正如花朵之于蜜蜂、蝴蝶之流，鲜花总是原地不动、完全被动地让来自四面八方的活物攫取花蜜、带走芬芳，却惹来招蜂惹蝶的非议。

四个赵姓蜂蝶，一个是在龙脊一带"赫赫有名"的群昌、新寡的西院邻居，他自以为有地利之便和近水楼台先得月之利；还有一对儿亲兄弟，即满堂满仓哥俩儿，是长聚家隔着一条小道的西邻；最后一个，是住在庙宇广场东邻的金锁。

四人男人个子都不高，都无法与长根、长聚兄弟的高大威猛相提并论。但群昌有背景，颇为骇人的背景。背景是中国特有的文化，至今如此。群昌的姐夫是威震龙脊的土匪头子韩老六，就是几年后为了五斗小麦、在一个秋夜派人杀死小龙脊壮汉水镜的那位。

逢年过节，韩老六会骑着高头大马，目不斜视地到小龙脊来走亲戚，马屁股后面跟着少则两个多则五六个贴身护卫；一行人一路上耀武扬威十分惹眼，引来周围或羡慕或害怕或二者兼而有之的复杂眼光。

因了这层关系，个子不高敦敦实实的群昌，便在小龙脊一带颇有心理优势，并因此在不知不觉中成为小龙脊一带的一霸。

几乎无人敢惹的群昌，曾肆无忌惮地群宿满堂和满仓兄弟的俩堂姐妹。这俩当时尚未出嫁的堂姐妹，是满堂满仓俩兄弟爷爷亲兄弟的孙女，他们和她们的血缘关系，尚在三代之内未出三服。这种无法见人的丑恶行为，群昌则运用自如兴之所至随叫随到，丝毫也不避讳众人的耳目。他所凭借者，其姐夫也。

四只蜂蝶之间的优势劣态是十分明显的。群昌有众人无法撼动甚至不得不畏惧的背景优势，满堂满仓兄弟有兄弟联心其利断金打仗亲兄弟上阵父子兵的小团体优势，金锁除了脑袋比较灵活外几乎全无任何长物。

有着同样目标的四人，相互之间也暗自较劲争风吃醋甚至敌对仇视，当是毫无疑问的。尤其是群昌和满堂、满仓俩兄弟之间，还存有欺姐辱妹之恨。共享这种排他性私欲的四人，本来是不应该也不可能走到一起去的，因为这和"我们都是来自五湖四海，为了一个共同的革命目标，走到一起来了"完全不同。后者是干革命打天下、力求实现虚无的共产主义，大家的目标大致不差比较一致。前者则是为一己私利各怀鬼胎，目标是同一个寡妇。这种说不出口的目标，在传统道德理性的观念里，是不可能走到一起的。

但奇迹发生了，他们四人竟因为长根，真的走到一起去了。

不久，一个谣言在小龙脊传播开来：因为长根的高大威猛阳光帅气，小寡妇和长根走到一起了！俩人走到一起，缘于这个石匠世家的石器。

在那个近乎刀耕火种、吃饭需要依靠石碾、石磨和石臼等各种石器来加工处理的年代，拥有这些石器的靳家，无疑是小龙脊所有妇女们日常生活中无法回避的地方，除非你不吃饭。

谣言还酸溜溜地说，娇媚的小寡妇，在长根怀里小鸟依人燕语莺声。

实际上，没有任何人亲眼看到谣言中绘声绘色的场景，更没任何人捉奸在床。一切都是传言，有鼻子有眼的谣传。

四人也仅仅是分别听说了这个谣言而已。他们各自所听到的版本，虽然并不完全一致，但中心思想是明确的。那就是，威武雄壮的年轻石匠长根，已彻底俘获了年轻寡妇的身心！这就够了、足够了。

谣言已足以将四人的醋海春波不可遏止地发酵起来。翻江倒海般大发起来的醋意，最终会转换成仇恨，一种不杀不足以平醋意的仇恨。

四人也分别偷偷观察过小寡妇在石匠家时的种种表现，还真看到在石匠家借用石器加工粮食的小寡妇，在长根面前低眉顺眼、面靥如三月里的桃花一样娇羞可人，就连她那杏眼中，也满是蜂蜜般甜甜的笑意。

在小寡妇嫩如桃花的低吟浅笑中，四只蜂蝶的青春热血和原始野性被激发起来。原本因同一个女人而一度暗自互相仇视、也因此根本无法走到一起去的四人，竟真的结成了"四人帮"！这次"四人帮"走到一起，确实是为了一个共同目标，那就是消灭他们的共同情敌长根！

8

家中开有豆腐坊的满堂满仓兄弟家，也是小龙脊一带的妇女们常常集中到访的地方，逢年过节时尤其如此。

用压制豆腐过程中挤出来的黄澄澄浆水、龙脊一带称作豆腐浆的，去洗衣物被褥等，既去油污尘土，又省力干净。也因此，妇女们常自发地聚集到这家远近闻名的豆腐坊中，携带着色彩各异、尺寸大小不一、形制多样的木盆瓦罐，排队等候豆腐浆这种豆腐坊副产品的热腾腾出炉。

小寡妇也曾风摆杨柳般地飘来豆腐坊几次，每次来时也是笑如桃花裹挟着春风，一派和煦温暖的万千气象。

但与人们每天都必不可少的粮食和粮食加工相比，豆腐对大多数乡民而言还是有些过于奢侈而曲高和寡。粮食常需而豆腐不常需，粮食是每天都必不可少的吃食，豆腐则是一种可有可无的点缀。如果说粮食是雪中送炭之物，那豆腐顶多是锦上添花之类的东西；粮食之于生命是必不可少的，豆腐就没那么不可或缺了。鱼儿离不开水，人类离不开粮食。不管是皇亲国戚还是草根百姓，一概如此概莫能外。法律面前未必人人平等，粮食面前却无法不人人平等。

如此看来，豆腐坊相对于加工粮食的碾坊，其重要性就差不少，也就不会天天

那么人来人往络绎不绝比肩接踵了。

也因此，招风的小寡妇到长根家的机会，自然远远高于她到豆腐坊去的时候。

每当此时，满堂满仓俩兄弟，就有些恨他们的父母干错了行当做错了生意。当然，他们更恨父母没给他们一副如长聚长根兄弟般威武的身板和面孔。出身无法控制，容貌不易篡改。

长根的威武雄壮不仅仅是表面的高大即不是啥花架子，而是他实实在在疙里疙瘩的肌肉、以及由此产生的人类天性中的内在气质和吸引力。

大自然赋予人类的，除明显的外在差异外，还有因外在差异而产生的巨大气场之别。不同气场带给异性的吸引力，是完全不同的。动物界概莫能外，无论是高级的人类，还是低等的昆虫。当然，这是纯粹就动物本性而言，至于身外之物如金钱、财产和权利等的力量，那就另当别论了。

二百多斤重的石臼，长根一人就能大气不喘地搬来挪去、室内室外移动自如。这种移动完全是为了因应季节的变化四时之更替，而不是打把式卖艺之类的炫耀。数百斤重的大石滚、石碾盘，长根和长聚哥俩儿合力，便能移来动去，似不费吹灰之力。

搬移石臼、石磙和石碾盘时，长根疙里疙瘩的肌肉，总是在阳光下熠熠生辉十分惹眼。周围看热闹中的细心人，会发现附在长根突起肌肉上数也数不清的粗大汗珠，在阳光下一个个含着小太阳，每每随着长根干活时的动作和肌肉的时鼓时缩，而上下左右前前后后魔幻般可爱地来回滚动着，并最终砸落地面、瞬间消失融化进黄土之中。

长根也因此被传说演义为，一个力气大得可以移动太阳却毫不费力的人。

颇知楚汉、三国等历史典故野史传说的寅虎和寅豹俩兄弟，常在小龙脊千岁槐下的饭场中说，长根要么是三国时曹操的黄脸贴身护卫典韦再世，要么是楚汉之争中力拔山兮气盖世的楚霸王项羽现身。

长根能滚动无数太阳的古铜色硕壮肌肉，是四只蜂蝶打开心结化干戈为玉帛、不得不走到一起联合起来的主因。四人中，任何一个都没信心更没实力单挑长根。即便是在小龙脊一带天不怕地不怕混世魔王一般的群昌，不但不敢在长根面前叫板，十分要面子的他，也羞于为此鸡毛蒜皮之事，劳驾他那大名鼎鼎的姐夫。当然，那个名震颍川古郡的韩老六，也未必有兴趣掺和进群昌这类小毛贼们之间的风花雪月之争中去。匪也有道。

最终，四人帮合谋用计精心准备，避开长根以力量见长的耀眼锋芒，在一个并非月黑风高的夜晚，将孔武有力的长根骗出，杀死在小龙脊西南角的芦苇塘中。

经过事后证实的传说中的分工是这样的：胆小如鼠却能说会道、擅长且痴迷于下象棋并颇有些智谋的金锁，负责将长根从家里骗出来；满堂满仓兄弟，则分别负责撒石灰和望风；个子不高胆子却不小的群昌，作为主力负责结果长根的性命。

之所以是群昌而不是他人主刀，有如下几个原因：一是群昌曾长期霸占满堂满仓哥俩儿的堂姐妹，乡里乡亲的显然不无理亏，他主动出手有将功补过释善修好维护团结之意味；二是群昌有个大土匪头子姐夫靠山；三是真正能够下得去狠手的，四人中也只有他一个了。

当然，作为回报，其他三人一致同意，后长根时代的小寡妇，由群昌先行拥有。

色胆包天，真是色胆包天啊！最后一条，恐怕是群昌主动担纲的最大动力。赔本的买卖没人愿做，群昌不是傻子。

四人觉得他们的计划严密周详无懈可击毫无漏洞。他们唯一想刻意忘记有心忽略或压根儿就不愿面对的事实是，小寡妇不是他们之间哪个人的私产，是不可以私相授受的。

青天白日旗，不但高高飘扬在扬子江下游北岸国民政府京师南京城总统府的大门楼顶上，而且还悬挂在龙脊古城县公署的大堂上。再者，这四人能够入小寡妇笑意盈盈的杏眼吗？两情相悦就是要个相互来电，不可能一厢情愿，这是人性法则。国法人性俱在，杀人存在风险，历朝历代皆然。

但小龙脊的这个"四人帮"，显然已色迷心窍无法自拔了。雄性动物的本能，彻底压倒了没好好浸润过儒家教育、大字不识一个的"四人帮"了。他们张开的弓，已张牙舞爪般射了出去，带着嚣张、狂妄和冷酷。

开弓没有回头箭！

9

多年以后，国共易帜，颍川改朝换代。旧朝的一切旧案，也过了新朝的追诉期。似乎放下心来的"四人帮"，才无意中亲口透露出关于这场血案的近乎完整细节、一个没有删节的版本。

在长根独自面对"四人帮"的这场遭遇战中，他是完全被动的应战者。但长根毕竟是长根，虽然打了无准备之仗、对方人多势众以逸待劳，他在毫无心理准备和没有任何装备、且被突袭因而十分被动的自卫过程中，仍然凭借一己之力，几乎徒手杀死群昌和满堂。

长根被猝不及防撒了石灰以后，加上黑夜的暗色，他的两只眼睛完全丧失了应有的作用。盲人般的长根，在中了群昌倾其青春野性蛮力、挥动长长的杀猪刀突来的第一击以后，有些愕然地愣了一会儿，似乎在寻思发生了啥状况？

长根出乎意料的愣神或雕塑般的短暂凝固，也让群昌等很是有些意外。出乎意料的群昌，瞬间也有些发愣吃惊甚至是害怕，他也在寻思：啥情况啊？已经死了还是成仙了？晃神吃惊之中，群昌不由自主地松开了紧紧握着刀的双手，长长的杀猪刀就暂时自由地在长根的腹腔中享受着血腥的温暖拥抱。

就在群昌发愣的这一瞬间，刚刚还雕塑般一动不动的长根，似乎已反应过来面前所发生的一切了。他电闪雷鸣般本能地抽出自己小腹深处嵌着的长刀，紧闭灼热的双眼反手就抢了起来。这种毫无目的的下意识反击，竟让锋利的刀刃紧贴着距离长根最近的群昌的颈动脉，"唰"地一声闪电般划过。

群昌的颈动脉差之毫厘般幸运地没被划断，但颈动脉上面的皮肤被切开。与此同时，群昌左半脸的皮肉被流星般迅疾掠过的刀，自下而上自左而右犁地般斜着一分为二。

不意间挨了一刀的群昌，一边大声求助，一边捂着脸逃离长根身边。

离群昌最近的满堂，手里举着一根儿桑木棍，战战兢兢地冲上来，照着长根兜

头就抡了下去。

几乎与此同时，已经失血过多的长根，用尽自己周身的最后一丝力气，伴着满堂下行桑木棍的风声，整个身体突然后倾，长长的右腿用力舒展开来，很有些飘逸地一脚朝前踢去。

这下意识的一脚，却正中满堂前胸。

俩人几乎同时倒地，朝两个正好相反的方向。

只不过，满堂倒地以后，身体向前佝偻着，几乎团成一团。而长根，则英雄般平躺着，躺成一个大写的"大"字。

群昌叫过来附近瑟瑟发抖的满仓，从他身上斜背着的粗棉布袋中抓出一把生石灰来，很虎气地抹在自己那被杀猪刀划开的左脸上，算是暂时止住了血。然后三人拖着不知是死是活、尚且佝偻着身体躺在地上打滚的满堂，落荒而去。惶惶如漏网之鱼急急如丧家之犬，似乎长根还活着，正在后面追赶他们。

突然，原本月明星稀的夜空，刹那间被乌云笼罩。紧接着，一连串儿炸雷响起，一条难得一见的亮丽金龙在夜空闪过，瞬间即逝，如流星、似白驹过隙。继而，狂风大作，大雨倾盆。整个小龙脊，一下子便处于狂风暴雨的疯狂而无情洗礼之中。

没有人说得清，这是上天在为长根叫屈呢，还是为"四人帮"人性的丧失而悲哀？或许二者兼而有之。

骤雨洗尽了小龙脊西南芦苇塘中的血腥，似乎刚刚那惊心动魄的一幕，根本就没有发生过，从来也没出现过。

第二天，有人在昨夜积了半坑浑黄雨水的芦苇塘中，发现了漂浮着的长根遗体。只见长根双拳紧握，怒目圆睁，头大如斗；腹前是一堆跑出体外来的白花花肠子；他身体周围的水体，微微泛着形状不规则的红色曲线，或长或短、粗细不一。

都说，男人的尸体在水中是俯身向下的，而女人的则仰面朝天。但长根不是这样的，长根是仰面朝天的，而且还是呈一个豪气的"大"字。

长根圆睁的怒目，似乎是在问苍天：为啥？为什么（why）？也或许是割舍不下身后的亲人、尤其他的孩子们。最可能的，是两者兼而有之。

他人生的这最后一个问题，应该是问上帝的。那时，耶稣基督早已在包括颍川在内的中原大地流行开来。那些金发碧眼的传教士们，说话时生硬的汉语中，会不时夹杂一些英文单词。

长根是听说过这个词语的、多次听说过，完全在无意之中。没有见过啥大世面的长根，对洋人和洋人的一言一行都十分感兴趣。感兴趣之余，就是模仿，模仿洋人的耸肩和他们所说的一些洋字码，譬如这个"为什么"的英文单词 why。

一条鲜活硕壮的生命，在离开这个复杂世界的瞬间，其所思所想究竟是什么呢？最牵挂的又该是啥呢？

没有人能够回答，只有天知道吧。

这一场因无端争风吃醋引发的血雨腥风的结果是，金锁和满仓安然无恙毫发无损，仅仅是心口痛而已，主要是吓的。群昌命大不死，成了左脸带着一条靓丽疤痕的汉子；这条鲜活的疤痕，让他看起来越加凶狠，也可以说是不怒自威。满堂吐血数升，但命不该绝，尽管从此成了罗锅，永远低头朝前面的地上看着，似乎在寻找啥东西。长根死了，在小龙脊一干众人的叹息声和女人们的泪水中，永远归于尘土。

这个血腥的争风吃醋事件的另一个结果和事实是，小寡妇没有倒向"四人帮"中的任何一人，她一如既往地像从前一样独善其身。唯一改变的，是她那双曾经汪着一池净水般明亮、盛满笑意的杏仁眼，从此不再那样清亮如泉、纯洁无瑕了。她整个人，此后似乎一直笼着一层忧郁的蒙蒙迷雾和沉沉暮气，不再如从前那般轻盈如羽了。

一个成年汉子的消失，往往意味着一组孤儿寡母的诞生和一个大家庭的分崩离析。

长根死后不久，他新寡的妻子就带着俩孩子改嫁了。从此远走他乡，并发誓再不回这个令她肝肠寸断的龙脊大地。整个颖川一带，也果然从此再不见她们娘仨的踪影。

丧子失孙的长根父母从此一病不起，不久也双双几乎同时撒手人寰。

一个原本红红火火、充满欢声笑语、高高大大的碾坊兼住房，突然间就变得寂寥沉闷起来。

又过了不久，突兀的靳家房屋，干脆就塌了大半儿屋顶。

本来就木讷的长聚，从此变得更加悄无声息沉默寡言。原本很有希望结婚成家的他，因仇恨而彻底杜绝了成家的念头，只一心想着为他兄里长根报仇雪恨。

好在他没有像鲁迅笔下的祥林嫂那样，整日念念叨叨、喋喋不休、见人就哭诉，一切都在他心里或深或浅地埋藏着。这是男人和女人的区别。

只可惜，长聚已成孤家寡人。势单力孤的他，在那个讲究家族、宗派势力的特殊年代，报仇雪恨只能成为他一个坚定信念，虽然日久弥坚，却根本无法实施。

20世纪七十年代末，长聚被一口痰卡住，在一个有些清冷的凌晨含恨离去。那口将他送进另一个世界的痰中，不知含着多少他想倾诉、却苦无对象而无法一吐为快的天大冤屈。

小龙脊的石匠世家，就此彻底断了香火，龙脊大地从此再无靳姓石匠。

长根无根，长聚不聚。

后来，小龙脊的老人们在茶余饭后，常常如此谈及靳石匠家、如此感叹人生的无常及不可捉摸。

长根死去很多年后，我开始进入学堂学习。后来学到一篇标题为《疑人偷斧》的古文，说是一个汉子丢了斧头，便怀疑是邻家小孩所为。因有此疑虑在心头，他就觉得那个邻家孩子的一言一行、一举一动、一切行为做派，都像偷斧之人。不久，汉子在他砍过柴的那座山上，终于找到了自己那把已经锈迹斑斑的斧子。斧头完璧归赵后的汉子，此刻再看邻家的那个少年，其一切行为举止，都不再像是一个小偷了。

学完这篇文章后，联想到关于长根的那件毫无事实依据的桃花故事，我突然觉得，长根就是那个被邻居怀疑偷了斧子的无辜邻家少年。而群昌这四个吃饱了撑着的家伙，就是那个所谓被偷了斧子的汉子、四个汉子。

世上本无事，庸人自扰之；君子坦荡荡，小人长戚戚。

小龙脊的这个"四人帮"，大大地冤枉了长根。令人扼腕长叹极为痛惜的是，丢掉的斧子可以被找回来，即便真的无法寻回，还可以买个新的；被冤枉了的邻居，也完全可以平反昭雪。而和小寡妇并无任何非分关系，只是日常生活中不得不勺子碰锅沿般和她有过正常交往的长根，却平白无故地丢了性命！况且，平白无故丢失的，不仅仅是他一个人的生命，而是整个石匠靳家在小龙脊甚至颍川一带的彻底消失。

10

当吴仙儿听到长根被同村人无辜杀害的噩耗以后，不禁悲从中来、不能自已。

吴仙儿和长根倒不十分熟悉，但他十分敬重这条血性汉子。正是以他为首的七个小龙脊青年，几年前冒着生命危险，在小龙脊赤手空拳，杀死三个侵入颍川的日本鬼子。时光只不过才刚刚过去数年，也就是一转眼的工夫，曾经并肩战斗的七人中的五个，竟因空穴来风式的争风吃醋而自相残杀起来，纯粹是自毁长城啊！小龙脊失去了一条响当当的汉子。

就在长根事件后不久，小龙脊另一条好汉水镜，也因同宗之间的窝里斗被土匪枪杀。转眼间，小龙脊的两条好汉，就成为这个世界的匆匆过客，正值美好的韶华之年！

这使吴仙儿想起唐朝大诗人王维诗中讽刺的那位颍川古人：

誓令疏勒出飞泉，不似颍川空使酒。

粗鲁莽汉，无知野夫，连灌夫也不如的化外蛮人。他愤恨地如此评价小龙脊的四人帮。然后又很有些无奈地叹道：

多情终易老，少义势难长。

王维《老将行》中提到的"颍川"，和吴仙儿口中的灌夫，指的是同一个人。一个常常酗酒使性胡言乱语乃至胡作非为的家伙。

灌孟、灌夫父子，是官至太尉、丞相且被封为颍阴侯的大汉开国功臣灌婴的家臣。灌婴相信龙脊一带风水绝佳，故而向大汉开国皇帝刘邦要了此处作为他的封地。

灌婴死后，灌孟、灌夫继续在颍川一带呼风唤雨好不快活。

自古以来，人们将颍川视作天赐沃土、霸业根基；龙脊所在，近天俯地，风水自不会差。每每读到此处，吴仙儿是很为生于斯长于此自豪的，更为当年其远祖渡江北上到此生根发芽感到骄傲。但经过岁月的洗礼，他对此不再那么有信心了：所谓风水宝地，也出产野蛮，更有无端杀戮，空气中偶尔也会飘散刺鼻的血腥味。

为此，吴仙儿开始深入思考、探究，风水究竟是什么、又到底意味着啥？

年轻时，受爷爷吴太恒、父亲吴宗尧、悟真与竹心大和尚、以及香宅质莆公《易经图解》的影响，吴仙儿沉醉于风水之术的刻苦钻研之中不能自拔，并坚信风水就是现实存在的河流、山川、风向、方位、阳光、树木、星野即星象之类，这些看得见摸得着的东西，就是风水切实致命的要素。

随着年龄增长、社会阅历的逐渐丰厚和眼界的不断开阔，他开始反思，这些过于具体的物质化风水要素，是否过于肤浅、过于表象化了？眼前这些东西，真的可以决定一家数代男女老少不同人的命运前程吗？

吴仙儿记得，老子在他的皇皇巨著《道德经》中写道：上善若水。一个千古智者，将"善"与风水中的"水"密切联系起来，一定有他的道理和玄机。"善"是用来表达人类内心精神世界的，如此看来，风水不仅仅与物质的山、河、气、向、光等相关，也一定与人心的善恶有密切联系。也就是说，风水应该是由物质的现实存在和当事人的德行相互结合联动的产物。

由此，吴仙儿回想起多年前，他和世交香宅的季平四公子最后一次陪同再次前来颍川云游的竹心大和尚时，三人站在已有些凉意但依然宜人的受禅台顶，泛论宇宙空间风水术之奥妙、大谈龙脊一带风水优劣及其随着历史演化而发展变化的情景。

季平与吴仙儿同龄，是香宅的从九品，让他这个幼子和吴仙儿一起出来经风雨见世面的。

11

那天，伴随秋风吹着荒草发出埙一样低沉呜咽的和声，竹心因境生情，先是吟诗一首道：

> 高台半出暮云中，野草小小古木风。
> 千载谁知尧舜事，衔悲惟有山阳公。

开场白罢，竹心便开始了他的宏大阐释，关于风水、天、地、人及万物，关于过去、当下和来世。在整个阐述过程中，竹心声音舒缓、低沉、从容。他说：

《周礼》《史记·天官书》和《唐·天文志》，都以为颍川当应氐、房、心三个星宿，后者更有所谓"角亢在辰，为郑分，而颍川属焉"之说，意思是龙脊一带拥有天时地利。然而黄道岁岁有差，时远则所差愈多，分野、宿度已是桀错。今据《统天》《开禧》《会天》授时等历，及《实宪历》宫分次舍查之，则颍川入张之十一度矣。即图以昭其象，据历以析其微，仰观俯察，世之览者庶有所稽焉。天道远而人道迩。古圣制治非后世谶纬、术数所能测度。星野之说议者纷纷，何所适从？且一邑不过弹丸之地，上应宿度仅四分度之一，泥以求之，似涉渺茫不可知也。若天昭显象，谨修省而弥灾沴，则在人而已矣。

历史上，作为华夏中心的中原地区，是整个中国最先有人类居住的地方，也是整个国家最先发达起来的一块土地。包括整个颍川在内的中原一带，历来是兵家必争之地。因为这里土地肥沃、辽阔平整，无论在什么年景下，这块土地或多或少都会有所收获，可以称得上是种瓜得瓜、种豆得豆。因此，中原有粮仓之美誉。而只要拥有了足够的粮草，就可拥有天下。所以，大家相信得中原者得天下，失中原者难称霸。魏、蜀、吴三国鼎立僵持一段岁月后，最终还是据有颍川的魏国统一了天下，这就是一个很好的例证。

中原是中国的中心和心脏，而龙脊一带则是中原的中心和心脏，即中心之中心。仅就龙脊这一块整体上近乎完全平坦的土地而言，以传统风水之术的眼光看，实在没啥太惊人的奇特之处，甚至完全可以说是平庸之地。风水理论讲究山水相依有山

有水，这是最基本的要素要求。在此基础上，如果是天成的龙虎山形，周围或山前又环以弯曲有致且流速适度的河流，那就是较佳的风水宝地了。如果再配以青山绿水、而不是荒山秃岭污流浊水，那就是上佳之风水宝地了。

值得龙脊一带黎民百姓拍手称快的是，本来平庸无奇的这块黄土地，竟拥有一条不可多得的水系，颍水。颍水在龙脊一带的出现，无论是不是天意，对世世代代居住在这里的黎民百姓而言，其重要性都是不可估量的。

她大大地改变了龙脊一带本来平淡的风水地气，起到了化腐朽为神奇、变平庸为高贵的点石成金之功效。

众所周知，颍水并非华夏大地一条知名的大河。从整个中国或中原的风水大局观来讲，颍水是一条可有可无的水脉河川。

但山不在高水不在深，在中国根本就排不上号的颍水，因其在龙脊一带舒缓有致淡泊流畅、水流清雅而又柔顺的特点儿，从而极大地改善了这一带的地气和龙脉，也就不再是一条普通的河流了。

吴仙儿为让竹心大和尚休息休息，便道：大和尚，我对脚下的颍水有感觉了，您先喘口气，且听我《颍水清流》诗歌一首。言毕，便唱道：

> 洗耳年深水几更，河边想见旧时清。
> 源从颍谷遥分派，邑枕寒流始擅名。
> 烟雨笼堤青霭暮，渔樵隔岸绿蓑轻。
> 一瓢当日栖迟久，淡月疏烟万古情。

吟毕，吴仙儿对季平道：季平兄，下面该你准备了。

季平点头。

竹心笑笑，表示感谢。然后接着论述道。

在龙脊北部，有一条比颍水大很多的黄河，黄河在中国北方绝对是位居至尊的龙头老大。但因其反复无常、混黄污浊而又流速湍急浮躁不羁，不但不会给附近的黎民百姓带来好运，反而常常会祸害生灵。

而流经龙脊的这段颍水，恰恰与黄河的性格相反。她的韵致、优雅、柔顺、从容、舒畅和大气，像是一位至圣的母亲或伟大女性，对所流经区域的黎民百姓，极尽善良地眷顾与呵护。

一个好女人，可以影响她所触及范围内的所有人，并给大家带来心灵的愉悦、快乐和生活的安定、富足与长寿。相反，一个坏女人，则会给她所涉及的人带来几乎一切厄运。

水系也是一样的道理。富有诗情画意和高雅韵致的江、河、湖、海，带给人们的是美好和健康。而水量和水势反复无常甚至咆哮如雷浊浪滔天的水系，带给人们的只能是危险、厄运和担惊受怕。

谢天谢地，颍水恰恰是一条好女人一般的河流。看一看颍水的发源地，就会大致理解，她为什么可以为龙脊一带的百姓带来好运。

颍水发源于佛教和道教圣地之一的嵩山。嵩山在五岳之中不是最出名的，却是居中的一个。居中意味着大气、尊贵，且暗含为首、为大的意境。中国人是普遍相信"唯中为上"这一思想的，此乃华夏大地被称为中国的主要原因。郁郁葱葱的嵩山，本身就是一块上好的风水宝地，自形成以后的亿万年来，她广泛吸纳天地之灵气、日月之精华，并通过发源于此地的众多水脉，默默无闻而又源源不断地将源自嵩山的精灵之气向四面八方传播辐射开去，从而将好运带给河水流域内的芸芸众生，并孕育了附近数朝古都洛阳、开封和颍水流经的许昌、颍川等等。

没有嵩山，就不可能有这么多皇都故城在中原一带的出现。此即所谓：

青山不老千秋画，绿水长流万古琴。

可惜的是，嵩山带给古都开封的上佳地气，被北邻更巨大的黄河带去的煞气给罩住并抵消了，最终开封不得不走向没落。正是山川、河流等风水要素之间的相互搏杀和此消彼长，在深深地影响着一个具体地方风水之好坏优劣和相互转变。

风水不是一成不变的，随着时光推移和控制风水各因素的变化，一个地方的风水可以由好变劣或由差变好。除了有形的山水，决定风水好坏的还有无形的人性，人性的善、恶、美、丑，对风水好、坏之间的相互转变，起着潜移默化的重要作用。正所谓风水随着人心走者是也。是故，善有善报，恶有恶终。

嵩山的良好风水，使那里很早以前就成为佛教和道教在中国的重要发源地之一。位居其中的著名古刹少林寺，也是唐朝能够推翻隋朝立国的重要援手之一。没有当年少林寺十三棍僧舍命拯救秦王李世民，后来的中国历史很难说会是什么样子。所以李世民在成为人上人之后，念念不忘嵩山少林寺，并将那里视为他的福地而多有照顾。

一千多年来，嵩山少林寺清幽的钟声、佛国世界劝告人们为善博爱的柔柔诵经之音，连同嵩山本身的日月精华之气，不断溶入发源于那里的颍水之中，并通过颍水逐渐传导给其所流经的地区，为人们带来丰衣足食等好运。这些地方自然也包括龙脊这一带。

颍水是一条不大的龙，一条极大地改善了龙脊一带平淡风水地气的好龙。她给龙脊一带的黎民百姓带来了风调雨顺、五谷丰登、安宁平和。没有这条颍水，恐怕不会有龙脊人的淡定安逸神清气爽。

早在大汉时期，颍川便人才辈出名冠天下。到三国时期，更多人发出感叹，颍川一带人杰地灵多奇异之士。其中一个古人在他诗中说，颍川如龙才气盛如云，魏晋风流已不群。

典型代表如大贤人荀子之后的颍川荀氏，前后几十代上百人引领风骚数百年。代表人物自然是汉魏时期的荀彧和荀攸叔侄，他们都是当时名满天下不可多得的谋士。荀彧的祖父辈、父辈、同辈、子侄辈、孙辈、曾孙辈、后辈等等，代代人才济济、前仆后继绵延不绝。

直到两晋，荀氏一门依然人才辈出，出仕朝廷高官显贵者多不胜数。其中，荀彧五子荀顗官至尚书，后仕于晋，位至太尉，封临淮公，卒谥康，西晋开国元勋之一，著名孝子。荀寓仕晋，位至尚书。荀顗之子荀崧字景猷，官至光禄大夫。荀崧之子荀蕤字令远，官至散骑常侍、大长秋。荀崧之子荀羡字令则，28岁时任东晋北中郎将，徐、兖二州刺史，假节。荀馗之子荀序，东晋初袭爵临淮公。荀羡之孙荀伯子，

刘宋时代任御史中丞。荀伯子之子荀赤松，官至尚书左丞。荀彧的玄孙荀崧有个女儿荀灌，年仅13岁就敢带兵救父。

我们常说富不过三代，看来不尽如此。

颍川荀氏在中国政治、经济、军事和文化舞台上活跃数百年而不衰，究其原因，大概就是文化传承得极好之故吧。

荀氏真可以称得上是"一庭星聚伟人多"！

这时，秋阳偏西。季平适时对大和尚及吴仙儿道：看到落日，念及身边汉末遗存，我灵感忽至，现赋诗一首，还请二位雅正：

> 落日台边庙，清风道上松。
> 汉仪留胜迹，策杖觅遐踪。
> 古砌秋花满，荒阶明月封。
> 离宫空许下，萝榄泣寒蛰。

听者频频点头，异口同声道：到底是书香门第熏陶出来的，藏而不露啊。

再次稍微休息过后，竹心继续滔滔不绝道：

三国时期，颍川一直拱卫着魏国京师许昌的南大门。鉴于其无与伦比的战略地位，颍川令一职，往往由那些深得曹氏信赖的官员去担任。曹操手下大将李典，就曾担任颍川令。时人评价李典，说他深明大义、不与人争功、崇尚学习，因此是位高贵儒雅、尊重博学之士。李典在军中被称为长者，并官至破虏将军。可惜他36岁即英年早逝，魏文帝曹丕继位后追其谥号为愍侯。曹魏另一将领田豫，也曾担任颍川令。田豫先跟刘备、后从曹操，曾先后北征代郡击败乌桓和鲜卑援军、威震北疆，也曾大破孙权的吴军；他70岁时朝廷仍舍不得让他退休，最终坚决称病辞职后，仍拜他为太中大夫，继续领取九卿的俸禄；82岁终。如此等等，不胜枚举。

良好的风水和平坦肥沃的土地，使龙脊一带一直成为历史上自西汉以来众多王侯将相开国元勋们的封地。三国时帮曹丕成功篡汉的颍川土著陈群，进爵颍乡侯；魏明帝即位后，封颍阴县侯。正始二年，三国时诸葛亮的唯一对手司马懿，增封食颍川；九年，司马懿自封丞相，益封颍川之繁昌。曹魏明帝太和二年秋九月，立皇子穆为繁阳王，繁阳即颍川之繁昌。司马氏篡魏建晋后，封贾充为颍川县侯。东晋时期，颍川名门望族荀家的荀顗和荀组先后获封颍阳亭侯（武帝太康元年）和颍川县公（建兴年间）。东魏天统三年，太上皇帝诏封皇子仁俭为颍川王。隋朝之庾季才，封颍川伯、加骠骑大将军；开皇初，进爵为公。大唐崇元馆大学士、兵部尚书、左相陈希烈，封颍川郡开国公。

不知不觉时过中午，吴仙儿提议大家休息一下吃些东西，并总结性地由衷感叹道：与君一席话，胜读十年书！

本不善言一向异常安静的季平，也难得发自内心地说今天自己大开眼界，比闷在香宅几年学到的东西都多，并言简意赅赞道：

> 观天勘地知兴替，谈古论今识风流。

竹心点头称是。他和香宅的从九品是莫逆之交，每次云游来龙脊，都会和从九品在香宅高谈阔论品味红尘奥妙，兴之所至彻夜不寐毫无倦意。

12

那天，三人半卧在受禅台顶部已大部枯黄的野草上稍事休息后，竹心大和尚接着论述风水之术的精妙和玄机：风水之术，分为大局观和小局观两种。

大局观着重阐述一个较大区域风水的总体走向及其历史更迭与演变，比如某个时期一个国家的运势如何。这种大局观，一般见识和普通智慧的术士们是掌握不了的，唯有极个别出乎其类拔乎其粹的风水大师，才能真正达到这一境界。也只有达到这一层级的人，才有可能帮助一国之君，选定上佳的国都和可以让子孙后世将皇权代代相传的皇陵。更优秀的顶尖大局观风水大师，甚至会帮助他的主上，选定一个起家立国的基础，并最终成就一番霸业。成功者如张良、萧何、诸葛亮、刘伯温等之流。历朝历代凤毛麟角难得一见的大局观者，几乎无一例外是以开国帝王军师的身份出现的，且无一例外会留名青史，成为后来者争相仿效的榜样。

只可惜，大局观这些东西是学不来的，因为天资和上天的眷顾，二者缺一不可。

真正的大局观者，上知天文下知地理饱读诗书通晓古今。他们往往能将天、地、人、万物和光阴等巧妙地结合起来，然后精准地预测朝代更迭、国运兴衰这类影响国人命运和历史进程的大事情。天生地、地生人和万物、人和万物生出光阴的交替变化、光阴又生化出天，如此循环不止。

对天、地、人、万物和光阴之间的脉络关系，没有一个十分清醒了然于胸的认识，很难成为旷世罕见的大局观者。

反过来，大局观者能在俯仰之间，预测未来上天的阴、晴、圆、缺，大地众生的福、祸、寿、禄及生、老、病、死等。这也是诸葛亮能在关键时刻巧借东风助周瑜大败曹操、进而帮助刘备建功立业的能力所在。

小局观的风水术士多如牛毛，其中还包括一大批仅了解风水术之皮毛而根本没有深入其实质、甚至是鱼目混珠滥竽充数者。

绝大多数小局观的风水术士，注定不会有任何载入史册的潜质和机会。他们充其量也就是帮普通百姓选一选阴、阳之宅而已，实不足道也。

当然，想成为一名百战百胜的小局观风水术士、而不是一个蒙吃蒙喝的骗子，一点也不比成为真正的大局观者容易。因为影响一家一户风水优劣的因素更为精细、具体而复杂，大到地基高矮、房屋方位、高低窄阔、大门朝向等，小到一花一草之颜色形状、树木种类位置、物件摆放方位等等，无一不影响家人健康、子孙福寿和未来前程。这是一般术士难以把握的。故此，做一名真正高超的小局观风水术士，也并非一件易事。

影响风水的诸多因素中，时光是极为重要、却又常常被一般术士所忽略的一个决定性因素。

所谓"风水轮流转今日到我家"，就包含着时光所起的重要作用。因为"轮流转"需要光阴来完成，更需要积极去面对和等待。

世上万事万物，无一例外都会随着时光的变化而发生默默无闻但坚定不移的变异，风水也不例外。就如附近的献帝庙和我们脚下的受禅台一样：

受禅一奸场，阿曹假陆梁。
从容谋汉社，窃据控吴邦。
朝士畏鹰犬，将军更虎狼。
谁知千载后，坛墠总荒凉。

　　一块所谓的上佳风水宝地，此时此刻可能确确实实是好的，但随着光阴的推移、周围环境和所居主人心性等的改变，风水也必然会发生变化：原来好的风水变坏了，反之亦然。光阴可以改变甚至彻底扭转世上任何事物。即便是最好的风水大师，其在把握光阴变化对风水的影响方面，也几乎是无能为力的。因为随着时光的推移，同一地点或空间，其未来发生变化的概率几乎是百分之百的，任何地方的环境都不可能是一成不变的。

　　但如何变化？是多了一座城？还是少了一棵树？是水量少了还是浑浊干枯了？是被人为挖了一个坑？还是堆砌了一个土丘？如此等等。未来的种种变化，是无法精准预料的，因而也无法准确把握。从这种意义上说，天下几乎没有绝对精准、千古不变的风水。

　　上好的大师对风水的勘探，如果能保证未来百年之内不变，那无疑就是顶尖高手了。至于百年以后如何，他是完全无能为力无法驾驭的。

　　孔明早就料到，未来蜀国是没有能力复兴汉室的，也早知道未来统一中国的，一定是盘踞在中原的司马氏。所以刚开始，他两次刻意躲开刘备三兄弟的顾请，不愿出山相助对他来说已经知道未来结果的刘备集团。但当时年轻气盛的他，又实在不愿失去一次施展自己平生抱负的大好机会；而且他也知道，自己出山是天意，天意难违。所以，最终他还是帮刘备去了。而既然上了贼船，他便不得不鞠躬尽瘁、勤勤勉勉地行使自己的职责、直至死而后已。很有些无可奈何，也颇有当年汉献帝不得不禅让的意味：

颍川论古及繁昌，魏帝穹祠一吊场。
禾黍门前秋日短，莓苔檐外晓霞怆。
祚移汉火原乘闰，偶启晋炎总附荟。
怪得二泉议改祀，满中填愤惜山羊。

　　因为有言在先，孔明还是不得不勉力六出祁山攻打曹魏。尽管他也明白，这种攻打的最终结果就是没有任何结果，所以最后也只能死在两军阵前了。

　　当然，孔明追随刘备，而不是曹操或孙权，既是天意，也是诸葛亮无奈的选择。他明明知道未来最有可能得天下者是曹氏，但却不可能跟随曹操。一来曹操身边已经谋士如云，二来曹操生性多疑且嫉妒心极强，跟随这样的人，是有生命危险的。再者，尽管生性孤傲但颇知变通的诸葛亮是大才，他这种才能，需要一个极为宽松的环境方可充分施展出来。所谓宽松，就是完全由他说了算。而曹操是不可能给他这种环境的。

　　还有，曹操和孙权都没有也根本不可能对诸葛亮实施三顾茅庐的感人礼遇。尤其是孙权，身边已经有了一个风流倜傥忠心耿耿的周公瑾，不可能再容纳一个诸葛亮；即便是孙权想容纳，周瑜也未必会容得下孔明。

而当时穷途末路缺兵少将的刘备，却可以给诸葛亮想要的几乎一切权力。加之刘备不折不扣地对孔明言听计从，这就使诸葛亮如鱼得水、充分展示他的谋略而丝毫不会感到压抑和苦闷。历史上很多鸿儒大才，就是毁在没有施展抱负的良好舞台这个方面。经过权衡各方面利弊，诸葛亮最终下定决心追随刘备而去。

再如刘伯温，他也无法预测得更远，只是在出道之初坚信，应该帮助朱元璋，帮朱元璋必成霸业。所谓合则两利，朱元璋好似刘伯温也好。但刘伯温显然无法掌控多年之后可能发生的事情，他没测算出朱元璋会在功成名就之后杀了他，否则，他宁愿当一介黎民终老山野，也决不会主动去找死。

离我们更近一些的例子，就是明末的李自成了。

追随李自成的牛金星和宋献策，可以勉强归入大局观者之流，但他们较之刘伯温就逊色不少，更无法与旷世奇才诸葛亮相提并论。

李自成最终失败的原因很多，但牛、宋这俩军师过于平淡的大局观，是其中一个重要因素。

真正的大局观者如诸葛亮之辈，确实是高瞻远瞩胸襟广阔，他们绝不会凭空激动并迷惑于一时的荣华富贵，更不会沉湎其中不能自拔而误国害民。

李自成的这俩军师，恰恰缺乏大局观者应有的胸襟、不具备为相之人所应有的大气和脱俗。于是，已经进入京城宣布登基的李自成，一夜之间就土崩瓦解灰飞烟灭了，最后不得不将他出生入死几十年才好不容易打下的江山，拱手相让于大清朝。

古人云，千军易得一将难求；还说，世上千里马常有而伯乐不常有。实际上，这个世界真正难求的，既不是将也不是伯乐，甚至连皇帝也不难求，想登大位成真龙天子者比比皆是。真正难求的，是类似诸葛亮这样襟怀坦白的大局观者。孔明的大局观不仅体现在他出世的智慧，还有他视功名利禄为浮云的气度。任何资质一般、但有幸找到能死心塌地为他卖命的大局观者之人，都有成为皇帝的潜力。

总而言之，大局观者，才是世间最难得一求的稀世珍宝！

有些扯远了，还是让我们回到风水之术的要义上来吧。竹心顿了一下后，继续阐述他的风水理念。

一般的风水术士，过于突出风水之中"山"的原意和质感、强调"山"须是真正的巍巍大山。巍峨石山当然好，但这种僵化的认识并不完全正确。华夏土地广阔、各种地貌一应俱全，其中自然存在此类山地。但无山的平川如龙脊者，也比比皆是。在此情势下，就需要灵活运用古人先贤的风水学说，来阐释各地具体的风水地气。

其实，风水术中的"山"字，不是实指巍巍大山，它只是一种表形描述，是对阳性地势的泛称。任何明显高于其周围地势的突兀之地，均可称之为"山"；唯有如此，方能阐释平原大川如龙脊这类地区的风水。

本来地势平淡无奇的龙脊一带，因颍水的贯穿而大为改观。龙脊一带虽整体上属平川地貌，但并非处处划一止水般平整无异。相反，其局部地段天然发育有大小不一或长或短或宽或窄的岗地，这些岗地就可称之为山。其中大者如龙脊古城所在的大龙脊，小者如小龙脊，二者均为风水术中的山形地势。这种山形的出现，归功于千百年来颍水的冲刷和淤积。颍川就有很多台，如马台、尚书台等等。自古以来，

这些台就是颍川的山，并因此吸引了无数贤者在这些台上筑室读书、修行参悟、留下无数佳话。

季平适时接过话头唱《马台书生》道：

> 谈道人何在，孤台尚有形。
> 禅房移绛帐，梵语没忠经。
> 苔苏迷庭碧，芙渠人含情。
> 衣冠嗟往事，风破半池萍。

吴仙儿和大及尚交口称赏，然后前者也唱《尚书堂》曰：

> 道大读书台，何年一并摧。
> 陇花今日合，野叟旧时来。
> 谁问千年学，空称两汉才。
> 客中踪迹似，绛帐想崔嵬。

大和尚双手合十口念"阿弥陀佛"三遍，表示感谢二人的佳作及让他休息的美意。然后接着讲道：

隋朝以前，颍川县治并不在当今大龙脊一线。当时那里还是一片郁郁葱葱、各种野生树木共享互生的莽林、众多野生动物们的乐园，也是皇室成员王公贵族们寻猎游玩的场所。隋朝年间，一场大水冲毁低洼地中的旧县治城颍邑。于是，当时的县令放榜广招龙脊一带的风水术士，希望他们各展所能，在全县范围内选择可以延续千年而不废的新县治。

重赏之下，必有勇夫。不久，曾经郁郁葱葱的四十五里黄土岗上的各种树木消失了，动物们也不见了踪影，取而代之的是由无数青砖黑瓦建筑组合而成的颍川新县治，并一直延续至今。

当时选择龙脊新城址的风水术士，一眼就看中这一地段，并言之凿凿地说这就是龙脊、一个上上吉的风水宝地。且唾液四溅异常激动地预言：因了这一新址，颍川未来必定诞生地位显赫之人。

果然，后来就有了诸如明朝的桂阁老和大清朝香宅的奂若公及质莆公之辈文、武进士。

话说回来，虽然风水讲究山形地势，但无论是阳宅还是阴宅，都不要过分求高。过犹不及，物极必反。过于追求醒目的高山地势，反而会背离初衷，走向事物的反面。

高明的风水术士，都力求避免一个极字。极天极地，容易遭受狂风恶雨的侵袭。即便原来这里真是一块风水宝地，随着时光推移，好的风水地气也会被风吹雨打去，变成凶险之地。这好比"木秀于林，风必摧之；堆出于岸，流必湍之；行高于人，众必非之"一样。诗曰：

> 落落盘踞虽得地，冥冥孤高多烈风。
> 扶持自是神明力，正直原因造化功。

极天极地，那是天上仙人各路神仙享受的地界，只适合建造庙宇祠堂供奉神灵。世间凡夫俗子无此造化，也就消受不起。一定要逆此而上，只能是家破人亡甚至断子绝孙。

高而不极，方是明智之选。诸葛亮的卧龙岗，也就比周围地势高出一点儿而已。而且这高出来的一点儿，如果不仔细勘验比较，是很难看出来的。诸葛卧龙岗前地势平坦开阔，更兼树木葱茏，不但原有的良好地气得以聚敛不失，而且还时时承受大自然之精气，也就好上加好了。

总之，任何事情都要讲究一个"度"。风水中的"山"是如此，做人也未尝不是这样。恶人不用说会短于非命，但过于善良之人，由于背负太重的思想负担和心理包袱，也同样难以长命百岁。

13

当竹心、吴仙儿和季平三人在受禅台顶上俯视着缓缓东去的颍水纵论风水之道人事更迭红尘往来命运沉浮时，龙脊古城香宅内俩老人也没闲着，他们也热烈地交换着对风水、人心的看法，讨论着龙脊的往昔和未来。

此情此景，按照老吴仙儿半开玩笑的话，很有些如下意味：

　　大宅门内说往事
　　护城河柳飞白棉

从九品一边称赞老吴仙儿的开场白说得精妙，一边对曰，我们这是

　　怀旧品古趣
　　耕田念苍生

接着两人很快进入正题，互相交叉着交流龙脊一带的陈年旧事和风水之说。

除龙脊古城所在的大龙脊被称为上好风水宝地外，颍川境内另一处风水宝地就是小龙脊了。从规模上看，小龙脊所在的黄土岗比大龙脊小了不少，但小龙脊能够成为一个故事多多的村落，却隐含着一段广为乡野村民所知、却又知之不详也不准确的历史。

说起来，已经是七百多年前的事情了。

与汉朝末年皇室的衰败相似，北宋末期国力衰微、外族入侵。来自华夏遥远东北方白山黑水之间的女真人，多年来一直对中原一带虎视眈眈、垂涎三尺。刚开始，大宋凭借尚可以称得上雄厚的家底，使女真也就是后来的金人有贼心却不敢有贼胆，金人只能在北部边境骚扰大宋的边民、占些小便宜。

随着时光推移，大宋国力夕阳西下日渐没落今不如昔，金人却如旭日东升芝麻开花逐渐势不可挡。

彪悍的金人早就眼馋大宋国都汴京的繁华和中原的富足，并为实现对大宋的占有进行了大量卓有成效的准备工作。除不断扩充兵马积聚力量外，还暗中派遣大量奸细潜入汴京各地收集情报，进而通过重金贿赂大宋朝的少数重臣，使部分奸细得以窃取大宋的重要职位。

而此时的大宋皇帝和众多文臣武将，只知歌舞升平花天酒地偎红依翠风花雪月，不知忧国忧民保家卫国。

看到时机已经成熟，意气风发兵强马壮的金兵，便风卷残云势如破竹般迅猛南下，转眼间就占领了黄河以北的大部分地区。

此时的宋朝，并非完全没有能力组织抵抗。武将如岳飞岳家军及韩世忠梁红玉

俩家者，是完全能够组织起有效防御甚至反攻的。但由于朝廷无能、加上金人奸细在大宋朝有效的分化瓦解工作，岳家军和韩家军等无法得到应有的战略和舆论支持，他们虽然在局部战争中能够暂时得到一时一地的胜利，但对整个大宋即将败退的大局却无能为力。

不幸中的万幸是，由于黄河天险的阻挡，金兵进犯中原的速度无奈中迟缓下来。他们不得不滞留在黄河北岸，为横渡黄河进行必要的准备工作。

这个难得的战争间歇期，本应是大宋组织抵抗甚至收复黄河以北失地的大好时机。但已在大宋朝堂谋得高位的金人奸细，却故意散布消息说，金兵根本就无法也无意渡过黄河天险，对于大宋来说，最坏的结果无非是划河而治。于是，大多数文武包括皇帝本人，就陶醉于依靠黄河天险这一百万雄兵去阻挡金兵的美梦之中而不思进取了。

这一时期，东京汴梁的青楼妓院，生意竟出奇地好。有意无意之中，人们展开了一种大难来临前的疯狂享乐运动。

与此同时，大宋皇室之中，一个对朝廷这种消极抵抗态度一直持反对意见的王爷，隐隐约约意识到，大宋的江山很快就要被这些昏庸无能之辈给葬送了，汴京必将成为金人的囊中之物。因为繁华的宋都与黄河北岸虎视眈眈的金兵隔河相望近在咫尺，而朝廷却意识不到问题的严重性。在此存亡危机形势下，大宋的江山和国都怎么能保得住呢？一旦汴京落入金人手中，赵姓皇室成员极可能会被金人一网打尽甚至彻底斩草除根。

情急之下，这位忧患意识强烈的王爷心急火燎地多次上书，力主组织有效的抵抗防御甚至是大反攻。

但皇帝对此并不欣赏，反而对这位王爷的喋喋不休十分反感，以为他是在蛊惑人心。

最终心灰意懒的王爷在极度无奈之下，不得不私下开始一个人为大宋的未来着想、筹划。他希望通过自己的努力，在汴京万一陷落的情况下，能为大宋皇室留下一点儿血脉。如何神不知鬼不觉地实现自己的心愿呢？王爷想。

几乎历朝历代的皇亲国戚都有自己的封地、亲信和少量军队。

北宋王爷虽然没了封地，但这位一直有忧患意识的王爷却拥有少量兵丁，曾经的手下还有霍、李、陈、郭、冯、梁、韩七员将军，还有一位颇知天文地理风水之术的宋姓谋士，他们都对王爷忠心耿耿毫无二心。王爷曾与宋谋士多次私下交流并告知对方自己的忧虑。宋谋士劝王爷找个出京巡视的借口渡江南下，借机勘察地理择地而居，以延续皇室血脉。

王爷则不愿意彻底抛离中原这个龙兴之地，即便将来金兵真的占领了中州大地，他也不希望皇室成员全部逃之夭夭、完全丢下这块沃土不管不顾，尽管这样做会冒很大风险。当然，汴京是绝对无法存身的。但以中原之大，其中总会有适合隐身之处吧？

宋谋士听到这里，沉思一会儿后说：沿发源于嵩山的颖水顺流东下，就是他的故乡龙脊一带。那里土地肥沃是块风水宝地，距离汴京也不是很远。王爷既然不想让皇室血脉远离汴京，那儿倒是个好去处，起码可以日日饮用来自嵩山的甘泉河水。退可以到嵩山为依托基地积聚力量，进可以很快打回其北偏东的东京汴梁准备适时复国。然后唱《颍水清流》一诗道：

> 崇冈曲水岁华更，漫步临流称素情。
> 柳色依恋迷旧渡，桃花夹岸语新莺。
> 斗门近接踪难觅，谷口遥连县可名。
> 洗耳高风今已矣，澄泓犹见一瓢清。

王爷觉得宋谋士的提议不错，何况那里是谋士的故乡，熟人熟路利于及时沟通安排。王爷本人也多少了解颍川的一些历史，知道那里是三国时魏国的发祥地，如此充满王气的地方，应不是平平淡淡之处所。于是，在进一步询问了相关情况后，王爷和宋谋士就应该采取的具体措施、实施步骤和细节等问题，进行了周密讨论、筹划和安排。

三天后，按照王爷的吩咐，宋谋士带着大量金银和几个随从，离开汴京南下颍川实地考察、选址、安排。

此间，王爷将霍、李、陈、郭、冯、梁、韩七员将军召集起来，进行了密谈和统一部属及安排。

接着，王爷上书皇上，陈请趁此国家危难之际，准许他带领本府手下离开汴京南下暗访、巡视，为皇上分忧解难。

正巴不得鼓噪不止的王爷离开京城、以便自己两耳清净的皇上，没怎么犹豫就同意了王爷的请求。

为不引起朝廷怀疑，王爷没将自己的家眷全部带走，只是以锻炼孩子的名义，要求他的五个儿子随行，其他家人一概留在京城。此前，王爷早已开始悄悄变卖府中一切值钱的家当，并拟将全部金银细软带走，以备不时之需。

王爷的七员将军，也各自悄悄准备着自己的行程。

大约一个月后，宋谋士悄然返回汴京告诉王爷说：一切准备就绪，可以行动了。

于是，在一个薄雾蒙蒙的早晨，一支并不庞大的队伍，在王爷率领下悄然出汴京南门而去。包括宋谋士和七员将军在内的所有重要成员，都仅仅带着自己的公子少爷，其余家眷全部留在京城。

到许昌城后，众人简单用过饭，便径直继续向南、朝宋谋士选定的地方进发。

宋谋士既没选定城墙坚固的许昌城，也没看中龙脊古城。只因这两个位于交通要冲的城池太显眼，一旦金兵渡过黄河南下，必然会遭到同样毁灭性的洗劫。鉴于此，宋谋士放弃了这两个城池，而选定介于二者之间、距龙脊古城更近一些的一块方圆百里的地方作为落脚点儿。

地方不大，但布局上却大有讲究。宋谋士采用精妙技法，将此地设计得机关暗布严密精巧，但表面看起来却又平常普通，俨然就是几个村落而已，一般人根本看不出其中的奥妙。整个布局，显示出宋谋士的超人智慧和军事才能。

这个藏龙卧虎之地，以地势较高的小龙脊为中心，周围四面八方按八卦技法，

呈太阳光芒般的辐射状，点缀着七个村庄模样的营寨，其中分别驻守着霍、李、陈、郭、冯、梁和韩七员将军。这就是后来的霍营、李营、陈营、郭营、冯营、梁营和韩营七个村庄之前身。七个军营散落在距小龙脊数十里范围内，呈环形拱卫着后者，其间有道路与小龙脊直接相通。如果说小龙脊是颗月亮，那拱卫小龙脊的七个营寨，就是月亮周围的七颗星辰。至于连接小龙脊与七个营寨之间的黄土路，则是月亮放射出来的光芒。

更精妙的是小龙脊本身的布局。村子内外的房屋、水井、树木、粮仓、街道、草垛、水塘、砖窑和水道等，也都按八卦技法排定。小龙脊四角，则是借用部分原先已有的古老湖塘遗存、经进一步挖掘改造后、通过水道相互连接贯通的四个水塘，其中包括当年武申与曹操、荀彧和刘关张三兄弟相聚攀谈时的那些。水塘内密布生长迅速的芦苇，故而被称作芦苇塘。芦苇塘中水道纵横交错、机关暗布，同样体现了八卦之精髓。

毫无疑问，小龙脊这个中心，是为王爷和他五个儿子准备的居所。

宋谋士本人的居所也颇出人意料，既不在小龙脊，又不在七个将军所在的任何一个营地内，而是在距小龙脊东南约三里许的一处地方，修造了一座颇具规模的庙宇，即后来的宋阁。这个院落的位置，恰恰在从龙脊古城北下进入小龙脊的必经之路上。

两进院落的宋阁坐西朝东，清一色的青砖瓦舍。正堂里面雕梁画栋，正对大门的山墙上，是至圣先师孔子的巨幅彩色画像。宋谋士以私塾先生的身份，在这里授业解惑出谋划策帮王爷发号施令。平时大家以进庙烧香许愿或送孩子们上学的名义，在此集会、商谈事情。

为便于紧急情况下迅速联络，小龙脊东南角、西北边连接官道的交叉路口旁、宋阁北侧等处，总共建造了七座突兀于地面的土砖窑，实际上是烽火台一样传递信息的军事设施。

看到这"七星拱月"、大八卦中套小八卦的连环军事布置形式，王爷十分满意。只是觉得宋谋士卓越的军事才能，仅仅用在如此狭小之地，而没发挥在抗金战场上，实在是大材小用暴殄天物了。想到这里心中就很是悲哀，为赵家的大宋江山悲哀。

算是临走前的嘱托，也是内心的感慨，王爷情不自禁吟唱道：

璞玉浑金不畏磨，清风两袖意如何。
公明廉俭传家语，留与士民作锦窠。

整个地方是王爷出巨金购买下来的。按宋谋士的设想，没战事时大家种田屯粮当百姓，并利用手中剩余的金银，聚合周围贫困但强壮的村民，以看家护院保乡护邻的借口，开展必要的军事训练，这样战时就会有较强的战斗力。

无战事时，七个将军的分工也不同：陈将军负责食品收集加工，后来发展成以油料加工为主的营地；梁将军组织农桑、纺纱、织布这类事务；李将军肩负兵器打造和供应；霍将军所在营地距小龙脊和宋阁最近，就负责王爷几个孩子和宋谋士的安全保卫工作，有点近卫军的味道；郭将军担负马匹放养、繁殖和供给；冯营附近有渡口与颍水等大河相通，冯将军便借地利之便，负责与外界的货物交流和生活必需品的购买、交换、储备和分发；韩将军的任务是屯田、耕种、收获和储备。

后来随着各位将军家眷的陆续加入，这里便成为一个秘密的袖珍王国，一个没有国号、国旗的特殊地下王国。

巡视大半圈以后，极为满意的王爷最后来到距颍水最近的冯营。

冯营西侧紧靠连接龙脊古城和许昌、沟通燕楚的那条千年官道。道旁有个不大不小的水运码头，通向当年汉献帝禅位于曹丕的繁昌镇等地。因为这一码头，冯营又被人们称为冯埠口直到今天。

王爷到这里来，也希望能够亲自尝一尝源自嵩山的颍水。清澈见底又凉又甜的颍水，使王爷深信，选择这里作为大宋皇室血脉的延续地，应是天意。

看到一切井井有条，王爷便与大家告别，实际上是诀别。他决定返回汴京，与皇上和京师共存亡。离开龙脊前，在宋阁那间雕梁画栋大殿里召开的会议上，王爷许诺各位将军和宋谋士，一旦汴京危机，各位尚留在京师的家眷就会前来与大家团聚。

会毕，王爷带着四个侍卫，马不停蹄地星夜回到汴京。路过豢龙城刘累墓冢时，王爷稍事停留并题《豢龙遗迹》诗一首曰：

> 可疑神物九霄行，也有人间烟火情。
> 茅土当年曾得姓，耕樵此地尚遗名。
> 几看青壮风雷变，仍指流云岁月更。
> 独忆凤麟同畜日，太和何处不升平。

王爷刚到汴京不久，京城的形势就发生了急剧变化，朝中官员和城内黎民百姓，已没了当初王爷离京南下时的从容不迫，大家都在积极准备逃离京城，因为有探报说，金兵很快就要强渡黄河了。

王爷知道，大宋完了，汴京很快就会失守。

趁着全城都在慌乱之中无暇他顾之机，王爷集合宋谋士和七位将军的所有剩余家眷，让她们跟随他从龙脊返回汴京时随扈的其中两名侍卫，即刻赶赴小龙脊与各自的亲人会合。王爷却留了下来，他早已下定决心与汴京同生共死。

金兵进入汴京的速度，比人们此前预料的要快得多。

除王爷事先安排到龙脊一带隐居的这支皇亲外，还有一支皇室人马，匆忙之中杀出一条血路，逃出金兵的合围一路向南，辗转来到吴越一带，最后成为偏安一隅的南宋王朝，暂且苟延残喘着。

其余几乎所有皇亲国戚、妃、嫔、瀛、嫱，甚至连徽、钦二帝和不久后成为南宋皇帝的赵构的生身母亲，都统统被金兵俘虏。其中徽、钦二帝，更是被长期置于北方寒冷潮湿的地窖中，如井底之蛙、更如牲畜一般，受尽非人折磨，最后客死他乡，永不得归。

徽、钦二帝，刚开始还抱着大宋军队打过去拯救他们的强烈希望，并以此勉强维持着生命。因抱有如此幻想，徽宗没事时还练练他的瘦金体，偶尔也挥毫泼墨绘绘画，聊补空虚和无奈。

那时南宋确实有一定的实力拯救徽、钦二帝，他们还拥有威镇金兵的岳家军、

韩家军等，岳飞也有十足的决心和一定实力直抵黄龙府与诸君痛饮。无奈天意难违，南宋竟摊上一个金人的奸细丞相秦桧，加上赵构并不希望徽、钦二帝回归，于是，岳家军不但无法施展抱负收复旧河山，反而引来杀身之祸！岳家军首脑的无端消亡分崩离析，间接导致后来大宋的彻底灭亡。

南宋皇帝赵构的生身母亲，一直以连奴婢也不如的身份在金地苦苦挣扎了十几年后，才在赵构向金人称臣、且每年须上贡大量金、银、丝娟和布匹的屈辱条件下，被勉强赎回南宋。

进入汴京的金兵大肆杀人、放火、抢劫、强奸。留守的宋兵毫无反抗之力，倒像是任人宰割的豆腐一般软弱无力不堪一击。

有心杀贼无力回天的王爷，只能心甘情愿地战死京城。

汴京城内几乎所有金银玉器珍宝古玩甚至是奇花异石，都被金兵车队运到他们设在蓟州等地的陪都。天下第一名城汴京，从此一蹶不振走向衰落。

倒是汴京名妓李师师，这位曾受宠于徽宗的才女，誓死也不屈服于金兵的淫威劝诱，为保住自己大宋臣民的名节，慨然自杀身亡，留下一段千古佳话！

气势如虹的金兵，很快南下占领表面上固若金汤的许昌城。就在他们出许昌南门向龙脊古城进发时，军师发现东南方的小龙脊一带，一股隐隐杀气腾空而起久久不散，就劝主帅金兀术暂停进攻。

金兀术注目细观，果然发现那一带半空杀气腾腾，犹如天兵天将布下天罗地网，等着金兵去送死。不久，七股狼烟依次腾空升起，就像七把出鞘的巨剑，透着瘆人的寒光。

在军师建议下，金兀术下令绕道西边的繁昌镇，从西门而不是原先计划的北门攻打龙脊古城，以避开这股不可捉摸的神秘杀气、避免不必要的人员伤亡。

于是，金兵绕道繁昌，夺龙脊古城西门而入，并很快占领全城，将之作为进一步南下的前哨指挥所。

金兵急速南下占领许昌和龙脊古城的消息，很快传到南宋新都。吓坏了的赵构皇帝，急命岳飞发兵北上抵挡金兵南下。

此时，岳飞正带领彪悍的岳家军，在洞庭湖一带围剿造反的钟相、杨幺等农民起义军，一时抽不出身来。

于是，传说中威震华夏的天波杨府后代、岳飞手下的大将杨再兴，便主动请缨作为先锋官先行北上，力阻金兵南下。

杨将军果然凭借手中精妙的杨家枪法，单枪匹马将金兵阻挡在龙脊南界之小商桥畔，使金兵无法越过颍水继续南下。

令人扼腕长叹的是，由于胯下坐骑深陷颍水淤泥之中，杨将军被金兵的弓箭射成刺猬一般！可怜一世大英雄，在其英年壮烈殉国于清冷的颍水之中，至今还长眠在那里。

后来，香宅的质莆公有诗赞杨将军曰：

只缘报国许君门，万死还将酬此言。
断簇二升皆节义，孤坟一撮老乾坤。
骨收劫火残碑在，泪洒中原白日昏。

南渡英雄多饮恨，楚歌招得几天魂。

此次金兵南下中原，不但成就杨再兴将军青史留名永载史册，金兀术还因钟情龙脊一带风水儿，而留下一支血脉在中原大地，这就是龙脊古城北街的香宅。故而后来香宅的家谱上说，他们或"源于辽东"。

再后来，香宅中的一小支被迫移居小龙脊。

于是，从前相互敌对兵戎相见的大宋和前金女真王室后裔，竟和谐共处于一地。岂非天意和人间佳话？

老吴仙儿一边点头称是，一边很认真地总结道：

红尘滚滚情难已

万事皆缘不由人

14

虽然大宋王室的这支血脉最终未能以龙脊为基地复国，但毕竟逃过了可能被金兵俘虏甚至杀戮的下场，也算是沾了龙脊一带上好风水的光吧。一个朝代的兴起和消失，是不可抗拒的天意，而天意是风水之术所无法弥补和拯救的。

自那以后，"七星拱月"的小龙脊王室后裔们，开始日出而作日落而息的田园生活。自始至终，这一带有惊无险。大家从此也就安居乐业，逐渐繁衍生息下来。

久而久之，闲来无事的宋谋士，便将培养王爷和将军们的后代，作为自己的主要任务和重要职责。他在宋阁开设学馆，教大家读书、识字、知礼仪。再后来，学生们不再限于来自汴京的王爷和将军们的后代了，十里八乡的农家子弟，都背负着"万般皆下品唯有读书高"的古训、和"书中自有颜如玉书中自有黄金屋"的美好梦想，云集宋阁的宋谋士门下读书识字了。

渐渐地，由王爷五个儿子居住的小龙脊的中心位置，很快被宋阁所取代。

彻底放下复国希望和打回汴京理想的宋谋士，在宋阁自己的书房中挂了一副对联，向众人昭示了自己当下和未来的生活状态：

闲来赏花吟旧句

欣闻麦香唱丰年

很多年后，宋谋士桃李满天下，为龙脊一带培养了大批人才。

年迈的宋谋士去世那天，是农历二月二十八。其时龙脊一带的田野里，已经抽了穗的麦苗正绿，油菜花也正盛开着金黄吐露着芬芳。远远近近曾经接受过宋谋士指点解惑的弟子们，都赶来为先生送行。大家齐聚宋阁，共同瞻仰、缅怀军师的恩德。连续三天人流不断，盛况空前。其中当然包括王爷和将军们的那些后代们。

鉴于宋谋士开创了这一带的学风，有着当地学界始祖的意味，为永远纪念他，他的弟子们就把宋谋士创建的这座庙宇称为宋阁，并将每年农历二月二十八这一天，作为大家集会纪念宋谋士的日子。

再后来，这种集会变成"七星拱月"这几个村子共享的庙会，即宋阁庙会。

庙会期间，大家凑钱雇佣戏班子，或一家或两家甚至多家，从农历二月二十五

晚上开戏，一直唱到当月二十八深夜结束。在小龙脊一带有亲戚的外乡人，往往在此间提着礼品赶到这里，走亲访友逛庙会。这种习俗一直延续至今。

宋谋士身后，宋阁学堂的香火一直延续下来。除他的部分弟子和弟子的弟子们薪火相传接力传道外，在这里授业解惑最多的，就是大陵脚下的吴家或武家数代，即吴仙儿的爷爷吴太衡、父亲吴宗尧和吴仙儿本人。他们都将自己的一生献给了宋阁和龙脊一带的学子们。

武申的后代吴太恒自然本姓武，但因厌倦自己所处的时代各种战乱此起彼伏连绵不断、华夏百姓苦于战火甚久，便果断地改"武"姓为"吴"姓。

到吴宗尧主持宋阁学校时，他请小龙脊的靳石匠把父亲吴太衡生前写给龙脊古城紫阳书院的《规书院诸生》，勒石刻碑立在宋阁书堂大门口。书曰：

圣学有高卑，至道无难易。士当宏进修，恢宏识与器。浅近非所安，深潜宜自励。穷理入精微，鸢鱼察何费。所怪世俗徒，沾沾在科试。终年苦呫哗，经史昧大义。青紫苟梯荣，身心无顾忌。吾欲振聩聋，为阐紫阳秘。正学无分歧，传注加焠厉。自愧俗吏肠，薄书日憔悴。延师育群英，深期讵文艺。处守出有为，前哲看绍继。

人生苦短。

转眼间，数百年过去了，小龙脊最终成为一个真正意义上的村落。村民自然以赵姓为主，只不过他们的祖先，是大宋朝一位王爷和他的五个儿子。小龙脊的赵姓，也因此分为五大家族，大家各奉其祖。

小龙脊周边的四个芦苇塘，则无意中成为四道亮丽的风景线：春光之中，尖尖的芦笋如万箭齐发的军队直射云天，并散发出一种淡淡的自然清香；盛夏时节，远观碧绿一塘的芦苇们像一池春水，极为爽目养眼；入秋以后，洁白的芦花飞舞，宛若轻盈的柳絮，更如翩翩起舞的仙子；寒冬之季，芦苇塘内一片金黄，风吹之下沙沙作响连绵不绝，宛如一曲音乐，落雪的日子，更是恍若仙境，妙不可言！

第二章　家　世

1

雍正五年深秋，龙脊古城北门外官路上，三个披红挂彩骑着高头大马的官差，高举彩旗旌幌兴高采烈地鸣锣开道，带着一帮同样喜兴卖力鼓吹的唢呐班子，一路吹吹打打鸣炮奏乐向古城北门走来，沿途吸引了不少百姓不断加入跟着看热闹。到城门外不远处的火神庙时，已聚集了数百附近老乡跟着瞧稀罕。

此时，路两旁的麦苗正绿。跟着看热闹的村民，大多是正在麦田中松土、施肥或浇水的当地土著们。

人群中有性子急的好奇者，忍不住问自己身边那些看起来似乎见多识广者：这是干啥呢？这么热闹？

一个看起来似乎见过世面者自信地说：这还用说吗？年关将至，肯定是龙脊哪个富豪之家的公子，到城里去迎亲结婚或者送礼订婚呗。

另一个有些上年纪的人则不同意地反驳道：不像。订婚也好，结婚也罢，既没看见聘礼之类的箱笼，更没看到大花轿。不像。再说年关还早。这应该是别的啥大喜事儿。

边上很多人附和道：确实不像是迎亲或送聘礼的，没看到任何该有的聘礼或花轿之类。

说话间，队伍很快便来到城门口。此间，更多百姓加入看热闹的队伍。就连附近那些来赶集的摊贩们，也暂时离开自己赖以生存的小摊，忙不迭地加入看热闹的行列。

转眼间，城门口已聚集了上千人。龙脊古城迎来了她1119年历史上少有的一次集体大会，一个暂时不明原因的群众自发集会。

在唢呐的激昂鼓噪声中，把守城门的兵丁，将三位骑马人拦在城门洞外，好奇地盘问起来：等会儿，等会儿。这是哪家办喜事儿啊？

三位骑马人中的领头者居高临下，先扭头朝身后摆摆手止住唢呐班子的合奏，然后缓缓地扫视了周围黑压压的人群一眼。

周围的众多百姓，也立即知趣地噤声闭嘴不再交头接耳叽叽喳喳，而是纷纷伸

长脖子竖起耳朵睁大眼睛，翘首以盼地紧盯着领头者的一举一动，等待着答案的揭晓。

看看自己周围已达万籁俱寂的境界，火候也已恰到好处，骑在高头大马上的领头者，这才低头看着下面比自己矮很多的那个发问兵丁，然后挺直自己马背上的身子，吞咽了几口唾液并清清自己的嗓子后，这才从容不迫地抬起头来面对众人，不慌不忙一字一顿底气十足地大声宣布道：北街白衣阁的奂若公，高中武进士了！

周围群众先是一愣，瞬间便反应过来，接着就爆发出一阵又一阵惊涛骇浪般的欢呼声。

每个人都像自己家里大喜了一般，转圈蹦着、跳着欢呼，并咧着大嘴和各自身边认识或不认识的人，互相大笑着表达自己内心的激动和喜悦，毫不掩饰那种为龙脊大地好风水出人才的由衷自豪，和为自己作为龙脊一员的骄傲。

有几个老人，高兴得在人群中捶胸顿足痛哭流涕不止。其中俩个还蹲坐在地上，脸上挂着一把鼻涕一把泪，旁若无人般不停歇地用自己长满老茧的双手，拍打着身边坚硬的黄土地，激起一串串土黄色小尘雾。其间因为不自觉地用沾满黄土的双手擦拭眼泪鼻涕，结果搞得满脸无数道黄泥，就像老旧破庙中刚刚因屋顶破漏而被雨水淋湿的神像泥胎一般，滑稽可笑，但也十分自然可爱。

也难怪，自有科举考试以来，在龙脊长达1000多年的历史上，大宋时出过俩进士，其后的金朝出过一位。整个大明王朝时期，龙脊突然高光起来，出过以弘治九年进士桂阁老为突出代表的共九位进士，一时轰动天下，很是风光惹眼。但自嘉靖三十五年邢守庭中进士之后，直到改朝换代以后的大清顺治十一年，整整103年内，龙脊再没出过一个进士。直到邢守庭中进士104年后的清顺治十二年，才终于又出了一个后来成为礼部主事的宋逢泰，他是乙未科殿试第三甲赐同进士出身第151名。

但在宋逢泰中进士之后的将近72年内，龙脊突然再次陷入进士荒，在金榜上一直交白卷。当地黎民百姓也因此没了为自己生于斯长于斯的骄傲与自豪资本，平日里闲暇时节更是少了值得反复咀嚼的谈资，似乎一切也都因此了无兴趣了。

现在好了，龙脊终于又出了一个进士，而且还是武进士！

这可是龙脊有史以来开天辟地头一遭啊，在整个颍川古郡都是空前的（后来证明还是绝后的）！武进士，这可是全大清国少有的顶尖武林高手，全天下能有几个？太好了，我们以后无论走到哪里，都可以挺直腰板说自己是龙脊人，是那个武进士的老乡、邻居、亲戚，看谁敢不尊重我们。外人欺负我们的时代，从此就彻底结束了。哼！

看着众人情不自禁的高兴样子，骑在高头大马上的领头报喜人也非常满意，心里喝了蜜一样香甜、舒服，就像他自己中了进士一样。于是，他又底气更足地大声清几下自己的嗓子，众人立马安静下来，似乎等着听他关于这位武进士更进一步的相关消息，以便回家后讲给自己的家人、邻居、朋友和整个同村人听，满足大家的好奇心。

结果等来的不是啥小道消息或秘闻。只听领头的报喜人笑着对守门兵丁说：快放行吧，耽误了送喜报的好时辰，你担当得起吗？

兵丁头立马满脸堆笑地说：放行，放行。我领你们去。转脸又对手下几个兵丁说：你们在这好好给我守着，啊！千万别闹事儿、更别出事儿，大喜日子别添乱！

说罢，乖乖地牵着领头报喜人所骑马匹的缰绳，领着众人到不远处的白衣阁走去。

唢呐声再次响起来。因为刚刚歇了一会儿了，吹奏的声音更加响亮悦耳了。

大部分人并没因此散去，而是情不自禁地跟在报喜队伍后面，一边继续快活地笑着、说着、和身旁的人闹着，一边向小北海南侧的白衣阁走去。整个城门洞的瓮城内，满是汹涌的人潮。人潮涌出城门洞后，又很快塞满北大街，接着继续向南流去。

正南北走向的北大街，是龙脊古城北城的主干街道。其南至西大街与手帕巷相接，北端止于古城北门。大街两侧附近有马神庙街等，中间穿过老将胡同和白衣阁街等巷道，北端有颍川书院、即后来的紫阳书院，以及附近的马神庙等。

明朝嘉靖年间，北大街曾名迎恩街。嘉靖六年，龙脊邑人桂阁老告老还乡。16年后的嘉靖二十二年，桂阁老80大寿，嘉靖帝特委派桂阁老的学生严嵩为钦差大臣、从北京前来龙脊古城慰问并宣示皇恩浩荡；后因此在北大街南口十字街竖立大石牌坊一座，上刻"天恩存问"四个嘉靖帝亲手书写的大字。当时钦差入北门并经北大街前往桂阁老在南街的家中，为纪念此次事件，遂将街道更名为"迎恩街"。大清取代大明后，改回北大街旧名。

至于老将胡同，则得名于清代北大街附近驻守的城守营、又名武营。因其长官俗称老将，故有了老将胡同。

北大街东南侧有座白衣菩萨阁。白衣阁内有观音大士碑，也俗称"三绝碑"，意指此碑的书法、画工和雕刻皆绝也，但名气远没有三国时期受禅台的那个"三绝碑"大。观音大士碑高1.8米，宽0.65米；左上部雕刻有玲珑剔透之岩石，两杆翠竹从岩缝中蓬勃而出迎风摇曳、直插石碑顶端；下部刻有海水岩石，丰颐广额、端正慈祥的菩萨头戴花冠、项挂璎珞、耳坠金环危坐蒲团，其裙带垂于水中，面微左顾，若有所思。碑右上部有"东海居士"题诗曰：

> 黄金殿下清卿笔，
> 白华山前大士身。
> 忽然出现金莲寺，
> 不坠人间万劫尘。

碑文由清康熙年间颍川知县沈近思草书，并在右下角落款"太常少卿沈正写"。书体仿米南宫行楷意，布局得体，疏放中自显厚重，被认为是书中佳品。

绘画由白衣阁即后来的香宅子弟子楷公完成。子楷公当时中原一带颇有名气的画师，精于佛道、鬼神、人物、山水和花卉等。少年时即喜欢涂涂抹抹写写画画，并常到颍川及其周围一带的寺庙、道观等揣摩先贤之画像遗存，其中多次到彼岸寺观摩武宗元的菩萨画像。

刻石刀法高超，综合运用阴线刻、减地凹面刻和减地浅浮雕等技法，集诗、书、

画为一体，造就了一件艺术精品，具有极高的历史、艺术、宗教和文化等价值。

因碑上有翠竹及菩萨画像，此碑又被称作"竹林菩萨画像碑"。

因为白衣阁，故而有了白衣阁街。白衣阁街东与更道墙街垂直相交，西至马神庙街北端节孝祠门口。

奂若公家在白衣阁街和老将胡同附近，当地人因此简称其住所为"白衣阁"、一个当地人都熟知的名字。此为香宅之前身。

报喜人在城门口刚一宣布喜讯，就有机灵人立即离开城门口喧闹的人群，提前跑到白衣阁，给主人报喜领赏去了。

与报忧相比，报喜自然是个天大的好差事儿。

不但衙门里的公差争破头想干这一大好差事儿，就连普通百姓也都愿意争先恐后表功。因为也就是跑跑腿动动嘴之间的这一小会儿功夫，天上就很可能掉下金银砸进自己的腰包。无本万利，何乐而不为呢？

在这个人生难得一遇的大好时机，主人是不会在乎这点银子的。

是的，报喜、尤其报高中进士的大喜，是有极其可观赏钱、也就是"喜钱"拿的。这是很多人一辈子都难得一遇的大好红利。除了实惠的赏钱，有时还会得到主人家的好酒喝好肉吃。

也因送喜报有利可图，有人甚至干起这行的不当生意。他们在事先得到消息后，会提前一晚在半道适当位置埋伏好，等第二天早上官方正规报喜人来到后，用武力胁迫、捆绑报喜人，然后夺得正式喜报，送到主家去领取赏银、混吃混喝、骗取礼物等。

前明奸相严嵩，在其《钤山堂集》中有如下记载：

京师人以报榜希厚利，先赂印匠，多印试录名纸，伺启闱得纸疾驰去，报早则金多。亦有恶少伺于途，挺仆其人，夺纸以去者。

2

已得到喜讯，并厚赏了那个提前跑来报信的机灵小子的奂若公及家人，一时手忙脚乱紧张准备起来。

先挑了俩机灵的家人，专门睁大眼睛竖起耳朵，一左一右在大门口外眼观六路耳听八方候着，并嘱咐他们一旦报喜人到了，即刻进屋通报。

奂若公两口子则和自己的父母、大哥逸庵公等，进室内商量、准备大小红包和小规模的酒席等必不可少的事情去了。送喜报的官差，一大早就出发远道而来人困马乏，招待他们吃个饭是最起码的礼节。这是人生百年也难得一遇的大喜事儿，该破费的还是必须要破费。

逸庵公乃先皇康熙朝增广生员。几年前主持编撰完成康熙版《颍川县志》，厘清了颍川古郡之来龙去脉，成后世各版《颍川县志》的重要基石。因年长小弟奂若20余岁，加之学识渊博见多识广知书达礼，所以特意把他从附近的县衙找回来帮着操持，以免出啥纰漏贻笑大方。毕竟迎接官方的这类报帖或捷报、即民间所称的喜报，机会少之又少，一般人都不是很清楚相关程序和礼节。

逸庵公不但主持修编过县志，还多次主持龙脊古城一年一度的祭孔大典，对自周朝以来的各种礼仪烂熟于心，是这方面难得的行家里手。

说来也怪，同父同母的逸庵与奂若俩兄弟性情大不相同，也可以说是大相径庭。前者安静、少动，没事儿就在书房读书、写东西；如果不叫他吃饭，他似乎根本就不存在一样。这种耐得住寂寞的性情，也最终成就了他的学业和功名，成为龙脊古城少有的举子之一。尽管没有更进一步高中进士，但他和家人并不在意，对人生十分知足。

后者则从小就爱动不爱静，根本在家里坐不住，因此在读书上颇让老师、父母和大哥等一众亲友们操心头痛。久而久之，大家就不对他未来的科举功名抱任何希望，放任他自己随性发展，只是不当他面说出口而已。

虽然学业上似乎毫无希望、与之乎者也没任何缘分，但奂若却热衷读《三国演义》《水浒传》和《西游记》等这类与科举考试毫无联系的闲书，且十分崇拜三国和水泊梁山那类英雄人物，并喜欢舞枪弄棒逞强好勇。常组织有类似爱好的同龄少年们，跑到城北五里河两岸的荒坡坟地里排兵布阵切磋交流，甚至模仿诸葛孔明的样子演练八卦阵之类。总之一天到晚闲不住，只不过没用在苦读先贤圣人之书上面。

奂若确实是这个大家庭的另类。

从五世祖开始到他这一代，龙脊小北海边上的这个大院，一直文人辈出是个典型的书香门第，基本都是与刀枪棍棒等五花八门兵器无缘的读书人。五世祖任山西隰州蒲县典史；六世祖埙也是读书人，因侍奉继母极诚，入前明忠义祠；八到十四世祖中，邑庠生和贡生者众，也有个别武庠生，但还是以文人最多；其中十世祖道衡老先生，前明时任江西临江府督粮；十三世的逸庵公还是个文人；同为十三世的二哥石袭公赠中宁大夫，也是文人；就连奂若公的侄子、后来诰赠奉政大夫的十四世五云公，也是文人一个。

一天和家人一起吃饭时，少年奂若慷慨激昂地告诉大家：大丈夫在世，当挺枪跃马横刀弯弓在战场上建功立业保家卫国，就像大汉的霍去病将军那样，燕然勒石名垂青史，而不是天天在书斋里之乎者也纸上谈兵。

众人听后有些愕然。虽然心里并没把他的志向太当真，但还是纷纷鼓励他加油努力，学好本领早些报效国家保护黎民百姓，光耀龙脊古城这个家庭的列祖列宗。

两天后，奂若和另外两个邻家少年，一同来给家人告别，说是要到颍川旧县城址附近一个村庄，跟一个晁姓老拳师学艺，不成不归！

家人一边给他们送行，一边鼓励他们好好学习，牢记先贤教诲，以家国为己任。

此后数年，龙脊古城再未见到奂若的身影。

刚开始大家见面后，街坊邻居还问问他的情况表示关心。时间长了，连问都不问了，似乎他已不在这个世界了。

大约七年后，家里人得到晁拳师捎来口信说，奂若等三个龙脊古城少年，在他那里学满出师后，直接到嵩山一带寻访更厉害的师傅和更广阔的天地去了。

家里人听说后先是愕然，不久后即释然了：这孩子从小就主意正有主见，也知道自己照顾自己，皮实得很，一点儿也不娇气。加之从小就教育他遇事儿多让人、

不和陌生人论短长、吃亏是福、退一步海阔天空之类，知道他在外面是不会吃亏的，至少不会有啥危险，因为他从记事儿起，做事儿就很有分寸：吃穿不挑不拣更不贪，容易满足；但人很勤快，从不吝惜自己的体力；人也乖巧可爱。虽说江湖险恶，但无论多险恶，这样的孩子都不会有啥大危险的。

天高任鸟飞，海阔凭鱼跃。让他自己好好闯闯吧。大哥逸庵如此宽慰父母。

父母也没办法，只好这样反过来安慰极其疼爱这个小弟弟的逸庵说：是啊，路靠自己走，只要他将来有一口饭吃、饿不着就好。人各有命，不可强求。

雍正甲辰年春，久别龙脊故里多年的奂若和另外两个古城少年，突然出现在龙脊古城的街道上。

几年过去，仨人已模样大变，已不是当初离开时乳臭未干的懵懂少年了。按大哥逸庵化用古人的那句诗来描述他们，就是"少小离家青壮回，乡音未改身健强"。

其中的奂若身高体壮，明显比另外俩伙伴高出一大截，甚至比大哥逸庵还高出一头多。巨人般的奂若，走在龙脊古城大街上，真是鹤立鸡群十分惹眼，熟悉少年时的他的街坊邻居们，都啧啧称奇，感叹时光之神奇。

在欢迎他们归来的饭桌上，奂若告诉家人，他们这次回来，是准备参加科举考试的。

家人问他们的志向，奂若的俩同伴先后回答说：能考个武举，混口饭吃就知足了。

轮到奂若，他则毫不掩饰地说：我们家虽然人才辈出文人不断，但还没出过进士和状元，我的目标就是武状元。

大家知道他年轻气盛血气方刚，不但不打击他，反而鼓励他事在人为努力就好，至于结果，就听天由命吧。

实际上，大家都不太把他的志向当真，毕竟进士尤其是状元，自隋朝开创科举考试制度以来，历朝历代少之又少，不能太较真。

最后大哥总结道：谋事在人成事在天。自己尽心尽力了，无论结果如何，就都没啥遗憾了。

3

雍正甲辰年即雍正二年，龙脊的三个发小青年，俱入武庠，成为武秀才，皆大欢喜。一时在龙脊掀起小小波澜，成就了一段佳话。

古代学校称庠、庠序或邑庠，学生称庠生、邑庠生或茂才，是明、清科举制度中府、州、县学生员的别称。庠生即秀才，武庠或武庠生就是武秀才。

两年后的雍正丙午年即雍正四年，三个当年的少年如今的青年，又一同走进科举考场。

结果，奂若如愿中武举，并在龙脊再次掀起一阵欢腾的波浪。

只是美中不足让他和他们无比遗憾的是，他形影不离的两个少年玩伴，却名落孙山无缘武举之列。此后数年，俩人又连续两次走进考场，却依然铩羽而归名落孙山。自此彻底告别考场，在龙脊县衙谋了差事儿正式进入社会。

武举制度始于唐代，武则天于长安二年开设武举。但兴盛于明、清两代，特别是清代。清朝时改称武科，但民间依然习惯称之为武举。清代对武举的重视程度大大超过明代，考试制度也日益严格，录取相对公正，民间习武者对武举考试趋之若鹜。

武举考试一般由兵部主持。唐代的考试科目有马射、步射、平射、马枪、负重和摔跤等。对考生外在相貌亦有严格要求，也是个看脸蛋和身材的行业，要"躯干雄伟、可以为将帅者"。

宋代以文人治国为基本国策，很重视文化水平。规定武举不能只孔武有力，还要考军事策略如孙、吴兵法（孙子、孙膑和吴起）等。

明朝时改为"先之以谋略，次之以武艺"，把军事谋略置于军事技术即个人武功之上。如果在答策笔试中不及格，便不能参加武试。初期的笔试考三题，试策两题、另一题论考四书；后将四书的题目改为默写武经。

清代武举考试制度，基本沿袭明末的程序和办法等。但改为先试马步射，马射二回六矢中三为合，步射九矢中五为合。之后比力气，包括拉硬弓、舞刀、举石等。弓分八、十、十二力，刀分八十、一百、百二斤，石分二百、二百五十、三百斤。全部合格者才考笔试。

清代武举考试大致分四个等级进行。在县、府举行的童试，考中者为武秀才。在省城举行的乡试，考中者为武举人。在京城举行的会试，考中者为武进士。最后是殿试，会试后已取得武进士资格者，再通过殿试（也称廷试）分出三等，称为三甲：前三名是一甲或鼎甲，依次称武状元、武榜眼和武探花，获赐武进士及第资格；二甲十多名，获赐武进士出身资格；二甲以下均属三甲，获赐同武进士出身资格。

一年后的雍正丁未年即雍正五年十月丙戌，以礼部左侍郎唐执玉为武会试正考官，都察院左副都御史钱以垲为副考官，正式拉开丁未科武会试的大幕。

奂若公单枪匹马代表龙脊黎民百姓进入考场，为他的武状元理想展开终极搏杀。

但他最终与其梦想中的武状元失之交臂，不过，还是获得武进士称号。

十一月丁卯，策试天下中试武举夏樗等116名于太和殿前。十一月二十二日甲戌早，上御太和殿。传胪。赐殿试武举王元浩等116人武进士及第出身有差。

十一月二十二日甲戌早，上御太和殿陛座，赐中试武举王元浩、谭五哥、马大用3人一甲武进士及第，观音保等10人二甲武进士出身，张发生等103人三甲同武进士出身。

就是在此次丁未科武殿试时，奂若第一次见到了不苟言笑不怒自威的主考官雍正万岁爷。

奂若的名字在太和殿被唱响，并被列在西长安门外的金榜上。

次日，在兵部举行的盛大会试宴上，所有进士获赏颁给众进士的银两等。

奂若虽然没能如愿蟾宫折桂拿到武状元的头衔，但殿试时其堂堂仪表和淡定自若的谈吐，还是获得雍正皇帝的欢心和赏识，并当场被钦点为御前一等侍卫、乾清门首备。只等回家省亲返京后，就可正式走马上任了。

4

白衣阁奂若公家的大门外，传来一阵越来越清晰的锣响和欢快的唢呐声。

几乎与此同时，负责在门外迎接报喜人的俩家人中的一个，也飞奔进来报告说：来了，来了。

奂若和众人赶紧走出房门移步大门口，刚好看到三匹马"哒哒哒"慢步而来，赶紧上前迎接、致意并感谢。

那三个披红挂彩之人滚鞍下马后，一片声叫道：快请奂若老爷出来，恭喜高中了！

负责迎接他们的主人家的三个家人，眼疾手快上前接过马缰绳，将它们牵到附近的马厩饮水、喂食去了。

三人连不迭的贺喜声未毕，大门外靠近小北海一侧已鞭炮齐鸣，吹鼓手们也吹得更来劲了，真正的高潮来临了。

从北城门口一直跟过来的大批围观百姓，终于得以目睹武进士的风采。人群中也随即响起一片此起彼伏的议论声：我的妈啊，武进士果然不一般。身高过丈，像半截镔铁塔一样，啧啧啧。

又有人议论道：妈呀，脚大如斗，估计他的一只靴子可以装一斗多粮食。难怪人家是武进士呢，天生奇人啊。

边上有人接话道：人家风水好，祖先的坟地里长着高高的蒿子呢，我们行吗？

也有人说：听说这家世代书香，出过不少文臣。武将倒是第一个。

还有人接道：这还让不让我们活了？好事儿咋都跑进这个院子里了呢？唉……

一个老者接着话茬说：台上一分钟，台下十年功。也别气生人家，知道人家咋教育孩子的？孩子又是如何用功的？一切都是用汗水与心血换来的，就像我们在田里耕种一样，用多大力气，收获多少粮食。

老者身旁一个老婆婆道：是啊，是啊。天上掉馅饼的事情啊，确实有，但只会掉进肯下功夫和不惜出力的人家。

……

在众人不停的议论声中，三个报喜人已被一众家人迎进正房堂屋。

奂若将接过来的报帖交给家人，家人满面喜气地将它张贴在厅堂正中条案上方最显眼的位置上。

趁家人忙着悬挂报贴的功夫，奂若亲自领着三位报喜人进入北厢房餐厅。那里已摆好满桌热气腾腾的酒菜。他一边客气地让三人落座，一边表示感谢：三位官人远道而来，一路辛苦了！真是有劳你们了。

领头的报喜人也代表三人再次表示祝贺。然后说：老爷您客气了。能亲自来给您送喜报，是我们这些小人的荣幸啊！估计我们一辈子，也就这一次荣光露脸的机会了。来的路上，我们哥仨还说呢，我们三家这是祖坟上同时冒青烟了吧？咋有如此天大的好事儿降临头上？从接到给老爷您送喜报开始，我们哥仨就激动得睡不着啊。是不是，哥俩个？一边说，一边扭头问另外俩人。

另外俩报喜人忙不迭地呼应：哥您说得太对啦，我现在还高兴得晕晕乎乎分不清南北东西呢。

　　奂若年少就离开龙脊故里，领着俩发小一块儿出去闯荡，见多了社会上的各色人事儿，赶紧再次表示感谢：三位官差确实辛苦了！时近中午，肯定也饿坏了，我们开吃吧？你们也别客气，就像在自己家一样，放开吃喝，如何？说罢，亲自给三人斟满酒，是龙脊古城王氏老酒坊的少康大曲。

　　酒过三巡菜过五味，奂若告诉三位官差：你们千万别客气，慢慢吃喝。我失礼一下，出去催催菜和酒，处理些事情。这里暂时就让家人丰吉照应各位了。抱歉，抱歉啊！说罢拱手出去了。

　　三人也客气地回道：老爷您忙，您忙！

　　奂若来到院内，吹鼓手们还在勉力地鼓吹不止。但奂若看得出来，他们实在是累坏了，正在勉为其难地继续着。于是便适时地叫停了他们，并表示了由衷感谢。然后让一个家人，领他们到南厢房一个饭厅吃饭、休息。

　　奂若招待客人这会儿，正堂里，第一次看到进士报帖的大哥逸庵等，正在好奇地翻看、研究进士及第报帖内容：上面有奂若的姓名、乡贯和三代姓名，还有主考官的姓名等。

　　看见小弟进来，大哥放回报贴，过来亲热地搂着奂若的肩膀，语重心长道：小弟啊，你能有今天的成就，基本上都是你一个人打拼出来的，大哥没能给你啥帮助，不容易啊。只是你们这个武行当，与我们这些酸腐文人不同，职业生涯中多有风险，你要小心从事，不可大意。

　　奂若感受到了大哥的爱护和关心，不禁心里一热，第一次眼里有些湿润。但他啥也没说，只是难得地用力抱了一下大哥的右手臂，算是由衷地表达了兄弟之间的一切深情厚谊。

　　兄弟二人简单交流过后，奂若与大哥道别，然后领着一位双手托着一个装满封银盘子的家人，一起来到吹鼓手们所在的餐厅。再次感谢过大家后，将这些封银全部给他们众人，嘱咐他们自行分掉。

　　早已吃饱喝足的响器班吹鼓手们，千恩万谢喜滋滋地走了。

　　奂若再次和同一个家人来到三个报喜人所在的餐厅时，只见三人正趴在餐桌上打呼噜。奂若示意家人不要打扰他们，而是先出来准备给三人的礼物。计有封银、郭氏绸庄的颍川稠、少康大曲酒等，都是驰名中原的龙脊特产。一式三份，不偏不倚。

　　说来也巧，一切刚准备好，三人中的头头就先醒来，然后唤醒另外二人。

　　奂若适时进来，问他们是否吃好喝好？休息得如何？要不要到南厢房好好睡一觉？

　　三人忙不迭表示：吃得香，喝得好，睡得更好。总之，一切都非常好。说罢，大家都高兴地笑起来。

　　看到主家给准备了那么多礼品，三人有些不好意思地连声道谢。

　　奂若吩咐家人，把同样吃饱喝足的马匹牵到大门口准备好，然后亲自送三人上马，直到看着他们消失在视线尽头，才返回家里。

奂若上任后的同年底，御赐"文官下轿武官下马"碑刻，便立在他龙脊老家的白衣阁宅院大门前。

5

作为雍正皇帝的御前侍卫，奂若几乎天天和这个严谨得有些刻板的皇上在一起。从一开始，皇上需要奂若时，就叫："大个子，过来一下"；后来干脆简称"大个子。"久而久之，奂若也就习惯了。

处理完国家大事小情的闲暇时刻，雍正就主动和奂若聊后者的家世、出身和龙脊一带的风土人情与教化等，算是他在日理万机之中的小憩放松。

当得知奂若出身女真后，雍正帝便不胜感慨地评论道：民族大融合、取长补短互相学习真不错，战国时期赵武灵王的胡服骑射措施，很快就强大了一个赵国。威震天下的大唐皇室，也不是正宗的汉族，他们应该是西戎的后裔，结果把华夏文明推向了极致。我们如今的大清国，也是曾经的边塞化外女真后裔，入关来和久已发达的汉文明等融为一体、共同发展。就说眼前的你吧，如果不是不同民族血统的相互交融，能长这么高、有这样一身好本领吗？名族大融合是大好事儿啊。

奂若点头笑笑，算是回答。他实在不知道该如何接这种话头，也没有如此高深的知识敢接。

当得知奂若少年时即离家外出闯荡，在包括少林寺在内的中岳嵩山一带，拜不同武林高手为师学习武艺、并为此吃了不少苦头，但也确实学到了很多很多在家里学不到的东西时。雍正沉思半晌后道：古人讲，读万卷书不如行万里路，确实如此。我们皇家的孩子，缺乏的就是你这种彻底脱离大家庭的过度呵护、一个人独立在外闯荡历练的机会。温室里长得出栋梁材吗？不可能的。真正的知识，还真在书本里学不来，必须经过江湖风风雨雨的洗礼、尝遍人生的酸甜苦辣，才能真正学到有用的知识并最终成才。

沉思了一会儿，雍正又嘱咐道：大个子，你有机会多和皇子们走动走动。除教他们功夫外，多和他们讲讲你少年时的个人经历，让他们也受受启发。特别是弘历，喜读书爱风雅，但闯荡社会的机会不多，对江湖缺乏了解。

自此以后，奂若便常在自己的业余时间，领着四皇子弘历等，在京城内外各地游玩、教他们习武，并给他们讲自己年少时的趣闻轶事和亲身经历。圆明园、北京西山、十三陵、中南海、皇宫大内、承德、通州、易县等地，都留下了他们的足迹。

接触多了，奂若便常常惊叹于四皇子的聪明和天赋极高的悟性，还有他过目不忘的记忆力。读过的书，他几乎全都记在自己脑子里去了。当然，四皇子的洒脱、善良、宽厚，也让奂若大为惊讶，并常常在心中暗想：这是皇上的亲生儿子吗？两人的性格为何如此迥异？

在雍正帝的诸皇子中，后来的乾隆皇帝弘历理论上排行第四而实为第二子。弘历的二兄弘盼两岁时早殇，未曾与序行次；而与序行次的长兄弘晖、三兄弘昀又先后去世，年长于弘历的只有弘时一人。弘历自幼聪明，五岁就学，过目成诵。

有一天, 奂若和弘历两人话赶话无意间聊到科举考试。因为相处久了, 奂若就很认真地说: 四阿哥, 我常想啊, 像您这样拥有如此惊人的读书和领悟能力, 如果参加科举考试, 头名状元还不非您莫属。

弘历笑笑说: 你说出了我心中隐藏很久的一个秘密。我还真动过心思, 试图乔装打扮参加科考, 看看自己究竟读书读得如何。可惜啊, 生在皇家不自由。你可千万别把这些告诉我皇阿玛啊。

奂若回答说: 皇上夙兴夜寐, 已经够操劳了。这些小事儿, 就没必要去打搅他了。

两人都不知道的是, 早在奂若进宫前五年的雍正元年八月, 雍正就已决定立弘历为继承人了, 并亲书立储密旨藏于镭匣、放在乾清宫"正大光明"匾后。

这样久而久之, 奂若和弘历之间的关系便越加密切, 相互之间几乎无话不谈, 各自在内心将对方视作知己。

因惨烈的皇位之争, 加之雍正上台后对几个皇兄弟的残酷无情打击, 外界对他的评价颇为负面, 这使雍正帝心理压力极大。

另外, 雍正在很多方面颇似曹操曹孟德, 多疑、易怒、自负。而他本人又极要强, 工作起来十分拼命甚至不要命, 自己却没啥业余爱好放松一下。这让他常常吃不香睡不好, 甚至不时担心会有人谋杀他而难以成眠。只有奂若守备在他的寝宫外时, 他才能获得心灵之宁静好好睡上一觉。

也因此, 雍正皇帝不止一次或当着奂若的面, 或在奂若背后对他赞道: 大个子奂若, 就是我的秦琼秦叔宝和尉迟敬德尉迟恭啊!

秦琼, 字叔宝, 齐州历城人。隋末唐初名将。勇武过人, 远近闻名。初仕隋朝, 跟随来护儿、张须陀、裴仁基帐下任职。后投奔瓦岗起义军领袖李密, 瓦岗败亡后投靠郑国王世充。后与程咬金等人一起投奔李渊、李世民父子, 跟随秦王李世民南征北战, 屡立战功, 浑身伤病, 拜左武卫大将军、翼国公。贞观十二年病逝, 追赠为徐州都督、胡国公, 谥号为壮, 列入"凌烟阁二十四功臣"之一。后世与名将尉迟敬德一起, 成为受人尊崇的"门神"。

尉迟敬德, 本名尉迟融, 《新唐书》作尉迟恭, 字敬德。朔州鄯阳县人, 祖籍太安狄那, 鲜卑族。大业末年参与平定高阳民乱, 授朝散大夫。大业十三年跟随刘武周起兵, 担任偏将。武德三年兵败归顺唐朝, 赐名尉迟恭。跟随秦王李世民参与唐初统一战争, 先后平定王世充、窦建德、刘黑闼和徐圆朗等。武德九年参加玄武门之变, 受封右武侯大将军、吴国公。贞观十一年监修洛阳老君山, 拜上柱国、鄂国公。贞观十七年授开府仪同三司, 致仕还家, 不问政务, 名列"凌烟阁二十四功臣"第七名。贞观十九年跟随唐太宗李世民征讨高丽。唐高宗显庆三年去世, 享年七十四岁, 追赠司徒、并州都督, 谥号忠武, 陪葬于昭陵。

奂若离开龙脊赴京前, 大哥私下里专门和他深谈了一晚, 并特别给他讲了年羹

尧的故事，借以提醒他伴君如伴虎、一切小心为上：整整三年前，一人之下万人之上，多年前就被雍亲王无比宠爱、绝对信任的家奴年羹尧，他妹妹还是后来变身雍正皇帝的贵妃娘娘，才气凌厉、军事才能突出、师出屡有功。后来他恃上眷遇，逐渐骄傲自大起来，越来越不知分寸、缺乏敬畏、欺罔僭越、狂悖专擅、忌刻残忍，贪赃枉法。结果在雍正三年十二月十一甲戌日，叱咤一时的年大将军身败名裂被赐自裁，家破人亡。伴君如伴虎，君心最难测。你在万岁身边，一定要吸取年的教训，谨言慎行。另外，你脾气暴躁，这点一定要注意。遇事儿多忍让，少发火。切记切记！

奂若向大哥保证说：放心吧大哥，我一定会记着您的话，多做少说。家里的一切，就有劳您了。

最后，大哥逸庵将一首亲自书写的条幅，送给弟弟奂若，让他以安息在龙脊古城外南边的杨再兴将军为榜样，忠君爱国、保家为民：

商桥忠墓

商桥河畔有忠泉，血战捐躯今古怜。

断镞二升酬主帅，孤坟三尺在荒烟。

黄云故垒丹心炯，暮雨空祠铁骑旋。

筑土重题碑上字，一天秋月照新阡。

乾隆继位之初，大金川日益强盛并兴兵攻打小金川，劫持了土司泽旺及其印信；不久又出兵攻掠革布什札、明正两土司。

为惩治大金川，乾隆特意委任奂若为陕西宁夏府广武游击，到前线针对大金川做各种调查研究、制订对敌战略战术。

奂若领命而去。

广武城位于银川和中卫之间，有"广布武德"之意。始建于明朝正统九年，明成化至弘治年间城池逐步扩大，是宁夏历史上一个很重要的军事要塞。此后两次毁于地震，但鉴于其重要位置，屡废屡建。

几年后，已做好充分准备的乾隆帝调动大军、增兵增饷，进逼莎罗奔老巢勒乌围，后者被迫乞降。

但奂若还没在陕西宁夏府广武游击这个位置上坐稳，就被乾隆调回京城，陪皇帝二下江南。

一下江南时，因风流债及护卫不力，乾隆差点被刺而薨。于是想起父皇时代陪他在京城到处走动的巨人奂若，便将他从广武城召回，并在二下江南时带在身边。

后奂若公因年迈体衰，上表请求致仕还乡，并请皇上赐给他一幅"忍让堂"大字，以便回家后挂在堂屋最显眼处，聊补他及全家对皇上的思念之情；同时经常提醒他收敛自己的脾气，安享晚年。

临别朝堂之即，乾隆皇帝特将先皇雍正用过的一副西洋老花镜赐予奂若，以便他读书写字时用。

奂若感激不尽，千恩万谢辞别万岁而去。

老先生荣归故里后，在龙脊古城小北海南侧偏西的老宅旧址之后，建一"忍让堂"居住、养老。

传到香宅十六世祖时，质莆公将奂若公在白衣阁的这处两进宅院原封不动予以保留，并作为家人居住的最后两个院落。而在其前面新建了三处院落，形成五进院落的大格局。这就是后来龙脊人人皆知的香宅。至于原来的旧名白衣阁，逐渐被人们忘记了。

香宅的家训是：世务耕读，书香绵远。

奂若公仙逝后，乾隆帝特赐虎头金印作为陪葬。

后来的县志和家谱，是这样记载香宅十三世祖奂若公的：

雍正甲辰年入武痒丙午年中举丁未年成武进士殿试时被钦点为御前侍卫乾清门首备后任陕西宁夏府广武游击。

6

奂若公中武进士之后30多年内，龙脊在科举道路上都没有出现符合当地老百姓预期的大斩获，香宅也沉寂了同样久的岁月。

自古以来华夏文化就是这样，乡邻之间平时会像勺子碰锅沿那样，难免会偶尔爆出火花、产生小小的摩擦和冲突，甚至会一时冲动大打出手。但他们对自己出生、成长的这块儿土地，永远都有阳光正面、积极向上的无限期待。而且很多时候，那些他们期待中的好事儿，未必一定希望必须发生在自己或自己家人身上，但只要发生在自己熟悉的这块儿土地上的某个或某些人身上，他们就会由衷地高兴、自豪，就兴奋得不得了。

所谓成功不必在我，就是这个意思。

当年奂若公中武进士，给龙脊人带来的那种节日般欢乐，着实让当地黎民百姓兴奋了好一段时间。

与此同时，大家的心理预期也更高了：下一个进士该出现了吧？龙脊这么好的风水，只出一个咋行？还不趁热打铁，一口气出他三、五个？

何时才出现下一个进士呢？哪家会如此幸运呢？

最好再出个文进士！这样一文一武双进士，多有面子多圆满啊！人人心中都有一种追求完美的潜在意识。

农闲时节，各村各寨村民聚集聊天的场所如石碾旁、庙场、大树下、某家的大门洞内……漫漫冬夜豆腐房热气腾腾的大锅旁、喂养牛马牲口的饲养室火盆周围……人们聚集在那里，不停地讨论、猜猜上述问题的可能答案，并翘首以盼，如久旱盼甘雨般渴望。

小龙脊的乡民，自然倾向于香宅。他们希望并坚信，凭借这个龙脊大宅门近200年的深厚文化底蕴和浓郁书香之气，一定会再出一个甚至多个进士的。尽管其中也有一些人相信，富不过三代；龙脊香宅风水再好，也挡不住风水轮流转的天道

轮回。

香宅还算争气，尽管没马上再出一个进士，但举人、秀才还是颇有几个的。大概是受奂若公的影响和庇护，这些举人和秀才中也有武举，如十五世祖泽远，为雍正癸卯恩科武举，先后担任兵部拣选、督运和守备等职。

但无论如何，在龙脊一带无数人更高的期待中，文举也好武举也罢，都不足以再满足人们已经被高高吊起的胃口，因而也无法掀起更大的波澜了。因为大家所期待的，是进士、文进士，甚至不止一个文进士，而不是举人或秀才。

至于香宅，人们大多会这样评论一下：这家的风水是好，但在奂若公之后，也不过多了几个举人和秀才而已。即便是文、武兼备，谁知道是后人自己的努力呢，还是托了祖宗先人阴德和人情世故关系的福？

也有人这样说：管他如何考中呢，举人和秀才就已经不错了，一个县也没有几个。至少秀才不用当兵打仗，在县衙也不用下跪，还是高大多数人一等。

有更了解香宅和科举制度的某读书人说：龙脊最接近出第二个进士、或第一个文进士的，就是香宅十五世的静菴公了。他是雍正七年己酉拔贡。拔贡比举人地位高而略低于进士，因拔贡是经过会试和廷试合格者方称之，其所走过的程序和进士及状元完全一样。

这个读书人甚至将香宅比做汉末的西豪故里荀家，并赋诗《龙脊香宅》一首道：

高阳才子八龙生，荀氏西豪旧识名。
百里贤人天象著，千秋颍水德星明。
樱桃带雨村村熟，竹树临风面面清。
闲出花郊穷眺望，绿荫深处鸟鸣嘤。

据清代选拔人才制度，由学政于考取一、二等生员即秀才内，依月课、岁试等平时考核成绩，遴选其中文学拔萃、有识见才干者，再访其平日品行、文行兼优者，贡入京师太学，称为拔贡生或简称拔贡。一般每府学二名，州、县学各一名。待会试、廷试及格后，可以充任京官、知县或教职。入选者依成绩优劣分成一、二、三等任用之。初定6年选拔一次，自乾隆七年改为12年一次。雍、乾朝充贡国学选拔最盛。为避免滥竽充数，朝廷屡谕学政，要求严格拣选经明行修、堪备国家任使者，再行朝考复试，精益求精、宁缺毋滥。

边上立即有人向这位读书人叫板说：无论如何接近，也不是进士啊！

大家便都沉默下来，不知如何接话茬继续往下进行了。最后都快快散去。

久而久之只开花不结果，这个话题就变得越来越沉重起来。

三十多年，在那个人类平均寿命不过40来岁的历史时期，已经是很多人大半生甚至一生的时光了。

有资料表明，1700-1800年，地球上全人类平均寿命为35-37岁。清朝人均寿命为男45岁、女50岁，也有资料强调是男31岁、女33岁。总之非常短暂。

正因为如此，人们期待的耐心是很有限的。毕竟很多看客，是无法亲历第二个进士甚至状元的出现了。

如此随着时光流逝，很多人就没了耐心，有人甚至开始消极起来：看来龙脊的好风水开始暗淡了，甚至已经随风而去消失不见了。也就多了几个举子而已，以后恐怕连秀才都没有了。唉……

国运看朝廷，家世看豪门。

作为龙脊首屈一指的大宅门，香宅的一举一动都牵动着龙脊一带黎民百姓的目光。也因此，作为香宅当家人的压力也很大。老百姓关于香宅的各种议论和期待，都会通过众多不同渠道传进当家人的耳中，平添不少烦恼、忧心和压力。

实际上，香宅当家人的压力，主要来自其内心深处的华夏传统文化：自己的所作所为是否对得起列祖列宗？是否能将这个家当好？能多培养出几个光宗耀祖的儿孙吗？

现在，压力传给了香宅第十四世祖五云公、当朝的诰赠奉政大夫。

这段时间，已经告老还乡退居龙脊古城的五云老先生，时常步出香宅，一个人蹀出北城门，前往城外五里河沿岸散步、思考，一个人静静地思考：自己的俩儿子大局已定，无法改变。次子泽远是雍正癸卯恩科科中即武举，长子静菴为雍正七年巳酉拔贡、特简江苏试用知县。这个大家庭未来的希望，应在长子的俩孩子、自己的孙辈藏西和质莆小哥俩身上。至于次子泽远的孩子，和他爹一样，喜欢舞枪弄棒而不喜读书。既然自己已告老还乡，以后就花时间多多栽培藏西和质莆。主意已定，老先生就转身准备回家。

就在这时，河对岸一个老农一边向他招手，一边谦恭地打招呼道：老先生您好啊，能借一步聊聊吗？

五云公和蔼地回道：好啊，没问题！反正我也没啥事儿，那我们就在桥上聊聊吧。

言毕，俩人便各自走向五里河桥。

五里河桥始建于明正统十年，先后重修于明正德九年和万历四年。桥的石缝中有一瓦刀，人伏桥上按之，动摇而不能拔，也算是一奇了。

俩人来到五里河桥上，少不了先是互相寒暄一番。毕竟龙脊自古以来就是礼仪之邦，这些仪式早已深入人心，是必不可少的。

老先生问了老农今年的庄稼长势、去年收成如何、家庭可好之类家常话，然后静等老农的话题。

老农说他来自北边偏西附近的七里头村，并用手朝北偏西那个方向指了指。五云老先生点点头说：知道，那可是古城北边最大的一个村子了，人丁兴旺得很啊。

老农点点头，然后进入他自己的正题：老先生，看您的打扮，不像布衣啊？为何最近一直在这一带转悠？是微服私访体察民情，还是有别的公干？

老先生笑笑道：我也是一介布衣，只不过读过几天圣贤书而已，算是读书的布衣，哈哈哈哈……我来此闲逛、散心。

老农也跟着一起哈哈大笑起来，然后人情十分练达地接道：您真谦虚，读书布衣！读书布衣好啊，既知书达理，又接地气亲近百姓。不知您老听说下面的议论没？

老先生一脸严肃地正色问道：议论？咋说？哪方面的民情？

老农也严肃地说：自香宅之奂若公在雍正五年中武进士后，这么多年过去了，龙脊再没出过一个进士，下边的百姓着急啊。一着急，大家就瞎议论，说啥的都有。但都是关心龙脊和香宅，都是好心啊。

老先生明白了，也大致知道老汉的问题所在了，便问：大家都咋说呢？

老农回道：有积极的，也有消极的。消极的就不说了，免得耽误您老太多时间。积极的是，大家认为龙脊未来还会出进士甚至状元，而且一定是出在香宅，尤其是香宅第十六代传人之中。

老先生来了兴趣，微笑着问：这么肯定。何以见得呢？

老农答道：看遍龙脊书香门第，眼下也唯有香宅家学渊源文化底蕴深厚，恰如当年的西豪荀家。但香宅十四代的五云老先生已经致仕了，他老人家下面的俩公子也已在仕途上，都定型了。所以希望必在十六代子孙身上。

没想到下面对香宅如此了解。老先生兴趣大增，便兴趣盎然地接着问道：那您看香宅十六代中，谁最有希望呢？

老农答：我也是听大家说的。农闲时节，大家集中到七里北大街的庙前闲聊时，有了解香宅的人说，这家十五世静菴公有俩儿子，俱天资聪慧，加之教育有方，都有希望中进士登状元榜。其中尤其是长子，有见过他书法文章者说，少大公子性情稳重，为人恭敬持重，书法敦厚饱满，文章中庸深刻。当然当然，少次公子也不错。真是将门出虎子，书香产状元啊。

老先生微笑着说：听您说话，应该也是读书之人吧？

老农有些不好意思地笑笑，答：小时候读过几年私塾，后来家道中落，不得不辍学务农。

老先生有些遗憾地说：难怪呢，感觉我们是同道嘛。是啊，自古以来，像您这样因家贫无法读书而被埋没隐于乡间之大才，太多了。可惜啊可惜！

老农抬头望向无边的天际，然后幽幽地说：死生有命，富贵在天。人不可与命争啊。

老先生附和道：是啊，谋事在人，成事在天。您的意思我明白了，谢谢您和我聊这些。如果没有别的事儿，老朽我就先告辞了。说罢，朝老农拱拱手。

老农也赶紧弯腰打躬道：多有叨扰，抱歉抱歉。您老走好，我也该回家了。回见！

老先生回道：哪里哪里，和您交流很愉快。回见。

说罢，俩人各自归去。

路过马台附近时，五云老先生不由自主地想起自己现今的心境，便禁不住吟唱《马台书声》道：

> 汉儒台上授忠经，人去台空几易星。
> 帐卷秋风花自绛，佩残晓露草还清。
> 疏林犬吠禅僧院，古道鹃啼逆旅亭。
> 日暮噌吰台下过，令人犹作读书听。

7

目标明确后，香宅第十四世祖五云公对俩孙儿的要求更严了。

老先生每天亲自督导、教授、检查俩人的学业，并以接近周礼的规范，约束二人的行为举止。总之，一切都按先贤的标准，严格衡量、校验、斧正二人的日常生活和学习，该打手板的打手板，该用家法就用家法，一点儿也不含糊。

所谓书香门第、深宅大院，其实都是这样严格督促出来的，而绝非从天上掉下来的。

二人的学习内容，无非是自元代就开始规定的那些科举考试必读书目、即试题范围所在的《四书》和《五经》等这些内容。

《四书》是《大学》《中庸》《论语》和《孟子》四部儒家典籍的合称，《五经》则是指《诗经》《尚书》《礼记》《周易》和《春秋》五部儒家典籍，简称诗、书、礼、易、春秋。

在上述典籍中，哥哥藏西最喜欢《中庸》，弟弟质莆则独迷《周易》。

五云老先生比较开明，他允许孙儿们在上述典籍之外，读一些闲书放松自己。他开列的所谓闲书，包括二十一史，《三国演义》《水浒传》《封神演义》和《聊斋志异》等。

有一天，读到隐居的孔明被刘备的三顾茅庐之请所打动、最终决定出山追随刘备干一番事业、离开卧龙岗前告诉他弟弟诸葛均好好守家，等他帮刘备复兴汉室后，会回来和他再续前缘继续田园生活。结果孔明却最终死在五丈原军前，至死也没能重归卧龙岗继续其田园生活时，质莆问哥哥藏西：孔明为何说话不算话啊？

藏西回道：不但孔明没能如愿重归田园，他弟弟刚开始虽继续留在隆中耕田度日，但后经孔明引荐，也离开隆中到蜀汉出任长水校尉去了。蜀汉灭亡后被迁徙至洛阳，途中病故。也再没回归田园。

爷爷五云在一旁循循善诱启发道：理想与现实总有很大距离，官场更不自由。进入官场后，万事不由人。有言道，"侯门一入深似海，从此萧郎是路人。"庙堂也是如此，且更甚于侯门。等将来长大后，你们才会明白个中真实滋味。

藏西点头道：爷爷说的意思，应该和"忽见陌头杨柳色，悔教夫婿觅封侯"类似吧？官场险恶，岂能尽如人意？

五云老先生频频点头道：心情和感觉确实有得一比。

质莆则颇为不服地说：将来如果我在官场不如意了，会立即辞官还乡，回龙脊来著书立说，了此一生。就像现在的爷爷那样，不亦快哉！

五云老先生吃了一惊，没想到小小年纪的质莆，所思所想却如此刚硬、老道，与其年龄绝不相符。一种隐忧在老先生的心头暗暗滋生出来。为小孙子的前途，需要绵绵春雨般"润物细无声"的耐心引导和教化啊。老先生心中暗道。

想到这，老先生拍拍自己的手掌，对俩扭头看着自己的孙儿说：我们对对子如何？五言、七言、多言等形式多样，不要拘泥于具体哪一种，平仄也不必太苛刻，说出自己的心声就好。唯一要求是，上、下联都要自己一个人完成。

俩人异口同声拍手叫道：好，爷爷您先来。

老先生随口道：

> 人在江湖，几度沉浮求进退

身居庙堂，三起三落又何妨

哥哥藏酉对曰：

> 诗无意境终难雅
>
> 曲载真情方动人

弟弟质莆最后出曰：

> 地面水流曲
>
> 天空云卷舒

老先生又心中暗道，老大还是老大，中规中矩一如平素；老二这孩子似乎更愿意剑走偏锋，真不好琢磨啊。

天气晴好时，老先生会带俩孙儿远足。

一来他相信，破万卷书固然是人生的必修课和立身之本，行万里路也同样重要不可或缺。现场寻幽探古，收获当比书本得来更深入骨髓终生难忘。

鉴于小孙儿质莆喜欢上古奇书《易经》，他决定带兄弟俩去拜谒华夏人文始祖太昊陵。

兄弟二人听说后非常高兴。孩子毕竟是孩子，天性好奇爱玩求新鲜。

次年农历二月初一，老先生让下人提前几天就备好出远门的马车及一应用品，一大早就离开龙脊古城，迎着朝霞出东门"若华初曙"，向东方陈州府的淮宁县境内进发，并准备当晚在那里过夜，第二天刚好赶上绵延数千年而不衰的一年一度太昊陵人文始祖祭祀活动，让孙儿们开开眼界。

一路之上，老先生忙个不停，看见啥就给俩孙儿讲啥：颍水，各种土特产，当地风土人情，三皇五帝……

俩孙儿非常有兴趣地听着爷爷的介绍。

淮宁县古称宛丘、陈、陈州等。清雍正十二年置淮宁县，主要土特产有黄花菜、槐山羊和陈州驴等。

史书记载，伏羲氏教大家捕鱼打猎、饲养牲畜、烤煮食物，并初创婚姻制度，书八卦、制乐器，结束了原始时代的生活方式。大约6500年前，太昊伏羲氏在此定都，创下先天八卦和龙图腾，点燃了华夏文明的圣火。

后人为追念他的功德，尊其为华夏先祖。

太昊陵，即三皇之首太昊伏羲氏的陵庙，被誉为天下第一陵。始建于春秋，增制于盛唐，完善于明清，历经3000年沧桑岁月，历代帝王50余次前来御祭。

太昊陵庙以伏羲先天八卦数理兴建，是中国历史上无数规模宏大的帝王陵庙宫殿式古建筑群中之最独特者，分外城、内城和紫禁城三道皇城。中轴线上的一系列重要建筑包括午朝门、道仪门、先天门、太极门、统天殿、显仁殿、太始门、八卦坛、太昊伏羲陵墓和蓍草园等。

每年农历二月二到三月三，人们都会在太昊陵举办"朝祖进香"庙会，或称"人祖庙会"，当地人称"二月会"。来自华夏各地的无数人涌向太昊陵庙朝圣伏羲。农历每月初一、十五，均有盛大祭祀活动。

太昊陵庙会，也因此成为华夏大地规模最大、单次时间最长、也是最古老的民间庙会。

第二天又是一大早，一行四人赶到太昊陵。但见人山人海、商贩云集、货物琳琅满目、香烟缭绕，好不热闹！

这是藏酉和质莆小兄弟俩第一次见到这么多人，黑压压的一眼望不到边。而且在小哥俩的眼中，前后左右周围全是腿、粗细且长短不一的各种各样的腿，慢慢向前蠕动的无数条腿。

好不容易来到古柏参天的道仪门南侧附近，祖孙三人离开摩肩接踵的青石铺墁主甬道，来到人数较少的中轴线一侧的玉带河畔。此时，小哥俩已是满面通红汗津津的了。爷爷疼爱地望着他们，满眼都是慈祥。

哥哥藏酉问道：爷爷，这座已3000年的陵庙，一直都是这样吗？

爷爷回道：据《陈州府志》记载，春秋始建太昊陵，汉以前有祠，唐太宗诏"禁民刍牧"，五代周世宗显德元年禁民樵采耕犁。宋太祖置守陵户，诏示三年一祭，牲用太牢，造祭器；乾德四年诏立陵庙，置守陵户五，春秋祀以太牢，御书祝版；开宝四年又增守陵户二，以朱襄、昊英配祀。此后，陵与庙祀日见崇隆并有御祭。元朝，祀事不修，庙貌渐毁，至元末荡然无存。明洪武三年，朱元璋访求帝王陵寝，太昊陵列第一；四年，驾幸陈，御制祝文致祭；八年，遣官行视陵寝；九年，复置守陵户。明英宗正统十三年，知州张志道奏立寝殿、廊庑、戟门、厨库、宰牲等房；天顺六年复加修葺，立后殿、钟鼓楼、斋宿房，又建三清观。成化六年增高钟鼓楼、彩绘殿宇。万历四年输币三千金，又大修之。

小哥俩对庙会繁复的朝拜礼仪如各种艺班演出、马戏、梆子戏、龙灯和担经挑等不感兴趣。但藏酉对陵区的众多古柏、古槐、古檀及古碑等颇有留恋。弟弟质莆则在太极坊、两仪门、四象门、三才门、先天八卦坛和蓍草园处流连忘返，一个一个仔细查看、沉思。

等小哥俩看得差不多了，爷爷来到质莆身旁，指着东角门仰观和西角门俯察，告诉哥俩说：传说这两处地方，是当年太昊伏羲氏仰观于天、俯察于地、中观万物之所在。并最终根据观察所得，创立先天八卦，肇始华夏文明。

质莆问道：爷爷，书上讲，东夷族部落首领太昊伏羲氏都宛丘后，尝百草的炎帝神农氏继都之。楚国被秦将白起攻破郢都后，也曾迁都于此。此地历史上曾三次建国，五次建都。淮宁县为何如此重要呢？

爷爷回道：天时地利人和的结果吧。远古时期，一切都全靠人的双手去完成，利用老天爷的天然恩赐也是迫不得已、顺理成章的事情。想完全依靠人类改天换地，一来不符合天道，二来也实在是不容易。包括怀宁和颍川在内的中原一带，属淮河水系，河道沟渠发达，沃野千里，更容易耕种，出产较多可以养活很多人。所以华夏文明源自中原一带。

因俩孙儿希望多在这里看看，爷爷就陪他们在这里盘桓了三天。

小兄弟二人大喜。

其中的质莆，将大部分时间花在与伏羲八卦有关的古迹上面。此后长大成人及致仕回归龙脊后，他又多次前来这里观察、思考伏羲八卦之奥妙。这是后话。

8

颍川龙脊古城的南邻，是历史同样悠久、文化底蕴深厚的郾城。其境内有属于沙颍水系的沙河，沙河之东有召陵保。

在华夏文明之光初现时，轩辕黄帝的元妃嫘祖，又名累祖，就在这一带活动。《史记·五帝本纪》载：

黄帝居轩辕之丘，而娶于西陵之女，是为嫘祖。嫘祖为黄帝正妃。

神话传说中，把嫘祖当作养蚕缫丝方法的创造者。北周以后被祀为先蚕即蚕神。唐代著名韬略家、《长短经》作者、大诗人李白的老师赵蕤所题唐《嫘祖圣地》碑文称：

嫘祖首创种桑养蚕之法，抽丝编绢之术，谏诤黄帝，旨定农桑，法制衣裳，兴嫁娶，尚礼仪，架宫室，奠国基，统一中原，弼政之功，殁世不忘。是以尊为先蚕。

北宋建隆元年疏文称嫘祖：

教民养蚕治丝，无须树叶蔽体；令地产桑育蚁，遂教人力回天。脱渔猎以事农耕，制衣裳而兴教化。德配黄帝，辅成怀柔统一之功；恩重元孔，垂教以农立国之本。几千年来，芸芸众生，悉赖生存，数千万泱泱民众，咸归德化。功高共日月同辉，英灵与天地共寿。

嫘祖促成西陵内部联盟和西蜀部落联盟，并与黄帝联手，实现部族大联盟。她还辅弼黄帝，联盟炎帝榆罔东进中原、战败蚩尤、统一万邦，从而成为奠定华夏立国基础的伟大政治家之一。

嫘祖还是教民养蚕、丝织、制衣、开创并推进上古文明的早期教育家之一。嫘祖生二子，她和轩辕把长子青阳降居江水、次子昌意降居若水接受艰苦磨炼，让能担当大任之孙颛顼继承黄帝位。

嫘祖也是识大体、大爱无私的贤妻圣母，为万世母师。她还提倡婚娶相媒，缔结对偶婚姻，进行人伦教化。她和炎帝及黄帝，都是伟大的发明家、政治家和军事家。

西陵即颍川郡南部之西平。《水经注》载，西平县，故柏国也，《春秋左传》所谓江、黄、道、柏方睦于齐也。汉曰西平。其西吕墟，即西陵亭也。西陵平夷，故曰西平。

西汉时西平县属汝南郡，这在《汉书·地理志》中汝南郡条下有明文记载。西汉以后，这里又设置西陵乡、西陵亭等与西陵相关的地名。总之，西汉前期和西汉以前，西平一带称西陵；西陵之名源于远古时期的西陵氏部族，即嫘祖故乡。西陵与黄帝故里新郑相近，所以二人能够结识、合作、相伴，并共同努力将华夏文明发扬光大。宋朝高承的《事物纪原》云：黄帝初有元妃嫘祖、次妃嫫姆、泊形鱼氏和方雷氏。宋朝张君房的《云笈七签》、罗泌的《路史》等书中，亦有黄帝元妃为嫘姓之言，说明嫘祖为黄帝的第一位妻子。原始社会交通极为不便，到处是未曾开发的山林沼泽荒原野地。这一现实自然条件，决定了远古部族之间相互交往存在一定地域局限性，地缘临近应该是远古部族之间进行通婚的重要条件之一。

《史记·五帝本纪》载，黄帝娶嫘祖之时，居于"轩辕之丘"。这说明，西陵氏部族应该距轩辕丘不是太远。

召陵保则在西陵之北、颍川之南。

战国时，魏国想拥有"号召天下之高地"，于是在郾城建召陵邑，自此出现召陵这一地名。秦统一中国实行郡县制后，召陵升格为县。

两晋时召陵县属颍川郡，隋、唐置郾城县，召陵县划入。

召陵有许慎故居和长眠地，是颍川及其周围一带读书人无法忽略之圣地。每次春、秋闱等科举考试前，学子们都会前来朝圣许叔重许先生。甚至附近一些幼童入学前，长辈们也会带他们前来祭拜这位被誉为汉字词典鼻祖的圣人，以求沾点灵气，学业精进、金榜题名，未来有个大好前程。

此刻，一辆和同年年初东去太昊陵完全一样的马车载着同样四人，行走在龙脊古城南去召陵的千年官路上。这天一大早，他们一行出南门"颍阳保障"向召陵进发。

只是季节已发生转换。年初的寒冷及银装素裹，如今已被和煦的春风所代替；官路两旁曾经光秃秃的杨柳已披上嫩绿，至于平展展田野中的麦苗，已经碧如翡翠、绿毯了。

五云老先生被周围环境所感染，即兴赋诗一首曰：

> 春阳朝成霁，南廓跻崇冈。
> 崇冈厌虚室，芬葍杂野芳。
> 中有研精人，先天究义皇。
> 顷耳契泉声，举目属山光。
> 潜心良在兹，将以达岩廊。

春光明媚春风和煦的天气，让大家觉得暖洋洋的十分惬意，并因此心情大好。从离开香宅坐上马车开始，五云老先生就开始滔滔不绝地向俩孙儿介绍召陵一带的历史、文化等方方面面的传说、典故，为的是到现场前，就让他们有个进一步现场膜拜、学习、考察的基础知识。

秦始皇用武力统一了中国大地。

召陵人许慎，则用一部书"统一"了中国文字；确切地说，是许慎规范了汉字的形、音、义，也规范了华夏文化的框架。从这种意义上讲，许叔重足以与始皇帝平起平坐相提并论。

一个民族的文化和文明，远比这个国家的政体和党派重要得多得多，其影响和生命力，也较后者强大并长久得多得多。一个王朝或党派没有了或被另一个新的政体取代了，自然会有另一个新的王朝出现；而一个民族的文字、文化或文明如果没了，这个民族就彻底消失不见了。

召陵历史悠久人文积淀深厚，传说其境内及附近的沙河与澧河，早在华夏人文始祖黄帝时期，即是西陵氏之女、后来轩辕黄帝元妃嫘祖，从南部西陵北上来此实验养蚕之地，并最终成功发明了养蚕技术，史称始蚕，影响天下数千年之久，至今不衰。也因此有了我们龙脊如今颇受世人喜爱的颍川绸。

藏西忍不住插话道：不好意思爷爷，打断一下。您说的嫘祖，是不是《山海经》中提到的雷祖？

爷爷高兴地回道：是的。我们还是老规矩，你们随时可以打断我，有问题随时提问，我也会很高兴地及时回答你们的问题。

然后，老先生继续他关于召陵一带人文历史的介绍。

春秋时，齐桓公率八国之师伐楚，最终订立史上有名的"召陵之盟"，其故址即在现今召陵西北隅之召陵故城遗址。

齐桓公的"召陵之盟"，是"召陵"这一地名的最早文字记载，也是华夏中原诸侯第一次联合抗楚，其结果是迫使楚国暂时中止向中原扩张的步伐。《春秋左传》记载："（齐僖公）四年春，齐侯以诸侯之师侵蔡，蔡溃。遂伐楚……师进，次于陉。夏，楚子使屈完如师。师退，次于召陵。齐侯陈诸侯之师，与屈完乘而观之……屈完及诸侯盟。"

齐桓公率领诸侯伐楚的原因，与地处中原的诸侯小国蔡国的一个美女有关。《史记·卷三十二》齐太公世家载，（齐桓公）二十九年，桓公与夫人蔡姬戏船中。蔡姬习水，荡公，公惧，止之，不止，出船，怒，归蔡姬，弗绝。蔡亦怒，嫁其女。桓公闻而怒，兴师往伐。三十年春，齐桓公率诸侯伐蔡，蔡溃。遂伐楚。

《郾城县志》载：召陵寨南门外路东有平台，高丈余，周围二十五丈。士人曰：齐桓将台。

齐桓公之所以率诸侯联军驻军召陵并在召陵与楚国签订盟约，有以下几个原因：一是召陵当时位于纵贯华夏南北的古老官路上，这里既是齐国及其联军南下的近道，也是楚国防御的薄弱地带；走许州到舞阳的官路，则要面对楚国的长城方城，那里易守难攻鲜有胜算。其次，召陵为丘陵高地，向南去依次是平原和沼泽鸿隙坡（后来的老王坡），地势险要、易守难攻。三是召陵岗为当地海拔最高的地方、相对高度也属之最，周围其余地方多沼泽湿地、难以展开布置。召陵当时属蔡国，位居中原诸侯国与南方强国楚国之间，为当时两大战争集团的缓冲地带。第四是古人有高地结盟的习惯，认为高处距离上天近，容易上告于天。召陵岗周围为平原，在平原之上突兀而起的召陵岗上结盟言和，能够起到登高远望、镇抚远夷的作用。

齐桓公早已探知楚国的方城及汉水之固，且楚军早有准备，于是把军队撤到召陵以防不测。楚国见诸侯联军强大，就派大臣屈完到召陵与齐国宰相管仲谈判，最终以齐、楚双方结盟而和平解决。

蔡姬是蔡穆侯的妹妹。春秋时期，蔡国是夹在齐、楚两个大国之间的小国，不得不在夹缝中生存。齐桓公为"春秋五霸"之一，蔡穆侯为祈求"老大"之庇护，于是将自己的妹妹蔡姬嫁给齐桓公。这时齐桓公已先后娶王姬和徐姬二人，但都无子早逝。"春秋五霸"之首的齐桓公，因首倡"尊周攘夷"和"九合诸侯"而享誉史册，更以"召陵之盟"奠定了其霸主地位，同时达到其人生权力和威望之巅峰。

"召陵之盟"约160年后的鲁定公十四年阳春三月，春光明媚，气候宜人。在这个本来应心情舒畅的季节，孔子却不得不离开生他养他的父母之邦，外出寻找传播自己理论主张和施展自己治国才干的机会。"沂水清波濯吾缨，浩歌一曲伊人行。"在众弟子簇拥下，孔子开始了为期约14年的周游列国生涯。

　　孔子他们从鲁国出发，先后走访了当时的卫国、曹国、宋国、齐国、郑国、晋国、陈国、蔡国和楚国等，大致路线相当于现如今的曲阜－菏泽－长垣－商丘－夏邑－淮阳－周口－上蔡－罗山一线，然后原路返回鲁国。

　　鲁哀公二年，58岁的孔子离开卫国，经曹、宋、郑至陈国，并在陈国住了三年。吴攻陈，兵荒马乱，孔子便带弟子离开。楚国人听说孔子到了陈、蔡交界处，便派人去迎接孔子。陈、蔡两国的大夫们知道挑剔的孔子对他们的所作所为不满，担心孔子到楚国被重用后对他们不利，便派服劳役的不开化粗鲁愚民将孔子师徒围困在半道；前不着村后不靠店，所带粮食吃完，孔子一行被迫绝粮7日；最后还是子贡找到楚国人派兵迎孔子，孔子师徒才免于一死。孔子64岁时又回到卫国，68岁时在其弟子冉求努力沟通斡旋下被迎回鲁国，但仍被敬而不用。

　　从55岁到68岁，孔子带着他的若干亲近弟子，用了十几年时间在鲁国周边游历，其中绝大多数是处于边缘末流的小国。与孔子此次周游有关的楚国确实是大国，但孔子只到了楚国的边境，并没有进入其腹地。孔子曾打算西去晋国，但由于时局不好，结果只在黄河边上发出如下感慨："美哉！水洋洋乎，丘之不济，命也夫！"最终连黄河也没过。

　　孔子周游列国到陈、蔡时曾来到召陵。如今这里有个叫归村的寨子，即是孔子思归处。春秋时期，孔子带领他的学生们到各诸侯国游学。因孔子的观念在当时那个乱世难以践行，因而在各国普遍受到冷遇。一次孔子与众弟子走散，便一个人待在东门旁发呆。

　　其弟子子贡向郑国人打探、寻找孔子在何处？

　　郑国人回答说，东门洞有个老头子，像条丧家之狗在发呆，或许就是你要找的啥孔子吧。

　　师徒这才会聚一处。

　　顺治十一年十一月，郾城知县荆其惇为纪念孔子陈、蔡之行，在归村寨西门内孔庙中，立《孔子归村遗迹碑记》一通。绞龙碑头，赑屃座底。

　　是夜，一行人借宿在彼岸寺客房中。龙脊古城的小兄弟俩，得以充分在此感受佛家世界的清幽宁静、古柏的郁郁葱葱，和一缕缕浓浓的香火气息，并仔细揣摩彼岸寺碑刻上的书法精品艺术等历史文化。

9

　　第二天一大早，用过古刹内清淡爽口的斋饭，一行人又开始了在郾城境内的寻幽访古、观察学习行程。

　　主讲人，还是五云老先生。

　　战国时期，召陵一带是楚、魏两个大国之间的边境线。总之，后来的字圣许叔重在颍川之召陵出世前，召陵几乎一直是诸侯国之间的边境重镇甚至前哨阵地，地理位置十分重要。

质莆忍不住打断爷爷道：这么历史悠久的地方，名人应该不少吧？

爷爷高兴地答道：此言不虚。古人说地灵人杰，确实如此。古颍，中州名邑也。召陵是颍川古郡的一部分，至少曾经几度如此。东汉及三国时颍川就人才辈出多如星辰，何况后来呢。

然后，老先生继续介绍今天的主角许慎。

许慎字叔重，东汉召陵人，性质朴厚重。经学大师马融非常推崇敬重他。时人都说，在五经《周易》《尚书》《诗经》《礼记》和《春秋》的研究上，没人能超过许慎。

初入仕途的许慎，曾担任郡功曹，后举为孝廉，又成为洨地长官。曾为太尉南阁祭酒，后任五经博士、校书东观。

许慎发现各家对《五经》的解说褒贬不一、混乱不堪，于是作《五经异义》以正视听。

东汉永元十二年，许慎以太尉南阁祭酒校书东观，并初步完成《说文解字》。为令其更加完善，许慎不断将新发现和各种心得补充进去。直到建光元年，许慎才最后将《说文解字》写成定稿并献于朝廷。其对待学问之精细认真，由此可见一斑。

此后，许慎就在家乡及附近村庄授经教书。后病重之时，遣子冲献书于帝。建和元年因病去世，葬颍川郾城县姬石乡许庄村东。墓高十有五尺，径四十有八尺。

《说文解字》是许慎一生最经心之作，前后花费了他半生的心血。鉴于许慎对汉语文字学做出的不朽贡献，后人尊称他为字圣。

除《说文解字》外，许慎还著有《淮南鸿烈解诂》《五经异义》等书。后者是其通经之作，刊正了五经中的混乱，充分体现了其正经的时代感，对后世经学发展产生了重大影响。

许慎推崇古文经书和古文经学。他在《说文解字》中提到和引用的参考文献，主要以古文经学著作为主。他曾多次追随著名古文经学家贾逵学习古文经学，并多次提到《说文解字》曾得到老师贾逵的审阅和指导。

许慎认为，文字从起源到汉代通行的隶书，经历了从战国古文到秦代小篆、再到汉代隶书的形体演化这样一个漫长的发展时期。

《说文解字》是中国第一部分析字形、辨识声读和解说字义的字典。其中收录文字 9353 个，重文 1163 个，共 10516 字。均按 540 个部首排列，开创了部首检字的先河。其以六书进行字形分析，比较系统地建立了分析文字理论，同时保存了大部分先秦字体和汉代的文字训诂，反映了上古时代汉语词汇之面貌。

许慎墓位于召陵许庄村东土岗上，村内多为许慎后裔。

至清，岁以仲月后六丁之日，县令、学官等到许夫子墓前致祭，行一跪三叩礼。顺治十三年，郾城知县荆其惇重修墓碑；康熙四十六年，郾城知县温德裕立"孝廉许公之墓"碑……

许慎祠位于许庄村北。县城内有清代山东东阿周世臣建的"许南阁祠"，内设"太尉南阁祭酒讳许慎字叔重之位"。庭院两边各立一块石碑，分别记述当年建造及修缮情形。大厅正中"文化宗师"匾额下，许慎的画像前摆着先生的牌位，两边陈列着后世研究《说文解字》的相关资料。

瞻拜完许圣人，一行人前往裴城村瞻仰《重修裴晋公祠记》碑和《重修裴晋公祠宇记》碑，同时学习其碑刻书法艺术。

这两通石碑，是明代官府为纪念裴度、彰显裴度伐蔡之历史功绩，重修裴晋公祠的记事碑。明代文学家、教育家、书法家、礼部尚书邵宝，当年在河南任职时，亲自撰文《裴晋公祠碑》和《天宝宫碑》。

裴城村有唐朝开始形成的官路，还有一座与官路相配套的驿站。

唐元和元年即丙戌狗年，淮西节度使吴少阳之子吴元济拥兵叛乱。乱军行至此地，烧杀抢掠，无恶不作，当地百姓深受其害。时任宰相的裴度挺身而出，率兵来此镇压叛乱并驻村，其秋毫无犯的亲民之举深受当地百姓爱戴。后人为纪念他，便将村名由郾城洄曲村改为裴城村。

后世中学课本中的《李朔雪夜入蔡州》，讲的就是这件事。

《重修裴晋公祠记》碑通高4.52米；碑额高1.17米，宽1米，厚0.34米；碑身高2.75米，宽1米，厚0.32米。《重修裴晋公祠宇记》碑通高4.15米；碑额高1.11米，宽0.9米，厚0.3米；碑身高2.53米，宽0.86米。碑文详细记载了唐元和九年至十二年，淮西节度使吴少阳之子割据蔡州叛乱和裴度伐蔡的历史事实，记载了后人为纪念裴度所建祠宇的兴废过程以及后人拜祭裴度之事。

碑文雕刻刚劲有力，龙形碑额、龟形碑座的雕刻线条流畅、栩栩如生，对研究当时书法及雕刻艺术，有很高参考价值。

明代文人谢公翼对郾城八景之一的"裴城夜雨"这样描写道：

秋雨疏林暗古城，草堂留客对棋枰。

一行雁度长空里，疑是当年入蔡声。

宋代著名诗人、"苏门四学士"中辞世最晚、受唐音影响最深的作家张耒，人称张右史，又因其晚年居陈、陈地古名宛丘，所以人亦称其宛丘先生。因其仪观甚伟，魁梧逾常，所以人复称其"肥仙"。他在其《偶成题裴晋公祠》一诗中赞裴度道：

独持将钺静氛妖，后世英名日月昭。

善听圣君非易遇，将亡凶竖不难枭。

悲风蔓草移今古，野殿空庭锁寂寥。

更有从军老司马，铭功文字配咸韶。

裴度，字中立，汉族，河东闻喜人。唐中期杰出政治家、文学家。出身河东裴氏东眷房，唐德宗贞元五年进士，唐宪宗时累迁御史中丞。因支持宪宗削藩，与宰相武元衡均遇刺；其中武元衡遇害不治，裴度亦伤首。旋即代武元衡为相。后亲自出镇、督统诸将平定淮西之乱，以功封晋国公，世称"裴晋公"。此后历仕穆宗、敬宗和文宗三朝，数度出镇拜相。晚年随世俗沉浮，以求避祸，官终中书令。开成四年去世，年七十五。获赠太傅，谥号"文忠"；会昌元年加赠太师，后配享宪宗

庙廷。

裴度坚持正道，辅佐宪宗实现"元和中兴"。为将为相20余年，荐引李德裕、李宗闵和韩愈等名士，重用李光颜、李愬等名将，还保护刘禹锡等人。史称其"出入中外，以身系国之安危、时之轻重者二十年"，被时人比作郭子仪。

在文学上，裴度主张"不诡其词而词自丽，不异其理而理自新"，反对在古文写作上追求奇诡。他对文士多所提掖，颇受时人敬重。晚年留守东都时，与白居易和刘禹锡等唱酬甚密，为洛阳文事活动的中心人物之一。有文集二卷，《全唐文》及《全唐诗》等录其诗文。

《资治通鉴·唐记》载：唐元和九年，彰义军淮西节度使吴少阳死，其子吴元济匿丧不报，自领军务。因其要求承继父位未遂，便纵兵作乱，焚掠舞阳、叶县等地，割据蔡州，威胁东都洛阳。

从元和九年至元和十二年，李光颜、乌重胤等诸将屡奏捷报。但唐军征讨淮西4年，朝廷难以支付粮饷。而诸将彼此观望，轻忽剿寇，收获甚微。宪宗也以此为忧。宰相李逢吉、王涯等人以劳损军力、耗费财赋为由，奉劝宪宗罢兵班师。

裴度在旁缄默不语。宪宗向他征询意见，裴度回答：臣请求亲自督战。

次日，在延英殿重议此事。待李逢吉等人出殿后，宪宗单独留下裴度，问他说：卿确能替朕出巡吗？

裴度匍伏流泪说：臣与此贼誓不两全！宪宗为之动容。

八月，裴度以门下侍郎、同中书门下平章事、蔡州刺史之职，任彰义军节度使及申、光、蔡州观察使，兼任淮西宣慰招讨处置使。

顾忌淮西行营都统、宣武军节度使韩弘颜面，裴度不愿加"招讨"之名，请求只称"宣慰处置使"。又请求将"改弦更张"改为"暂停枢衡"，将"烦劳宰相"改为"授以成谋"。他因此行既兼招抚，因此请求将"剪除"改为"革心"。宪宗一一予以采纳。

裴度又委任刑部侍郎马总为宣慰副使，太子右庶子韩愈为行军司马，司勋员外郎李正封、都官员外郎冯宿、礼部员外郎李宗闵等人任判官及书记等职。

同年八月初三，裴度前往淮西。宪宗诏令神策军派三百名骑士随从护卫，并亲至通化门慰问勉励。

裴度在城楼下含泪辞别。宪宗赐给他帝王佩用的通天犀角腰带。

裴度名义上是宣抚使，实际上行使元帅职权，并以郾城为官署所在地。

宪宗因李逢吉与裴度不和，于是将李罢相，外调为剑南东川节度使。

裴度离京后，淮西行营大将李光颜、乌重胤对监军梁守谦说：如果裴度来建立了军功，会对我们不利。当迅疾出战，先行立功。便在八月六日率军出战，但败于贾店。

同月二十七日，裴度到达郾城，立即巡抚诸军，宣达圣旨，士气倍增。当时诸道兵都有宦官监阵，致使"进退不由主将，战胜则先使献捷，偶创则凌挫百端"。裴度于是罢中使监军，归兵权于将帅，颇得军心。

由于裴度军法严肃、号令划一，因此捷报频传。裴度派使者入蔡州劝降，吴元济拒降。

十月十一日，李愬雪夜袭破悬瓠城，擒获吴元济。

裴度先派宣慰副使马总入城安抚。

次日，裴度执持彰义军使符节，带领洄曲投降的士卒万人，相继进往。李愬身着戎装以军礼迎接裴度，并在路旁拜见。

此前吴元济颁布法令：路途上不许相对密谈；夜晚不得燃用火烛；有以酒食相交往的人，按军法论处。

裴度却减省刑法：除盗贼斗杀外，其余旧法一概取消；相互往来，不再以白天、夜晚作为限制。

直到这时，归降朝廷的蔡州人才真正享有人生之自由、欢乐。

10

次日一大早，一行人前往位于城隍庙东、坐北朝南且与城隍庙东西并列比邻而居的舞阳开元寺瞻拜，并比较其与大陵开元寺的优劣。

舞阳开元寺创建于唐开元年间，明代重建，清代又修。有山门，抱厦，拜殿，大殿，钟鼓楼，地藏殿，大悲阁，君殿，寝宫和厢房等建筑。

其中大殿面阔五间，进深三间，单檐悬山式灰瓦顶。檐下置五踩重昂计心造斗拱，琴面昂，昂嘴较扁瘦，具明代建筑特征。殿内前金柱为石雕龙柱，下为素面覆盆式柱础，直径 1.1 米。

位于大殿前的拜殿面阔五间，进深二间，卷棚灰瓦顶，圆宝脊。

明代诗人李昌祺在其《宿舞阳开元寺》五言律诗中唱道：

> 驱车巡郡邑，夜夜宿僧房。
> 窗掩芭蕉雨，钟敲薜荔霜。
> 一灯千虑集，孤枕五更长。
> 无补惟宜退，先茔有草堂。

开元寺西侧，就是位于舞阳县城西大街北侧的舞阳城隍庙。据《舞阳县志》及相关碑刻记载，城隍庙始建于元，由达鲁花赤按摊不花创建于元至大四年，为祭祀城隍而建庙，故名。明洪武九年再次进行大规模修建，主题建筑包括皆面阔五间的大殿、拜殿、寝宫、后殿、厢房、廊房和左右配殿等。

城隍是中国宗教文化中普遍崇祀的重要神祇，大多由有功于地方民众的名臣英雄充当，是中国民间和道教所信奉的守护城池之神。

城隍为《周官》八神之一。"城"原指土筑的高墙，"隍"原指没有水的护城壕。古人为保护城内百姓安全，便修了高大的城墙、城楼及城壕。他们认为与人们的日常生活和生产安全密切相关的所有事物，都有神祇存在，都值得人们祭祀和敬畏。

于是，城和隍便被神化为城池和百姓的保护神，但凡有城池就应该有城隍庙。

道教也把城隍纳入自己的神系，并称它们是剪恶除凶、护国保邦之神，同时掌管阴间的亡魂。

最早的城隍庙见于三国吴赤乌二年建的芜湖城隍庙。宋代以后，城隍开始人格化，群众多把去世后的英雄或名臣奉为城隍神，如苏州祀战国四君子或四公子之一的春申君黄歇，上海祀秦裕伯，北京祀文天祥、杨椒山，杭州祀周新，会稽祀庞王，南宁、桂林祀苏缄等。

建于元代的颍川舞阳城隍到底奉的是哪位英雄或名臣？已无从考证。但对于普通百姓而言，究竟是谁并不重要，只要城隍爷能保佑人间风调雨顺五谷丰登、黎民百姓不饿肚子就可以了。

舞阳城隍庙也坐北朝南，主体建筑有拜殿、威灵殿、钟鼓楼、寝宫、前有东西厢房、后有东西耳房等，是我国北方地区规模较大，保存最为完整的古城隍庙建筑。

庙前有一座过门石牌坊，匾额上书"不由人算"四个大字，匾额之下有一石刻算盘模型。

牌坊后有山门五间，分上下两层；上层为戏楼，下层为过庭。过了山门是拜殿，拜殿前东西两侧各有厢房六间；西厢房北建有钟楼，东厢房北建有鼓楼。拜殿整体采用木框架结构，由16根木柱支撑，其中雕梁画栋，四周饰以斗拱。

拜殿面阔五间，进深三间，为悬山顶殿堂建筑。拜殿后是面阔五间、进深三间的大殿，为悬山顶建筑；殿内塑城隍及二夫人像，厢房内塑十二生肖。再往后是城隍爷的寝宫，寝宫前有东西厢房各三间。在大殿东西两边，各有配殿及道院。

威灵殿内供奉的主神为城隍神，又叫城隍爷。身着官服的城隍爷正襟危坐怒目圆睁俯视着芸芸众生，有灭尽天下一切邪恶之势。城隍爷左侧站立的为阴间主管户籍之神阴司，右侧为拘捕死者灵魂之神判官。

钟鼓楼是寺庙内僧道起居及进行佛事活动时所敲打的乐器，同时用来为城内及周围居民报道时辰，即古人常说的晨钟暮鼓。

值得一提的是，后世大名鼎鼎的范文澜、姚雪垠和吴祖贻等，曾先后在此开展过革命活动。这是后话。

从城隍庙出来，爷孙三人又站在高高突兀于地平线之上的简城高楼上，透过顶层的窗户俯瞰周围青烟袅袅的大地，来了个"极目楚天阔"。

居高临下、俯视周围的古老大地，五云老先生不胜感慨，关于人生、机遇、生死等等。

简城高楼又名望京楼。清雍正年间，大地主孙永信据此有利地势起家，聚良田数千顷，并建四层高楼二座。建筑面阔三间，高约17米，兼有居住和防盗功能。墙体由青砖加江米汁和石灰砌成，厚80厘米。最下面第一层为石砌结构的地下室，不设门窗，内存生石灰；二、三层为砖石结构的住室，有台阶17级，进楼需拾级而上；第四层为内坯外砖结构。其中的二、三和四层，每层前边即南面和一侧设有小窗，有瞭望防御功能。

拾级而上，二楼正上方的拱券门上有青石横额书"花萼相辉"四字。横额周围刻花草、波涛、鲤鱼跳龙门等图案，登楼远眺南北，汝、沙二水环前绕后，西望山峦起伏，村庄星罗棋布，阡陌纵横，尽收眼底。

中国的传统古建筑，往往由一条正脊和四条垂脊组成，统称五脊。五脊之上安放有六种人造的瑞兽，合称"五脊六兽"。

站在上面，可以看到这片古老大地尚存的东不羹城遗址、简襄王城遗址、章化寺龙山文化遗址、汉代魏楼古墓群等先贤文化古迹。

据《重修龙光庵碑》载：舞邑城北60里许，乃前代楝襄王乐其山环水绕地势高耸建都之城也。战国时期，楚楝襄王曾在此筑城建都，故名简（楝）城。

当地土著告诉五云先生一行，高楼的主人孙永信为人正直善良，他开荒垦殖，种杉插竹，努力耕作，勤俭节约。积累了一笔资金后，他靠自己的聪明和魄力，先后置办了大片田地，每年收取大量田租。几年间，孙家便资产丰殷富极一方，在当地声望很高。

那时，附近一带土匪盗贼猖獗。为纳祥避邪、守住财产，并使家庭兴旺、福庇平安，孙永信决定建两座坚固的民居给俩儿子。经过两年建设，两幢高楼竣工，取名为"花萼相辉"，寓意让俩儿子相互支持、共建家园。

后来，俩儿子外出经商一直未归。

当地土著说：当时可阔气了！想当年马跑一天，吃的还是孙家地里的草。当年每遇匪患，全村人都躲到高楼内避祸。由于楼内防盗设施齐全，厚达82厘米的楼墙坚固，且楼里备了许多御敌用的石块、土枪、土炮，土匪到了这里，每次都无功而返。

是夜，一行人借宿在舞阳之开元寺内。他们一面借助烛火拜读明代诗人李昌祺的《宿舞阳开元寺》五言律诗，一面亲身体验诗人当时所处的环境、感悟诗人的心得体会。

11

次日，他们的行程内容有了较大变化。

为培养孩子们的家国精神、阳刚之气。一行人先后拜谒了附近的樊哙墓、北宋平西王狄青墓和狄青湖等。

北宋仁宗年间，南蛮王在舞阳城南王岭一带兴兵作乱。仁宗传旨，命平西王狄青挂帅南征。狄青带兵10万，与蛮王数次交战皆败。

一日，侍女素娟进帐献茶。见狄青愁眉双锁、面色凝重，便近前关切地说：王爷如此愁闷、茶饭不用，如此下去怎能出兵打仗？我虽为奴婢，也深知该为主子分忧。王爷若能说明内心烦闷之事，我虽不能出谋献策，但总可以为王爷说几句宽心话吧？

狄青说：两个月来，我带领大军与蛮王连打数仗，皆不获胜。实在愧对圣上期待，更有愧于列祖列宗。

素娟听毕，沉思片刻道：奴有一计不知是否可行？

已是坐困愁城的狄青道：不妨说来一听。

素娟回说：知己知彼，百战百胜。明日交战时，请把奴婢丢到战场，待我进入蛮营探明敌情，或能助王爷一臂之力。

早已江郎才尽黔驴技穷走投无路的狄青，暂无其它计策可用，只好依计而行。

次日，狄青与蛮王交战时诈败，把素娟丢在蛮王追击的大道旁。

连战连胜的蛮王心情大好，警惕性便很低。见一民女在道旁哭泣，便主动上前问缘由。

素娟称自己因兵荒马乱无家可归，只好在此悲叹自己命运不济、悲泣不已。

蛮王见素娟很有几分姿色，便动了心并将她带回蛮营，不久便立为王妃。

此事传到汴京城内，一时惹得众说纷纭。有的说狄青降蛮，并把女儿送给蛮王做了王妃。

仁宗勃然大怒，派杨文广到舞阳捉拿狄青问罪。杨文广血气方刚，到舞阳县城抓住狄青捆绑在马尾巴上，就向东北京城方向而去；一直把狄青的人头拖掉才停下，最后带着狄青的人头回朝交旨。

后来蛮王被捉，方知狄青蒙冤。

仁宗为给狄青平反，下旨把舞阳城北门命名为狄青门。同时在拖掉狄青人头的地方修起一座墓冢，这就是舞阳狄青墓。

狄青墓高约 7 米，最大直径 70 米，墓前有享堂及石刻造像等建筑。

狄青湖原为一无名湖泊。北宋仁宗宝元年间，党项族首领元昊称帝，建立大夏国，并屡屡侵犯宋朝。

于是，宋仁宗派韩琦、范仲淹领兵讨伐，并从京师卫士中挑选一部分人充实队伍，当时身为皇室侍卫的狄青也被挑中。

狄青在战场上骁勇善战、屡立战功，很快被提升为枢密副使回京入朝。狄青带领一队人马自西北边城经洛阳回东京开封，途经舞阳时路过一座白马寺。此处台地高近丈，四通八达。东面不远处有一大湖，湖中碧水清澈、浮萍菱叶、水藻连片；岸边水草丛生，绿树茂盛。

狄青见此地适合大队人马休整，便在白马寺住下来。一连数日，狄青都去湖中饮马。后来，人们就把狄青饮马的湖叫作狄青湖。

狄青湖逐渐有了名气后，一些文人便围绕该湖做起文章，并有了狄青湖铜底铁帮、岸上长有一百一十三棵杨、头天晚上掉进湖里个石碾、第二天早上听到"当啷"的传说。

久而久之，便有不少人相信了这一传说，更有不少好事的山陕商贾顺道纷纷前来观看。结果一看才知道，所谓"铜底"是黄胶泥，"铁帮"是黑胶泥；"一百一十三棵杨"是一棵古柏树、三棵大杨树，柏树和杨树中间有一块大石头，即"一柏、一石、三棵杨"。不过，狄青湖优美的湖光水色已让商贾们大饱眼福，并因此不觉得有虚此行。

爷孙一行四人此次南下的最后一站，是赶到北舞渡喝胡辣汤、参观这里的山陕会馆。

按照五云老先生的说法，就是给俩孙儿放松一下，随便了解一下这里的风俗习惯、体察民间疾苦。毕竟十里不同俗。

据《修钟鼓楼碑》载：

颍川舞阳之北舞渡，为舞阳一大都会也。山陕之人，行商于南（沙河南岸），云至而雨集，镇临汝水，东下江淮，西通汝洛，南连荆楚，北转郑汴，江南商货，东海芦盐，河南商货等，均由此吞吐中转。素有"装不完的赊旗店，填不满的北舞渡"之说。

北舞渡扼守河南中部水陆交通要冲，为历史上中原名镇之一。明末清初，北舞渡镇商贸活动盛极一时，山西、陕西等地的商人云集此地。为便于迎来送往、商贾联谊，两地商人合资兴建了山陕会馆。

北舞渡镇山陕会馆位于文昌街南段西侧，有春秋楼、大花戏楼、大殿、铁旗杆、配殿、廊庑、钟鼓楼、照壁、客堂等建筑，更有工艺奇特、玲珑美观的彩牌楼。

彩牌楼造型设计匠心独具，木雕石雕遍及楼体。其造型之美、工艺之精，堪称绝伦，是古代建筑之瑰宝。

由于其工程浩繁艰涩，曾有鲁班下凡助建的故事流传于世。院内碑刻林立，松柏繁盛，是人们休闲、访古的好去处。

立于拜殿前的彩牌楼面朝正南位居会馆中部，与拜殿位于同一中轴线上，为三间、五楼、六柱，柱不出头式牌楼建筑。柱子排成工字形，边柱斜出且与中柱成三角形，使两边的次楼成斜出的歇山顶。主、次楼均用灰色筒板瓦覆盖。

主楼正脊用八节透雕花卉的脊筒组成，大吻吞脊前视。正脊中央矗立着造型优美、玲珑秀丽的重檐楼阁式脊饰。楼阁两边为造型逼真、栩栩如生的驼珠奔狮，这些华丽的脊饰，更使楼貌增辉。主楼的垂脊与戗脊亦由透雕花卉之脊筒组成。脊端饰有造型生动的张口或闭口垂兽和戗兽。戗脊外的岔脊，由筒瓦扣合而成，并用一微微翘起的勾头瓦代替岔兽。次楼脊吻的构成与主楼基本相同。整个楼顶屋面曲线缓和，楼檐层层叠叠，翼角高高升起、婀娜多姿、翩翩欲飞。

主楼额枋下使用雕刻有花卉的变形花牙子骑马雀替，雀替之上为小额枋。正面精雕着山水、奔兽，背面浮雕有缠枝花卉。其上为两层花板，透雕山水、林木、人物、建筑和花牙子、浮雕狮子、绣球和奔走的麒麟，宽大的龙凤板中央悬挂着"浩气英风"匾额。龙凤板上复置额枋，枋正面透雕二龙戏珠，背面透雕两双展翅翱翔的凤凰。额枋上置斗拱，平身科五攒，皆十一踩出四翘。大斗为讹角斗，里外施爪拱。除用单材素面拱外，还有透雕缠枝花卉的花板形拱、驼峰形拱以及浮雕花卉、林木的标准形拱。用花板代替厢拱，要头雕成张口龇牙的龙头。柱头科斗拱正侧面皆为九踩三翘计心造，要头亦为张嘴龙头。主楼前后共有四根垂花柱，柱头雕刻四个瓣形花卉。垂花柱上置平板枋。平板枋上的柱头科为三踩单昂，象鼻形昂嘴上雕刻三幅云，要头雕刻成龙头状；平板枋上的平身科为三踩单昂，要头两边出45角的斜拱，斜拱上雕刻象首要头。

次楼的额枋下雕刻花牙子骑马雀替。小额枋正面浮雕宝瓶、花牙子等。小额枋之上为龙凤板，板上刻字。其上复置额枋，枋面透雕磙龙和缠枝花卉。枋上置斗拱，平身科三攒，皆九踩三翘，大斗为讹角斗。柱头科的正、侧两面各出九踩三翘计心

造斗拱，柱头科、平身科及垂花柱形制皆同主楼。

楼身的中柱和边柱均为圆形，柱下置垫鼓形桑墩（柱础），每根柱均有制作规整的抱鼓石。中柱正面的抱鼓石上雕刻一昂首张口蹲卧的石狮，背面抱鼓石上雕刻一变形石狮。四根边柱的抱鼓石上无雕饰。牌楼下的工字形石条基础，把玲珑秀丽的彩牌楼高高托起，显得更加巍峨壮观。

上部五楼飞檐，全部斗栱层层叠叠、翼角升起。外貌雄伟壮观，细审精巧玲珑。上、下布以木石雕刻的人物、花卉、历史故事，形象传神逼真，栩栩如生。整个牌楼华丽间透着庄严，巍峨壮观，光彩照人。

拜殿位于牌楼后，为三间弧脊悬山顶。额枋上雕以龙凤等图案，梁架为三重。上饰彩绘，用材考究，屋面以筒、板瓦覆盖。与前边的牌楼前后呼应，浑然天成。

拜殿左右两侧为配殿。

山陕会馆是北舞渡在大清中晚期商业繁荣的一个缩影。其精美建筑仍能显现出当年此地的繁华富庶。

然后，一行人又参观了会馆附近的当铺和天爷庙，还到马王庙戏楼看了一下地方戏曲表演。

北舞渡当铺的主题建筑，包括同一中轴线上的头过庭、二过庭和大庭，以及前后院配房12间。墙体中间用红石碇稳定加固，砖墙用糯米浆掺石灰砌成，坚固而规整。过庭皆为楼房，外檐柱各四根，直径34厘米；面阔五间，宽15.5米。均为圆圈窗，窗下铺青石，石上雕刻花草、卷云和麒麟等吉祥如意浮雕图案。大庭后为当铺后花园。

始建于宋朝、重建于明朝的天爷庙坐北朝南，西邻山陕会馆，北邻北舞渡当铺。面阔三间，进深二间。石雕、砖雕、木雕和彩绘丰富多彩，古色古香。

此次出行，俩兄弟收获都很大。

回家后再读《说文解字》，感觉大为不同，似乎对每个汉字的理解都有了更深入、更成熟的体会。学业都大为精进！

12

同年秋七月，五云老先生领着俩孙儿，来到龙脊古城南25里许的小商桥上。老先生望着静静东流的河水，手扶桥栏杆，高亢而悲壮地吟唱着岳飞的《满江红》：

怒发冲冠，凭栏处、潇潇雨歇。抬望眼、仰天长啸，壮怀激烈。三十功名尘与土，八千里路云和月。莫等闲，白了少年头，空悲切。

靖康耻，犹未雪；臣子恨，何时灭。驾长车，踏破贺兰山缺。壮志饥餐胡虏肉，笑谈渴饮匈奴血。待从头、收拾旧山河，朝天阙。

爷爷的长吟短唱抑扬顿挫慷慨激昂而又十分悲壮，让身旁的俩少年很是动容。

待爷爷吟毕，哥哥藏西问道：爷爷，这里与岳武穆有关吧？

弟弟质莆接道：看爷爷如此动情，估计关系不会小。应该是个很有故事的地方。

已经稍微平息下来自己十分激动情绪的爷爷道：你们哥俩都说对了。这儿的确是很有故事的地方，且听爷爷慢慢道来。

小商桥位于龙脊城南之小商河上，故名。小商河为颍水故道，因古时商王路经此地而得名。桥因河而得名，河因桥而闻名。唐、宋以来，小商桥一直是南接蔡州和湖广，北达颍昌府、蓟州和后来北京之交通要道。

小商桥始建于隋开皇四年，此后分别于元大德和延佑年间、以及清康熙十四年重修。

桥为敞肩式圆弧坦拱石桥，桥长21米，宽7米。桥有三拱，主拱净跨度11.6米，净矢2.2米，拱券厚度0.6米；券上有两层拱石砌成的拱眉，拱券之拱石宽0.25米，长1.5米。两孔小拱净跨度2.6米，拱券厚度0.55米；小拱拱眉由三层拱石砌成，拱券拱石宽0.25米、长0.75米，拱脚为三层石砌基础。桥下铺满石砌海漫，主拱基石四角分别雕有四个力士像。桥面两侧设有雕刻精美的石栏杆。

当年，北伐途中节节胜利拟直捣前金黄龙府迎徽、钦二帝返国的岳飞，一天之内突然接到催他班师回朝的一连十二道金牌后，悲愤异常徒唤奈何，面向东方拜曰：十年之力，废于一旦！

然后立于小商桥上，手扶东侧之石栏杆，面对缓缓东流而去的颍水，愤怒而又无奈地吟诵出了千古绝唱《满江红》。其中"凭栏处"中的"栏"，就是指他脚下小商桥上的石栏杆。

小商桥通体雕饰花纹，图案多样。桥体东侧主拱镶面石雕有天马彩云图案、即饕餮纹饰；小拱与主拱交接处，分别雕有两个不同造型的兽头及牡丹花形石雕，小拱则刻有莲花图案。桥体西侧主拱镶面石刻有龙云图案，正中龙门石因风化严重则难以辨识。南端小拱镶面石刻为莲花纹，北端小拱镶面石刻为莲枝、牡丹图案。小拱与主拱连接处有兽头。桥栏上刻有各种人物形象。

讲到这里，老先生特别对俩孙儿强调道：桥的面貌和精美，就体现了我们华夏先人的工匠精神，干任何事情都要一丝不苟精益求精，如此才能永垂不朽名留青史。读书学习更加需要发扬更加纯粹的工匠精神，心有旁骛试图偷懒蒙混，既无法过关，更无法实现齐家治国平天下的远大抱负。

俩孙儿听得频频点头，并催促爷爷继续讲关于这里的故事。

于是，五云老先生继续说古论今。

有隋唐风韵的小商桥自建成后，一直默默无闻平平静静地承载着众多过往商贾、当地黎民百姓、车马牛羊等的来来往往络绎不绝。直到杨再兴突然在此出现后，小商桥才名声大震扬名天下进入寻常百姓的记忆深处，并开始散见于各种史料典籍、戏曲和评书中。

史传杨再兴为北宋赫赫有名的"天波杨府"后代。尽管这个传说寄托了人们对杨家将的无限期待和厚爱，希望忠贞报国的杨家香火永续、英雄辈出永保四方平安。但实际上，杨再兴和北宋那个如雷贯耳的杨家关系不大。如果一定要找出二者间共同点的话，那就是他们都姓杨，或许五百年前是一家吧。

"天波杨府"的杨家，来自遥远北方的古代州或代郡一带。杨再兴则来自南方

江西吉水，但其祖籍相州，是岳武穆的同乡。

杨再兴年轻时，曾凭一腔热血加入当地农民起义军曹成的队伍。不久后被岳飞的南宋军队收编，并从此追随岳武穆南征北战、抗金保国、屡建奇功。在攻取西京洛阳和夺取蔡州的战役中，杨再兴都身先士卒、功勋卓著，因此深得岳飞器重，被提拔为统制。

根据《宋史》，五云老先生这样总结杨再兴的历史道：

杨将军讳再兴，不详何许人也，贼曹成将也。绍兴二年，岳飞破成，再兴起，跃入涧。张宪欲杀之，再兴曰："愿执我见岳公。"

飞奇其貌，释之曰："汝当以忠义报国。"

再兴感谢，屡立战功。

飞屯襄阳以图中原，遣再兴至西京长水县之叶阳，杀孙都统及统治满在，斩五百余人，俘将吏百人，余党奔溃。明日再战于孙洪涧，破其众二千；复长水，得粮两万石以给军民。尽复四京险要，又得伪齐所留马万匹，刍粟数十万，中原响应。复至蔡州，焚贼众。

绍兴十年，岳王飞败金人于郾城。兀术怒，合龙虎大王、盖天大王及韩常兵逼之。飞遣子云当敌。

再兴单骑破其军，擒兀术不获，手杀数百人而还。

兀术愤甚，并力复来，屯兵十二万于颍川。

再兴以三百骑遇于小商桥，杀二千余人及万户撒八孛堇，千户百人，再兴死之。张宪继至，兀术夜遁。

绍兴十年七月十日，岳飞大败金人完颜宗弼、即民间熟知的金兀术大军于龙脊南邻郾城。《宋史·高宗本纪》载：

绍兴十年秋七月甲寅，岳飞遣统制杨再兴、王兰等击金人于小商桥，皆战死。

《通鉴纲目》和《颍川县志》，分别更详细地描述当时的战况道：

金兀术合兵逼之，杨将军单骑破其军，手杀数百人。兀术复屯兵12万于颍川。杨将军率三百骑遭遇金兵于小商桥，杀两千余人，及万户撒八孛堇一人，千户百人。遂遇害，时年三十六岁。会张宪继至，大败兀术，追奔五十里，中原大震。岳飞自郾入颍，哭杨将军于小商桥。获其尸，焚之，得箭镞二升。

接着，五云老先生评论道：兀术骁勇善战，乃金之名将，更兼有12万虎狼之师。如果不是杨将军将生死置之度外、率区区300人拼力死战、让气势如虹势不可挡的金兵魂飞魄散，金兵一定会长驱直入，长期占领龙脊古城和南边的郾城。果真那样的话，即使张宪赶来；也是强弩之末无法阻挡金兵的铁骑了，颍川失陷便在所难免。我小时候每次过来瞻仰杨将军，想想当初他身插无数弓箭如刺猬般，却依然拼死血战毫不退却，便悲不自胜，手扶小商桥之栏杆，泪流满面。夫将军以一介武夫感岳王忠义报国之言而百战不屈，卒以死殉，可谓不负国士之知矣。且当是时，将军以三百骑抗十二万之师，击杀数千人，使兀术沮丧，张宪甫至即望风远遁。岳王进次朱仙镇，追奔逐北，几复中原。将军商桥一战，实为虎奔前驱，功亦伟哉！

岳王有言：文官不爱钱，武官不惜死，天下可致太平。

如将军之尽忠报国，真可谓不惜死之臣矣！

五云老先生一边这样讲着，一边手扶石栏杆，流着泪赋诗高唱赞颂杨再兴和岳飞曰：

> 单骑横冲兀术营，壮怀克日复西京。
> 伤心武穆商桥恨，哭罢将军再起兵。

等老先生从无限伤感中恢复过来后，对俩孙儿建议道，现在该你们俩赋诗唱词祭奠杨将军了。

兄弟二人便同时唱《迎送神词》道：

长桥兮卧虹，逝波兮淙淙。据胜兮桂殿，阆景兮苔封。触吉良兮罗醑脯，耄倪集兮桥之浒。巫婆婆兮歌且舞，神不来兮心独苦（右迎神）。欻连蜷兮以降，建旍鼓兮旌双。白马兮拭汗，青萍兮射光。箭簇兮猬集，冠发兮鸥张。霆怒兮容与，纷沓兮酹宠。眈须臾兮毋遽，舆皇皇兮挽鞯（右降神）。挽悱恻兮灵靡留，风飒飒兮鸣前騹。灵降只兮桥水幽，灵修返兮空咽流。誓为厉兮振远猷，紧残晶兮桑麻稠。灵慰怿兮怯蓥涔，福佑我兮屍世世（右送神）。

两个童声合唱的清脆纯净声音，顺着颖水的流向，传得很远很远，引得附近田野里的百姓，暂时忘却手边的活计，扭头向传来声音的小商桥方向遥望、遐想。桥两侧附近的百姓，则驻足观看着小哥俩，场面颇为动人。

紧靠杨将军墓冢有一墓石，上刻"再兴坟墓"三寸正楷四字。相传是岳飞祭奠杨将军时，用杨生前所用长矛刻下的手迹。

杨将军英勇捐躯后，当地土著怀着对杨将军的无限敬仰之情，年年在其忌日这天和传统清明时节，纷纷前来祭拜悼念，并祈求将军保大家平安！

到明正德年间，眼见杨将军墓前香火越来越旺盛，百姓们便呼吁为将军建庙以便祭祀。于是，正德十五年建杨再兴庙。清康熙四十九年进一步扩建杨将军墓地和庙宇。

杨将军庙宇坐西朝东，东西长 14 丈，南北宽 7 丈，有房屋 15 间。大殿内供奉杨再兴塑像，殿墙上绘有杨再兴抗金故事图。

俩孙儿崇拜大英雄，加之此前从未在书本上见过岳武穆手迹，便轮流贴近细看刻有"再兴坟墓"四字的石碑。但因时间久远，风吹日晒雨雪侵蚀，字迹有些模糊。但俩人还是很兴奋，毕竟是第一次亲见英雄豪杰之手书。

在将军祠左有一残碑，上面刻有：

将军与金人战殁，葬于商桥店东，立坟茔一座，周三十亩，坟迤北坡一顷五十亩。

成化十三年

远孙　杨敬

忠义之气塞乎天地之间，根于秉彝之性，虽历千百年而忠魂毅魄凛凛如生。一抔之土，天地照临之，鬼神呵护之，而必无泯没，可信也。

当年康熙朝颍川邑令、钱塘人沈近思捐赀若干，购买将军墓之四周地一十九亩；监生邢伦捐地五分。一时好义绅衿输工乐助，相与恢拓旧茔，封土高二丈五尺，重立新碑，题曰：宋统制杨将军之墓。此为康熙四十九年十月。

此前，藏西和质莆哥俩，曾跟着大人在龙脊古城听一些说书人讲岳飞的故事，并常常为他后来的悲惨结局痛惜不已。但他们至今也不甚明了，为何宋高宗会突然将国之柱石亲自破坏，最终自毁长城自取灭亡。

儿童的内心永远是单纯的，他们无法理解大人的世界，更无法深谙关于皇权的政治奥秘。

13

此后数年，五云老先生带着兄弟俩，走遍了龙脊及其周边几乎所有名胜古迹、文化遗存和文庙寺院等。

老先生每次都事先做足功课，就像认真的教书先生提前备课一样，自己提前几天忙着查资料、记笔记，并求证资料之真伪，以免以讹传讹、将错误知识传给孙辈。

与此同时，出发前还要求兄弟二人自己提前两天各自查阅、阅读相关书籍做好功课，事先了解将要参观地的风土人情、历史沿革之类，然后每人写一篇读书心得。

如此一来，三人各自获得的关于同一名胜古迹及相关历史人物的相关资料，可以相互印证、互为检验，并最终得出一个最贴近事实的结论。

参观完返家后，两天之内还要各自完成一篇游记，或者各写一首或几首诗。结果往往是，同一个景点或历史遗迹或相关人物，就会有两首或多首不一样的诗歌出现，相得益彰，相映成趣。

比如参观完繁城的三国遗迹后，藏西和质莆分别有如下诗作。

哥哥吟诵魏文帝庙、也即汉献帝庙曰：

魏帝穹祠

蔼蔼禅台云，奕奕颍河道。

长松落阴森，古庙深窈窕。

何时绘魏文，引领伤怀抱。

达人愍汉皇，祀典由兹肇。

有美名号宜，万龄事频藻。

弟弟感慨吟诵受禅碑道：

受禅碑

受禅穹碑瘗草菅，龙蛇蟠质字将漫。

共嗟汉鼎亡曹节，谁把乾纲诿老瞒。

野磷经秋苍棘燹，荒城颍川野花寒。

少年游侠心何壮，马上狂歌把剑弹。

类似这种一个景点有几个不同历史遗迹时，五云老先生就让孙儿二人随意选择、命题，充分发挥二人各自的观察力和主观能动性。各自没有对错，也没有高下之分，只有态度积极与否、文思是否流畅之类。

在大陵，哥哥藏酉吟唱《巨陵野店》曰：

巨陵东去色青青，翠黛遥看列画屏。
亭止陈蕃传汉史，地从郑历著麟经。
开元古寺松声老，灵子新冈花气馨。
俯仰古今何限恨，荒村处处落寒星。

大陵北偏东有唐朝所建之开元古寺，古色古香金碧辉煌，所以诗中有"开元古寺松声老，灵子新冈花气馨"。

弟弟质莆则吟唱道：

巨陵风雨此孤村，烟火千家近石门。
百页遗经传郑历，一鞭驿路止陈蕃。
眼前人事秋云变，花里宰官芰舍存。
还把颍河千斛水，间从父老洗讹言。

这次，五云老先生也忍不住诗兴大发，跟着俩孙儿凑了一下热闹：

雪消晴日爱林垌，野店飞帘郭外青。
过眼星霜人易老，满头尘土我频经。
郑师戈甲开蛇蚪，太傅褵帷恼驿亭。
今日王孙归路好，村花村酒马蹄馨。

小兄弟二人的诗中，都既有景色，又有该地的历史内涵和典故等，很难分伯仲高下。各有各的好，各有各的心境。弟弟虽然年龄更小一点儿，但其观察和心绪，似乎比哥哥还要老道一些。

兄弟二人的诗词歌赋等一众作品，多年后被晚辈集为《福寿双隆》，传给后世家人。

五云老先生还对二人的读书心得和游记等进行仔细评阅圈点，并面对面和孙儿们讨论其优劣得失。

如此十年下来，俩孙儿的社会见识、阅读能力、写作水平和毛笔字等方方面面，都有了长足进步。

更可喜的是，兄弟俩比翼双飞，互相帮助，共同进步。

为此，私塾先生不断当众夸奖香宅的十六世孙藏酉和质莆。俩人也因此逐渐名声在外，被龙脊一带黎民寄予厚望。他们相信，龙脊第二、甚至第二和第三个进士乃至状元，已近在咫尺触手可及，似乎如探囊取物般唾手可得，一切只是时间问题而已。

"香宅书香根深厚、龙脊风水上好佳"之类的话语，再次弥漫在龙脊一带滚滚红尘的大街小巷乡间村寨。

14

这一年对龙脊和香宅来说，注定是不平凡的。

在龙脊无数人的期待中，藏酉和质莆哥俩双双通过学道或童子试获得录取，成为进学、生员、即秀才。时年一个 14 岁、另一个 13 岁不到。一时轰动颍川一带，被称为神童，并说兄弟二人是"双凤齐飞"。

有人欢喜有人愁。

和哥俩同一期参加过关考试的，还有几个七十多岁的老童生。他们此前多次童子试均不幸败北，此次依然名落孙山。其中的大多数，从少年就开始不停地参加考试，一直考到人老体弱，结果却还是童生、老童生。时运不济是一方面，天资和家庭教化不足根基不牢，是另一重要方面。

按当时制度，取得秀才资格是进入士大夫阶层的最低门槛或基本要求。能取得秀才资格，不仅可以在仕途上有所进益有了更上一层楼的台阶，在地方上更可获得人们的普遍尊重，具有一般黎民百姓所未有的一些重要权益，如免除差徭、见到知县可以不跪、地方不能随意对其用刑、遇公事可随时禀见知县等等。这也是为何无数读书人活到老、学到老、考到老的根本原因。

但得到秀才功名未必能带来财富，只有生员资格的秀才也没有俸禄；若未能通过之后的乡试中举，亦不足以为官。

很多秀才都未能在功名上更进一步，只能靠回乡开馆教书、算卦相面、看阴阳宅风水、照书本行医等这些需要读书识字的行当赚些微薄收入为生。这些在经济上并不富裕、但社会地位稍高于平民的读书人，被称为穷秀才或穷酸秀才。

值得一提的是，明、清时期的秀才，是中国地方士绅阶层的重要支柱之一；这个群体的存在，传承了华夏文明、稳定了地方道统和乡村稳定。

在广大乡村，秀才代表着知书识礼博学多闻的读书人群体。因为他们在地方官吏面前所有的特权，经常会作为一般平民与官府之间沟通的桥梁或渠道，不至于让地方官府严重脱离民间基层实际、过于高高在上远离民间疾苦。

遇到地方争执民间纠纷，或平民要与官衙打交道，经常都要秀才出面。一般平民家中遇有婚丧嫁娶或逢年过节，大多会请村中秀才帮忙写对联、写祭帐、指导相关程序等等。

总之，在那个重视读书和读书人、而民间识字者又寥寥无几的社会，秀才起着上传下达的重要作用，对稳定民间社会有着不可忽视的重要作用。是故民间有"秀才造反十年不晚"之说。

生员要经常到学校接受学官的监督考核，还要经过科考选拔，方可参加各省在中秋前后举行的乡试，即所谓的秋闱。取中者为举人。

从此，香宅的小哥俩开始脱离爷爷的看护和教诲，不得不经常到龙脊的文庙学习、接受各种考核、参加相关仪式如祭孔大典等。

龙脊文庙又称孔庙、夫子堂,位于龙脊古城谯楼前南大街中部东侧、即城东南隅,规模甚宏壮。始建于隋大业四年,明、清年间数次重修。

文庙既是龙脊的学宫、县学或最高学府,又是官方奉旨倡导民众尊孔学儒、社会各界祭拜孔子的重要场所。

文庙院内,苍桧古柏,昂霄耸汉,诉说着这方土地的沧桑和久远。

进入文庙,自南而北穿过棂星门、经过泮池,就是大成殿,东西厢房和拜殿。站在嵌有青石栏杆的殿前砖砌平台上,可以看到左右两侧立着的那对高约3米的龙纹大碑。碑上阴刻隶书,字形优美、雕刻精细,一笔一画,都是走心严肃之作。

他们这些新考中的秀才们,在本县父母官带领下,绕过泮池,通过戟门到大成殿祭拜孔老夫子。

坐北朝南的文庙正门位置建有高大的花墙,花墙上嵌有三个圆形琉璃瓦龙凤呈祥图案。刚开始没有正门,平日里棂星门也不开,士子们出入文庙,只能从花墙两端的偏门进出。只有当这里走出一个进士后,才可以修建正门。即便有正门后,士子们出入文庙,也只能从花墙两端的偏门进出;只有春秋大祭、迎接诏书或提学钦差过境,才准由这些官员从正门出入。

大成殿是安放孔子牌位的地方。殿前为砖砌平台,平台高1.2米,东西长16米,南北宽9.4米。其左右各立一通高约3米的纹龙大碑。

建筑雄伟富丽堂皇的大成殿面阔五间、进深三间,面积184.8平方米。殿高近三丈,其中殿基高约六尺。殿顶为单檐九脊歇山式,前檐为如意斗拱,后檐斗拱为琴面昂,绿色琉璃瓦盖顶。殿脊透花雕龙色彩绚丽,不同脊兽形态各异相映成趣,四角飞檐双双对称各吊铜铃。

殿内有朱红明柱八根,楹栏屏门彩绘山水、花鸟、二十四孝图。气氛和谐,画工精细。殿内正中置暖阁,阁前殿顶有白底方形天花板,上绘九个龙凤花卉凑成的圆形图案。殿内东侧挂有近一人高大钟,西侧置一大鼓,供阴历二、八月祭孔之用。后壁正中央有一石碑,上刻"万古纲常"四个大字,明朝万历二十四年立。

颍川县文庙始建于隋朝。《颍川县志》载:

康熙五十四年,风折庙柏,掘一古砖,得大业年字。盖城自大业年由固城迁此,庙与俱立也。

宋大观元年于戟门东立《御制学校八行八刑条》碑,用以规范学子行为,以八刑处罚违规生员,其刑赏由学官主之。

前代文庙于元末尽毁于兵。大明洪武三年重修学宫,主要建筑有棂星门、泮池、戟门、大成殿及两庑。大成殿正中设"大成至圣文宣王"塑像,左右分别为复圣颜子、述圣子思子、宗圣曾子、亚圣孟子塑像,俱面南向。十哲分东西向。东庑先贤六十五位,西向;西庑六十四位,东向。

中国历史上的五大圣人,即至圣孔子、亚圣孟子、复圣颜子、宗圣曾子、述圣子思子。

孔子,子姓,孔氏,名丘,字仲尼,鲁国陬邑人,祖籍宋国栗邑,中国古代思想家、

政治家、教育家，儒家学派创始人、"大成至圣先师"。孔子开创私人讲学之风，倡导仁义礼智信。有弟子三千，其中贤人七十二。曾带领部分弟子周游列国十余年，晚年修订六经《诗》《书》《礼》《乐》《易》和《春秋》。孔子去世后，其弟子及再传弟子把孔子及其弟子的言行语录和思想记录下来，整理编成《论语》一书，被奉为儒家经典。孔子是当时天下最博学者之一，在世时就被尊奉为"天纵之圣""天之木铎"，更被后世统治者尊为孔圣人、至圣、至圣先师、大成至圣文宣王先师、万世师表等。其思想对天下有深远影响。随着孔子影响力的不断扩大，祭祀孔子的"祭孔大典"几乎一直是和中国祭祀祖先、神祇同等级别的大祀。

孟子，名轲，字子舆，邹国人。战国时期哲学家、思想家、政治家和教育家，是孔子之后、荀子之前的儒家学派代表人物，与孔子并称"孔孟"。孟子宣扬"仁政"，最早提出"民贵君轻"思想，被韩愈列为先秦儒家继承孔子"道统"的人物，元朝追封为"亚圣"。孟子的言论著作收录于《孟子》一书。其中《鱼我所欲也》《得道多助，失道寡助》《寡人之于国也》《生于忧患，死于安乐》和《富贵不能淫》等篇，几乎编入历代教科书中。

颜子，曹姓，颜氏，名回，字子渊，鲁国人，居陋巷，尊称复圣颜子，春秋末期鲁国思想家、儒客大家，孔门七十二贤之首，华夏五大圣人之一。13岁拜孔子为师，终生师事之，是孔子最得意的门生。孔子对颜回称赞最多，赞其好学仁人。历代儒客文人学士对颜回推尊有加，配享孔子、祀以太牢，追赠兖国公，封为复圣，陪祭于孔庙。

曾子，姒姓，曾氏，名参，字子舆，鲁国南武城人。春秋末年思想家，儒学大家，孔子晚年弟子之一，儒家学派的重要代表人物，夏禹后代。其父曾点，字皙，七十二贤之一，与子曾参同师孔子。倡导以"孝恕忠信"为核心的儒家思想，"修齐治平"的政治观，"内省慎独"的修养观，和"以孝为本"的孝道观。参与编撰《论语》、撰写《大学》《孝经》和《曾子十篇》等著作。被后世尊为"宗圣"，成为配享孔庙的四配之一，仅次于"复圣"颜渊。

孔伋，字子思，鲁国人，孔子嫡孙、孔子儿子孔鲤之子。春秋时期著名思想家。受教于孔子的高足曾参，孔子的思想学说由曾参传子思，子思的门人再传给孟子。因而子思上承曾参，下启孟子，在孔孟"道统"的传承中有重要地位。后人把子思、孟子并称为思孟学派。《史记·孟子荀卿列传》称孟子求学于子思的门人，《孟子题辞》则称孟子是子思的学生。子思上承孔子中庸之学，下开孟子心性之论，并由此对宋代理学产生重要而积极影响。北宋徽宗年间，子思被追封为"沂水侯"；元文宗至顺元年，又被追封为"述圣公"。后人由此尊他为"述圣"，受儒教祭祀。

文庙大成殿内，悬挂历代大清皇帝御书匾额：康熙二十三年颁"万世师表"，雍正四年颁"生民未有"，乾隆三年颁"与天地参"。

康、雍、乾三位皇帝的书法题字均笔力雄健，洒脱大气，不愧是三代圣君。参拜完后，哥哥藏西悄悄对弟弟质莆这样耳语道。

弟弟质莆点头表示同意，并同样悄声回道：雄主就是雄主。但愿我们不久也能蟾宫折桂，步入庙堂，为天下苍生发声、出力。

哥哥藏西看着弟弟坚毅地点点头，表示我们都应该有此信心，并为此继续努力苦读。

大成殿两侧各有出厦配房11间，内置72贤及儒家继承人牌位。东南和西北各有一株参天松柏，大数围。

此时兄弟二人心中的标杆和偶像，是前明颖川进士、后来官居高位的桂阁老和杜都御史。他们都是从这个文庙中走出去的，这里曾经留下过他们孜孜以求的奋斗足迹。

为此，小哥俩还分别写了一首《研岗文峰》励志诗，作为自己奋进的动力之一。

哥哥书曰：

> 峰可撑霄研不群，登临遥望接氤氲。
> 回冈此地留青黛，卧石何年驻白云。
> 咋把晴光双树绕，频看碧落一台分。
> 高人共卜楼迟久，骚雅还推桂杜闻。

弟弟书曰：

> 崇冈东望翠微隈，巨石天然古研台。
> 一代荣名桂氏相，千秋骚雅杜公才。
> 峰开文笔玲珑秀，势若苍龙起伏来。
> 莫道土风犹未辟，地灵人杰日相催。

大明弘治二年，颖川人桂颂（解元）、王润（亚元）、杜宏和谷钟仁同榜中举，轰动一时。

24年后的正德八年，杜桐（亚元）、谷钟麟、贾汝淮、贾繁和高士同榜中举。贾、杜两家名扬颖川。

7年后的正德十五年，杜桐、杜楠兄弟二人同榜进士。也因此，杜家所在地研岗，被当时的颖川人称作风水宝地、一座后世文人仰视的高峰；研岗文峰，也成为颖川八景之一。

后来，大清嘉庆帝给文庙颁"圣集大成"，道光帝书"圣协时中"，咸丰帝题"德齐帱载"，同治帝颁"圣神天纵"，光绪帝题"斯文在兹"。

上述大成殿内匾额，均用珍稀红木、金丝楠木或紫檀等雕就。岁月的流逝，让这些罕有木材久经风霜却坚韧不拔之优秀品性显露无余。

这是后话。

大成殿后墙正中立一石碑，上面阴刻"万古纲常"四个篆字，每个字0.4米见方。石碑高两米、宽0.8米、厚0.2米，须弥碑趺高0.5米，为大明万历二十四年所立。

儒教的伦理是"三纲五常"。县教谕在明伦堂训导秀才的内容，就是这些伦理纲常和规矩。

大成殿后是被称为黉学的所在。秀才也因此被称为黉门秀才。

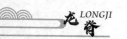

黉学在文庙北边即后面，坐北朝南面对前面的文庙，二者在同一条南北中轴线上。

黉学的主体建筑是面阔五间进深五间的明伦堂，这里是教谕训导秀才和秀才们月课考试的场所。明伦堂后为教谕宅。东跨院有宰牲堂、乡贤祠、文昌宫、神厨、号房、膳堂，启圣祠内供奉着孔子三代。西跨院为训导宅。

南为儒林门，北为贤关门，东为道义门，中间为观德亭。

大明永乐三年，知县马文隆绘制文庙先贤肖像。嘉靖六年奉劾更正祀典，撤去孔子塑像及先儒、先贤肖像，改奉木主。去孔子"王号、大成、文宣"之称，木主改题"至圣先师孔子神位"。

高耸入云的魁星楼或文峰塔，矗立在文庙前方龙脊古城城墙之巅，映照着古城四周方圆数十里范围内外的千家万户。

塔门朝北，面向文庙和黉学。塔内二楼塑有一尊魁星神像，手握朱笔，紧锁双眉，两眼圆睁，目不转睛地探视着下方的文庙和黉学，似乎期待着足不出户的黉门秀才中早出几个夺魁高中的状元郎们，如此便可增修巍峨的文庙大门、让孔夫子享受状元们的隆重祭拜，到那时才算完成了魁星点状元的重大使命。

有明一代，文庙不断增修，占地二十亩，蔚为大观。明末毁于兵火，仅存正殿、戟门和棂星门。

清康熙二年重修明伦堂。雍正元年改启圣祠为崇圣祠，乾隆年间渐复旧制。大殿匾额屡经御题，计有："万世师表"、"生民未有"、"圣集大成"、"斯文在此"等十数额。

因藏西和质莆兄弟俩成绩优异，均名列一等秀才，故此双双成为廪生，可获官府廪米津贴、补助生活。

也因此，有当地土著将兄弟俩视作龙脊的苏轼苏东坡和苏辙苏子由哥俩，而把哥俩的爷爷五云老先生、而不是父亲静菴公，称作苏洵苏明允或苏老泉。只因爷爷付出了比孩子们的父亲更多的心血培养了这小哥俩，并报以无限期待。

兄弟俩的父亲静菴公在江苏任上，母亲随父亲同在南方任上。尽管俩人有时也南下和父母团聚，顺便游览、了解江南水乡的文化风俗水光山色，但在爷爷要求亲自教授他们的情况下，哥俩成长期间的大多数光阴，主要还是在龙脊同爷爷奶奶一起度过的。

照此逻辑，又有当地土著将龙脊也称作小峨眉山、龙脊峨眉山等。

还有人干脆说，香宅这小哥俩，实际上就是苏东坡和苏子由哥俩的灵魂附体。理由是二苏就葬在颖川，苏子由生前还自号颖滨遗老、且撰有《颖滨遗老传》。

廪生即廪膳生或廪膳生员之简称，明、清两代用以称呼那些由朝廷负责供给膳食的生员。

明代府、州、县学生员最初每月都给廪膳，但名额有限。明初府学40人，州学30人，县学20人，每人月给廪米6斗。

清代沿其制，经岁、科两试名列一等的秀才称为廪生，可获官府廪米津贴。名额因州、县大小而异，每年发廪饩银四两。廪生须为应考的童生具结保证无身家不清及冒名顶替等舞弊行为者。

因香宅家境殷实，小哥俩不知柴米油盐之贵稼穑之苦，是故将每月之廪米津贴和廪饩银，都接济给乡下家庭困难的那些同窗好友老秀才们了。

二人回家将此事告诉爷爷五云老先生和奶奶后，俩位老人大为赞赏，称之为善举。并说：小小年纪就知晓行善助人，未来无论是否能在科举之路上更进一步，前程都不会很差。

得到爷爷称赞，小哥俩十分开心，并从此将与人为善，作为各自的人生信条去践行。

15

同年秋，哥哥藏西因考试成绩优异且名列前茅，加之品性端庄、为人谦逊好学，带着"孺子可教，锦绣文章，前程无限"的评语，被选拔为贡生成为廪贡，升入京师的国子监读书。此时，其成就已追上他父亲静菴公的科举成绩了。

科举时代，府、州、县的生员即秀才中成绩优异拔尖者，往往会被选送到京城的国子监继续学习深造，意思是给皇帝贡献人才。

根据每个贡生各自此前的身份，"贡"分很多种，清代有岁贡、恩贡、拔贡（含廪贡）、优贡、副贡和例贡。

国子监是大隋朝开始之皇家官学，中国古代的最高学府。经历朝历代不断改革后，到清代发展到高潮。

为培养人才稳固江山，清朝统治者将国子监的地位提高到前所未有的高度。国子监也在清朝皇帝直接过问关心下，系统完备、十分正规严格。

北京的国子监内设有四厅六堂，即绳愆厅、博士厅、典薄厅和典籍厅，及率性堂、诚心堂、崇志堂、修道堂、正义堂和广业堂。四厅是国子监职官大臣办公之地，六堂则是学生上课学习的地方。

国子监的职官包括祭酒、司业、监丞、博士、助教、学正、学录、典薄和典籍等。祭酒和司业总理学校事务，监丞、典薄、典籍为管理人员，博士、助教、学正和学录为教师。

国子监的学生学习期限一般为3年，坐监生学制因身份不同而各异。恩贡为6个月，副贡原为廪生者6个月，拔贡原为廪生者14个月。

国子监的课程设置及内容与府、州、县学大同小异，以《四书》《五经》《性理》和《通鉴》等为必修，其它八经、二十一史（《明史》在乾隆朝修成后升级为二十二史）等著作由学生自选。此外还要作八股文章，每日临摹晋、唐名帖，练习楷书600字以上。诏、诰、表、策和判等文体亦在课程之内。

国子监学生的待遇较为丰厚。监内肄业生每人每月得膏火银二两五钱，每年的11和12月得煤炭银五钱，衣服、被盖和文具等由朝廷供给，婚娶、奔丧、生病等有假期和补助。每逢大课即每月15的考试，则官给膳食、发银二钱。此外，每年赏给国子监白银六千两，充做开课时的膳食费，余下的用于补助困难学生。逢年过节或参加重大活动亦有赏钱。贡生和监生都享受免役特权。

国子监学生毕业后可直接授官，也可参加科举考试。

清代国子监学生最多不超过300人，还被分成内班和外班。只有内班才能住舍，同时允许学生在寓所肄业，只需初一、十五到监即可。

清代国子监学生的来源名目繁多，有6种贡生和4种监生（恩监、荫监、优监和例监）。

监读书的贡生和监生分内外班。内班住监，每年发给蜡烛和灯油膏火费白银24两；外班不住监，每年发给膏火费白银6两。

贡生和监生分置六堂读书，每堂分内班和外班，皆有定额。初每堂内班24人，外班20人，六堂合计270人。

乾隆二年，每堂改为内班30人，外班仍20人，六堂计300人；乾隆三年裁去外班，只留内班180人；乾隆六年，每堂内班裁去6人，将节余膏火银移发外班，外班共180人。

取得入监读书的资格需要通过相应考试，名为考到。考列一、二等者再试，名为考验。贡生考中一、二等者，监生考中一等者方取得入监资格。

由于六堂名额有限，取得入监资格的人要等到六堂出现空额时才能真正进入监内读书，名为补班。在监读书称为肄业。不入监的贡生和监生仍保留国子监学生身份，享受膏火费和伙食费以外的一切待遇。

授课大致是这样的：每月初一、十五全监学生举行释奠礼，礼毕在博士厅由博士给全体学生讲解经书，只讲一经或兼治它经。上旬由助教讲授讲义，十六由学正、学录各讲书一次。祭酒、司业每逢十五日轮流讲《四经》文、《诗》各一条，称为大课。还有会讲、复讲、上书和复背等，每月三次，周而复始。每人设立日课册，记载临摹名帖情况，每旬呈交助教等批阅，每逢初一、十五呈交祭酒、司业查验。

考试分月考和季考。祭酒主持季考，司业主持月考。考试内容包括《四书》文、《五经》文和诏、诰、表、策、判。此外，每月初一由博士考经文、解经及策论。每月初三由助教考。十八由学正、学录考。都是《四书》文一道、诗一首、经文一道或策论一道。

国子监的最高行政官员为从四品的祭酒，满汉各一人。正六品的司业，满蒙汉各一人。其上有皇帝特命管理监事大臣，不属国子监编制，由大学士、尚书或侍郎内特简。

国子监四厅六堂中的绳愆厅，掌纪律和品德考核，设正七品的满汉监丞各一人。博士厅置从七品的满汉博士各一人，讲五经。典簿厅设从八品的满汉典簿各一人，掌庶务。典籍厅设从九品的汉典籍一人，掌图书。

率性堂、修道堂、诚心堂、正义堂、荣志堂和广业堂中，前四堂设从七品助教，后两堂设正八品学录为各堂负责人。前四堂又设正八品学正，协助博士讲经，并负训导责任。六堂共设助教满16人、汉6人，蒙5人，学正汉4人，学录汉2人。南学设正副管学官，由六堂教官中选充。此外还有档子房、钱粮处等所属机构，由下属人员分管。

清代皇帝为弥补满、汉畛域，最大限度地获得汉族士子归附，对官办儒学十分重视。顺治九年，福临皇帝亲自到国子监视学，行释奠礼。此后的康熙皇帝，亦亲到国子学拜谒孔子像。其后，每位皇帝在位期间都亲临国子监视学。其中，对国子监发展有重大影响的是康熙、雍正和乾隆三位皇帝。

康熙帝对国子监的重大影响是推崇理学，确定了理学在儒家各流派的独尊地位。他表彰程朱，御纂《性理精义》，将朱熹列入孔庙，用以配祀孔子。并作《理学真伪论》，阐发他对理学的理解。还刊定《性理大全》和《朱子全书》，作为国子监和府、州、县学的必读之书。对精通理学的大臣，他倍加礼遇。祭酒徐元文因以理学施教有功，康熙皇帝特作《祭酒箴》一文加以褒奖。在他统治时期，《五经》教材全用理学家的传、注。他还重视理学的身体力行，训诫各级学校的学生要"秉忠贞以立志"、对理学"穷经考义"，使"文章归于淳雅"；要求学生"先立品行，次及文学"，以真实的理学学问参加乡试、会试这一"抡才大典"。

雍正皇帝则对国子监进行了重大改革。雍正三年在国子监祭酒之上设立皇帝特简的管理监事大臣，提高了国学的地位，使之超乎礼部之上，加大了管理自主权，扭转了满、汉两祭酒办事不协的局面。

曾在雍正年间担任过司业、祭酒的刑部尚书孙嘉淦，在乾隆二年被特简为管监大臣。孙嘉淦大胆改革教学内容和考试方法，把课程定为"经义"和"治事"两类。还任用由"明经科"荐举来的制科人士任教，深入讲授五经经义，探其原本，讲明人伦日用之理。

治事即历代典礼、赋役、律令、边防、水利、天官、河渠和算法之类有关从政方面的知识，这大大超出经学范围。在季考和月课中，将"治事策论"列为考试内容。在教学方法上，允许学生有独立见解，甚至疑义，可以同教师讨论。在他管监期间国子监出现了十分活跃的局面。教官中既有进士、举人出身，还有贡生、甚至监生出身。教师中人才济济，有"四贤五君子"之称；学生则以研究实学为务，各自奋发砥砺。

乾隆皇帝对国子监的建置也有重大改进。宋以前的国子监都有"辟雍"，乃仿西周所谓"辟雍，天子之学也"。宋代将辟雍降为外学，元、明时期的国子监不设辟雍。乾隆四十八年，为"宣教伦，昭文明而流教泽"，乾隆下令在国子监修建辟雍宫，命令尚书德保、尚书兼管国子监事刘墉、侍郎德成督修。次年，辟雍宫落成。

乾隆五十年，皇帝亲临国子监，仿西周辟雍之制，至辟雍宫举行讲学礼。他命大学士伯爵伍弥泰、大学士管理监事大臣蔡新进讲《四书》，命满祭酒觉罗吉善、汉祭酒邹奕孝进讲《周易》，并颁谕《御论》二篇，宣示义蕴。所有王、公、大学士、衍圣公以下各官以及在监学习的贡、监，都环立四周听讲，人数多达3088人。

这是宋、辽、金、元、明以来从未有过的盛典，也是中国历史上最后一次辟雍大典。这次盛典把国子监的地位推到了巅峰，振奋了学子在仕途上的激情。国子监更充分发挥了主体官学的作用。

16

次年，弟弟质莆也以优异成绩获得州县荐举进学，成为乾隆十八年癸酉拔贡，平了其父静菴公这位雍正七年己酉拔贡的记录。

在京城的国子监，藏酉和质莆哥俩，再次一起同窗学习、互相砥砺前行。

就在哥俩并肩携手继续向更高目标迈进时，第二年春天，哥哥藏酉因水土不服不时拉肚子，身体一直不好，严重影响了他的学业。后来又因北京干燥、天气寒冷，藏酉又患上严重的肺病，在气温极低的时候，呼吸都成问题。

为此，他不得不申请暂时中止学业，返回龙脊香宅将养身体，期待着尽快恢复健康以重返国子监完成学业。

然而事与愿违，他的肺病时好时坏，但一直没彻底痊愈。即便是享誉颍川的李家"润世堂"，也黔驴技穷束手无策。

因无法参加相关考试完成学业，曾经的神童也无可奈何，更无法更进一步考举人。

鉴于此，几年后，曾被龙脊乡人抱以厚望的藏酉，不得不彻底终止自己的学业，以禀贡之身份出仕怀庆府训导。

同样因健康原因，藏酉在仕途上没能更进一步，而是过起了散淡的官员生活。因为他的书法厚重古朴，颍川倒是有不少大户人家，经常找他书写各种牌匾之类，其中包括祠堂、家庙和店铺等等。

其中有的传世很久，至今尚存。

福无双至，祸不单行。弟弟质莆在国子监学习的第二年，也出现了和哥哥藏酉类似的症状。

这可急坏了爷爷奶奶五云老两口，和在江苏的爹娘等香宅众多家人，也让盼着龙脊再出一个进士的当地乡民忧心不已。

有人悲观地说，龙脊和香宅的风水被人破坏了吧？咋能这么巧呢？好好的俩神童，转眼间却出现相似病症，难道是天灭龙脊？

也有人说，还是找个风水大师来给好好看看吧，否则，龙脊以后再也出不了人才了。

更有热心人出主意，建议香宅找个法官，到香宅大宅门内和祖坟里仔细勘查勘查，找出问题后给好好破破，把这些霉运彻底赶跑。

颍川一带的黎民百姓，把出现奇事、怪病、鬼魂附体之类的超自然现象称为邪病，而把民间那些专门治疗邪病的江湖术士称为法官。这些法官，被认为长有阴阳眼，能辨别鬼魂身份、并能把它们驱逐开去。

……

香宅也确实想尽并用尽了一切可以想到的法子，却毫无转机。

在此情况下，更多消极的传言，在龙脊一带的大地上汹涌着。很多人甚至已经绝望了，认为天灭香宅和龙脊。

任谁都没想到的是，事情的转机竟出现在乾隆帝身上。

一天，心情不错的乾隆来到国子监。在祭酒陪同下在廊道走着时，听到博士厅传来一个少年讲解他所理解的《易经》的声音。虽然声音有些虚弱，但清晰明亮，且观点新颖。于是乾隆悄悄接近教室窗外，并示意祭酒噤声。

让学子们主动给大家讲解其自己所理解的相关课程，是乾隆对国子监进行重大改革的一部分，意在倡导教学相长，变被动为主动。

等这个孩子讲完，乾隆问祭酒：这位少年何方人士？学业品行如何？

祭酒回道：万岁，此儿颍川人士，品学兼优，被选拔、推荐进入国子监前，是当地公认的神童。

就在这时，里面开始进行现场对诗比赛，只听少年一边咳嗽、一边坚持唱曰：

> 霏霏瑞兆满云林，诗思却回棠树阴。
> 碎玉瑶台偏寂寂，翻叆粉地渐沉沉。
> 遥瞻鹤氅仙踪古，近立程门履齿深。
> 漫向霜毛寻尺马，朝衣点缀只如今。

乾隆接着问祭酒：不但对《易经》有独到见解，吟唱《瑞雪》的诗歌也颇有意境，对历史典故也熟悉得很，才思非常敏捷。后生可畏啊！但他似乎身体不佳，所患何病？

祭酒回道：回陛下，说来可惜啊。此儿和他哥哥一起被乡里称为当今之东坡子由，均有神童之谓，都因优异成绩被选来国子监深造。哥哥去岁患上一种奇怪肺疾，严重时几乎无法呼吸，不得不回原籍调养，但据说没有明显好转。哥哥尚在病中，弟弟如今也患上类似病症。真是怪事儿！

乾隆吃惊地：有这等事儿？我们进去看看。

祭酒回道：喳！

17

教室内，因病而面颊绯红的质莆，不慌不忙地向皇帝行过君臣之礼后，垂手而立。

乾隆问他：听说你是神童？还自比子由？

质莆不卑不亢道：回陛下，那些都是老家乡民对我和哥哥二人的期许与鼓励，他们都希望我们能好好学习，为我大清之强盛增砖添瓦，也为黎民百姓多做好事。我和哥哥都不敢自比东坡子由这些先贤大德，也确实无法望其项背。说完，又不停地咳嗽起来。

乾隆高兴地：说得好极了。孺子可教！听说你病了？

质莆道：回万岁，臣确实身体不佳。又不想耽误学业，但似乎越来越严重了，正不知如何是好。

乾隆有些严肃地：没有一个好身体，一切都是梦幻啊。你们都是国之栋梁，一定要有强健体魄。朕还等着你们为国效力，为黎民谋福利呢。

质莆道：谢万岁，陛下说得极是。臣惶恐之至。

乾隆严肃地对祭酒道：国子监是大清培养国家柱石之要地，他们都是大清未来倚重的股肱之臣，你作为最高主管，要把学生当成自己的孩子那样呵护。

祭酒跪地叩头曰：臣有罪，臣罪该万死。

质莆马上接道：万岁，这不关祭酒大人的事儿。其他同学也都很好，唯独臣兄和臣身体欠安。按老家乡民之言，或许是我们那里风水之类的问题吧。

乾隆道：朕知道你是在为祭酒开脱。小小年纪就有如此度量，难得啊。听你刚才讲自己的《易经》心得，朕知道你也未必相信那些虚妄之言。这样吧，马上跟朕走一趟，朕让你见一个人，他或许可以解除你的疾患。

质莆受宠若惊跪地叩头道：谢陛下！万岁救命之恩，臣会牢记在心永志不忘。

乾隆道：起来吧。你身有疾患，就不必多礼了。

质莆谢过后起来，跟在乾隆帝身旁，俩人一起对聊《易经》的一些问题，十分投机。

乾隆让质莆和他同乘一顶大轿，让祭酒乘另一顶轿子在后面跟着，以便完事后将质莆带回国子监来。

此时外面正下大雪，道旁左手一家宅院大门旁的一株红梅开得正盛，殷红的梅花在洁白积雪的映衬下，十分醒目娇艳无比。乾隆随口道：

> 雪落梅娇艳

乾隆刚出完上句，轿子已来到下一家宅院附近。这时刚好一阵北风吹过，将这家宅院大门外的一丛竹子吹动，并将竹子上的积雪摇落。质莆见状，立即对曰：

> 风吹竹蹁跹

乾隆高兴地哈哈大笑，并由衷地赞叹质莆眼观六路耳听八方，才思敏捷孺子可教。

最终，乾隆将质莆带到皇城西安门内蚕池口的救世主教堂，并将他介绍给一位高鼻子蓝眼睛的西洋人泓应教士：我这个神童太学生病了，你无论如何要把他给我治好了。

泓应教士谦卑地弯腰垂头应道：陛下，您就放心吧，我一定尽力。

目送乾隆离开后，泓应教士将质莆领进一个满是玻璃和陶瓷瓶瓶罐罐的小房间里，给他找出两片发淡黄白色的东西，又递给他一杯水，让他服下。

这是质莆第一次见到这种西药，刚开始还很是有些迟疑和犹豫。

一旁的泓应教士已在中国多年，并遇到很多类似情况，也就见怪不怪，而是和蔼地劝质莆服下。

听着泓应教士温和的劝解，再看看他慈祥真诚的面孔，更想到哥哥藏西的不幸遭遇，质莆也就不再犹豫，一下子将药服下。

临别时，泓应教士又给质莆一小包类似药片，让他每天早晚各服一次，每次同样两片。

质莆衷心地谢过泓应教士！要转身离开时，少年天生的好奇心，迫使他情不自禁地不停打量这座奇特的房屋。

质莆左顾右盼、恋恋不舍的样子，让泓应教士忍不住问道：你要不要参观一下？

质莆忙不迭地点头。

泓应教士便热情地领着质莆，里里外外参观了一遍这座天主教教堂，边走便给他介绍，甚是和蔼绅士。

教堂高高的塔尖、尖拱直耸而上的房屋、三个尖拱券出入口及主跨正中圆形的玫瑰花窗、几十根高高的明柱、里面奇特的画像、后院的不少墓碑……都给质莆留下难以磨灭的印象。

约五天后，质莆的肺疾奇妙地消失了！这大大地震撼了他的内心：几个月中药的煎熬、苦涩，却毫无功效。而洋人的一些小黄药片，却彻底解决了自己的顽疾。他有些迷惑，更有些想不明白，不是说我们大清是天地居中之老大吗？可为何我们的中药不及洋药呢？

但有一点他很快想明白了：哥哥有救了。

想明白这一点后，第二天他便向祭酒请求告假到教堂去一下，给哥哥拿些药治病。

考虑到万岁对质莆的看重，加之他本人也爱才，祭酒很快批准，并派人送质莆过去。

质莆很快从泓应教士那里拿到药后，又去央求祭酒，让他想办法把药送到龙脊香宅。

祭酒就让手下把药送到驿站，让他们用顺道的快马，将药送出去。

结局亦喜亦忧，喜的是用过药后，藏酉的肺疾也彻底除去。忧的是他水土不服之胃患，一回到北京就爆发，再返回中原就没啥大问题。

最终无奈之下，藏酉在几个职位中，不得不选择距离龙脊不太远、且同处中原的怀庆府训导一职。并从此彻底离开京城。

按他不久后的自嘲说法，就是很快离开官学、过上了如下一种生活：

读书写字种花草
对弈呼茶育人才

龙脊民间关于香宅和龙脊风水问题的怀疑和传言，由此逝去大半。但对藏酉因病而不得不埋没才华、无法更进一步的遗憾，却浓重起来。因为期待兄弟二人就像当年同时考取秀才那样，双双进士及第的梦想，就此彻底破灭了。

追求圆满和完美，是人类的天性。

尽管现实恰恰相反：红尘一点儿也不完美，也永远不会圆满。

18

乾隆二十四年，香宅和龙脊古城又着实热闹轰动了一番。

因为就在这一年，香宅第十六世传人之一的质莆，不负众望成为己卯举人。

尽管这早已在人们的意料之中，但大家还是奔走相告，并由此兴奋不已。香宅也因此再度成为龙脊一带黎民百姓街头巷尾的热点话题。关于香宅风水之上佳、阳宅和阴宅都十分优良的各种传言，再次风起云涌充满大街小巷了很长一段时间。

也因此，香宅周边临近的所有房产土地，甚至是香宅两处祖坟周边的土地，都坐地起价大涨起来。

原因很简单，大家都想沾沾光、借借好风水。这很有些像很多很多年后，大城市的学区房。

当然，这还不是最高潮。因为科举之路道阻且长几无止境、路漫漫其修远兮。从秀才、经过举人到进士或状元，是学子们一辈子的追求和终生事业，不能稍有懈

怠与自满。

自有科举考试以来的千百年间，无数人一辈子就和科举紧紧地绑在一起，终其一生都在考试、不停地考试，很多甚至一直考到七老八十才如愿以偿，这还是幸运的，毕竟近乎一生的努力没有付之东流。

可怜的是那些终其一生也与功名无关的群体，这些不幸的群体，还是绝大多数。

功名利禄的诱惑实在是太大了。

相比那些考了一辈子才在颤颤巍巍的垂暮之年勉强及第、尤其是很多到死都无法圆梦的寒窗学子而言，香宅的质莆显然是幸运的，丝毫也没有辜负其曾经的"神童"称号，并在从秀才到举子最终到进士的道路上，算是顺风顺水波澜不惊。

高中举人仅仅两年后的乾隆二十六年，质莆高中此年辛巳二甲第二十七名进士。本科为皇太后七旬万寿恩科。

乾隆二十六年辛巳恩科殿试金榜上这样写着：

第一甲

赐进士及第

共3名：王杰，胡高望，赵翼

第二甲

赐进士出身

共66名……

第三甲

赐同进士出身

共148名……

喜报传到龙脊，这个中原腹地出现了比当年香宅奂若公高中武进士更大的轰动和热闹。因为这是有清以来，龙脊出现的第二个、也是最后一个文进士。后来的事实证明，质莆之后，龙脊再没出过进士。质莆公也是整个大清朝267年间，龙脊仅有的两个文进士之一。

披红挂彩的报喜官员，很快将圣旨传到龙脊古城的香宅大门口，并宣读曰：

吏部考功司额外主事加一级

奉天诏命

　奉

天承运

皇帝制曰宠渥朝章锡类不遗於一命祥开家庆赐恩爱及夫重闱尔银五云乃吏部考功司额外主事加一级银质莆祖父弓裴衍泽瓜瓞绵麻作述相承再世式彰其祖武渊源有自一经早裕夫孙谋兹以覃恩赐赠尔为奉直大夫吏部考功司额外主事加一级赐之诰命於戏旧德宏昭用广显扬之志新纶时贲永增泉壤之光

制曰礼由义起弘孝治於中闺命自天申贲荣施於大母尔郭氏乃吏部考功司额外主

事加一级银质莆之祖母德懋兰仪光生槐荫珩璜作则式垂淑慎之型荐涤流芳丕振光昌之绪兹以覃恩赐赠尔为宜人於戏鸾书焕采合彤史以扬休象眼增辉荷云章而永庆

乾隆二十六年十一月二十日

按照当年的科举制度，成为文进士需要经过两个步骤或两场考试。首先是必须通过在春季（阴历二月或稍后）举行的会试，称为春闱，科举考试名目之一。所谓会试者，共会一处，比试科艺。会试是中国古代科举制度中的国家考试，应考者为各省的举人，录取者称为贡士，第一名称为会元。因会试由礼部主持，又称礼部试或礼闱，在北京内城东南方的贡院举行。

会试的四位主考官（各朝代不同，明代为 2 人）称总裁，以进士出身的大学士、尚书以下副都御史以上的官员充任。

会试之后是殿试。正常情况下，明、清时代的这种科举考试每三年举行一次。但遇有国家庆典等重大皇家事务，会临时增加恩科。

而要想参加礼部的会试，首先要通过省里举行的乡试获取会试考试资格，然后取会试的前几名进行殿试。如此经过层层考试选拔，最终能脱颖而出者寥若晨星凤毛麟角，这条仕途之路异常难走。

殿试时，乾隆皇帝看到质莆的大名，特意对他说：看来朕当年没有看错你。你也没有辜负龙脊乡民给你的神童之誉。

质莆出列叩头，感谢陛下当年的救命之恩，并说若没有万岁当年特别关照让神父给药救命，自己不但没有今日之荣耀，反而会早早丢了性命如今早已化作白骨一堆儿了。

乾隆帝半开玩笑半认真地说：朕可不喜欢杀生，更不愿意看到国之栋梁的神童早早陨落。更期待你的《易经》研究早出成果，一种特立独行不同于以往任何解读的成果。

质莆再次叩头谢恩，表示绝不辜负万岁的期待！

乾隆帝却来了兴致，并接着说道：往远了说，我们是君臣；其实君臣之间朝夕相处，也并不远。但往近了说，我们同出一源，都是前金女真人的后裔，拥有共同的祖先。

殿内不少学子小声议论纷纷：难怪陛下如此看重质莆，原来他们同族同宗啊。看来以后质莆前程无限锦绣似锦啊。

另一个书生接道：打仗亲兄弟，上阵父子兵。自古皆然。

此次殿试后获二甲第十一名、后来的中丞秦承恩说：不好说。质莆和我一样，年少得志，颇为自负，书生意气太重，说话直来直去。虽然熟读《易经》道理，却不愿意变通，不知道拐弯抹角更不知圆滑为何物，容易不知不觉间得罪人。我俩今后或许会在著书立说等学问上留名青史，但在复杂的官场上，未必会有大出息。

秦承恩同样在其家乡有神童之誉，中进士这年刚 20 岁。

边上有和质莆一起在国子监同窗的一个上年纪的人点头，表示同意秦承恩的看法：质莆异常聪明，对《易经》更是有自己的独立见识，颇不寻常。但他太理想化，而现实却是残酷的，官场更加残酷。我们这些上年纪的，虽然科举之路没有质莆和

承恩兄顺遂，但在社会摸爬滚打久经历练，老于人情世故，反而会在官场上更加长久。在滚滚红尘之中，青出于蓝而胜于蓝，往往会被姜还是老的辣击败。年龄优势，并不等同于官场优势；读书读得好，官场未必一定会好。当年贫贱出身的大龄青年乃至中年人刘邦，击败贵族出身的少年英雄项羽建立大汉天下，就是活生生的例子。比刘邦小很多岁且家世显赫的项羽，却比刘邦早亡多年且下场悲惨。当然，我这样说并不是存心诅咒神童质莆兄和承恩兄，仅仅是想说官场和学场不同，做学问和当官路子迥异。

边上有人点头附和。

另一边，乾隆帝兴致更高地说：我知道龙脊是当年前金完颜宗弼、女真名斡啜，民间称作金兀术的击杀岳飞大将杨再兴之地，汉人因此可能会记恨我们女真人的后裔。想必各位高才都知道，完颜宗弼是太祖完颜阿骨打第四子、金朝名将、开国功臣。当年宗弼初从完颜宗望追击辽天祚帝于鸳鸯泺；天会三年随军攻宋，克汤阴，参加围攻东京；天会六年率军攻山东，击败数万宋军，连克青州、临朐等城；次年复率军攻宋，先后在大名府、和州击败宋军。宗弼此后一直是金朝主战派的代表，并领导了多次南伐。天眷二年，金、宋签订和议。次年，宗弼杀金朝主和派大臣完颜昌等，撕毁和约，再次大举南伐。但在顺昌、颖昌和柘皋镇等地大败，被迫退守开封。质莆年少就有大胸怀，以后居庙堂之高，也要多多关心龙脊家乡百姓疾苦，造福乡里，传名后世。

质莆第三次叩头谢恩，表示一定不忘龙脊百姓养育之恩，以天下苍生疾苦为念，鞠躬尽瘁死而后已，绝不辜负陛下之厚待！

19

自此，龙脊古城香宅，已经在大清雍正和乾隆两朝短短的34年间、即雍正五年至乾隆二十六年，培养出一武一文两位进士，可谓风头无二独领风骚。

话说回来，按当时的规矩，中进士后一般并不直接授官，而是还要进行一次考试，即朝考。

朝考主要是为了选拔庶吉士，然后进入翰林院深造。没有被录取为庶吉士的进士则予以授官，所授的官以两种居多，一是部院主事，二是知县。另外，清代各阶段进士授官的情况也不一样，清初任职较高，晚清还有候补排队等待空缺的。

朝考中被选拔为庶吉士的，入庶常馆学习。三年后进行考试分配工作，叫散馆。若遇到非常规的恩科，不满三年也要散馆，因为一批新的庶吉士要入馆，需要给他们腾地方。

散馆考试优秀者留馆，即留翰林院为翰林官。一是授编修，正七品；二是授检讨，从七品。原来殿试中凡是进入二甲的，授编修，三甲的授检讨。没有留馆的庶吉士，大多也与其他进士一样授主事或知县，只要存在出缺即用。由于进士授官也有待缺现象，因此庶吉士比以前同科的进士享有优先权。

质莆学业没得说，顺利通过朝考成为庶吉士，进而成为翰林院编修。县志中关于他是这样记载的：

乾隆十八年癸酉拔贡，后领乡荐；乾隆二十四年己卯举人，乾隆二十六年辛巳二甲第二十七名进士；翰林院编修，授吏部主事，迁文选司郎中、掌印郎。距今百数十年，其品性学术，世无能道。所著有《四书辩异》《易经图解》《春秋心得》诸书稿，未付梓。《易经图解》稿序，见《艺文志》。其元孙多山邑庠生，能传家学，诗书余泽数世未艾，非所谓抱道之君子者欤？

　　一本毛笔正楷手书、已发黄变脆、历经无数劫难好不容易才保存下来的家谱，同样记载着这位香宅家族史上两进士之一、也是唯一一位文进士的传略：

　　字质莆号竹坪乾隆癸酉拔贡朝考二等任汤阴县教谕己卯举人辛巳进士至诰受中宁大夫吏部文选司掌印郎中配洪山庙龚氏所著有易经图解

　　一切都是当年文不加点一气呵成的行文方式，简略至极。除此之外，再无更多信息，甚至连其安息何处也无任何交代。按说，一个家族历史上独一无二的文进士，是应该大书特书、多费些笔墨纸张好好彰显一番的，以垂范后世、作为子子孙孙效法的榜样。

　　这本康熙五十三年开修、乾隆五十五年重订、道光二十三年延修、民国十一年最后一次续修的古旧家谱的发现，却是因为包括质莆公在内的一批香宅家族古墓群的被挖掘破坏。这是后话。

　　和质莆公同朝为官、且在后世大大有名的，包括刘墉刘石庵、和珅、清高宗孝贤纯皇后之弟富察·傅恒、和纪晓岚纪昀等。

　　书生气十足、生性耿直的质莆公，虽然深受乾隆帝青睐，但因站在刘墉一边、不断被更加获得乾隆帝信任的和珅一派排挤打压，一直郁郁不得志。加之卷入乾隆朝皇储之争、且后来登基继承皇位的是嘉庆，而不是他所支持的那位皇子，因此在乾隆晚期已不受重用。

　　质莆公也因此真如乾隆帝所希望的那样，将精力集中到《易经》《春秋》等"四书五经"的研究和著述上面，并最终著成《易经图解》《四书辩异》和《春秋心得》等多部书稿。从而成为一个本质上的国学研究者、学究，而不是朝廷命官之类。

　　他在《易经图解》的序中写道：

　　《易》以四圣成，观象取数而理著焉。

　　子思作《中庸》，深明《易》道而未尝一言及于《易》。《孟子》七篇亦仅于禹、稷、颜子、曾子、子思。发《易》地之论，亦未尝显举四圣之书以示人。盖其徒万章、公孙丑辈，既皆不足以语此，而杨、墨、告子之流，方人持异说，以乱正道，势又不暇与深究精微之蕴。

　　昔人谓孟子口不言《易》，而一生所行无非《易》者，洵为知言。

　　孔、孟没而《易》遂为卜筮之书，迨谶纬兴而《易》学益以大坏，泥于数也。王辅嗣独扫象言理，后人始知《易》之为用，非小数比。然《易》生于《象》，《象》乌可扫耶？邵子因占数而深探夫理，濂溪因穷理而静玩夫《象》，程朱继之，而《易》于是大名于世。

　　程子犹不言《象》，朱子始谓《象》不可废。及作《本义》，又往往略之，盖《象》

之失传久已。朱子之学，虽以格物穷理为务，而格致之功，则先其大者，不急于诂释文字之间。且《易》之为《象》也，其称名也。小其取类也，杂举一贯万循之无端，若如瞿塘之绝迹入山。三十年以玩一《象》，岂朱子之学哉？然以朱子之学观之，未尝不歉然于《象》之失解。设前此有瞿塘其人者，一一求其《象》于卦爻德位错综互变之中，而凿然可据朱子，必亟取以补周、程之所不及，断不视为无益而病其丧志也。

来氏之注，朱子既未及见，后人或以朱子不深究《象》而斥来注为多事，抑或惑矣。顾其为书杂多，发明前儒未发之蕴，而穿凿之失亦多不免。盖以一人之识，欲契四圣之旨于千载不传之后，使无一字一句之不吻合，虽周、邵、程、朱之贤，犹难之，而欲责备瞿塘乎？

愚幼受读《本义》程传，知《易》之动，悔以寡过。日奉以兢兢，而按之词义，觉其谈理，其善而未尽合乎四圣相传之义。与言占变图说，亦或涉于牵强，而未尽出于天地自然之象与数。故于心每扞格而不入，而于经卒昏焉而无得。

及得《来氏图注》，缘径以入，如游幽岩古洞，耿耿得一线通光之隙以牖厥明。旋以奔走仕途，役役者十余年，此事辄废阁不复理。

近来家居无事，与生徒相论辩，因复合《传义》《来往》，兼采众说，虚中以求其一。当无贪新奇，无主先入。其皆不合于心者，则概置《传》《注》而独研之于《经》。

久之，乃油然见人心中各有一《易》，为日用须臾之不可离，欣然见圣人去人不远，可朝夕唔对于一堂而请业也。

玩读之余，随其所触于中者，集为《图解》三卷，盖取诸"三才"之道。

虽未敢自以为得解，而与天地本然之象、阴阳自然之数、人心同然之理，窃自信其无甚缪戾。

虽未敢以之示人，而本之圣人扶阳尚刚、用中守正之义，求其动悔补过之用，窃自觉其时有裨益。

自此以往，亦惟谨持圣人无恒之戒，以思免于不占之羞焉，已矣！

乾隆四十年岁次乙未六月朔日
邑进士吏部文选司郎中

此外，他还积极参与家乡的教育和建设，尤其投入巨大精力在龙脊古城北街改善、打造紫阳书院，努力培养后学。这在其撰写的《重修学宫记》中可见一斑。

皇帝御极之三十有三年，诏新大学雍宫。时我王侯方需次京师，恭瞻其盛，叹曰："吾今而知王道之所由成也。"

振民育德，孰有先于兴学者乎？

越二年，侯奉命来尹吾颍。甫释菜，见大成殿初撤修，黝垩未饰，自阶以下悉如故。询之，两学博曰："前任姚侯实兴是役，未几，以忧去。杨侯摄篆仅三月，其襄事者亦半以宦游之四方，惧其事弗克终，是在我侯矣。"

侯曰："吾夙志也。"

既周览庙制，退观学舍，问司训宅，已久废；至紫阳书院，狭其地。亟出廉俸二百金，暂质隙宅迁焉。于是劝学课农。五年，政修时和，随锐意为大作，乃集邑人士于明伦堂，揖而进之曰："百工居肆成事。学宫之役，予日夜筹之，诸君子皆学中人，宁独无意乎？"

佥曰："不敢忘，顾授书喻侯意。"

不数日，各书所科赀统计，得钱二千八百缗，以复于侯。

侯曰："善。"

爰筮日鸠工。戒矜士干练通达者董其事，而授以经度之方，驱石于山，流木于河，经始四月初八日起崇圣宫、大成殿，而两庑，而戟门、棂星门、泮池、周垣门，次及明伦堂，蘉骏胥兴。名宦、乡贤二祠，旧在旁院益蹐残，且非地也。乃移建戟门外，东、西庑南，朝东为文昌祠，因而葺之。巍乎焕乎！观瞻益肃，遊于门者，咸油油然有怀新意。

侯顾而乐之，遂于明伦堂西创修司训斋一区，计共费捐资三分之一，余为起造书院，添设膏火之用。今日定地，择日兴役矣。因庙工久竣，谓莆尝从诸君子后，宜先有言以落其成，即以寓日新之箴也。

窃以莆抱残守缺，日凛乎惧朽木之不可雕而粪土之不可杇也。将无以保其故，又乌足以知新伏，思学以举学人而已。自天子、公卿、大夫承学之士，下逮农、工、商、贾，莫不有仁义礼智之性，君臣、父子、夫妇、昆弟、朋友之伦，岂别有新奇可喜哉？

郡县之建圣庙，所以妥神灵，彰教育，养才俊，以翊承平也。

然而道在天壤，如日月之明，万古常新。学者生当正学昌明之日入学，鼓箧每春秋举祀趋跄。将事，瞻仰徘徊，穆然深思，同为圣人之徒，何以或曰儒，或曰贤，或亦称圣？或以或祠于门墙以内，或进于庑或升于堂入于室？何以昔为一子配享而继增以四？昔为十哲而今且十二？何以两庑之位无常数，代有来者？何以身列庙庭，致其亲亦配享于崇圣之宫？官斯土者多矣，乡之人又益众矣，何以祠者不过若而人？钧是人也，得其门以入学可阶而升也；不然，溺于俗尚，厌常喜新，虽破万卷，掇巍科，爵位耀于当时，文章传于后世，没身之后，欲在乡齿于乡贤，在官附于名宦，不可得矣，而况门庑以内哉？夫为学者不务名，然没世无称，君子疾之。莆不敏，不能文其辞，谨取能言，就传以来所传于父师及侧闻乡先生之绪余，摭其大略，用明我侯仰体圣天子作新之化，以加惠我邑之厚意，盖在此不在彼，期与来者相砥砺于无穷。

呜呼！有志之士，将必有奋然而起者矣。

乾隆四十年

邑进士吏部文选司郎中

紫阳书院在龙脊古城城隍庙之南邻，古色古香的书院有大门，有阶，有堂，有室，环以版筑，严以扃鐍。中有三槐高古，恰当庭籞。大门上方之额曰：紫阳书院。概欲学者讲明朱子正学也。礼请名师以广教习。

在春天的一次聚集有龙脊众学子、士绅等众多民众的开学典礼上，质莆公如此讲道：

颍之人士，汩于俗学久矣。父兄所愿望，师友所授受，惟在窃一青衿。甫入学宫，志得意满。读书事毕，上不知有君亲，中不知有身心，下不知有民物。於戏！何其志小而量浅也。古人读书，在乎识力，识远则气象宏大，力重则负荷克胜。先之小学，《孝经》以植其基。继之四书五经以广其识而穷理，力行不二不杂。是以处则孝友慈让，立身修德乡里，为文章品行之宗；出则忠清，勤慎正己化人，朝廷有事业功名之望。此古人所重于读书也。乃若朝诵夜唫，穷绘笔墨，志在利达，已成俗流。又下而止望以青衿以为支持门户，出入宫廷，武断乡里，此最卑下之习，而谓有志读书者为之乎用。望颍之人士入此学者，立品欲其刚方，立志欲其远大，立心欲其正直。从事于《小学》《四子》《五经》之书，以求乎孔、孟、颜、曾、周、程、张、朱之理，舍经书而言学者，非正学也。然舍朱子而言经书，则无自而得其真。何则？先圣之道，由朱子传注而始明，后贤之言，得朱子证议而始定断。在先从《《四书集注》入，后可徐及于《六经》《性理》《纲目》诸书。夫性命之学，涵于一心，莹然至静而万感森昭，散弥六合而卷藏于密，体用工夫要曰："存诚主敬"而已。能从事而不迷，将见养之；为德行发之，为文章施之，为经济成光明纯粹之，品而具宏通广大之。材则德星聚于颍水，而河岳炳其精华，备盛时之桢干，永斯道之干城，是中怀之所睠望。不则虽入此学，名为称先稽古，实犹识力卑凡。教者期其上达，学者安于俗流，使无类之心变为不肖之教，则又安可不戒惧于心而厉其志哉！

此外，质莆公还积极参与龙脊一带的水利建设，"比年频旱，更夫惶惶忧无食。"公首出金四百，组织人力引颍水、石梁河灌之；还"躬自履原湿、度土宜以教种稻谷，以兴桑农，保民生；筑堤以防水，设水闸以时蓄泄出；造水车、水斗以沿河流至下。如断人湖、沙坑坡诸地一经淫雨，终年成浸者。又挖坎道以泄之，水去地泄出，几成膏腴数千顷。而又给牛种以垦荒，剔衙蠹以弭奸，讲乡约以移俗。赈饥寒、恤鳏寡，四境童蒙又选教读以训之；倡新学宫，督英俊，以时其考课。公甚至因应民众和县令邀请，参与平息民事纠纷、勒石分界，永息讼端……

上述部分业绩，可以从质莆公撰写的《新河闸碑记》中窥其一斑。

水，天下之大利大害也。当其冲者，苟幸无害，则已卒语。以水之利，噤弗应长民者，谛视水之情形，而执其利害之故。

颍川之水曰颍、渚，皆淏也。三源奇发，多出嵩山。考之《说文》，淏水出密县入颍。又《水经注》载：淏出具茨山溪，水出其阿为陂。是颍水实淏水，而渚同其流，其来以远。或曰，淏实出大騩东南，经长葛入许，又东入颍，颍之北则艾城、石梁诸河，且錞且疏。艾城、石梁溢，悉走断人湖地，而颍北为河伯都矣。

颍水故从西北来，距城十五里南流，溃而东成河，歕荡不可以塞，昔人因状之曰锅壅。从来豫省，重累莫如黄河征夫。开、归二郡皆然，不独颍川一邑也。

而颍川倍有难焉者，则以锅壅口屡决，桑麻尽为洪波。往万历癸未，害滋甚。侯请于上，动大众塞之，父老悲且嘉。越丙辰岁频旱，巡台曹公按图移檄，令于口置闸借水利，而父老念前痛，难之。载强之，则亦聊涂塞焉耳。已未复旱，侯令启之，址遽啮不支，于是瞿瞿念一襟带水且尔。假令暴涨如往时，怀襄谓何？是谓掇利而先尝害也。已单骑循而东，见两岸禾牛，槁曾不得涓滴，润安在？口实为害，遂担己计，无如河闸。

便因捐金百，与襄之山市，得石千，卜日撤旧闸，凿地余丈，入石沙，荡水涌，基弗固。侯怦怦于衷，寝处其间者两日夜，而后奠为石券，高二丈，广四丈，深二丈，上覆以土，建水神祠镇之。于是父老复悲喜德侯，相率诣不佞莆问记。不佞尝从诸父老语水害也，色犹悸而恃，谂以水之利夫离堆之凿，与泾野漳泽逖矣。

曹魏时，枣祗任峻不决颍之田，岁收数万斛哉！颍之田犹是，曷独令岁为政，民苦旱若灼。旧屯不可蹟，计当日必潴之注之，有如此闸矣。嗟！非侯殚心于民，孰创数百年之未有，俾水不为害而坐食其利若是？既而以河浅膠舟，复鸠工濬之，繇五里桥东，历瓦店、长社，岁可走淮商，利不赀。形家者言："颍分流包络釀邑之祉，更厚允若兹，独利田已乎？"

卜始于闰之下澣，逾月告竣，石及砖垩木冶雇役之直，总二百余金，尽出侯。调度督之者驿官、义民数人。不佞既记其事，并采以颂文之石以勒侯德。其辞曰：颍水西来，孰障其东。有闸于斯，既砣既崇。唯闸之兴，自我侯始。驱石运垩，锢泉为祉。入之弥厚，砻之弥坚。厥害斯除，厥利斯延。我捍我梁，我黍我稌。永固其坊，惠我民庶。侯泽之远，遡颍之湄。有人为颂，矗矗其石。

后人评价质莆公说：

都哉，公能用其民矣，民之用力用公之心也。利民，大仁也；作士，大化也；变化调停，大智也；区画得宜，大才也；捐俸缮修，大廉也；公以实心置人腹，以实心为公用，大信也。上之尊礼县公，下之民辑众。公刚直坦易，处事明断，为众所信服。其于远人之避难者，如太康、扶沟、西华、尉氏诸县民，皆一一安辑之，使不失依；为之开集市，通贸易，为大众资生计。其或生儒，则为设馆开学，资束脯以给其食。公之利赖，不但县人德之，周围数县之民，又皆咸沾其惠也。其功德及人，宁有量哉？

此后，公即世，乡人思其德不能忘，群请于邑侯为之建祠。每春二月享祀公。至是犹恐其久而或堙也，议立石而垂不朽。

昔柳下惠有言曰：祀，国之大节也，先王慎制之，以为国典，其功德之有赖于民也。故其制曰：法施于民则祀之；以劳定国则祀之；能捍大患、能御大灾则祀之。又有报焉。及夫前哲令德之人，所以为民质也。若然，则人之功德诚有及于民者，当即为先王之所许也。

前半生春风得意马蹄疾、后半生却不得志的质莆公，只好向化名陶朱公的范蠡学习，大隐隐于古城闹市之一隅。他在读书写字著书立说培养后学之余，也做做土地、商铺、房产等各类投资买卖，投身农桑稼穑等。

龙脊古城北门外约2里许五里河畔之南岸，原有一大片长满毛毛草的荒地，被质莆公收购并雇人开垦出来，成为旱涝保收的良田。良田附近建有打麦场，麦场旁边建有粮仓和住室十几间。忙时住人屯粮，闲时锁门闭户。

后来几户同宗的人在此定居下来，几年后成为一个鸡犬相闻颇有田园意味的长

方形自然村落。因其在前场村之西北即之后，故名后场或北场。道光十五年，其牛姓佃户一大家居住在此，后经繁衍生息，进一步发展成有两条东西向街道的较大村落。又因其在龙脊古城以北，且是古城北街银氏之土地，是故又名北银村。

当时属于古城香宅的生意商铺，均以"天"字为号、即天字号，如天寿永药铺，天福楼首饰楼，天工书屋，等等。

龙脊台陈陈家的布行生意，则是祥字号，如祥泰义，祥泰仁，祥泰礼，祥泰智，祥泰信等。

裴墩卢家的商号则为崇字号，如崇义永染坊，等等。

此时的龙脊古城内外，有银货铺、沽衣铺、染坊、铁匠铺、药铺、当铺、鞋铺、布店、石印铺、戏班、响器班、棺材铺、书屋等等，和包括豆腐脑、胡辣汤、包子、稀饭、油馍、酒馆、丸子汤、火烧和烧饼等在内的大小商铺数百家，一时间商业繁荣、人丁兴旺，百姓安居乐业。

久而久之，质莆公的香宅也就广置田产富甲一方了。龙脊城外东西南北四面八方几十里范围内，俱有香宅产业。

也就是说，从将香宅发扬光大的质莆公起，这个家族在仕途上就开始步入下坡道。这很有点儿成也萧何败也萧何的意味，刚要振翅，却已折翼。这应该是香宅十六世祖质莆公的写照。

正值英壮之年的香宅这位先祖，眼看着同朝为官的傅恒、和珅、刘墉和纪晓岚等飞黄腾达、高歌猛进，他却只能专注于国学，并沦为官场的匆匆过客和稳稳当当的看客。

对此，质莆公留给后人的总结是：天，引导变化，常起不测风云；地，承载变化，顺应不生分别。人在天地之间，动而合天行健，自强不息；静而显地势坤，厚德载物。静守而不忘作为，作为而不离道德。

鉴于质莆公在当地教育、水利、农桑等诸多方面泽被乡间、造福桑梓，并久在故里著书立说，为当地人说话办事，龙脊人便称他为银留侯。并在城内北大街南端东侧，为他建银进士第，高瓦门楼上有匾额曰"大夫第"。

城内北街的大夫第，与南街前明的桂阁老祠，互相衬托相映成趣，分别代表了明、清两朝龙脊两个文进士的成就，反映了当地黎民的寄托。

桂阁老祠在城内南大街东侧，为前明嘉靖朝大学士桂阁老家祠，有大殿三间，院落宽敞。瓦门楼一个匾额曰"桂公祠堂"，青石台阶，临街瓦房三间。

因此间质莆公的生活主要围绕香宅北侧之小北海，并在夏季常在小北海边赏荷；冬天则常在香宅院内那株怒放的蜡梅树下赏梅喝茶、与古城内读书人或得道高僧吟诗唱和，他的一个弟子便送他一副对联总结他的日常生活说：

荷花摇夏梦
寒梅唱冬歌

质莆公的另一个弟子，则在称赞这副对联的精准绝妙之余，告诉他的这位同门师兄说：兄知其一，弟知其二。恩师确实留恋小北海的夏荷及香宅的梅香，但他偶尔也有忧国忧民夜半无法成眠、踏雪寻梅徘徊在月光之下的时候，为此，我描写他老人家的对联如下：

月色一帘梅几朵

馨香数缕我一人

两副对联到得质莆公手中后，他细细品赏并评道：知我者，弟子也！

20

随着时光的不断流逝和政局的风云变幻，滚滚滚红尘之中也在发生着各种变化，这种变化不仅仅是人事更迭、新陈代谢，历史上在颖川大地留下来的那些人文遗迹等，也在发生着各种变化。

乾隆三十九年，颖川大地郾城知县周珍，下令将《孔子归村遗迹碑记》迁到郾城东关外古老官路之北侧。

78 年后的咸丰二年，归村人录文刻石，将《孔子归村遗迹碑记》复立于归村寨西门内孔庙中。

光绪二年，郾城知县王凤森立《许夫子从祀文庙碑》。许夫子即许慎，《说文解字》的作者。

右调《朝玉阶》

几见六龙下八垓，殷宗功德厚，被天灾。恩流颍水万民怀，辉煌金殿启，峙高台。
烟寒秀盖砌生苔，嵩呼疏影动，荫古槐。每年报赛訁输财，迎神何所祷，遏蝗来。

第三章 家 国

1

时光荏苒，沧海桑田。天道如此，人力奈何？

变化是人世间和滚滚红尘永恒不变的主题，僵化不变、故步自封是不可能的。这就是《易经》的本质和中心主题：变化与变化规律，即如何变化。

近百年过去，弹指一挥间。

龙脊古城香宅传到第十九世从九品时，大宅门还大致是从前的模样，住在香宅里面的人，依然保留着豪门大户的派头，至少表面上如此。

从九品年少时，香宅生活颇为优越，他也过得散淡、悠闲、从容。

从九品对之乎者也之类的圣贤书籍很不上心，更没有兴趣。加上他中进士的太爷质莆公当年在朝中屡遭排挤打击，更使从九品看淡了官场的所谓锦绣前程，并因此缺乏考取功名的动力和定力。他所热衷的，不过是结交朋友、读《三国演义》《水浒传》和《西游记》等这些先祖传下来的线装闲书。阅读对于他来说，与功名利禄前程无关，纯粹是消遣好玩儿。

年轻时的从九品，每每出城访亲问友、小住收租，总是乘坐八抬大轿，身边一帮丫鬟使女伺候着、一群家丁前呼后拥着，好不威风。

这是香宅在大清封建王朝的最后一缕辉煌之光了，也可以说是回光返照。

但随着年龄和阅历增长，从九品很快就觉得这种过于招摇的生活很无聊，便迅速从善如流改邪归正。

从此以后，从九品将大部分时间用在读书、写字，品茶和聊天这些方面。并书写以下对联挂在书房勉励自己：

道心静似山藏玉
书味清于水养鱼

有时，他会和龙脊古城中的名士谈天文论地理，交流阴阳八卦岐黄之术。此间，他结识了古城内山陕会馆的悟真大和尚。闲暇时，从九品常常登门拜访悟真，二人谈天说地交流人生感悟。

在悟真大和尚那儿，从九品结识了当时的年轻书生吴宗尧并一见如故。当然，作为龙脊不多的书香门第之二，此前俩人祖父辈之间就互有往来、俩家算是世交。

现在，神交已久的两个少年，终于面对面零距离接触了。

比从九品小 3 岁的吴宗尧自幼饱读诗书，14 岁便成为颍川县秀才，一时被大家誉为神童而名冠龙脊。像当年香宅的藏酉和质莆兄弟俩一样，当时的神童吴宗尧被龙脊人寄予厚望，希望他能成为大清末年的龙脊进士之类。但他却因时运不济，止步于举子。

吴宗尧之父吴太恒，也是龙脊一带饱学之士，曾在宋阁授业解惑教书育人。

从九品与吴宗尧性情互补。前者洒脱飘逸不拘小节，仗义疏财乐善好施，风流倜傥侃侃而谈，豪爽圆润却也疾恶如仇；后者不苟言笑严肃认真，一丝不苟精益求精，古道热肠但不留情面。

两个性情反差强烈的年轻人，却相见恨晚颇为投机，一来二去便成终身好友。俩人不但在山陕会馆悟真大和尚处相聚畅谈，也在香宅、大陵和宋阁等处喝茶品茗谈诗论道。有时，他们还背起行装，一起在颍川一带访古探幽、纵论龙脊一带历史演化风土人情等。

悟真大和尚曾半开玩笑评价二人曰：

会心不在远

灵犀一点通

一次，好久不见吴宗尧的从九品决定去拜访他，走出立有"雄關雾列"巨大匾额的北门快到五里河时，远远看到对面一穿长衫马褂的清瘦身影正向自己走来。从九品乐了：这不是宗尧嘛！就兴奋地喊着走过去：质舜贤弟，质舜贤弟！

吴宗尧近视，一时看不清对面来人。但从声音上得知对面来的是从九品，也兴奋地喊着：敬五兄，敬五兄，我正要去香宅访你呢。你这是要到哪里去啊？

我正要到大陵去叨扰你呢。从九品欢喜地说。

于是，二人在五里河那座明代古老石桥上，先是相互拱手致意拊掌大笑，为双方心有灵犀而大喜，继而坐在桥面一侧的栏杆上，不知疲倦地聊起来。高兴了也会吟诗作赋，甚是融洽。

这天，从九品唱五言《五里清流》曰：

载酒游清野，鸣榔泛碧浔。

浮光没俗鸟，积气障高林。

古木临溪秀，新篁夹岸深。

长吟乘月住，灵液展幽寻。

吴宗尧则和七言《五里清流》曰：

遍野晴光蕴玉林，红尘何虑掩青阴。

花飞柳絮春常驻，影照银河夜不沉。

茅屋莫嫌寒气重，麦苗已喜植根深。

家家莹聚祥光绕，到处同欢幸有今。

直到天色暗淡、明月高悬，俩人才携手到宋阁吴太恒那儿落脚儿，继续海阔天空。

悟真大和尚曾这样评论二人道：质舜内敛慧中喜怒不形于表、性阴，敬五坦荡

外向表里如一、性阳。一阴一阳，互补互生，故此投缘之甚。

上面说过，年轻时的从九品曾少年轻狂青春气盛不吝张扬。他长大后第一次到小龙脊时，闹出的动静颇大：庞大的轿队伴着丫鬟侍女各色仆役，后面跟着不少肩扛手提或圆或方或扁或长的红木食盒、樟木箱笼之类。

当时的龙脊人由此得出结论说，香宅的从九品就是一浪荡公子哥，是靠祖上阴德潇洒挥霍不思进取的败家子，数代英明人才辈出的香宅，必将毁在他这个膏粱子弟手里。

但后来发生在龙脊古城的两件大事，彻底颠覆了人们对少年从九品的看法和认识。

此时人们才发现，这个表面上大大咧咧满不在乎的从九品，其实是生不逢时、没有报效朝廷的机会。否则，他定是一位留名青史的大英雄。

十分张扬地出行小龙脊那件事后不久，从九品性情大变，从此不再排场奢靡前呼后拥，并颇为当年的那种少年张狂孟浪悔恨。

2

同治七年深秋的一天，一股捻军残部从山东败走颍川。上千全副武装的捻匪，试图攻占龙脊古城，欲以颍川古郡为根据地东山再起死灰复燃。

龙脊古城被围时，整个城内只有十几个平时极为懒散而又缺乏基本军事训练的衙役、捕快等。因事发突然，古城官民全无任何准备。作为一方主心骨的知县，也一时方寸大乱，不知该如何是好。

脑子活络见多识广的师爷向知县进言道：常言说，高手在民间。既然大人暂时不知计将安出，不如张贴告示发出英雄帖，悬赏有退敌之策的豪杰出面组织防御。

已六神无主的知县，内心虽对师爷所说"高手在民间"嗤之以鼻，但眼下自己确实黔驴技穷无计可施了。既如此，不如死马当活马医，干脆顺水推舟试试看。

于是，悬赏退敌的告示，很快贴满龙脊古城的大街小巷，尤其是谯楼前后左右四面墙上，和古城十字街口明嘉靖年间立的那座古老但仍然不失精美的"天恩存问"石牌坊上。

捻匪围城时，也刚好把正在山陕会馆内谈经论道的悟真大和尚、从九品和吴宗尧圈在城内。

当小沙弥慌里慌张跑来报说古城已被突然而来的捻匪围困时，大家一时沉默起来不知说啥好。

在相对和平环境中过来的从九品和吴宗尧，都未经历过真刀真枪的战争场面，只好看着久经世事的大和尚，等他指点迷津出谋划策。

悟真确曾经历过类似场面。住持山陕会馆前，他一直在少林寺礼佛，其间发生过类似今天龙脊古城的情况：一天，少林寺突然被众匪围困，但最终依靠众僧的力量化险为夷有惊无险。可眼下的龙脊古城与当年少林寺的情形大不一样，这里没有众多训练有素的武僧，也没有英武的衙役捕快。唯一可依靠的，只能是年轻人的智勇。

想到这里，悟真从容而温和地看着从九品坚定地说道：敬五，你出头施展才学的日子到了。有质舜做你的臂膀，我们会将穷途末路的捻匪们赶走的！

从九品一愣，笑着认真地回道：大师取笑了，我有何德何能退此大敌？

悟真微微一笑说：敬五啊，香宅武将文臣人才辈出，是有清一朝龙脊响当当的不二世家。你出此高门大户，可谓见多识广。加之在任何人面前都能淡定自若侃侃而谈无丝毫畏惧心理。这些无人能及的长处，足以帮你出面御敌。

从九品听明白了，大师是让他发挥在香宅浸润的智慧和素质，与捻匪周旋并见机行事智退强敌。

同样听明白了的吴宗尧，在一旁鼓励从九品道：敬五兄，大师说得对。你出身古城槐门，有气吞山河的大气魄大局观。自古以来能成大事者，非贵族出身不可。斤斤计较锱铢必较之小农意识者，很难成就大业。前朝李闯王之乱，就是活生生的例子。他们虽一时占领京城，最终却不得不仓皇逃窜，一夜之间，百万大军土崩瓦解灰飞烟灭。

悟真赞许地点点头，再次认真地对从九品说：军情紧急，此处不便久留。敬五，带着质舜上街去转转。兄弟同心其利断金，相信你们会找到退敌之勇气和信心的。阿弥陀佛！

步出幽深清净的会馆僧房来到大街上。从九品和吴宗尧这才发现街上混乱无序，人们无头苍蝇般在大街上盲目地奔跑呼号着，仿佛世界末日已经来临。

从城的西南角来到城中心，几乎所有店铺大门都紧闭着。此刻是上午巳时，发着惨白色光芒的太阳在东南上空高悬着。新的一天才刚刚开始，市面却已开始萧条凋零了。

都是捻匪惹的祸！从九品激愤地想。

两人来到谯楼，见数人正围看知县发布的招贤榜，说是要重赏那些能够退匪的英雄豪杰。从九品和吴宗尧正读着，忽听背后有人叫他们：梅痴兄，菊痴兄。

俩人回头一看，原来是小龙脊的苇痴。从九品有些吃惊：苇痴老弟，你咋跑进城里来了？古城不是被捻匪围起来了吗？难道你飞进来的不成？

苇痴笑答：我是昨晚带着小龙脊一帮人，拉了十几车芦苇进城来卖的。本想今儿赶个早集卖个好价钱，结果昨晚刚一进城，今早捻匪就洪水般涌来将古城团团围住，城门因此紧闭。如此状况，谁还来买芦苇啊？唉！

从九品和吴宗尧转身一看，谯楼正前方的南大街上，果然停着十几辆装满金黄色芦苇的架子车。十几辆车像十几座小山包一样，高高耸立在大街两侧。每辆车旁，都站着两、三条壮汉，有的从九品认识，如长聚和长根他爹、水镜他爹、群昌他爹、满堂和满仓他爹、金锁他爹、和他爹、德顺他爹等，有的却并不熟悉。

顺便交代一下，小龙脊是香宅在城北收租的集散地。那里有香宅的粮仓和家庙之类。从九品自小到大，几乎每年都到那里数次，和很多村民都很熟。

看到芦苇和人，从九品心中突然被点亮了般明快起来，紧锁着的眉头也随之舒展开来。他对苇痴说：放心吧，老弟！所有芦苇我都买了，三天内交货付款。不过，事成之前，你和小龙脊这些壮劳力需要给我帮个忙。反正你们也无法出城。如何？

梅痴兄不是开玩笑吧？你要这么多芦苇有啥用？苇痴有些不相信。

吴宗尧已大致猜出从九品的计划，劝苇痴道：苇痴弟放心吧，梅痴兄从不打诳语。然后转向从九品笑道：梅痴兄，那我就把招贤榜揭下来了？

知道聪明的吴宗尧已猜透自己的心思，从九品和他相视一笑说：那就有劳贤弟了，拿着它一起到县衙去。

二人手握招贤榜走了几步，见苇痴没跟上来，从九品叫道：苇痴老弟，同去同去。

苇痴紧跑几步追上二人，有些不解地问：我去帮不上忙吧？

从九品说：老弟会帮上大忙的，等一会儿就知道了。

来到县衙，吴宗尧上前击鼓，三人很快被叫到堂上。

今个情况特殊，大街上几乎家家闭户，县衙也难得冷清下来。门可罗雀的大堂，办事效率却空前高起来。为等待英雄出世拯救古城，知县特意嘱咐值班衙役、书吏打起精神，不要放过任何前来递交招贤榜之人。

听到有人击鼓，知县很激动，一下子就来了精神，心里说：果然有不怕死的！看来老夫运气不错，龙脊古城有救了。一旦击败捻匪，自己加官进爵指日可待。

当看到下面立着从九品时，知县刚才还喜滋滋的面孔马上半黑下来。心说：敬五啊敬五，没事不在香宅待着，来这儿捣啥乱啊？虽这样想着，却口是心非地说：这不是敬五、质舜贤弟吗？好久不见，别来无恙？不等二人回答，又指着从九品左手跪着的苇痴问：这位贤弟是？

从九品朗声答道：大人，这位是我的苇痴贤弟。我们是来揭榜抗匪的。

知县问：就贤弟你们三位吗？

抗匪需众志成城共同努力。如蒙大人恩准，我们三人愿做马前卒，组织城中所有力量一起御敌。一旦大人授权在下指挥所有衙役捕快、招募城中青壮，赶跑捻匪便大有希望。从九品说。

知县背着手来回踱了几步寻思一会儿后道：敬五贤弟，想必你也知道军中无戏言这句话。我们虽非正规军，但一旦有战事，必须按军规从事。

大人请放心。三天之内，必将这伙捻匪剿灭。如若不然，愿军法从事，任凭大人发落！从九品说。

知县听后心说：好啊，无论结果如何，稳赚不赔的都是我。你从九品胜了，功劳自然是我的，我领导有方啊。如果你败了，刚好拿下你从九品的脑袋，以报去年你羞辱我的宿仇！

想到这里，知县大声叫道：好！好一个敬五贤弟，有志气。有贤弟之干云豪气，龙脊古城势必安然无恙，捻匪定被碾灭净尽。老夫及全城百姓，一定全力配合贤弟，并唯贤弟马是瞻是瞻！捕头。

捕头应声来到堂上。

捕头听令，从即刻起，所有捕快衙役，一律听从这位敬五贤弟指挥。大家要精诚团结全力抗匪！有违令者，敬五贤弟可先斩后奏。知县大声地发布号令道。

捕头应声点头。

敬五贤弟，还有何要求啊？知县客气地问。

可否借谯楼一用？作为战时指挥所？从九品恭敬地请求道。

知县毫不迟疑地回答：没问题，敬五贤弟就在那里运筹帷幄指挥退敌吧。我在县衙等贤弟的好消息，并准备给贤弟们庆功的酒宴之类。

接过知县写的手令，从九品转身对捕头说：半个时辰后，让兄弟们到谯楼前集合。然后谢过知县，同菊痴及苇痴一同步出县衙，向谯楼走去。

路上，苇痴有些担心地说：梅痴兄，你去年开罪过知县，他会不会借机报复于你啊？

吴宗尧说：苇痴弟放心，知县还不想犯下丢城失土之大罪。相反，他还想立功高升呢。更何况，万一我们真败了，杀进城来的捻匪最先砍掉的人，一定是知县。他一定会配合我们的。

从九品点头称是。

3

古城谯楼始建于景泰二年。康熙二年在旧址重建，康熙八年和乾隆七年又先后重修。其功用是"昼则谨时刻，夜则严鼓角，所以警动人民之视听而时其作息之节者也。"

谯楼其实就是钟鼓楼，内置巨钟大鼓。铜钟周长四尺，上铸"风调雨顺 国泰民安"八个大字。当然，东大街的双忠祠和城西北的万寿宫内，也各有大钟一个。但谯楼居高临下、俯视全城且居中，更可以借助其钟鼓发布信号。所以，用谯楼作战时指挥中心，再合适不过了。

时间紧迫时不我待。

谯楼上的从九品开始分派任务了。他让苇痴安排小龙脊一干人，将所有芦苇拉到北门城门洞内，挑拣其中结实耐用者约三千根出来；剩余的全部用荆条或麻绳松松地捆扎起来，待天黑后悄悄运到北门瓮城城墙上，沿城头均匀分成数堆儿，等候调用。

苇痴得令而去。

从九品对刚进来的捕头说，派一得力弟兄，带四、五个人，召集城中所有铁匠，即刻生火打造箭簇，争取两天之内打造五千个左右；另选一机灵兄弟，带上四、五个人，将城中所有烟花爆竹作坊的火药，集中起来送到北门城楼上。

捕头领命而去。

最后，从九品对吴宗尧说：质舜贤弟，有一要务须你亲自出面方得圆满。以你神童之名号，大家一定会给面子。就是召集城中所有绅士贤达，要他们将各辖区内所有青壮劳力统统集中起来，天黑之前上城守卫。另外，还要动之以情晓之以理号召他们募捐，有钱出钱有粮出粮，多少不限，保证守城人员不受冻挨饿。

吴宗尧谦虚道：有敬五兄这杆大旗，我会不辱使命的。说罢，拱手而去。

从九品沉思了一会儿，觉得自己也该出面去会会捻匪头目了，看看他们是不是长有三头六臂刀枪不入的异类。于是，他走下谯楼对捕头说：叫上四个兄弟，跟我出城。

捕头吃惊地张开嘴巴，似乎在说：您没喝大吧？这时候出城，不是送死吗？

从九品知道捕头在想啥，却不和他解释。领着捕头和他的四个手下，来到王氏老井坊叫开门，让四个捕快各装上八坛老酒陈酿，嘱咐他们将所有酒水挑到城北门内去等候，他和捕头很快就过去与大家汇合。

按东、南、西的顺序，从九品带着捕头依次登上各城楼，查看城外捻匪的动静，最后来到北门。

俩人爬上北城楼，仔细观察护城河对岸捻匪的动静。北门外有五百名左右捻匪，其它三个城门外，各有 50 人的样子。

显然，捻匪将重点放在了北门，这和从九品此前的判断一致。

在所有四个城门中，北门外的护城河窄一些、水浅一些。从城外面看，北门也似乎低矮一些。另外，北门外不远处的火神庙，可以被用作临时大本营或指挥所。这是不了解内情的外来人，错误且致命的第一印象。

这也是当初建造龙脊古城时，设计者独具匠心的一面：就是要把所有可能的入侵者引到同一个城门即北门，然后乘机聚而歼之。

表面上易攻难守的北门，其实杀机重重。

北门是古城四门中，唯一一个有巨大瓮城的城楼。其椭圆形瓮城的城墙不是实心的，而是有类似暗道的空心墙。绕瓮城一周上下两道相互平行的暗道，每隔一段距离就有一个瞭望射击孔。算上瓮城城头，该瓮城共有三层与地面大致平行、且居高临下的立体防御体系。只要守城者不主动开门投降，想突破这个城门绝非易事。

从山东地界骤然而至的捻匪，显然不知道这些。他们本来是从东部过来的，绕城一周后，发现北门似乎最易攻取，且北门外有可以安营扎寨的火神庙，于是就把重兵放在北门。其它三个城门外，仅放置一些老弱病残作为疑兵；精兵强将们，则全部摆在北门外，试图等时机成熟就发起猛攻一举拿下。

4

围攻龙脊古城的是捻军残部，也是捻军最后的香火和希望。

清穆宗同治七年，对捻军来说是毁灭性的。这是捻匪吹灯拔蜡油枯灯灭的一年，也是这股在华夏大地活跃了 17 年之久的武装力量光芒尽失的一年。

这年一月，东捻在山东寿光全军覆灭，大名鼎鼎的捻军领袖赖文光被俘砍头。西捻在驰援东捻途中同样不被老天爷眷顾，因八月连日大雨，骑兵无法施展，被训练有素的淮军在山东荏平大败，几近全军覆灭；仅存的二百余众残兵败将，在侥幸投徒骇河脱身的梁王张宗禹带领下，如漏网之鱼漫无目的奔颍川而来。

一路之上人困马乏饥渴难耐，虽有心攻占龙脊古城，然后以此为据点休养生息以图重新崛起，却已是强弩之末有心无力了。只能暂且将古城围困起来，等稍事休息恢复体力后，再作打算。

身经百战的张宗禹，曾全歼僧格林沁马队万余人，杀僧格林沁及内阁学士全顺、总兵何建鳌、额尔经厄等文武官员多人，创造了捻军史上最大的一次胜利，轰动天下、动摇大清朝廷。

无奈时过境迁，此一时也彼一时也，好汉不提当年勇。

眼下的张宗禹身负箭伤身心憔悴，神智有些恍恍惚惚。他听说龙脊物产丰富，地里红薯、玉米、大豆、高粱、谷子和芝麻等正熟，军需大概不成问题，也就乐得在此安营扎寨休养生息。只要将此古城围困起来，不让人出来前去汝南、许昌、开封等地报信儿，自己这千余残兵败将（其中还有来的路上新招募的数百兵丁），就可以在此休整养伤恢复元气，然后拿下古城据为己有再图霸业。

这就是张宗禹的如意算盘。

从九品发现，无论是哪个城门外的捻匪，似乎都打不起精神。大家三五成群倒卧在地，军旗不整盔歪甲斜，刀枪等兵器胡乱扔在地上。有的还缠着脑袋吊着手臂，显然是受伤了。就连那些马匹，也是马瘦毛长、一副病恹恹的样子。想必这是一伙残兵败将。可惜自己手里没有吃皇粮的正规兵丁，只有东拼西凑而来的一帮乌合之众。否则同时四门大开，一个冲锋就可风卷残云般把这些匪患一举荡平彻底消灭掉，而不必如此费尽心机细细筹划。

有必要深入虎穴一探虚实，看看这帮家伙究竟是何方神圣、又将做何打算。

想到这里，从九品走下城楼打开城门，领着捕头和四个担酒捕快，来到护城河南。他让捕头隔着吊桥与护城河北的捻匪交流起来，中心话题是找捻匪头子对话，并说古城内乡绅代表，特意箪食壶浆略备薄酒，准备去慰问远道而来秋毫无犯的大军。

对方一小头目模样的人让这边等一下。

很快，从九品便看见对岸一年轻兵丁，手脚利索地向不远处的火神庙飞奔而去，大概是请示其最高领导去了。

不一会儿，年轻兵丁返回，和小头目咬耳朵一番儿。不久就听小头目高声喊道：过来吧。

放下吊桥准备过护城河前，从九品对守吊桥的人说：吊桥放下后，若对方冲过来，别管我们，只管拼命将吊桥收起来就好。

这时，有人在城楼上喊道：敬五兄，先别过去，回来商量一下再说。是吴宗尧的声音。

吴宗尧和乡绅讨论安排好一切后，就领着他们来找从九品，想知道他下一步的打算。结果听一个衙役讲，从九品一行人担着酒水到北门去了，就急忙率众乡绅赶过来。刚登上城楼，便看见正要放下吊桥出城的从九品一行。大家都未料到，从九品会在此刻出城。担心之余，吴宗尧就想阻止从九品。

从九品向城楼上摆摆手，笑笑表示知道了。然后领着一行数人，担着酒过吊桥，向北侧的捻匪走去。双方汇合后，小头目让不久前到火神庙去请示的那个年轻兵丁，带从九品一行去见梁王张宗禹。

在火神庙那座有些空旷的大殿内，从九品终于和那个曾经震动天下的梁王见面了。

眼前的张宗禹身着盔甲，端坐在火神庙大殿正中神像前的一张太师椅上。其左右两侧，各立着一位全副武装的卫兵。他们显然在得到从九品一行要来"箪食壶浆觐见"的消息后，事先着意好好收拾了一番。

威武固然威武，但满面倦容清晰可见。张宗禹甚至面色发青黄色，似乎还在病中。想必他身负重伤失血过多，否则断不会有如此面色。从九品这样推断着。

从九品当然听说过大败清军将领中之翘楚僧格林沁的捻匪头目张宗禹的鼎鼎大名，但从未想到，自己有一天会见到这个被大清政府描述为"青面獠牙、恶贯满盈、杀人魔王、罄竹难书"等等的匪首。如今面对面零距离接触下，觉得他除面色不佳外，倒更符合"相貌堂堂、浓眉大眼、虎背熊腰、一表人才、不怒自威"这几个词汇。良好的第一印象，使从九品刚来时的些许紧张一下子消失殆尽，也因此更加从容自如起来。

张宗禹沙哑着嗓子问从九品所来何事？

从九品恭敬地回道，自己是龙脊一个不成功的读书人，听说将军远道而来，特备薄酒以示慰问，请将军笑纳。

然后又似乎少不经事地开门见山道：将军拥大军席卷而来，龙脊古城人心惶惶，唯恐有一天城破房毁生灵涂炭。于是众人公推在下这一介书生前来致意，特向将军说明，古城居民以为，与其让城破人亡，倒不如开门迎接将军一行入城。如若两下能和平共处，岂不是一桩美事？不知将军意下如何？

梁王继续沙哑着嗓子说：看老弟知书达理年轻有为，想必出自书香门第。捻军源自百姓，历来以天下苍生为念。龙脊百姓如能在三日内开门迎纳，我等自然秋毫无犯，与古城和平共处。否则，就对不起了。

从九品回道：感谢将军赤诚相见。不瞒将军说，在下就住城内北门附近，本人是绝不希望见到血光之灾的。其它三个城门不好说，三日之内，北门必有动静，请将军明察。

说完，从九品给梁王抱拳施礼道别，然后领着一行人返回城内。

从九品在火神庙时，吴宗尧等在北门楼上急得像热锅上的蚂蚁一般，坐立不安。当看到从九品一行向城门走来时，便放下心来，并立即下楼迎接。等从九品一行终于通过吊桥回到这边后，赶紧上前挽住从九品的胳膊说：敬五兄，你可吓死我了！

从九品回说：不入虎穴焉得虎子！我一切都好，多谢质舜贤弟关心。走，到谯楼细谈。

众人到谯楼后，才发现从九品的爷爷晴麓老先生、悟真大和尚、知县和师爷等一帮人，正焦急地等在那里。

原来，听说从九品领着五个衙役出城后，众人不知他葫芦里卖的啥药，就十分着急，纷纷到此打探消息。

香宅质莆公之子晴麓，出身监生，曾任陕西三要司巡检，例授布经，眼下正致仕在家。从九品之父字畹亭，例授巡检，在外地任职。因此，照管从九品等孙辈，成为晴麓晚年生活的重要内容。

从九品先给爷爷问安，然后给知县施礼，最后双手抱拳作揖，躬身对焦急的众人抱歉道：让大家担心了。好在天佑龙脊，三日之内必破捻匪。接着向众人简要叙述了自己的所见所闻。众人这才放心散去。

是夜，龙脊城头灯火通明亮如白昼。

从九品指派城内乡绅派家丁轮流把守各段城墙。乡绅们各显其能，收集形状、大小不一的陶盆瓦罐注满猪油、羊油、豆油、菜籽油、花生油、甚至平日都舍不得吃的芝麻油等，油中插入胡萝卜粗细的破布捻子，点燃后置于城头。

城外捻匪看到后，引以为知己：原来龙脊百姓也喜欢捻子啊，好兆头。

从九品却还不放心，让捕头将衙役分成四班，其中两班轮流巡视全城城头，严查任何疏漏；另两班轮流巡视城内大街小巷，以防不测。

小龙脊一干人马则分为两队，在谯楼外轮流值守，随时听候调遣。

从九品、吴宗尧和苇痴，则一起在谯楼内值守，随时调度应付可能意外。

与此同时，城内近二十家铁匠铺，家家火树银花、人影晃动，一派繁忙景象。

5

隔日下午，从九品将所有衙役、捕快、家丁、城内青壮和小龙脊的汉子们，统统集中起来。大家饱餐一顿，每人还喝了一大碗古城内王氏老酒坊特意送来劳军的少康老曲酒以壮行色。然后个个头缠郭氏绸庄捐献来的红绸布条，列队集中在谯楼前南大街上，听候从九品调遣。

从九品挑出仨身强力壮的捕快，让他们各带20名青壮，手拿长枪、大刀、爪钩、叉子、锄头等各种可充作兵器的农具，分别埋伏在东、南、西三个城门内。只等谯楼这边烟火升空，就冲出城去，剿杀城外老弱病残之捻军。三队人马各自领命而去。

然后，从九品嘱咐苇痴和小龙脊一汉子说：看到北门烟火升空，即刻点燃谯楼顶上烟火，万勿有失。今夜能否大成全功，全看老弟你们了。

苇痴保证说：放心吧，梅痴兄。燃放烟花爆竹，是俺从小的梦想和拿手好戏。说罢，带着小龙脊的汉子，上谯楼准备去了。

从九品唤出捕头，嘱他带领四个捕快，外加15个青壮。黄昏后从城墙东北角缒城而下，在五里河石桥上设置三道绊马索，准备擒拿匪首张宗禹和他的亲兵护卫。

从九品解释说：看到城内捻匪败亡，张匪必逃出火神庙，沿老官路向北逃窜，五里河石桥乃其必经之地。这拨人便跟着捕头准备去了。

最后，从九品让剩余人员自行组合，每三人一组。三人中一个弓箭手，一个火枪手、乡下打兔子等野味用的那种土枪，一个长把红缨枪手。每组按编号在瓮城城头、城墙内暗道、连接瓮城与北大街两侧的商铺屋顶藏好。靠近瓮城的那小段北大街上，撒有铁匠门刚刚打制好的铁蒺藜；其尽头则设有三道拒马，每道拒马上都布满尖利的竹子和铁刺。

从九品特别指派各5名小龙脊汉子，分别埋伏在瓮城南、北两个城楼顶上。5人中的4个，看到瓮城中捻匪点起火把后，立刻引燃芦苇捆，并将它们推下城门口，切断捻匪的进、退之路，将他们圈闭在瓮城之内，由躲藏在城墙中的兄弟们射杀。5人中的第5个人，在同组其他4人引燃芦苇时燃放烟火、发出总攻信号。

从九品最后告诉大伙说：各位兄弟，看见进入翁城的捻匪点起火把后，即刻进入射击状态，等到烟火升空，立马开弓放箭。都明白了吧？

众人齐声喊道：明白了！

从九品说：好极了！行动吧。

最后这拨人，立即向北门瓮城方向移动、准备去了。

从九品和吴宗尧登上谯楼之巅，等待各方消息。他俩身边，是苇痴和他的助手，两人紧盯北门方向，等待烟火绚丽绽放的激动人心时刻。

6

同日黄昏，捻军发现北城门外的吊桥突然缓缓放下。紧接着，沉重的城门"吱吱呀呀"打开了。

按照梁王吩咐，从昨晚开始，其它三个城门外的捻军，除留四个伤员做做样子外，其余全被调到北门外，等待那个年轻书生的"三日之内，北门必有动静"。

有精细手下提醒梁王：小心有诈。

梁王回答说：穷途末路之军，不必再成惊弓之鸟；捻军未来，在此一举，不功则仁。

并进一步发布命令道：青壮者在前，伤残者断后。

他特别嘱咐前哨队说：如果瓮城通向北大街的那道门没有打开，就是有诈。要赶快给后队发信号，让后队变前队，前队变后队，迅速撤出瓮城，前来火神庙汇合。以免在瓮城被来个瓮中捉鳖合围聚歼。

一切布置停当，大家便出发了。

梁王已输红眼睛，他要孤注一掷、不成功便成仁、舍生取义了。

和前两晚不同的是，今夜城头没了灯火通明，瓮城及其周围都在黑夜的暗色中悄悄地沉默着。

一些捻军觉得不大对劲儿，内心便不停地打鼓。

另一些捻军则认为很正常，毕竟这是那个自称书生的年轻人要开门叛降，不好明火执仗做内应开城门，他只能在夜色里悄悄行动。哪一个杀人抢劫不是在月黑风高的夜晚？

如此一听，大家便宽慰不少，觉得很有道理，就不再争辩。

梁王因为重伤，无法亲自出马。他让手下一名亲信指挥这次纳降占领行动。

这个亲信骑在一匹高头大白马上，信心十足进入瓮城后，就立在瓮城中心不动了。只是命令一个手下，去看一下通向北大街的瓮城城门是否开着。

很快，士兵返回汇报说：城门大开，但由于天色太暗，看不清大街的实际状况。

接报后，亲信指挥便命令手下举火，准备开进古城。

捻匪们纷纷打石激火，然后用火纸点燃火把。刚刚还一片黑暗的瓮城，瞬间灯火通明亮如白昼。

就在众捻匪正适应暗夜中突然而来的亮光、好奇地打量着四周的瓮城时，瓮城南、北两侧的城楼上，突然就爆发出五彩缤纷眩人眼目的烟火。

几乎与此同时，被点燃的芦苇一捆接一捆地从城头上抛落下来，并很快将两个城门洞用大火和浓烟联袂织成的帷幕所完全覆盖。

就在瓮城内的捻匪们还在思考、纠结这究竟是古城人民的一种特殊欢迎仪式呢，还是别的啥时，突然，瓮城四周不同高度飞来无数箭矢。箭如飞蝗，躲无可躲。

虽然绝大多数箭矢都射空了，毕竟是一帮没有经过任何训练和实践的乌合之众，加之几乎都是首次参加正式战斗，难免紧张失措，命中率便极低。但架不住人多势众、箭如雨下，第一轮箭矢下来，就射倒约半数捻匪。

这第一轮箭矢，明白无误地回答了捻匪们的问题：上当了！中埋伏了！根本就没有啥开门纳降，只有诈降！

已经反应过来的部分捻匪，迅速跑向瓮城一角，欲占角负隅顽抗、垂死挣扎。

不料刚接近城墙，装满铁砂的土枪突然吐着火花怒吼起来。几乎与此同时，长长的红缨枪从瞭望孔中刺出，又一批捻匪倒了下去。

意识到靠近城墙更危险的捻匪，又如无头苍蝇般跑回瓮城中央。

此时，弓箭手们的第二轮发射如期而至，第三批捻匪应声倒下。

骑在马上的捻匪，一部分试图借助马匹的力量，穿过城门的火幕冲出瓮城。无奈火势太大太猛，马匹不肯钻入火堆，于是又被射杀一批。

死尸将北侧城门洞几乎堵死，火势又借死尸中脂肪被炙烤后流出的膏油，更加剧烈地燃烧起来，北门被彻底封死。

指挥此次行动的捻匪首领见冲出北门无望，只好领着左右两个手下，快马加鞭狠命冲出瓮城南门火网，来到北大街上。不料两个随从的马踩在铁蒺藜上，负痛倒下。

正当两个随从浑身燃着火在地上打滚嚎叫时，两侧房顶上的守城之人，用弓箭将他们射成刺猬，并很快停止鬼哭狼嚎，进入另一个世界去了。

首领的马匹好，没有受到铁蒺藜的太大影响，便快马加鞭奋力向前冲去。但因速度太快冲力太大，结果连人带马，被钉在拒马上的竹枪和铁刺上，最终双双负痛倒在大街上。

自此，北门内的战斗基本结束。

众人从瓮城上下来，举着火把就着芦苇尚未熄灭的光亮，清理战场、扑灭两个城门洞前的大火。

谯楼上的苇痴看见北门楼上炫目的烟火后，立刻让助手点燃谯楼上事先布置好的烟火。

早已隐藏在东、南、西三个门洞内多时的青壮，精神抖擞地开门冲出城去，将各城门外四个老弱病残的捻匪剁为肉酱。

在火神庙等候消息的梁王张宗禹，看见城内的冲天火光和绚丽烟火，以及静夜中不时传来的哀号声，知道大势已去，只好命令一个手下和他交换衣装。然后，两个亲兵将梁王扶上马，一行6人冲出火神庙，沿着官路向北疾驰而去。

刚到五里河桥上，只听一声呐喊，绊马索起处，6匹马接二连三坠落石桥上、下。

设伏的20个人，手忙脚乱点燃火把，然后手拿长把红缨枪，下到河边浅水处，用枪刺那些飘在水面的捻匪。最后将五具尸首钩到岸边，进而拖到岸上。

时为深秋，前几天正赶上秋雨绵绵河水大涨。第6个捻匪掉进河里后，竟执着地附在他的马上，顺水而下向东漂去。

深更半夜众人追赶不及。只好牵着5匹马，马背上驮着5具尸体，高高兴兴回到龙脊古城。

缺兵少将的颖川古郡一弹丸小城，竟以零伤亡之代价，全歼横行中国北方17年之久的捻患残部，尤其是打死捻匪最后的首领梁王张宗禹！

消息经由知县层层上报，整个朝廷欢声雷动龙颜大悦。皇帝觉得颖川知县可堪大用，立即下诏，宣他进京，升任兵部主事、掌印郎。

离开龙脊古城前一天，知县特意将从九品和吴宗尧请到县衙表示感谢，并由衷地说：此次能够全歼捻匪、杀死匪首张宗禹，功在敬五、质舜二位贤弟等龙脊众人，和本县关系不大。万岁隆恩，在下实在受之有愧。敬五贤弟大智若愚，为兄佩服之至。老夫曾向朝廷力荐敬五之大才，无奈贤弟坚辞不受，执意浪迹乡野闲云野鹤，实乃国之不幸。

顿了一下又道：说来十分惭愧，本县悔恨当初孟浪，冒犯香宅和敬五贤弟。如今看来，全是为兄之过，还请贤弟见谅。人逢喜事度量大，这就是此时知县的状态。

从九品道：大人客气了。过去的就让它们过去吧，万勿放在心头。

知县湿润着眼睛说：敬五贤弟胸襟宽广，有容人之雅量，更兼腹有良谋，实乃国家栋梁。无奈老弟淡泊功名，不肯屈就赴任，实在是可惜啊！也罢，人各有志，希望后会有期！

说罢，吩咐师爷把赏金交给从九品。

从九品将赏金递给吴宗尧，说：劳烦贤弟分发给小龙脊苇痴贤弟和参与战斗的所有弟兄，这是他们的芦苇钱和辛苦费。没有火烧芦苇，哪有后来的大胜！

说罢，与知县拱手道别，离开县衙，和吴宗尧一起，到山陕会馆去了。

看着从九品和吴宗尧离去的背影，知县自言自语念叨着：事了拂衣去，深藏功与名。从九品方是真正大才啊，吾不及也！自古大才乡野隐，从来风流红尘藏。

是年，从九品近20岁，吴宗尧18岁，苇痴16岁。

自此，从九品等三人名声大震，成为颖川古郡人人敬仰的少年英雄。

后来，随着龙脊抗捻故事的不断演绎，加上吴宗尧既有之神童美名、苇痴关键时刻送芦苇进城火烧捻军，颖川三贤或三痴之名越传越远，很有些威名远播的意味。

7

山陕会馆深处，悟真大和尚、从九品和吴宗尧坐在禅堂上，一边品茗，一边随意谈论着。

吴宗尧问从九品：敬五兄，为何不同意知县上报杀死捻匪首领张宗禹啊？

从九品答道：捕头一行人在五里河所杀5人中，确有一穿戴梁王盔甲之尸首。但此人肯定不是张匪首本人。战前我到火神庙会过他，俩人相貌、身高都不同。再者，捕头说当时落水的共6个捻匪，但他们仅杀死其中之5、擒获5匹战马，另一人一骑落水后顺流东去了。我怀疑梁王和他部下事先在火神庙已交换过装束，那个顺水而下者，应是狡猾的匪首张宗禹。所以，奏报上所谓"全歼捻匪"，该是浮夸不实之词，有虚报功劳之嫌。但愿匪首已淹死于河水之中。果然如此的话，百姓幸甚，家国幸甚。

后来，从九品的怀疑很快被证实。

越明年，有消息说，捻匪头子张宗禹再次凭借水遁成功逃脱。命大福大造化大的他，有时化装成和尚到处化缘；有时则以乡村郎中的身份出现，走村串户、治病救人；也有时化装成私塾或算命先生，收徒授业。但终其一生，再没能拉起一支队伍祸害华夏苍生。

这是后话。

吴宗尧转而向悟真求教道：大师，您当初为何如此肯定，敬五兄一定可以击退捻匪、力保龙脊古城无虞呢？

从九品也好奇地看着悟真，表示对这个问题同感兴趣。

悟真说：二位都是聪明人，只是还太年轻，智慧暂时被方刚血气给迷津了。老衲一点出来，你们便清楚了。敬五是"不识庐山真面目只缘身在此山中"、或"旁观者清当局者迷"。人们对自身所拥有的东西，常常不自觉地忽略或熟视无睹，却对自己所熟悉朋友身上的特点，一清二楚明明白白。敬五之对于我，就是如此。

呷了一口茶水后，悟真接着说道：一个人从娘胎里带来的天分，只能决定他一生大约一半的命运。决定他另一半的，是他打小耳濡目染的生存环境。同一个人，在不同环境中成长，其命运可能会完全不同。若此人出生于贫穷之家，他会依靠自身的聪明才智，把全部精力用于改变自己的生存环境上去，使自己和家庭富裕起来，能够衣食足、知礼节。这个单一目标，会让此人视野狭窄，其人之心胸也无法宽如大海浩如宇宙，其志向更难与治国平天下联系起来，仅仅可齐家而已。滚滚红尘中之绝大多数，就属此类。若此人生长在衣食无忧的富裕家庭、书香门第，不为日常生存耗费精力和光阴，其起点就高很多，必心胸开阔胸怀天下，以拯救天下苍生为己念，比如孙膑、曹操、孙权、诸葛亮等。如果此人超越治国平天下之志，无心功名利禄而胸怀宇宙，就会成为净化人类灵魂、指点迷津的得道高人。老子、庄子、释迦牟尼等属此类。但其中更多的则籍籍无名，散淡地游走于天地之间，与自然共存亡，生于泥土，归于尘埃。

看着从九品和吴宗尧聚精会神的样子，来了精神的悟真继续说道：某种程度上，敬五属最后一类，是那种忘却功名利禄、欲默默无闻闲云野鹤一生之人。你之所以淡泊名利，只因你来自颍川香宅豪门，祖上在明、清两朝数代为官，吃穿用度皆不发愁。自己家里文臣武将多了，也就熟视无睹见怪不怪，对官员这个芸芸众生无比羡慕的阶层没了新鲜感、神秘感和吸引力，进而使你完全抛却红尘中的功名利禄心态，而养成豪爽不羁、心胸宽广、乐于助人的性格。

拥有此性格之人，天生一种无形的感召力和吸引力，大家会自觉自愿围拢在你周围，心甘情愿乃至死心塌地地跟着你干。至于能否成功，就看你有否领导能力和机遇了。领导能力也不是天生的，而是后天一点一滴学来的。这种学习，不一定像孙膑、庞涓那样，一定要拜鬼谷子那样的名师寒窗苦读专门学习，它可以是一种耳濡目染、

潜移默化、润物细无声式的教化。但有此幸运境遇的人不多，而敬五恰恰拥有这种家庭环境。板起手指算一下，就会发现香宅给你创造了一个多么美好的言传身教、浸润无声的学习条件。一庭星聚，高阳盛才。这也是香宅的真实写照。

悟真扳起手指，开始历数香宅走出的官宦。其中既有已仙逝者，更有至今尚存、和从九品同在者：

敬五之五世祖，任山西隰州蒲县典史。六世祖坝，侍奉继母极诚，入前明忠义祠。八到十四世祖中，邑庠生、武庠生、贡生者众。其中十世祖道衡老先生，前明时任江西临江府督粮。十三世祖逸庵公，乃康熙朝增广生员，生前编撰康熙版《颍川县志》，厘清颍川古郡之来龙去脉，成后世各版《颍川县志》之基石。道衡公玄孙、敬五十三世祖奂若公，大清乃至科考有史以来颍川一带唯一武进士，雍正和乾隆朝宠臣。

敬五十三世祖石裘公，赠中宁大夫。十四世祖五云公，诰赠奉政大夫。五云老先生次子泽远，为雍正癸卯恩科武举。长子静菴为雍正七年巳酉拔贡，特简江苏试用知县。静菴公长子藏酉老先生，廪贡出身，仕怀庆府训导。次子质莆公、敬五太爷爷，迄今大清颍川唯二文进士之一。质莆公堂弟文劲即健章老先生，是乾隆朝太学生、监生。

香宅到十七世即敬五爷爷一代，更是官宦满门。有例授布政司经历的兴叔公，和任汝宁府训导的健齐公等。敬五的亲爷爷晴麓公，则任陕西三要司巡检例授布经。香宅之十八世、即敬五父辈这代，有例授兵马司副指挥，川楚例授从九品，川楚例授州吏目但未出仕的，还有邑庠生等。敬五父亲畹亭老先生例授巡检。

到敬五这一辈，兄弟中有监生、从九品多个，还有例授修职任郎候选按察司照磨。敬五同胞大哥乃敕授徵仕郎湖北候补县丞，二哥为监生。

这仅是敬五最直系的部分，若加上敬五太爷的那些兄弟和这些兄弟们的后代们，为官者就更多了。

在这两朝数代官宦满门书香袅袅的氛围中，你不想被熏陶都不行，想不闻书香都不可能。

耳濡目染之下、举手投足之间，敬五就将高祖辈、祖父辈和同辈官员的做事风格、思维能力、组织才能，统统兼收并蓄下来。

胸有文墨、见多识广之下，自然信心满满处变不惊，并最终成就如今尔等以龙脊古城乌合之众、大破捻匪之辉煌成就，建立了足可载入史册之不世之功！

稍微喝口茶润润嗓子、并缓几口气后，悟真有些高深莫测地说：香宅发端于前明、盛于大清，前后数百年立于龙脊之巅，可谓极矣。只可惜花无百日红人无千日好，盛极必衰，此乃天道。

大和尚条分缕析，吴宗尧表示叹服，并由衷敬佩从九品之家世和他本人的能力。

从九品也认同大和尚环境可以改造人的见解，并开始重新认识香宅和他自身的一切。至于大和尚最后神秘的点拨之言，从九品听后不禁心中一凛，但并不太在意，因为这是天道。

之所以自古英雄出少年，不但因少年有血气之勇，而且头脑中没那么多束缚，能够聚精会神一心一意为之。加之此乃正义之战，得道多助，最终成就你们三个少年之英名。当年东吴青年才俊陆逊，危难之际临危受命，在夷陵大败刘备70万大军，也是如此。悟真又道。

敬五的担当与智慧，无意中成就了知县对功名利禄之追求。出身三秦寒苦之家、从小立志出人头地的知县，自然对功名利禄比较看重。这种心性，正是他去年和敬五发生无谓争执的根源所在。大和尚最后说。

8

从九品和知县之间的那点儿恩怨，始作俑者是知县。

生长于三秦大地之秦川渭水流域的知县，从小在这片儿古老黄土地上多不胜数大山一样巍峨的帝王将相陵墓之间穿行。他并非身负巡查、保护或考古这些沉睡神秘领地之重任，而是放牛羊、割野草、春种秋收，帮助家人糊口。

偶尔，他也会听白胡子老爷爷们讲述这些历史上叱咤风云人物的风流韵事宏伟业绩，并由此逐渐对自己未来的前途有了清晰而明确的目标，那就是成为这些众多指点江山决定华夏历史走向人物中的一个。

为此，当同村或邻村的孩子们在父母逼迫下也不愿意上学、即便上学也不好好学习的情况下，他却不断央求父母并强烈要求上学去。

知县的父母是老实巴交的农民，其远祖是历史上为本地某个帝王守陵的普通兵丁。在他父母的记忆中，自己家族从未出过识文断字之人，而是代代文盲世世务农。

按照村里人的说法，这一家的祖坟上从来就没有冒过青烟儿，也没有长过蒿子。

在这颇为消极的心理暗示下，这家人也认了命，从没想过送子弟去读书识字，更未奢望走科举功名之路、混个一官半职之类的事情。天命难违！

每当少年哭喊着要去上学时，父母常这样劝他说：咱家几辈子都是在地里刨食糊口，这是命啊，人不可与命争！

少年知县却不信这个邪，他是个十分固执之人。他认定的事情，若不亲自试试，根本就不会罢休。为此，他一再向父母保证说：自己即便上学，也不会耽误家里的农活儿。

在少年无数次的软磨硬泡下，父母只得答应下来。但要求少年自己挣钱筹措求学费用。所谓挣钱，不是真的让他以小小年龄去打工，这是不可能的，没有谁会雇佣一个矮小瘦削营养不良的儿童。而是答应给他寻一只小绵羊羔子和一头小猪娃子，让他靠养这些小动物，为自己筹措费用。

侄子想读书的事情传到姑姑耳中后，早已嫁到外地的姑姑，便热心地送来两头小猪和两只小绵羊，让少年养着作为他未来的一条出路。

自从有了这些活蹦乱跳的小动物后，少年的生活过得兴奋而紧张起来。他一边不停地牵着两只绵羊到巨大的陵墓之间放养，一边打草喂养两只小猪。

在无数次穿行于陵墓之间时，他开始有意识地照着各种墓碑上密密麻麻的文字，拿一根小木棍儿，在地上比比画画照猫画虎般书写这些他并不认识的字体。如此日复一日月复一月年复一年，少年的日子过得充实且丰富，至少内心如此。

大约两年后，少年靠卖羊毛和猪肉，真的凑够了第一年的学费，于是他高高兴

兴地入学了。

上学后的少年，十分珍惜靠自己一双小手努力得来的读书机会，并因此极为刻苦而勤奋。

就连私塾先生，也常常惊讶于小小年纪的他，为何如此用功？这种勤奋状态，不是他这个年纪的孩子应有的啊？

私塾先生当然不知道，少年心中不但装着渭水流域众多高大的陵墓，更燃烧着一团儿熊熊的烈火。

更让私塾先生吃惊的是，少年刚入学不久，就表现出与其他孩子不一样的禀赋：他不但写得一手好字，而且对那些枯燥的先贤典籍一目十行过目不忘。

先生觉得这孩子"孺子可教也"，未来必为国家栋梁。

先生自开坛授书以来，迄今凡30余年，仅仅培养出屈指可数的几个秀才，举人尚未出过，进士、状元从不敢奢望。那只是梦中偶尔的火花、镜花水月、醒后的无限苦涩而已。

现在好了，自己未来的希望就在这个少年身上。若能培养出一个举人，也是不世之功啊！虽然没有桃李遍天下，但起码聊起来，自己脸上也有光彩。因此更加用心刻意培养少年，并常将他自己手头极为有限、平时从不示人、更不愿外借的各种书籍，大方地借给少年阅读。

上学后的少年更加繁忙。他不但要读书，还要继续干农活儿、继续日出而作日落而息，继续不停地穿行于高大墓冢间放羊、打猪草。只不过，他现在可以读懂墓碑上各种各样文不加点的溢美之词了。而且随着时间推移，他对这些"之乎者也欤焉矣"之类的碑文，有了更加深刻的认识。

有时站在高大的墓冢上眺望远方，少年会顿生壮烈豪情，偶尔还不自觉地思索这片古老大地的古往今来。

几年后，少年先是轻松高中秀才，继而一鼓作气拿到举人名头。一时间将他故乡那块贫瘠土地惊得直落黄土渣渣，也让私塾先生喜不自胜老泪纵横长长地出了一口气，从此直起腰板精神矍铄起来，走路也从未有过地铿锵有力起来。

但关于这位曾经的少年、此刻已是一位青年的故事尚未结束，更未达到高潮。

大约两年后，青年知县再次一矢中的，殿试之后被点为二甲进士之一。

后来有小道消息说，因十分喜爱青年的一笔好字、和洋洋洒洒纵论古今侃侃而谈的文章，同治帝一度决定点他一甲第一名也就是状元。但因未听从亲朋好友的建议给主考官送礼，加上当时掌握实权的是同治帝生母即垂帘听政的慈禧太后，且年轻的同治因沉湎女色染上了脏病顾不得朝政，被主考官乘机做了手脚而彻底失去状元头衔！

但无论如何，当知县中进士的喜报传到家乡后，沉睡了不知多少年的渭水流域，着实大大地轰动了！人们奔走相告兴高采烈：知县家的祖坟冒青烟长蒿子了，千年的铁树开花了，王侯将相宁有种乎？

中进士后的知县，更加壮志凌云踌躇满志，也更自视甚高刚愎自用，并因此不把官场世俗、世故和潜规则等一切现实利益放在眼里。知县为此付出的代价，就是被闲置于翰林院虚度了好一段儿时光。

　　盼星星，盼月亮。在翰林院呆板冰冷的椅子上寂寞了几年后，才好不容易等到一个机会被外派出京。于是，他一路踌躇满志，沿着漫漫千年古道南下，来到颖川担任知县。

　　主政龙脊古城后的知县，闲暇时也闲不住，这与他从小的经历有关。他在京城翰林院时，就在办公室窝得难受。但苦于天子脚下达官贵人云集，自己一介寒士人微言轻，不得不遵守朝廷的一切规矩，艰难地在翰林院苦苦度日，比遍布京师众多寺庙内的和尚都不如。

　　现在好了，终于当官做老爷了。知县一职虽小，却是一方老大，整个颖川都是他的。天高皇帝远，天高任鸟飞。他可以在此自由自在地呼吸、走动、发号施令了。

　　知县常在龙脊古城内外行走，消磨时光。有时在护城河或五里河畔的柳绿桃红之下，有时则在城内小北海附近。其中他最喜欢的，还是小北海一带：杨柳依依，荷花点点，一派清幽。这里给了他灵感，让他诗兴大发：

　　　　碧水岸边数点红，童稚相拥荡春风。
　　　　人间四月好时节，笑声如歌脚步轻。

　　喜欢归喜欢，却也有说不出口的烦心事。

　　烦恼来自小北海南岸龙脊线上那座四合院大门前的"文官下轿武官下马"大石碑。

　　知县第一次看到这座四合院和大门前的大石碑时，就大为感叹院子的选址、设计之精妙。来小北海一游之人，必须经过四合院大门前，那些骑马、坐轿者更不得不在此下马落轿。一来这里是小北海南岸唯一平坦开阔处，其它地段大都狭窄、陡峭、湿滑。二来站在此处居高临下，小北海景色一览无余尽展眼前。

　　知县第一次来小北海并不得不在香宅大门口下轿时，特意瞄了一眼那块儿十分扎眼的石碑，然后盯着门头上悬挂的"香山硕宅"四个大字看了又看，心里很不是滋味儿。

　　尽管书写者刘墉刘中堂早已化作一堆白骨，大清皇帝也换了好几茬儿，但眼下还是大清的天下。普天之下莫非王土率土之滨莫非王臣。只要不改朝换代，这些石碑、匾额就永远具有威力，一种无言的威风和力量。何况刘墉等历史人物和这块雕刻精美的大石碑，都是大清朝鼎盛时期的见证者。

　　知县对大清之康雍乾盛世，有种发自内心的渴望羡慕和无限敬仰，并爱屋及乌地羡慕当年的那些官员等，同时对自己眼下身处的这个江河日下时代，颇有一些自卑。

　　现在，知县面临两难选择和矛盾心理。一方面他十分喜欢小北海这个曲径通幽的地界，另一方面每次来这里，却都要落轿下马向香宅俯首帖耳，使他十分不舒服。心中就有种半是海水半是火焰的感觉：一个多年前乾隆朝早已随风而去的旧臣，身后竟还享受如此殊荣，岂不可笑！

　　为此，知县开始琢磨如何消除这一魔障，解除套在他这个颖川老大头上的紧箍咒。有意无意地，知县就把自己的心思，流露给他的师爷听了。

自以为洞悉知县心思的师爷，暗中找来数人，在一个伸手不见五指的夜晚，把香宅大门前的大石碑挖出来，悄悄沉入小北海的深水中。

按照大清国不成文的规矩，任何御封物品在一个地方立起来后，是万万动不得的。一旦移动，不管是出于何种目的哪般原因，就彻底失效再没其应有的约束力了。

9

尽管平日里大街上熙熙攘攘车水马龙人来人往，但龙脊古城不大人数也有限，绝大多数时间都风平浪静故事也少。

一通立在那儿百余年的御赐大石碑，突然一夜之间人不知鬼不觉地消失了，这绝非一件小事，而是轰动全城、全县甚至整个天下的大事，一个重大的政治事件。

事发不到3天，从九品就通过他广博的人脉，在古城西街一个小酒馆里，找到了那一伙盗碑人。此刻，他们刚领了师爷的赏钱，正兴奋地在那里大吃大喝、吆五喝六、忘乎所以呢。

酒馆老板无意中听到这些醉鬼谈论如何将香宅的御赐大石碑丢进小北海，大吃一惊之余并引起注意。他刚开始还有些不大肯定，更不敢相信几个小毛贼竟会干出如此大逆不道之事！那可是香宅啊，龙脊人的骄傲和腰杆子，平时大家敬还嫌不够呢，哪里敢移动御赐之物？更别提将那么重要的东西给扔进小北海了。眼里还有当今大清朝廷吗？还有先皇和当今圣上吗？

细听之下，多年来一直眼观六路耳听八方、见惯了各种人的老板，觉得他们不像是在开玩笑，而更像是酒后吐真言。家里几代都规规矩矩、有大龙脊荣誉感和大清自豪感的老板，感觉问题严重、非常严重。于是忙派那个曾多次到香宅送过菜品的伙计，赶快到香宅去报信儿。

接到信儿的从九品，即刻赶到酒馆，不请自来、似乎老相识老朋友一般主动和几个醉鬼坐在一起，并让老板添上几个好菜，再上几坛少康老曲酒，和几个人老熟人般吃喝起来。

刚开始，几个醉鬼还客气地说不认识从九品，无功不受禄。让一个不认识的人破费，不好意思。

从九品说：相聚就是缘分，认识了就是朋友，今晚的酒钱他全包了。还说，相逢何必曾相识。

混混就是混混，酒鬼就是酒鬼，有奶便是娘，有酒便是爷，并不管来路如何。

于是，从九品很快就从这些人口中得知，他们是受县衙师爷指使行事的。至于师爷为何要如此做呢？他是受谁指使的呢？答案是明确的，无须进一步追问。因为自古以来，师爷就是他们主子的嘴、脑袋、腿、代言人、代理人、职业经理、管家……狗腿子、鹰犬……

一切都搞清楚后，从九品决定捉弄一下知县，同样借用质莆公的在天之灵，来个以毒攻毒，以其人之道还治其人之身。

到底是年轻气盛。

10

几天后，知县收到一份请柬。香宅十分热情地邀请他参加香宅十六世祖质莆公的诞辰纪念。

为表明与石碑沉塘事件毫无联系，知县不得不欣然前来。

这是知县第一次进入香宅。此前他虽多次在香宅大门前驻足欣赏刘墉题写的"香山硕宅"匾额，但那是路过，所见也仅是香宅皮毛。这次不同，此次要观看香宅的内部世界。知县因此既充满期待又有些忐忑。

穿过大门，把"香山硕宅"留在身后。首先映入眼帘的，是那株近百岁高龄的蜡梅树。虽然此刻无法看到怒放的金色梅花，但树上一丛丛茂盛的枝条尤其是那些碧绿的细长条叶片，仍给人留下蓬勃向上的深刻印象。

越过蜡梅树抬眼望去，是砖雕精巧木刻细致的二门楼。门楼两侧门框上，悬挂着乾隆帝赐给质莆公的那对狮子滚绣球。一百余年的岁月沧桑，完全可以在这对绣品上看得出来。

进入二门楼，天地豁然大开，展现在眼前的是更大的一个院落。院两侧是排列整齐、对称的厢房，院中央摆满桌椅坐满了宾客。

知县到来前，龙脊古城的乡绅名士已入座就位。其中包括王氏老井坊传人、郭氏绸庄掌柜、山陕会馆的客商代表们、悟真大和尚、润世堂李仙儿、大陵吴宗尧、小龙脊长聚他爹和苇痴他爹等等。

根据从九品的事先安排，香宅女眷陪着女宾客和孩子们在第三进院落就餐，男宾客则在第二进院落。

第二进院中，摆着十张古色古香的八仙桌和相映成趣搭配绝妙的椅子。其中一张在最东首，显然是主桌；其余八张分列东西向院落中间通道之两旁。先到的宾客已各自入座，他们一边品着浓淡相宜的信阳毛尖，一边交头接耳相互寒暄左顾右盼鉴赏着这些八仙桌椅的年代和价值。

这些八仙桌椅是前明老物件。它们做工简约缺乏大清家具繁复精美的雕工，却在简洁明快中蕴含着十分写意的典雅和高贵。

追根溯源，它们本是前朝宰相严嵩送给他老师桂阁老的寿礼。时光荏苒沧海桑田，随着桂阁老的消失和严嵩的灭亡，特别是大清取代大明后，失去王朝依托的桂家日益败落，最后不得不典卖家产度日。当时这些红木八仙桌椅因标价太高，当地大多数人徒生爱慕之情却买不起。山陕会馆中的外地客商虽有入法眼者，但虑及乡关遥遥搬运困难，只能徒唤奈何，故此一直无法出手。

犹犹豫豫之中，很多年便过去了。此时的桂氏后人，却实在有些撑不下去了，就主动登门拜访质莆公，希望香宅这个眼下的龙脊首户能接纳这些物件、帮助桂家渡过危机。

看到当年势大家大业大的桂阁老后人沦落到这步田地，质莆公不由自主地想到百年后香宅后人所可能面临的境遇，心中顿生一种强烈同情心。

将心比心之下，他没有亏待桂氏，更未趁火打劫压低价格，而是彻底满足了他们的要求，购下这套家具。为购买这些并不急需的物件，质莆公不得不卖掉东大街

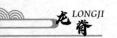

一间生意十分红火的天字号店铺、和城外西边一块儿农田。

可能真的气数已尽，一下子暴富了的桂氏后人，并未借助红木八仙桌椅带来的财富重振旗鼓，反而因家中出了一位豪赌滥抽之徒，不到五年，来自香宅的财富，又洪水般散去了。

从此，龙脊古城南大街上，前明时名震中州的颖川古郡第一大户桂氏，彻底褪去豪门的华丽包装，沦为普通黎民芸芸众生中的一个。

11

刻意晚些到场的知县，身穿刚用颖川稠裁剪妥帖的官袍，显得神采奕奕气度不凡。

在香宅大门口，知县注意到原来"文官下轿武官下马"大石碑那个位置，似乎立着一个什么东西，它被鲜红的颖川稠覆盖着。鉴于自己的身份，他不好贸然打开一看。

不过，这没什么，只要那块石碑消失不见就好。知县这么想着，就在香宅一位家人引导下，轻松来到众人之间。

早已到来的宾客们，大多并未如此近距离地见过自己的父母官。但他的官服帽饰，却明明白白告诉大家，县太爷到了。于是，众人纷纷起身施礼，该下跪的自然会下跪。那是个讲究礼节的时代。

知县满足而大度地让众人免礼，然后被从九品引入主桌主宾之位。

今天在主桌就座的有知县、从九品、吴宗尧、润世堂李仙儿、王氏老井坊掌门王柏年、郭氏稠庄传人郭德光、和两位来自山陕会馆的巨贾。从九品的爷爷因年事已高身体欠安，没有出席这次聚会，并全权交由少年从九品打理。

该来的客人都来了，酒菜也已上齐，事先掐算好的良辰吉时已到。

从九品站起身来，双手抱拳打躬，感谢各位赏光，尤其感谢知县的到来。然后，从九品先敬天一杯酒，感谢天赐风调雨顺，并将杯中酒水洒向南方一侧；再敬大地一杯，感谢地赐丰饶食物，并将酒水洒向北方一侧；接着敬先祖一杯酒，感谢先人遗下这份家业，并将酒恭恭敬敬洒在身后的东方地面上。最后，为感谢各位赏光，从九品连饮三杯，并请大家随意，高兴而来、尽兴而返。

于是，大家开始壮怀热烈地畅饮起来，席间自然少不了猜枚以助酒兴。

猜枚即行酒令划拳，这是龙脊男人们喝酒时少不了的节目。没有这喊声震天情绪激昂的划拳声，大家就觉得喝酒不舒服、不痛快、不酣畅，更不过瘾。

猜枚有一套不知已流传了多久的通用规则。但凡会喝酒的龙脊男人，似乎天生通晓这一规则，这是他们从小耳濡目染的结果。家家户户大街小巷逢年过节，平日里大大小小茶楼酒肆，都会传出激越的猜枚声。

猜枚的方法很简单，参与双方一起伸出几根手指头，并同时叫出自己认为会赢的数字。谁喊出的数字与双方所出手指总数相同谁赢，输的一方喝酒。喝酒的量一般是这样，同一酒桌每人轮流坐庄三轮，与同桌其余七位或随便其他数量的人每人较量三轮。每轮一般九小杯酒。一般酒量的人很容易醉倒，且不用等他完成自己庄家的职责，可能就已钻到八仙桌下梦周公去了。

猜枚时喊出的，是零到十之间共 11 个数字中的任一数字。每个数字都有一套不知如何演化来的代号，如"宝"代表零、"一枝梅"就是一、"哥俩好"表示二、"三桃园"即三、"四季财"指四、"五魁首"当然是五了、"六六顺"就是六，其后的七、八、九、十常被"巧七"、"八匹马"、"快九"和"全都有"等所指代。

这是较为常用的代号，还有其它一些五花八门的代码。

顾及身份、场合等，不是每个酒桌都猜枚痛饮，主桌就不猜枚。一来今天该桌之人大都不善饮酒，有的干脆从不喝酒。比如润世堂的李仙儿根本就不喝酒。作为大夫的李仙儿不喝酒当然可以理解，奇怪的是，王氏老酒坊的传人王柏年，竟然也从不喝酒！知县倒是能饮一些酒，但尚未习惯龙脊人猜枚的套路。

于是，主桌上的宾主，一边在从九品热情劝进下慢慢品酒、喝茶、吃菜，一边又漫无目的地闲谈交流着什么。

不知不觉中已吃饱喝足的知县，忍不住问从九品道：听说贵府先祖质莆公，颇得先皇乾隆恩宠，并多次下诏赏赐。不知可否一赌先人旧物和先皇圣旨？以学习先朝旧臣书法？

这正是从九品等待的时刻。不过他还是耐心答道：陈年旧事，还是不提不看的好。

知县被撩拨得更加心急，就执意要看。

旁边开始有人帮知县说话，以为机会难得，不妨大家都开开眼。

从九品接茬说：自先祖仙去，香宅上下几代，从不敢妄动先祖之官服、先皇诏书和赏赐品等，唯恐打搅先人安静。既然大家有此愿望，今天不妨冒天下之大不韪一次，惊扰一下先人的在天之灵。

从九品起身喊道：诸位，叨扰一下。不知大家是否已吃好喝好？知县大人等提出一瞻在下先人旧物，各位是否有兴趣一起观瞻？

早已吃好喝好了的众人，好奇心在酒精驱使下越发浓烈且势不可挡，底气十足地喊道：当然当然，应该观瞻观瞻。我们龙脊建县千年之余，历史悠久，进士却屈指可数，能够见到与进士有关的物件，尤其是御赐物品，那得多大的福分和造化啊。一定要瞻仰瞻仰！

于是，从九品下令撤掉酒席，清扫场地。然后又慷慨激昂一番，从始祖自遥远北方酷寒之地迁居颍川艰难创业开始，一直讲到眼下。其中特别提到香宅十六世祖、他太爷质莆公，最终在龙脊古城创下眼前一片家业。只可惜到他自己这一代，因才疏学浅，未将家业发扬光大，实在是惭愧云云。言毕，从九品向知县打躬作揖道：惊动先皇先人旧物，乃大事一件，不可草率，应隆而重之。

知县说：当然当然，这是自然。

此时，三进院落内的妇人和孩子们因不喝酒，早已吃罢各自散去，碗筷盘碟桌椅也都早已撤去并打扫干净。

从九品请众人移步三进院内东侧房廊下就座。知县官大居中，其他人多为布衣依次列于两旁。然后，从九品让家人一担又一担往三、四和五进院内铺撒黄土。

只因先人遗物珍藏于香宅西端尽头五进院正中的一间二层阁楼里，须通过这几个院子前去迎取。按照当时制度，应黄土垫道净水洒街，以示恭敬和尊重。

众人都被从九品恭敬而庄严的礼节所打动，啧啧称赞不已。

看到一切准备妥当。从九品和吴宗尧沿院子一侧长廊步入五进院，准备迎取先人旧物。俩人进去后，四门楼的大门关了起来。

在众人焦急的等待中，小半个时辰过去了。

正在这时，门突然打开了。与此同时，里面传出吴宗尧极富韵味的喊声：请颍川知县代表全县父老，跪拜迎接质莆公神像！

话音刚落，众人看到四门楼门口出现一巨幅彩色画像，上面是身着官府官帽、一派威严的香宅先祖质莆公。这是当年的宫廷西洋御用画师，为乾隆朝的官员们绘制的全身坐姿画像。众人急忙下跪低头。

官大一级压死人，何况质莆公曾是京官。虽然面前立着的不过是他的一幅画像，但熟悉大清律的知县，当然深知跪拜的含义，那是要五体投地的。

众目睽睽之下，知县不敢失礼，那样会使自己身败名裂的。更何况，有三秦同乡商贾在场，传到自己家乡，岂不丢死祖宗先人的脸面！于是，知县沿着黄土和净水混合后变成黄泥汤的香宅中轴线，一步一叩正面向画像迎去。

因事先说好是瞻拜，所以，跪在干净长廊下的众人可以抬头观瞻眼前的一切，而不必俯首帖耳眼睛冲下。于是，逐渐被黄泥汤裹得越来越厚的知县之狼狈相，尽收众人双目。

到画像跟前时，知县已被黄泥汤和汗水模糊了双眼，根本无法看清质莆公的模样，他也没有任何心思观瞻了。此时此刻，他唯一的心愿，就是快快结束这一仪式，马上离开这个令他无地自容的地方，甚至希望立即逃离龙脊。

但这仅仅是开始。

不久，五进院最西端长廊下，又传来吴宗尧同样富有韵致的召唤：请颍川知县代表全县父老，跪拜迎接大清国先皇帝清高宗乾隆颁给香宅质莆公的圣旨！

于是，知县不得不在黄泥汤中，重复着几乎同样的动作。只是这次，是由四门楼一直匍匐到珍藏圣旨的五进院最中间的那座阁楼。前身全被黄泥汤糊满了的知县，原本新鲜的七品官服，已变了颜色。仅后背中间那块儿，还勉强保持着颍川绸的本色和本来面目。

狼狈归狼狈，由吴宗尧念的晦涩圣旨，知县听清楚了。对他这个从小就无数次在众多古老墓碑之间穿行、默读碑文并被熏陶出来的进士来讲，这不是啥问题。

直到画像、圣旨等被重新收好，知县才拖着一副狼狈不堪的躯体，僵硬地回到面面相觑不知所措的众人面前。

稍后回到众人面前的从九品宣布：请知县大人率众人，到香宅大门前主持一块石碑的揭幕仪式。

到大门口后，从九品慷慨激昂地告诉众人，某年某月某日，颍川县师爷某某某，唆使地痞无赖，挖掉并抛弃大清高宗先朝"文官下轿武官下马"大石碑，违反了大清律例，特立此碑记之！

石碑是由吴宗尧撰文并书丹，由小龙脊石匠长聚爹雕刻完成的。

此时此刻，知县和众人方明白这块被红绸布遮盖起来的东西是啥。大家也如梦初醒般顿悟，此次香宅宴请众人，原来是要告知天下，香宅那块大石碑的消失，与知县有关。

早已无地自容的知县，不等仪式结束，就逃似地溜之大吉。身后传来从九品"恕不远送，欢迎再度光临"之类的客套话。

没了让众人拘束的知县，从九品热诚而放松地对众人说：里面已摆好新酒菜，希望大家赏脸，与我一醉方休如何？

于是，众人重新入座。从九品逐一和每桌宾客猜枚。今夜香宅热闹异常，直至一轮圆月高挂头顶，众人才在各自家人的搀扶下尽兴而归。一向海量的从九品，此时也烂醉如泥。

知县利用自己对大清律例的熟谙，算计了香宅。香宅少年从九品，又利用知县对大清律例的熟悉，惩罚了知县。

从九品并不为"文官下轿武官下马"大石碑的被沉塘失效感到悲哀、一点儿也不，因为他本不觉得这些东西神圣不可侵犯。这倒不是他对自己拥有的东西不珍惜，而是他已然看明白了世事人情，并对这些摆设一般的身外之物不在意了。龙脊古城就这么巴掌大的一个地方，整年累月难得见一位高官经过香宅门前。说穿了，大石碑就是一个摆设，除显示香宅从前的荣耀外，再无任何实际意义。而荣耀和地位，也不过是过眼烟云。

12

时间是改善世道人心的最好良药。

自龙脊古城抗捻大胜后，曾经是对手甚至敌人的前颍川知县和龙脊土著从九品，便成为几乎无话不说的好友、知己。

俩人之间常有交流人生心得的书信来往，偶尔也会提及之前的荒唐，只不过是以调侃的方式而已。

前知县在给从九品的一封信中说，他在龙脊，尤其是从九品身上收获的，就是慢下人生脚步，看轻官场沉浮，散淡平和处事。

改变心态后的前知县，反而官运亨通事事如意顺风顺水起来，不久又晋升为兵部侍郎。这让他远在秦川的父老乡亲们，尤其是他那垂垂老矣的伯乐、私塾老师，时常挂在嘴边，念叨不已。

升任兵部侍郎的前颍川知县，曾多次给光绪帝上书。在绘声绘色地讲述当年从九品指挥若定大破捻匪后，总结性地说从九品"操比寒潭洁，心同皎月明"。并先后三次极力推荐从九品前往兵部报到、接替他此前的兵部主事一职，以大破当时风起云涌祸国殃民的白莲教及义和团运动，荡平海内外妖孽，还黎民百姓以安定平和。

不过，这位兵部侍郎的最初几次推荐，都被朝廷以从九品没有适当功名、贸然接任兵部主事难以服众为由，很冠冕堂皇地给压下去了。

这让新任兵部侍郎气愤、激动不已，他慷慨激昂地在朝堂之上，当着光绪帝之面这样对众大臣说道，大清之所以每况愈下、今不如昔，归根到底，是我们过于故步自封，太相信所谓科举功名，而没有真正做到"不拘一格降人才"，以至于海内不靖、外寇入侵。如不及时改革，真正选贤任能，后果不堪设想！

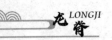

他的这番话虽然振聋发聩、实事求是，说出了很多人的心声，并受到朝堂内不少有识之士发自内心的赞赏，但那些掌握实权的保守派，不但立即当面斥责他、说他大逆不道，还在光绪面前参他、希望将他免职查办！

不过，光绪皇帝是个另类。他不但没有处理这位血气方刚的兵部侍郎，还发自内心地同意他的观点。并触动这位并没有实际权力的皇帝，最终实施变法、准备富国强兵。

而当光绪帝最终接受兵部侍郎的推荐，下诏宣从九品进京、协助兵部侍郎平定天朝内部此起彼伏的各种叛乱时，从九品却没有丝毫兴趣，毫不犹豫地坚决婉拒了皇上和兵部侍郎的美意！

是的，在天上掉馅饼的情况下，从九品坚辞不受。并诚挚地表示，自己的底气来自龙脊故里这个他心中的桃花源，他离开颍川就像是鱼儿游离水体，除了死亡不会有别的啥结果。

从九品还一再坚决地表示，要将自己淡泊无为的生活方式，无拘无束地进行到底。自己生为龙脊故里的看门犬，并誓死为龙脊黎民百姓看家护院、保一方平安；死后也要永远葬在龙脊这块热土，继续为这方水土摇旗呐喊、助力加油！

为此，他在给前颍川知县、现兵部侍郎的一封信中，这样袒露心扉曰：

　　　　大隐隐于市，深闺人未知。

　　　　一朝入桃园，魏晋皆不识。

13

阳光灿烂的日子，香宅会举行一年一度的大规模晒书活动。将五进院落内藏书阁中休眠的旧书，统统摊到院中一地的芦苇席上通风晾晒、洗日光浴、呼吸新鲜空气，以防发霉虫蛀。

一天，突然心血来潮闲庭信步到铺满书的五进院内的从九品，偶然看到几本发黄的书稿。细翻之下，竟是质莆公的遗作《四书辩异》《春秋心得》和三卷本的《易经图解》等。

这勾起从九品的极大兴趣。

毕竟是他太爷一笔一画手写、描绘出来的，意义大不一样。

从这天晚上开始，平日并不痴迷书籍的从九品，将晒好的他太爷的那几部书稿，小心翼翼地置于自己的书房案头，开天辟地般认真阅读、学习起来。

太爷质莆公关于《易经》的如下心得片段，从九品此后长留自己心间，再没忘记过；且身体力行，一直如此实践着，直至他自己也去世为止。

《易经》的起源与最终完成，自古以来便有三圣之说：伏羲画卦，文王作卦和孔子十翼而大成。吾以为易卦和卦词由文王及其子周公共同完成，后经孔子释义并完善，方有当今大家读到的《易经》。

伏羲乃蛇身人面的凡圣同体生命形式，和埃及的狮身人面同期。其时尚无文字，记录交流依赖生动形象的图像。文字乃生命智慧下降后之产物，非但无法完整表达人们需要传达的信息，反而常发生歧义，有时尚需借助语气、动作等作为辅助。所以把画卦说成伏羲所为，是对伏羲和那个时代的无知。

文王时已产生龟甲占卜，且以此为基础产生文字雏形。龟甲占卜之过程是：先在龟甲上钻孔，后把烧红的青铜放入孔内，龟甲受热会裂开纹路并发出声音，然后根据纹路和声音去判断吉凶。

文王常接触占卜环境，对于频繁出现的直长裂纹和断开的细小裂纹印象深刻。直长裂纹代表刚健中正，细小裂纹表示柔弱顺从，这对他以后创造卦爻积累了大量实际知识储备。

文王被囚羑里城后，闲来无事用蓍草占卜。蓍草细弱而脆，经常断开。从而激发文王灵感，开创了表达一阴一阳爻的形状。

吾研读《易经》的最大体会之一是，从生灭之中悟到不生不灭，从变化之中悟到永恒。

研习周易、佛法和道法等的目的，在于破除人们自身的妄想执着，恢复本真智慧。随着妄想的消除以及智慧的增长，人会从私欲的囹圄中解脱出来，达到清净自在的境界。

易经有简、变和不变三方面的表述。其中简表达了世界万事万物都是由一阴一阳组成的，这是性质的一同，与佛说的世界由微尘组成是一致的。变是失道而后混沌裂变以致繁复的过程，一生二、二生三、三生万物……这点对应佛说的众生陷入妄想执着，从而迷失本性真我。不变是指道、道永存，大致对应佛说的本来、自性、佛、如来。

参透了《易经》的本质，可帮助人们了解世界从一无所有到纷乱复杂的过程，进而重建我们关于天、地、人的认知，从繁复纷乱的状态回归一无所有的道的清净状态。

古人关于人生三不朽的观点，其中第一条就是要悟道，这是最根本的生命归宿。

若想尽快读懂《易经》，就要和《道德经》一起来读，如此方能很快理解道器关系与道术转换。

可以这样说，《道德经》是显说的《易经》，《易经》是密说的《道德经》。《易经》是讲离道而变化的过程，《道德经》是从变化回归道本的逆源。

人的一生，苦也罢，乐也罢；得也罢，失也罢。最要紧的是，心间的一泓清泉里不能没有月辉。经常抬头看看浩渺的天空，这么多星球都能统统被她容得下，人们就会发现自己的狭隘与渺小。

智者只活在一个自然、客观、真实的世界。众生则活在两个世界，一个世界和智者是统一的，但是他们不经常使用；他们更多地活在自己建立的妄想世界，也就是梦幻王国之中。

所谓成功，是指心智的成熟、认识的客观、评价的精准和能力的圆满。具备了这些条件，穷能独善其身，达则兼济天下。至于因此而获得的名誉、地位、财富和敬重，都统统是一时的副产品、是过眼烟云。倘若为了追求利益而谋求地位，那就是舍本逐末，并最终因为德不配位而遭受无妄之灾祸。

通过反复阅读揣摩《易经图解》等，从九品慢慢悟出人生道理乃至生命真谛，

后来更有醍醐灌顶般的感悟，其个人生活也随之更加散淡。并得出自己的如下心得：道生一一生二二生三三生万物。欲成学问，当穷究变化，日增心解；欲成道业，当九九归一，从变化中回头，日损知见。天道损有余而补不足，人道损不足而补有余。天道如圣医治未病，时刻保持均衡，所以天下祥和无争。人道唯强，弱肉强食，鲜有公平；天道指引，渐去物化，固有纷争。

从九品很快便意识到，《易经图解》等书稿，是太爷质莆公结合他自己的人生阅历，经无数昼夜之呕心沥血完成、并留给香宅的一份珍贵礼物。

《易经图解》一书，也让从九品悟出：大千世界纷繁万物皆有定数，都有它们来到这个世界的道理。人也是如此，来有来的因，去有去的果。天地之间万事万物，无一例外都要遵循一定法则；逆此法则行事，注定要遭劫难。只有顺乎自然，才能身心归一，只有身心合一，方能心静如水，不为世间俗物杂念所打扰。进而心平气和，延年益寿，不枉来人世间走一遭。

后来他又进一步悟道：气动成空，气滞成物。本无一物，妄想执着。生而为人十分不易，应利用有限的生命回归天性，突破时间和空间限制，到达本来的清净与永生。世间人在阴阳之中，因看不到事物全貌，认识水平低下，容易陷入封闭与极端，并因此表现出绝对肯定或全面否定。其实，阴阳之间有条小道，既不偏向阴，也不偏向阳，是为中道或中庸。沿此中道而行，走出太极，便是解脱。凡夫的心和觉悟者并无二致，区别仅仅在于如何使用。凡夫用于贪婪，智者用于放下。生命最有价值的是智慧。拥有大智慧的人，不会被功名利禄个人情感等束缚，而是随遇而安乐天知命得大自在。若无此大智慧，所拥有的一切便是负担。必须在不断得到和失去之间反复磨炼，方能达到自然提起与轻松放下的至高境界。

多亏吴宗尧在他主修的那版县志中，收入《易经图解》之序并流传下来，否则，质莆公生前耗费大半生心血总结的心得，会全部付之东流。

这是后话。

14

冬去春来，花开花落，夏花成果，秋储冬藏。

生活就这样一如既往地周而复始着，红尘的日子，也波澜不惊继续平淡地向前行进着。大清的国势却逐渐颓废走在下坡路上，一日不如一日，一年不如一年。

衰败的国运，往往会带来异心萌动、太平成梦，继而战火连连。

到龙脊古城的从九品无限接近天命之年时，白莲教之类的民间组织，开始在大清国各地风起云涌，华夏大地再次动荡不安起来。

这年冬天，一股打着白莲教旗号的乱匪们，开始在颍川南邻县境骚扰乡邻烧杀抢掠，并大有北上攻占龙脊古城之势，龙脊一带人心惶惶起来。

古城有识之士，提醒时任知县未雨绸缪组织军备，以免乡里涂炭百姓遭殃；并恳请知县礼贤下士，亲自登门邀请从九品出山，挟当年大败捻匪残部之余威，组织大家抵抗白莲教的可能入侵和进一步骚扰。

这位知县倒真从善如流，亲自到香宅邀请从九品出面，组织队伍保护龙脊人民的安康。

大敌当前，从九品也不推辞。他将老战友吴宗尧和苇痴请来，又从各乡镇招募勇士，开始在城内训练、巡视起来。

古城百姓见从九品出面了，且早早组织队伍训练、巡查，较之当年大败捻匪动手早得多，便一时心安神稳气定神闲，曾经慌乱的局面不见了，市面也恢复了繁荣景象。

从九品将从小龙脊一带招募来的 30 个青壮乡勇，组成一支队伍让苇痴领着，天天在以谯楼为中心的内城巡逻，严防白莲教的探子们混入城内。在四个城门口，则指派其他乡勇队伍严格把守盘查。城头上，另有乡勇时时巡逻，严阵以待。又特别挑选 10 位精明少年才俊，派到邻县去主动探听匪患动静，不坐以待毙被动等待匪患前来，变被动为主动。

从九品和吴宗尧，仍以谯楼为指挥中枢，汇总各方消息、判断匪患动向、积极组织应对。

匪情平稳时，俩人坐而清谈，围炉忧虑海内混乱、官场腐朽、国家衰败，听吴宗尧讲他心中自盘古开天地以来的理想社会，即夏朝之前的"三皇五帝"时期。

华夏传说中最古老的时代，就是燧人氏、伏羲氏和神农氏的"三皇"时代。燧人氏发明了钻木取火技术，结束了人类的漫漫长夜，驱走了严寒、猛兽和恐惧，开始吃各种熟食，从而大大地延长了人类寿命。

寒冷的冬季，一家人或一个部落围着一堆熊熊燃烧的篝火相互交流、吃烧烤，由此培养出人类的亲善力和美好的人性情感。人类有别于其它动物，应该归功于围坐篝火逐渐滋生并浓烈起来的美好情感。

"三皇"中排第二的伏羲氏，是传说中最早开始畜牧的华夏先祖。他的发明创造，使人类结束了游移不定的烦琐生活，也不用过分担心食物之不足了。

发明农业和医药的神农氏炎帝，教人们播种五谷，依靠劳动主动获得粮食。为确认纷繁复杂的野生植物哪些可以食用、哪些不可以，他采集各种花草果实一一品尝。九死一生后，终于分辨出不同植物的特性、功用，并发现医治疾病的中草药。神农氏因此成为中医始祖。

龙脊古城李家润世堂正厅悬挂的那幅长相稀奇古怪之人，正是神农氏的画像。

作为集市、庙会的首创者，神农氏在部落居住地成立市场，让大家把家里多余的东西拿出来交换，互通有无、以货易货、以物换物。

司马迁在《史记》中尊黄帝、颛顼、帝喾、尧和舜为"五帝"。发端于中原大地的黄帝即轩辕，凭借聪明才智，率领有熊部落先后降服神农、九黎两大部落和众多小部落，首次统一华夏。此间还发明了中华四大发明之一的指南车。

华夏的疆域，在黄帝时便逐渐固定下来，并具备了国家之雏形。房屋、车辆、道路、小舟、衣物、制陶和文字等，都是黄帝时期发明或发端的。

黄帝的妻子嫘祖，发明了养蚕抽丝技术。负责记事的大臣仓颉，则发明了文字。人类由此进入一个崭新时代。

黄帝死后，儿子少昊继位；少昊之后，侄子颛顼这个五帝中很注重礼法的第二

帝承继。颛顼之后，侄子高辛继位，高辛就是帝喾、"五帝"中的第三帝。帝喾了解百姓需要，诚心实意地为黎民解决困难。帝喾生后稷、契、尧和挚四个儿子。

"五帝"中排第四的君王尧忧国忧民，朴素节俭，时刻将百姓疾苦挂在心上，以天下为己任，大公无私。

整整当了70年天子后，尧主动寻找贤人而不是让他儿子继位，以免天下人受害。尧听说许由既贤且才，便不顾老迈年高，亲自登门请求许由接班。

清高散淡的许由，却不接受尧的禅让。

后来，尧又派使者前去请许由担任九州长，许由同样坚辞不受。

尧成就了许由的英名，许由则成就了许昌、许田或许州，也成就了成语越俎代庖。

无奈之下，尧号召四方诸侯推荐贤德之人。结果大家一致推荐了舜。尧接受了诸侯们的推荐，将天下传给舜，而不是他不成器的亲生儿子丹朱。

舜天性敦厚谦恭，孝顺父母，关爱弟弟，乐于助人，善于改良和制造陶器。20岁时，舜的孝顺美名已传遍天下。尧死去3年后，舜才正式登上帝位，其时他已61岁了。尧整整考察、锤炼了舜31年。

像尧一样，舜做了很多对百姓有益的事情，且最终传位给治理洪水有大功的禹，而不是他自己那只知唱歌、跳舞的儿子商均。

15

不知不觉中，日子已慢慢过去六天，匪患似乎已忘掉龙脊古城，不见踪影。

就在大家有些懈怠时，匪患却突然席卷而至，大约有三、四百人的样子。这次他们围住的是有匾额曰"颍阳保障"的南门，其它城门，似乎不被他们放在眼里。

时值隆冬，护城河全部结冰，也因此失去应有的防御作用。形势似乎有利于匪患，老天爷好像也站在他们那边。

古城内有居民紧张起来，人心便有些不稳、骚动起来。

与此同时，入侵的匪患逼迫城外附近村民，拉来一车又一车麦秸，铺撒到护城河冰面上防滑，一副要一鼓作气拿下古城的架势。

消息传到谯楼，从九品和吴宗尧匆匆登上南城楼，仔细观察敌人的动静。

严寒之冬，大地冻得邦邦硬，不易掘地铲取沙土，故而乱匪们用麦草防滑。奇怪的是，却不见攻城云梯之类器械。

从九品心中留下一个大大的问号，思索着匪患背后隐藏的真正目标和破敌之策。他告诉吴宗尧说：必须将这些乱匪驱赶、集中到同一个城门外去，但不能是眼下的南门和东门，南、东城门距城内水源地远、远水不解近渴。最好也不是北门，北门要留给许州可能前来支援的官兵们。只能往西门驱赶，西门距小北海近，取水方便。

吴宗尧不解其意，更猜不透从九品将如何驱赶这些气势汹汹的乱匪、进而将他们集中到"烟光暮紫"的西门。总不能用虚无的魔法幻术吧？

见吴宗尧一头雾水，从九品就笑着说：质舜贤弟，一会儿你就明白了。

回到谯楼，从九品发号施令、调派人马。

他派一个捕快，骑马出北门到许州通报军情、寻求援助。让一个乡绅带领十余人，将一根根粗大的竹子，用长长的铁条打开里面封闭的关节、使之整根贯通；然后一根又一根连接起来，并在连接处用棉布捆扎好以防漏水，架设在小北海和西城门之间。与此同时，将城内能找到的所有大水缸，都集中到西城门内。接着，让人凿开小北海上厚厚的冰层，通过连接在一起的竹子，向西门内的大缸中调水。

最后，从九品对吴宗尧说：乱匪求的是速战速决，估计今晚攻城的可能性很大，否则他们不会仅仅围困南城门，而弃其它三个城门于不顾。现在需要贤弟出马了，请率城内一些上年纪的乡民，带足瓦盆、豆油、旧布条、旗帜、锣鼓、鞭炮等，分两股登上东、北两个城门。然后在城头遍插旗帜，点亮所有注满油的瓦盆，之后在城头不停地来回走动，每隔半个时辰放一挂鞭炮。安排停当后，请赶到南门与我会合。吴宗尧领命而去。

从九品把捕头找来，要他集中所有精壮和3个老弱之人，带着瓦盆、刀剑、长枪或钩扠等，到西城门楼洞内去守候等待。派2-3个老弱之人登上城楼，在城头等距离点燃七堆柴草、默默地围着烤火取暖。等从九品到那里后，再做计较。

从九品自己，则领着一帮弓箭手，带着几大桶豆油和数捆旧布条，向南门进发。

刚将弓箭手们在南城楼上布置好，吴宗尧也气喘吁吁赶来。

从九品让弓箭手们在箭头上裹好布条，蘸上豆油点燃后，向护城河冰面上铺好的麦草射去。

一通鼓响，万箭齐发，冰面上的麦草被点燃，原本黑暗的夜空，顿时亮如白昼。

麦草燃尽后，冰层融化变薄塌陷，乱匪们从南门进攻的意图被彻底摧毁。自此，南门安静下来。

从九品让人找来苇痴，让他带领小龙脊那些青壮，在此守备以防万一。自己和吴宗尧领着弓箭手们，马不停蹄赶到西城楼去。

其实，乱匪原本也没计划真从南门进攻，只是做出一种在此进攻的姿态，以吸引守城者的注意力。

现在，既然南门那里不行了，那就顺势选其它城门吧。

派出去的探子回报说，东和北两个城楼上十分热闹，灯火通明，人影憧憧旌旗招展。而西城楼上除七堆篝火和围火取暖的3个懒洋洋居民外，别无异常。

乱匪的军师说：这东、北两个城门，分明是虚张声势，实则虚之虚则实之，有空城计的味道。而西城门则明显伏有重兵，我们应从东或北门进攻。

乱匪头子却不同意，他觉得事情正好相反。因为上个月他在攻占龙脊古城南边一个小城后，听城内当地居民说，龙脊古城有一善于用兵、聪明绝顶的从九品。此人家中自明至清数代为吏且文官武将俱全，因而自小深受家族文化潜移默化之熏陶，并无师自通颇知兵法，年轻时曾大破捻军余部。如今应年届半百是块儿老姜了，既是老姜，那用兵势必更加老辣。他肯定是在反用空城计，反用"实则虚之虚则实之"这招，他是在玩"虚则虚之实则实之"的把戏，千万不能上他的当！

军师无言，因为头头说的这种可能性并非完全不存在，自己也确实没有百分之百的把握证明自己的推断就是完全正确的、而头头说的就一定是完全错误的。

16

正如从九品所料。

这天晚上，乱匪们饱餐一顿后，开始发疯般攻城了。为给自己鼓劲壮胆，他们嚎叫着，借助七架云梯，朝西城楼两侧的城墙头爬将上来，试图一鼓作气拿下龙脊古城。

从九品让大家沉住气。

每架云梯上方各个城垛口处，分别配有四个守卫。四人中的一个，负责向云梯所在那段城墙的外墙面泼水；另两个手持不同兵器，随时准备刺、扎、戳、砍、砸或敲爬近垛口的乱匪；最后那个属机动人员，随时准备替换该组中可能受伤的守城人。

这天晚上气温骤降，真正是滴水成冰、呵气成雾。从小北海通过长长的竹子传输过来的冰水，刚刚兜头泼到城垛口及其下面的云梯上，就马上凝结起来，使云梯、城墙甚至云梯上的乱匪身上，很快结出一层光滑的薄冰，这使攀爬城墙的行动变得越加困难；身上结满了冰的乱匪们，也都冻得痛苦不堪。第一波登城行动，就这样报废了，守卫者旗开得胜先胜一局。

众人十分佩服从九品的先见之明，也因此对守城有了必胜信心。

从九品却没有时间庆祝，他必须快速思索判断，乱匪下一波会采取何种攻势？自己又该如何有效应对？

少顷，他吩咐苇痴，赶快弄几桶豆油和一些破布条过来。

苇痴刚领一帮人带着东西回来复命，乱匪们的第二波攻击就开始了。这次他们先是向城头突然猛放一阵儿弓箭，密密麻麻的弓箭飞蝗一般飞上城头，伤了几个守城人员。然后在城下大喊道：守城的人听着，早点儿出城投降，我们还可以和平共处；否则，城破以后，必将古城杀个干干净净、血流成河。

从九品没有搭理乱匪们的叫嚣，而是安排将受伤的兵士即刻送到润世堂去诊治；另从巡视城内的衙役里面调过来几个人，接替受伤的士兵们。

这边儿刚安排好，乱匪们又开始攻城了。

只见他们口叼刀剑、头戴草帽、身披蓑衣，再次嚎叫着向上爬来。他们显然十分忌惮冰冷的塘水，并为此特别武装起来，以保持衣服的干爽舒适和攀爬的自由舒展。

从九品让弓箭手们在箭头缠上布条、沾好豆油，点燃后觑准云梯上向上移动的蓑衣和草帽射去。

虽然箭矢多有射空者，但其中毕竟还是有射中者。那些被带火弓箭插的蓑衣，很快就燃烧起来。几乎所有中箭者，不是被火烧死，就是因被火烧而从云梯上掉下去摔死或摔伤。

双方就这样你来我往折腾了一晚上，最终乱匪们也未能得逞，反而死伤不少人员。

天亮后，大概是累了，也或许是乱匪们需要琢磨新的进攻计划，热闹了一个通宵的古城西门暂时平静下来。

从九品赶快让大家轮换休息，吃东西。一边又心里想，许州那边该有动静了。

下午，城下的乱匪们突然作鸟兽散，纷纷扔下辎重、武器，拼命向南边逃去。原来许州的马队到了。

马队发挥速度优势，以逸待劳对乱匪穷追不舍。两股力量一前一后，很快消失在龙脊古城南边的天际中去了，身后留下一股久久不散的黄土烟尘。

自此，从九品主持的第二次龙脊古城保卫战也宣告胜利结束。

消息传到现兵部侍郎、前颍川县令那里，他又写来一封热情洋溢的祝贺信，并再次动员从九品进京接替他的位置、他要告老还乡了：期冀兄弟俩携起手来，共赴国难，清除大清国内匪患，共创辉煌，云云。

从九品再次回信表示感谢、也再次真诚婉拒，他说自己真的老了，不比当年与知县一起抗捻之时了。人老思故土，也更难离别龙脊故乡了。

从九品最后一次出山保护龙脊家园黎民，是近 20 年后。尽管当时他已是烈士暮年，但雄心与豪气却丝毫未减。

他的多年搭档吴宗尧和苇痴都没有参与这次退敌之战，但愿意舞文弄墨的吴宗尧，事后根据相关方面的描述，做了如下简明扼要的记载，使我们能够领略血气既衰之年的从九品，内心依然澎湃着的保家卫国之热血情怀：

君生而倜傥，任侠好义，驰马试剑，刚勇绝伦。清宣统三年，帝政不纲，武汉事起。豫担南北冲道，兵衅既开，强者响应，黠者荷枪为匪，敢犯都邑。许、襄、舞、叶一带，萑苻窃发。颍川父辈受苦，架人勒赎之事日有所闻。君振臂一呼，单骑入匪巢，擒首虏杀之，投尸浊流中。

余党震怒，争与君为仇。君益愤怫，道挟昆弟，更结腹心，无宵无昼，誓灭此獠。民国元年冬，时抚标统领程公慎驻节繁城，提倡乡团。君随大队作先锋，多所斩获。自时厥后，练兵备械，出必战，战必先。

有牛根者，率匪徒数十人盘踞固厢郭村，君出其不意，冒雨驰往。牛根破胆而逃，君追至望田，围击之，聚而歼焉，尽夺其枪，闻者莫不叹服。

三年三月，匪大举来攻城东五华里处之双庙，约五百人，炮声雷动。

君出寨野战，裹创临阵，以一当百，匪不敢犯。而匪之忌君者，亦从此愈深固矣。

先是，北乡五汲桥告急，守望兵出扼承差桥，复飞檄促君间道堵截。匪闻风东窜，守望收队归城。君虑北乡之蹂躏也，留守赤里岗，断匪后路。匪出谍诱敌，君迎战，匪败北。君乘胜穷追三十余里，至鄢陵孙耿寨外。匪即也引去，不敢回窜。鄢陵、扶沟境内几遭劫杀，而北乡赤里岗、五汲桥、承差桥居民安堵无恐。绅商士庶莫不交口称曰："此敬五君辅功也。"

清社既屋，海内暗哄，群阴发难，潢池窃弄。大河以南，激湍森漫。白竖丁卒，乘时揭竿，颍滨一隅，壤连襄、许。星星未剪，燎原势成。士辍於序，农废其耕。老弱呼号，壮者隐避。相惊而走，争畏虎至。赳赳敬五，胆识如铁。若棘在喉，发

冲眦裂。枕戈秣马，与匪为仇。兵诡贵多，一可当百。搜岩别薮，云翻雾辟。靡锋不冲，靡坚不摧。献首奏肤，欢声动雷。贼胆骇破，未战先逃。

新邦缔造，文物灿然。矫矫虎臣，蹶起颍川。始奋一剑，匣龙惊天。跃马寻仇，执锐摧坚。邦之爪牙，民赖安全。

17

短暂的再次辉煌过去，一切也都归于平淡。因为平淡才是生活的主体和常态，而所谓辉煌，不过是平淡生活中可遇而不可求的点缀而已。

时光就这样继续平平淡淡地飞逝着。

很快，延续了近 300 年的大清王朝成为历史。

作为中国历史上最后一个封建王朝，清朝共传 12 帝，统治者为爱新觉罗氏。从努尔哈赤建立后金起，大清前后延续总计 296 年。从皇太极改国号为清起，国祚总计 276 年。从清兵入主北京算起，大清建立全国性政权总计 268 年

1616 年，建州女真首领努尔哈赤建立后金。1636 年，汉、满、蒙三族共呈劝进表，皇太极称帝，改国号为大清。1644 年，驻守山海关的明将吴三桂降清，多尔衮率领清兵入关；入关后 20 年时间内，平定大顺、大西和南明等政权；后又平定三藩之乱、收回台湾，完成全国统一大业。康、雍、乾三朝走向鼎盛，此间中国传统社会取得前所未有的发展成就：土地增垦，物产盈丰，小农经济社会生活繁荣稳定，综合国力超越汉、唐。鸦片战争后数遭列强入侵，被迫实行洋务运动和戊戌变法等近代化的探索与改革。1912 年 2 月 12 日，北洋大臣袁世凯诱使清帝溥仪逊位，颁布了清帝退位诏书，清朝从此结束。

整个有清一朝，华夏统一多民族的国家得到巩固和发展，清廷统一蒙古诸部，并将新疆和西藏纳入版图，积极维护国家领土主权完整。乾隆年间，中国作为统一多民族世界大国的格局最终确定。极盛时期的清朝，西抵葱岭和巴尔喀什湖，西北包括唐努乌梁海，北至漠北和西伯利亚，东到太平洋包括库页岛，南达南沙群岛。包括 50 多个民族，国家空前统一。

清朝前期农业和商业发达，江南出现了密集的商业城市，并在全国出现了有名的几大商帮。在此基础上，得益于国泰民安社会长期稳定，全国人口突破 4 亿大关，占当时世界总人口 10 亿的近一半。

但无论如何，历史的洪流是一直滚滚向前的，大清皇朝终结了！

就像香宅大门口那通曾被无数人羡慕嫉妒恨，却最终被人有意沉入小北海的大石碑一样。一个旧的王朝，终被泥沙永远埋葬在历史尘埃的积淀之中去了。

代替大清这个旧时代的，是天下大事合久必分状态下的军阀混战时期。

等经过分久必合、并最终九九归一到大一统的民国时，从九品和他的老伙伴们，就不可阻挡地老了、真的老了。

上了年纪的从九品，虽然依旧被人们传颂着曾经的不凡。但他却不得不彻底归于平凡，不得不回归家长里短鸡毛蒜皮的琐碎现实生活，尤其是香宅内部的各种

纷扰。

从九品有俩儿三女共五个孩子。其中俩儿子年龄悬殊，老大比老二年长近30岁。俩兄弟中年幼的那个，就是我爷爷季平。

由于爷爷比他哥年幼得多，所以他哥4个儿子中的3个，比爷爷的年龄还要大一点。就连他哥最年幼的老四儿子，也和爷爷同岁。

等爷爷有我父亲以后，我父亲和他4个堂哥的儿子，也成为可以玩在一起的同龄人了。尽管在辈分上，那几个堂哥的儿子，还是要叫父亲一声叔的。

按照祖制，从九品早早留下遗嘱，将香宅所有田产一分为二，俩儿子一人一半儿。即爷爷的兄长一半儿，爷爷一半儿。

爷爷那一半儿，在龙脊古城城北包括小龙脊在内的约18里范围内。父亲作为爷爷的独苗，理论上自然拥有爷爷名下香宅一半田产的全部。

父亲"半拉天"的外号即源于此。这个外号，是70多年后在母亲病房中，我第一次也是唯一一次听父亲提起的。

是为后话。

问题来了。

从九品按祖制均分田产时，没考虑俩儿子后代的状况。按照当时风俗文化和传统惯例，也没有必要考虑隔代人。但现实是，爷爷的哥哥有4个儿子，爷爷却只有一个。而且，爷爷的4个侄子大都比他年龄大且身强力壮；当爷爷有我父亲时，爷爷的侄子们也都有了各自的孩子。

香宅两大继承人的力量，显然严重失衡了；失衡的最终结果，就是你死我活的窝里斗。作为长辈的爷爷，因势单力孤，反而成为弱势的一方。

造成这种力量失衡的，主要是心理落差。

有越来越强烈心理失衡感的，是爷爷部分侄媳妇的娘家人。这些娘家人觉得，爷爷只有一个儿子，却分得香宅一半的田产，而爷爷兄长的4个儿子，每人却只能分得香宅另一半田产的四分之一。这不公平！极端不公平！对他们女儿家严重不公平！于是，他们置传统惯例和从九品的遗嘱于不顾，到处煽风点火，意欲改变现状。

历史上，很多皇朝或王朝出现乱象、甚至突然无端发生改朝换代的大事，其中一个十分重要的原因，就是外戚干政。

所谓外戚，就是皇后、皇太后、太皇太后、贵妃、妃子等后宫人员的娘家人。娘家人的力量，历来是皇家不可小觑的一股庞大势力。这股势力，幸运的话可以保家卫国；不幸的时候，就会祸起萧墙祸国殃民甚至败家亡国。而当外戚因一己之利将国家败亡后，他们自己的家族，也往往随之被诛杀净尽而灰飞烟灭不复存在。结果就是这样鸡飞蛋打两败俱伤。

一个国家如此，一个家族又何尝不是这样？其根源，还是一个贪字，人心不足蛇吞象。

爷爷一个侄媳妇的娘家，就在小龙脊以南不远的霍营。她的哥哥、我应该称作双福舅的，眼瞅着他房前屋后我父亲名下的大片田产，越瞅越来气儿，越觉得世道

不公、大大地不公。羡慕嫉妒恨之下，就动了杀人的坏心眼儿。

18

爷爷季平是从九品晚年得子的结果。但很遗憾，他没继承从九品的洒脱性情和强健体魄，而似乎天生懦弱且常年疾病缠身。

胆小怕事身体羸弱的爷爷，很小就生活在针刺一般让人不舒服的目光之中，天天如此，时时这样。这些不怀好意的探寻目光，似乎想要一下子探出，将来爷爷能否有儿子。当然最好他根本就不会有儿子，最多一个或几个女儿也没关系，只要不是儿子就行。那样的话，爷爷名下的另一半家产，就只能归他唯一哥哥的名下、进而由哥哥的 4 个儿子高高兴兴地平分秋色。

从小就生活在这种不怀好意目光中的爷爷，身心遭到严重摧残，并最终导致他英年早逝。

从爷爷头婚开始，他唯一亲哥哥的几个孩子，便突然间提高警惕，天天注视着奶奶肚子的变化。那目光似乎是能够穿透五脏六腑的 X 光扫描仪，或者 B 超。他们恨不得一眼看穿，这个女人能否怀上一胎？怀的是男孩还是女孩？

当这位来自崔氏大家庭的奶奶终于产下一女后，那些不怀好意的目光，变得放松而欢欣鼓舞起来。

不知是因为爷爷长期遭受身心摧残而造成的底气和精气神不足，还是冥冥之中别的什么原因，如可能是上苍为了使未来事情的发生、发展更加曲折复杂一些，自从诞下女儿后，这位奶奶竟好几年都不再怀孕。

这使那些焦急的探寻目光，变得更加柔和起来，以为天意要让爷爷绝后。

以为天意如此的，不仅是香宅内、外的她们和他们。早已被那种润物细无声、软刀子一样刻毒的目光吓破了胆的爷爷本人，也认为这是天意：上天是不会让自己这种胆小如鼠的人有后的，就凭自己这种小如米粒或芝麻一般的胆量，怎能保护未来的儿子呢？没有也罢，免得将来担惊受怕加重自己的思想负担。

爷爷后来干脆就这么认命地想，并认为从此以后香宅就会断了自己这一支香火。这使本来就精气神不足的他，更加萎靡不振、更加发蔫自卑，也更加害怕与人接触。

有一段时间，他从不出香宅的大门，鲜有人在古城的大街上，看到他孤独寂寥沉重的身影。

就这样，爷爷常把自己封闭在香宅自己屋内，自卑且虚弱地胡思乱想，翻来覆去地想。

他几乎没有任何可以倾诉的对象，除了他母亲和父亲从九品，香宅里与他血缘关系最近的，就是他兄长和兄长的那些孩子们了。但爷爷不想与他父母谈论自己的心事儿，他担心从九品会骂他没出息；他最不愿听从九品这样骂他，那会使他仅存的那点儿活下来的勇气丧失殆尽。至于他母亲，已经活得够累了，又怎能把这些心事说出口、去打扰她老人家的清静呢？

至于他哥哥那一家子，正是他们时时刻刻密切关注着爷爷和奶奶的动静，关注着爷爷能否有他自己的继承人。也正是他们那穿透力极强的目光，长期以来时时煎烤着爷爷的心灵，使他变得封闭自卑度日如年。怎么可能和他们那些人交心呢？

内向的爷爷，就这么日复一日年复一年地加深着他的自卑和苦难，时刻煎熬着自己的灵魂，消耗着他硕果仅存的生活勇气。生不如死的感觉，时常涌现心头。久而久之，他就有些麻木了。

有时候，他甚至无法辨别，自己究竟是活着，还是早已到另一个世界了？

就是在这种阴阳不辩混混沌沌的状态中，爷爷浑浑噩噩跌跌撞撞地维持着自己的生命。香宅大院外的灿烂阳光、鸟语花香、市井趣闻和家长里短等，统统与他无关。

近朱者赤，近墨者黑。先贤的总结精辟之至。

同样沐浴在香宅凝重的空气之中，同样不时被那些让人心惊胆战目光浸泡的奶奶，也在爷爷的麻木中，慢慢地麻木着她自己的神经，并逐渐丧失对生活的任何兴趣。

她刚嫁入香宅时的种种美好设想，早已烟消云散。虽然爷爷本人没对奶奶的不再生育发出任何责骂和抱怨，但这个社会对女人的基本要求，以及时代感极强的不孝有三无后为大的强烈氛围，尤其是爷爷那无神少光的状态、有气无力的挣扎，都不停地传染并感染着奶奶，都使她觉得自己的一生也就到此为止了。

不久，在强大的精神压力下，勉强在香宅生存了几年的这位崔奶奶，终于支撑不住彻底崩溃了。她几乎还没在香宅留下任何闪光点，便永远离开了这个世界。

毋庸置疑的是，爷爷的父母从九品老俩口，自然是希望小儿子有良好未来的。这是做父母的本性。父母对幼子的钟爱乃至偏爱，与对大儿子是不一样的。这不是刻意偏心，而是做父母的一种天性和不由自主的本能使然。

尽管他们此时还不十分清楚小儿子究竟出了什么问题，但爷爷的无精打采了无生机，都使他们感到，以爷爷这种精神状态，确实难以承担起养育后代的重任。

为此，在那个崔奶奶还没抑郁而终、但已几年未见动静的情况下，爷爷的父母并没责怪这个儿媳妇，而是请来当时龙脊古城最负盛名的李仙儿，到香宅分别为爷爷和奶奶把脉，看看究竟是谁出了问题。

19

医术高明的李先生，被龙脊一带百姓尊称为李仙儿。

李仙儿祖上世代行医，经年累月，治好了不少疑难杂症。甚至数次把行将就木之危重病人，硬生生地从阎王爷那里给夺回来。李家连同其赖以生存的医馆润世堂也因此名声大震，并屹立龙脊古城数百年而不倒。

位于龙脊古城南关阁老洞街和南大街南端交汇处的润世堂，是一座古色古香的老四合院，那里常常车水马龙人来人往。

阁老洞街得名于其南侧附近的阁老洞，洞为明代大学士邑人桂颂生前所建。原本是他的私家花园井，井旁用青砖券一洞，洞与水井相通，夏日用来储存肉类防腐，冬季则储藏蔬菜花卉防冻。

润世堂院子周围，经年累月地不时散发出不同中草药的香味儿。天气晴好时，龙脊一带的很多百姓，常常聚集在润世堂院子外面的阁老洞街和南大街上，一边伸

胳膊踢腿，一边大口呼吸那些不知名的草药味。说是闻足了这些草药味，就会百病离身长命百岁。

　　润世堂有一镇堂之宝，那是一株完完整整的千年人形老山参。

　　这是李仙儿明朝末年的一个先祖，用重金从东北长白山原始森林里的老参农手中，几经周折采购而来的。为买这根老山参，李家几至倾家荡产。为此，当时家人大都极力反对，觉得动用李家几乎全部家产去购买一支老蔫萝卜一样的老山参，太不值当了。但这位先祖还是力排众议，最终买下这株老山参。

　　不久以后的事实证明，这位李氏先祖是何等英明和精明。那株老山参像巨大的金字招牌，或一块巨型磁铁，吸引了颍川古郡及其周围无数病人前来求医问药。

　　龙脊及其周围一带的百姓，鲜有人会亲自到据说寒冷无比、就连冬天站在外面撒尿也要事先准备一根棍子、便撒便敲瞬间冻成抛物线状尿冰的遥远东北，更没谁亲眼见过人参究竟是个啥样子。

　　但人参能起死回生的神秘作用，却早已被传得神乎其神不由你不信了：人参长得和人一模一样，眼、耳、鼻、口、身、手和腿等样样具备活灵活现。更神奇的是，人参能将死亡之人救活，能将阎王爷已用朱笔勾掉注销的人还阳回到人世间来。难怪李仙儿家数代医术高明、能够起死回生呢。人们这样品评到。

　　李仙儿家的千年老山参买回来后，几乎没动用过。这是李仙儿的那位先祖，临终时立下的遗嘱。

　　这根几乎从来没动过的老山参，成了颍川古郡一带百姓茶余饭后演绎不尽的传奇。尽管他们中的所有人，根本就没见过这株传说中的老山参。

　　李仙儿家流传了几代的神奇故事和高明医术，使李仙儿继续成为龙脊一带当之无愧的神医，他对病人的诊断结果，就是金口玉言万岁圣旨。

　　李仙儿应从九品之邀请前来香宅诊断的结果是，爷爷脉象虚弱散乱且搏动不齐，阳气和气血不足，阴气却有些过盛。以这种状态，显然是无法完成传宗接代这一重任的。

　　诊断过后，李仙儿开了药方，嘱咐从九品派人随他到润世堂去取药，并说像爷爷这种情况，经过一年左右的调理就会见效。

　　不过，李仙儿的这味药，需要蚂蚁做药引子效果才好，尤其是那种个头小爬行慢、但颜色黑亮身形壮硕的蚂蚁。这种蚂蚁润世堂没有备存，需要从九品去想办法解决。

　　离开香宅前，李仙儿又用他那双明亮锐利的眼睛，注视着爷爷看了好一会儿，然后缓缓地对从九品说：季平公子脸色苍白，不宜久居室内，应多到户外活动、多接地气才是！

　　说完，迈着他永远从容安详的步子，一丝不苟地离开香宅。

　　爷爷在包括他本家堂兄弟在内的香宅这一代排行老末、即第四，故字季平。

　　中国传统文化要求，提及或谈论某人时，只说他的字号，而不直呼其名。这是一种有修养、有文化的表现。

送走李仙儿后，从九品吩咐家人到大街上买了4个大西瓜，然后将大西瓜拦腰切成大致相等的两半儿，再用铁勺子把西瓜的内瓤挖出来分给众人食用。最后将挖空的8个半球形西瓜皮，分散置于院中较高的地面上，并嘱咐众人不要随意挪动它们。

大家皆不解其意。

第二天上午，从九品吩咐家人找来8只大木桶，每个木桶注满半桶水，然后把昨天摆放在院内不同位置的8个西瓜皮搬过来。

众人这才发现，每个西瓜皮中都爬满黑色健硕的小蚂蚁。原来从九品在捕捉蚂蚁，为爷爷收集药引子！

将爬满一层层黑压压蚂蚁的西瓜皮，分别沉入8个木桶中，蚂蚁们很快脱离水底的西瓜皮漂浮到水面上来，密密麻麻一层。

从九品让家人拿来一只绵布做的小笊篱，将蚂蚁们一网打尽。药引子问题，就这样轻而易举地解决了。

消息传到润世堂，李仙儿轻轻捋了捋他自己那稀疏的胡子，不紧不慢地说：从九品果然是从九品！难怪他当年能智退围困龙脊古城的匪患们，使我们免遭血光之灾，两次挽救古城！

20

李仙儿对爷爷的调理还不到半年，年轻的奶奶崔氏就先行离开了人世。

崔奶奶的离去，并未给爷爷带来重大打击，早已麻木了的他，只是变得更加麻木而已。他的精神状态，决定了他在面对任何事情时，都会表现出一种外人看来处惊不乱泰然自若、实际上是麻木的样子。

但崔奶奶的离去，对香宅另一帮人、尤其是那些"外戚"们，却是个沉重打击。

不是为一个熟悉生命的离去悲伤，而是因为如果这个不大能生育的奶奶永远健康地活着，那爷爷无后就几乎成为定局。以爷爷目前的精神状态，娶个二房几乎不可能；即便勉强娶了二房，也未必能生养出儿子来，因为他的精神实在太差了。

但奶奶崔氏突然去世了，爷爷必定会在从九品主持下续弦，他毕竟还年轻。果真如此的话，那就很可怕，续娶的那位不可能再不会生育，世界上不会有如此巧合、这么寸的事情。更何况鼎鼎大名的神医李仙儿已经断言，只要爷爷坚持服用他的药物一年左右，就会有好结果的。

于是，这帮人从崔氏去世之后开始，变得更加敏感和极度不安起来。他们像偷吃粮食的老鼠，时刻竖起两只耳朵、很多双耳朵，以极大的热情关注着事情的进展，尤其是当家人从九品的决定。

看着日渐苍白憔悴的幼子，从九品想起李仙儿离开香宅时的告诫。经过权衡，他决定让爷爷离开香宅，到小龙脊去静养一段时间，让乡野田园里丰沛的阳光好好普照一下他。如果爷爷能和小龙脊的那些野小子们打成一片、一起疯玩上一段儿时间、多接接地气儿，加上李仙儿的药物调理，爷爷或许会获得更多真元之气，变得强壮起来也说不定。事在人为！

当爷爷听说从九品要让他到小龙脊去小住一阵儿的消息后，平时一直暗淡无光的双眼，突然闪现出难得一见的光芒。这稍纵即逝富有神采的目光，如果不仔细观察，是很难察觉到的。

爷爷小时候，曾多次跟随从九品到小龙脊去。小龙脊是香宅在龙脊古城外之北乡收取地租的集中地之一，且是最重要的一个。

但这不是爷爷喜欢小龙脊的原因。他喜欢的是那里简单宽松的环境和几个小伙伴儿，即长聚和长根兄弟、满堂和满仓兄弟、金锁、群昌、寅虎和寅豹兄弟、德顺及水镜等。

在所有这些玩伴中，爷爷和长聚的关系最好。少言寡语形单影只的长聚，似乎是爷爷在香宅时的影子。这使爷爷对长聚有种同病相怜的感觉，心中不免偏向他更多一些。

爷爷喜欢到长聚家，喜欢看长聚的石匠父亲在那里叮叮当当地忙个不停。在长聚父亲那双布满老茧十分粗大却又非常灵巧的手下，一块块或大或小五颜六色毫不规则甚至有些丑陋的石头，很快就会变成有模有样颇为漂亮的石质用具，像是变魔术一样。

每到此时，饱读诗书满肚子诗曰子云的爷爷，脑海中会不自觉地涌现出巧夺天工、鬼斧神工之类的词语。但他从不将这些词语说出来，这倒不是因为他不爱说话，也不是因为他知道长聚一家都不识字儿，而是爷爷不想让长聚一家因为自己比他们多识一些字而感到自卑和不安，进而影响他和长聚一家极为友好的关系。

爷爷从小的生长环境，造就了他十分敏感的性情。这种敏感使他常常充分而设身处地地为对方着想，他不想更不愿意让对方受到一点点儿的刺激与伤害。

这是爷爷在小龙脊广有同龄好友的重要原因之一，他也因此落下"没有架子的香宅少爷"的美好名声，并因此大受欢迎、尊重和爱戴。也只有在小龙脊，爷爷才能深刻体验到，什么是自信和勇气。

就这样，爷爷很喜欢小龙脊。

他喜欢小龙脊一切有生命和无生命的东西，喜欢那里的一草一木，甚至是看不见摸不着的空气与阳光。小龙脊湿润而清新的空气，让他觉得那么温暖柔和自由自在，有时甚至让他感动得掉泪；小龙脊的阳光，是如此纯净无暇浩荡博爱。

都说皇恩浩荡，皇恩哪里有小龙脊的阳光和空气浩荡？爷爷常常这样告诉他的小龙脊伙伴们。

爷爷尤其喜欢傍晚时分小龙脊家家户户冒出的炊烟，那袅袅炊烟或曲或直柔曼舒缓地徐徐升空、随风自由自在地飘荡而去，然后不慌不忙融入无边无际的浩瀚虚空世界。散散淡淡从从容容之中，隐含着柔美温暖的母性，这常常让他感动得掉泪。

心灵极度敏感脆弱的爷爷，同时也是感情丰富和多愁善感的。

21

小龙脊长聚的父亲是一名石匠。不是一般的那种，而是远近很有些名气的那种。长聚家是石匠专业户、石匠世家。

用冷硬的石头打制生产和生活器具，是一件单调枯燥的活计，錾子撞击石头的声音也并不好听。

但不知为啥，爷爷就喜欢这种单调的声音。看着有条不紊忙着摆弄石头的长聚他爹，爷爷有一种进入痴迷世界的感觉，一种道行高深老和尚入定升华的状态。

爷爷聚精会神老僧入定般的认真态度，也常让长聚他爹感叹：人呐，总是自己不会或没拥有的，才觉得好。

长聚他爹，多么希望长聚和长根兄弟俩，能像爷爷那样识文断字会吟诗作赋啊！

在小龙脊时，爷爷就这样常常待在长聚家，几乎一动不动静静地观看长聚他爹忙活儿、条件反射般进入一种痴迷定态。往往一看就是好几个时辰，直至家人来叫他回家吃饭，他才有些不情愿地作罢而去。

家里一旦找不到爷爷时，到长聚家准会找到他。只有在长聚他爹娘外出揽活时，爷爷才不得不和小龙脊的伙伴们一起玩耍。

因为身份的原因，玩耍时，小龙脊的伙伴们一般都让着顺着爷爷。这使他陡然间有种英雄豪气在胸中激荡，也只有在此时此刻的小龙脊，他才觉得自己是一位顶天立地的男子汉，而不是虚弱病夫。

爷爷到小龙脊时，往往是在十分宜人的秋季。

每年这个时候，小龙脊周围的四个芦苇塘中，正是苇子变黄、顶端洁白柔软的芦花、当地人俗称苇子毛迎风摇摆的季节，远远望去，风景煞是迷人、颇多诗意和古意，让他情不自禁地想起《诗经》中的很多诗来。

此间，爷爷和小龙脊的一帮伙伴们，会一起钻进密密实实的芦苇塘中，攀折一把光滑的芦花互相戏耍。

玩腻后，就跑到刚收过秋的田野里捉蚂蚱和蟋蟀，并把它们用随处可见的毛毛草中间那根细长的茎穿成长长的一串儿提着。等找到合适的地方后，大家会七手八脚一起动手垒砌一个非常简单的小土灶，然后精于石头打火的长聚和长根兄弟，会生起一把火来，把这些蚂蚱和蟋蟀烧熟后大家一起分享。

有时他们也到小龙脊中心的老庙里搞恶作剧，或者到长聚家门前的那个大石碾盘上，玩些当地土著们已流传了许久的土游戏。

总之，见啥玩啥，绝不寂寞。

爷爷一生中最开心的时光，就是少年时在小龙脊度过的。每次要离开小龙脊时，他总是一副恋恋不舍的样子，并热切期盼下一个秋天快快到来。

小龙脊的伙伴们，也由衷地盼望爷爷尽快归队。因为每次他来小龙脊，总会带一些好吃的点心给这些伙伴们。这些难得一见的吃食儿，往往让他们回味无穷，边大快朵颐边大呼世间竟有如此美味儿。

长大成人后，爷爷依然喜欢小龙脊和小龙脊的伙伴们。所以，当听说从九品让他重返小龙脊时，内心自然会欢呼雀跃了。

以前爷爷来小龙脊，都是和从九品住在那座仿香宅而建的小四合院里，一座只有一进院落的迷你版小香宅。

小四合院的主房坐北朝南，与后小龙脊赵吉、水镜及德顺爷家的主房，同在一条东西向展布的小龙脊线上。

　　只不过，这个小香宅四合院在龙脊线的最东端，且大门朝南。四合院的大门楼，有用当地杂木板打造的两扇木制大门。从大门到正房地势显著升高，有一种爬小山坡的感觉。过道两侧的东、西厢房低矮而狭窄，主要用来储藏东西用。小香宅并非砖瓦结构，而是土墙草顶。

　　小香宅的东侧，是香宅在小龙脊存放粮食、杂物和农具等的一个坐西朝东土院子和泥墙草顶粮仓。

　　小香宅连同粮仓，均位于小龙脊的东南角。

　　站在小香宅大门外极目南望，越过四合院前的芦苇塘、南边不远的霍营，可以看到龙脊古城高大结实的城墙和城中心巍峨谯楼顶端之一角。一早一晚，更可以听到谯楼传出的钟鼓之声。那种传到小龙脊时已成余音的钟鼓之声，在空气中袅袅地回响弥漫着，久久不肯散去。

　　走在去小龙脊的路上时，爷爷有种出笼鸟儿的感觉，每次都是如此。此时的爷爷，一路之上兴高采烈，偶尔还情不自禁地跑进老官路两侧的田野里，去追蝈蝈、捉蟋蟀、逮蚂蚱。

　　这大大延缓了他进入小龙脊的时间。本来不到一个时辰的路程，他和陪伴他的一个家人，竟然足足走了两个时辰，才接近小龙脊的东南村口。

　　远远地，爷爷看见小龙脊东南角那个芦苇塘中，洁白的芦花正随风摇曳，这使他再次兴奋起来。

　　更让爷爷激动的是，长聚竟然正在芦苇塘里采集芦花，大概是准备编织冬天穿的草鞋了。

　　不知从何年何月起，颍川人开始用芦花打造一种冬天穿的特殊草鞋。这种鞋子的鞋帮和鞋面，都是用柔软暖和的芦花编就的。鞋底是厚厚的木板，鞋底下钉有两块与鞋底垂直且前后相互平行、大约两三寸高的小木板，整个木制鞋底成"Ⅱ"形。

　　穿着这种鞋走在雪地上或化了雪以后泥泞的街道上，不但保暖，而且不进雪水、泥浆，保持双脚温暖干爽，不会轻易生病。

　　当然，这种鞋也有明显的增高作用，很有些像大几十年后年轻人喜欢的"恨天高"。不过，这不是当时人们发明这种鞋子的目的。

　　据说，这种鞋子的开发和推出，是受高跷的启发。直到 20 世纪七十年代初，龙脊一带的乡村，还有人穿这种独特的草鞋。

右调《祝英台近》

颖川封，皇华路，北过巨陵处。簷外清廉，客子避风雨。忽惊佛寺钟声，五更愁破，一鞭指、前途归去。

最高古。郑历侵纪春秋，汉时馆陈传。竖敢横忏，爨起蛇妖亭。到今王道平平，花开醪注。看野店、往来谁阻。

第四章　石　匠

1

小龙脊地道的外来户长聚一家，来自豫、陕交界处的大山深处，世代以打石锻磨为生，日子过得牛马一般辛苦。

到清末长聚他爷这一辈，家景越来越差。好不容易给长聚的父亲石蛋结婚成家后，家里已是家徒四壁了。

不久，长聚他爷积劳成疾一病不起，很快离开了人世。

年轻的长聚他娘身材高挑、颇有几分颜色，为此遭到当地一个无赖的非礼。这个无赖三天两头跑到长聚家进行骚扰，尤其是当石蛋外出打造石器时，无赖更是变本加厉、肆无忌惮。

如此再三，长聚他奶因气一病不起。因怕表面上闷头闷脑、实则脾气一上来便不计后果的石蛋惹祸，便一直瞒着他。

但终于有一天，因外面的石器活计提前完工，五大三粗的石蛋便突然提前回家了，并无意中撞见正骚扰长聚他娘的无赖。石蛋果然怒发冲冠，盛怒之下顺手抄起打造石器的大铁锤，一下子就砸烂了无赖的脑袋。

这种大铁锤打在石头上，也就是迸出个火星、在石头上留下个小白点而已；但打在人的脑袋上，一下就会稀烂。

虽然是自卫，但毕竟是人命官司，何况无赖有权有势。而打官司需要难以计数的金钱打点，后果却难以预料，何况自己是一个无权无势的穷苦石匠呢。思虑再三，还是走为上计，以便免去无穷无尽的官司麻烦。

思虑已定，便急匆匆带上打制石器用的各种工具、以便有个吃饭的营生，然后推着独轮车上不停呻吟着的长聚他奶奶，连夜离开豫西老家，一路向东而来。

由于事发突然，石蛋并没一个明确的投奔目标，只是出家门上官路后，就闷头沿着洛阳到许昌的古老官路一直东下。

这条古道，最初是秦直道的一部分；东汉末年，曹操进一步征发民夫们大规模加固、扩建。

曹操挟持汉献帝后，出身颖川豪门的大谋士荀彧进一步进言道：经过多次血腥屠杀，古都洛阳和长安阴气太重，风水已被完全败坏，不宜再作都城。倒是中原许州一带，沃野千里，民风淳朴；北有黄河天险，南有长江为阻，西有伏牛及华山屏障，东抵茫茫大海，更兼源自中岳的颖水流经那里，是一块儿不可多得的风水宝地，足以作为成就帝国霸业之基地。

曹操大喜，即刻以汉献帝之名，通报全国，修筑了这条洛阳至许州的官路。

此后一千多年间，历朝历代均沿用这条官路，并不断增修、垫高、加宽，最终成为西部通向中原一带的一条重要交通枢纽。

没读过书也不识字的石蛋，并不知道这条官路的来历，只是觉得顺着大路向东走更省劲儿、利于一家人快速逃离是非之地。

从洛阳到许州地势渐低，总体上是大下坡，走起来容易不少。这是石蛋慌不择路的无奈选择。带着生病的老娘和同样裹着小脚的媳妇，还有那一堆雕琢石头用的笨重工具，如果不向东，而向西方的三秦一带进发，会艰难得多得多。毕竟是逃命案的，必须争取在最短时间内离老家越远越好。于是很自然地，一行三人向东走来。

一路的艰难困苦自不必说。饿了，到路边向人家乞讨一点儿吃的；渴了，就随便寻点水喝。

也是老天有眼，刚开始的几天，天气一直很好，没有风雨雷电的袭击。

等行至接近小龙脊那段儿老官路时，天空突然乌云密布，紧接着就下起瓢泼大雨。当时三人既无挡雨工具，附近又没有可以避雨之地，真正是一马平川空空如也。

情急之下，石蛋透过蒙蒙烟雨，隐约看到东边附近有个村庄，那是地势较高的小龙脊。

犹如溺水之人突然抓到一根救命稻草，石蛋拼命推着已淋湿了的长聚他奶，拼命向小龙脊奔来。身后是扭着一双小脚的长聚他娘，在泥泞中艰难地踩着丈夫的足迹前行。村口迎接他们的，是小龙脊西北角那处芦苇塘，坑里已积满黄浊的雨水。像雨线一样丰富的碧绿芦苇，在雨水击打下发出响亮的沙沙声，似乎在热烈欢迎这家远方来客。

也是靳家造化好，住在芦苇塘西岸高地上的少年苇痴，其时正披着蓑衣挖沟排水。听到独轮车的"吱呀吱呀"声，一抬头，就看到淋得落汤鸡般的石蛋。此时，苇痴尚未看到小车上裹着一层湿透被褥的长聚他奶、以及更远处扭着小碎步走来的长聚他娘。雨实在太猛了，密密实实的雨线夹着浓重的白色水雾，织成密不透风的水幕，数丈之内很难看清一切，能见度实在太低了。

喜爱传统评书戏曲、因而颇通古今演义的苇痴，很是古道热肠，他向危难中的靳家伸出了援手。苇痴家西侧竹林旁的一间茅屋，成为靳家在小龙脊的第一个落脚点儿。

苇痴让母亲为靳家烧了姜汤，并生火为病中的长聚他奶取暖、烤被褥，安慰他们好生在此住下。

这让五大三粗的石蛋一家感动不已，认为是老天爷于冥冥之中引导他们，来到了这样一个好地方。

多日来的担惊受怕和长途跋涉，加上暴雨的洗礼，长聚他奶病情加重并很快气息奄奄。眼看人快不行了，石蛋娘想，总不能死在恩人家里给他们带来晦气吧？于是，在苇痴一家的诚恳挽留声中，仍执意要搬出去。

众人就慷慨伸出援手，帮助靳家暂且到小龙脊东南一茅屋中安身。

茅屋是热血少年从九品，效法诸葛亮隐居卧龙岗结草为庐读书会友之地，但他很少到这儿来。

坐南朝北的茅屋前后，植有翠竹和各种奇花异草。从九品将这里命名为"观苇台"，因其东邻芦苇塘且地势颇高，站在这里既可以观赏芦苇春之碧绿、夏之蛙声一片，又可以感慨秋天芦花之洁白静美。正是在这里，从九品吟出两首让好友吴宗尧击节赞叹的词来：

一水一舟一鸥，不似人间。两三白云缀青天，秋意绵绵。天地有造化，云水缥缈间。笑眠桃花园，无计梦乡关。

万千芦苇接天地，一池水碧，蓝阔如洗，乍暖时节吐春意。数只雀鸟相嬉戏，霞光满照，几片白絮，邻家屋顶风细细。

前者咏秋之小龙脊，却不拘泥于任何词牌平仄；目之所及兴之所至，顺手拈来，颇有出世之感。

后者套用《采桑子》词牌，赞叹早春之小龙脊既有浓浓的烟火味儿，又有颇为恬静的田园风光。

靳家移居"观苇台"后不久，一位风水师偶尔路过此地，看出这是一处宜神不宜人、宜阴不宜阳的绝地。也就是说，此处宜建庙堂或修陵墓，却不适合结庐修房，除非居住者是真正的隐士或出家人。否则，住在这里的人家，不出三代就会断嗣绝后。

吴仙儿和他父亲老吴仙儿，却不认为风水之说是绝对的。他们相信"善随心走瑞从善生"，一个人的心地和修行如何，才是决定风水优劣的根本。风水是跟着人心走的，也会根据房屋主人修为方式的变化而发生根本转变。所以，从九品才敢在上面结草为庐。

匆匆远道而来如丧家之犬的靳家，是无从知道这些玄妙学说的，事实上也顾不了这么多。能在人生地不熟的异乡马上有个安身立命之所，已是上天的极大恩赐了，何况还有一位重病人呢。

不久，长聚他奶撒手而去。咽气前短短的回光返照期内，长聚他奶特别嘱咐儿子石蛋说，将来一定要回老家去，将他爹的遗骨迁来与她合葬。

老太太觉得小龙脊比老家好，尽管她没在这里走动过一天，对小龙脊及其周围的一切都近乎一无所知，而且很快将永远无法亲自了解小龙脊的好与坏了。但来小龙脊那天的大雨中，初次相识的苇痴等人对她们一家的善待，已彻底征服了她的心。

平原一带的土地几乎没有撂荒的，所有土地都已有主人。大块土地多属古城香宅，小龙脊周边及村内的小块田地，是香宅送给村民种菜用的自留地。

问题来了，该把长聚他奶葬到哪儿呢？

　　还是苇痴出面，把一块儿小龙脊村民共同用来取土烧砖的低洼地之一角，送给靳家作为长聚他奶的长眠之地。

　　这同样是无奈的应急之举。

　　让多数人都没料到的是，长聚他奶的阴宅，又犯了低洼之处阴阳皆不宜的风水法则。但处于窘境之人，是无法顾及这些看不见摸不着的神秘东西的。

　　后来，石蛋凭石匠手艺，逐渐在小龙脊立住脚，并常常和长聚他娘庆幸，逃难当时匆忙之中，没忘记带石匠必需的铁器用具，否则，他们这个外来户，房无一间地无一垄的，靠啥生存？

　　不久，从九品来到小龙脊。听说靳家的不幸遭遇后，立马把"观苇台"茅屋及其前后整个地块儿，总共三、四亩的样子，一并送给靳家。

　　从此，靳家在小龙脊扎下根来。

<h2 style="text-align:center">2</h2>

　　常有十里八乡的人，来小龙脊找石蛋凿石锻磨，或打理建房用的石条门墩之类。石磨和石碾是那个年代的人们必不可少的生活工具，没有它们，就无法把粗糙的粮食磨成面粉，也无法将黄豆变成嫩白细软的豆腐、香醇可口的豆浆和豆腐脑。

　　日子就这么平平淡淡地向前推进着。有人忙碌，有人无聊，也有人散淡。欢乐和痛苦，总在不知不觉间来到人世。只不过有时在这家，有时又转到那家。就在这风云变幻的时光中，人们一步步走向神秘的未来，怀着明天会更好的美丽憧憬。

　　在艰难的创业立家过程中，一些新人来到小龙脊这个世界。其中就有长聚和长根兄弟、水镜、满堂与满仓兄弟、金锁、群昌、德顺和结实他爹等。

　　结实他爹、金锁和群昌都是独苗。他们像后来的绝大多数独生子女一样，受到父母长辈的百般宠爱万般呵护。不同的是，结实他爹、金锁和群昌这些独苗，不是计划生育的结果，而是他们的父母实在无法生出更多孩子只好听天由命的宿命。

　　那时候，这几个基本同龄的孩子都还小，无法预料他们会制造出什么故事，更不会想到未来他们之间会发生啥。

　　长聚和长根兄弟的问世，使人们更加确信并由衷敬佩吴仙儿和老吴仙儿的远见卓识，并认为那个断言长聚家风水不好的所谓风水师是个冒牌货、一个蒙吃蒙喝的骗子。因为不论是长聚还是长根，个个一副好身板，都长得结结实实的，像他们的父亲石蛋一样，绝对是未来的好劳力。

　　看着龙腾虎跃的长聚和长根兄弟俩，长聚他娘便心花怒放，并时时庆幸当初果断斩妖屠魔东下小龙脊的英明决定。

　　这就是天意。石蛋每每在干活间隙，点燃一锅烟猛吸一口后，就这样没头没尾地突然说上一句。他说这话时，两眼越过近在咫尺的芦苇塘，幽幽地望向东南方不远的宋阁之黑瓦顶，和宋阁之上遥不可及的空洞世界。

　　谁说不是哩。长聚他娘一边做着针线活儿，一边这样回应着石蛋。

　　该把爹迎过来啦。石蛋又突然这样说一句。

　　谁说不是哩。长聚他娘永远这样忠诚地拥护、附和着丈夫，极好地实践着夫唱妇随之道。

　　不过，迁移长聚他爷遗骨这事儿，他们也仅仅是自己说说而已，以表明没有忘记老娘的临终遗言、他们并非不孝顺，他们时时都存有这样一种理想和抱负。

　　但真要实施起来，难度要大得多。作为事实上的杀人犯，他们根本就不可能回豫西老家去自投罗网。这一点儿，俩人都十分清楚。

　　但他们还是要常常这样念叨念叨、在家里自己说说，以暂时舒缓一下被压迫着的神经，减轻一下心中的郁积、烦闷和压力，同时也希望长聚他奶的在天之灵安息。

　　但直到靳家最后一人长聚死去，石蛋俩口子的心愿都没能实现，也永远无法实现了。

　　只能用"青山处处埋忠骨"之类，去告慰像长聚他爷、长聚他奶这样永远无法团聚的灵魂了。

　　这时候，人们再提起那位早已作古不知所终的云游风水师时，常常一脸虔诚神态，就像他们提起灶王爷、灶王奶奶那样。

　　这是后话。

　　来到小龙脊后的几年里，石蛋俩口子一直勤恳地劳作着，几乎没闲下来的时候。正因如此，他们有了不少积蓄，这也是他们有生以来最大的一笔资金了。于是，他们拆掉原来的茅屋，建造了三间大房子。

　　房子虽然是没经过烧制的土坯墙，屋顶也是龙脊一带乡村常见的麦秸盖顶，但已经很不错了。房屋坐南朝北，主要是顾及房子北侧的菜地，进进出出收拾起来方便。

　　后来，石蛋又在这块长方形菜地里种下一棵石榴树。树苗是石蛋到外地锻磨时，东家对他的手艺十分满意而额外奉送的。想到俩虎头虎脑的儿子，石蛋就要下了，并从此对果树产生兴趣。

　　后来又在菜园的不同位置，先后栽种了枣、杏和香椿等树。每当夏、秋两季，这块花果园般的菜地，便成为小龙脊几个馋嘴儿少儿留恋不舍的地方。

　　为感谢小龙脊的慷慨收留与接纳，石蛋俩口子一直思量着报答这里的乡亲，却又不知如何报答，为此烦恼不已。

　　一天晚上，长聚他娘告诉石蛋说：是不是为小龙脊锻造一盘豆腐磨、一盘粮食碾，再打造几个石臼。这样大家用起来方便，不必再到外村去排队等候了。

　　石蛋觉得这个主意极好，反正手艺是自己的，实施起来甚为便利。可他很快又犯起愁来，龙脊一马平川缺山少石，哪里去找那种质地均匀、致密结实的大块儿红石头呢？

　　长聚他娘也跟着石蛋，一起发愁石头的来源。愁肠百结之余，长聚他娘建议石蛋找从九品说说。香宅是龙脊首富，从九品见多识广，应该有办法解决。

　　说来也巧，几天后，从九品来到小龙脊。

　　石蛋抽着烟袋、踢拉着鞋，踱进村东南的小香宅。

　　听到石蛋的来意，从九品大为感动，慨然说：你一个外姓人，能如此为大伙儿着想，小龙脊真是烧高香了。这样吧，红石头我来想办法，到时你出力打造就行了。

3

几天后，龙脊一带便不见了从九品的身影。他带着一个随从，到西边大山里找红石头去了。说干就干雷厉风行，是从九品的性格。

晓行夜宿跋山涉水，并几经打探、寻访，终于到达出产那种红石头的豫西山区。

连绵不绝的巍峨大山和奔涌不息的溪流瀑布，让久未离开龙脊平原的从九品大呼过瘾，如此神奇美妙的地方，不出精美诗篇都难。

在大山深处一个古色古香的寺庙前，从九品诗兴大发，吟唱《高山揽胜》道：

> 散步崇岗上，山花媚目鲜。
> 平坡杂野荻，古殿近飞泉。
> 万木凝佳气，孤村绕瑞烟。
> 乘风登此地，觅道扣三玄。

年轻时，他曾走访过龙脊南邻汝南郡的一些山区。但和豫西一带的巍巍高山相比，汝南那里的山只能算是小山岗了；而且汝南的山间，也没有"飞流直下三千尺"的瀑布。

难怪先贤们一再提倡行万里路呢。李白之所以成为李白，除了天生才情，与他从小就不断游走于天地间之名山大川，也有很大关系，否则，他是无法留下如此多豪情万丈之优美诗句的。

这样想着时，从九品已被四周的参天古木、潺潺流水所打动，并油然吟诵出一首诗来：

> 小溪流急水未暖，苔藓青青古木寒。
> 夏来迟暮花草知，嫩绿淡红一点点。
> 雨后未见艳阳照，曲径通幽树参天。
> 七色彩虹忽惊见，飞流下处心欢然。

感慨之余，从九品没忘记此行的主要目的：寻找、购买红石头。

这种质地均匀、细密、坚硬的石材，是在漫长得令人难以想象的岁月长河中、在炎热的地质环境下，通过沉积作用形成的紫红色中细粒砂岩。

当小龙脊的人们开始好奇而热烈地争论从九品如何把沉重的石头运回来的时候，他已胸有成竹地与卖家讨价还价了。

结果从九品不但顺利购买了四大块儿红石头，还买了几块儿比较小的青石，一种致密的沉积泥岩和粉砂岩。

一切谈妥，从九品便轻松地和当地人天南海北地聊家常，并问围着他看热闹的山民：去过大平原吗？

看到所有人都木讷地摇头否定，从九品来了精神。他接着问当地的土质、收成、年景等如何？

得知明确答案后，从九品目光炯炯地说：知道平原地区粮食收成情况吗？说出来你们可能不信。大家祖祖辈辈在这里种了几百上千年的地，估计从没收过那么多粮食，我们那里家家户户都有一个粮囤，粮食多得吃不完。

看众人瞪大了吃惊的眼睛，从九品便接着说：这儿的山上除了石头还是石头。石头当然可以换一点儿钱，但光有钱有啥用？也买不到好吃食儿，大伙儿还不是年年岁岁吃山洼里长出来的那几块儿土豆？好姑娘都被仅有的土豆吓跑了，有几个能娶到老婆？

言毕，从九品让随从拿过搭链来，从里面取出几天来他自己都没敢放开吃的大葱油饼。

一股浓烈的葱油香，霎时吸引了众人的目光。几个光着屁股蛋子的小孩儿，开始咬自己的手指头了，顺着手指头流下的，是不绝的口水。按古人文绉绉的说法就是，垂涎三尺！

从九品将一摞油饼分给众人。

大伙接过大葱油饼后，并未立即大吃大嚼，而是先翻来覆去仔细地看着、闻着，然后才小心翼翼地咬下一小口儿，慢慢品尝着。他们很快就十分轻易地发现，这种油汪汪的大葱油饼，确实比单调的土豆好吃了不知多少倍。于是，刚开始的斯文、怀疑和试探一扫而空，代之以狼吞虎咽风卷残云。

原来，从九品早已从石蛋俩口子那里，得知豫西山区缺吃少穿，常年吃土豆、啃玉米，鲜有机会吃白面，大葱油饼更是闻所未闻；此外，这里光棍汉多，娶媳妇不易。于是，他不声不响地准备了尽可能多的大葱油饼，以备不时之需。

看到意犹未尽、两手却已空空如也、但还在仔细吮吸手指上残留油迹的山民们，从九品觉得火候到了。

好不好吃？从九品咽着口水提起精神问道。

好吃！似乎是刚吸足大烟突然来了精神的山民们，两眼放光地回答道。但并非异口同声，因为有人还没来得及咽下最后一口大葱油饼。

知道这是啥做出来的吃食儿吗？从九品问。

众人再摇头。

这是小麦做出来的。知道小麦吧？谁还想吃？从九品接着问。

众人一起举手，包括那几个光屁股小子。

谁想拥有小麦，就跟我一起到大平原去，保管让大家吃够大葱油饼、白面面条和馒头。事后还可以拉一批小麦回来，用你们自己做的石磨加工成面粉后，可以请你们的亲戚、朋友、伙计、相好一块儿吃。说不定还会因此娶个漂亮媳妇回来。从九品鼓动着，就像当年他单枪匹马、深入围攻龙脊古城的捻匪指挥部一样，谈笑风生从容自若。

众人开始交头接耳叽叽喳喳个不停。

从九品听不清也不大懂他们在交流啥，他们用的是本地方言。但他清楚，他们需要好好琢磨、商量一下，总会有几个大胆的光棍汉禁不住诱惑。从九品适时停止鼓动，转身蹲下去就着身后的溪水喝起来。

这里的溪水又甜又凉，真解渴！如果不是缺少吃食儿，山区还真是个好地方。从九品由衷地想。

买麦子得花可多钱吧？五个年轻力壮山民中的一个，向从九品询问着。他似乎是五人的代表。

从九品没马上回答，而是面带微笑地注视着几个壮汉。心想，事情成了一大半了，就是这五位了。

你们最缺啥？从九品胸有成竹地问。

自然是钱了。五个壮汉中那位代表模样的汉子回答说，其他四人紧跟着点点头，表示没任何异议。

你们最富有最不吝惜的是啥？从九品又从容地问着。

石头和力气，我们有的是力气和大石头。五人异口同声地说。

好，我不要你们的钱，但保证让你们装满你们想要的小麦回来。只要你们的马车够大，能装多少就装多少，我绝不会要你们一文钱。但有一样，你们得出大力，用你们的力气来换。中不？从九品慷慨地说。

咋个换法？

把这几块大石头送到我老家去，我就保证兑现我的诺言。谁有这个勇气？从九品进一步确认道。

眼见从九品已大方付过买石头的所有款项、且远远高出同类石头的平时卖价，而且还分文未取给大家吃了那么多好吃食儿，加上他一表人才文质彬彬识文断字，读书人都知书达礼不会骗人，骗子哪里识文断字啊？大家并不怀疑从九品的诚意。最终，五个汉子满怀希望，勇敢地应承下来。

接下来就更简单了。

五个汉子把三辆大木轮车，各用一头牛拉过来，开始装大石头。

所有大石头都已经过当地卖家的粗加工。主要是根据买家的使用目的，根据经验初步估算一下尺寸，把那些没用的边边角角用钎子和凿子去掉，以尽量减轻重量便于装运。

所有石头全部装车后，用当地特产的一种柔软却十分结实的藤条捆扎停当。

晚上，从九品和五个壮汉，在其中一个壮汉家一块儿吃饭喝酒，算是庆祝交易成功、为明天壮行。

酒是从九品特意从龙脊带来的几坛少康大曲。为保护这些酒免于破碎，从九品他们来时吃了不少苦头，一路之上提心吊胆，不敢催马快跑。

4

颍川少康大曲，在中原大地颇有名声。有"西杜康东少康"之誉，意即洛阳产的杜康酒、颍川古郡产的少康酒，均系当时天下名酒。

杜康酒的大名就不必细说了，曹操的一首"何以解忧，唯有杜康"，成为一千多年来此酒的最好宣传广告。

至于少康酒，虽然缺少杜康酒的名人效应，但丝毫也没减少其在当地的受欢迎程度。

酒香不怕巷子深，说的就是少康酒。少康大曲是颍川的一个牌子和支柱产业，家家户户逢年过节或操办红白喜事，都以该酒招待亲戚朋友，并以此为荣耀。如果哪家买不起或没有买少康酒，那是很没面子的事儿。

少康酒由已有上千年历史的颍川古郡王氏老井坊首创烧制。龙脊当地歌谣唱曰：王氏老井坊，王氏老井坊，号子一响，黄金万两。由此歌谣，可见王氏老井坊生意之好。

号子是酒坊工人劳动时喊的，便于干活时大家劲往一处使、齐心协力、提高效率。

王氏老井坊的酒之所以好，有两个重要因素。

一是老井坊后院有口深不可测的老井。这口井掘于甚年何月，谁也说不清楚。但老井的水质极好，刚打出来的水喝进嘴里，温热甘甜绵软爽滑，这和同在龙脊古城的众多其它水井完全不同。

老井水质的独特口感，使之受到老井坊代代传人的特别呵护与珍爱。老井井口有一整块青石雕琢后围起来的井台，青石井台外侧断面呈梯形，内侧是与井口同大的圆形。圆形青石井口内侧周围，布满深深的凹沟线槽，述说着老井的沧桑久远。

后来，为使取水更省力、高效，井台上方安装了一个辘轳。用辘轳打水，比直接用双手拽着笨重的木制水桶从深井中提水，快捷、省力了许多。为保证酒坊用水，老井坊雇了六个年轻力壮的小伙子，三人一组轮班守着辘轳打水。因使用太频繁，不得不经常更新辘轳上粗大的麻绳。而盛产麻绳的小龙脊，就成为老井坊的主要供应地。

配方是老井坊酒好的另一原因。这是一个只有正宗传人才知道的秘密。秘方没写在纸上，而是深深刻在传人的脑子里。

为此，龙脊一直有杞人忧天者，担心万一传人突然有个意外撒手归西了，王氏老井坊不就完了吗？

担心归担心，却管不着这档事儿。让人高兴的是，迄今为止，王氏老井坊的几代传人，从没发生过意外，秘方也因此从未失传。

王氏老井坊和同在龙脊古城的郭氏绸庄等，是颍川几大老字号中的佼佼者之二。

郭氏绸庄经营的本地蚕丝布料，被称为颍川稠，深受陕西、山西两省货商欢迎，他们常年穿梭在秦晋故土与龙脊之间买卖颍川稠。久而久之，这些发了财的货商们，就把龙脊当作第二故乡了。既然是故乡，就应该有一个相对固定且像家一样温暖舒适的落脚地儿。

于是，他们疏通关系，在龙脊古城护城河西南角转弯处的内侧、即古城西南角，用低廉价格购置土地，找来风水先生精心布局后大兴土木，修筑了一处占地二百多亩极具气势的山陕会馆。

犹如寺庙大雄宝殿般宏伟的会馆正殿，是一座面向正南四角飞檐的大厅。大厅里铺着千里迢迢从豫西运来的长条青石板，日日沐浴着来自太阳最大限度的普照。

正殿后是两排数十间高大宽敞的厢房，房内冬暖夏凉十分宜人。厢房北邻是一座像正殿一样气派的殿堂，这是二殿。二殿后又是数十间同样冬暖夏凉的厢房。

一条铺着青石板的笔直通道，从大殿和二殿中间穿过，这是整个会馆的中轴线。中轴线两侧植满梧桐和牡丹花卉等。

后来，紧挨山陕会馆后面，又建了一座红墙碧瓦、两进院落的豪华寺庙。这是笃信佛教的山陕阔商们，为感谢老天爷特别眷顾让他们发家致富，同时为祈求他们和他们的子子孙孙平平安安光宗耀祖，而特别出资修建的。

这些客商们遇到不如意事时，就会到寺庙中参禅打坐、听大和尚讲经说法指点迷津，以排泄释放内心的不快及不安。

把山陕会馆这座特殊寺庙发扬光大的，是第二任住持悟真大和尚。

第一任住持刚来这里几个月，就因故离去不见踪影。不得已，客商们发动各自的人脉关系多方打听，便了解到悟真大和尚的美好名声。于是派出几个代表前往少林寺，非常诚恳地请得道高僧悟真大和尚来此住持打理，保佑大家平安健康、吉祥如意！

大和尚刚来古城不久，便心潮彭拜地赋诗一首，将颍川这一自古以来群星荟萃之地，大大地颂扬了一番：

> 怀古常歌绿绮鸣，我来颍上不胜情。
> 云霞旧近高阳里，风雨新残博望城。
> 民俗岁时闻土鼓，村墟图画见春耕。
> 到今采撷遗芳在，向往惟传星聚名。

这次客商们没有看走眼，更没有失望。悟真大和尚果然帮助龙脊做了很多功德无量的事情，包括危急时刻镇定自若，点化从九品和吴宗尧联手抗捻保家卫国，使龙脊古城化险为夷、全城百姓安然无恙。

在相当长一段历史时期内，山陕会馆一直是龙脊古城的顶级酒店。能够昂首阔步挺胸腆肚谈笑风生出入此间的，要么是让人景仰的名流雅士，要么是阔商官宦，很有些"往来无白丁"的意境。

他们高兴时在正殿或二殿高谈阔论推杯换盏，累了就在众多厢房里鼾声四起排山倒海。

山陕会馆是明朝设计、修建京城皇宫的那位大师后代的一个小作品。这家能工巧匠的姓氏很特别：蒯。一般人不但从没听说过这个姓氏，恐怕连读音都无法念准。这就难怪会馆为何会如此气势磅礴了。

山陕会馆旺盛的人气儿和流水般进进出出的白花花银子，很快就给附近带来商业繁华。

会馆北大门外，雨后春笋般兴起众多店铺酒馆乃至青楼妓院。大家心里明白，会馆是金山银山致富源泉，那些出入会馆的阔商官宦，是不在乎一掷千金的。果然，他们的生意极好。那些勾栏楚馆更是夜夜笙歌，青春和职业的笑声与叫声，常常毫无顾忌地散发出来。

气势磅礴的山陕会馆，在颍川古郡这个平原小城里，确实有些过于奢靡浮华了，也太招摇了。以至于后来这里发生了很多完全可以载入地方志的事件。

5

这晚，从九品等一干人的下酒菜，是豫西当地的特产或不二食品，盐水煮土豆。这里没有龙脊人常吃的芝麻香油、豆油和花生油之类，也就是土豆中撒上几把粗盐而已。

不过，从九品却吃得很香，似乎并不像他下午慷慨激昂时所贬损的那样难吃。从九品是真的饿了，而且还不是一般地饿。真正饥饿的人，是不在乎食物好坏的。

而五个壮汉吃的主食儿，还是从九品自龙脊带来的大葱油饼。

一开始，从九品并没有将全部大葱油饼都一股脑地拿出来，让采石场的众人一扫而光。他还要用它们来鼓励五壮士的英雄行为、为他们前往小龙脊壮行呢。

从九品终于把这一摞大葱油饼的作用发挥到了极致，这是小龙脊的人所没有料到的。

吃饱喝足了的五个壮汉，终于躺倒在凉爽的竹席上做起了美梦。

完成一件大事儿的从九品，也顿觉困乏。加上山区夏夜的凉爽宜人，且几乎没有蚊虫，他也很快进入梦乡。

清晨，一阵清脆的鸟鸣叫醒从九品一行。

豫西山区的这一觉，是他记忆中有生以来最香甜的一觉。清净、凉爽的山区夏夜，给从九品留下极好印象，发自内心的文思在汹涌澎湃着。趁着五个壮汉还在酣睡，他自然而顺畅地吟诵出一首诗：

> 巍巍乎高山叠翠，潺潺兮流水泊淡。
> 明月清风梦相伴，天阔云淡景无限。
> 苍穹默默站成山，仁智煌煌立世间。
> 量大地方寸豁然，行千里心系家园。

这首诗后来被从九品收入他的文集《龙脊吟》中。

回程的路途显得轻松也因此感觉似乎近了许多。

从九品不必再骑马一路颠簸着丈量豫西到小龙脊之间的距离了。他安安稳稳或坐或躺在木轮大车的石头上，心情放松地尽情欣赏着周围的景致。

他的随从也很高兴，因为他不用步行了，可以骑从九品的马返回龙脊，何况还有五个兴奋的汉子与他们做伴儿呢。人多胆子壮，大家一路说说笑笑插科打诨，好不热闹愉快。

越是向东走，天地变得越开阔，大地平展得像一面镜子。田野里一片翠绿，满眼都是大片绿油油的玉米、谷子、高粱、红薯、旱烟、大豆和芝麻等等，十分诱人。

一直幽居深山的五个汉子，头一次看见如此广阔无垠、满眼都是绿油油庄稼的丰收景致，便更加激动，甚至让他们惊得几乎说不出话来：这么多长势良好的庄稼，得收多少粮食啊？吃得完吗？

兴奋激动之中，汉子们便觉得运送这些沉重的大石头，并不是一件费力的事情，心头反而有种愉悦的轻松感。

6

从九品和他的车队离小龙脊还有好几天行程时，小龙脊的村民就早已按捺不住了。

那些兴奋的好事者，几乎天天走到距小龙脊大约三里路程的西边老官路上，满怀希望地向远方眺望，身边围着一群同样兴奋不已的孩子们。

只要看见远处出现一个移动的黑影，性急的小孩儿便叫道：来了，来了，来了。

众人于是随着孩子激动的喊声，一起努力顺着他手指的方向，费力地向远处张望着。

这时，另一个孩子附和道：就是哩，我也看见了。

等黑影走近了，才知道根本就不是。

领头的大人便假装生气，训斥谎报军情的孩子道：胡说啥哩，从九品会一个人回来？还有大红石头呢！

众人皆恍然。

这时，有人终于说出那个大家共同担心的问题：从九品咋将大石头弄回来呀？

是呀，总不能自己背回来吧。众人七嘴八舌地附和、忧虑，都觉得这是个大问题。从九品离开小龙脊时，咋没有多叫几个人随他一起去呢？

苇痴倚老卖老训斥提问的人道：就你能？就你聪明？人家都是傻瓜？多去几个人能咋着啊？还能千里迢迢把那么重的大石头给抬回来？你还不了解从九品？当年那些乱臣贼子攻打龙脊古城，还不是从九品用计、我们哥仨帮县太爷把他们给赶跑了？

苇痴说的哥仨，自然是从九品、老吴仙儿和苇痴本人。

其实，离开小龙脊前，从九品就已想到运输这个大问题了。考虑到小龙脊没有大木轮车，干脆单骑闯豫西，届时见机行事。一个出产大石头的地方，总会有大木轮车的。有了这个自信，他就带着一个随从，从从容容出发上路了。

虽已多次失望，但小龙脊的人们却照样乐此不疲地去老官路上观望、碰运气，希望有那么一天，会真的看到从九品和那些外乡来的大石头。

望啊望、望断天涯路，天天望、却天天失望。

直到一天黄昏，在晚霞映照下，从九品和他的车队，终于远远地蠕动过来。并从最初的一团模糊黑影，逐渐放大、清晰、接近；然后由一团影子，逐渐分离成一行人众，最终来到早已望眼欲穿的众人面前。

在夕阳余晖衬托下，从九品和他的车队显得雄壮、威武、高大。仿佛他们拉的不是大石头，而是得胜回朝的将军、他的部下和满载而归的战利品。

从来没见过如此威风大木轮车队的孩子们，一片欢呼雀跃。他们用欢迎凯旋将军的热烈，欢呼从九品的胜利归来。

别傻站着了，快回去准备鞭炮。通知家家户户烙大葱油饼，准备招待远道来的客人。披着夕阳金辉的从九品，像披挂着金盔金甲的将军，感染着众人的情绪，兴奋而又沉稳地吩咐小龙脊的几个大人。

小龙脊似乎从未像今天这样热闹。

车队接近小龙脊西北角那个芦苇塘时，鞭炮就"噼里啪啦"响起来，一直响到小龙脊中心广场上。除了在家里忙着烙大葱油饼的妇人和石蛋娘，全村几乎所有男女老少都赶来了。

石蛋呢？从九品在人声鼎沸的人群中，一边左顾右盼搜寻着，一边大声问道。

有人回答说：听说车队接近村口了，石蛋俩口子就不见了，不知弄啥去了。

正是石蛋该出现的时候啊？他是老师儿呀，这还是他的好主意呢。从九品有些遗憾地说。

"老师儿"是龙脊一带对诸如木匠、泥水匠、石匠等一切身怀技艺匠人的尊称，就像人们称识文断字的读书人"先生"一样。

小龙脊没人知道靳家离开豫西东下小龙脊的内情，因而无法理解石蛋俩口子为何远离现场。

显然，他们怕碰上老家熟人，毕竟他们杀了人。当得知来自故乡的车队就要进入小龙脊的消息后，他们就到北边大约五里开外的梁营锻石门磴去了。

这天晚上，五个豫西汉子真正过足了大葱油饼和少康大曲酒的瘾。

从九品告诉五个汉子：尽情在这儿吃喝，吃透喝够，然后转转看看。啥时候觉得没味道了、想家了，啥时候再走。

汉子中的头头有些不大好意思地问：那小麦？

从九品微微一笑，说：这样吧，明儿个先把小麦装上车，随你们装，把三挂大车都装满。装好后，再放心玩两天，咋样？

汉子们相互瞅瞅，不好意思似地咧开嘴，甜蜜地笑起来。

汉子们在大吃大嚼时，那三头拉车的主力牲口，也被拉到饲养室里大吃大嚼着。他们吃的不是干草料，而是新鲜的青草、地瓜叶和玉米叶等；此外，还有加了盐的炒黄豆。

第一次有如此新鲜的食物，尤其是足够量的炒黄豆和盐，三头健壮的大黄牛同样毫不客气地大快朵颐着。

小龙脊确实该好好热闹热闹了，这毕竟是与琐碎悠长的日子密切相关的一件大事。

此前，小龙脊村民加工粮食时，不得不到其他村子，赔着笑脸排着长队枯燥地等待，等轮到自己这些外村人的时候。

这种轮侯极其漫长，逢年过节尤其如此。原始笨重的粮食加工工具效率极为低

下、缓慢。于是，逢年过节本应喜庆的日子，却常常成为小龙脊的沉重负担。现在好了，那种苦难的等候岁月很快就要结束了。

　　时光过去数百、近千年后，小龙脊这些北宋皇室后裔们，已然光环尽失尊贵不再，并泯然众人矣。也因此，排队轮候早已成为常态。

7

　　五个山里汉子终于满载而归后，石蛋俩口子领着俩孩子回来了。

　　没人追问他们为啥消失。大家最关心的，是何时开工、何时看到崭新的石磨、石碾？

　　从九品张罗着在庙场搭起一个四下透亮只有顶棚的临时大棚子，棚子里放着石头，红的青的、或扁或圆、大小不一。

　　从此开始，石蛋推掉一切挣钱活计，把一应工具拿到棚子里，开始叮叮当当没日没夜地干起来。

　　一直不停地忙活的石蛋并不寂寞，这里每天都聚拢着一堆儿村民。他们既看热闹，也偶尔帮忙给石头翻个身、换个角度，以便石蛋继续打造。

　　做石匠活儿是件辛苦事儿，它集体力和脑力劳动于一体。石匠不但要根据各类石器的固有尺寸恰如其分地削掉不必要的部分，还要依据头脑中的图案将它们分毫不差地打造出来。此间，是绝不允许出一点儿差错的，尤其是像在小龙脊这种不产石料的地方，更要小心谨慎精益求精马虎不得。

　　打掉石头荒料上不必要的部分时，也是显示石匠功底和技艺的玄妙之处。处理得好的石匠，往往能将这些边角废料充分利用起来、打造成其它实用小工具，如捣蒜泥用的蒜臼、碾药的小碾子之类等。

　　在这方面，石蛋充分显示了他的高超技艺。以至于许多年后，小龙脊还暗暗庆幸靳家匆忙之中落脚这里，而不是其它什么地方。当然，村民也少不了念叨苇痴和从九品，是他们古道热肠当机立断相助并收留了靳家，使这个石匠世家感激涕零自愿为小龙脊打造生活必需的各类石器，并最终在这里扎根。

　　小龙脊风水好，老天爷特别照顾啊！

　　每每念及这些，小龙脊的老人便如此自豪地说。既是告诉身边的旁观者，也是一种自言自语式的自我夸耀和满足，一种为生于斯长于斯发自内心的高兴、感念。

　　他们这样说的时候，似乎已全然忘记了平日在地里打拼苦熬的岁月、和琐碎日子里不如意事常八九的现实。

　　每隔十天半月，从九品就会来一趟小龙脊。

　　他要根据工作进度和要求，寻找、安排、提供必要的器具等物品、组织大家给石蛋提供必要的帮助。

　　考虑到这是一项极为繁重的体力技术活，从石蛋开始工作的第一天起，从九品就宣布：从这天开始，长聚他娘就不要回家做饭了。他们一家四口的一日三餐，全部由小龙脊村民轮流提供，以便让他们集中精力，及早完成这一众生翘首以待的大事。

小龙脊没任何人反对。

一来这是德高望重的从九品提出的，二来这些石器是家家户户都离不开的日常生活用具，谁家不吃饭啊？

唯一让几个赵姓有些遗憾的是，小龙脊开天辟地以来的这件大事，竟然不是由他们这个村中第一大姓中的某一员来完成的，而将由外来户靳家去完成。这让常常以皇室后裔自居的赵氏们觉得十分过意不去，供点饭菜也就不足挂齿了。何况长聚一家，本是依靠外出揽活养家糊口的。现在人家主动放弃赚钱生计，为全村义务打造石碾、石磨和石臼等，全体村民当然应该有所表示。

出于对靳家的感激之情，有粗通文墨和历史的赵氏，向从九品提议说：干脆封靳家为赵姓作为奖赏吧，俺赵家咋说也是大宋后代、皇室成员。

从九品就笑骂此人一派胡言：赵宋王朝？那都是千年前的老皇历了。你以为别人会稀罕你这古董姓吗？是顶吃还是顶喝？

大家就在从九品的笑骂声中，哄笑了之，从此再不提封姓这件事。

第一天供给靳家食用的饭菜，是从九品亲自安排小香宅提供的，都是村民见过的最好吃食儿。除了食物，从九品还特意提供了少康大曲酒，以便石蛋解乏提神。

从九品抢先供饭，是想以实际行动定个标准防患于未然，免得不自觉者粗制滥造，影响了石器质量这一百年乃至千年大计。

榜样的力量是无穷的。后来者争相效仿、精益求精，以免全村人耻笑。生活好的人家，干脆买只羊或一头猪宰掉。既供靳家吃用，自己也一并解馋，权当提前过年了，一举两得。

长聚他娘却有些过意不去。他们从来没享受过如此高规格的厚待，刚开始坚辞不受。

经不住从九品一番好言相劝，也就接受下来。

不好意思接受如此款待的，仅仅是长聚他爹和娘。

长聚和长根俩兄弟却好不快活，似乎天天在过年。俩少年也因此渡过了此后终生都没有再现的一段美好时光。

石蛋干得更起劲了，这一点大伙儿心里都明镜似的。

石蛋干活的时候，身边不能缺少长聚他娘。倒不是长聚他娘能帮上啥大忙，主要是一种精神安慰心理鼓励。有长聚他娘在身边，石蛋就干劲十足，干活时注意力格外集中非常出活，活的质量也好。

石蛋是个沉默寡言的汉子，平时不喜欢与村人多说话。也就是见面时问声"吃了？"对方回过众所周知的答案后，就再也没话了，各干各的活，各走各的路。如果是对方先问"吃了了？"石蛋就回答"吃了了"或"没呢"，然后就各奔东西。

唯独与长聚他娘在一起时，石蛋才会多说几句话，还是围绕长聚他奶那个遗嘱。

该把爹迎过来了。石蛋往往突然这样说一句。

谁说不是哩。长聚他娘永远这样积极地响应一句。

石蛋俩口子的对话，往往是突然开始，又戛然而止。

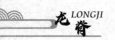

长聚他娘与石蛋就这样天天厮守在一起。虽然长聚他娘曾被老家的泼皮无礼过，而且这是女人的一大污点，但石蛋一如既往地喜欢她。他清楚那不是自己女人的错，只怪自己太粗心大意未保护好她，若及时洞察了断就不会有这事了。石蛋常这样暗暗自责，但嘴上却绝不提起。

打造石器现场的长聚他娘，并非完全无事可干。除作为外人永远无法理解的石蛋的重要精神动力外，她还能根据工作进度、甚至他的一个眼神，迅速准确地判断出马上要用什么工具，并及时在忙乱的工地上找出那件工具适时递给他。长聚他爹、娘之间的这种默契，在龙脊很多夫妻之间是少见的。

石蛋不知道幸福这个词啥意思，但他对自己的女人和家庭都极为满意，内心因此一片平和、宁静、充实。这其实就是幸福。

幸福的石蛋，就这样幸福而不知疲倦地干着。

看着丈夫近乎褐色鼓突结实肌肉上滚动着的晶莹汗珠，长聚他娘感到一种冲动在胸中涌动着。

此时，她会一遍又一遍地回忆起与石蛋曾经的美好与恩爱，感念着他的力量和持久。

8

在所有计划打制的石器中，最难锻造的是磨面和加工粮食用的大碾盘。

打制直径高达六尺、却仅四寸厚的石碾盘的主要难度和风险，是如何将一大块坚硬的大石头，恰如其分地劈成如许厚度的薄石板而不会断裂，然后又能利用劈下来的多余石料做其它石器。这需要高超的功夫、惊人的技巧和丰富的经验，石蛋本不缺乏这些。

但在锻造大碾盘时，他还是很紧张。这是由于小龙脊村民的厚待，使他产生了心理压力。害怕万一失手，对不起当年危难之际收留自己一家人的乡亲们，更对不起从九品和苇痴的知遇之恩。

人往往就是这样，越是背负着沉重的思想包袱，越难以发挥既有水平，甚至可能会造成重大失误。此刻，石蛋就是这种心态。

准备用来锻造大碾盘的那块儿大红石头，呈近乎完整的方形。除将变成大碾盘外，它还要变出豆腐磨的两扇磨盘及其它一些小石器。

豆腐磨也是圆形的，但比大碾盘要小得多、又厚得多。这种规格要求，使它们的打制比大碾盘要容易许多，风险也小得多。至于那个用来在大碾盘上周而复始滚动以碾碎粮食的大石磙，就更简单了。

劈开大红石，是整个工序的基础和关键。要根据估算出的最经济尺码，将大红石沿着纵向劈成不对等的两半儿。薄的用来锻造大碾盘，厚的就是豆腐磨的材料了。必须从设计好的部位，精准地将石料劈开，不能有丝毫偏差。否则，整个石料就完全报废了，下面的一切工作也都无法进行了；此前从九品千里迢迢到豫西山区去购买大红石原料的所有努力，也都付之东流了。

这种劈石绝技，一般是秘不外传的。传也只传给自家的男性后代，除非绝后或万不得已。

石蛋的这项技术，当然来自长聚他爷。而长聚他爷的绝技，则来自破了规矩的长聚他爷的岳父、长聚他奶的父亲。

这位老泰山只有一个女儿。一个女婿半个儿，长聚他爷就成为这幸运的半个儿，并顺理成章将此绝技继承过来。

石蛋初入门时几经失败，并为此付出沉重代价。主要是当时太年轻，并因年轻而心浮气躁所致。这是长聚他爷给儿子石蛋总结的原因。

为此，长聚他爷赶快张罗着给儿子石蛋娶了媳妇，希望通过婚姻让儿子躁动不安的心平息下来。

长聚他娘果然没让长聚他爷失望。

自新婚之后，以前破马张飞心性不稳的石蛋，像是突然换了个人，变得稳稳重重心平气和起来。更让人惊奇的是，他的劈石技术也大为长进，似乎一夜之间他就豁然开朗茅塞顿开了，自此以后从未在劈石上失过手。

这时，长聚他爷又总结道：石蛋这龟孙儿子是火性，需要水一样的女人降温淬火。要不成不了气候，炼不成好钢。

众人信服。

一时间，街坊邻居家有不驯服儿子的，便纷纷效仿靳家赶快给儿子娶亲，期望他们一夜之间洗心革面痛改前非回头是岸，但大多数以失败告终。众人不解何故？

水可能是好水，但水、火不容啊！这时的长聚他爷，就以一种哲人的口吻，向众人昭示着啥不可泄漏的天机。

众人似懂非懂。

9

长聚他娘能够成为长聚他娘，多半功劳应归于长聚他爷名下。

一天深夜，正在沉沉梦乡中安眠的长聚他爷和长聚他奶，被一阵儿急迫的狗叫声惊醒，紧接着就传来急促的敲门声。

山区人家住得分散，基本上一户就是一个自然村。一户人家，与最近的邻居也相距数里开外。

沉睡中的长聚他爷，马上就判断出，这是自家的门正被敲响、实际上是被擂响。这种惊人好梦的夜半敲门声，长聚他爷第一次经历。不过，山区人胆壮，作为石匠的长聚他爷并不惧怕啥。

但长聚他奶却害怕得不行。

怕啥？有我哩！长聚他爷安慰着女人。说是这么说，他还是有些担心。最近土匪猖獗，前几天夜里邻村遭土匪袭击，黄花大闺女被抢去，做了压寨第三夫人。

谁呀？长聚他爷披衣起床，来到门前问道。没等对方回答，长聚他爷就迅速打开房门。这是长聚他爷的明智之处：是福不是祸，是祸躲不过；真是土匪，不主动开门他们也会把门砸开。猝不及防猛然开门，对方即便想突然袭击，自己却已有心理准备，可以有还手余地。

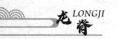

来人是个小伙子，满头大汗淋漓，显然跑了不少山路。肯定有啥急事，否则断不会如此着急。长聚他爷审视着来人，初步做出这样的判断。

待小伙子稍微喘匀了气，长聚他爷才弄明白是咋回事儿。

西乡铜峪寨，因汉、唐、宋年间开办官营铜矿，而逐渐从荒山野岭变成人口稠密热闹非凡的矿业镇子，且是豫西山区少有的大镇。

镇里各色人物云集，三教九流无所不包。妓女、嫖客、相士、骗子、商贾、匠人等，都将这里视作人生转折的舞台和赌场，都想在此赌上一把，以求做个人上人。

最初在这里挖矿的工人，大都是天怒人怨的死囚。

为实施朝廷扩大人口的政策、让这些囚犯安心服役，官府允许他们与当地女人交往，甚至成家立业传宗接代。如此这般，这些囚犯的后代，就逐渐在此繁衍生息下来。大概由于这种野性血统的传承，铜峪寨的民风一直不是很好。

镇里每月农历初一、初七和十七有集市。集市上热闹非常，各种山货土特产、日用品、农具、药材等，摆满镇中心街道两旁。

镇里一位叫刘三通的石匠，有一年方二八的独生女儿刘铁男。

刘三通是长聚他爷的师弟，二人曾一同师从后来成为长聚他爷老泰山的周祥鸣学艺。长聚他爷较刘三通年长，成为师兄。刘三通为人机灵聪明，长聚他爷则木讷稳重。

学艺三年，师兄弟关系很好。尽管他们都喜欢师妹、师傅的独生女儿，但并没为此争风吃醋互相拆台。俩人心里都明白，谁将来与师妹结成秦晋之好，谁就会继承师傅劈大石料的绝技，并因此不会再为吃喝发愁。

相对来说，家住铜峪寨的刘三通更招师妹喜欢。这倒不是她看不起穷山沟里来的长聚他爷，而是刘三通能用他机灵的脑袋和花样百出的心计，每每让师妹乐不可支快乐无比。

能够逗女人开心，也是男人的一种本事。

长聚他爷自叹没师弟刘三通如簧的三寸不烂之舌和灵活脑瓜，从一开始就退避三舍，从不打师妹的主意，更不敢梦想有一天会得到师傅劈石的独门绝技。

一切似乎就这样顺理成章地向前运行着，大家似乎也看到了未来应该发生的一切：刘三通将师妹娶回铜峪寨，继而得到师傅的真传、继承师傅的衣钵开个石匠铺，然后生意红红火火日子和和美美，生孩子、延续香火。至于长聚他爷，也就是混个温饱，至于能不能找到媳妇成家立业，都很难说。

就在大家都以为这些人的命运已经或正按他们的设想进一步发生发展时，一件改变几乎所有当事人命运的事情发生了。

年轻气盛的刘三通回铜峪寨探亲时，受镇上酒肉朋友的蛊惑，醉酒之下禁不住妓女的诱惑开了荤破了身。

破了童子功的刘三通，本可以神不知鬼不觉地把这件事瞒过去，但紧接着发生的另一件事儿，却完全打破了众人头脑中似乎理所当然的安排。

回到师傅、师兄和师妹身边的刘三通，依然像过去一样讨人喜欢，依然让师妹花枝乱颤笑语盈盈。

但不久，刘三通发现他的羞处出了问题。刚开始他并未意识到问题的严重性，可越来越严重的疾患，使他逐渐感到事情比他想象的要麻烦得多。

再次潜回铜峪寨的刘三通，在某日集市上的一个偏僻角落里，悄悄咨询了一个土医。土医即庸医、假医，不过是他本人曾患过此病，后来侥幸治愈，苦于无别的门路糊口，干脆久病成医以此混吃蒙喝。

刘三通患了花柳病。

知道这一结果的刘三通很是沉默、痛苦了一段儿时间。不久，他便突然失踪了，再未回到师傅、师兄和师妹身边。

在迷茫地寻找他一段时间却一无所获后，大家不得不放弃这种努力。毕竟有很多活计要完成，生活还要继续。

时间是一切幸福和痛苦的裁判及真正终结者。久而久之，大家就不再提刘三通了。

又过了一段时间，眼见女儿年龄越来越大。女大不中留，师傅决心了断这桩心事。结果，忠厚老实的长聚他爷不但娶了师妹，还顺理成章地继承了师傅的独门绝技。

人生就是这么难以预料，命运真的很难琢磨。

几年后，刘三通突然带着女儿刘铁男回到铜峪寨。

刘三通当年突然消失，是为了保护师妹。当时他的病没那么严重，但土医为多骗银钱，有意夸大了事实。刘三通虽聪明伶俐，却不敢拿自己的生命开玩笑。庆幸的是，他后来遇到一名好医生。任何事情就怕认真。真医真药一上力，刘三通就变回原来的刘三通了。

但经历这一系列变故的刘三通，似乎对人生有了顿悟。他想到师兄的老实和平日里对他的真诚照顾与爱护，也想到师傅以及师傅的绝技，更没忘记师妹。他决定不回去了。

刘三通到潼关附近的一个山沟里打工去了，还是石匠手艺。没掌握绝技的刘三通，刚开始过得艰辛而痛苦。即便如此，他也不回老家。

直到听说师傅没了、师兄师妹俩口子已回师兄的豫西老家，他才带着女儿回到铜峪寨。

10

自与那个妓女产生交集后，刘三通的命运就发生了一系列变化，一切都变得不顺起来。

先是染上脏病，接着被迫失去师傅、师妹和师兄，以及一门足以安身立命的祖传绝技。几经周折病好后，在潼关找个媳妇成了家。眼看一切都要顺风顺水起来，不料却再遭不幸：媳妇生下女儿后，突然患病撒手而去。

人生实在不好说，也没法说。

带着女儿回到铜峪寨的刘三通，仍以石匠手艺艰难度日。

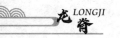

女人死后，刘三通没再续弦，他似乎已折服于命运的安排了。自作自受，都是自己惹的祸！刘三通常这样在心里痛骂自己。

渐渐长大了的刘铁男长相并不十分出众，但她身上却散发出一种说不出来的味道，一种让人想到炎热夏日静静水面的那种味道和感觉。这大概就是后人所称的气质、魅力或吸引力之类吧。

刘铁男身上水一样爽滑的味道，搞得铜峪寨一个泼皮无赖头子越来越无法忍受。像是酷热的夏季，路过一泓清水却不能下去洗澡游泳一样痛苦，且随着时间推移，这种痛苦变本加厉难以容忍起来。一天几遍在刘家门前转来转去如热锅上蚂蚁一般的无赖头子，在再也无法忍受这种折磨之下，便托媒婆上门提亲了。

被拒绝是意料之中的事儿。

无赖头子的声名早已家喻户晓人人皆知。刘三通命运再不济，岂能将宝贝女儿推向火坑？

但无赖头子并没放弃，他在苦思别的招数。

同行是冤家。

盛产各种石头的铜峪寨，不只刘三通一个石匠。但为人正派价格公道的刘三通生意最好，并招致同业嫉妒。有了解刘三通底细的石匠，给无赖出了个主意：拉一块儿带蛇形黑线的大石头，就说是做大碾盘用的，让刘三通把它劈开。他肯定劈不好，因他没得到师傅的绝技。如此，就可把刘铁男讹到手。

石头中所谓的黑线，是指做大碾盘用的红色砂岩形成后，因岩浆活动侵入其中形成的弯弯曲曲蛇形细小岩脉。这种岩脉的颜色，往往较被侵入岩石的颜色深，像条暗线一样，故而当地人称之为黑线。

这种岩石看似均匀，实则很难按设计方位顺利劈开。因在试图劈开它们时，往往会沿黑线这种毫不规则的薄弱面、而不是计划中的理想平直分割面开裂，从而完全破坏石料、无法做大碾盘。

别说是拿这种潜伏极大风险的带黑线石料让刘三通劈，就是正常石料，他也未必能顺利劈开。毕竟没掌握这门绝技，也从来没有实践过。

这天下午，无赖领着一帮喽啰，抬着一块儿大石头，浩浩荡荡来到刘家门前。后面跟着一群看热闹的，其中就有那些希望看同行刘三通笑话的石匠们派来的眼线。无赖叫着号让刘三通帮他劈开这块儿石头，众喽啰大声附和着，充满恶意的快感。

久经磨难后更加睿智的刘三通，一眼就看穿了无赖的险恶用心；同时也通过无赖的表现，洞察了隐藏在无赖背后的那些石匠同行的恶毒。

如果劈不开呢？刘三通从容地问。

要么离开铜峪寨，要么把女儿嫁给我。无赖信心十足地开着条件。他列的第一个选项，就确凿无疑地把他背后几个石匠同行的险恶用心暴露在光天化日之下；第二个选项才是他本人的真实目的。

刘三通清楚，女儿将无法在这个镇子立足了，自己的生意也将从此画上一个不圆满的句号。

但刘三通毕竟是刘三通，他不想在结束自己一生的追求之前，让那几个心地肮脏的同行太得意、太嚣张。否则，这个世道将越变越坏，铁男她们这些善良的孩子，将无法清清白白安安静静地在这个世界生存。

如果劈开了呢？刘三通又问。

劈开了？无赖愣住了，他压根儿就没想过这个问题。真劈开了，"水"不就不属于他了吗？那些出主意的石匠们，跺着脚发誓赌咒说刘三通根本就没有劈石的本事。无赖是相信他们的，毕竟同行最了解同行。所以无赖从未想过劈开了会怎样。在他的思想里，是铁定劈不开的，"水"注定是他的。想到这里，无赖顺口胡诌说：劈开了就给你一个金元宝。

怕你到时候拿不出来。刘三通激着无赖。

当着这么多人，无赖不想丢面儿，就命两个手下去取金元宝。

不一会儿，一个黄灿灿的金元宝出现在众人面前。

这个金元宝就先押你这儿了，量你也跑不了。跑了和尚跑不了庙。五天后的午时，我们一起来验证。劈不开或劈坏了，我连金元宝和你女儿一块儿带走。怎么样？公平合理吧？无赖说。

一言为定。不过不是五天，而是三天后的午时。刘三通激昂地说。

我巴不得早点下水呢！就按你说的办吧。无赖说出一句只有他自己才彻底明白的脏话。

众人散去后，刘三通赶紧上街去找他的马贩子朋友，让这个朋友派他的俩儿子去请一个人，并把下午家里发生的事情叙述一遍。

朋友听后十分愤怒，但也没有更好的办法。宁得罪君子不得罪小人，自古皆然。朋友只能安慰刘三通不要着急，他一定鼎力相助、请这位高人出山救急。

为加快速度而又做到人不知鬼不觉，刘三通的朋友让俩儿子带着三匹马出发了。

俩人一路上边策马扬鞭，边隔一段时间下马打探。好在长聚他爷绝技在身并因此名声在外，大家都知道他，也就比较好找。

快接近长聚他爷家时，道路变得艰难起来。加上深更半夜，骑马行走危险性很大。于是，老大便让二弟陪三匹马在山脚下歇息等候，他自己则继续徒步前进。

11

得知师弟刘三通的下落，长聚他爷一边高兴，一边又为师弟的遭遇唏嘘。这个忙他是一定要帮的，何况他一直觉得欠师弟很多。似乎自己的好运，都是从师弟那里偷来的。这使他觉得极度愧疚。

长聚他爷叫醒儿子石蛋，准备好所有用具，就赶紧跟着小伙子一块儿出发了。

与刘三通朋友的二儿子汇合后，长聚他爷和刘三通朋友的大儿子快马先行。石蛋和老二则换骑剩下的那匹马，一路紧跟。

到刘家时天已放亮。

师兄弟时隔多年得以再次相聚，自然少不了感叹、寒暄一番。

这会儿石蛋他们也赶到了。

刘三通谢过朋友的俩儿子，他们二人便告辞回家。

看到石蛋，刘三通自然想到师妹。师妹可好？刘三通还是禁不住问道。

还好，就是跟着我受苦了。长聚他爷有些不好意思地回道。

刘三通不再说啥，只是看着石蛋，心里想着啥心事。

这会儿，刘铁男进来送水。

看到铁男，石蛋身上突然有种凉爽感觉，说不出来地舒服。这是石蛋第一次见到未来的长聚他娘。

刘三通说：师兄，事情的过程就是这样，剩下的就全靠你了。还有一件大事儿相托。铁男大了，该找个归属了。如果你没意见，我想把她许配给你和师妹的孩子，你觉得咋样？

惊喜中的长聚他爷老实地说：师弟，我把你的好东西都抢走了，心里很过意不去。实在是对不起！

刘三通赶紧拦住长聚他爷道：一切都是天意！认命吧，师兄。

说罢，刘三通让女儿和石蛋，跪在他和长聚他爷面前，算是二人接受了这门婚事。

再次接受师弟如山厚赠的长聚他爷，急着去看石料。

刘三通却说：师兄，不急。明天去不迟。

天已经亮了。长聚他爷提醒道。

刘三通向窗外望了一眼，不得不苦笑起来。他这两天都被气糊涂了。

新的一天就这样来到了。

这天，刘家大门紧闭，一切都在秘密之中进行着。连一日三餐，也是在沉闷和不声不响中完成的。

大家心里，都有一种即将生离死别的异样感觉，却都不愿意明说出来。

按师傅传下的规矩，施展绝技劈石时，除"太子"式的传人外，其他人一律不能在场。

对有黑线的石料，就更讲究了：石料周围要围上黑幔帐，除施展绝技者外，连即将被传予绝技的继承者也不能在场。因为这是秘密中的秘密，绝技中的绝技，也是做师傅的最后一件法宝或紧箍咒。不到万不得已，是不能轻易地全盘传给继承者的。

这主要是为了防止野心勃勃的继承者接受全部真传后，妄图独步江湖而突起杀师之心。

尽管这种概率微乎其微，儿子怎能杀父亲呢？

但规矩就是规矩。接受绝技前，是要发毒誓遵守所有戒条的。

当初，长聚他爷就跪在师傅面前，立誓遵守规矩，如有违背，断子绝孙！

但这天长聚他爷在施展绝技劈黑线石料时，却严重违反了他当初的誓言。

他不但让未来的传承人石蛋在场，还怀着一颗歉疚之心，请求师弟刘三通也一起观看。因为他觉得，这本来就是属于师弟的。

但女人不能在场。

中国古人坚信，做大事时女人在场必败无疑，做大事前与女人同房更不吉利。

所以，铁男不在现场。

铁男的缺席使石蛋很无助，更有一种灵魂出窍的孤独感。石蛋的心思，本应完全集中在最关键的绝技上，但他啥也没记住，似乎啥也没看到。连他自己也不知道为啥会这样。

心不在焉的石蛋，看到眼里却没记进心间的绝技，聪明的刘三通看一遍就记住了。

不过，这对刘三通的未来，已没任何意义了。

因为他早已下定决心，事成之后远离铜峪寨、远离红尘。

这个想法是他此次见到长聚他爷之前就决定了的。不过当时他还发愁女儿的归属。现在好了，跟着师兄和石蛋，女儿是不会受委屈的，有师兄和师妹共同照顾着呢。

事情进行得惊险但很顺利。

师兄劈开了顽石，一种近乎完美、巧夺天工、鬼斧神工式的操作。

这天晚上，刘三通送走师兄、女儿和准女婿，并让他们将家中所有细软一并带走，作为女儿的陪嫁。

第二天，刘三通叫来那位贩马朋友和一个保人，写了契约，将房产土地及房中所有物品，统统赠予这位朋友。

刚开始朋友坚辞不受。待刘三通谈了自己的志向后，朋友无话可说，只得接受。

然后，刘三通将那锭金元宝交给朋友，请他明天在约定时刻当面还给那个无赖，并将已劈开的黑线石料，一并让对方抬走。

朋友拿着契约、元宝和房屋钥匙离开后，刘三通把朋友代他写的几行字，用小石块压在劈开的石料上。然后背起搭链，离开铜峪寨。从此再未回来。

很多年后，有人看到一位自称三通居士的老道，在华山一块绝壁上日日打坐修炼，风雨无阻。

三通居士须发皆白、衣裾飘飘、身板瘦削，似弱不禁风。但步履矫健，声若洪钟。

这就是原来的石匠刘三通吧。

无赖头子及其手下喽啰，在约定时辰来到刘家时，刘三通的朋友正等在院子里。他告诉无赖说：从今儿起，这座房子这块地就属于我了。你送来的石料已劈开，你自己可以验看验看。这是你的金元宝，刘三通托我代为奉还。说完，郑重其事地向众人出示了房契。

众人皆惊。

更让他们吃惊的是，劈开的石料刀切斧凿般平整，如有神助，而绝非人力可为。

这时，朋友拿起刘三通留下的纸条，念给大家听：石已劈开，元宝奉还；放下屠刀，成佛不难。

众人面面相觑，一时鸦雀无声。

无赖头子遭雷击一般木在那里，半晌儿才突然睡醒般叫道：刘三通，刘三通，你出来。

刘三通让我转告你，如果有事找他，请到华山去，他在那儿恭候大驾光临。朋友说。

无赖觉得自己遭到铜峪寨几个石匠的挑拨戏弄，害得他在大众面前失了脸面、更失去水一样的女子刘铁男，于是愤怒异常。

自此以后，几个希望借无赖之手挤兑同行刘三通而自肥的石匠们，反而永无宁日。

所谓作茧自缚，大抵如此。

不过，从此以后，铜峪寨却突然平静了许多，无赖们似乎一夜之间都销声匿迹了。

刘三通的故事，却广泛流传开去。

刘三通的良苦用心，果然见了效果。

又是很多年过去了。

铜峪寨原刘家房基上，出现一座不大不小的"三通祠"，香火居然还异常旺盛。

<h2 style="text-align:center">12</h2>

长聚他爷和奶，极为善待师弟的女儿刘铁男。长聚他奶更是把铁男当亲生女儿一般呵护。

这使从小就没了娘的铁男感动得不行。温暖如春的家庭，也使铁男对她父亲刘三通的思念，不再撕心裂肺般痛苦。

刘三通的良苦用心，再次得到回报。

当长聚他爷看到石蛋因心浮气躁而屡屡在劈石绝技上失败时，长聚他爷觉得，该是石蛋和铁男圆房的时候了。

为对得起师弟的厚爱、减轻自己对他的歉疚感，长聚他爷决定隆而重之地为铁男和儿子举办婚礼。

于是，豫西这条千百年来一直默默无闻的深山沟里，有了一场空前热闹的婚宴。

左邻右舍远远近近的邻居、亲戚和朋友，都赶到这里。大家聚集一堂痛快地吃喝、聊天、祝福、欢腾。这在他们一生之中，都是永恒的记忆。

长聚他爷为此付出了几乎全部家当，但内心却轻松了很多。似乎他已将"偷盗"师弟的所有宝贝，都完璧归赵还回去了。

新婚之夜的石蛋，真有一种炎热夏季在某个幽深山涧清凉水中游泳的感觉。这种刻骨铭心深入骨髓的体验，清晰地陪伴了他一生。

黑夜中来自铁男的引导，使手忙脚乱的石蛋知道了自己应该努力的方向。这种引导带来的长远影响，是石蛋在此后的生活中尤其是在打造石器时，无法离开铁男的陪伴。

换言之，从这天晚上开始，石蛋一直生活在铁男的影子中。

后来的人们，把这种东西称作"场"。若没有来自铁男"场"的呵护，石蛋可能会一事无成、啥也不是。

洞房花烛夜，铁男带给石蛋的美好感受，彻底征服了他。

这天晚上，激动得无所适从的石蛋，紧紧地搂抱着自己如水的女人，泪流满面。

石蛋无助的喜极而泣，反过来又撞击、震撼着铁男一直沉睡着的女人特有的母爱，彻底唤醒了她心底对自己男人的无限爱怜之情。

在此之前，一直受到父亲特别宠爱的铁男，始终感受的是父亲的坚强和果敢。她从未见父亲流过泪，并因此相信，世上男人都是这样的。就像铜峪寨周围巍峨的绵绵群山一样，冷峻、坚定、豁达、处事不惊，任凭狂风暴雨，也义无反顾勇往直前。

令她没想到的是，男人在特殊情况下的泪水和偶尔表现出来的软弱，竟会如此让她感动。

出生后就没感受过母爱的铁男，身上潜伏着太多母性光辉。这些长久蛰伏着的母性，突然被石蛋情不自禁的泪水，一下子给激发了出来，并从此源源不断涓涓涌出，绵绵地裹着外表强悍内心柔弱的石蛋。

于是，石蛋成为世界上最幸福的男人。这是石蛋自己内心的感受。

铁男则觉得自己是世界上最富有、最充实、最满足、也最幸福的女人。

从此以后，两人像是鱼游入了水或水遇到了鱼一样，相亲相爱相濡以沫，直至各自的生命尽头。

好女人是一泓清水，滋养着周围的一切，润泽着阳光下的万事万物。人世间因这种清水的存在和浇灌，而变得平和、友爱与美好。

反之，坏女人就是洪水猛兽，世界因她们的存在而不得安宁，甚至因为她们而招致动荡、毁灭。

好女人的价值，在铁男那里得到了完美而充分的体现。

13

石蛋要在小龙脊施展劈石绝技了。这次，他要严格按照祖训隆而重之地做这件事！

早在九天前，他就不再和长聚他娘同房了。

"九"是天地间最大的一个数，也是祖训要求的天数。

这天，长聚一家四口，没有生火吃荤腥。用来充饥的，全部是自家菜地里出产的新鲜瓜果。

高大的黑色帐幕，也按石蛋的要求，在从九品指挥下围了起来。

围起来的是石蛋的祖传绝技，但围不住人们在好奇心驱使下的各种丰富想象。

郁郁葱葱枝繁叶茂的千岁槐下，古色古香的庙里，升起缭绕幽香的香烛烟火。这是人们的诚挚祈祷和美好祝福，以及对未来更加美好生活的无限憧憬。

在长时间的鞭炮齐鸣声中，三眼铳共发出二十一声震耳欲聋的巨响。标志着重大仪式就要开始了。

石蛋和少年长聚，穿红色短裤着红色短褂、腰里系着红色腰带、头上扎着红布冠巾出场了。二人装束的唯一区别，是石蛋多了一件外黑内红的斗篷。

英姿飒爽的石蛋，手里捧着一碗少康大曲酒，按东、南、西、北的顺序，绕幔帐外一周，将酒洒在地上。

第二碗酒呈上来后，只见石蛋面向西方跪在地上，九叩首之后一饮而尽！这是对其豫西故土和长眠故土的师傅及先人们的致敬！

第三碗酒也呈了上来，石蛋将其中的大半碗均匀地撒在围观的众人面前。然后，将剩下的小半碗酒双手捧着，交给面向他跪着的儿子长聚。

第一次品尝辣酒的长聚，龇牙咧嘴勉强喝尽碗中残酒，痛苦得差点要哭出声来。

至此，颇为神秘的开场仪式基本结束。

在众人鸦雀无声目瞪口呆的注视下，长聚跟着他爹石蛋，步入帷帐之中。

石蛋将祖上不知经过多少代才逐步发展完善起来的仪式，演绎实践得淋漓尽致完美无缺，可以说推向了一个巅峰。

这是长聚他奶、长聚他娘铁男共同影响的结果。

14

那晚，当长聚他爷领着铁男和石蛋从铜峪寨回到山沟深处的靳家后，长聚他奶就得知了长聚他爷违背祖训和他郑重发过的毒誓、当着刘三通和石蛋的面施展绝技劈石的事情。长聚他奶当时的第一感觉是，这绝不是一个好兆头！

她不反对师兄帮助师弟，也完全能理解她男人的做法。师兄当然不是故意违背当初的誓言、更不是藐视祖训，而是一种感情债的释放。这种行为既是大公，又是大私，不好将之明确归结到哪一类当中去。

但长聚他奶凭她自己的信念和女人特有的直觉，坚信违背自己誓言的人，要么直接给自己带来惩罚，要么会给子孙后代带来灾祸。

后来长聚他爷突然死亡、长聚他娘遭劫难、最后靳家不得不背井离乡远走小龙脊，应该就是长聚他爷当初违背誓言埋下的隐患。

长聚他奶后来一直这么想。

更让长聚他奶心惊肉跳寝食不安的是，事情到此恐怕还没完。

长聚他奶的老爹生前曾告诫长聚他奶：违背祖训和自己誓言的传人，注定要遭受严厉惩罚，不但绝技将在三代之内失传，也会在三代之内断子绝孙。

长聚他奶为此彻夜难眠，思考着一切可能的挽回办法。

此后，长聚他奶一再叮嘱石蛋，将来施展绝技时，一定要尽善尽美美轮美奂一点儿不差地演绎祖上传下来的步骤和法度。但她没告诉儿子她的担心，她不想让孩子背上沉重的思想包袱。

长聚他奶还和铁男单独长谈了一个通宵，要求她督促石蛋不忘组训、切实履行不要食言。

铁男慨然应允。

不过，铁男并没直接告诉丈夫石蛋遵守祖训如何重要，她觉得那不是处理问题的最好方式。

当新婚之夜铁男极尽温柔地彻底征服石蛋后，她知道，婆婆的嘱托不会落空了。

长聚他奶和铁男这俩女人，对石蛋的影响是巨大的，她们是他的灵魂和精神支柱。没有她们，石蛋觉得自己啥也不是、一个皮囊或行尸走肉而已。

这种影响反映在行动上，就是他对俩女人的言听计从。

这种顺从，今天在小龙脊的中心庙场上，得到了完美体现。

这使隐身于人群中的长聚他娘铁男，激动得稀里哗啦。

按照传男不传女立长不立幼的祖训，作为长子的长聚，成为当然的绝技继承人。

当看到哥哥饮酒时因苦不堪言而扭曲的丑恶嘴脸时，混在人群中看热闹的弟弟长根，领着金锁、满堂满仓兄弟和群昌等人，发出快意的坏笑。

这时及由此往后好几年内，这几个同龄人相处得还算不错，起码表面上如此。

还是少年却五大三粗的长根，已成长为小龙脊这一带的孩子王。他力大无比孔武有力，即便是比他大上四、五岁的孩子，也不得不服他。至于比他小几岁的孩子，那就不仅仅是佩服，而是崇拜与敬畏。

在大家众星捧月般的遵命与附和声中，长根逐渐养成独断霸道的性格。他目空一切，不能容忍任何其它不同的玩乐建议，一切必须由他说了算。

刚开始大家当然会听他的，但时间一长，有人就产生怨气，并逐渐生出异心。

不过，不爱读书认字的长根，没注意也不关心这些。他继续霸道、继续独断专行着，也继续增长着群昌等人的怨气，继续无意识地将自己引向灾难深渊。

公开仪式结束、石蛋领着长聚进入帷幕操作后，来自四面八方的围观者却没散去。他们或立或蹲静静地围着帷幕，耐心地等待着大幕拉开水落石出的那一刻，不目睹劈开的巨石，他们是不会心满意足地离去的。

小龙脊今天的热闹场面，原来只在初春的宋阁庙会上才能看到。

一些反应快的精明小商贩儿，已打着拨浪鼓背着百宝箱赶到这里。百宝箱中，是农家日常生活必不可少的针头线脑、小吃零食儿、小孩玩意儿等。

部分大人就这么耐心地等待着，偶尔还会竖起耳朵仔细倾听帷幕中传出的动静，一边还在各自内心默默地琢磨着这种声音意味着什么。另一部分大人则热烈攀谈起来，不外乎收成年景东家长西家短之类。

孩子们却早已按捺不住了，他们在人堆中打闹嬉戏着。

从九品和苇痴也在外面静静等待着，他们自信不会出现啥意外，成功劈开巨石只是时间问题。

这时，太阳已从头顶逐渐滑落西南。

平常这个时辰，人们大多都准备吃晌午饭去了。那些手脚麻利没啥重要事情的人家，应该已吃完饭准备歇晌了。

歇晌一直是龙脊人日常生活的重要组成部分，说是先人传下来的养生之道。

也有人说，晌午日头太毒，没办法下地干活儿；与其闲着，不如上床躺一会儿

打个盹儿，这样傍晚下地干活有精神、也出活儿。

不过今天是个例外。

小龙脊家家户户都没生火做饭，像是大家事先都商量好了似的。有孩子叫饿了，爹娘就让他们自己回家取馍吃，或到自家小菜园里摘黄瓜或西红柿吃去。孩子们纷纷跑回家吃东西去了，庙场上顿时安静肃穆了许多。

这时，封闭的帷幕顶上突然冒出一股儿青烟，淡蓝色烟雾中含有一股浓烈的豆油之清香。接着，传来一种炒菜时带水的青菜刚入热油锅时发出的那种"刺啦"暴响声音。紧接着，帷幕里传来一阵撕帛裂锦般的刺耳声。然后，一切归于平静。

这时，少年长聚走出帷幕，石蛋却没出来。

围观的人马上停止手头的一切活动，坐着的也都赶紧站起来，伸长脖子往帷幕跟前靠拢。

中了。长聚走到从九品和苇痴面前，童生童气地传达道。

然后就找他娘诉说自己的饥饿和劳累去了。长聚他娘带着长聚和长根先回家了。

按照事先和石蛋议好的程序，从九品让几个年轻汉子撤掉帷幕。

帷幕一撤，天地大开，一切都豁然开朗水落石出了。

石蛋虚脱般蹲坐在地，满头大汗脸色蜡黄。劈开的大石料静静地躺在地上，平平整整，切开的豆腐块一样。

大家发出一阵儿啧啧赞叹声。

除了石料，就是横七竖八散落满地的各种工具，一个还剩一点儿水的大肚子水缸，还有那只盛豆油用的黑陶罐。除此之外，没啥特别神秘的东西。看稀罕的观众就有些许失望。

从九品没像众人那样先去观察现场的物件及石头，而是径直走到石蛋身边，蹲下去扶着他，嘴里关切地问着。

接着，从九品喊来俩小伙子，让他们将石蛋架回家好好休息。然后，又吩咐水镜他爹娘回去准备小米粥，做好后给石蛋送去。

从九品知道，石蛋并未生病，只是前几天一直高度紧张，如今突然放松下来的结果，休息一下就好了。

15

第二天，长聚他爹石蛋在长聚他娘陪伴下，满面红光精神焕发地回到工地。

长聚他娘脸上散发着圣洁光芒，像是久旱之后经过阳光雨露浇灌的牡丹花一样，一片安详宁静甚至有些娇艳。

一块儿来到工地的，还有长聚这个靳家石匠"储君"。

剩下的工程，既无秘密可言也没啥好看的，但非常费工且枯燥。

首先要将分割好的石料圆化起来，把原来近乎方形的石料四角，通过钎角削边打磨成圆形。然后按一定间距和角度，钎出深度和宽度适中的沟槽，最后在中间打出适当的圆孔。

磨面用的大碾盘是这样，磨豆腐用的石磨也是如此。

这些工序不需要啥高超技术，但要求异常细心地雕琢。这些活计都是耐心的结果，是锻炼一个人耐性和毅力的好机会，心浮气躁的人完不成这些。

雕琢沟槽分三个步骤：先是粗雕，主要是划出沟槽的位置；其次是中雕，此时要把沟槽的宽度和深度基本雕好；最后是细雕，属于最后细化定型阶段。

粗雕和细雕是由石蛋完成的，中间阶段则是长聚的责任。

对于还是少年的长聚来说，中间这一工序也不轻松，它毕竟是一项极费力气的活计。一天下来，长聚就两臂发麻，晚上睡觉时浑身酸疼，第二天早上更不想起床。

但不起床是不行的，谁让他是继承人呢？

这时，长聚就对这项破石雕技术，产生强烈反感情绪。

这是他第二次有这种大逆不道的想法。第一次是昨天喝酒的时候。从那以后，长聚终其一生再没碰过酒。

三天以后，长聚似已适应了这项低头弯腰、坐在那儿身子几乎一动不动的枯燥活计了，浑身也基本没了酸疼感觉。尽管他依然无法喜欢这项工作。

当看到弟弟长根领着那帮孩子们在轻松地玩耍时，长聚更是羡慕得不行，也更加痛恨石雕这项工作。不过，痛恨归痛恨，他还得继续干下去。

大约因为如此，长聚终其一生在小龙脊都几乎没有一个同龄好朋友。他的几乎一切本应用在与同龄人建立友谊的时间，都耗在冰冷的石头上去了。

在那个贫穷的时代，家里的长子往往就是吃苦的命。

好吃的、好穿的和好玩的等几乎一切，都要让着弟弟妹妹们。如果家里只能供一个孩子念书，老大往往就是牺牲品。但若家里有脏活重活累活、或需要冲锋向前时，老大就是先锋官、尖刀班、敢死队、挡箭牌、活靶子。

长聚一生的悲剧，似乎从少年时代就已注定了。

尽管接下来的工作重复、单调、无趣，但众人依然会每天来看上一眼，仿佛只有这样才对得起这天的时光、才吃得香睡得好一样。

一个重要的客观原因是，那时的业余生活实在太单调乏味了，也几乎没啥娱乐活动。于是，任何一项大的事情，都足以勾起人们的围观欲望，借以打发平淡枯燥的时光。

石蛋和长聚"叮叮当当"的枯燥工作，从炎热的夏季一直进行到接近仲秋，方基本完成。

香宅的四少爷季平，就是这时来到小龙脊的。

这不是他第一次到这儿来，也不是最后一次。但这次到小龙脊，却让他大开眼界。

石蛋和长聚打造石碾石磨的大部分过程，这位少爷都看到了。小龙脊少有的热闹场面，他也赶上了。这使他很兴奋、很开心。

也正是从这时开始，香宅少爷迷上了打造石器的场面，也迷上了长聚的手艺和冰冷的石头。他觉得长聚了不起，小小年纪就要成为劈石绝技的继承人。这种绝技继承人，比他这个大量田产继承人，更让他羡慕也更渴望。

他当时并不知道，长聚其实并不喜欢劈石绝技继承人这一角色，也不喜欢和冰

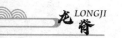

冷的石头打交道。

香宅少爷对打造石器的莫名喜爱，使他成为没有一个好友的长聚的唯一好友。他愿意和长聚待在一起，尽管长聚不大说话。他自己在香宅家里时，也极少说话。有些同病相怜的意味。

但香宅少爷毕竟属于古城，不属于小龙脊。至少大部分时间如此。所以，长聚还是在小龙脊没有自己的知心朋友。

在小龙脊和长聚等打成一片的爷爷、即香宅少爷，处于乐不思蜀状态。

他走东家串西家，或到满堂爹的豆腐房和大家一同耍乐；或与小龙脊的伙伴们一起，到秋地里挖出新鲜地瓜，然后捡来枯枝败叶，在旷野里垒灶点火烧熟了吃；或一起坐在碾盘上，玩一种土棋游戏。

有时，爷爷和长聚一起，提着柳条或荆条编的篮子，到芦苇塘或老官路两旁的河沟里去摸鱼。最后把捞到的鱼拿到长聚家，由长聚他娘炖了吃。

当然，在长聚家聚精会神观看石器打制，也是爷爷的一项重要生活内容。

就这样，爷爷愉快地在小龙脊生活着，龙脊古城令他萎靡不振的"香山硕宅"，早已被他丢到了脑后。

这正是从九品想要的结果。他希望爷爷在小龙脊这个广阔天地里多亲近自然，最好培养出些许野性来，把已僵硬了的筋骨和身心舒展开来，最终健健康康的。

多年后，当香宅这位少爷英年早逝后，他的儿子、也就是我的父亲，也常常和比他大许多的长聚在一起，如影随形。

又是许多年后，当长聚离开这个世界时，我父亲为靳家这个最后的石匠送了终。

16

中秋节这天，所有工程都结束了。

最后的成品，除期待中的大碾盘和豆腐磨外，还有石蛋用节省下来的边角废料雕琢出来的三个石臼，是供全村人捣粮食舂谷物等用的。从九品买来用于升级小龙脊庙宇的大青石也加工好了。其中精打细算节余下来的一块儿青石板，从九品建议刻碑纪念小龙脊终于有自己的石碾、石磨这件大事。

碑文是从九品亲自撰写并书丹、石蛋一笔一画凿刻出来的：

大清光绪二十六年自火夏而仲秋颍川县城北一十里许之小龙脊有村民靳石蛋者携其长子靳长聚慨然义举费数月之辛劳展鬼斧之神功成万世之大美留不朽之芳名石碾石磨既成泽被八乡恩洒后世兹乃靳家不世之功也齐天功勋如是岂能不志之彰之乎比邻岂能弗庆之幸之乎是以记之

庚子年仲秋中浣吉旦立

因不识字，在此后很长一段时期内，石蛋并不知道碑上说的啥。只不过他因无限信任从九品，凡是从九品让他做的事，他都毫不犹豫地去做。

石碾、石磨和石臼等的安放仪式，也是在中秋节这天完成的。

从九品特意查了老皇历选定了良辰吉时。

这天晚上的月亮格外赏脸，既圆又大且亮。

沐浴着金色月光的众人，觉得这个日子确实不错。

秋高气爽里，人们过节般兴高采烈。石碾立在长聚家菜园北头西侧的一块空地上，石碑则镶嵌在青砖砌成的碾盘基座北侧、面向小龙脊最长的那条东西向大街。

石磨安放在满堂家东边一座两间大小的草房里，由满堂他爹负责看护保管，同时负责逢年过节为大家磨豆腐。

满堂他爷本就是做豆腐的好手，后来传到满堂这一代，他还是做豆腐的行家里手。也算是豆腐世家吧。

豆腐坊在长聚家西侧近邻，中间隔着一条不宽的土路。

至于三个石臼，一个安放在庙场西侧路旁、寅豹家大门外，另一个在后小龙脊赵吉家大门外那条东西向街道北侧，还有一个在长聚家大门外石碾西侧。三个石臼均匀地分布在小龙脊，以方便大家使用。

安放之前，照例是要鸣放鞭炮和三眼铳的。这些必要程序，是绝不能减免马虎的。

这是个有仪式感的国度和年代。

自此，热闹了好一阵儿的小龙脊逐渐归于平静。

豆腐房、碾盘甚至三个石臼那儿，则成为人们聚集聊天玩耍的新场所。

冬天，人们聚集在豆腐房，一边烤火一边交流不知从哪儿听来的野史故事，三皇五帝、孤魂野鬼、插科打诨等无所不包。大家一边抽着自制的土烟，一边通过嘴巴和耳朵丰富着各自贫瘠的农闲生活。屋子里当然是乌烟瘴气，笑声闹声一浪接着一浪。

冬季和早春中午阳光普照天气暖和时，或夏、秋凉爽时分，人们就聚集在碾盘那里，用类似的方式打发着类似的时光。

不过，这两处地方主要是男人们聚集的场所。除磨面外，女人是断不会来的。

庙场东南满囤家的大门楼里，才是女人们坐着蒲团或粗制原木凳子聚集聊天的去处。蒲团和凳子，是各人从自家带来的。

女人谈论的话题更单纯一些，她们聚集在一起主要是切磋手工技艺、探讨持家之道。她们常常一边做着针线活儿，比如纳鞋底子，一边聊着家长里短奇闻逸事。纳鞋底子，似乎是女人永远都干不完的活儿。因为她们做鞋的速度，永远赶不上男人穿坏鞋子的速度。

纳鞋底子是龙脊一带的说法，就是做鞋底子的意思。一般是把很多旧布或边角废料布条，用小麦面粉熬成的糨糊一层层粘在一起并晒干后，用超大号铁针和粗麻线，一点一点儿密密实实地缝上一遍，以增加其耐磨性和长久性。

和锻造石器一样，纳鞋底子是一项极费工夫、也极其考验耐心的日常工作。

无论男女，他们所聊的话题，虽然天南海北无所不包十分庞杂，但中心话题也就那两样儿：一是小龙脊源于大宋皇室的历史传说，这总是让这里的赵氏引以为傲，并常常津津乐道乐此不疲；二是念叨从九品的传奇、啧啧称赞他当年如何指挥若定，一举将围攻龙脊古城的匪患们击退。

右调《破阵子》

报国不论众寡，当敌哪问死生。三百轻骑无退志，十万雄师有退情，将军勇略宏。
可惜身罹万镞，却曾命活两城。尸化桥边晴日黪，魂绕坟头鹃鸟鸣，忠臣代有灵。

第五章　红　蓝

1

切实意识到香宅内部不断涌动的针对小儿子季平、即我爷爷的各种风浪的从九品，在爷爷的第一房去世后，决定给他找个有过生育史的二婚女人。以确保未来的奶奶可以生育、进而最大限度地保证爷爷本人将来有后，未来香宅的香火，在爷爷这一支脉能延续下去。

这个决定，是爷爷带着李仙儿开的一大堆中草药、到小龙脊吸收大自然之精华强身健体时，香宅的当家人从九品做出的。

当从九品如此决定时，爷爷正在小龙脊呼吸着自由舒畅的空气，并不知道从九品的决定，压根儿也不想知道。

在婚姻方面，父母的决定就是自己的决定，要无条件服从。这是那个时代的特色。

置身小龙脊的爷爷，总有一种乐不思蜀的强烈感觉。他在小龙脊，除了快乐还是快乐。他根本就不关心香宅大院里发生了啥或将要发生什么。

他由衷地觉得，香宅与他本人无关。若非要说有任何关系的话，那就是让他不舒服、甚至有些恐惧。尽管在外人看来，他是香宅一半家产的拥有者，并因而应该感到高兴、十二分地高兴。但事实却远非如此。

从九品的这个决定，是一件很令旁观者吃惊的事情。

因为像香宅这样世代为官数百年的名门望族，即便是续弦，也应娶一个门当户对人家的黄花闺女，而不是二婚女子。

此间，还真有人上门给爷爷提亲，是传统观念上门当户对的那种。被提亲者不是别人，正是大名鼎鼎的郭氏稠庄的千金小姐，一位知书达理风姿绰约的姑娘。

但从九品十分客气地拒绝了。他告诉媒婆说：犬子不配续娶郭家的千斤，真的不配。

实际上，从九品不希望爷爷续娶这类娇小姐。因为在传宗接代方面，娇生惯养的大家闺秀，大都不如一般农家女子。

这方面的例子很多，高贵者如皇宫中的答应常在妃嫔瀛嫱甚至皇后，她们大多生育能力低下。

爷爷刚撒手而去的前夫人崔氏，就是一个活生生的教训。

我这位可怜的前奶奶，在和爷爷结婚前，是位活泼可爱精通诗词古筝的大家闺秀。出身富裕商贾之家的她，饱读李清照等众多婉约派代表人物的作品，人品高洁清雅，甚至还颇有读书人的傲气，并对婚姻抱有无限美好憧憬。

但现实的婚姻生活，尤其是香宅大院里潜伏的不和谐旋律，沉重地打击了她对生活的热情，精神受到严重摧残。以至于婚后不久，她和爷爷的房间里，就不时传出低沉郁闷的古筝之声。

这架古筝，是她特意央求她父亲重金购买、并作为嫁妆之一带到香宅来的。她本来是打算用它来讴歌幸福生活的，而且在刚嫁入香宅的前三个月里，她真的抚弄出不少优美动听的旋律，让偶尔路过香宅院外的行家里手驻足不前频频点头。

但很快，琴声中逐渐夹杂越来越多的凝滞苦涩，后来干脆再也没了任何轻松的音调，而是一律地沉重、忧伤。在临终前的数月中，她干脆连琴也不碰了。她的整个世界都沉寂了，尤其是她那曾十分明快的心灵世界，彻底暗淡下来。

正是从这位已悄然离去的奶奶身上，从九品深感"女子无才便是德"这一论断的英明。试想，如果不读那么多书，不懂啥格律音韵，她就不会如此清高、如此多愁善感；她也可能因此会更好地融入实际生活中去，而不至于生活在一个她自己内心深处虚幻的一尘不染的童话世界里终日郁郁寡欢，更不会过早地离开这个世界。

每念及此，从九品就越发坚信自己的决定：幼子的续弦，再也不会是啥知书达理门当户对的女子了，而是实实在在过日子能延续香火的女人。

从九品的这些内心活动，外人是无法探知的，也因而不知道香宅到底打的啥主意。

但熟知从九品当年率众抗击侵略者的龙脊旧人，相信这个老人的智慧，也相信他的选择，一定是有利于香宅未来发展的。

经常品读他太爷留下的《易经图解》、不断思索人生之道、并频频与竹心大和尚及吴宗尧等进行切磋的从九品，在子女的婚姻方面，绝对讲究实际，也绝对登高望远、面向未来。

从九品的决定，对爷爷唯一亲哥哥那一方，却是个沉重打击。

他们根本没有料到，当家人会做出这样一种有损整个香宅声誉的决定。这当然是他们明面上冠冕堂皇的说辞，私底下却不管这是否真的有损香宅声誉，而是担心爷爷真的会有后代。那样，他们试图独霸香宅全部家产的野心，基本就落空了。

正是在这种背景下，我的亲奶奶、即我父亲的母亲，来到了香宅，带着父亲同母异父的姐姐，一起来了。

和这个奶奶及我年幼的姑姑一起来到香宅的，还有后来被我们兄弟姐妹称作大姑的一个姑娘。大姑和奶奶没有任何血缘关系，是奶奶前夫小妾的女儿。但因和奶奶及小姑处得极好，加上她本人的亲生母亲早亡，所以一定要跟着奶奶共进退。于是，三个女人一起来到香宅。

从九品对爷爷的第二次婚姻，似乎比第一次还尽心。在这个婚姻成为事实之前，他特别请来吴宗尧，根据爷爷和未来奶奶的生辰八字，着实好好批算了一番。在得出二人八字不相冲这一结论后，又通过繁复演算，选择一个黄道吉日，把奶奶给迎娶了过来。

曾结过婚且生育过的奶奶，心理素质显然比她前任优秀得多。这使同样生活在极度压力和众多不怀好意目光之下的她，健健康康理直气壮地在香宅开始了自己的新生活，似乎根本没有受到周围环境的任何影响。

不知是借了新夫人坚强不屈理直气壮的力量，还是因为服用了李仙儿一年多药物的作用，也或者是在小龙脊十分接地气的生活开了筋骨、吸足了大自然中日月之精华，爷爷比以前强壮了许多。

奶奶和爷爷的这种现实状况，对同居一个大院的另一帮同宗近亲，是个沉重打击。他们预感到，自己多年来一直担心的事情，就要变成现实了。

果然，几年后，我的父亲降生了。那位多年来大家一直害怕见到、却又想看其庐山真面目的未来香宅一半财产的继承人，终于来到人间。围绕他的众多惊险故事，也就此拉开序幕。

一个人一生中有几个孩子，本应顺其自然，或者说是命中注定的事情。这在当时那个人力无法控制的繁育时空里，更是如此。但这种自然、带有宿命色彩的事情，竟在某种条件下会影响后代的命运，决定他们的悲欢离合甚至生生死死。

这个"某种条件"，就是从九品所拥有的沃野千亩、各种天字号店铺和香山硕宅。如没有这些诱人的东西，我父亲的历史必将改写，一定会是另一个样子。

但一切似乎注定要发生。既然有了香山硕宅和沃野千亩等，那么与这些东西有联系的所有人，注定会受到不同程度的影响。

按照祖制，从九品名下的沃野千亩、天字号店铺和香山硕宅，应一劈两半儿，俩儿子一人一半儿。

但问题是，他的俩儿子中，大儿子有四个儿子，小儿子只有一个儿子。大儿子的四个儿子，将来每人只能得到从九品全部田产的八分之一；小儿子的儿子、也就是我父亲，却会一下子得到从九品全部田产的二分之一。这种强烈反差，一下子激起从九品大儿子门下四个儿子及其亲家们的强烈嫉妒和仇恨。

于是，在父亲尚未来到这个世界、根本不知就里的情况下，就已成为四个和他有着真正血缘关系的堂哥们及其外戚等亲人们的敌人了，一种必须置之死地而后快的敌人。

由于爷爷与他哥哥巨大的年龄差异，父亲与他四个堂哥的年龄也极为悬殊。父亲刚降生时，他的四个堂哥已是青壮年了，而且他们的孩子也已相继来到这个世界。

看到还在襁褓之中咿呀学语的父亲，竟然要继承从九品名下二分之一的家产。四个堂哥及其亲戚们心里极不是滋味。

于是乎，悲剧就要在这视觉与听觉的不平衡中诞生了。而懵懂之中的父亲，却还一无所知。

若反过来，我爷爷是老大并很早就有了儿子，爷爷的哥哥是老二并很晚才有四个儿子，事情恐怕就不会这样了。因为父亲完全可以凭借年龄和智慧优势，把他应得的二分之一家产，事先牢牢地控制在自己手中，而四个年幼的堂弟也奈何不得。可惜，事情恰恰是相反的。

同样按照祖制，女孩子不参与相关家产的分配。也就是说，父亲同父异母和同母异父的姐姐、从九品大儿子的两个女儿，都没有权利参加财产分配。她们也确实没参加分配。但父亲的两个堂姐、即从九品大儿子的两个女儿，却非常积极地加入对她们的幼小堂弟、也就是我父亲的迫害行列中去。

事实上，参与迫害的不仅仅是这兄弟姐妹六人，还有他们的老丈人、大舅子、小舅子、以及她们的丈夫等等。

当然，还有一帮不知姓名的雇佣兵。这是一个只要肯出钱、粮，就能雇凶杀人的年代。这些杀手，就是那一群群蒙着面或干脆素面朝天的当地土匪。

一个庞大的杀人队伍，就这样在那些毫无生命的房产、土地等资产刺激下，针对一个年幼生命开始行动了。

这显然完全不是一场公平的较量。从一开始就是强弱分明一边倒的对决，胜负似乎已十分明朗。

从力量对比看，毫无防范意识、年龄幼小的父亲，肯定不是这个集团的对手，也几乎毫无悬念必死无疑。对此，没有谁会怀疑。

然而，人世间的奇妙和精彩就在这里。是适者生存，而不是强者生存。

冥冥之中似乎真有某种神秘力量，在微妙地调节着看似一边倒的力量对比，阻止着罪恶的无端发生。若非如此，本书恐怕永远不会出现了。

2

七十三，八十四，阎王不请自己去。

从九品没有将自己纳入这一人生规律。常年散淡平和的生活、随遇而安无欲无求的态度，使他老而不衰。

非但如此，看着自己年过八旬得到的最小孙子，他油然生出一种历史使命感。这种天降使命使他觉得，自己应该健康地活着，要亲眼看着这个幼小的孙子，度过危险的童年无助期。

一生吃喝不愁顺利无比的从九品，几乎从未遭遇过任何凶险。即便是当年捻匪和后来号称白莲教的匪患入侵龙脊古城时，他也泰然自若游刃有余，从容应对化险为夷铸就了他自己的辉煌人生。

丰富的人生阅历，使他能够洞察眼前即将出现的灾难。虽然这种灾难与他本人的生命没有关系，但老人与隔代孙子尤其是年龄最小孙子之间那种天然的亲情纽带，使他不得不挺着看似依然硬朗、实则已年迈的身躯，尽最大可能来保护这个幼小生命。在内心深处，他把这个使命当成是他有生之年第三次、也是最后一次再铸辉煌的机会。

一天，当奶奶抱着年幼的父亲到从九品房间看望老人时，不知为啥，父亲突然伸出柔软稚嫩的小手，轻轻抚摸着从九品榆树皮一般褶皱沧桑的面颊。这么做的时候，父亲同时给老人送去一掬天真无邪的笑靥。

幼小生命的这一毫不经意本能之举，深深撼动了从九品几乎已完全老化了的心灵，激活了他几近完全沉睡的舐犊之情。老人两眼湿润了。差点老泪纵横的从九品，却不认为这是孩童天生的偶然行为，他觉得这是老天给他的提示：表面上出手的是父亲，实际上是上天。老天爷借用父亲的小手，提醒老人注意保护眼前这个幼小生命。

有了这种上天赋予重任感的从九品，突然间充满豪气和精神，也因此似乎更加结实硬朗了。他的生命，因为年幼父亲的存在而得到延续。一如当年，他义无反顾率领龙脊民众，奋勇反击入侵者那样。

尽管如此，父亲的生命安全，并未得到百分之百的保证，各种危险时时存在，难以避免。

第一次致命危险，发生在他五岁那年。

这时，父亲还生活在香宅，从九品也继续尽着他保护弱小的职责。这一年，从九品年近九十。五年的小心翼翼，对一个如此高龄的老人来说，绝不是一件轻松的事情，从九品当然觉得累。

不过，一切还算平安。老人因此就有些小小得意，同时也很累。这两种感觉，都使他有理由打个盹儿。老虎还有打盹的时候，何况一位年届九旬的老人呢。没有任何理由去责怪他。

但无论如何，从九品一不留神，年幼的父亲就迎来他降临这个世界后人生的第一次大劫难，并差点儿跨过阴阳界到黑暗的那边儿去。

事情发生在一个傍晚。

当时，奶奶和几个大人正忙着准备晚饭，没有留意父亲的行踪。

不久，父亲摇晃着身子醉酒般出现了，口里含混地叫着口渴、要喝水。他一边喊着，一边不由自主地抱起院子里的一个小水罐，"咕咚、咕咚"地喝起来。

刚喝几口凉水，就被他同母异父的姐姐看到了。姐姐夺过父亲手中的水罐，不让他继续喝下去。

父亲的姐姐是好意，她不想让年幼的弟弟因喝生水而闹肚子生病。但事后证明，这种好意差点要了父亲的小命儿。

刚喝了几口水的父亲，突然俯下小小的身子，"哇、哇、哇"地剧烈呕吐起来。吐完之后，又摇摇晃晃站起来要水喝，一定要喝。

被眼前景象吓坏了的姐姐，赶快跑去叫奶奶。

趁姐姐离开的这个功夫，父亲又获得喝水的机会，他抱着那个小水罐，又是一阵猛饮。

当奶奶和姐姐急忙赶到父亲身边时，他正第二次剧烈呕吐，那种翻江倒海般的呕吐，似乎一直要将肠子等五脏六腑都吐出来才为止的那种呕吐。

从未见过这阵势的奶奶吓坏了，赶紧让姐姐去找从九品。

当颤巍巍的从九品赶到时，父亲已经面色青黄，呼吸也很急促了，口里却依然微弱地喊叫口渴、嚷嚷着要喝水。

从九品一边着人快去请李仙儿的儿子小李先生，一边让人给父亲准备凉开水喝。

此时，润世堂的李仙儿已去世多年。

在小李先生到来之前这段时间内，父亲继续不停地喝水，再不停地呕吐。喝了吐，吐了喝，如此循环不已。到最后，父亲胃里已完全空了，没啥可吐的东西了，就开始吐胆汁。

终于看到小李先生的从九品、奶奶和姐姐等，如突然看到大救星一般，满含希望地注视着小李先生的一举一动。

和李仙儿一样，小李先生也是一副从容不迫的神态。只见他不慌不忙把着父亲的脉搏，然后又仔细查看父亲的舌苔和眼睛，之后才像完成一件大事似地缓缓吐出一口气，十分平静地说：中毒了，但已不碍事了。

说完，前去查看父亲的呕吐物。然后对从九品说：幸亏及时喝水又及时呕吐，得以把大部分毒物吐出来，不然，孩子早没命了。

听言，姐姐就在一旁暗暗吐舌头，一只手还放在她胸口上，为当初阻止弟弟喝水而心惊后怕。

小李先生给父亲开了药方，然后领着取药的香宅家人，回润世堂去了。

在场的从九品和奶奶等，心里都明白是咋回事：香宅的那帮人，开始下狠手了。

此时此刻，从九品终于不情愿地意识到：香宅的气数真的到尽头了。

一个国家或一个家族，开始衰败、气数将尽的一个重要标志，就是祸起萧墙之时。这是从九品自《易经图解》中得出的结论。

3

几年后，当父亲已成长为一名少年时，他的同父异母姐姐突然病重。临离开这个世界前，这位姐姐有些出人意料地托人捎信给她唯一的亲弟，要求无论如何也要最后见上一面。

这是姐弟二人极为罕见的一次约见。此前，这个姐姐根本就不和弟弟一家交往，大有老死不相往来的架势。

接到信儿的父亲，即刻动身前往姐姐家。结果却是大家谁都不曾料到的。

见到世上和她血缘关系最近的弟弟后，姐姐拉住他的小手，痛哭流涕地忏悔着、襟怀坦白地哭诉着：她，就是几年前下毒，试图毒死他的那些人之一。

她说她不该鬼迷心窍，帮着别人害与她血缘关系更近的弟弟。当时那些人承诺说，一旦她帮着做成这事儿，将来龙脊古城城北父亲名下的那些土地等财产，就会有她一份儿。

如今，人之将死，她心里极度不安，并一定要和弟弟见上一面，以示忏悔！真心实意地忏悔！

人之将死，其言也善，鸟之将亡，其鸣也哀。

人，大概都有突然鬼迷心窍，而一时丧失心智和人性的一刻。

还好，这个我从未谋面的姑姑，在她人生的最后时刻，回归理性重返人性的光辉世界。

苦海无边，回头是岸；放下屠刀，立地成佛。

希望她在那个神秘世界里，一切安好！

这是后话。

这是父亲出生后，第一次遭遇谋杀。

事实上，在他尚未出生、还在奶奶肚子里时，已被谋害过一次。只不过，那次试图一脚两命的谋害，同样没有成功。否则，就没有后来这些曲折复杂的故事了。

那是一个有些温暖的夜晚，秋蝉和蟋蟀们都努力地最后鸣叫着，颇有些悲哀地和这个世界做最后告别。

在这个怡人的夜晚，奶奶自豪地挺着大肚子，面带喜色神情愉悦地从润世堂出来。

就在刚才，润世堂新一代传人小李先生告诉奶奶说，从脉象上看，奶奶怀的是个男孩儿。

这使奶奶由衷地高兴，返回香宅的脚步，也一下子轻松了许多。

走进通往香宅大门口的堂后街胡同时，突然从拐角处窜出一个黑影。旋风般的黑影瞬间来到奶奶身旁，飞起一脚就朝奶奶的肚子上狠狠踢来。

奶奶大叫一声，倒在地上痛苦地蠕动起来。

奶奶哀号不止的凄厉叫声，很快引来香宅的几个家人。大家急忙将奶奶抬回香宅，又风风火火地将小李先生请来。

听说事情经过的小李先生大吃一惊，以为如此一来不是儿死就是母亡，甚至是母子俱废。

等小李先生到香宅后一诊脉，他不得不再吃一惊：奶奶除受到惊吓外，母子二人竟均无大碍！

百思不得其解的小李先生，给奶奶开了安神保胎的药方后，来到从九品房间道：天意啊，真是天意！这孩子不是一般孩子。经此大难尚能安然无恙，实在不可思议！

自此以后，从九品再不许奶奶一个人挺着大肚子来回走动。他让香宅俩家人，寸步不离地跟着奶奶，以免再次发生意外。

但无论如何，自此以后，奶奶便对附近的堂后街产生了心理阴影，晚上是万万不走堂后街的。

堂后街位于旧县衙、即俗称正堂的后面，故名。

4

就在从九品和整个香宅，尚未从父亲中毒事件所产生的极大冲击中恢复过来时，一个新人突然加入到香宅这个大家庭之中，并给香宅尤其是年幼的父亲和从九品，带来一股清新气息。

除俩儿子外，从九品还有仨女儿。

来人是从九品大女儿的女儿，即我父亲的姑表姐，一个年轻国民党空军飞行员的新婚妻子。

表姐的到来，当然不会从根本上改变父亲的命运。但见过大世面仪态万方的表姐，给整个陈旧甚至散发着腐朽气息的香宅，带来了一道极为亮丽的风景线。

表姐本身就是一个亮点或中心。香宅上上下下都为表姐的到来、实际上是对她的做派和行事风格而感到惊愕。

新奇和新鲜从表姐的举手投足一颦一笑中不断散发出来，并充满这个大清王朝极盛时期发展起来的陈旧宅邸的角角落落。

因为表姐的到来，香宅明显有一种不同于以往的气氛。这种活泼而青春的气息，正是年迈的从九品所期盼的。他希望这种气场，能给这个古老宅院带来一种活力、那种鲜活而蓬勃的生命活力，以一改这里的颓废陈旧之气。

从生理年龄上看，从九品显然太老了，但他依然思维清楚、头脑灵活。

依然敏锐的从九品，常让表姐给他讲外面正发生的事情。其中他最关心的，就是中日间的战争会不会全面爆发殃及全国？倭寇会不会进犯颖川古郡？如果中日间的对抗全面爆发会是啥结局？国民政府的实力如何？等等，等等。

听完表姐的介绍后，他有些不服老地说：老夫若是年轻一些，绝不把这些倭寇放在眼里。若他们敢来骚扰龙脊古城，我们老哥几个，照样会像当年驱赶捻匪、白莲教那样，把他们给撵走。

顿了一下，他又有些悲哀道：想当年，我太爷时代的大清国雄立天下、傲视环宇，那是何等之威武。现如今，竟沦落到被小小倭寇入侵的地步。实在是可悲！可叹！

表姐很耐心地给她姥爷讲解中国和日本各方面的现状、分析未来的可能局势等等。

表姐讲话时，是用一种很绵软很好听的国语讲的。她说话的语气，似乎永远这么燕语莺声、温婉可人、舒缓有致，充满引人入胜的磁性和魔力。

父亲就喜欢听表姐说话，表姐就讲各种故事给父亲听。这使父亲很快就从不久前中毒事件的阴影中恢复过来，继续以健康可爱儿童的面貌出现。

孩子记性好，但也容易健忘。

表姐发自内心地喜欢父亲。这倒不仅仅是因为父亲和她之间的血缘关系，而是父亲萌萌的童真，深深地打动了表姐。

是否喜欢一个人，并不需要任何理由，而仅仅是一种感觉。喜欢就是喜欢，不喜欢就是不喜欢。这是个人所无法控制的。

表姐并不知道香宅曾发生过啥，更不知道将来会发生啥。但机灵聪慧的她，通过自己眼睛所观察到的一切，逐渐明白了父亲在香宅的状况：仇视他的人多，喜欢的少，尽管童年无辜。这种阴暗的仇视与父亲本人没有任何关系，而是他名下那些虚无的房产、土地等。

加上她这位新来的外来人，香宅中真正喜欢父亲的，也就是从九品、奶奶、病中的爷爷、父亲同母异父的姐姐和表姐这有限的几个人了。

此时，和父亲没有任何血缘关系、但对父亲很好的我们的大姑，已经出嫁离开香宅了。

小小年龄，竟会无端招来这么多人的敌视和仇恨。这是善良的表姐万万没想到的，从而也更激发了她对父亲的疼爱。

但表姐知道，她根本保护不了父亲什么，也不能给予父亲太多，因为她不会在香宅滞留很长时间。她到这里来，只是一种权宜之计。

　　表姐的先生，作为后来闻名华夏的中美空军主力"飞虎队"的一员，在目前中、日之间战事极端紧张的时刻，是无法让表姐跟在他身边的。飞行员每天云里去雾里来忽东忽西、转战大江南北，让新婚太太天天陪伴自己，虽然符合他的本意，但残酷的战争却不允许他这样做。他觉得太太应该有一个相对稳定的生活环境。于是，在征得太太的同意后，表姐的先生趁到河南省省会开封执行任务的机会，把表姐送进香宅。这里毕竟是她母亲出生、成长之地，何况她姥爷从九品还在这个旧宅里生活着。在这里，她应该不会受到任何委屈。

　　选择香宅来安置他的新婚妻子，有如下几个现实原因。

　　首先，表姐的母亲来自这个大宅门，也曾经是这里的主人之一。其次，日本人尚未渡过黄河。当时国民党普遍认为，鬼子不会也不可能渡过黄河天险，因而中原包括颍川在内的大部分地区是安全的。再次，在日本常凭借其空中优势狂轰滥炸的情况下，大、中城市是他们的主要目标，小县城要安全得多。最后，是香宅相对优越的生活条件，不会亏待他的太太。

　　不过，表姐不是来香宅吃白食的。她那作为当时中国极其有限的几个顶尖飞行员之一的先生的丰厚收入，足以让表姐在香宅理直气壮地生活。

　　当然，表姐自己也有收入和积蓄。在金陵女子文理学院受过良好教育的她，在这个美式风格学校学到的最重要知识，就是女子要自立自强，坚决不要成为男人的附庸和摆设。

　　表姐婚前，曾做过宋美龄的私人生活秘书，管理过宋的私人收入与开支。婚后，她主动辞去这一令众人羡慕的职位。

　　宋表示理解表姐欲一心一意相夫并将教子、做一个贤妻良母的想法。

　　表姐佩服甚至崇拜宋，并始终认为宋是当代中国女性中的佼佼者。她中西合璧的气质和大家风度，特别是她对普通百姓发自内心的关爱与呵护，一直是表姐暗中学习的榜样。

　　宋也十分欣赏表姐的诚实、办事时的精明强干和落落大方。更重要的是，表姐似乎有种天生的极高审美鉴赏力，这使宋女士常在出席重要场合前，就有关着装等征求表姐的意见。

　　宋之所以从一开始就非常信任表姐，是她飞行员先生的功劳。

　　表姐的先生所在的"飞虎队"，是中、美两国人员共同组成的一个特殊飞行大队。他们都是当世最出色的飞行员，人人技术高超，个个英雄豪迈。

　　由于他们的重要地位与忠诚可靠，蒋介石和宋美龄时常接见他们，并不时与他们和他们的家人共进晚餐、一起跳舞娱乐。

　　跳舞似乎是抗战时期中国政府上层人士不可或缺的生活内容，并成为其他党派抨击国民党腐败的根据之一。其实，那时大后方的革命圣地延安，也不时举行舞会，以求得战时的一点儿放松。

　　正是在此情况下，宋女士认识了表姐、表姐结识了宋女士，并最终成为惺惺相惜的好友。

表姐觉得，在和宋女士相处的那段时间里，她从宋女士身上学到了很多东西。比如博爱、大度、友善等等。

正是在那时，表姐开始信主耶稣基督。

宋女士还为此专门送给表姐一个挂在项链上的金色十字架。这个十字架，从此就天天挂在表姐脖子上。

和宋美龄交往的这段经历，是表姐未在香宅公开的秘密。

5

尽管觉得自己力不从心、无法给表弟更多保护，表姐还是在她力所能及的范围内、和在香宅这段有限的时光中，给年幼的父亲以最大关怀和快乐。

这一时期，表姐俨然是父亲的监护人和保镖。

父亲几乎每天都跟着表姐，或随她走出香宅，到古城大街上闲逛消磨时光，或登上古老的城墙极目远望、绕城一周、发思古之幽情，或到城外去踏青游玩、赏花弄草，或到护城河的外堤上散步、欣赏桃红柳绿……总之，但凡龙脊古城内外附近值得一游的地方，他们都会踏足，一处也不会拉下。

这无疑是父亲最开心的一段时光！

二人一起消磨时光的时候，表姐除给父亲讲解外界发生的各种故事外，也试图开启父亲的智慧。为此，她给父亲出了这样一个后来尽人皆知的题目：树上有五只鸟，用枪打下一只，还剩几只？

父亲觉得这个问题太简单，就不假思索回答说，还剩四只。

表姐听后十分开心地大笑，一串串银铃般的笑声，在古老的香宅大院上空很清脆、响亮地回响着。

父亲觉得表姐的笑声也很动听，就像她动听的说话声一样。尽管他不明白她为何如此高兴，但只要她高兴，父亲就高兴。于是也跟着她笑，是那种很纯净的童声。

表姐并非笑表弟尚未开窍的错误回答。相反，因为喜欢这种诚实答案，她才开怀大笑的。一个天真无邪的小童，还是老实朴素一点儿好。如果父亲真答对了，反而会让她为之担心：小小年纪就知道机智巧辩，还不危险吗？还不令人担心吗？过于灵气逼人早熟的儿童，往往是不能长久的。这方面的例子比比皆是。

由此小事，表姐在自己心中默默得出，只要"半拉天"的称号还在，未来表弟还会继续遭受各种苦难。但绝不会有啥大碍，敦厚品性决定了他会渡过各种磨难。

表姐于是有些放心了。

表姐在香宅她们这一辈儿的女孩中排行老三，长辈们就称呼她"三姑娘"。父亲年幼不知高低，也天天学大人这么叫表姐，童生童气的。

表姐愿意父亲这么叫她，就不加更正，随他这么叫去。

她不想过早抹杀孩童率真的天性。这是她在南京求学时，从美国老师那里学来的。

表姐多次告诉香宅人说，她曾有一份儿工作，一种类似账房先生写写算算的差

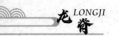

事儿。此话不差，她曾经为宋美龄管理过日常生活，并在此间离不开算盘。

表姐打珠算的技术因此十分了得，于是她就教父亲学习如何使用算盘。

香宅不缺算盘，几百年来用坏或没用坏的算盘，大小不一形形色色，堆满管家兼账房先生的办公室。

刚开始时，表姐先用算盘和父亲玩一种游戏、以激发培养他对算盘的兴趣和感情：俩人相对而坐，算盘放在她们之间的小桌上，各人拥有算盘上最靠近自己的那一半算盘珠子即半壁江山。然后俩人轮流交叉推"子"吃掉对方相邻己方的那排算珠。这种玩法，往往是谁先走谁赢，这是无法作弊的。表姐总是让父亲先走，于是赢者便总是父亲。

总赢表姐的父亲，就觉得算盘很好玩，便时常缠着表姐玩上几把。

如此久而久之，表姐告诉已迷上算盘的父亲说，还有很多更好玩的事情，可以通过算盘来实现。

父亲很好奇地问是啥好玩的？

表姐告诉父亲说，算盘可以计算出很多人靠脑子无法算出的大数字、巨大数字。

父亲摇头，表示不相信。

表姐就演示给父亲看，从简单的数字开始；等父亲的领悟力进一步提高后，难度逐渐加大。

如此日复一日、月复一月，父亲小小年纪，就对珠算有了相当程度的掌握。

那时，能读书识字者已属凤毛麟角；会读书识字又能使用算盘者，更是少之又少。

中国自古以来就重视文字、文章和国学之类，即后来的所谓文科；而对算术和技术之类理工科甚轻视之，并贬之为奇技淫巧类的不入流技艺。这也是中国在清中期后，逐渐全面落后于西方发达国家的重要原因之一。

在香宅这段日子里，表姐并非一如既往地快乐，有时她会显得心事重重、甚至很忧郁。那是她在思念和担忧她的飞行员先生。

前线的抗日战场上，不时传来国军将士们牺牲的消息。其中，她所熟悉的她先生的那些飞行员同窗、同事和朋友们，牺牲得更多，关于他们壮烈殉国的消息，不时传来。

民国才女、建筑师林徽因的弟弟林恒，面对外族入侵，本已考取清华大学的他毅然投笔从戎，通过严格考试成为中央航空学校第十期优秀学员。1941年3月14日，他在成都空战中冒着生命危险积极迎战，最后壮烈殉国，年仅23岁。

陈恒不仅有个著名的姐姐和姐夫，父亲林长民同样名满天下，他曾于1917年7月出任段祺瑞内阁的司法总长。

1944年9月16日，中国飞行员翁心翰率队飞赴桂林上空对日作战。完成任务返回途中，意外在广西兴安境内发现日军阵地，歼敌心切的翁心翰主动率两架僚机低飞扫射，战果卓著。但他的飞机也不幸被炮弹击中，翁心翰伤重牺牲，时年27岁。

翁心翰是民国政府最后一任行政院长、中国地质学的奠基人翁文灏博士的次子。当中国处于战火纷飞的艰难时期、很多人将自己的孩子送到国外保命时，身居高位的翁文灏却将自己的三个儿子全都送到了战场上，其中之一便是翁心翰。

表姐的先生、林恒和翁心翰，都是相熟且十分要好的战友，都在中国空军的摇篮之一笕桥中央航空学校学习过。尽管进入这个学校就意味着赴死，但他们这些拥有较高文化水平的热血青年学子，依然义无反顾地加入这个抗日救国的行列。后来，中央航空学校的大部分毕业生，都为国壮烈牺牲了。

整个抗战时期，也是表姐内心最煎熬的一段时期。

也因此，每当有飞机从古城上空轰鸣着掠过时，表姐就立即跑到香宅大门前的开阔地上，手搭凉棚、抬头向空中张望着，很久很久。直到飞机的噪音彻底随风而去、尾气烟消云散，方恋恋不舍作罢、快快而回。

每当这时，父亲便紧跟他表姐身后跑出去，也学她的样子向天空张望着。却不知望向哪里，更不知自己的目标是啥。

偶尔，父亲会陪表姐立在小北海岸边高处，听她吟唱旧体诗歌。自然听不明白诗歌的含义，主要是喜欢表姐朗诵时抑扬顿挫的声音：

> 散步即城陂，一水碧相荡。
> 此中育新荷，初见青钱放。
> 盈盈态欲歌，菀菀机始畅。
> 浮藻偶相萦，纤埃回不上。
> 不见玉井华，行矣开十丈。
> 片片玉雪如，入口失沉恙。
> 激赏良在兹，因之有遐况。
> 眷此涟且漪，忆昔无以旷。
> 荷也被池幽，池也带城壮。
> 去去还低徊，永言籍保障。

中日之间的战事逐渐紧张起来，很有些风声鹤唳草木皆兵的意味。

为应对逐渐变坏的局势，古城北边五里河附近，建造了一座小型机场。这里曾是香宅十六世祖质莆公及其后代从九品时常踏青游玩的地方，也是捻匪首领张宗禹顺水逃脱之地。

表姐偶尔会带父亲走出香宅，沿北大街步出古老的北城门，来到五里河机场，和那些身穿皮衣头戴皮帽、在父亲看来有些怪里怪气的人，不停地交流着啥。

然后，那些洋人会交给表姐几个精美大袋子，袋子上印着一个个金黄色头发的年轻女子。但父亲觉得她们不好看，起码没有他表姐好看。

这些袋子，是表姐的先生托同事带来的。里面除一些来自美国的女用化妆品外，还有糖果、巧克力等零食。其中的很多东西，都是父亲闻所未闻也从未见过的。

自从表姐到香宅后，父亲从她那里得到不少好吃的东西。其中吃得最多的，是那些被近乎透明的精美彩纸包装起来的糖果。包裹糖果的彩纸花花绿绿五颜六色，上面印有奇形怪状的文字和图案。

表姐告诉正凝视着糖纸一脸迷惑不解表情的父亲说，这是不同于中国方块字的另一种文字，叫英文。其中的 Made in the USA，是"美国生产"的意思。美国离中

国十分遥远，在地球的另一侧，是当今世界最强大的国家。

接着，表姐说了一句英文。

父亲自然听不懂她说的英文是啥意思。

她慈爱地告诉父亲说，刚才的英文是"我爱你"。说完，表姐用她那双洁白、修长而柔软的手，怜惜地轻轻捧住父亲稚嫩的脸蛋，带着夸张的响声亲了一下。

父亲对表姐的亲吻并不感到别扭，因他母亲也常常亲他。

不过，年纪小小的父亲，明显感到母亲和表姐的亲吻存在巨大差别：表姐的吻带着芬芳的柔和，力度不大却让人舒适。虽然被亲的地方仅仅是脸上有限的一点儿，但那带着些许酥痒的舒适感迅速扩展到全身，让人精神为之一振。像是刚刚脱去笨重的棉衣棉裤，换上鸟语花香季节才穿的轻便衣服一样，整个身子一下子轻飘了许多。

母亲的亲吻要有力得多。也许是母亲常亲他的缘故吧，父亲从母亲的亲吻中体验不到刚刚表姐那一吻的震撼。母亲亲他时，嘴里还常常念叨着啥。念叨什么呢？父亲对此有些模糊、印象不是很深刻，只隐约记得些许残片，从"小小子，快长大……"到"背书包，上学堂，念好书，敬高堂……"之类。

小小年纪的父亲，从他母亲的亲吻和念叨声中，隐约感到一种压力。这大大减轻了他对母亲亲吻的期盼。

相反，表姐带着微笑的亲吻，不附带任何有条件的压力色彩，因而让他轻松愉快、沁人心脾、刻骨铭心。

从此，父亲永远记住了表姐曾说过的"我爱你"，也永远记住了那个遥不可及的世界强国美国。就是在这时，父亲给他自己许下一个愿望：将来有机会，一定要到美国去走走看看。当然，最好是表姐陪他去，那样有安全感。看看这个世界最强国家，究竟是个啥模样儿。

6

小小年纪的父亲，常钻到表姐房间去消磨时光。

表姐的房间，明显与香宅其他人不一样。里面总飘散着一股十分好闻的淡淡幽香，这是吸引父亲的重要原因之一。

除父亲外，其他人是不能随意出入表姐房间的。这是从九品定下的规矩。一方面表示对表姐这个客人的尊重，更重要的是，从九品希望父亲能在一个相对安全的环境里快乐成长。

从九品知道，表姐不会在香宅住很长时间。他要在有限时间内，尽最大努力给父亲创造一个快乐氛围。

可怜的从九品啊！

表姐刚到香宅时，因不能经常洗澡而不舒服、更不适应。

为此，从九品特地买来南国产上等香樟木料，找来技艺高超的木匠，在表姐隔壁一间房内，打造了一个椭圆形大木桶。其实，称小木水池更合适，"桶"字似担当不起如此大的一个容器。用三道三指宽铁片箍起来的小水池，每块木板之间都严丝合缝滴水不漏。当然，它还会时时散发出沁人心脾之香气。

小水池的独特之处，是其被两块木板等分为三。三个水槽相互独立互不连通，各自底部都有出水孔通过木塞与地面上的排水石槽相连。长条状红砂岩石槽通向房间后墙外。

设计是表姐做的，主要是节约用水方便使用。在第一个木水槽内洗浴后，可在第二个水槽内冲洗残留的沐浴液。若需要再冲洗一遍，就用第三个木槽中的净水。

表姐要沐浴时，香宅一身强力壮家人，将热水一桶接一桶提到木水池中，直到把水灌至小水池从下往上数第三道铁箍处。

表姐洗澡时，父亲一个人无聊地在门外守着，等表姐出来。

表姐出来时，头上总扎一条洁白毛巾，身上裹着同样洁白的宽大浴衣。此时，父亲就以为是天仙下凡了。

表姐自己只用两个木槽里的水。她洗完后，就叫父亲进去，让父亲在她洗过的第二个木槽里洗澡、帮他搓洗，最后让他在第三个木槽里冲洗干净。

这时，是父亲感觉最惬意的时候。尤其是当表姐给他仔细搓澡时，表姐那双温润的手，总带给他一种安全感。

表姐不但给父亲洗澡，还极力鼓动香宅所有人都要洗澡、讲卫生。

她还教大家刷牙，大讲保护牙齿的重要性。她也极力反对女孩子裹脚，并现身说法，告诉大家她虽然不裹脚，但照样有一个心疼她的先生。

虽然放足运动始于辛亥革命初，但顽固的封建势力，一直无声地处处抵抗这个新生事物。春风总有吹不到的地方。

更为惊人的是，表姐还强烈反对抽烟，说抽烟不但影响抽烟者本身的健康和寿命，也会让他周围的被动抽烟者缩短寿命等。

表姐在短短的几个月时间内，给香宅带来一场不大不小的革命，使这座老旧陈腐的深宅大院，多多少少吹过一阵儿现代文明之风。至于这股春风能否吹绿古城、小北海及其附近的香宅等，那是另外一回事了。

突然有一天，表姐的先生开着一辆美式军用吉普车，精神抖擞兴高采烈地来到香宅大院。

看到久违的先生，表姐一下子兴奋得面颊绯红。俩人当着围观吉普车看稀罕的古城众人面，情不自禁旁若无人地紧紧拥抱在一起。搞得看热闹的人们害羞加不好意思地转过头去，或用双手捂住自己的眼睛。他们二人，反倒无所顾忌我行我素。

年幼的父亲很不高兴。他不希望任何别的什么人，随便碰他表姐一下。

表姐终于要离开香宅与龙脊古城说再见了。

年幼的父亲十分伤心，哭着喊着不让她离开。

表姐也十分难过。在香宅这段日子里，正是充满童真的父亲，陪她消磨了大部分光阴、分担了她的忧愁、并给她带来快乐。若没有这个可爱的小表弟，她真不知该如何打发这段时光。

于是，表姐陪着父亲一起流了眼泪。但她必须离开这里，她不能也不愿再和自己的先生分开了。因为现代化战争对战士很残酷，对飞行员战士更残酷，不知哪天，他们就会突然在天空永远消失。

已确实衰老了的从九品，对表姐的离去也很难过。这种难过一半儿是因为父亲的难过，另一半则是为表姐将要永远带走的那些生活新意和日常新气象。

表姐在时，可能碍于她这个外人的面儿，或遵循家丑不可外扬之类的基本社会准则，原来仇视父亲的人，暂时放松了对他的行动。加上父亲天天和表姐在一起，根本没给他们采取任何行动的机会。于是，香宅也有了难得的安宁，一段短暂的和谐时光。

在此情况下，从九品也大为轻松，不用天天以年迈之躯，为小孙子的安危担惊受怕了。

表姐是在五里河机场离开龙脊的。分别时，她抱着父亲说：我会回来看你的，一定！

表姐离开后，香宅很快就恢复了从前的沉闷迂腐之气。伴随这些陈旧东西而来的，不是和平安宁，而是曾经飘荡在香宅上空的杀气。一股针对父亲的腾腾杀气，又开始在香宅发酵弥漫开来，且越来越浓。

可怜的从九品，又开始为父亲担惊受怕了。

表姐离开后相当长一段时间内，父亲一直闷闷不乐，仿佛丢失了一件宝贝，心里一点儿也踏实安静不下来。

每当传来"嗡嗡嗡"的声音、天空有飞机掠过，父亲就急速冲出大门，像那会儿的表姐那样，手搭凉棚向空中张望，久久不肯离去。

偶尔，父亲会缠着从九品，要求领他到五里河机场，去看看有否表姐的消息。结果当然是失望的。

每去一次，就是一次失望；去的次数多了，就是无尽的失望。

7

在表姐离开香宅前，比她小五岁的另一个漂亮女孩儿，无意间闯入香宅，并和表姐成为既亲也疏的特殊姊妹朋友。

那天，表姐正领着年幼的父亲，在香宅大门前的空地上抬头张望一架刚刚远去的飞机时，一个姑娘突然从南侧的堂后街胡同中跑过来，并因躲避不及而将父亲撞倒在地。

年幼的父亲负痛大哭。

表姐刚要责怪这个莽撞之人，姑娘却已一溜烟跑进敞开的香宅大门内。表姐便很好奇。

表姐刚要跟进香宅去探个究竟，这时，又从堂后街胡同中跑来俩年轻男子。看到大门口的表姐，他们就着急地问道：大姐，看没看到一个女孩儿从这儿跑过？

表姐一看俩大男人追赶一个女孩儿，便敏锐地觉得这俩男的不是啥好东西，不是为抓逃婚的女子、就是耍流氓。于是很不友好地说：是有一个女子，刚把我表弟撞倒了，这不，他还在哭呢。撞倒了孩子也不道歉，就不管不顾跑下小北海那边去了。说着，朝香宅北侧的小北海指了一下。

俩男子果然看到父亲还在慢慢啜泣，脸上也挂着几滴泪痕，衣服上还有一层黄土没来得及拂去。加上眼前这个女子气质高雅，不像说谎之人，就信以为真，急忙向东北边追去。

这使表姐对这个不速之客的小姑娘更加好奇，好奇她的身世和来历，更好奇她为何敢毫不犹豫地跑进香宅，好像主人一般，旁若无人如入无人之境。

怀着无比好奇心回到香宅，表姐更加吃惊地看见刚才那个姑娘，正站在从九品身旁眉飞色舞地说着啥，把从九品逗得"呵呵呵"直乐。

从九品半躺在那株高大茁壮蜡梅树下的一把竹躺椅上，躺椅边放着一方红木小茶几，上面摆着茶壶和茶杯等。

看来姑娘和从九品很熟，可自己从没听姥爷说过有这门亲戚啊？表姐暗暗思考着。

姑娘眼尖，加上正好面对大门，表姐领着父亲一出现，她就主动迎着表姐走过来说：对不起，刚才跑得急，撞倒了这个小朋友。然后又调皮地学着豫剧的腔调和动作对表姐说：小女子这厢有礼了。

看到女孩儿如此活泼可爱，表姐一下子就对她产生了好感。

这是表姐第一次看清姑娘的模样。

刚在大门外时，因一切都发生在一瞬间，加上当时表姐的心思主要在空中刚刚掠过的飞机上，没来得及注意姑娘的长相。此刻细看之下，表姐立即就被姑娘精致的面庞、青春的气息和稚气未脱却又落落大方的气质所深深打动了：只见她一副天真无邪纯洁无瑕的样子，大概是刚才疯跑的缘故，此时她的脸庞还红扑扑的，像刚刚成熟的桃子或苹果，娇嫩的皮肤似乎吹弹可破。

想必出身书香门第，不是大家闺秀就是小家碧玉。想到这里，表姐对姑娘露出真诚欢迎的微笑，并主动伸出一只修长的玉手说：欢迎光临，我是香宅三姑娘。

在表姐打量姑娘时，姑娘也在审视思索着表姐的一切。她一边猜想表姐的可能身份、在香宅的地位，一边在心中叹道：好有气质的女子啊！一身洁白颍川稠旗袍，将她高挑的身材勾勒得恰到好处；皮肤洁白紧实，五官清晰双眸明亮，鼻梁挺直唇线分明，想必是一个知书达理且见过大世面之人。

正想到这儿时，便听到表姐主动介绍她自己且发出友好信息，也感觉一下子和表姐拉近了距离，急忙伸出手说：多谢三姐邀请，我是吴越。但不是来自盛产美女的吴越之地，实乃龙脊本地小女子是也。

表姐被这个见面自来熟且善于调侃的姑娘给逗乐了。

俩人热情地握着手，久久不愿放下，好像多年未见的好姐妹好朋友一般。

父亲看到表姐和这个自己从未谋面、且刚刚把自己撞倒的陌生人如此热烈而友好地交流着，很有些迷惑不解。孩子是无法理解大人的思想和精神世界的。

看见俩年轻人谈得如此热烈、友好,从九品高兴地把俩人叫到身边,先向吴越介绍表姐说:这是我外孙女,她应该称呼你姑姑,尽管你比她还小几岁。

吴越欢快又有些撒娇地看着从九品说:我才不想这么快变老呢!我要永远年轻。

然后又转过头来看着表姐,半是征求意见半是任性地说:我不要你叫我姑姑,我就叫你三姐!

表姐就看着从九品笑,为第一次遇到如此好玩又可爱的姑娘而情不自禁。另外在等待从九品的反应。

从九品又"呵呵呵"乐一阵儿后,道:好好好,随你们自己乐意,想咋称呼就咋称呼。

像拿到尚方宝剑一样,吴越高兴地走到表姐面前,挽起表姐的胳膊,满是感情地叫一声儿:三姐!

一声儿娇柔的"三姐",把表姐叫得心花怒放,越发打心眼里喜欢这个看起来少不更事、却又很有智慧和主见的姑娘。

该女子的独特之处,是她能在轻松对话之间,仅凭一句话,就可迅速拉近大家因陌生而似乎十分遥远的距离,并马上让你对她产生天然信赖感和亲近感。这暖暖的亲近感,让你觉得她就是自己的亲妹妹,甚至不是亲妹也胜似亲妹了。想到这里,表姐也看着双眸盛满两泓净水、忽闪着水灵灵一双大眼满含敬意盯着自己看的吴越说:越妹妹!并不由自主地拉紧吴越挽着她的那双手臂。

吴越则顺势把她的脑袋靠在表姐肩头,做小鸟依人娇羞弱小的妹妹状。

这使表姐越发觉得这个姑娘可爱,心中不由自主涌上一股儿做姐姐的浓郁感觉和醇厚亲情。

看到俩人亲如姐妹浓情蜜意的样子,从九品再次幸福地"呵呵呵"起来,几乎感动得要流下泪来。

这时,吴越轻轻离开表姐,蹲下身来,先是温柔地抚摸着父亲的脸蛋,然后轻轻拍打着他身上残留的尘土说:小弟弟,对不起,把你摔疼了吧?都怪姐姐太饿了,饿昏了头,只知道一门心思冲进香宅来要饭吃,忘了注意你这个可爱的小弟弟、正拦路抢劫当梁山好汉呢。

父亲虽然听得一头雾水,但吴越对他的亲近他切实感受到了,也因此忘了刚才的不快。

从九品和表姐忍俊不禁,不得不快活地大笑起来:这个姑娘实在太逗了,三言两语之间,不但把她的责任推得一干二净,还不忘奉承对方一下;另外还顺便向主人明确宣布,她饿了,准备在这里吃饭,不吃就不走。

真是个人精!

从九品忙吩咐做午饭,然后指着父亲对吴越道:按辈分,他也应该叫你姑姑哩。

吴越再次故作任性状说:不,就是弟弟和姐姐。叫我姐姐!她佯装严肃地对父亲命令道。

当父亲轻轻叫她一声"小姐姐"后,吴越兴奋地抱起父亲,肩并肩贴近表姐,面朝从九品说:我们仨好姐弟,就是仨英雄好汉,不亚于当年龙脊的"三痴"好汉。

三痴之首的从九品很受用,又情不自禁"呵呵呵"起来,内心升腾起一股暖流。

高兴了的从九品，果断打破龙脊一带千百年来的惯例，把父亲拉到身边一张椅子上、和表姐及吴越这些女眷同桌吃饭。

以往，只有家里的成年男子们，才按辈分分主次在客厅主桌上一起吃饭；女眷和孩子们，则在北边一厢房中另桌吃饭。

在饭桌上，表姐通过吴越和从九品的交叉介绍，对前者的身世有了清晰的认知。

8

吴越是从九品铁哥们儿吴宗尧的女儿。

未料到古稀之年还能生养出女儿的吴宗尧大喜过望，以为是上天赐给他的一个特殊礼物，由此倍加珍惜。当吴宗尧想到，孔夫子是他父亲年过六十才生养的一位圣人时，女儿越发成为他手掌上当之无愧的一颗明珠，一个无以复加的宝贝疙瘩。

吴越刚出生时，他同父异母的哥哥吴运昌，已近而立之年了。

吴宗尧没到过传说中可与天堂媲美的苏杭，但他知道吴越一带既是物产丰富的鱼米之乡，又盛产聪明伶俐乖巧漂亮的女子。于是给女儿取名吴越，以此寄托对她的厚望。

吴越四岁时，吴宗尧便开始教她读书习字，希望她能成为一个不一样的女子。稍微大一些后，吴越被她父亲送进龙脊古城县立第一完全小学，吃住在龙脊古城东大街的姨妈家里。该校前身是龙脊女子小学。以优异成绩从小学毕业后，经老师极力推荐，吴越被保送到古城北大街的乡村师范学校学习。该校校址，即当初的紫阳书院。再后来，吴越离开龙脊，到南边的信阳念书去了。不久前，她返回龙脊，在乡村师范学校教书。

当吴越第一次离开大陵老家、前来龙脊古城学习时，吴宗尧再三嘱咐她，一旦在古城遇到急难事，一定到香宅去找从九品。并给她讲了当年追随从九品、两次抗击匪患的故事。其间还特别提到，从九品当年的雄姿英发和聪明才智。

由于一直忙于学业、又有疼爱她的姨妈一家照顾，加上确实没啥大事需从九品出面，吴越一直未前来香宅报到。直至今天。

吴越没主动交代今天为何被俩男人舍命追赶。表姐出于教养也不好意思刨根问底一探究竟。从九品又不知道这件事儿，如果知道，他一定会从关心和安全角度，好好盘问吴越的。

如此一来，表姐关于此事儿的疑问，只能继续是个疑问了。

实际上，吴越的真实身份，远比表姐复杂。

这个表面上看起来很单纯、幼稚、一脸无辜的女孩儿，其实并不简单。而她并不简单的神秘身份，连十分疼爱她的老父吴宗尧和哥哥吴运昌，都一无所知。

尽管吴越走到今天这一步，是从她在乡村师范学校求学时才开始的，但发生这种质变的苗头，很早就有端倪了。

后来让龙脊人记住吴越的，不仅是她漂亮的容貌，还有她的胆识、聪慧与才情。

吴越与她哥哥吴运昌，不但年龄相差巨大，性格也相去十万八千里。

颇具乃父性情的吴运昌，本分老实，一个典型的中国传统知识分子。

吴越则不然。也许是家里过于溺爱的缘故，也许是天性使然，她从小就天不怕地不怕，男孩子能干的事情，她也实而践之，不甘落后。比如爬树掏鸟窝，下水塘、河沟摸鱼，野地里抓蛇，等等。

不过，吴越野归野，却也坐得住。一旦沉浸于吴宗尧收藏的某本古书中，她周围的世界就不复存在了。此时此刻，任凭天塌地陷，她也一动不动地沉浸于书籍的理想世界不能自拔，更别提家里人找她吃饭了。

为了读书时不被人打扰，吴越会一个人悄悄钻进大陵西边阴森森的陈家坟去，或爬上一棵巨大柏树、安然半躺在树杈上读书，或靠在陈家先祖那通巨大石碑上去阅读，有时干脆躺在一个坟包上就进入书中的虚幻世界。往往是一口气读到夕阳西下，直到太阳光芒暗淡得看不清书上的字迹了，她才快快离去。

读书中间实在饿得不行时，就在被松、柏、杨、柳等树木和高高的荒草裹得密密实实的坟墓中转来转去，寻找陈家后代给逝去先人上供的好吃食儿。找到后大吃一番儿，或便吃便读。

此时，任凭吴家费尽心机在大陵一带寻找宝贝女儿，也是枉然。

吴越坟场苦读之事，是被偶然发现的。

有一年，陈家死去一位家人。按当地风俗，这家人应在死者去世后每隔七天为死者上坟烧香、上供、祭奠，也就是所谓的头七、二七、三七……直到七七。

二七这天黄昏，这家陈氏后人披麻戴孝，带着一切祭奠用的烧纸、香烛等，进入阴森的陈家坟中尽孝。

黄昏加之树木茂盛，坟地里光线很暗。加上心情悲伤泪眼蒙蒙，快接近新坟时，大家分明见一女鬼，正半躺在新坟一侧静静读书，吓得走在队伍最前者差点昏过去。

好在来的人多，众人就壮着胆子一起战战兢兢走过去。等走近一看，才发现是已完全置身书本故事之中多时、彻底忘掉现实世界的吴越。

这天刚开始，吴越是在坟地最北侧那座高大的陈氏始祖的宽大墓碑上读书的，这是她惯常之所在。时间一长感到饿了，却不想回家吃饭耽误读书，就在坟场中转悠寻找吃的东西，最后在新坟旁发现可吃的供物，于是半坐在此坟旁，边吃边继续读书。等东西吃完了，书却未读完，就继续在那里读。

搞明白事情原委的陈家人，除觉得这个女孩儿胆子大得出奇外，并未太把这件事放在心上。

陈氏家族墓地东西长 144 米，南北宽 148 米，面积约 21300 平方米。存明清时期古墓约 300 余座，中有柏树 200 多株。是中原地区最为完整的家族墓葬群之一。

陈氏家族是汉代"颍川四长"之一的陈寔后裔子孙，陈氏家族墓则因陈玎墓而闻名。陈玎墓位于家族墓地中央，其墓前立有设计精美、宏伟大气、线条清晰的"交龙御碑"。该碑碑头为双龙造型，中间刻有"封而诰命"字样，代表着被封的官职与级别。

陈玑，字天仪，号莲轩，明嘉靖二年进士，曾任汉中知府、湖广按察司副使，按明朝官制，为正五品官员。陈玑为官期间清正廉洁，勤政爱民，深受百姓拥戴。因陈玑是当时内阁首辅大学士张居正的老师，所以嘉靖皇帝对他非常赏识，于嘉靖十二年御制交龙碑，为其父母加封，以表彰他们为国家培育的栋梁之材。

明清时期，陈家人才辈出，有20多人担任知县、知府、户部郎中、湖广按察司副使等职，31人受皇帝封赐，并涌现出武举、岁贡、附生和武生等87人，其中多葬于此地。

于是，吴越还是从前的吴越，她还常到这里读书。

吴越的不入流行为，不仅表现在胆大这件事上。当大陵周围与之同龄的女孩子们开始跟各自的母亲、姐姐、亲朋好友等学习浆洗缝补烧火做饭之类的传统女子必修课时，吴越却央求吴宗尧送她到龙脊古城去读书。

吴宗尧续弦的老伴吴张氏却极力反对：自古及今，龙脊一带哪有女孩子出去读书的？在家跟着父兄读点儿书识几个字就行了。

不过，思想开明的吴宗尧，却通过一系列事情，看出女儿大概不是一般的女孩子，再说读书不是啥坏事。就满足女儿的要求，亲自送她到古城去读书。

出身于书香门第的吴越，由此成为颖川有史以来，第一个离开父母外出求学的小女子。

在乡村师范学校读书时的吴越，和在她父母身边时一样，依然陶醉于中国古典传统文化之中。

与此同时，她开始狂热地沉迷于席卷华夏大地的新文化运动，并自觉自愿地接受这一新生事物的沐浴和洗礼。陈独秀、胡适之、鲁迅等新文化运动的旗手们，是此时吴越的崇拜偶像。

如鱼得水的吴越，在乡村师范这个以众多男孩儿为绝对主力的学生群中，充分显示出聪明过人、博闻强记的超常之处。她的外向活泼、落落大方、勇敢执着、出口成章、引经据典、乐于助人、豪侠仗义，连同天然不加雕饰的美丽容貌，使她当之无愧地成为该校的中心和焦点。

她那也许是遗传于父辈的文学才华，在她不受任何条条框框限制的思维下，像炽热的火山一样突然猛烈爆发出来。进入乡村师范后，她创作了大量诗作、散文等文学作品，发表在乡村师范的内部文学刊物《春拂龙脊》上。

吴越的作品，正如她本人一样，处处洋溢着青春少女的欢快、活泼、纯洁、明净、甚至是透明。

读过她诗作的人，都被作品中明净如桃花源般的境界所深深陶醉，并好像被里里外外彻彻底底洗涤了一般，浑身透着舒坦且耳目一新。

大家普遍认为，虽然吴越在诗歌方面所显露的才情直逼大宋才女李清照，但二者作品所反映的心灵空间和思想境界，实在相差太大了。大得有些风马牛不相及，根本就不能归于一类。

前者清清纯纯、亮丽活泼、洁白无瑕，像是青山绿水鸟语花香的山间清泉，叮叮咚咚韵味无穷；更像是一曲曲轻快、活泼、生动的音乐，让受众烦恼顿失、豁然开朗、耳聪目明、荡气回肠，似乎到了人间仙界一般。

而李清照的辞章，局限于她所处的时代、并不如意的经历和忧伤的情绪，则思绪绵绵如泣如诉，充满红尘闺阁寂寞无绪的哀怨与无奈。

当然，俩女子的作品，同样引起人们的强烈共鸣，也因而同样美轮美奂。

但显然，吴越的诗作，也绝对归不到后来的荷花淀派、山药蛋派或其它任何文学流派之中去。吴越就是吴越，她本人连同她的作品，都仿佛是特立独行于这个世界之外的一个另类。为此，有读者在《春拂龙脊》的"回音壁"专栏撰文认为：

毫无疑问，因了文学新人吴越之加盟，尤其是其让人耳目一新诗作之大量发表，《春拂龙脊》之刊物风格，突然间发生了飞跃性变化，并由此登上一个新台阶。吴越独特之写作方式，令人吃惊之遣词造句风格，已成为一种值得大家有必要专门讨论之文学形式了。

无论如何，可以肯定的是（细心的读者可能早已发现了），吴越显然对中国古典文化有良好之功底，同时对"五四"以来蓬蓬勃勃之新文化运动了然于胸并驾轻就熟。这种承上启下、兼容古今特点，大概就是吴越成功的主要原因之一了吧。

我们有理由相信，《春拂龙脊》将会由于吴越之发现（或者反过来说，由于《春拂龙脊》之发现吴越），而被国内更多文学团体所瞩目甚至青睐，起码将很快会在中州占有一席之地，并因此彻底摆脱其一向默默无闻于外界、仅仅绽放于龙脊古城之狭隘窘境。

《春拂龙脊》走出颍川古郡之机遇已悄然来临。我们在盼望这一天早日到来之同时，也希望本刊勤劳之编辑先生们，能充分认识到这一点，并积极为实现这一目标创造一切必要条件。比如，为吴越开辟一个专栏，名为"吴越天地"之类。

以上愚见，且为砖石，如能由此引出金玉之言，则幸甚矣！

《春拂龙脊》是刚创办不久的一本内部文学刊物。是乡村师范一批爱好文学的青年学子，在诗人校长周金石大力支持下，因陋就简创办起来的。

为了这本不起眼油印刊物的诞生，周金石牺牲了自己的一部分工资。同学们也常利用各自的空闲时间，到古城内的不同店铺打零工赚取一点儿辛苦钱，用于支付办刊的一部分费用。

《春拂龙脊》初创时的主要编辑，是谷子升和李氏兄弟。后来又加盟了吴越。

无论如何，未来的《颍川县志》上，应该有《春拂龙脊》的一小席地方。因为她是颍川历史上，第一份真正的文学刊物。

9

在中州一带颇有名气的诗人周金石，是吴越的老师。

在读过她的作品后，诗人自叹后生可畏，并深感小姑娘是可造之才。这块璞玉好好雕琢一下，必会成为对社会和人民有用之栋梁。

于是，周金石常常利用一个又一个既自然又恰当贴切的机会，积极主动接触吴越，和她谈天说地、议论时政、探讨人生。当然，关于诗歌创作，常常是他们进入话题的引子。

大多数时间，他们在校园内或斜对面的小北海讨论问题、交流思想。有时，周金石会带吴越到古老的护城河边去散步。俩人在护城河焕然一新的环境中，边走边聊，好不畅快。

已存在一千余年的护城河中，终年不断地缓缓流淌着春冬清澈、夏秋浑浊的河水。静静的水面，俨然像一个阅尽这个中州小古城的历史老人一样，终年沉默不语。护城河的河水，引自古城西边不远处更加古老的颍水。

颍川县历代县令、知县或县长等父母官们，都非常重视古城城墙、城楼和护城河的修缮及河堤的美化，这毕竟是关乎古城百姓生活和生命安全的一件大事儿。当然，也是关乎这个古老县份父母官政绩、升迁和前程的大事。

在这个以农业为主的古老平原县份，似乎除了维修城楼城墙、加宽加深护城河及兴修水利外，再没啥更重大的事情可以如此兴师动众了，也再没啥工程可以如此明显地昭示人们，颍川县的父母官究竟在他的任上干没干实际工作、有没有啥政绩。

虽然历届父母官都十分重视这项政绩工程，但不同父母官的口味和要求，毕竟不一样。当大多数父母官仅仅是机械而单调地重复与他们前任类似的加固维护工程时，颍川县终于在清末民初时，迎来一位与众不同的父母官。

这个曾远赴欧洲诸国、吃过不少黄油面包、色拉、三明治、汉堡包和热狗等西餐的洋派人物，不但学识渊博、游历甚广、见过大世面，而且极富高雅的欣赏情趣和西洋浪漫气质。

西装革履头戴礼帽、架着一副金丝边眼镜、手拿一根精致文明棍的洋派县长，来龙脊古城上任后的第二天，就带着俩随从，围绕古城里里外外来来回回走了两圈儿。

随后几天，他又沿辖区内的黄土古道，把整个颍川县走马观花般看了个遍。看完后，这个能说一口流利而时髦英吉利、日耳曼和法兰西语的县长，心里有了数。

洋派县长觉得，颍川县古则古矣老也够老，但风景过于单调，缺少必要的诗意，如此怎能培养出具大英帝国、日耳曼民族和法兰西气质之人才呢？又怎能出大家奇才？

当然，天然地理环境，人力一时是无法改变的。但在一些重要地方进行必要的点缀和美化，还是办得到的。

不久，县长下令修缮古城墙、加宽加深护城河。与此同时，利用从护城河中挖出的不知积淀了多少年的那些黝黑肥沃腐泥，在整个护城河外侧，筑起一道长长的堤坝。堤坝上遍植以垂柳为主、间以少许杏、桃、梅和梨等果木，彻底美化龙脊古城。

县长的号召，获得颍川几乎所有文人骚客绅士商贾等各方人士的积极响应。当时年轻的书生吴仙儿，在《重修城池碑记》中这样写道：

颍川，汉之旧县也，隋迁今城。龙脊古城，明天启元年新修砖城。自前清同治年间筑凿后，未尝再举，为四境乂安故也。迨宣统辛亥武汉起义，土匪蜂起，大杆小杆不可胜计。即吾颍境内，架票勒赎之事，日有所闻。幸遇县长文韬武略，兼善其长，凡有告警，不论风雨昼夜，督队往剿，多占优胜，统计获匪四百余名，而境内始得安堵。然居安尤宜思危，有备乃可无患。城内为根本之地，防守尤宜谨严。于是设立城防局，筹办捍卫事宜。置枪炮、配火药、培城隍，棚炮楼，修造更房三十所，是为甲寅秋。迨十月冬，县长谕合邑诸绅董商酌修挖城濠事，佥云：力役之争，自古皆然，矧当兹匪氛不靖之时，修理城池，事关紧要，且复收一劳永逸之效乎？

遂派十四堡之民夫，并饬城乡绅董，各挖各段，各监各工。培城隍百余丈，凿城濠九百余丈，共费工十四万有奇。率皆踊跃争先，不旬日而工告竣，大有古灵台之遗风。无他，皆县长日事监督，提倡奖励之功也。夫城池既修，故足以防外患，亦足以启利源。因于乙卯春，将濠外堤植柳八百株，内堤植果八百株，并拟池中种莲养鱼。以后凡所得利，存储公款局，足为后来修补城池之资用。县长命复于濠外周围各除堤岸一丈五尺，四隅与四门外皆镌石为记，后日再兴斯举，庶有所准式云。

第二年春天，有着千余年历史的龙脊古城，突然焕发了青春。多年来远远看去像一位穿着破旧、衣衫褴褛老农般的灰秃秃古城，一夜间变成了婀娜多姿的少女。这位少女穿着五颜六色的彩裙，彩裙的底色或基本色调，是淡黄娇嫩的垂柳；在这浓淡相宜的嫩绿背景色上，恰到好处地点缀着洁白的梨花、粉红的桃花和白中带有少许淡粉的杏花等果木。

龙脊一带的文人们，为此发现激动不已。他们常常结伴徜徉留恋于这条姹紫嫣红的护城河河堤上，在上面吟诗作赋，甚至把酒临风、对酒当歌、乐而忘返。

老吴仙儿曾作《城隍新荷》一首曰：

太华峰头移素根，新隍新水点新痕。
盈盈雨盖乍高下，濯濯露珠时吐吞。
含萼即看牵翠符，折筒便可倾清尊。
西江浩渺知堪激，涸辙无须呼九阍。

更让这些文人兴奋不已的是，好去处并不仅限于此。因为洋派县长同时发出号召，将县境内所有河流两岸、所有古镇护城河或寨河外侧堤岸，统统如此这般装点一番儿。这包括颍水、五里河以及大陵、繁城、小商桥、高宗寨、固厢等颍川境内之重镇。

不久，洋派县长对境内所有名胜古迹一一考察一番，然后制定严格保护措施，该拨款修缮的立即修缮，该派人看管起来的马上指定专人管起来。颍川因此迎来其历史上最为繁荣的时期之一。

洋派县长本人，也常在某个阳光明媚的春天或秋高气爽的秋日，着一身洁白西装，打一根鲜红领带，戴一顶洁白礼帽，手中永远不离地拿着那根文明棍，一左一右挎着和他同样洋派的夫人及女儿，悠然自得地走上护城河河堤，与民同乐去了。

后来，已在龙脊颇有名气、并接过乃父巨笔的吴仙儿，在《西郾颍三县感颂邑侯徐公圣德碑》中写道：

忆水牛木虎之岁，正赤眉铜马为灾。每叹我生不辰，河清难矣。不图天亦厌乱，官能障民，今年蕉荷靖，枹鼓息。户获鸠安之庆，人无鼠窜之惊。视彼曩昔，如脱倒悬。推原致此之由，实惟徐公之力。公尹俊，字册襄，长沙宁乡人也。世有令德，为时冠冕，年甫逾冠，已擢高科，游学西洋，厥后游洛，复登仕籍，非徒枕菲简编，实早蕴蓄经济。民国初年莅治颍上，是时区夏肇造，人心靡定，中原血战未终，土寇揭竿已起。肩荷枪而腰挟弹，利器式凭；前拒虎而后进狼，剧党分布。掳掠士女，黄金乃赎身之资，焚掠村坊，黔首受无家之苦。呜呼，渤海之龚遂不作，颍川之黄霸未来。横掠六郡宜遏江之遂肆，蹂躏一隅识贼腊之难除。幸赖我公恫心民瘼，鞅掌时艰，赫然震怒，奋不顾身。舍安车而事戎马，亲冒矢石；以循吏而作儒将，数歼渠魁。如秋风之扫落叶，若震雷之摧枯木。傥彼洗心革面，愿卖剑而买牛；亦许改过自新，作吞舟之漏网。弱气负固不服，甘为天囚行尸，势必除恶务尽，无遗种於兹邑。本此意以措施，遂全境之大治。至若邻邦有警，越境赴愬他人处，此代庖是避，惟公不分畛域，罔辞劳苦，一闻贼耗，立即驰援。剿匪与治民，不同此疆，彼界有异，以公阔达多大节，讵肯狭小其规模。以故群妖扫荡，钜难救平。贼党畏如夏日，临境被其仁风。非公之力，孰与於此。由是政绩上闻，勋章遥颂，令名远播，口碑载道。此皆贤侯所宜有，非如他人之幸获玺等。居籍各殊，受惠难没，未藏测海之拙，聊当击壤之歌，言虽无文，心则可写，既次其事，因以献颂。其辞曰：盘根错节，乃见利器。师旅饥馑，必待贤智。於维我公，学博才通。除莠殖禾，克期奏功。干将莫邪，灿若霜雪。投之所向，无不骇绝。以此吏治，俾赞庙谟。贤相良将，其惟公乎？

得益于洋派县长努力的这种颍川美好景色，一直延续到吴越到乡村师范读书时，并再向后延伸了很久一段时期。

10

吴越十分喜欢迷人的护城河堤，并常和同学结伴来到这里，或静静读书，或轻松谈论让人愉快的人生理想。

她曾学着她父亲和哥哥的风格，吟唱一首《城堤新柳》旧体诗道：

种柳夹新堤，柔条剪未齐。

娟娟黛欲敛，袅袅舞初低。

风漾鱼抛影，烟笼莺送啼。

召棠此共荫，怜赏已成蹊。

此前，第一次登上龙脊古城的她，还激情满怀巾帼不让须眉地在其《登眺古城有作》中描述龙脊古城道：

百稚言言壮颍区，颍水遥注带城隅。

忘情地凑鱼还鸟，极目天涵江与湖。

烟柳密疏连远蔓，露荷荡漾倚新浦。

可堪登啸转萦念，边塞金汤有此无。

作为颍川文人最集中的地方，龙脊古城外的河堤上，常可看到这些少年男女们青春靓丽、朝气蓬勃、意气风发的身影，尤其是在迷人的春、秋两季。

在阳光明媚的日子里，《春拂龙脊》的编辑们，常一块儿来到这里，逐篇讨论稿件、组稿、定稿。

在课余时间，周金石和吴越也会沿着护城河边那条由众多婀娜多姿垂柳遮蔽而成的林荫小道，慢慢走来走去，不知疲倦地谈论新文化运动、伟大理想、陈独秀、胡适、鲁迅和诗歌，等等。

这时，在肥沃的土地和护城河中清清流水的共同滋养下，河堤上的各种树木已十分粗大、茁壮了。

至于那位功德无量的洋派县长和他那同样非常西化的太太和女儿，虽早已不知所终，但每当人们登上堤岸、沐浴在洁白柳絮的轻柔抚摸之中、深情呼吸着芬芳花香的时候，自然会想起那位一尘不染潇潇洒洒永远拄着一根文明棍的洋派父母官、和他那同样一身洋装、无论见了何人都永远现出迷人微笑的夫人与女儿，然后大大感叹一番，感叹物是人非时不我待、白云苍狗白驹过隙、逝者如斯夫不舍昼夜！

等二人彼此熟悉后，中共地下党员周金石，开始向吴越介绍欧洲的马克思、恩格斯和他们的理论主张，并将一本不知已转了多少道手、经过多少人反复阅读揣摩而几乎破烂不堪的《共产党宣言》，悄悄交给吴越，嘱咐她好好阅读一下。

很快，吴越就被书中描绘的未来美好大同世界所深深打动了。

中国历史上很多人抛头颅洒热血，不就是为了建立一种类似这样的完美社会吗？读完后，吴越常这么热血澎湃地冥想。

不久，沉湎于共产主义理想王国之中的吴越，知道了周金石共产党员的真实身份。

在周的循循善诱慢慢引导下，吴越思想上不断要求进步，并非常积极地向党组织靠拢。一切都是她发自内心的激情和理想。

大约两年后的一个夜晚，在周金石那间连窗户都被密密实实封上了的办公室兼卧室里，在光线有些发黄且多少有些摇曳不定的一盏洋油灯的照耀下，周金石小心翼翼地从藏在床底下的一只破旧皮箱里，拿出一块儿叠得整整齐齐四方四棱的红绸布，恭敬地打开并穿在一根儿夏季撑蚊帐用的竹竿上，然后插进靠墙的一个小米缸里。

在周金石忙碌的过程中，站在一旁因激动而面颊绯红的吴越，清楚地看到红绸布上用白布剪成并缝到上面去的斧头和镰刀，这就是中国共产党党旗。

除周金石和吴越外，这晚一起来到这个房间的，还有吴越此前通过《春拂龙脊》认识、并在后来十分熟悉、同样年轻且充满活力的谷子升、李氏兄弟李道明和李向明。他们同样是在周金石影响下，先后秘密加入中国共产党的。现在，他们是中国共产党颍川支部的核心成员,支部书记是周金石,其公开身份是乡村师范学校校长、闻名中原大地的诗人。

履行完中国共产党吸收新成员的一整套必要程序后,尤其是当吴越压低声音跟着同样声音低沉的周金石、站在党旗面前一字一句宣过誓后,周金石激动地转过身来,紧紧握住比他更激动的吴越的双手,满怀希望地说:祝贺你,吴越同志!从此以后,我们就是一个战壕里的战友了!

接着,谷子升和李氏兄弟,也分别趋前和她握手道贺。一下子把斗室内的气氛推向高潮!

第一次听到"同志"这种新鲜称呼,加之会场上严肃而神秘的气氛,吴越激动得几乎快要窒息了。这个一向风风火火、能言善辩、下笔千言如有神助、天不怕地不怕的小姑娘,竟然有生以来头一回语无伦次起来。面对同志们的握手祝贺,她结结巴巴、不知如何回答。

入党宣誓仪式结束后,颍川县支部的党员,在支部书记周金石主持下,就颍川县前一阶段党的工作进行了总结,并布置了下一阶段的任务。

为更好开展工作,在这次会议上,每人还根据自己的特点、优势等,具体分了工。考虑到香宅从九品在颍川一带的巨大影响力以及吴越父亲吴宗尧与从九品的密切关系,周金石要求吴越多接触一下从九品,以便将来必要时能获得他的支持和资助,为发展壮大颍川中国共产党的组织力量,进行必要的先期准备。

周金石特别提道:从九品这个人一向淡于党派和政治之争。但据我了解,此人仗义疏财慷慨豪放、心系百姓和天下苍生,应把他放在我们党可以争取的开明人士之首位。

接着,周金石又提出几条吴越与从九品交往的基本原则:不公开身份,谈上代交情,建个人感情。

吴越建议,以《春拂龙脊》为纽带、该刊编辑为核心、乡村师范老师和学生为主体,同时吸纳全县知识阶层人士参加,成立"龙脊文学社",借此吸引更多进步青年。在对他们进行有意识引导、培养和考察后,将那些最要求进步、最拔尖者吸纳进党组织,壮大党的队伍。至于相关经费,她可以找从九品协商、支持一下。

周金石赞赏地点点头,表示同意。

大家也都觉得这是个好主意。又经过对具体实施细节进一步讨论后,这件事情最终便确定下来。

后来,从九品果然捐给乡村师范十四亩五分四厘五毫七丝六忽土地。这块土地在城北五里河南岸,其中大部分被学校租出去收取租金助学,剩余一小部分作为学子们了解农桑、课余时间从事稼穑的实验和实习基地。

这是继从九品年轻时捐给乡村师范前身紫阳书院十亩九分九厘七毫土地后的第二次无偿捐助。当年捐助紫阳书院的土地在城东,是用"作书院膏奖之资"的。

11

有了个人重大秘密的吴越，发生了明显的实质变化。

这个一度像一只不知疲倦的百灵鸟或小蜜蜂一样叽叽喳喳或嗡嗡嗡嗡的少女，一下子多了许多深沉和严肃、似乎心智上一夜之间突然就成熟了。此外，她不再像以前那样天天守着学校以书本为中心了。相反，秘密入党后，乡村师范校园内会隔三岔五失去她这道亮丽的风景线。

每当这种日子来临，那些以前常盯着她出神的早熟男孩子们，便如灵魂出窍般急躁不安六神无主、生活缺滋少味不知如何是好。

偶尔在古色古香的乡村师范消失的吴越，是执行秘密任务去了，或与上级党组织派来的人秘密接头，或伙同李氏兄弟中的一个或全部出去散发传单等。

无论干啥，每次都是突然神秘失踪，又忽然出现如神兵天降，毫无征兆更无任何规律可循。

像雨像雾又像风！有男孩子这样形容此时的吴越。

与上级派来的人秘密接头，有时是她一人前往，有时则和李氏兄弟中的一个、化妆一番后结伴前去。

她或他们与上级来人的接头地点，一般是在谯楼前南大街西侧那家生意红火的饭铺里。

这家已有数百年历史的老字号，不但位置好，而且那块终年散发着历史韵味的招牌"胡辣汤王"，天天吸引着一大批热衷胡辣汤的食客们。这些顾客既包括三教九流的颍川土著，也包括抱着各种目的前来龙脊的一众外地客商。

关于"胡辣汤王"这块牌子，可以从两方面去理解：一是这家饭铺的主人姓王，其主要经营的是龙脊人普遍喜爱的胡辣汤，这家饭铺自然就是"胡辣汤王"了，这与同一时期北平的"爆肚冯""炒肝李"，龙脊古城的郭氏稠庄、王氏老井坊等一样，体现了主人的姓氏渊源。另一方面，"胡辣汤王"这块招牌，也含有"芸芸众生唯我正宗"或"老子就是天下第一"的意味。

龙脊古城内，经营传统食品胡辣汤的酒肆、饭铺多达数十家，但真正地道、最受欢迎的，还是"胡辣汤王"。既为古城龙头老大，当然是"王"了。

在龙脊一带颇受欢迎的胡辣汤，已没有人能说清它的来历了。曾有自称见多识广者说，胡辣汤是从东边古城江苏徐州或安徽宿州一带传过来的，那儿的人至今也一样喝胡辣汤，但受欢迎程度远不及龙脊一带。

但有极力维护龙脊才是源头正宗的人士争辩说，事实恰恰相反，胡辣汤是从龙脊传过去的。否则，为何如今那里的人们，远不及我们龙脊热衷这种吃食儿呢、胡辣汤饭铺也少得可怜屈指可数？

还有一种观点认为，这种如今在龙脊和整个中州大地极为流行的胡辣汤，起源于西域，胡辣汤中的"胡"字，已经说明了这一切。

看来，关于胡辣汤起源这个问题，只能交给有志于研究华夏古老饮食文化的专家学者们去研究解决了。

除古城内饭铺可终日供应胡辣汤外，城外类似小龙脊这样的乡村，就没有那么多机会喝胡辣汤了。只有在类似宋阁庙会这种传统聚会正会的那天中午，主人才用心烹制一大锅胡辣汤，去招待来访的各路亲戚朋友。为啥要用这种食品招待尊贵客人？这同样有待对此感兴趣的专家学者们去穷究考证了。

胡辣汤这种不稀不稠的吃食儿，其主要配料是肥瘦俱全的肉丁、当地产红薯粉条、炸过的豆腐块丁和海带片儿。将这些配料放进加有少量淀粉的水、或诸如大骨头和鸡汤等之类的高汤中一起熬制成汤状，就成胡辣汤。

因其中的十余种佐料中，领衔的是胡椒和辣椒，故称胡辣汤。当然，如上面所述，也有人认为"胡"表示西域，即胡辣汤的起源地。

经营胡辣汤的饭铺大都备有盐、醋、酱油、蒜汁、葱花、芫荽、辣椒油等佐料，食客可根据各自口味自行添加。

仅靠胡辣汤是无法填饱肚子的，即便当时觉得吃饱了，过不了多久就马上饿了。为此，胡辣汤饭铺一般都备有油馍、包子或火烧之类。龙脊一带常将油条称作油馍、而把烧饼叫火烧。

那些以填饱肚子为目的的顾客，譬如干力气活的汉子们，是需要油馍、包子、火烧甚至大馒头这些顶饿食物的。

不过，油馍这些东西一般不是胡辣汤铺自己做出来的，而是从附近专门烧制这些食品的油馍、包子或火烧铺买过来的。

一般情况是，一家胡辣汤铺近邻，就是油馍、包子或火烧铺。

顾客需要这些东西时，很随意地大叫一声：掌柜的，拿两个火烧。

那边应一声：来了。

不一会儿，火烧铺的伙计送来两个火烧。

饭后，吃饱喝足了的顾客，分别向两个铺子付钱。这样，两家相邻但经营品种不一的饭铺，就有一种互相帮衬的默契，相互间的关系也因而十分友好，并不存在同行是冤家而互相拆台甚至大打出手的问题。

不过，大多数人喝胡辣汤，并非为填饱肚子，而是会友解馋来的。这有些像南方人在茶馆会友，或北方人在酒馆谈事。目的相同，形式不一。一碗胡辣汤价钱不高、味道不错，既解了馋，又请了朋友会了客，甚至可能谈成一桩生意或大事，何乐而不为呢？

尤其是寒冷的冬季，"呲呲喽喽"喝上几碗又麻又辣的胡辣汤，那种感觉，像是回到暖暖的春天一样，浑身上下透着舒坦、松快。

丫头片子吴越，就喜欢喝胡辣汤。还不是一般喜欢，而是几天不喝上一次，就如吸大烟上瘾一样极不舒服的那种喜欢或感觉。

当她还是一个小顽童无法走出大陵去闯荡外面的世界时，便常常望眼欲穿般等待一年一度宋阁庙会的到来，就像很多孩子急切盼望一年一度的春节那样。但吴越恰恰不期待春节，而是苦盼热闹的宋阁庙会。因为只有那时，她才能美美地享受一顿儿胡辣汤、狠狠过上一把瘾。

自进入乡村师范后，很快就熟悉了龙脊古城的吴越惊喜地发现，她不用再焦急地等待宋阁庙会了。因为她很快就发现了谯楼前的"胡辣汤王"，并立即为这个伟

大发现激动不已："胡辣汤王"烧制出的胡辣汤，实在太适合她的口味了。

有时吴越会很自恋地觉得，已有数百年历史的"胡辣汤王"，之所以存在了这么久而不迟迟不肯倒闭关门，就是为了等待她的出现、品尝与喝彩。于是，她三天两头就会在"胡辣汤王"出现一次。反正也不是啥阳春白雪般的高档贵重小资消费，而是最下里巴人经济实惠的大众食品而已，不会带来啥经济问题。在学校食堂同样要付钱吃饭，花费与外面类似，但口味却大不一样。因为学校食堂，不会天天都卖胡辣汤，毕竟众口难调，不是所有人都像吴越这般喜欢胡辣汤的。

12

吴越的出现，是"胡辣汤王"有史以来的一个轰动事件儿。

尽管她本人从不这么想也不这么看，但这个老字号的掌柜、伙计和大部分常常往的食客，却都心照不宣持此观点。

数百年来，"胡辣汤王"来来往往不可胜数的顾客中，除有数的几个媒婆外，其余清一色都是男性或糙老爷们儿。年轻漂亮的吴越，是"胡辣汤王"有史以来，第一位年轻美丽知性典雅的女顾客，这当然是"胡辣汤王"开业以来的大事了。

第一次到"胡辣汤王"的吴越，是同她一位女同学一起来的。这位同学也是当时乡村师范仅有的仨女生之一。

当这位女生看到那么多男性目光，在她们身上肆无忌惮扫来荡去时，生性腼腆的她，不但没有动那碗她本来就不喜欢的胡辣汤，而且从此以后再不陪吴越光临"胡辣汤王"了。

那么多年龄不一长相各异的男性盯着你看，不，不是看，是"剜"，刀子一样狠狠地"剜"，你能吃得下去饭？羞死我了，羞死我了！她一边激动地对吴越诉说着，一边用双手捂住自己通红的面颊、顺便抹去上面的几滴泪花，一副羞愧难当恨不得悬梁自尽以示清白的样子，像犯了啥大罪一般，忏悔不已。

吴越在乡村师范的另一位女同学，比这位连声喊"羞死我了"的女同学，还要讨厌胡辣汤，也更羞于在男人堆里抛头露面。

从此，吴越只好忍不住一个人前往"胡辣汤王"去解馋了。

齐耳短发青春勃发光彩照人的少女吴越，使"胡辣汤王"本已十分兴隆的生意明显锦上添花了。

每当她出现时，"胡辣汤王"不得不进一步爆棚。那些后来者，只能端一碗胡辣汤站着、或干脆蹲在地上喝。

至于那些原本打算只要一碗胡辣汤解解馋后就去忙活各自营生的汉子们，只要见吴越来了，在一碗胡辣汤早已喝完后，却舍不得离开，但又不好意思占着座位没任何作为，毕竟还有那么多客人站或蹲在那里，只好喊一声：掌柜的，再来一碗。不过，这再来的一碗，就喝得慢了许多，且总是漫不经心喝上一小口后就放下碗，盯着吴越看上好一阵儿，半天也不见喝第二口。

直到看见小女子要付钱走人了，他们才突然火烧屁股般"呼喽呼喽"大喝起来。然后是此起彼伏的"掌柜的，给你钱""掌柜的，算账""掌柜的，多少钱"……

毫无疑问，这个时候，是掌柜一天之中最忙累之时。

机灵敏感如眼镜蛇般的吴越，不用抬头向四周看，就能捕捉到她身边的一切。不论是有声的还是无声的，只要实实在在发生了，她都能敏锐地探测到。

她当然知道众人的目光，但根本就不在乎。此时，她的全部注意力都集中在诱人的胡辣汤上去了，至于周围的一切，与她没任何关系。或者说，根本不值得她去关注，更不值得她投去一束目光。

每次到"胡辣汤王"，吴越总捡靠街边一角的那个位置落座。

久而久之，估摸着她快来时，大家就心照不宣特意空出这张小饭桌，恭候她的到来。即便是其它位置已满了，后来者哪怕是站或蹲着，也决不挤占这张餐桌。

偶尔，外地来的不知情者先吴越到了，见这张餐桌空着，心中暗喜且庆幸、并毫不客气地落座。

此时，周围知情者会不满地瞪着他，只是不说话。若这时恰恰看到吴越远远走来了，其中一个小伙子，会急步走到那个已占了座位、正忘乎所以大吃大喝的不知情者面前，不客气地大声喊道：快让座，快让座。

当正喝着胡辣汤的被呵斥者抬起头一脸迷茫不知所以时，这位叫喊的小伙子便瞪大了眼睛嚷道：让你起来，没听到吗？聋了还是哑了？这张饭桌早被人预订了，预订者马上来了。快让开！

被呵斥者嘴里含着一口胡辣汤、两个腮帮子鼓胀着，刚想咽下这口汤后争辩一下，却发现周围无数几乎一模一样满含愤怒瞪视着自己的目光，很快就判断出众怒难犯，还是忍一忍吧，只好灰溜溜地起身离开。

这时，另一个小伙子会十分麻利地抢过伙计肩头搭着的桌布，快步来到这张餐桌前，十分愉快、尽心尽力地将其实并不脏的餐桌，一丝不苟地擦拭一番儿。

这边刚擦完，那边吴越已到门口。一切都显得这么及时、紧凑、和谐。

吴越当然不知道在她进入"胡辣汤王"之前，这里围绕她发生的这些听起来有些天方夜谭般的故事。

吴越的到来，常使原本嘈杂且夹杂着粗俗骂声、叫喊声和此起彼伏喝胡辣汤的"呼喽"声，一下子给抹杀去不少分贝。这帮平日粗鲁的汉子们，仿佛突然间被武林高手点了穴般，举止文静、语言文明起来。这时，大家的嗓子似乎都罢工了，唯一忙碌的，就是一双双眼睛了。

当那帮天天叼着劣质烟卷、一刻不停地喷云吐雾的汉子们，突然有一天发现坐等胡辣汤的吴越厌恶地用她那双玉手挥舞着驱赶眼前的烟雾时，大家不约而同地将手中正燃着的烟卷扔到地上踩灭。长期以来"胡辣汤王"里浓烈呛人却又经久不息的烟雾，居然在吴越出现时，几乎消失得无影无踪了！

对吴越带来的种种美好变化，号称第二十七代"胡辣汤王"传人的王掌柜十分满意。谁不喜欢安安静静空气清新的环境呢？

大家根据各自观察总结出来的时间规律，若哪天吴越该出现时却由于某种原因没来，那整个中午食客们就都沉默不语。他们了无心情没滋没味慢吞吞地呷着胡辣汤，任凭那张小餐桌一直空着。与此同时，大家满怀期待地盯着那张饭桌，并在各

自脑海中，默默回忆那个丫头片子喝胡辣汤时的表情与神态。

这种场景，俨然是参加某个亲人的葬礼，而不是愉快的饮食行为。

几个性急的小伙子，则贼心不死地不时跨出门外，一遍又一遍地向姑娘惯常来的方向张望。

偶尔会听到某个食客的叹气声：唉，别张望了，没戏了。

这种时候，也是"胡辣汤王"的掌柜和伙计们最需要耐心、但即便如此也最受气之时。因为不时会有食客不满地叫道：掌柜的，今儿的胡辣汤烧煳了吧？掌柜的，汤太咸了！边上一位接着话茬说：不是咸了，是淡了！

甚至连那些平日总抱怨胡辣汤中肉不足的挑剔食客，此时也一反常态叫道：掌柜的，今儿哩胡辣汤放肉太多了，腻哩没法喝！

总之，左一个不是，右一个不是，而且全都是"胡辣汤王"的不是。

其实，自始至终，"胡辣汤王"的配料，都是严格按照秘不外宣的祖传配方，由传人深更半夜在密室亲自配制的。第二天一大早，伙计按配好的料，在掌柜指点下烧制。

这个配方，从一锅汤里加多少斤水、配多少瓢大骨高汤，到下多少斤猪肉、粉条、海带、豆腐、淀粉、胡椒面、辣椒面、食盐、葱花、醋、八角、桂皮、香叶、丁香、酱油等十数种配料，都是由传人一丝不苟亲自称好的。甚至连这些原料的进货渠道，都来自只有掌柜才知的那几个固定店家。这些负责供货的店家，是经过"胡辣汤王"几十代传人反复实践后，精挑细选并最终固定下来的。

在如此严格的操作程式下，每天的胡辣汤当然不会有太大差异，更何况每次出锅前，掌柜的都要亲口细细品尝一下，以免出啥差错砸了"胡辣汤王"的百年招牌。

因此，对于这些常来常往食客们一反常态的挑剔，掌柜的自然心明如镜，知道真实原因是啥。

但掌柜的毕竟是精明的生意人，从小耳濡目染上辈处理各种突发状况的手段，见识过各种各样的类似场面，也经由过更复杂的困难，知道如何处理各种棘手问题。类似这点儿闹剧般的小插曲，根本不在话下。

众怒难犯，生意要紧。想到这儿，掌柜的立即满面笑容往饭铺中央一站，一边忙不迭地给大家作揖打躬，一边道：今儿个真是对不住各位了。本来大家赏脸光临给我们'胡辣汤王'捧场，未料在下辜负了老少爷们的美意，辱没了先人英名。这样吧，我再亲手给烧一锅，免费让大家品尝。只要大家别忘了"胡辣汤王"的门向哪儿开，就够朋友了。如此可好？街坊爷们儿？

大家见掌柜的如此客气，就都有了台阶下。再说也真不是想给掌柜的过不去，街坊四邻乡里乡亲的，谁好继续找碴闹下去？于是，大家就回一句：好意领了，下次吧！

掌柜的就很坚决地表示，不收大家的钱了。

大伙却更加不好意思，也很坚决地放下各自应付的银钱，快快不快地离去了。

绝大多数希望见到吴越的汉子，并没啥恶意。就是觉得难得见到这种如年画上走下来一般好看的女子，如今既然碰上了，那就像一年一度过春节时才看一次新鲜年画一样，好好欣赏一番，满足正常人皆有的潜伏在心灵深处的爱美之心吧！仅此而已。

即便其中真有那么仨、俩个愣头青暗中跟踪过吴越，也没啥大恶意，不过想了解一下这个女孩儿的身份来历，满足一下好奇心。

当他们看到吴越经常进出乡村师范后，越发觉得这是个奇女子了。能够进学堂的女孩儿，当然不简单。而当他们进一步了解到，这个不知姓甚名谁的女子，还和城北香宅有世交之情后，越发不敢对她有非分之想了。

虽然此时已是民国，盛于前清的香宅早已失去巨大靠山，但数十年来从九品在人们心中积淀已久的威望，依然使大家不敢对这个老人有丝毫怠慢。非但如此，反而由于那个朝代的过去、时光的久远、从九品的高龄，人们对香宅和从九品，更多了一种神秘的敬畏和崇拜。

一种积淀已久的心理，就像失去控制依靠惯性狂奔不止的载重车辆一样，很难突然之间停止或改变方向。

沿袭过往的惯性生活和惯性思维，是华夏民族的一种习惯或文化。

啧啧，啧啧。似这等奇女子，也只有神秘的香宅能够孕育出来。大家这样胡乱猜想、议论着，非常自信各自的判断。

就这样，人们在不知不觉中，通过"胡辣汤王"这个大伙共同的"家"，无声地宠爱、娇惯着这个他们并不知其名姓来历的女子。

13

一天，国民党颍川县党部听到风声说，乡村师范学生吴越可能是共产党。县里闻风而动，准备在适当场合逮捕她。

考虑到目前全国学生运动风起云涌众怒难犯，不宜在学校行动，以免激起民变不好收场。就派人暗中观察吴越的行踪。结果发现她喜欢一个人到"胡辣汤王"去，于是决定在饭铺抓捕她。

饭铺的食客来自四面八方，是一帮临时走到一起去的乌合之众，相互之间也许面熟，但可能根本就不认识，不像读过书又相互认识的热血青年那样团结一心，这样，届时就不会有人帮她。

立功心切的县党部特务们，根本没料到吴越在"胡辣汤王"的巨大吸引力和无声感召力。

当同样装作前来喝胡辣汤的便衣们一拥而上将正喝胡辣汤的吴越围起来、并喝令她站起来跟他们走一趟时，那帮对吴越十分熟悉却又根本不认识的食客们，"呼啦"一下给便衣们来了一个反包围，然后愤怒地质问道：你们是哪儿冒出来的野种，敢欺负一个小姑娘？

看着人数远超过己方不知多少倍的年轻力壮食客们，便衣们刚开始还有些傲慢地反问：你们是她什么人，敢围攻县党部工作人员？

众人回答：啥县党部啊，肯定是冒牌货。根本就是欺负良家少女的流氓无赖。是不是觉得人家小姑娘长得漂亮，起了坏心眼儿？这我们可不答应。我们和这姑娘

啥关系也没有，只是路见不平拔刀相助。

你们这是妨碍公务。知道她是干啥的吗？她是扰乱社会秩序的共产党，是乱臣贼子！便衣们厉声呵斥道。

别给自己的臭流氓无赖行为找借口了。有这么年轻漂亮的共产党吗？以为我们是大老粗就想蒙我们？没门儿。谁不知道共产党是一帮青面獠牙恶魔妖怪一般的家伙呀。她是共产党？鬼才相信呢！一个食客这样说。

那你们想怎样？一个便衣问道。

有我们在就别想带走她！光天化日之下，不会让你们得逞的。识相的话，留下小姑娘赶快离开这里，否则我们就不客气了。一个小伙子道。

双方就这么僵持着。

三个便衣十分为难。众怒难犯是一方面。另一方面，他们确实没带任何可以证明自己是县党部人员的证件，一时也拿不出让人信服的证据证明这个美丽的姑娘就是共产党。也是活该，谁让我们国民党自己的报纸上，常把共产党描绘成青面獠牙的怪兽恶魔呢？怎么办？

还能怎么办，留下小姑娘离开吧。三个便衣相互对视一下，放开吴越，悻悻离去。

这边儿众人却不放心让吴越一个人返回学校了。其中一人提议道：干脆好事做到底，大家一起送姑娘回去算了。

于是，大家一起簇拥着吴越，向乡村师范走去。

浩浩荡荡的队伍走到通往学校的白衣巷时，有眼尖之人，果然看到仨便衣在巷口等着，便越发觉得护送吴越回校这一决定的英明正确。

此时此刻，每个汉子心中，都有一种英雄救美的悲壮豪情，因此越发不将鬼鬼祟祟的便衣放在眼里。大家挺直胸膛，把娇小美丽的吴越裹在核心，横眉怒目从三个便衣眼皮子底下走过去。

仨便衣莫名其妙一头雾水，心说：这帮家伙喝多了吧？咋平白无故都成吴越的兄弟了？

与壮怀激烈的汉子们相比，吴越的心情更加激动更不平静。群众的力量是伟大的，在人民群众面前，一切反动派都可以被打倒，只有将群众发动起来，革命才会成功。

讲得多好啊！吴越在心里这样对自己说。

当然，吴越也对老百姓对共产党的不正确认识感到难过、非常难过，共产党怎么是怪物呢？当时她真想大声告诉这帮可爱的乡亲：共产党不是你们想象的那样，看到了吗？我就是共产党。

幸亏她没真的这样做，否则，簇拥她的一定是那三个便衣，而不是这帮狭义之士了；她也不可能再回到学校来，而会被扭送到县党部位于县城西郊的高墙大院里去。

14

进入校园大门后，吴越对依然站在大门外注视着她的好汉们，侠客般抱拳表示感谢。

依然豪情万丈自以为干了一件有生以来重要事情的英雄好汉们中的一个，十分义气地对吴越喊道：姑娘，别害怕！从今儿起，我们接送你到"胡辣汤王"。

对此，吴越只能报以感激的微笑。

她已预感到，在革命成功以前，自己恐怕再也不能到"胡辣汤王"去了，甚至会很快离开龙脊古城。

果然，当天晚上，在周金石那间书房兼卧室内，当他得知白天发生在吴越身上的事情后，当机决定让她离开颍川，以读书的名义前往信阳继续开展革命工作。

第二天，乔装打扮出城的吴越，回到大陵与父母及哥哥道别，然后离开家乡，改名换姓到信阳去了。

那帮好汉中的几个，果然在第二天中午时分等在学校大门口，意欲护送吴越到"胡辣汤王"去。

结果是让他们失望的！

门卫告诉他们，吴越已离开龙脊，也许永远都不会回来了。

失望中的他们回到饭铺后，和等在那里的众人一起，狠狠地骂了几通那三个自称县党部便衣的流氓无赖。

一时群情激愤斗志昂扬如锅鼎沸，"胡辣汤王"内变成了批斗控诉大会场。似乎如果那三个人在场，一定会被撕成碎片、迅速下锅熬成胡辣汤喂狗一般热烈。

没了吴越的"胡辣汤王"，生意一下子清淡了不少，尤其是在吴越过去常出现的中午时分。

随着时间推移，虽然大家还会津津乐道于那个迷人的姑娘，但饭铺里的汉子们逐渐恢复了从前的粗鲁、率性、本真。一度清静了许久的"胡辣汤王"，还原了从前的嘈杂、喧闹、人声鼎沸和烟雾缭绕。

15

吴越出事前，她和上级党组织派来的同志，有时也在"胡辣汤王"接头。

一般是她独立前来，有时则和李氏兄弟中的一个联手共同完成。即使一起前来接头，俩人也不同时到达。

往往是李氏兄弟中的那位先到，随便捡一张空饭桌落座后，叫声：掌柜的，来碗胡辣汤。然后坐在那儿耐心等候。

这时，吴越进来了，并在她惯常使用的那张小饭桌旁落座。接着，她装作毫不经意似地抬头向整个饭铺一扫，眼光定格在李氏兄弟中的那位身上，并发出喜悦的惊呼：哎呀，这不是李同学吗？怎么，你也好喝胡辣汤？

李氏兄弟中的那位，同样表现得又惊又喜道：哟，是吴同学，巧了，你也好这口儿？

来吧，到我这桌来。我正囊中羞涩，需要一个人请客。吴越愉快地说。

哟，看来今天我必须得破费了。李氏兄弟中的那位，顺势来到吴越桌旁，同时冲柜台方向喊道：掌柜的，加一碗胡辣汤。

铁公鸡，一碗我可不够。吴越打趣道。

那就再来三碗？三碗不过冈。李氏兄弟之一，毫不示弱地和吴越耍贫嘴。

两人一唱一和间，周围吴越的崇拜者们，都齐刷刷盯着李氏兄弟之一，脸上分明写着"嫉妒"两个篆字。同时满肚子委屈地暗暗抱怨老天爷不公，并恨恨地想着，这个小白脸为何如此艳福不浅，竟能够成为她的同学？

食客们的嫉妒外加恨还未从他们脸上抹掉，这时，又一个即将被他们认为走了狗屎桃花运的小伙子，也满面春风地进来了。

小伙子头戴一顶礼帽，并不笔挺的西装上衣外面口袋里，插着一份折起来的英文报纸。他一进门就从左向右扫视着，似乎在寻找合适的座位。当扫到饭铺里唯一的女孩子吴越和李氏兄弟之一所在的座位时，不禁微微一笑道：哎哟，吴同学和李同学也在这儿呀？接着便自自然然走过去，毫不客气地坐在两人中间。吴、李中的一个，自然也回答配合得天衣无缝。

等"梁同学"落座后，李氏兄弟之一对他说：梁同学，看来今天得你请客了。谁让你穿西装呢？再说，你父亲那么富有，你又是独苗，你不请谁请？

"梁同学"就挺挺身子，俨然大亨般豪爽地说：没问题，我请就我请。

于是，周围默不作声地注视着这一切的吴越的众多崇拜者们，脸上又多了一组篆字：嫉妒。

这个穿西装的"梁同学"，就是上级派来的。此前，他根本不认识吴越和李氏兄弟，但他知道接头地点在龙脊古城著名的"胡辣汤王"，且对方是一男一女两个学生。

而吴越和李氏兄弟，事先已被告知来者是个西装革履头戴礼帽的年轻人，且其西装上衣口袋中插有一份英文报纸。

一切确认无误后，仨人开始喝胡辣汤，一边喝一边说一些周围食客们听得云里雾里不知所云的话：我父亲很高兴，我表哥过两天要来学校看我，他会带一些好吃的东西给我……这是只有三个当事者才明白的暗语。

离开饭馆时，吴越故意大声说：这样吧，今后我们轮流在这儿请客，怎么样？这是她为以后继续在此接头做铺垫、打伏笔。

"梁同学"响应道：好主意。等家里来人看我时，我一定带他们来品尝这里地道的胡辣汤。不过到时若我不在学校，只能麻烦二位请客作陪了。没意见吧？

你这个提议好。是应该让老家来人到这里品尝一下胡辣汤。李氏兄弟之一一边这样说着，一边突然想起了啥似地惊叫道：对了，我得到东大街"文宝斋"去买些宣纸，下午要用。你们二位先回吧，恕不奉陪。说完一拱手，先走了。

这边"梁同学"也突然拍一下自己脑门道：哎呀，多亏李同学提醒，老师要我到西大街"三绝"石印社去看看讲义印好没，差点儿给忘了。吴同学，你自己回去吧。

当只剩下吴越一人时，围观者脸上那两组篆字"嫉妒"，便突然消失得无影无踪了。

不过，吴越也很快离开"胡辣汤王"，独自一人向学校走去。

此时，李氏兄弟中的那个早已消失在东大街的人流之中，西去的梁同学也在熙熙攘攘的人丛里不见了踪影。

此后的接头以类似方式进行，只不过"梁同学"变成了他或李氏兄弟的不同家人，或称作"叔叔""伯伯"，或称作"舅舅""姨妈"等，不一而足。

16

在不长的学习和工作接触过程中，李氏兄弟中的老大李道明，对吴越产生了难以言说的男女之情，并很快害起了相思病。

有时，他会一个人跑到学校斜对面的小北海之西北角，在西下的夕阳中，面对那里的芦苇丛和学校大门口，口中呢喃着《诗经·国风·周南》中的《关雎》之类古老诗歌：

关关雎鸠，在河之洲。
窈窕淑女，君子好逑。
参差荇菜，左右流之。
窈窕淑女，寤寐求之。
求之不得，寤寐思服。
悠哉悠哉，辗转反侧。
参差荇菜，左右采之。
窈窕淑女，琴瑟友之。
参差荇菜，左右芼之。
窈窕淑女，钟鼓乐之。

他一边这样念叨时，一边脑海中一遍又一遍地滚动着他和吴越在一起追逐嬉笑、红袖添香、举案齐眉、相濡以沫、琴瑟和谐的美好画面。

这当然是他单相思的想象画面，而不是现实中存在的场景。

等吴越离开龙脊南下信阳后，李道明来小北海的次数更加频繁了，对吴越的思念也越加强烈了。只是此时，他面对小北海西北角洁白的芦花，触景生情、也很应景地低吟浅唱着《诗经·国风·秦风》中的《蒹葭》：

蒹葭苍苍，白露为霜。
所谓伊人，在水一方。
溯洄从之，道阻且长。
溯游从之，宛在水中央。
蒹葭萋萋，白露未晞。
所谓伊人，在水之湄。
溯洄从之，道阻且跻。
溯游从之，宛在水中坻。
蒹葭采采，白露未已。
所谓伊人，在水之涘。
溯洄从之，道阻且右。
溯游从之，宛在水中沚。

此时，他的脑海中满是吴越的倩影和一颦一笑；并万分不舍地想象着吴越此时的模样，她在干啥？她也想我吗？她还好吗？总之，吴越占据了李道明的全部身心和大脑。

也因此，当吴越被国民党颍川县党部怀疑并差点被捕、随之周金石决定吴越必须立即离开龙脊前往信阳学习并继续在那里开展工作时，李道明毫不犹豫地表达了反对意见。他认为县党部是在捕风捉影，他们没有任何真凭实据也因此不敢强行抓人，由此希望周金石同志让吴越同志继续留在龙脊工作。

为此，李道明还十分罕见非常激动地与他一向十分敬重的周金石校长吵了起来。

明察秋毫的过来人周金石，知道李道明说的确实也是实情，但他也早就观察出李道明对吴越浓烈的个人感情，知道他不愿吴越离开他。但讲究工作方式方法的周金石，还是平静地对李道明说：党内有争论是很正常的。既然我们二人相持不下，作为党小组长和支部书记，我提议，大家针对吴越同志之去留表决，请同意她到信阳去的同志举手。

于是，中共颍川县支部五名小组成员，除李道明外，其余四人包括周金石、谷子升、李向明和吴越本人，都举手表示赞成。

如此，李道明只好少数服从多数。

此时的吴越，并不知道李道明对她个人的那份特殊浓烈感情。

当她几年后终于得知这个内情时，颍川县最早那批中共党员之一的李道明，已英年早逝于一场莫名其妙的疾病。

这个噩耗连同李道明对吴越的特殊感情，她是从李道明的弟弟李向明那里得知的。

看出李道明对吴越个人特殊感情的，不仅是周金石一人。城府深邃阅历丰富的谷子升，同样看出了端倪，只是不点破而已。

就连李道明的弟弟李向明，也洞察了这点儿。实际上，弟弟对吴越浓浓的暗恋之情绝不亚于哥哥，只不过弟弟比哥哥更理性一些。弟弟认为哥哥在这件事情上过于自私了：怎么能拿吴越的生命做赌注呢？怎么能把个人的儿女情长凌驾于党的伟大事业之上呢？

为此，在吴越离开龙脊两天后，弟弟十分严肃地对哥哥提出了批评。

吴越的离开，确实使多情的李道明受到极大打击。以前积极上进热情似火的他，竟像换了一个人似的，整日无精打采、百无聊赖。

于是，忍无可忍的李向明向李道明开火了。

一天午饭后，弟弟将哥哥约到西南护城河堤一排垂柳下，十分严肃地对他说：李道明同志，我以一个共产党员的身份严肃提醒并正告你，赶快从个人小资产阶级的温情主义泥沼里爬出来、站起来，打起精神，积极投身到中国共产党的伟大事业中去。看你无精打采的样子，我真为你痛心、羞愧！希望你从明早起床后开始，彻底改掉颓废之态，再别这样下去了。你这种样子，根本就不是一个在为共产主义奋斗的勇士，倒像是一个满脑子充满低级趣味思想的旧知识分子。

弟弟一番话，果然使哥哥羞愧地低下了头，他不敢正视弟弟的眼睛。

此刻正是夏季午休时光，周围几乎不见任何其他人影。只有垂柳上的蝉儿，在不知疲倦地鸣叫着，像是李道明内心对吴越撕心裂肺般的思念和呼唤一样，让他烦躁不安、六神无主。

第二天，李道明果然打起了精神。

但看得出来，他是在强打精神，而不是完全忘却。事实上，也不可能忘却。即便如此，李向明依然十分满意他自己昨天中午的思想工作。

不过，当几年后李道明年纪轻轻却突然病逝时，李向明总觉得哥哥的死，与他那次面对面狠批有关。为此心中内疚不已，直至他本人也去世为止。

临终前，李道明留下诗作两首，算是对吴越和他自己人生的一个彻底交代：

长亭越饯日初红，一揖从兹马首东。
别后相思知何似，依依杨柳恋春风。
春日春郊送春旗，吞声不忍听歌骊。
殷勤怀酒留春色，何日春风再坐时。

又

别后风光不忍思，阳关曲尽欲分离。
儿童爱说捕蝗事，父老难忘驯稚时。
遗爱那堪寻旧梦，临歧暂驻选新诗。
柳遮征辔人遮道，愁绪纷纷勉自持。

当吴越读到这些诗时，俩人已天人永隔多时了。

后来，吴越和李向明一起前往龙脊古城南边郾城境内的化身台兴国寺，和以当地共产党员郭子轩等为代表的一批中州共产党员开会时，于会议中间的间歇期，在寺内那株硕大的银杏树下，默默地为英年早逝的李道明进行了有些佛教意味的祈祷和祝福。

高8.3米、东西宽180米、南北长130米的化身台，位于郾城西11千米处的龙城镇李湾村北。

化身台有个美丽传说，古碑记载：古时候有个美丽少妇，其夫长年戍守边关，她思夫心切常常朝暮登高台望之，久而立化为石，故名化身台。

化身台创基深远，八方位正，五行气和，四野拱而平，若立若陵，不圆不方，磊磊然。隋朝时，台上建了一座兴国寺. 后不断毁于兵火，历代而下，田革糜常，几度兴衰。继大唐开元元年重建后，明嘉靖年又重建，明万历二十四年再次重修立

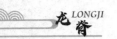

碑，并植银杏树一棵。现存天王殿，千手观音殿，大雄宝殿等正、偏殿共六座，客房、堂斋等二十七间，佛、菩萨雕塑40尊，彩绘装饰600平方米，围墙430米。

寺内那株银杏树，高7丈余，6人合抱。当地人说，这株白果树古、奇、灵。古是说它近千岁且主干腐朽中空，却依然盘根大地、枝繁叶茂、树姿挺拔、郁郁葱葱、华盖如茵。

奇则指两株银杏树连体而生，藤缠叶连，融为一体，成为象征忠贞爱情的连理树。更为神奇的是，树干中间又生出一棵枸树，如慈母怀抱婴儿，三棵树浓荫匝地、枝柯交错，呈现出一派和谐兴旺景象。

灵则是当地乡民相信，这棵树能预兆时运年景，它伸向哪个方向的枝条茂密，哪个方向就风调雨顺五谷丰登；谁家有了病人，来此烧香许愿，并捡拾一些银杏树叶回家熬汤喝，就会药到病除；更神奇的是，捡拾几片漂亮的银杏树叶，给自己逝去的亲人许个愿，并埋在泥土中，天国的亲人就会脱离苦海，早日步入极乐世界。

吴越就是在无意间听到这个"灵"的说法后，在会议休息间隙，一个人默默走到大银杏树下，挑选捡拾了几片金黄色的银杏树叶，默默地为已在天国多时的李道明，进行了发自肺腑的祷告和祝愿。后来，她将这几片树叶葬在龙脊古城的紫阳书院、即颍川乡村师范内。

吴越默默祈祷的这一幕，被她身后不远处的李向明偶然发现并一直看在眼里、记在心中。但此时的李向明，并不十分清楚吴越在做啥。

女孩子比同龄的男孩子更成熟、细腻、缜密。

书呆子李向明关注的，是化身台与孔老夫子之间的关系。

公元前496年，各诸侯国纷纷争雄称霸，孔子感觉自己"恢复礼乐制度"的政治抱负难以施展，遂带领颜回、子路、子贡和冉有等十余弟子，离开自己的"父母之邦"和礼仪之邦鲁国，开始了长达14年之久的周游列国生涯；其间颠沛流离、四处碰壁，被当地老农称为"丧家之犬"。

然而，在颍川郾城一带，老夫子和他的弟子们却受到热情接待，度过了一段美好时光。

公元前491年，孔子在从蔡至陈途中，突然听到楚国不再重用自己的消息。他百感交集浮想联翩，既不愿无功而返，又不知该往哪里去。正当他左右为难时，听土著说郾城西一所私塾办得不错。这对自30岁起便开始授徒讲学，打破"学在官府"、创设私学，如今却四面楚歌毫无着落的孔子来说，不亚于垂死病人突然打了一针强心针，精神很是为之一振。

经向当地土著进一步打听，原来办私塾的地方叫化身台。

传说很久以前，一对夫妻结婚不满三日，丈夫就应征去边关服役，从此杳无音信。其妻思夫心切，每日抱石垫于脚下，以望夫归。日复一日，年复一年，垫脚的石头垒成了高台，而她也从青丝少女变成了白发老妪，丈夫却仍然没有归来，思念、痛苦的她最终绝望而死。

从此这里就叫望夫台，也叫化身台。

再后来，有读书人在这里办起了私塾、传道授业。

一向推崇礼教的孔子，被此节妇的精神感动，毅然决定留下来传道讲学、宣扬自己的思想，进而实现政治抱负。

一向淳朴尚学的郾城名士，听说孔子及几位高徒到了这里，纷纷热情邀请他们到私塾讲学。

据说，孔子的许多"学而""为政"名句和做人道理，都是在这里讲授的。如"为政以德，譬如北辰，居其所而众星共之。""学而不思则罔，思而不学则殆。""人而无信，不知其可也。大车无輗，小车无軏，其何以行之哉？"

孔子讲得深入浅出，既有治国策略又有治学方法。方圆百余里的读书人，都争相来听他讲学，以至于把从私塾到县城15里之内的客店都住满了。也因此，私塾东面的村子，后来便改名为十五里店村，一直沿用至今。

孔子在此讲学百日离开后，有几个姓孔的学生不忍离开，就留在私塾里整理孔子的学说。

后来，他们在此娶妻生子繁衍后代，于是有了化身台寺南一千米处的孔庄。

隋唐时期，佛教在华夏大地极为兴盛。武则天统治时期，为从宗教上打击李唐，对佛教采取纵容态度，诏令佛教在道教之上；于是，全国各地广建庙宇、寺院。到大唐开元年间，唐玄宗推崇道教、抑制佛教发展，并下令削减全国的僧人和尼姑数量，还俗的僧尼达一万二千人之多。然后玄宗又下令，禁止再建新的寺庙、禁止铸造佛像、禁止传抄佛经、禁止和僧尼交往，佛教遭受重大打击。但就是在此艰困形势下，开元元年，当地官府还是出资在化身台寺建造了兴国寺。

原来，一向精通音律、善诗词书法的唐玄宗对孔子很尊崇，这在他写的《经鲁祭孔子而叹之》一诗中就可看出：

夫子何为者？栖栖一代中。

地犹邹氏邑，宅即鲁王宫。

叹凤嗟身否，伤麟泣道穷。

今看两楹奠，当与梦时同。

因此，当唐玄宗听说化身台准备为纪念孔子建造寺庙时，便予以特准。这在当时是独一无二的。

自此以后，每任县令到郾城后，都要先到化身台寺拜一下"至圣先师"孔夫子，同时祈求保佑当地风调雨顺、黎民平安。

1140年即南宋绍兴十年或金天眷三年，金兀术率大军进犯中原，岳飞把部队驻扎在郾城。为防止附近的化身台寺遭金兵破坏，岳飞还专门派一员副将保护化身台寺。后来，岳家军取得郾城大捷，并保全了化身台寺。

后来的200多年间，中原一带战火不断，化身台寺曾一度被毁。

明万历三十六年，当地官府又出资重修了化身台寺。此间，香客们又专门从外地移栽一株白果树到化身台寺内。从此，化身台寺名声远播，规模越来越大，最鼎盛时占地100多亩。后虽又屡经战火，但在当地政府和群众保护下，都得到了很好保护和修缮。

吴越和李向明离开化身台几年后，寺旁出现了一个叫"师长坟"的大墓冢。这就是抗战时期国军第 68 军 143 师、后来的 29 师师长李曾志，一个抗日英雄、民族功臣的长眠地。

1970 年代，有人在寺院下挖出陶鼎和陶壶。传说是孔子在此地讲学时用过的部分物件。

这是后话。

17

吴越到河南省立信阳师范学校去了。

如果说龙脊古城的乡村师范学校有其名无其实、仅仅相当于一所中学的话，那么信阳师范则是一所真正大学级别的学校了。

信阳师范是一所有共产党背景的学校。

1928 年秋，该校成立隶属中共信阳县委领导的二女师支部。从大革命时期直到抗战时期，二女师师生在党组织领导下，开展了大量革命活动，大批女青年从这里走上革命道路。

早在其前身汝阳道立女子师范时期，二女师就发生过对后来影响甚大的革命活动。

1923 年 4 月，信阳各界为争取旅大而召开国民大会后，道立女师学生及信中、第三师范等 20 多个团体举行游行示威，大家手执白旗，上书"勿忘国耻"，高呼"力雪国耻收回旅大""否认二十一条"等口号，严正表达了自己的诉求和立场。

1923 年夏，道立女师改为省立后，《向导》和《雨丝》等进步刊物便开始在学生中秘密传播。

1925 年"五卅"运动爆发后，二女师学生和信阳各界人士在火车站举行了声讨英、日帝国主义大会。6 月下旬，二女师又参加信阳各校学生成立的"上海五卅惨案信阳后援会"。她们积极开展募捐，短短一周就募捐到银圆三千多元，有力地支援了上海工人的罢工斗争。

1929 年信阳平民工厂罢工斗争开始后，女师党小组领导女生走向街头、刷写标语、集会演讲，支持工人的罢工斗争。

1931 年"九·一八"事变后，她们打着小旗到商店查封日货、上街演讲、到附近农村进行抗日宣传。

信阳师范坚实的革命基础和丰富斗争经验，是上级党组织通过周金石要求吴越前来学习、工作的原因之一。组织希望在这个近似革命圣地的地方，对吴越进行更多、更深入扎实的锤炼，以便她将来能承担更重要的革命任务。

1935 年 12 月，北平学生爆发"一二·九"爱国运动，已并入信阳师范一院的原二女师学生一起卧轨拦车，致使铁路交通中断一天一夜。

1937 年抗战爆发后，信师一院女生踊跃参加学校党组织的宣传队、歌咏队和壁报组，到郊乡宣传抗日。有的毅然投笔从戎，决然投奔解放区，彻底走上革命道路。

吴越有幸赶上并参加了这两次行动，"有幸"是吴越自己当时的认识。她觉得并完全相信，信阳师范的经历对提高她共产主义事业的修养和素质，有极为重要的促进作用。

那天吴越突然撞倒年幼的父亲、闯进香宅结识表姐，完全是个偶然。

她本计划过段时间等一切安定下来后，再到香宅拜访从九品。因她刚在信阳完成学业和革命工作，并受党组织指派，重返家乡龙脊开展地下工作。

不得不风风火火闯进香宅这天，她刚返回龙脊古城一个礼拜。此间她一直忙得不可开交，主要是熟悉、处理组织安排的各项秘密任务，并与上级先后派来的几个联系人在"胡辣汤王"碰面、交流等。

消失许久的吴越突然在"胡辣汤王"再次出现，成为古城一大新闻。那些本已逐渐将她淡忘的食客们，重新见到更加知性成熟、魅力四射的吴越，自然万分激动，并很有些奔走相告的意味。

吴越重现龙脊的消息传到国民党颍川县党部后，同样引起他们的高度重视。

不久前县党部得到消息，她曾在信阳参加卧轨拦车和反政府的抗日宣传活动，有更加明显的共产党嫌疑。有关情报还说，刚在信阳毕业的吴越，很可能已返回龙脊继续开展反政府活动。为此，上级要求县党部严密注意吴越之动向，一旦发现，即刻捉拿归案，以防患于未然。

接到上级命令的县党部不敢怠慢，立刻组织相关人员开展部署。考虑到吴越对胡辣汤的热衷程度、又离开龙脊如此长时间，重新品尝她最爱之美食的可能性极大，便特别在"胡辣汤王"加派了便衣。有些出乎意料的是，还真在这里等到了她。

只是没想到，她不但依然被大众欢迎、保护，而且身手更加敏捷了。在"胡辣汤王"众食客的保护下，刚到古城十字大街，她就悄悄从簇拥着她的一众人中溜了。

等便衣们发现时，她已跑到香宅东南侧的胡同口了。而等便衣们追到香宅大门口时，她却消失不见了。

此后几天，吴越又多次前来香宅。但大都是晚上。她总是一个人悄悄地来，吃完晚饭和表姐聊上一阵儿后，又一个人悄悄地去。行踪颇为神秘。

这也是没办法的事情。自她从信阳回到龙脊、并再次引起县党部密切关注后，便不得不转入地下工作，并彻底与"胡辣汤王"绝缘。

表姐从吴越神秘的行踪中隐约意识到，这个丫头极可能是一个从事地下工作的共产党。这虽未引起表姐的反感，但还是暗暗为她捏着一把汗。

表姐的母校金陵女子文理学院，和吴越就读的信阳师范背景完全不同。前者是美国教会气氛很浓的学校，虽未明文反对女孩们卷入复杂的政治斗争，但确实不鼓励她们从事与政治和党派有关的事务，而是鼓励大家用爱心去呵护世界上所有人，尤其是那些受苦受难的人们，最终达到让世界充满爱的美好结果。后者则完全相反，积极鼓励女孩子献身伟大的共产主义事业。

所以，当后来吴越圆滑、婉转地暗示并动员表姐加入她们的共产主义事业、反对国民党腐败统治时。表姐也真心地用基督教那一套，规劝吴越回归女孩儿自然质

朴的真我、远离政治派别。

吴越是在得知表姐先生的真实身份后，才灵机一动试图策反表姐的。她十分清楚，一旦策反成功的话，对共产党极有价值。

那时共产党还没有自己的飞行员，更对飞虎队的行动一无所知。尽管这些机会和情报都很重要，却始终不得其门而入。现在机会来了，且就在吴越眼前，不试试会是极大的遗憾。

吴越无法理解教会的事情，就像表姐无法理解共产党从事的打打杀杀血流满地的残酷革命一样。

俩人算是打个平手，谁也说服不了谁。

于是就各自退让一步，回到原来未触及各自信仰时的"三八线"附近：忘掉政治，抛却信仰，只谈淳朴的姐妹情谊和老辈之间的通家之好。

在表姐快要离开香宅和龙脊古城、准备跟随丈夫南下时，吴越却再也没了踪影。

表姐很是遗憾。她本想和这个可爱的姑娘当面道个别，却没有任何办法联系上这个神龙见首不见尾的姑娘。

但就在表姐要离开龙脊古城和香宅的前一天晚上，终于有惊人消息传到香宅：吴越死了！死在她生前热情讴歌、积极追随共产主义理想的自己人手中。

为此，表姐悲不自胜，赋诗《一见永别》一首以示纪念：

> 莫言绛帐耻笙歌，翠辇羽林又若何。
> 台下旌旗晴日尽，林间钟声暮烟多。
> 断岗流水悲花落，独树斜阳看鸟过。
> 几许升沉窥往事，都归岁月一消磨。

18

吴越被自己人误杀前，还参与组织了县大队对县境内日伪大陵乡公所的袭击，活捉了日伪副镇长张自权及全体镇公所人员，缴获长短枪32支。

刚开始大家都不同意她去，因为看着她白白净净细皮嫩肉的样子，担心她不但帮不上忙，还可能会成为累赘。

结果却让大家对她刮目相看。

她不但没有成为累赘，反而凭借她对这一代地形、村庄等的极为熟悉，帮了极大的忙。尤其是她对这一带累累坟墓的熟悉，让县大队得以在发起攻击前，能够悄悄隐藏在坟头林立的墓冢之间，躲过日伪耳目的注意。

在一个一马平川缺山少石的地方，大片大片的家族墓地和累累坟丘，成为军事行动的最好隐身之所。

而在少女时代就时常在这些数百年之久的家族墓地中穿行、静静读书的吴越，对这里的一切都了如指掌、熟悉得很。

时为1945年春。

第六章　九　死

1

父亲的保护神表姐离开龙脊后，奶奶和病中的爷爷，被迫带着年幼的父亲搬到小龙脊居住去了。试图远离香宅内部错综复杂的是非，远离表面繁华、实则危机四伏的豪门迫害与危险，获得更多的宁静与平和。

事实很快证明，这种拉开不大距离的逃避措施，仅仅是当事人一方的心理安慰而已。

只要理论上父亲名下的田产还在他名下，只要他还拥有"半拉天"的外号，只要他还活着，就不会获得安宁或安全。不管他是在大龙脊的香宅，还是在小龙脊的小香宅。

大、小龙脊之间的那点儿空间距离，根本就不是啥保障、更不是安全距离。即便在那个原始落后、以牛马为主要交通工具的社会环境下，也不是啥安全线。

刚搬到小龙脊后不久的一个秋末夜晚，小香宅四合院的木制大门突然被"咚咚咚"地擂响，响声在秋夜的寂静里震耳欲聋并因此让人惊心动魄。

奶奶感到事情不妙，立即让年幼的父亲钻进东屋床底下的谷糠堆中，然后迈着三寸小脚，战战兢兢地将其中一扇大门打开。

来者是仨手拿长枪、枪头位置佩有明晃晃亮瞎人眼的刺刀的年轻男子。明亮的刺刀在灯笼光芒照耀下越加刺目，这让奶奶紧张的心更急速地跳动着，不可遏止。

奶奶不认识这个三人组，但他们的装扮，使她一下子想到"土匪"这两个字。

来人正是三个接活儿的土匪，他们的目标，就是外号"半拉天"的年幼父亲。

奶奶告诉他们：儿子不在家，到他嫁到大陵镇的姐姐家走亲戚去了。

土匪们不相信，他们显然有备而来。确切地说，是雇佣他们来杀父亲之人，刚刚言之凿凿地告诉他们，父亲今天肯定在小龙脊的家中，这天是动手的好日子。

雇佣土匪者，显然时刻紧盯着父亲的动向。他也不希望土匪白跑一趟，因为土匪每出动一次，就意味着更多的成本。

雇凶者是正确的，父亲确实在家。此刻他正瑟瑟发抖地在床底下那堆细小柔软的谷糠中不解地思索着，自己为何如此被人惦记、如此受人欢迎？连这些土匪也来找寻他？以父亲当时的年纪和童年之无辜单纯，他当然无法理解正在发生的一切。

但无论理解与否，武装到牙齿的土匪们已经找上门来了。

不相信父亲不在家的土匪，开始到处翻找。小四合院里里外外的各个角落、每个房间，统统都不放过，包括父亲藏身的那间低矮草房。

土匪进入东厢房后，自然不会放过床底下那堆谷糠。在当时以及此前和以后相当长一段时期内，人人都具备的一个本能反应是，情急之下钻床底，这似乎是最便捷的一个选项。这点儿知识，土匪们也是具备的。因而父亲的藏身之地，根本就不是啥秘密。当然，此时此刻，土匪们并不肯定那堆谷糠中一定藏着父亲，一切都还是猜测。

可以肯定的是，土匪不会放过任何可能。他们也珍惜自己的信誉，所谓匪也有道。

其中一个土匪，两手牢牢握住长枪的把手，当着紧张得心脏快要跳出来的奶奶之面，双腿跪在泥土地上，用刺刀朝谷糠里来回不停地戳着；还不时变换着刺入的方向、角度和位置，唯恐漏过任何角落！

土匪每奋力地一刺，都像是戳向奶奶自己的心脏，而不是刺向父亲。她当时觉得，自己的宝贝儿子，今夜肯定难逃一死了。

而此时的父亲，已不知不觉醺然入睡了。

小孩子瞌睡大。时已午夜，加上谷糠的温暖和柔软，使父亲在土匪进入这个房间前，就已进入甜蜜梦乡了。也因此，他丝毫未料到自己马上要面临的生命危险。当奶奶紧张得要昏死过去时，父亲却睡着了，在刺刀一下接一下连续不断地刺向他所藏身的那堆谷糠的危急关头。

童年真是无忧无虑，孩子就是心大胆肥，初生牛犊确实不怕虎！

这就是此刻父亲的状态。无知者无畏。因为不知道生死的确切含意和滋味，所以父亲并不十分害怕，尽管此前也很紧张。

孩子就是孩子。

土匪们终于心满意足地走了，他们可以向自己的客户交差了。因为他们确实已尽心尽力搜遍了这个不大四合院中的每一寸土地，甚至动了刀枪。他们觉得，如此严肃认真的敬业态度，足以对得起雇主那五斗小麦了。无奈孩子不在家，这是谁也没有办法的事情。

此时，他们已确信奶奶没有说谎，孩子到他姐家走亲戚去了，客户的情报不准确；换言之，问题出在客户那里，而不是他们这些被雇佣者这里。

急匆匆关住并拴上大门的奶奶，再次扭动小脚，迈着碎步喘着气走进东屋，扒开床底下的谷糠，将她儿子拖出来。她那仍然醺睡着的儿子，身体软软地一动也不动，这让奶奶以为他已被土匪刺死了。想到这里，奶奶急得大哭起来。

醺睡中的父亲，突然被奶奶的哭声惊醒。从睡梦中醒来的父亲，先是发愣地看着奶奶，继而本能地用稚嫩的小手，抚摸着奶奶脸颊上的泪水。

父亲这一动作，使奶奶再次受到惊吓，她的哭声也因此戛然而止。看着同样瞪着一双大眼迷惑地盯着自己的儿子，奶奶意识到父亲还活着，于是赶紧摸遍父亲全身、一遍又一遍地。她在检查刀伤和血迹。

奶奶很快就发现，父亲周身干爽完好无损。这使她大吃一惊，儿子竟毫发无损完好如初！

是的，父亲确实完好无损。那把反反复复对着他捅了无数遍的刺刀，仿佛长了天眼一般，刻意避开了他的身体，而是刺向他小小身体上、下、左、右周围的谷糠之中。

父亲再次万幸脱险！

无论是目睹全过程的奶奶，还是后来知道这件事情的从九品、病中的爷爷等家人，其中包括追杀爷爷的那些家人，和大、小龙脊的朋友、熟人等，都觉得不可思议、答案也是终生无解。谁也搞不清，年幼的父亲是如何全身而退的、奇迹是如何发生的？

很多年后当我听说这件事时，也同样迷惑不解。这不是电影、电视剧、小说等文艺作品虚构的情节，而是实实在在发生过的事件。一个年幼无知的儿童，是如何游走在尖锐的刺刀边缘、却最终安然无恙的呢？

奶奶则毫不犹豫地将这一结果，归功于老天爷的保佑。

在那个科学技术非常落后的年代，一切人类无法解释的现象，最后都会归功于老天爷。

为此，第二天一大早，奶奶就抱着早已准备好的香烛、贡品和淡黄色的绵软纸钱，到小龙脊中心那座古老庙宇中，去顶礼膜拜跪谢老天爷去了。拜谢过程中，奶奶嘴里不停念叨着，一副感激涕零心悦诚服的虔诚模样。

两天后，经过更为充分的准备，奶奶坐着一辆牛拉车，前往龙脊古城南界的杨爷庙，去烧香膜拜谢恩去了。她用更为丰盛的贡品和更为慷慨的纸钱，去表示自己的衷心感谢去了，五体投地地感谢杨爷保佑她儿子大难不死。

杨爷是南宋岳飞手下大将、大宋统制杨再兴。杨统制在小商河战死后，龙脊乡民感于他的英勇无畏，特地在他墓旁建庙纪念，并称他杨爷。这里的"爷"，自然是尊称。

当地百姓有任何疑难杂问，便常到杨爷庙去焚香祷告。那里因此香火旺盛，并带动了周围小商业之大发展。

近千年来，杨爷庙所在地的小商河一带，商贾云集、游人如织，成为颍川古郡一大景点及好去处。

2

世上没有不透风的墙。要想人不知，除非己莫为。

不久，有小道消息传来：雇凶杀人的，是爷爷一个侄子的小舅子。

小舅子家住在小龙脊南边的霍营，他天天念着、有时会情不自禁走进农田地里，静静地注视着父亲名下的千亩沃野，越看越眼热、越上火，内心剧烈地翻腾着。

如此这般魔怔似地无数次上火，后来彻底走火入魔，并急于搞到一些土地归于他自己名下。于是暗中联络当地土匪，一边又割他身上肉般咬着牙拿出五斗小麦，恭恭敬敬地送给土匪，请求出手相助。

不料尽管虑得周密、做得干脆，可惜未大功告成。

当父亲安然无恙的消息传到他耳中后，吃惊之余，他觉得土匪未尽心尽力，走过程把他当猴儿耍了。他根本就不相信，仨年轻力壮的土匪，若真尽职尽责的话，会斗不过一个妇女和孩子、外加一个卧病在床自身难保的病人。他也迷信也相信命运天道，但决不相信一堆儿没有生命力的谷糠，能力保孩子安然无恙。

谷糠，是谷子脱粒变成黄澄澄小米过程中产生的副产品，是小米的衣服。其在不同历史条件下，所起的作用是很不一样的。

灾荒饥馑之年，谷糠是不可多得的食物。所谓吃糠咽菜中的"糠"，就是谷糠。此时的谷糠，是比树叶、树皮、观音土等好得多的食材。风调雨顺五谷丰登之年，谷糠则成为家禽、家畜的重要饲料。日常生活中，谷糠被贫穷百姓用作枕芯、褥子甚至被子，说是败火有益健康。颍川一带，还多有将谷糠当原料，去酿制食用醋的。

谷糠还是不可多得的取暖材料。位于黄河以南的龙脊，冬天室内酷冷，却没有暖气，也缺乏中国北方常见的大土炕，室内取暖主要借助烤火。而生火的材料，就是各种庄稼之根系、茎秆和粮食外壳，谷糠则是其中最理想者。燃起来的谷糠，几乎不产生任何烟尘，也少见火苗。就是那种不温不火的幽幽暗火，就像更昂贵、绝大多数百姓却用不起的焦炭一样，在不急不缓地静静燃烧着。无数小小的谷糠颗粒，在漫长而寒冷的冬夜，默默地散发出绵长悠远的温暖，让无数下层百姓挨过冬季的严寒。

由于以上众多重要功用，龙脊土著都会将谷糠珍藏在干燥的室内，尤其是闲置的床底下，以便冬天或饥馑之年随时取用。谷糠是不能储藏在室外的，任何霜、雨、雪、雹等，都会使它很快发霉腐烂。当然，发霉变质后的谷糠，还可用作肥料，一种真正的有机肥。

只有多灾多难、常年饱受饥寒交迫的华夏黎民，才将这块土地上出产的万物，利用到如此极致的地步，一点儿也不敢浪费。

对他们来说，土地上产出的任何东西，都是十分重要的保命收获，没有一点儿是多余或无用的。

3

失去五斗麦子却未达目的的小舅子，开始频频催促土匪采取第二次行动了。

为此，他不停地穿梭在霍营和北边坡地里的土匪窝之间，骑着一头慢悠悠的老黄牛。

心情不是很好的他，一边骑在牛背上俯视着路人，自然也会不时眼热地瞅瞅道路两旁父亲名下的大片良田，一边又不停地骂老牛的不紧不慢。

老黄牛无法理解主人焦躁的心情，即便理解也快不起来。黄牛不是马、更不是快马，加鞭子抽也没用。它的能力天生如此，无法以主人的意志为转移！

这使小舅子的心情极度恶劣，脸色也因此一直阴沉着十分难看。

当然，在土匪面前，他却不得不黑着脸拼命挤出些许笑容，毕竟有求于人家。

等第十次从土匪那里回来时，他明显感到轻松了不少，也高兴了很多。

土匪被他缠得快烦死了，便答应他三日内再度出手。

于是他开颜了。

高兴了的他在进村路上，遇见和他同村同宗且在五服之内的保长霍铎。

这不是和他同岁的霍铎，第一次碰到他去找土匪。身为保长的霍铎，常在霍营及包括小龙脊在内的邻村转悠，这是他的职责。与此同时，保长霍铎的消息也十分灵通，时不时会有人向他通报各种半真半假真真假假也真也假的小道消息。

保长毕竟是最基层的政府官员，三教九流无所不交，红道白道黑道道道都有几个朋友。这是基层官员的当官之道和生存之道，否则他会干不长。而霍铎，已经在这个职位上屹立不倒了很多很多年。如此，你就可以想象他在这一带如何左右逢源八面玲珑吃得开了，如何盘根错节广交朋友了。

霍铎早就听说，这个远房兄弟一直在千方百计绞尽脑汁地夺取香宅父亲名下的田产，甚至为此不惜撕下脸皮动杀机密土匪。土匪半夜三更闯进小香宅，用刺刀在谷糠中搜索父亲、父亲却大难不死的消息，他也第一时间听说了。听到这个故事后，粗通命理精通针灸的霍铎，觉得父亲必定大难不死，老天爷明显在罩着这个孩子。既然老天爷都不遗余力地保佑父亲，那他霍铎就应该和老天爷站在一起，顺天理识时务，尽量帮帮父亲。霍铎这样想。

这是个善于思考、遇事深思熟虑，自己虽然没有读过很多书，却深信华夏传统文化，尤其是民间因果报应、天道轮回理论的传统中国人。

看着远房兄弟喜滋滋的面色，再想想几天前骑着黄牛面色发黑的他，霍铎感觉土匪大概又要出手了。很快，霍铎土匪圈的朋友便传来具体消息：三、两天内，将再次对从九品的小孙子下毒手。

决心和老天爷站在一起的霍铎，很快将此消息通知和他女儿结了娃娃亲的后小龙脊赵吉家，并嘱咐这个未来的亲家，赶快向小香宅透露一下，以预做准备。

赵吉即刻让他大儿子赵大，向奶奶传递了相关消息。比父亲大五岁的赵大，就是霍铎未来的女婿。

得信后奶奶大为紧张，并不得不独立思谋对策。考虑到从九品的年岁和病中爷爷的身体状况，奶奶没将这件事告诉他们，免得他们白白担心、身体也吃不消，却于事无补。有了前几次历险的经历，尤其是父亲在谷糠中被刺刀扎来戳去却安然无恙的惊人结果，奶奶觉得老天爷是站在弱者这边的，上苍必会保佑她的儿子安然无恙。尽管如此，充分准备和躲藏还是必需的。

时为盛夏，天气十分闷热。

奶奶不敢再让父亲在家中过夜了。夜幕降临后，她让父亲悄悄藏在附近的庄稼地里，去和蚊子等昆虫为伍。

一个懵懂儿童，孤身一人躲藏在暗夜中荒郊野外的青纱帐里，与看得见的生物和看不见的鬼魅为伍。父亲的胆量，就是这样在一次又一次被无端追杀过程中锻炼出来的。

第一个晚上，父亲躲藏在玉米地里，在惴惴不安之中，度过了一个漫长的夜晚。

还好，一切都安然无恙。

这天晚上，土匪没有出动。

土匪们上次铩羽而归没有功劳，觉得坏了自己名声，很是不爽。因为名声就是金钱，或至少是好吃的白面之母小麦。为此，他们这次充分准备，争取一举成功，维护良好的商业信誉。

龙脊一带的土匪，和大山里的土匪还是有明显区别的。

山里的土匪，多从事拦路抢劫、打家劫舍之类的勾当。而龙脊一带的土匪，多承接杀人之勾当。他们往往受所谓仇家之托，为仇家排忧解难，追杀仇家的所谓仇家。

平原地区没有金、银等矿，却多旱涝蝗灾饥馑之年。家里有黄、白货等财宝者极少，而粮食是当时重中之重。所以土匪一般收取最好的吃食儿小麦，作为出力的酬劳。小麦用石碾碾过，再用筛子和箩细细筛过后，就是细米白面，龙脊一带最好的食材了。细米白面可以擀成待客的上等面条，或蒸成喧腾白净的大馒头，甚或用三条腿的铁鏊子，烙成香喷喷油汪汪的大葱油饼等龙脊一带最好的吃食儿。

一般人家，一年也未必能吃上一两次捞面条。而土匪生意好的话，三天两头吃一次捞面条也不是啥难事。

既然有如此好的营生，不少好吃懒做，尤其是那些缺父少母无依无靠、上无片瓦下无立锥之地的光棍汉们，就十分愿意加入土匪这一行当。

土匪的买卖几乎是无本生意，一年四季随时可以开张。不用担心是否风调雨顺、天干地旱、蝗虫冰雹之类的天灾，是旱涝保收的全天候生意。更何况政府也拿土匪没办法，实际上是束手无策。

在此情况下，土匪们就是生存在有政府状态下的自由王国里。

所以，当时土匪十分盛行且猖獗。

这是一个因天时地利人和，联袂造就了土匪们黄金时代的岁月。

可惜他们几乎全都目不识丁。否则，他们中的某个文人，完全可以写一本《我们土匪的黄金岁月》之类的报告文学，来记述一个特定群体在特殊年代的特殊生活历程。说不定会是一本难得的畅销书。

4

土匪们这次准备来个大规模的突然袭击，攻其不备，出其不意。

兵法并不神秘。是人们在长期社会实践中，慢慢摸索总结出来的，实践出真知。

从这种意义上讲，兵法也可以叫匪法、商法、人法、猎法，等等，取决于哪个行当去使用它。

不同行当在行为方式上是有共性的。就如本来源自战争的《孙子兵法》，早已用于商业操作一样。但这并不表示，这些方法在商界的使用，一定比其在战争中的应用来得晚。而可能仅仅是因为，商界没人及时总结归纳写出一本《孙子商法》之类的书而已。因为显然，人类的商业行为，要远远早于军事活动。

同样，土匪的出现也可能早于正规的军事行动。现实生活中，小规模的土匪活动要比战争来得频繁而密集，而且二者在实践上有很多相似性甚至一致性。但同样因匪中无文人、缺乏识文断字能静下心去慢慢总结的"文匪",而最终成全《孙子兵法》的最先出现。否则,取而代之的会是《绿林之法》或《荒野生存法》之类的东西了。

书写传世之作,不但需要文化知识,还需要足够的定力和稳定的生存环境。而这些先决条件,土匪们基本是不具备的。他们那种打一枪换个地方、今朝有酒今朝醉明天没酒喝凉水、提着脑袋过日子的动荡生活,不具备书写传世作品所需的客观条件。

不过,这并不影响他们在开展行动时,采用和兵界类似甚至毫无二致的战略战术。

除了强调行动的突然性,这次土匪们也加强了搜寻力量,甚至不惜采取人海战术。反正闲着也是闲着,不如干脆倾巢而出,活动活动筋骨是十分必要的,权当日常训练了。

在匪巢里闲着没事儿干,除了打架斗殴窝里反、耗子扛枪窝里横,就是长一身懒肉肥膘了。这绝不是啥好事,对土匪的革命事业和未来发展,尤其不利。

当然,采用人海战术,也是为了吸取上次失败的教训。

一切都看似在劫难逃了。

力量对比实在太悬殊了。

一方是精心准备磨刀霍霍子弹上膛武装到牙齿的一帮年轻力壮土匪们,另一方是近乎孤儿寡母老的老小的小病的病。

奶奶所能指望的,只能是看不见也摸不着的老天爷了。为此,她每天一大早就到小龙脊那座庙中烧香拜佛,也常盯着那株大槐树十分虔诚地出神、遥望、联想。

奶奶一直觉得,法力无边的老天爷,就住在这棵千岁槐最高处的那个粗大枝杈上,俯视并保护着这块土地上包括父亲和小香宅所有人在内的芸芸众生。

大槐树那个最高枝杈上,有浓密的枝叶,密密麻麻的椭圆形树叶,聚在一起便碧绿得有些发黑、发暗。逆光从下向上望,无法看清发绿树叶的本色,反而一片乌黑。而在这团乌黑之中,刺目的太阳光线,像一根根笔直的金丝或金柱,自上而下穿透乌黑直插地面。

奶奶觉得,这耀眼的金柱或金丝,就是老天爷的如炬目光。他在时刻关注着人间疾苦,随时准备出手,救助众生脱离险境与苦海。

没有太阳的刮风下雨阴郁降雪天,是老天爷休息去了。一年还有春、夏、秋、冬四季之变化,冬天土地还有休养生息之时,人也要日出而作日落而息,老天爷当然也需要歇歇。奶奶这样想并由衷地坚信。

为此,奶奶到庙里去烧香拜佛时,一定要事先看看天气状况,也一定会挑选艳阳高照阳光灿烂的日子。

刮风下雨阴云降雪天她是不会去的,因为那会打扰老天爷休息。这种事情奶奶是不会干、不敢干、更不想干的。

5

第二天晚上,奶奶让父亲藏在小龙脊东边一块儿倭瓜地里。

父亲告诉奶奶，昨晚玉米地里蚊虫太多，咬得实在受不了。

奶奶也注意到父亲身上密密麻麻的红包肿块，心疼得不行，但又没更好办法。内心只好像海水与火焰般煎熬着，却无计可施。

小龙脊东侧那片田地，种满各种瓜果蔬菜，其间还零星生长着杏、枣、桐、桑、榆等树木。在其中一棵杏树旁，有一眼靠双手和原始工具挖掘而成、横断面呈长方形的水井。水井不深，在井口就可看到镜子般明亮的水面。

初夏时，水面上常飘浮着杏子，那是从井口旁那株杏树上自然坠落的果实。金黄色的杏子，在井水表面微微荡漾着，成为黑黢黢水井中唯一的星星点点亮色，很随意又颇写意的一笔。

盛夏时，乡民会将一些鲜肉放进篮子里用绳子吊着，悬挂在井水上方不远处，利用夏季水井里冰凉的气温，保持肉质的新鲜与长久。龙脊古城南街的阁老洞，也是如此来的。寒冬时，大家愿意用刚提上来的温井水，洗脸清洁。

室外水井中，总是冬暖夏凉，颇体贴人。

父亲就仰面躺在水井边不远处那块儿倭瓜田里，头枕一个中间凹陷的长葫芦状倭瓜，透过肥大厚实的倭瓜叶间空隙，仰望明净的星空，数着那些不知名的星星。一边想象并猜测着奶奶说的那位可以保佑他的老天爷究竟是哪颗星星？一边又有些疑问地想，老天爷真的能保护自己吗？

这样想着时，父亲会看到一些昆虫在眼前飞过，在明净浩瀚的夜空背景下，小昆虫不过是一个个小黑点儿而已，孤零零的，似乎不知归家何处。这让父亲觉得很伤感，眼里也因此含满了泪水。

午夜时分，瓜田附近窄窄的弯弯曲曲泥土小路上，传来几个人的脚步声，伴着时高时低的说话声。

这让刚刚还有些难过、进而有些睡意的父亲，一下子精神起来。他根据奶奶的千叮咛万嘱咐，猜想这些人应该就是正寻找他的土匪。于是屏住呼吸，继续一动不动躺在那里，两耳静静地吸纳着土匪的动静。

几个土匪刚仔细搜查过小香宅。

他们这次进去，没像上次那样事先擂响大门，而是采取搭人墙叠罗汉的古老方式，悄悄翻墙越院而入，这样奶奶便没有任何准备的机会。

在仔细搜查了东、西配房，尤其是东配房床下那堆谷糠、并制造一片狼藉后，才敲响奶奶居住的坐北朝南的正房，并滴水不漏地搜罗一遍，却一无所获。

奶奶告诉他们：儿子不在家，到大陵店他姐姐家走亲戚去了。

大陵店有寨河，出入路口有木栅栏门。每到晚上，栅栏门会被锁死，巡夜者不时在街上巡视、检查。大陵店还有自卫队，自卫队由镇上的年轻人组成。往往是一声锣响，大家就集合起来，驱逐任何可能入侵者、保护寨子的安全。

土匪也划分各自的势力范围。像大陵店这种历史悠久的大寨子大肥肉，自然是由人多势众的大股土匪们"承包"，不归在小龙脊执行任务的这帮小股土匪们管辖。无端侵入他人领地，会被其他土匪们联合灭掉，各行当都有自己的规矩。

小龙脊这帮土匪，是不敢贸然到大陵镇去寻找父亲的。

不甘心的土匪，只好到菜地碰运气来了，看看父亲是否藏在这里。

另外，他们也想看看，菜地水井中是否悬挂有鲜肉之类，是否可以来个顺手牵羊、补充点儿荤腥。

大失所望后，这伙土匪的头目，站在井台上发出了指令：以井口为中心，每俩人为一组，向东、西、南、北、东南、西南、西北、东北八个方向依次搜索；返回井口时，不要重复出发时的路线。

土匪们依令出发了，那组向东北方搜索的土匪，不久就来到父亲的藏身之地。

父亲紧张得心脏都快要跳出来了，大气也不敢喘一口。

土匪没有任何照明设备，连山区土匪常用的松明火把也没有。只因这个大平原，没有山区随处可见的松柏。没有照明设施的土匪，全靠脚的感觉来判断是否有东西藏在下面。

刚从井口出发不久，土匪们纷纷觉得自己脚下发现了东西。惊喜之余，才发现是大小不一的倭瓜们，于是嘴里骂骂咧咧着继续向前搜索。

当向东北方行进的俩土匪中的那个小瘦子，踩到父亲头枕的那只倭瓜的一端、并蹭到父亲左耳时，这个土匪凭感觉判断这又是一只倭瓜，就没太在意，骂了一句脏话后便悻悻离去。父亲却几乎吓昏过去，以为他已被发现。

土匪这次行动，动用了五十余人。这五十余众，分为三个小组，每组十七、八个不等。一组在村内转悠、寻找可疑人、挨家挨户查看，二组搜查小香宅及附近菜地，三组在四个芦苇塘中搜寻。其中第二组，已无限接近父亲的藏身之地！

<h1 style="text-align:center">6</h1>

盛夏，芦苇正不知疲倦地茂盛生长着。

虽然晚上看不见它们的碧绿，但可以闻到它们散发出的淡淡清香，听到长长的叶子在微风中因相互碰撞而发出的"沙沙沙"声响。

芦苇顶上稚嫩的芦花轻轻拂在脸上，如婴孩柔软的小手，让人痒酥酥的十分惬意。不过，生涩的芦苇叶刺在身上，却会产生钝刀割肉般的疼痛。

夏季芦苇塘中盛满浑黄的水体，那是积攒了半夏的雨水。

从太空中巡游回来的水珠们，机缘巧合因缘际会，降临汇聚到小龙脊。在将这个小村子洗涤一遍又一遍后，在自身重力作用下，汇聚到地势相对低洼的四个芦苇塘中。

经过一夏蒸发后，部分雨水再次升腾进入太空，随云朵飘向不知何处，然后再次降临也不知哪块儿土地上去。另有部分雨水渗入地下，永驻小龙脊。它们或成为井水，滋润、养育这块土地上的苍生，或直接被包括芦苇在内的植物们汲取，造就碧绿养眼的宜人世界和香甜果实，维持无数生命的蓬勃发展和传宗接代。

如此循环往复以致无穷，人生也大抵如此。

土匪们当然不会意识到这些，也不关心自然界万事万物之间相互关联相互依存的关系，他们关注的是眼前的利益和手头的任务。

此刻，他们中的一部分近二十个人，正在这个陌生村庄的一个芦苇塘中，蹚着深浅不一的浑水，在清香的芦苇丛中，认真搜索一个他们并不认识的孩子。

一只只被他们惊醒的青蛙"扑通、扑通"的逃跑声，曾数度让他们以为，父亲已十分接近被擒获了。尽管这儿根本不是父亲的藏身之地，而仅仅是他们草木皆兵神经过敏的美好愿望而已。

确切地说，土匪们实实在在的美梦，是悬赏的十两大烟土。谁找到父亲，谁就会得到这些看似黑乎乎、却可以让人在云天雾地吞云吐雾之中进入仙境、腾云驾雾欲仙欲死之间忘掉世间一切烦恼的鸦片膏。这才是众土匪不辞辛劳、连夜工作的主要动力。

结果证明，这种劳师动众搞得小龙脊街坊四邻鸡犬不宁鸡飞狗跳的行动，再次以失败告终。

土匪们非但没有拿到梦寐以求的大烟膏，还累得筋疲力尽饥肠辘辘，并因此怨声载道脏话不断。

这次事件后不久，奶奶不但再次先后到小龙脊的庙宇和杨爷庙进香、再次虔诚地向老天爷表示感谢，还不辞辛劳，到距小龙脊数十里之遥的华严寺和高宗庙去进香祷告。

华严寺始名商城寺，位于龙脊古城东偏南约30华里处乌江沟南侧之卧龙岗尾，属商代文化遗址，其西有商高宗庙。华严寺所在地为一高数丈之龟形土丘，占地100多亩。四面清水环绕，其上郁郁葱葱荫翳蔽日。远远望去，如一只四肢有力的巨大绿毛龟，昂首翘望高宗城；龟尾则向西北摇曳着做行走状，活灵活现妙趣横生。其上有座建筑规模宏大历史悠久绵长、闻名方圆百里的大寺院，寺院内外翠柏参天绿树环绕，环境优美曲径通幽；晴风之下铁铃叮当，鸟雀和鸣肃穆清幽。

颍川县志载，商高宗城在县东30里，相传高宗捕蝗至此。旁有停灵城，即高宗崩处。今有高宗庙。明末，士人筑寨避兵，因名高宗寨。

《通鉴》曰：王武丁五十有九祀，王崩，葬西华，庙号高宗。宋太祖初给守陵户。

公元前1324年的殷商、即华夏历史上的第二个朝代和第一个有直接文字记载的王朝时期，夏朝诸侯国的商部落首领商汤，率诸侯国于鸣条之战灭夏后，在亳建立商朝。之后商朝频繁迁移国都，直至其后裔商朝第20个王盘庚把都城从奄迁到殷后，首都才终于固定下来，直到商亡再没迁过都。

商朝第23个王商高宗武丁、盘庚之后最有名的商王，任傅说为相，内修政事，外治武功，使商朝达到极盛。

商高宗与颍川古郡的渊源，见于明嘉靖八年的《颍川县志》等历史典籍：

商高宗庙，在县东南王上保商城寺西。昔商高宗捕蝗于此，后人因以建庙。武丁五十五年，其驻跸于此者久，故筑城以作藩篱耳。今寺左右之地，于是东藩西藩；南有七里仓，云是高宗储粮处；偏西研岗有商台，云是高宗效天处。皆现在可考者，知此之建庙不诬也。

民国四年《颍川县志》说，商城寺在南王上保，其地四面皆水，如辟雍状。

据华严寺碑文载，北宋时在商高宗庙东侧建寺。因其南邻商城即高宗寨，故名商城寺。

高宗庙所供奉之神灵，既不同于佛教寺院，又有别于道教庙宇的宫、观、庵、庙、治、靖和庐等，而是奉商王武丁为神明，可谓华夏数千年来绝无仅有。由此可知当地民众对亲民爱民的商高宗武丁的敬仰和爱戴。

公元前 6 世纪，印度释迦部落王子乔达摩·悉达多创立佛教，东汉明帝永平年间传入中国。唐朝前期，佛教分为天台宗、法相宗、华严宗和禅宗。华严宗的创始人法藏以宣扬《华严经》而得名。

华严宗认为客观世界依赖于主观世界而存在，如说"尘是心缘，心为尘因，因缘和合，幻相方生"。

北宋时四方百姓在此建商王庙祭祀高宗武丁，在其东侧建寺院尊奉释迦牟尼。因寺中藏经阁内存有华严经卷，该寺院被敕号为华严寺。大致同一时期，当年之云州即今之山西大同，建有辽代华严寺。

有诗《殷帝穹祠》赞高宗庙曰：

> 九围何处问遗踪，颍水高原驻六龙。
> 风雨蝗驱追亳社，乾坤祠老说殷宗。
> 桥头烟火春莺啭，野外桑麻花树封。
> 雨洗槐根清脆色，犹凝华盖覆三农。

据碑文记载，此地寺、庙并立始于北宋。宋末元兵至，火灾，寺、庙焚毁。华严寺和商王庙在明洪武、永乐、弘治和正德年间，以及清康熙和乾隆年间屡有修建。明弘治四年，施主杨纪统率众善人等铸造大佛四尊，其中观音菩萨和伽蓝菩萨各一尊、当阳佛二尊，印制华严经一部。在杨纪带领下，众人共捐地 380 亩，仅杨纪一人就捐地 80 亩。当时华严寺住持为宝印方丈。明正德年间杨纪重修寺庙，并购置《华严经》卷藏于寺中，故更名华严寺。

明嘉靖年间佛教盛行，河北廉池大师因有弟子在颍川做县令，遂云游至此。后发现此处地势高耸孤悬独立，更兼清幽飘逸，遂停留在此传播华严经、教化四方民众，深受当地人民尊重。后圆寂于该寺院。

寺有山门，内有大佛殿、水陆殿、珈蓝殿和僧房等众多建筑。整个寺院金碧辉煌，气势雄伟。

大清时期华严寺进一步扩建后，整个寺庙焕然一新巍巍壮观，四周清水环绕，翠柏遮天蔽日。寺门前醒狮一对，高六尺有余，端立于石台之上，栩栩如生令人生畏。寺门两侧竖立两块蛟龙碑，置于碑座之上。

华严寺大佛殿，头门哼哈二位金刚，二门四大天王，三门菩萨殿，四门罗汉佛殿。左后有一尊站佛，即华严宗创始人阿弥陀佛。造像庄严肃穆，淳朴厚重。后院有四殿，自西向东依次为虫王菩萨殿即商王庙，中间的大雄宝殿气势宏伟，三尊大佛高坐莲台威武庄严。释迦世尊居中为众生赐福，保佑国基巩固天下太平。东边为水陆殿，再向东为伽蓝殿，共 12 间。东西厢房共 92 间，西文东武。

寺前龟形头部处建有一阁，内塑千手千眼佛一尊。阁内有一井，相传该井与吴庄村南龙庭一井相通，井内有金鸭一对，逢阴天有鸭叫声从井内传出。

寺内共有建筑 109 间，功德碑 24 通。寺外西北处建有文峰塔。

明永乐年间，寺内僧人曾配制治疗刀伤的药方，其疗效甚是神奇。受伤者只需

将伤口用清水洗净，然后将此药敷上，即可痊愈。每年正月十九和六月十九，寺院有两次庙会。庙会期间，十里八村的人们都前来看戏、走亲访友、烧香拜佛。

此外，当地每年农历正月十九和三月还举行大型社戏活动，表演武丁捕蝗的故事。表演中，有代表千军万马的指挥官和捕蝗武士，还有人扮演蝗虫精和蝗虫等；期间旌旗招展、鼓乐喧天、热闹非凡，场面相当壮观。

康熙五十三年，颍川知县沈近思在此庙会上题诗曰：

朝歌一变黍离扬，尚有殷家德未亡。

颍水何缘曾筑寨，野人犹自说驱蝗。

云旗画戟留商寺，枯木寒鸦望帝乡。

村鼓年年思报赛，迎神曲罢送斜阳。

诗中的"颍水何缘曾筑寨"，说明清初颍河曾流经此地。这与后来人们考察得出的古颍水流向相符。

悠悠三千年过去，历史的尘埃湮没了无数的虚无与繁华。然而，商王武丁捕蝗救灾的伟大业绩却冲破历史尘封，数千年来一直熠熠生辉。每逢农历初一、十五，方圆百里的民众纷纷前来庙内祭拜焚香，千百年来络绎不绝。

民国期间华严寺最兴盛时，有文、武僧众400余人。当时寺内钟鼓齐全，育经习武，声势浩大，蔚为壮观。

7

此后，土匪一直未放弃搜寻、杀害父亲的种种努力。当然，仍然是在小舅子骑着老黄牛，一趟又一趟地登门催促和抱怨之下。

有一段儿时间，小舅子和土匪改变了策略。

他们会时不时在大白天派出貌似忠厚的土匪，乔装打扮后冒充香宅的远房亲戚，突然光临小龙脊人多的场所打探父亲的行踪和生活规律。比如庙街广场，打谷或打麦场等，很温和地打听父亲的动向：是否在家、何时在家、平时干啥、上学走哪条路线？等等。

不过，得到的答案都是类似的：这孩子平时很少在小龙脊出现，他不是在大陵镇的俩姐姐家，就是在古城香宅等地活动。

这些土匪们亲自得来的第一手信息，与小舅子提供给土匪的情报儿乎完全不同，也使土匪们十分迷惑不解和纠结。

小舅子发誓说他提供的情报是准确的，即我父亲绝大部分时间都在小龙脊，很少到大陵镇和香宅去。因为小舅子在香宅有可靠的内线。

土匪私下里也相信小舅子提供的情报更可信，但在找不到父亲无法兑现承诺的情况下，他们宁愿告诉小舅子说他的情报有问题，以此为借口推卸一时半会儿找不到更杀不了父亲的责任。

事实上，小舅子的情报确实没错，父亲确实很少走出小龙脊。除上学外，他都在帮奶奶干活儿。

　　小龙脊及周围村庄的人，都知道土匪受人之托要杀死父亲，好霸占他名下的田产。为此，大家义愤填膺同仇敌忾，自发团结起来保护从九品的小孙子，不约而同地帮父亲打掩护，不向打探父亲消息的陌生人提供任何真实信息。

　　大众无一例外是同情弱者的。

　　父亲就是一个地地道道的弱者：小小年纪便被人多次追杀不得安宁，没有同龄男孩子无忧无虑的美好童年和少年；他的父亲弱不禁风，常年卧病在床不得不与药罐子为伴；他母亲则是一个肩不能扛手不能提的小脚妇女。

　　更别提他爷爷从九品当年为龙脊做的那些大善事了。

　　总之，无论从哪方面讲，小龙脊及其周围的人们，都有充足理由去保护父亲、为他打掩护。

　　一天，土匪在大白天突袭了父亲念书的宋阁。

　　在青天白日突然出动，是土匪们极其罕见的动作。所谓"月黑风高夜杀人放火天"才是他们的常态，换言之，夜晚才是土匪的天下。

　　这帮家伙今天怎么了？喝大了吗？

　　没有，土匪们没有喝酒，只是快被小舅子给逼疯了。所以才不得不出此奇招。

　　他们先派人将宋阁团团围住、严防任何人从里面越墙而走。然后才来到大门口，在里面传出的朗朗读书声中，叩响了学校大门。

　　前来应门的是吴运昌，此刻他已被龙脊土著们神化尊称为"吴仙儿"。

　　因吴宗尧年过八十身体衰弱，吴仙儿就接替他父亲，在宋阁继续开馆授业解惑、启蒙一代又一代愚钝心智，试图将他们带向完全不同的人生境界，都有个美好前程。

　　看见柴门外几个陌生面孔，吴仙儿有些好奇地问：各位何事？

　　土匪头子抱拳说要找香宅少年。

　　吴仙儿很快就大致明白了是咋回事。便告诉土匪说：各位也听到了，孩子们正在上课，这时候不该打扰学堂的宁静。若不介意的话，在外边等一会儿如何？一下课我就让他出来见你们。不过，不记得他今天是否来学堂了，我问一下。

　　土匪头子又抱拳拱手道：打扰打扰，抱歉之至。

　　表面镇定的吴仙儿一离开大门口，就直接来到吴宗尧住室告诉老人说：不好了，仇家着人来拿香宅少年了。想必他们已得到孩子在学校的准确信息，并将学校给团团围住了。这可咋办呢？孩子就在学堂，看来跑是跑不掉的。

　　吴宗尧听后却不吃惊，神态自若地告诉儿子说：把孩子悄悄领到正殿去，我在那儿等你们。说完，缓缓站起身来，颤巍巍向正殿走去。

　　儿子领着香宅少年来到正殿后，老人向二人招招手，示意他们过去。此时老人站在正殿北侧一个书案前。老人要儿子把书案和书案后靠墙的那把太师椅移开，然后让他把太师椅后面墙上挂着的那幅亚圣孟子画像取下来。

　　奇妙的事情发生了，原来挂像后面有一小门，这是吴仙儿此前所不知道的。打开小门，老吴仙儿让香宅少年钻进去，并告诉他进去后顺着台阶向上走，千万不要往下走。

　　等少年进去后，吴仙儿又将一切放回原来位置。

见一切妥当，老吴仙儿对儿子说：让孩子们下课吧，客人可以进来了。

几个土匪随吴仙儿进入院内时，孩子们正在玩耍，打闹嘈杂声代替了刚刚整齐划一的读书声。

土匪头子随便拦住一个少年，问他今天香宅少年来了没有？并提起父亲的学名。

少年说：来了来了，不过你们来之前，他就走了。

土匪头子转回过头来看着吴仙儿。

吴仙儿道：童言无忌！刚才这个学童说了，各位也都听到了，香宅少年在你们来之前已离开了。大概家里有啥事把他给叫回去了吧！

尽管被发问的少年和吴仙儿都提到，香宅少年在土匪来前已离开了，但其本质含义却不同。

其中有明显时间差，因为吴仙儿和少年是在不同时间见到土匪的。

但无论如何，仅从字面上看，吴仙儿和少年所说完全一致，两者互为印证。

吴仙儿玩了把文字游戏，打了个时间差。这个时间差，就是父亲从学堂出来进入密道的时间。

土匪头子却不相信，让跟在身后的几个土匪分头在学校内查看、搜索，他自己则随吴仙儿进入大殿。

刚步入大殿，土匪头子迎面看见西墙正中那幅巨大的孔子画像、以及孔圣人画像北侧亚圣孟子的挂像，赶紧跪下磕头。

土匪的动作，吓了吴仙儿一跳。他没想到，一个杀人不眨眼的土匪头子，会对万世师表的孔孟二圣如此恭敬。

等土匪头子磕完头起身，才看到亚圣挂像下方，有位身穿长袍马褂的老人，正伏在书案上打瞌睡。也吓了一跳，以为是亚圣走下画像活了过来。

吴仙儿见状，及时介绍说：这是家父。

这时老吴仙儿已经醒来，见有生人进来，忙起身自我介绍道：老朽吴宗尧。

土匪头子惊道：莫非人称颍川神童的吴老先生？

老吴仙儿回道：正是浪得虚名的老朽。

土匪头子学着戏文、尽量文雅道：失敬失敬！从小就听说过吴老先生如雷贯耳的大名，只是无缘相见。今日能一瞻先生尊容，也不枉此一生了。说罢忙不迭地抱拳打躬。

在吴宗尧"岂敢岂敢"的客套声中，吴仙儿颇为好奇地问道：先生也是同道中人吗？

见土匪头子一头雾水，忙补充道：你也是读书人吧？

土匪头子有些沮丧地回道：我倒想成读书人，可惜我喜欢书本，书本却不喜欢我。因从小家贫，最终未能进入学堂，如今成睁眼瞎一个。

难怪先生对孔孟二圣以及家父如此谦恭，原来如此。可惜啊可惜，可惜少了一位同道！吴仙儿真心叹道。

土匪头子不想再耗下去了。一辈子没能读书是他终生遗憾，看见读书人他就没脾气、也心虚得很。还是赶快离开的好。想到这里，说一声"打扰了"，就快步离去。

土匪撤离了，香宅少年也从正殿夹壁墙中走了出来。他再次逃脱死亡魔爪。

吴宗尧特别叮嘱儿子和香宅少年说：宋阁正殿的秘密千万别说出去，至于未来后人可能会发现，那是另外一回事，一切顺其自然吧。

然后又看着儿子道：既然你已看到，那我就将你爷爷传给我的这个秘密传给你吧。我老了，随时会被阎王爷请去。今天土匪来此，看似偶然，实则是天意。我本来思谋着过两天和你交个底，不料人算不如天算，赶日不如撞日，今天恰逢其时。宋阁正殿有夹壁墙和暗道的秘密，传到我这儿已近千年了。传说北宋末年赵氏先祖的谋士修建宋阁时，特意造了夹壁墙、并挖了这条直通小龙脊的暗道。可惜年久日深，暗道被雨水冲塌堵塞。是故刚才我让香宅少爷进去后别往下走，往下走是当年通往小龙脊的暗道，这个废弃暗道不安全；向上走，则是孔圣人画像后的夹壁墙。

七十多年后，华夏大地兴起翻建校舍之高潮，年代久远的老古董宋阁被彻底拆除，人们这才发现正殿中夹壁墙和废弃暗道的秘密。

只不过这时，不但老吴仙儿早已仙去半个多世纪之久，就连他儿子吴仙儿，也已驾鹤西游 40 余载了。

8

一直担惊受怕的奶奶和病中的爷爷，万般无奈之下向从九品建议说，既然霍营的小舅子为了孩子名下的田产越来越不择手段，拼死追杀可怜的孩子，干脆将霍营东、南和西边附近孩子名下的那些土地，送给小舅子算了，以换来孩子的生命安全。土地生不带来死不带去，没了将来可以再买。孩子的命可仅此一条，一旦没了就永远没了！天天这样提心吊胆地过日子，也不是个事啊。

其实，这也是耄耋之年的从九品一直思考的一个重大问题。只不过一想到要平白无故放弃先祖传下来的家业、做一个败家子，他就颇为纠结，于是就这么拖了下来。

进入耄耋之年的从九品，越发感到力不从心、有气无力了。他唯一放心不下的，就是父亲这个年龄最小的孙子了。为此，他曾一直苦苦思索，如何在去见香宅先人前，解决这个挥之不去的棘手问题。在奶奶和爷爷提出这个建议前，他也曾想到以土地换和平之计。现在，既然小孙子的父母主动提出来，那就立即实施吧。

于是，父亲名下霍营附近东、西和南边的大片土地，划归小舅子所有。

突然有了大片土地的小舅子，忙于谋划经营这些从天而降的大片田产，一时也真的忘了再去算计父亲，父亲因此成为以土地换和平的最大受益者。

从九品、爷爷和奶奶，也因此对"舍得"一词有了更加深刻的理解，不舍哪有得？并啧啧赞叹古人的智慧。

小舅子天上掉馅饼般得到大片土地时，着实被左邻右舍大大羡慕嫉妒恨了一番儿。

不过，羡慕嫉妒他是这时的事儿；恨他并淋漓尽致地表现、发泄出来，则是十几年之后的事情了。

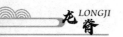

十几年后，共产党在龙脊一带搞土地革命、划阶级成分。因那些不劳而获的大片土地，小舅子被当之无愧地划为地主、霍营的最大地主。

成为地主的小舅子及其一家后代，从此厄运连连，一个又一个残酷政治运动，不停地降落到这家大大小小老老少少男男女女头上。

大概此时，他才能深刻体会到舍得一词的真实含意了吧？

我年少时见过这位小舅子，这个我应该称他舅舅的人，果然很像那个年代十分流行的连环画上的地主形象：长长的刀把脸，灰白的山羊胡，头戴瓜皮黑帽，脸上总是冷冰冰的一副酷模样。

我从未叫过他舅舅，也从未和他说过话。不是因为历史上的那些过节，而是因为当时我根本不知道他和我们家的关系如此之近。这种类似皇室外戚一般的复杂关系，对童年和少年的我来说，实在是太过于复杂了。再说，那时我很小，他也未必知道我是谁。

这时，小舅子已到古稀之年，死神正向他招手。

等我长大后，我大致可以理解他为何整天冷冰冰且郁郁寡欢了：不但丢失了大片他苦心孤诣得来的土地，还常常被拉出去批斗、干苦力活，连他的子子孙孙都因受他牵连不得翻身、人前人后抬不起头、前途一片黯淡，他能高兴得起来吗？

父亲由于丢失了名下所谓的大片土地，加上孤儿寡母住在茅草屋中，土改时因一个小小意外，被偶然划为下中农，和根正苗红的贫下中农一字之差。

小舅子因福得祸，父亲则因祸得福。人生的一切，谁能说得清呢？

话说回来，就是这偶然的一字之差，在我进入学校后每年数次填写各种表格时，也常觉得自己抬不起头。

因为绝大多数同学，都很自豪地填上"贫下中农"四个字，而我却不得不在"政治面貌"一栏，填上"下中农"三个字。

仅仅一字之差，却让我觉得比周围的同学们矮了一大头。这种痛苦的心灵体验，从小学直到高中，甚至更长一些，一直陪伴着我。

阶级成分的划分和由此引申出的所谓政治面貌，成为当时不少年轻人头上的紧箍咒，更成为他们入团、入党、招工、参军、提干、婚恋、嫁娶，甚至上大学等一切前途上不可逾越的鸿沟和高山大川，毁了至少两代数亿人的青春乃至整整一生！

9

无论如何，以空间换时间和生命的策略显然是奏效的。

攻、防双方，都满足于暂时获得的心灵喘息时机，甚至是永久和平。担惊受怕夜夜难眠的日子，谁都不好受。

数次刺杀的失败，使小舅子也厌倦了与土匪们打交道。舍去金贵的小麦还不得不赔笑脸的日子，有点儿像喂养老虎狮子，操心外加赔付之余，也冒着极大的生命危险。谁知道哪天老虎狮子一不高兴，会不会将喂养它们的主人给一口吃掉，甚至不吐骨呢？现在好了，肥沃的土地拿到了，结果令他十分满意。

多次刺杀的失败，也使小舅子隐隐感到，这孩子可能真的得到了上天的特别眷顾，否则，如何解释小小年纪的他，数次在紧锣密鼓的追杀中，悬而又悬危如累卵命悬一线却最终会安然无恙呢？

此时此刻的小舅子，很有些相信他堂兄弟霍铎对他旁敲侧击的话了：不要和老天爷作对，要和老天站在一条线上。这才是为人之道，长久之途。

是啊，和老天爷作对，不是太岁头上动土吗？不是找死吗？至少是自找不自在或不痛快。小舅子终于这样领悟道。

当然，小舅子现在极好的心情，主要还是来源于他突然得到的大片儿土地。这些近乎从天而降的土地，使他觉得生活好极了。我们的生活比蜜甜啊！心情极好的小舅子，觉得自己一下子变得宽宏大量起来，也因此觉得霍铎的话很有道理。

假设他没有得到那些土地，他的心情可能会是另一种样子。他极可能还会锲而不舍地继续追杀父亲并直至成功，根本就不会管是否要和老天爷站在一条线上，更不会"放下屠刀立地成佛"。

无论如何，小舅子的满足毕竟换来了父亲的安宁。暂时，他不用在深更半夜东躲西藏了，可以安安静静到学堂去读书识字、死记硬背古人的做人道理了，也不管是否理解。同时，他可以和奶奶、病中的爷爷厮守着，享受天伦之乐父子和母子亲情了。

但这不是他苦难的终结，远远不是！

父亲后来的经历，常让我觉得外号"半拉天"的他的一生，没有大富大贵之实，却有九死一生之颇多感慨！

第七章　于　飞

1

随着时间推移，更多关于吴越的消息，分别传到最关心她的家乡故里龙脊、大陵和香宅。

事情是这样的，因身份逐渐暴露被迫转入地下工作的共产党员吴越，一度被组织派往七朝古都开封，继续从事党的工作。

在开封工作一段儿时间后，吴越接到上级通知，要她马上返回故乡龙脊，担任中共颍川县委书记一职。

此时，颍川县地下党组织的核心成员，已发生巨大变化。吴越原来朝夕相处非常熟悉的同事、校友和老师们，早已七零八落死的死走的走四散飘零天涯永隔各奔东西了！

曾经的领导核心周金石，早被党组织派往省外其他地区开展工作去了。

1925年就加入中国共产党的谷子升，几年前牺牲在开封。这个被国民党在枪杀他的通告里说是"执河南共产党之牛耳"的共产党员，牺牲前曾先后担任中共颍川县委书记、漯河中心县委书记、河南省委秘书长、开封市委书记及河南省委宣传部部长等职。1931年元月被捕，1932年被枪杀，年仅30岁。

1902年农历十二月一日，谷子升出生于龙脊古城北七里头。父亲谷绍曾是清末武秀才，母亲李氏贤孝勤劳。谷子升天资聪颖，7岁入本村私塾就读，1916年考入龙脊古城书院高等小学校，课余时间还在古城东大街谷家祠堂私塾馆之夜校学习。业余时间爱好吹箫，是个浪漫的文艺青年。

1919年，谷子升以优异成绩考入河南省立许昌第十四中学。毕业后，考入开封河南省立第一师范学校二年制数理科学习。虽然是学理工科的，但他博览群书，国学功底扎实，并以质朴的语言，写下许多同情农民的诗篇。

一年旧历年关，北风呼啸，寒冷刺骨。看见本村农民毛陆还在拾柴，他深有感触地提笔写下一首名为《毛陆的工作》诗歌：

满天乌云密布

东北风扬沙

看今日旧元旦

俗情幽幽

各方人儿都享乐
唯有他毛先生
整日忙忙拾柴禾
日头偏西不还家
可贺他只身破俗例
可叹他工作的时间太麻烦
大阳带着霞光
也不知照一照这勤勤恳恳的工作家

开封一师是共产党和青年团组织开展活动较早的一所学校。1923年谷子升入学时，该校就已建立河南省第一个社会主义青年团支部。中共主要创始人李大钊和著名革命家萧楚女等，均到开封一师进行过革命活动。1925年，谷子升参加了一师为声援"五卅"惨案而举行的游行示威和募捐活动，同年夏天加入中国共产党。

北伐战争开始前，谷子升受党组织派遣，回家乡开展革命活动。1926年春，谷子升到许昌十四中学任教。在师生间传阅《向导》《新青年》及《广东农民运动义刊》等革命书刊，并亲自指导出刊《旭光》壁报，组织讲演会、编演《火星上的来客》，以唤起大家对美好大同社会的向往。

1927年春，武汉国民政府准备继续北伐。龙脊驻军刘培绪部宣布起义，并仿效国民革命军成立政治部。已返回家乡的谷子升和其他几名共产党员，一起加入该政治部，还建立了支援北伐军的救护伤兵委员会，有力地配合了北伐战争。

同年5月下旬，北伐军占领龙脊。谷子升配合北伐军驻军干部在龙脊古城创办农民运动讲习班，同时在班内发展共产党组织。北伐军继续北上后，谷子升以国民革命军的身份留在颍川，帮助筹建国民党县党部，同时秘密开展共产党的地下活动。

经谷子升等共产党的积极工作，1927年10月在古城鼓楼东边的福音堂内，召开了国民党县党部执行委员会选举大会。结果当选的11名委员中，除国民党省党部派来的龚世清外，其余全是共产党员。谷子升担任国民党县党部宣传部长。

在共产党领导下，颍川东南和西南区相继建立农会13个，农会会员发展到5500多人，并拥有1100人的农民武装。农民起来和土豪劣绅算账，将县政府的催粮衙役绑起来，戴高帽子游街……龙脊很快成为豫中农民运动的中心。

1928年旧历大年初一，国民党临颍县政府派人抄了谷子升的家，并绳捆索绑把他父亲带到县衙审问、毒打。后来，由他哥哥借债到官府活动，老父亲才被释放。

同年元月下旬，谷子升完成中共河南省委交给的重任，在上海向中央汇报后，带着党中央拨给的经费返回开封，继续以"李庆云"的化名，身着一套褪了色的工人服，住在北土街的一家旅馆里。第二天上午，他将600元活动经费交给省委秘书长，解了燃眉之急。就在他等待省委分配任务时，在旅馆查户时被逮捕。

前面已经提到过，吴越的同事和同学、李氏兄弟中的哥哥李道明，几年前便突然因病去世。这是早期颍川党支部中，去世最早的一个共产党员。

而曾对党的事业充满无限热情的弟弟李向明，在吴越到信阳后，因对共产主义

前途产生动摇，最终宣布脱离共产党，并从此彻底沦为一名党外人士。

几年过去，沧海桑田，物是人非。至少对颍川县党支部来说，确实如此。

也就是说，此时的中共颍川县党组织成员都是新面孔，吴越一个都不认识。她将不得不用地下接头的方式，和这个全部由新鲜血液组成的地下组织取得联系、走马上任。就像她当年在"胡辣汤王"和上级派来的人接头一样，只不过这次她代表上级。

这次接头，不是在吴越超喜欢的"胡辣汤王"，而是在龙脊古城南偏西的颍水故道、宋统制杨再兴捐躯和长眠地。

严冬的颍水故道寒风凛冽，一派荒凉肃杀之气。除双方互相接头的总共三个人外，周围杳无人迹不见任何其他人影。

理论上讲，确实很安全。

再次来到自己无限敬仰的大英雄杨再兴墓地，加之时隔几年后重回故里的兴奋，吴越激动之余，情不自禁吟出一首《小商桥》诗来：

> 小商桥畔惨浮云，血战不辞万镞焚。
>
> 死矣此生空报国，千秋饮恨杨将军。

因为知道前来接头的肯定是自己的同志，吴越从一开始就没有任何警惕心，吟唱诗歌时也很放松。而且其吟唱的声音还比较高昂，为的是让杨将军的在天之灵听到。

将军的在天之灵是否真能听到不得而知，但吴越附近的两个接头人，却清清楚楚听到了。并在事后写给组织的相关总结报告中，特别提到这一细节。

刚开始事情进展得很顺利，暗号也完全无缝对接，似乎一切都很圆满。

前来和吴越接头的俩男子，是偏左甚至极左党员。在他们狭隘如教科书般的印象中，共产党是无产阶级劳苦大众的组织。既然如此，共产党员就应该像底层劳动人民那样，衣着朴素、朴实无华、满脸沧桑、苦大仇深，最好还有两手老茧。

但前来接头的陌生人吴越却恰恰相反。她不但年轻漂亮，还穿着旗袍，大冬天竟然穿着旗袍！旗袍外裹着价值不菲的裘皮大衣，头上戴着只有上海滩那些资产阶级阔太太、娇小姐才戴的那种时髦帽子，肩膀上还搭着非常前卫的披肩。活脱脱一个剥削阶级大小姐，不，应该是国民党女特务形象！

这俩极左男子，就是这么看吴越的。

尽管接头的一切程序，都符合组织原则和相关要求，毫无瑕疵纰漏。但内心的真实感觉告诉他们，这个前来赴任县委书记的年轻女子，肯定是个冒牌货，是国民党特务无疑！

俩人心事重重地短暂避开吴越，到一边悄悄商量后，一致同意他们自己的判断，并决定立即将吴越就地杀死。因为她已见识他们的容貌，他们已彻底暴露了。在此情况下，必须有一方死去，不是你死就是我死。

对俩接头人突发的私密计划，吴越毫无防范也无可防范，无论她如何冰雪聪明。因为她已按照严格的组织接头程序和他们对接上了，并无任何值得怀疑的疏漏。既然如此，吴越就很放松，丝毫没有任何警惕意识。毕竟都是自己的同志，自己还是他们的领导、至少是即将上任的领导。

毫无准备的吴越，本来就不是俩年轻男子的对手。任凭她当年被称为天不怕地不怕的假小子，也无法对付俩成年男子的合力。她仅仅是胆子大而已，却不是武林高手。

这时，俩男子已回到吴越身边。

其中一个男子，微笑着指着吴越身后对她悄声说道：那边来人了。

吴越刚一本能地扭头，另一个更加强壮高大的男子就猛扑过来，用力勒住她洁白细嫩的脖子，根本不容她说出任何一句话、哪怕是一个字，就以迅雷不及掩耳之势把她勒死了。

此前在开封工作的吴越，每每走在古都的大街小巷，会情不自禁地常常为谷子升同志的英年早逝而深深惋惜、悲伤不已，甚至常常泪流满面。

而她自己死时，还不到 26 岁，而且是无端地冤死在自己人手里。

两个自以为给革命除了害、立了大功的接头人，很快受到组织的严肃处理。而所谓严肃，也不过是文字游戏而已。

吴越也很快被批准为革命烈士。

她冰冷僵硬的尸体，在寒冬的旷野里寂寞了两天后，才终于被悄悄且草草地埋葬在颍河故道附近。地面没有留下任何坟头，也没有该有的任何标示。

几年后，那个仅有的小小坟头，也彻底湮没消失了。

所谓一切都被风吹雨打去，大概就是如此吧。

但后来有传言说，吴越并没有死，死的不是真正的吴越，而是一个长相和她极其类似的女共产党员。

来自香宅大院藏西公的后代玄孙、从九品的堂侄、我爷爷的堂兄叔玉后来回忆说，他1939年在延安抗大学习时，确实遇到过一个女子，曾简单介绍说她也来自龙脊。但她很快就被派到东北从事革命工作去了，此后再没机会见到她。

叔玉 1948 年任 53 军军部政治部主任，1952 年调任东北白城子军分区政委，1983 年调任济源中共政法第二干校党委书记。后在北京离休。

但无论如何，自那以后，龙脊一带再没出现过吴越的身影。

在故乡人和她父母、哥哥心中，吴越确实已永远离开了这个世界，不管她是否冤死在颍水故道、小商桥畔。

第二年春天，面对眼前洁净护城河里的新荷和尖尖新荷上的蜻蜓，老吴仙儿一边老泪纵横，一边吟唱道：

> 一带从西汪，隍城宜种藕。
> 水心净乃尔，波面碧何如。

若隐蒂宁隐，才舒叶未舒。

凭将新意会，引眺独踟蹰。

他痛惜女儿尚含苞待放、纯净如水不谙世事，却已永远消失在滚滚红尘之外的缥缈世界。

为免父母更加伤心难过，吴越的哥哥吴仙儿则将他的无限悲伤深深埋在自己心底，只是默默写了一首诗寄托对妹妹吴越的思念：

晴雪珊珊蹭马蹄，翔乌寒共玉山齐。

人怜颍水分孤影，春度商桥余冻泥。

隔岁离歌残梦在，中天粉蝶落花迷。

披衣此夕闻谯鼓，不作蓼龙卧帝题。

2

听到吴越死去的消息后，香宅的三姑娘、父亲的表姐悲不自胜，为一个聪明伶俐鲜活生命的突然离去而痛心不已，并在很长一段时间内无法释怀。

从九品也同样无法释然。他在巨大的震惊中，仿佛在香宅香气扑鼻的蜡梅树下，又看到了那个乖巧幽默小姑娘的身影。

这个身影从此一直徘徊在这株古老的蜡梅树下，最后和梅花合二为一，分不清谁是馨香的蜡梅花，谁是人见人爱的吴越了。

从九品还记得，在吴越离开龙脊前往开封后，一次吴宗尧前来香宅看望从九品时两人谈起她的情景。

当时从九品笑着对吴宗尧说：小越是一个天生招人宠爱的孩子，由不得你不娇惯她。不过，这孩子很有主心骨，不是那种容易陷于溺爱之中不能自拔、从而迷失自我的主儿。我预感她将来必会大有出息。只可惜龙脊这棵梧桐树太小了，留不住她这只金凤凰。小越生是龙脊的人，却根本不会属于龙脊。

吴宗尧则低头道：不瞒敬五兄，我曾悄悄为孩子算过一卦，知道她不是池中之物，也因此做好了充分思想准备，就全当根本就没有女儿。各人有各人的命，就随她自己去闯荡吧！

从九品十分在意地问：你可是开天辟地头一回为人算卦啊！卦辞里如何说？

吴宗尧有些艰难地回答道：虽然轰轰烈烈，却也难逃红颜固有的劫数。曲曲折折，起起落落。不谈也罢，不谈也罢！

虽然只言片语，以他对吴宗尧的了解，从九品已大致猜到了吴越的来世因果，便不再刨根问底。只是宽慰吴宗尧和他自己道：卦辞之说不可过于相信，红尘本就跌宕起伏，哪有一帆风顺之人？

吴宗尧点点头，然后讲述了吴越出生前和出生时，一些不为外人所知的情景。

吴越的母亲吴张氏，曾悄悄告诉吴宗尧说，怀吴越的前一天晚上，她梦见一只美丽无比的凰鸟，飞进自己怀抱，嘴里还咕咕地叫着：娘，娘，娘。

吴宗尧听后，嘱咐吴张氏再别向任何人提起。

五月初五这天晚上，大陵脚下吴家吴宗尧的续弦吴张氏，生下一个女婴。

女婴出生时，屋内生出奇异香味。更让人惊异的是，降生女婴之卧室内外，骤然间一片通明亮如白昼。

第二天，据当晚敲着梆子在小龙脊巡夜的徐双木讲述，昨晚半夜时分，他突然看到大陵上空一道亮光从天而降。刚开始以为是自己老眼昏花，等他揉揉眼睛仔细再看，分明就是一道亮光，便怀疑吴家遭了火灾。但亮光却很快消失，吴家所在的大陵一带重归黑暗。

吴越降生在农历五月初五端午节这天，所以，"吴越"还有"五月"的含义。

按当地风俗，端午节这天不是一个生孩子的好日子，对女孩儿尤其不利。

历史上，战国著名四公子之一的孟尝君田文，就是五月初五这天出生的。出生后他父亲嫌不吉利不敢要他。

但侍妾却瞒着身居齐国宰相高位的孟尝君之父田婴，将他偷偷养大。直到孟尝君五岁时才带他去见父亲。当时田婴很生气。

孟尝君就问父亲为何抛弃他？

田婴说：世人相传五月五日为凶日，这天出生的孩子长大后和门一样高，将不利于父母。

孟尝君回答道：人生下来是受命于天，岂是受命于门。若受命于门，把门增高不就没问题了吗？

哑口无言的田婴，心中对此子暗暗称奇。虽然田婴有40多个儿子，却立贱妾所生之孟尝君继承爵位。

孟尝君后来成为齐之相国，并名满天下。

毫无疑问，吴越之死，最悲伤的还是她年迈的父母和哥哥。

吴越消失了，但生命还在继续。

人生酸、甜、苦、辣、咸的长篇故事，也一直连续不断地生成演绎着。

香宅的故事，也继续向前发展、延伸着。

3

人类发展演化进程中，总有那么一些时段，不但谈不上美好，反而极其痛苦不堪回首。

二十世纪四十年代，对中州大地的人民而言是毁灭性的，对颍川而言更是如此；而对大、小龙脊的大、小香宅来说，则是雪上加霜。

1941年，96岁的从九品仙逝。颍川古郡的一代传奇，驾鹤西游去了！

从九品的去世，在留给龙脊故里一些传奇的同时，也将进一步的混乱留给香宅。

有从九品在，哪怕他再年老体衰，人口众多、五世同堂的香宅，都会维持表面的繁荣与稳定。那些存私欲、有怨气的后代，也会慑于他的地位和威望，收敛各自

的利己主义思想，不敢明目张胆地显露出来。

现在，从九品走了，那些压抑了多年的私欲，有了爆发的导火索和释放出口。

从九品是在小龙脊离开这个世界的。

自知生命无多的从九品，在离开这个世界的前几天，就执意要到小龙脊来，他说要"再走走，最后看上一眼"。

当颤颤巍巍、须发皆白的从九品拄着拐杖，缓缓行走在小龙脊的大街小巷时，他早已昏花的眼睛，大部分时间都是湿润的。

在小龙脊中心庙场，在众多正在这里闲聊的村民们的注视和此起彼伏问候声中，从九品伸出他那鹰爪般苍老的手，抚摸着庙宇后墙那株同样皮老粗糙的老槐树，不停呢喃着，似乎在说：老朋友，再见了！

千年古槐默默无语，已经有些微微发黄的椭圆形树叶，偶尔会飘下来几片儿，轻轻落在他的头和身上、甚至微微抖动的手上。

看着这些叶落归根的树叶，从九品觉得，自己就是这众多纷纷扰扰叶片中的一个。因为很快，他也要归根了，归根于香宅祖宗们的长眠之地。

一叶知秋。从九品知道，他的秋天将很快来到。

一只水牛，正缓慢而吃力地沿着古槐粗大的身子，努力向上爬行。它的一根头须已断掉，另一根则半残着。

这显然是只老水牛，一只已草木一春、即将化为尘土的水牛。

从九品又呢喃着，仿佛在对老水牛说，老伙计，你还好吗？

对这个庙宇和庙后的老槐树、甚至整个小龙脊，从九品是有深厚感情的。

大约93年前，三岁的从九品跟着他父母第一次来小龙脊时，就在他母亲带领下，来到小庙进香、祷告。

然后在大槐树下，他和小龙脊的几个孩子们，一起捉从树上掉下来的水牛玩儿。

水牛一身乌黑，偶尔在漆黑的两片甲壳上，点缀着一些稀疏的小白点儿。顶上两条长长的头须，很像古戏中将军们头盔上弯垂下来的那两条英武头饰。

至于当地人为何把这种能飞会爬的甲壳虫称作水牛，一种说法是，细看之下，这种正在努力向上爬行的甲壳虫，和正在田里埋头耕作的黄牛非常神似，只是缩小了很多而已。至于真正原因，已经没有人能说清楚了，如果有的话。

从九品当时还暗自疑惑，小小的水牛都有两条对称的辫子，自己为何却只有一根呢？

第一次小龙脊之行，就给从九品留下了深刻印象。

在三岁的从九品记忆中，大槐树是如此高大、如此高不可攀。她头顶蓝天，把白云当成自己的冠冕。洁白无瑕的冠冕上，缀满灿烂的星星、光洁的大月亮、火辣辣或暖洋洋的太阳。星星、月亮和太阳，就是大槐树凤冠上的宝石。

就这样，童年和少年时的从九品，一直以为并坚信，这棵大槐树，就是他母亲口中常常念叨的老天爷或菩萨之化身。

她默默地立在那儿，支撑着天不塌、地不陷，静静地连天接地，保护着苍穹下的大地和大地上的芸芸众生。所以，大人们才常常来此进香、祈祷，保佑她长生不老、万岁万岁万万岁。不然，就会天塌地陷，毁了人间一切生灵。

长大后进了学堂、读了私塾，知道了天、地、人之间的关系。从九品又觉得，小龙脊的大槐树，具体体现了大自然天地人三位一体、天地人合一、三者和谐共存的精妙。

当私塾先生在那里摇头晃脑、沉醉地讲述天地人时。痴痴发呆的从九品脑海里，满是小龙脊大槐树和庙宇的画面，他甚至写下这样一首诗来：

园榭中开一迳长，槐天静处晓荫凉。

菊花不入风尘眼，独向陶公坐处香。

有一次大概是想大槐树和古庙想得太深入了完全走了神，没有好好听讲，被老师打了手板子。

尽管如此，他依然情不自禁地思念大槐树，依旧不由自主地想着头顶镶嵌着星星、月亮和太阳的千岁槐。

九十三年过去，弹指一挥间。

一切仿佛都还是昨天的事情。只是，当年那个童年已经不再。确切地说，那个曾经面如润玉的少年，已然成老态龙钟的一个百岁老人了。

而大槐树却依然挺立在同一地方，依旧古树盘根、头顶蓝天，在风和日丽的日子里，树冠上依然缀满星星、月亮和太阳，依然为她下面的古老庙宇遮风挡雨迎霜傲雪。

当然，对天地人之间深刻而严酷的关系，他早已有了更现实、更深刻的认识。那个久远少年对老槐树童话般的见地，也早已成为一种纯真而美好的记忆了。

九十三年过去，老槐树似乎没有任何变化。大地也还是这块大地，天也还是那块儿天。只是，人世间已历经无数沧桑，至少四代人已完成更替轮回。他儿时的那些玩伴儿，大都已作古多时。那些曾无比鲜活灵动的生命，早已化成黄土中的朽骨、甚至尘埃。

这使从九品有种强烈的"念天地之悠悠，独怆然而泣下"的情绪，同时也不由想起另两句诗来：

人面不知何处去，桃花依旧笑春风。

虽然这个季节，没有花红柳绿，只有点点金黄。但心同此心，理同此理。

感时花溅泪，恨别鸟惊心。

恋恋不舍离开大槐树和小庙，沿着那条东西向大街向东边的小香宅走去、路过那个紫红色石碾盘和石滚时，从九品看到长聚和他弟弟长根等一帮人正在那里玩耍。便想起当年为打造这些石器，自己千里迢迢亲赴大山深处，以及当时打造这些石碾石磨时，小龙脊中心庙场的红火、热闹，也不由得想起老朋友靳石头。于是跟着长聚、长根兄弟俩，前往靳石头家去看望、话别，一起回忆当年打造碾盘石磨时的盛况与美好、感叹人生之苦短。

4

第二天，在恋恋不舍地依次巡视过小龙脊四角其它三个芦苇塘、并和老友苇痴贤弟在西北角那个芦苇塘边道别后，从九品回到小香宅大门外，站在村东南那个芦苇塘边发愣。

看着满眼随风摇曳的银色芦花和有些金黄的芦苇叶，从九品一边呢喃着"蒹葭苍苍白露为霜"，一边又是一阵儿感慨。并默默地将唐朝诗人雍裕之的诗歌《芦花》，在自己内心静静地念叨了一遍：

夹岸复连沙，枝枝摇浪花。

月明浑似雪，无处认渔家。

面前的根根芦苇，犹如一个个士兵；满身披挂的金黄色苇子叶，则形似利剑兵器。而那随风朝一个方向摆动的银色芦花，则像是士兵们接受检阅时随号令而行的动作。

一瞬间，从九品觉得整个芦苇塘中的芦苇，是一队队一列列正接受他检阅和道别的大军。此情此景，使他脑海中闪现出孔明秋风五丈原巡兵营的画面。此刻，他觉得自己就是孔明，面前默默无语的芦苇，是他心爱的千军万马，一群可爱的兵将。不同的是，诸葛亮出师未捷身先死，刚过半百而已。而从九品已近百岁，似乎了无牵挂。

唉，咋会没牵挂呢？毕竟儿女、孙男嫡女一大堆。但与孔明匡扶汉室的北伐大业相比，自己的这点儿牵挂，实在不足挂齿，更羞于出唇了。

从九品熟读三国，没事时就翻翻。一生中翻阅《三国演义》的次数无法计算，他甚至可以将整个三国故事倒背如流如数家珍。

尽管如此，他对三国故事，还是有选择地阅读。每每读到诸葛亮病逝五丈原，就不忍再读后面的章节了。读了让人伤感，多读多伤感，那就不如不读。

这是他感性、多情的一面儿。

多情自古伤离别，更那堪冷落清秋节。

孔明身后的三国故事，是人生的迟暮之年；或者说，烈士暮年，犹如孔明身后的蜀国，一年不如一年、一代不如一代。

从九品最喜爱的三国故事，是诸葛亮初出茅庐时放的那几把意气风发的大火，火烧博望坡、火烧新野、火烧赤壁；当然，还有孔明晚年的火烧葫芦谷或上方谷。这些故事，读来让人荡气回肠、热血沸腾，一下子就年轻了几十岁。

真是自古英雄出少年啊。只有少年，才初生牛犊不怕虎、敢想敢干、勇于进取。

看到面前已透出金黄色的芦苇，从九品颇有些孩子气地遐想：如果曹操驻军小龙脊，孔明会不会在村子四角芦苇塘中，也撒上硫磺烟硝，来个火烧小龙脊呢？

想到这里，从九品被自己的奇思怪想给逗乐了。可惜啊，除少年时代在颍川古郡西界短暂停留外，成年后的孔明终生未踏足颍川古郡，更别提小龙脊了。他倒是想来，也曾奋力六出祁山进军中原，结果不但无功，反而命丧军中。

而孔明打斗的对象曹操，倒是多次来过龙脊和小龙脊。

雄才大略的曹孟德，曾在这一带屯田。还在小龙脊西北角芦苇塘边，留有可查的足迹，即他因坐骑意外受惊踏坏麦田的割须自罚处。

一个占据大半个中国且包括中原要地、贵为宰相、实际上就是皇帝的人，能割须自罚，也够意思了。

如果说小龙脊这块古碑作为曹操屯田的证据略显孤单的话，那么，龙脊古城东北约35里处的张辽城，则是确定无疑的屯田证据之一。

张辽城是曹操忠心耿耿的大将张辽在龙脊屯田时的驻地。从九品曾多次到那里探幽访古，还特别查阅了史籍中关于它的记载。至今他还记得，县志曾这样描述张辽城：

窝城北里许有故垒荒残，土人呼为张辽城。

《魏书·张辽传》则进一步提供佐证曰：

以辽为荡寇将军，复别击荆州，定江夏诸县。还屯颍川，封都亭侯。

颍川是曹魏出许昌南下进击荆州等江南大地的必经之地，也是曹魏之粮草基地。这里土地肥沃，一马平川，成为曹魏屯田之地，应属理所当然。

显然，颍川古郡乃当年曹魏大将张辽屯田驻守之地，后又成为他的封地，故名张辽城。以曹操对张辽的器重和张对曹的赤胆忠心，曹到张的封地视察以示关怀，也就没啥奇怪了。

如今，小龙脊仍在，曹操、张辽之流却早已灰飞烟灭。真是浪花淘尽英雄啊。从九品不由想起《三国演义》开篇中的词句。

从九品觉得自己的思绪跑得太远了，也许这是老人的共同特性：总是情不自禁地遥想远古之事，常常不由自主替古人担忧，频频回忆幼年的点点滴滴；眼把前儿的事情，却常常丢三落四无可奈何地遗忘。

一阵微风吹过，眼前的芦苇大军整齐划一地行动着，如一行行一列列全副武装的士兵，在灵动活现地显耀着威武，并将从九品的思绪，从遥远的时空拉回到面前秋水镜波般荡漾的芦苇塘中来。

年少时，从九品常常出现在芦苇塘中。

夏天和伙伴们一起，在碧绿的青纱帐中戏水、捉青蛙、抓蝌蚪；秋天，则在金黄色的芦苇丛中捡鸟蛋、和大人一切收割软乎乎融融暖的芦花。

每当此时，整个芦苇荡中，满是少年们欢快、单纯、无忧无虑的笑声和喊叫声。

如今，这一切都到哪里去了呢？时间又到哪里去了呢？

逝者如斯夫，不舍昼夜！

此时想起圣人的感叹，从九品深有同感，并相信这是孔夫子暮年，在面对他年少时熟悉的故乡那条河流时所发出的无奈感慨。

青山依旧在，几度夕阳红。

《三国演义》中的词句，再次浮现在从九品的脑海中。

第三天，从九品执意要到宋阁去拜访老友吴宗尧。

吴宗尧一直是私塾先生，当启蒙老师是他的主业。尽管他也通晓阴阳八卦奇门遁甲紫微斗数之类，且后来在龙脊一带颇有名气的风水命相师吴运昌之所学所知，就来自他父亲吴宗尧的启蒙，但吴宗尧却从不公开为人算卦看相。

年轻时，从九品和吴宗尧二人，常在山陕会馆、紫阳书院和香宅小聚。品颍川

古郡土酒，谈天下大事人生变故等。

当时从九品还吟咏了《三国演义》中的词句：

　　　　一壶浊酒喜相逢，古今多少事，都付笑谈中！

唱罢，两人哈哈大笑，全没把人生宿命当回事。

只因那时都还年轻，离孔夫子的召唤似乎还早得很。

对于远离或暂时不大可能发生在自己身上的事情，人们更愿意以玩笑甚至是戏谑的轻松口吻谈及，心中全然不以为意。

距离不但产生美，还产生幽默和轻松。

在宋阁，二人一起拜过孔老夫子的彩色画像后，同样也颤巍巍的吴宗尧，便邀请从九品到他北厢房的住处小叙。

两人相互礼让坐定后，从九品告诉吴宗尧说，自己很快就要去见孔老夫子了，并满含激情地吟唱道：

　　　　燕燕于飞，差池其羽。之子于归，远送于野。瞻望弗及，泣涕如雨。

吴宗尧明白，这是从九品借用《诗经》中《国风·邶风·燕燕》一篇，来给自己道别来了。只不过，他的道别，没有借用《诗经·唐风·葛生》里常用的悲怨意味甚浓的下列诗句：

　　　　葛生蒙楚，蔹蔓于野。予美亡此。谁与独处！
　　　　葛生蒙棘，蔹蔓于域。予美亡此。谁与独息！
　　　　角枕粲兮，锦衾烂兮。予美亡此。谁与独旦！
　　　　夏之日，冬之夜。百岁之后，归於其居！
　　　　冬之夜，夏之日。百岁之后，归於其室！

反而借用送亲人远嫁的一首诗，表明他早已看淡生死，把自己即将到另一个世界这件事，视作是美好生活的重新开始，自己生命的下一个轮回。这倒也符合佛法思想之精髓。

这需要多么博大的胸怀啊！敬五兄，实在是服了你了。想到这里，吴宗尧便同样眼含泪水激动地接着唱和道：

　　　　燕燕于飞，颉之颃之。之子于归，远于将之。瞻望弗及，伫立以泣。

俩老人唱罢，相互握着对方干枯的双手，用浑浊湿润的双眼凝视着对方，竟一时无语。

少顷，吴宗尧率先打破沉默说：值了，敬五兄。你今年九十有六、近乎百岁，我亦九十有四矣，最小的苇痴贤弟，也都九十有二了。想想我们的同庚伙伴儿，在世的还有几人？小弟我知足了。也许，我们很快会一起到孔夫子那里去报到、面对面讨教，这不也很好吗？

从九品笑笑说：早知足了！伙伴们大多不在了，孤孤单单，怪冷清的。

吴宗尧道：是啊，像你我这种年龄，若赶上大清盛世的康雍乾朝，大约是会被邀请进京参加千叟宴、并被御封为耆老的。

从九品再次"呵呵呵"地笑笑，表示赞同。

聊到这里，二人就话赶话，谈起乾隆年间，颍川县百岁老人铁紫英，千里赴京参加千叟宴的事情。

那年，铁紫英 102 岁。不知是他把自己的生日记错了？还是实至名归真的超过百岁。反正他被想想拍皇上马屁的知县选中，进京赴千叟宴去了。

千叟宴席间，兴致颇高的乾隆问铁紫英养生之道。

铁紫英不理解啥是养生之道。陪同前来的颍川知县，就让铁紫英告诉万岁他平常吃啥、喝啥。

听明白了的老铁说，他平时两顿饭，早上喝糊涂、啃玉米面饼子，晚上喝麦仁红薯汤、就凉拌萝卜丝或白菜丝，逢年过节吃点儿捞面条、胡辣汤、小葱拌豆腐、扁食之类。

乾隆操着字正腔圆的京片子问：啥是糊涂？胡辣汤有哪些内容？麦仁红薯汤如何炮制？扁食又是啥东西？

老铁操着浓重的北宋官话、即龙脊老土话，情绪高昂而饱满地一一做了解答。知县在一旁进行了必要的翻译和解释。

自那以后，乾隆让御膳房弄来石臼，搞来龙脊出产的小麦、玉米、红薯、家猪和大料等配料，开始喝麦仁红薯汤、胡辣汤，吃饺子，偶尔也喝喝龙脊一带的糊涂。后来，乾隆果然活到近九十岁。

最终，铁紫英被敕封"耆老"，赐龙头杖、金牌，照例给银三十两，建坊，加赏蓝大缎一匹，银十两。

皇帝对老人们挺够意思。

自此以后，龙脊人开始自夸说：颍川古郡的出产养人、长寿，乾隆皇帝就是喝了我们的糊涂、麦仁红薯汤和胡辣汤，才在历史上众多皇帝中，难得而稀有地长寿的。

5

第四天早上，家人叫从九品用饭时，发现他已溘然长逝！

仙逝后的从九品，依然栩栩如生、面容安详，一副满足的神态，好像只是长眠而已！

听到消息后的吴宗尧评论道：颍川历史上一个标志性人物走了，龙脊的一个时代结束了，一切都要变了。

在他亲自编写的另类县志《大陵志》之"乡贤"卷中，他这样给从九品盖棺定论：

每叹吾生不辰，河清难俟。不图天亦厌乱，贤能障民。户获鸠安之庆，人无鼠窜之惊；视彼曩昔，如脱倒悬。推原致此之由，实惟敬五之力。公敬五，邑人也，世居龙脊古城北郭之香宅。自明及清，香宅人才辈出、文臣武将迭起，书香传家，世有令德。惟公敬五生性淡泊，不事科举，大隐于市，风流偶傥。公生逢乱世，是时区夏肇造，人心靡定，土寇揭竿已起，生灵涂炭。幸赖吾公恫瘝民瘼，挺身而出，舍安车而事戎马，以闲散而作儒将，数歼渠魁。如秋风之扫落叶，若震雷之摧枯木，赫然震怒之下，遂千年古城大治。非公之力，孰与于此？由是政绩上闻，令名远播，口碑载道。盘根错节，乃见利器；师旅饥馑，必待贤智。於维吾公，学博才通；除莠殖禾，克期奏功。干将莫邪，灿若霜雪；投之所向，无不骇绝。贤相良将，其惟

公乎？

未几，吴宗尧也离开了这个世界。

他似乎不是死了，而是去找先行一步的从九品喝浊酒喜相逢去了。

龙脊历史上一代大儒，从此成为绝响。绵延了千余年的科举成果，在颍川古郡几成烟云！

从九品离去这天，一切和平时并无不同。秋高气爽，风和日丽，天无异像，人无反常。

因一直有传言说，倭寇很快要进犯龙脊古城。所以，临终前，从九品嘱咐家人说，如果他在小龙脊走了，就把他的大体入殓密封起来，然后将棺材置于小香宅东侧粮仓隔壁的农具房中，用砖头将房门、窗户砌死。

等将来打走倭寇后，再归葬城东三里头祖坟中。倭寇不走，无颜见列祖列宗，无法认祖归宗入土为安。

从九品显然不愿看到倭寇之狰狞丑恶嘴脸，即便是在那个特殊的未知世界，他也不愿看见侵略者的面目，于是特意嘱咐如此这般这般如此。

这一停，从九品就在小龙脊东南角那个小茅草屋中，停留了近五年。

五年后，日本鬼子投降，他才如愿以偿，归葬香宅三里头的祖坟之中。

"三痴"中硕果仅存的苇痴、也是三人中最接近百岁的一位老人，颤颤巍巍亲自为从九品扶棺；龙脊一带众多乡绅贤达，一起为这个龙脊传奇送行。

6

离开这个世界前，从九品曾数次带领已粗通世事的少年父亲，到城北15里处的另一处香宅祖坟，给父亲讲解这个家族的历史、渊源，尤其是家族史上先人的孝道德行，向年幼的父亲传输百事孝为先的人生道理。

在香宅六世祖伯和公墓碑前，从九品给父亲讲述了这个载入县志和家谱的先祖的孝行。

伯和三岁时，亲生母亲不幸去世。他对继母陈氏极为孝顺，陈氏也把他当亲生儿子对待。一次，伯和患病颇重，继母陈氏一边尽心尽力照顾他，一边对天祷告说：伯和这孩子命苦，小小年纪就没了亲生母亲，如果老天爷真要从俺家收走一个少年，那就把我的亲生儿子收走吧，但一定把伯和给我留下。

伯和长大后喜欢读书，每读到历史上继母厚待继子的感人故事时，常情不自禁地泪流满面。一次，他同父异母的弟弟犯了王法，按理当打板子以示惩戒。伯和听说后，即刻赶到大堂，涕泪横流述说继母的恩德，并表示愿代弟弟受过。

当时的刘知县也是个大孝子，被伯和的哭诉感动得只剩泪千行了。就连大堂上那些衙役，也都流下不少眼泪。

伯和的父亲去世后，他不吃不喝哀伤至极，很快就形销骨削瘦弱不堪了。他自知将很快离开人世，就对自己的孩子们说：继母的恩德还未来得及报答，我就要先她老人家去了，实在是愧为人子啊！这天大的遗憾是永远无法弥补的。我死后不要安葬，请把我的遗体烧掉，以此来警告那些不能为父母养老送终之辈。

伯和去世后，继母陈氏天天以泪洗面，从早到晚从不间断。当时颍川人都说，这对儿没血缘关系的母子，是天下人少有的好榜样啊！

县志中《孝义》卷，对伯和公这样记述道：

埙，字伯和，三岁失母，事继母陈，能尽子道，陈亦爱之如己出。埙尝有疾，陈调护备至，且求天曰："此儿无母，我有儿，儿死我无生，天曷死余儿而活是儿。"埙既长，喜读书史，每述继母恩，未尝不泣数行下也。异母弟讼不直，法当杖，埙诣案泣陈母德，愿以身代责。邑侯刘本淳，孝弟人也，感之痛，失声，左右靡不泣下。父卒，埙哀毁骨立，知不起，谓其诸子曰："母德未报，吾先母死，抱恨终天矣。尸勿葬也，宜焚之，以警世之不能终事其亲者。"陈氏哭埙，勿间旦暮，时人谓是母是子为天下鲜云。埙入县署西北节孝祠。

县志中的《陵墓志》卷，这样记载伯和公的长眠地：

明孝子埙墓，在县北 15 里。

据家谱记载，到从九品这一代，香宅已在颍川古郡繁衍生息至少十九代。

历代香宅祖坟，也出于风水、个人喜好等各方面考虑，集中在三处地方。即城颍邑（固厢寨）以东柿园王村南附近，符庄村西南，和龙脊古城城东三里头附近。伯和公及质莆公归葬于城颍邑东祖坟中。

其中，符庄祖坟规模最宏大，柏树森森，牌楼林立、石碑巍巍，颇有大好风水之万千气象。

符庄村民本被香宅雇来有偿看守祖坟，结果其中一个看坟人后代眼气香宅人才辈出、田产肥美、枝繁叶茂、风水良好，一时鬼迷心窍听信一江湖术士之言，刻意将这片儿祖坟之龙脉挖断。

从此以后，台榭没于荆榛，士族降为皂隶，香宅逐渐走上下坡路，并一发不可收拾，一路衰败下去。

第八章 风 水

1

倭寇对华夏的大肆入侵，不但让从九品长期不能入土为安，也要了他最牵挂的小儿子、即我爷爷的性命。

一言九鼎、说一不二的从九品仙去后，香宅保持了多年的表面稳定和繁荣，失去了继续维系下去的依托和基石。

极权独裁国家领导人更换时，几乎无一例外会出现一段时间的内部乱象。一个以唯一一个德高望重大家长马首是瞻的大家庭，在这个大家长离世后，也会经历类似阵痛。

遗嘱归遗嘱，它并不能平复生者之间因为拳头、力量失衡等因素而产生的纠纷、争吵和混乱。

从九品身后的香宅中，爷爷成为唯一一个辈分最高者。他那比他年长很多的兄长，早已先于更老一辈的从九品去世多年。

但爷爷常年疾病缠身，尤其不愿卷入和人打交道这类事情。

一个不可否认的事实是，他的多病和羸弱，多半归功于这个大家庭内部人与人之间复杂纷繁的关系。

爷爷下一辈即我父亲这一代中，已成年甚至成家立业的是他哥哥的四个儿子。这四个爷爷侄子辈的男子和爷爷年龄相仿，但身体却比爷爷更健康、更结实。他们孩子的年龄，又和我父亲相仿。

香宅两大分支力量的严重失衡，是早就一目了然且长久存在的。

爷爷和年幼的父亲，虽然理论上拥有香宅名下一半的房屋、田产和天字号店铺等。但在爷爷病病歪歪自身难保、父亲这个独子年幼无知少不更事的现实面前，根本无法按从九品生前的遗嘱来承接、分割所谓的遗产。

既然是遗产，说明管事之人已不在了。那他生前所立的条文，就可以不执行了。岂不闻人走茶凉、活人岂能让尿憋死这类经验总结？这就是强者的逻辑。

刚经历丧父之痛的爷爷，又不得不面对香宅内部汹涌澎湃的财产和人事纷争。急火攻心之下，他旧病复发精神恍惚，时而清醒时而糊涂。此时，父亲这边，就剩年幼的他和近乎守寡的奶奶了。

趁着严重的力量失衡，香宅被强大的那方给强行瓜分了。结果是，病中的爷爷一家三口，被赶到和香宅大门楼相连的两间小瓦房中去了。五进院落的正房和东、西厢房等好房佳屋，被爷爷的四个侄子强行占有。先祖们留下来的东西，包括香宅大门上方悬挂的"香山硕宅"牌匾、二门楼的狮子滚绣球等，统统与爷爷这边儿无关。与此同时，遗嘱上划定的爷爷或父亲名下的大片田产、店铺等，也被或明或暗地悄悄划走转移，爷俩儿仅剩下"半拉天"的空名头，和小龙脊东边不大的一片儿土地。

考虑到爷爷的病况及他喜欢小龙脊的事实，在奶奶据理力争下，破落的小香宅，才勉强归爷爷名下。

一切似乎已尘埃落定，但似乎又都没有。

2

1942年注定是个不平凡的年份。一个永远不会被人类遗忘、且需要浓墨重彩去书写的一年，一个不得不载入史册的中国农历马年。

这年，大旱加上蝗灾和冰雹，把包括龙脊在内的整个中原一带，一下子投入巨大的饥饿和死亡恐惧之中，造成后来人们永难忘记的大饥馑。

这个空前绝后的饥馑之年，后来被颍川土著们称为年馑。

年馑之初，人们可以吃余粮。但不久，以当时最原始方式储存的有限余粮，被很快消耗殆尽。于是，绝大部分百姓开始吃糠咽菜。糠，就是父亲年幼时为躲避追杀而藏身其中的那种谷糠；菜，就是能够找到的各种野生蔬菜。一时间，田野里布满面有菜色、走路左摇右晃东倒西歪、忍饥挨饿到处挖野菜的人群。

没多久，田野里不见了绿色。除了干裂的黄土，就是因干枯而发黄的庄稼，它们稀稀落落高低不平地在旷野中沉默着。

不久，饥饿却又无奈的人们，不得不为生存而苦苦挣扎着进入第三个阶段，即吃各种树叶、扒树皮，包括那种极苦涩的柳树和杨树等所有可以找得到的树叶和树皮。柳树和杨树，是龙脊一带十分常见的树木。

长期营养不良，导致大量浮肿、病倒、甚至死亡。

南北向贯穿龙脊古城、干裂且尘土飞扬的官路上，开始出现一些蠕动挣扎着的饥民，其中很多后来就活活饿死在那里。

他们本来是到官路两侧排水沟中挖野菜、拔野草吃的。但在挖到足够支撑生命之火继续微弱燃烧之前，生命之火就因无法支撑和煦春风的吹拂，而遽然消逝了。

其中一部分饥民，可能是挣扎着到龙脊古城去要饭的。以为那里是繁华之地、生命的伊甸园和诺亚方舟。可惜在到达目的地之前，就不得不匆匆结束他们并不甘心如此了结的生命，而继续饥肠辘辘地行走在前往黄泉去的路上。

未几，所有能够入眼的树木，都因被扒光了树皮捋光了树叶而很快死亡。

此时的中原大地，已是满目疮痍一片苍黄、毫无绿意了无生机，犹如地球末日景象，或如火星和月球表面一样干枯、死寂、阴气沉沉。

但事情还没有完，远远没有完。

尽管每时每刻，都有善男信女到大大小小供奉着各路神仙的寺庙里烧香拜佛虔诚祷告，但老天爷似乎睡着了，或暂时遗忘了世间生灵，而任由他们在那里苦苦挣扎、

在死亡的边缘柔弱无力地抗争。

田野里一片连着一片的死寂，很快将众多饥民推向年馑的顶峰、人类史上悲惨的极致：易子而食、交换孩子去食用！

这是人世间最惨绝人寰、最不堪回首的一幕。

自己的孩子不忍下手，但又想活命、至少保存一个家庭一部分生命和香火，不至于断子绝孙，于是想到一个变通办法，把自己的孩子和别人家的交换，然后吃掉！

现实生活中的易子而食，并非一说一写这么简单。其间有争执和激烈的讨价还价，毕竟孩子们大小高低胖瘦不等。即便是双胞胎也有些微差异，何况绝大多数孩子不是双胞胎？于是，人们不得不忍饥挨饿讨价还价，比较孩子们的优劣、谁吃亏谁占便宜，等等。

饥饿将正常年景下美好的人性光辉泯灭殆尽，代之以纯粹狼性和动物兽性的相残本能。

孩子们往往是在睡梦中或情不得已的饥饿昏睡中，被悄悄交换并吃掉的。

被人类文明史上最惨绝人寰的现实惊呆了的爷爷，突然醍醐灌顶般醒来了。他觉得自己作为饱读圣贤书的读书人之一，应该有所作为有所动作了。

这天，已自我感觉身体良好了不少的爷爷，决定走出喧嚣压抑的香宅，到小龙脊去走一趟。

爷爷的木轮小马车刚接近龙脊古城北门，他就看到北门内、外躺着或坐卧着众多乞讨者，这是往年难得见到的景象。离开北门走到火神庙附近，爷爷见到了第一个倒闭者。这个衣衫褴褛的男子，显然是饿死在进城路上的。只见他整个人趴卧在路旁，头冲着北门，右手臂还向前伸着，指向北门方向。他在生命的最后阶段，还试图爬到城内去，但最终因体力不支，而倒闭在距离终点不远的地方。

走到五里河，爷爷看到五里河桥下水边倒卧着俩人。其中一个头扎进水中，身子却在岸上。他大概是在饥饿难耐试图喝水充饥时，突然耗尽最后一丝儿力气而一头扎进水中死掉的。另一个则双手呈搂抱前者的姿势倒卧而死，似乎他想救那个喝水时突然溺水的死亡者，却最终同样因体力不支而溘然长逝。

爷爷刚出香宅大门时还有些良好的心情，到此几乎被完全破坏，但还没到最坏之时。

离开五里河继续向北，接近七里头时，爷爷看见一个正在官路旁蠕动挣扎的人形，赶紧叫车夫停车。知道是饥饿所致，便二话不说拿出随身携带的点心，揉成粉末后放进一只木碗中，倒上一些随身带的水，给垂死者灌将下去。

爷爷因身体不好可能会随时吃药，就随身带着水和木碗；也随身带一些点心之类的吃食儿，就像他过去到小龙脊时一样，以备不时之需。

被救者，原来是一失意读书人、阴阳先生。他本计划到龙脊古城去，凭借自己那三寸不烂之舌，换点吃的喝的暂时保命。不想中途几乎倒毙，幸亏得善心人相救。问明车夫主人乃香宅季平先生后，被救之人感恩致谢不迭。

此时，爷爷却突然改变了主意，让车夫拉上被救者，一起调转车头返回古城。并应阴阳先生要求，将他在北城门楼放下后，驱车回香宅去了。

3

回到香宅后的爷爷，完全像变了一个人似的，精神饱满、意气风发、斗志昂扬，和此前完全判若两人。

他以大宅门内唯一至尊长辈和大当家人的身份，立即召集家人开会，并铿锵有力、底气十足地宣布：香宅要在古城北大街原紫阳书院大门口开设粥棚、挽救饥民！

爷爷这种亘古未有的决断和明快，震惊了香宅所有人。大家都面面相觑，偶尔用诧异的眼神，相互交流着各自的疑问：这还是他吗？

是的，几乎终其一生，没有谁见爷爷如此果敢豪迈过。在他生命中的绝大部分时间内，他总是一副因被疾病长期折磨而少言寡语的出世状态。从九品在世时，事事有他这位老爷子拍板把关，爷爷作为一个晚辈，更是事不关己高高挂起，从不卷入香宅大小事务各种纠纷之中。但今天，他却奋发、雄起了。

后来有人评论说，这是爷爷回光返照的征兆。也有人说，这是他知道自己身体长期不好，想通过积德行善买通老天爷为自己延寿。还有人说，这是他知道自己将不久于人世了，想通过救人行善之法，为身后的孤儿寡母换来好运。总之，各种说法满天飞。

抛开此间乱哄哄的争论和吵闹不提，香宅开设的粥棚，当晚就在紫阳书院门口开张了。

来自龙脊四面八方的饥民们，排着迅速变长且不断继续加长的队伍，开始领取热乎乎的小米粥了。

粥棚很简陋。

几根风干了的原木支撑着几领芦苇席，就成了棚子。棚子里盘着两个大灶，灶上支着两口从庙里借来的特大号铁锅。铁锅不停地"咕嘟"着，其中金黄色小米的幽香，一缕缕一丝丝源源不断地溢向四面八方，吸引着更多饥民潮水般向这里涌来。

大铁锅旁靠近书院院墙位置，放着数只木制大斗。斗中是不断通过香宅的小马车运来的黄澄澄小米。香宅的俩伙计，不停地将井水从紫阳书院里挑出来，倒进粥棚边上的三口大缸中。另有俩年轻人，卖力地烧着火，满头大汗。更有俩厨师模样的人，在忙着熬粥、盛粥、递粥。还有三个年轻人，在维持领粥队伍的秩序。

在这里帮忙的年轻人，大部分是满腔热血、胸怀报国之志的乡村师范学生、吴越的学弟们。他们被香宅的善举所深深打动，自愿前来帮香宅施粥，以救民于水火倒悬。

在香宅带动下，第二天，更多粥棚出现在南、西和东大街上。开设粥棚者，一部分是古城的开明绅士，还有一部分是在外地做生意、听说家乡遭灾后，特意带着钱粮赶回的龙脊籍商贾。

更多家有余粮、却没足够力量独立开设粥棚者，则捐出部分余粮给各个粥棚，以延续粥棚的烟火。

当时，颍川有大小寺庙近三百座。这些寺庙的最实际用途，就是教育众人与人为善、乐善好施。

千百年来的不断教化已深入人心，并使"救人一命胜造七级浮屠"的理念深入

骨髓融入血液。

所以，当此生死存亡之际，人们能够自觉自愿有钱出钱、有粮出粮、有力出力。大家齐心协力，欲挽救家乡父老兄弟姐妹于倒悬。

寺庙的另一功用，是后来成为学堂、传播文化知识。这在当时那个贫穷落后、普遍缺少资金建造新校舍的年代，尤其难能可贵。可以这样说，近现代科技知识在中国的传播，是从寺庙开始的。

考虑到寺庙是善男信女们近乎全民出动自愿捐建的，也可以说，中国的近现代教育，实际上是全国普通大众自掏腰包完成的。

从这种意义上讲，中国应该大大地感谢佛教的传入。

龙脊古城四大街上的粥棚，就这样灯火通明地延续了好几个月。直到民国政府开仓放粮，燃烧了数月之久的粥棚熊熊大火，才完成其伟大而悲壮的历史使命。

后来，吴仙儿赋诗一首称赞颍水一带博爱之古风尚存、人心仍古道：

> 云来河上薄城阗，冷冷清流白石邻。
> 一日高风曾洗耳，千秋颍水亦骄人。
> 桃花夹岸渔舟稳，杨柳笼堤牧笛频。
> 遥忆淇阴黄犊在，栖迟应不叹沉沦。

4

香宅第一晚开设粥棚时，那位被爷爷救下的阴阳先生，也在长长的饥民队伍中。

尽管他认为领取嗟来之食有些斯文扫地，但这毕竟是个人所无能为力的非常时期，同时也是一切都可以从宽的特殊时期。

被从死亡边缘救下的这位识文断字之人，何止是对爷爷充满感激之情，更多的是对爷爷的信任和他身世的极大兴趣。

凭借他的能说会道和职业便利，以及香宅的尽人皆知和龙脊古城的有限面积，阴阳先生很快就对香宅的来龙去脉、爷爷的背景身世等有了深入了解。

几天后，完全从饥饿中恢复过来的阴阳先生，专门买了点心到香宅去拜谢爷爷。

直到这时爷爷才知道，自己几天前在老官路上无意中救下的那个垂死之人，原来是一位来自嵩山一带的云游阴阳先生。难怪他的口音和龙脊土著有些许差异。

当爷爷问他贵姓高名如何称呼时，阴阳先生让爷爷称他燕先生。

平时因气血不足大多数时间沉默寡言的爷爷，竟和这个素昧平生的燕先生谈得十分投机。

因缘际会机缘巧合，俩人从未知到偶然相遇，再到相识并很快成为至交，性格互补似乎是主要原因。

一个性格内向、惜字如金亦或金口玉言不轻易开口，但言必行行必果。另一个则因职业习惯而外向奔放、甚至滔滔不绝。但俩人也有共同点，那就是都识文断字，都读过圣贤之书，都有那个年代知识分子的风骨和良知。

不久后，应爷爷请求，燕先生随爷爷到小龙脊小住数天。

其间，他见到了爷爷在小龙脊的那帮朋友如长聚兄弟等，顺便踏勘了小龙脊村内村外的地形地貌。这使这位来自他乡的异客很是激动和兴奋，毕竟在一个完全陌生的地方，有了一位可靠朋友。

不久后燕先生再次踏访小龙脊时，是在爷爷英年早逝之际。

爷爷的突然去世，既在意料之外，又在意料之中。

意料之中，是因他长期病患。意料之外，是因他的去世发生在多灾多难的1942年，且与倭寇有关。

5

在目睹饿殍遍地并深受刺激后，爷爷突然罕见地底气十足傲然雄起，在龙脊古城高举赈灾救民大旗。且在他引领下，仁人志士纷纷响应，大家义无反顾地开设粥棚，挽救了无数饥民的性命。

香宅的季四大爷，因此名声大震，一时风头无二。

爷爷的行为，在为他赢得意料之外美名的同时，也给他带来了灾难。

当饥民们得知香宅的义举后，不断涌到这里来要粮食，这在粥棚关闭以后尤甚。

这些饥民已不限于龙脊土著了，而是来自中州大平原的四面八方。相对于饥民的庞大数量，香宅的粮食积存差得远得多。

数月之开设粥棚，已耗掉香宅积存的大部分粮食。源源不断饥民们的进一步讨要，使香宅越来越感到力不从心。

香宅内部对爷爷所谓义举的抱怨，也因此越加势不可挡，并最终彻底爆发。在他们口中，爷爷的所谓义举，不过是出风头、惹祸端、逞一时英雄。对香宅众人来说，非但不是一件好事儿，简直就是一个巨大灾难。

众人的抱怨是完全可以理解的。

一方面，爷爷确实没有从九品的威望，无法镇住这个庞大家族难调的众口。另一方面，在这个亘古未有的大饥馑之年，绝大部分人都自身难保，何必去管众多非亲非故的云游饥民呢？拯救灾民是政府的事情，你充啥大头？

毕竟是生死存亡之危急关头。在这不是你死就是我亡的关键时刻，有些私心是无可厚非的。

但事情已经发生了，香宅的大部分存粮已化作众多饥民继续活下去的能量而不复存在。接下来会发生什么？大饥荒何时结束？没有人能说得清。

于是，众人的怨气都变成一支支利箭，射向本来就多病的爷爷。

在众人一致要求下，香宅彻底分家了。一切的一切，包括所剩不多的粮食，都统统分掉了。

分粮食的主要原因，是怕爷爷突然再雄起，再来一次义举，那大家就都别活了，都饿死算了。所以，当务之急是分粮食。分完后，爷爷爱开粥棚开粥棚，爱干啥干啥，反正他只能动用属于他自己的那一部分。

极度的苦闷和压抑，使刚刚雄起的爷爷一下子又萎靡不振偃旗息鼓了。他脑海中，常常浮现出那些死者最后挣扎的影像；那些因饥饿而倒闭在荒野的生命，极为固执且充满韧性地在他脑海中久久盘旋，使他痛苦不堪却无法自拔。

福无双至祸不单行。

雪上加霜的是，倭寇的飞机常从南部飞临龙脊古城上空，偶尔还扔下呼啸的炸弹，古城内居民被炸死炸伤者不少。而这种轰炸，也不知何时是个头。因为国军在中原的布防，已被火力强大的倭寇突破，国军的大溃退，似乎比日军的进攻脚步，来得还要快。

种种惨绝人寰的景象交织在一起，不停地撕咬着爷爷原本脆弱的神经，让他觉得自己生不如死、痛不欲生，他觉得自己已经完全崩溃了。

爷爷再次病了，在一个不是时候的时候。

因为粮食紧缺，所以物价飞涨。平时很金贵的钱，此刻却如粪土，不再拥有其应有的价值。

但看病需要钱。爷爷的病像一个无底洞，不停地吞噬着金钱，大量的金钱。尽管钱已消耗殆尽，却不咋见好。

只能卖地了！可惜，在这大饥馑之年，干枯的土地不值几个钱。土地这种不动产的价值，主要体现在国家昌盛经济繁荣之时，谁会在大饥荒大萧条之年购买土地呢？除非非常便宜，便宜得你不买就无法释怀、无法安心而去；不买就睡不着觉吃不下饭，因为实在是太便宜太有吸引力了。

于是，爷爷和父亲名下的土地，被接连不断地出手，以极其低廉的价格。但直到绝大部分土地成为别人的囊中之物，爷爷的病却全不见好。而此时，爷爷和父亲名下的土地已所剩无几，也就是小龙脊附近的那些还在俩人名下。

似乎转眼之间，已今非昔比。回头一望，已经是三十年河东三十年河西了。

人生的转换，竟如此之快、如此之令人惊讶不堪回首。

土地是不能再卖了，因为已卖无可卖。总得留点儿吃饭的根基吧？咋办呢？奶奶和爷爷都有些手足无措，甚至惶惶不可终日。不知道下面会发生何事儿，又该如何应对如何处置。

一天，爷爷觉得自己的精神好了不少，就挣扎着起来在香宅蹒跚着走了一会儿。

此刻，外面阳光明媚。天是那么地蓝，云是如此地洁白。

不知是不是因久病床上，猛一出门深受美好天气的感染，还是别的啥原因，散过步以后的爷爷顿觉神清气爽，并执意要到小龙脊走一趟。

众人苦口婆心的劝说，全都白费。

最终，爷爷乘坐香宅的那辆小马车，开始他的小龙脊之旅。

只是谁也没想到，这竟是他最后一次离开龙脊古城和香宅，也是最后一次到小龙脊。

人生的句号，划起来竟如此容易。

6

刚开始的旅程是愉快的。

时值春末夏初，外面暖洋洋的。不久前被剥皮果腹了的树木，除已死去的，活下来的那些已有不少绿意。老官路两旁干枯的水沟中，野草们卖力地挣破泥土的束缚，不遗余力地招摇着。整个大地，已不再那么荒凉毫无生机了。

这使爷爷的心情好了不少，精神也因此为之一振。

车沿老官路跨过五里河后，正逐渐接近七里头村东。

就在这时，一阵儿巨大的轰鸣声，从马车后龙脊古城方向上空传来。紧接着，是一种十分刺耳的尖利呼啸声。那是炸弹从飞机上松绑后，有些欢快而邪恶的自由落体之声。

很快，非但古城方向传来巨大爆炸声，正行进中的马车后面不远也传来爆响。炸弹爆炸所产生的巨大冲击波末梢，毫不犹豫地扫中爷爷乘坐的小马车，并将马车后面连接古城的老官路炸出一个大坑。

千年官道断了，这还是历史上第一次。

回头路断了，似乎预兆着爷爷再没返回香宅的机会了。

事实也真是如此。人生就是由很多预兆组成的。

炸弹冲击波制造的前所未见的黄腾腾尘雾，毫不怜惜地扫中缓慢行驶中的马车。马车连同和马车连在一起的一切，突然失去平衡，一下子翻进官道一侧干枯的水沟中去，爷爷被倒扣在马车下面！

走在马车左侧的车夫虽幸运地安然无恙，但已被完全吓蒙了。

绝大多数普通百姓，哪儿见过这阵势？

吓呆了的马车夫如木桩一样，呆若木鸡地立在那里，显然已魂飞魄散六神无主，不知今夕何年了。

附近田野里有三个少女，本来正嘻嘻哈哈地采摘野花和野菜，以满足女孩子天生的浪漫情怀同时帮助家人果腹。即便大饥馑之年，也无法阻挡人类自然乐观的爱美天性。

正沉浸在各自美好梦想中的三个少女，突然被从天而降的爆炸声所惊呆。好在她们距离爆炸中心较远，受到的波及和惊吓比马车夫要小很多。她们也因此很快从失神状态中回归正常思维，并本能地跑向出事儿的马车附近。

这三个少女中的俩个，便是七里头大名鼎鼎的谷家姐妹。她们的哥哥，就是在开封被杀的中共高级干部谷子升。受哥哥生前影响，父亲为武秀才的这俩少女，同样知书达理、思想进步。

另一个女孩儿，是我未来的母亲、谷家俩姐妹的闺蜜。虽然不知书，但却极达理。

仨少女唤醒麻木中的马车夫，帮他将倒扣着的马车翻过来。然后，众人合力帮不久前受惊的马匹将马车拽出干枯的水沟。最后，将昏迷中瘦弱的爷爷抬上马车。

在马车夫粗门大嗓、少女们清脆的呼喊声中，爷爷悠悠醒来。

大致弄清事情的来龙去脉并谢过仨少女后，爷爷让马车夫驾着马车，惊魂未定地向小龙脊驶去。

县城暂时是回不去了。一来官道已被炸毁，一时半会儿无法修好。二来即便能

回去，那里也不安全。日本的飞机，显然是冲着驻守在那里的政府军去的，轰炸会随时再来，也不知何时是个头。

龙脊古城虽如关羽走麦城时小小的麦城一样，是个地地道道不折不扣的弹丸之地，却是日军北上进攻许昌的必经之路，是许昌的南大门。所以一时半会儿，倭寇是不会放过这里的，轰炸必将成为这里的家常便饭。

三是爷爷已彻底丧失对香宅内部人文环境的兴趣，家族内部无休止的争斗，使他对之已无丝毫眷恋之情。

目睹马车仓皇北去后，仨少女也怏怏不快地走回附近家去，一路上还谈论着刚才的惊险。

此时的她们谁也没想到，几年后，其中的一个少女，会与这辆马车的主人一家，发生密切联系。

人生的际遇、承接和联系，不是一般人所能讲清的。人生的一切，似乎冥冥之中有种神秘力量，在做着某种难以预知的精密安排。这就是所谓的命运吧！

无端飞来的横祸，即将断送爷爷的性命。

意识到这大概是他在这个红尘世界的最后时光，又想到子幼妻寡的局面，爷爷不禁泪流满面、不能自已。

躺在床上的爷爷，一边接受无效的治疗，一边又不得不迎来众人的探望。这其中包括长聚长根兄弟、满堂满仓兄弟、金锁、德顺、水镜、群昌、寅虎寅豹兄弟和许家一干人等。

众人在劝慰爷爷安心养病的同时，免不了用龙脊土话，狠狠诅咒该挨千刀万剐的东洋倭寇一番。

大夫们说，这种惊吓之病，没啥好办法医治。关键是病人自己要主动调整心态，放松精神。

无奈之下，奶奶只好实施龙脊一带各种可用的土办法，包括给病人叫魂儿。

奶奶让人抬着病中的爷爷，到翻车的地方去给他叫魂儿。

龙脊土著人坚信，一个人受到惊吓后，因其一部分魂魄与肉体分离，而使此人魂不附体魄不守舍。此时，只要带着病人回到事发地去叫叫魂儿，还游荡在出事地点的那部分魂魄，就能回归本尊，一度分离的灵肉便能完整地合二为一。如此一来，疾患方可消除。这就是所谓的叫魂儿。

实际上，叫魂儿多用于孩童。但既然是一种治病救人的方式，在其它方法都用尽但全部无效的情况下，奶奶还是决定给爷爷试一试。万一成功了呢？

叫魂儿是由茂恩奶奶和坷垃老婆实施的。

茂恩奶奶叫着爷爷的名字，一边用右手在地上虚虚地抓一把，抛向爷爷躺着的小竹床方向，一边嘴里喊着"回来吧"。一旁的坷垃老婆及时应一句"回来了"，同时也从出事地之上空虚虚地抓一把，抛向爷爷躺着的方向。如此一唱一和一抓一抛，反复多次，直到唱和之人满意为止。

......

尝试了各种各样或中规中矩或稀奇古怪的所有可能方法后，爷爷的病却没一点儿好转迹象。

自知将不久于人世的爷爷嘱咐奶奶说，他去世后，要葬在小龙脊，不要归葬香宅任何祖坟。在此乱世，祖坟也不会平静，有被倭寇挖掘、甚至炸毁抛骨扬灰之虞。

奶奶深知爷爷的心思，他一直未和香宅产生过和谐共鸣，反而常因香宅内部的无端争斗而身心俱疲、不胜其烦。相反，爷爷对小龙脊充满好感，他在这里是放松而快乐的。既然如此，那就在小龙脊另起炉灶、开辟一块新天地吧。

主意既定，奶奶便张罗着打听、寻找合适的风水先生，为小香宅在小龙脊寻找一处百年乃至千年风水宝地。

吴仙儿本应该是最好人选，他不但精通这方面的业务，而且和香宅是世交。

不过，吴家有个雷打不动的原则：不与任何具体人家就事论事讨论风水，更不帮人寻找吉地美穴。这是这个书香门第从吴宗尧太爷开始，就给吴家自己立下的规矩。

一些不知情者，往往在登门盛情邀请几代吴先生之一为他们算命看相选择上上吉阴阳宅时，吴先生们总是这样婉拒他们：风水随心走，一切命中定，只要向善看，福禄自然来。一切自有天数强求不得，还是顺其自然吧。天命不可违啊，何况后人自有后人福呢。

久而久之，人们便广泛地知道了吴家铁打的规矩，就不再找他们勘察风水求问吉凶福祸了。

除授业解惑养家糊口外，吴先生们几代也深入钻研阴阳之术麻衣相法周易八卦等，还不停地著书立说，却从不实践他们丰富的理论知识。

包括爷爷、奶奶在内的香宅，自然了解吴家的规矩，便不再强人所难。

昏迷中的爷爷，时而糊涂时而清醒。一天，清醒中的爷爷很清醒地提醒奶奶说：暂住北大街白衣阁的外乡人燕先生颇通阴阳，找他准成。说完，又弱弱地口占一首诗道：

> 渚水临孤寺，残碑识旧名。
> 松花鹤梦稳，薜色竹房清。
> 龙跃寒潭月，风呼老树莺。
> 禅机如可悟，就此觅长生。

爷爷是矛盾的、非常矛盾。一方面他觉得风水之说可有可无，尤其是对他本人而言更是如此；另一方面，又不想让家人后代跟着他吃苦受罪。

他也无法不矛盾：风水的玄妙，谁又说得清说得死呢？

此时，身着长衫的燕先生，正行走在通向小龙脊的老官路上。

这不是燕先生能掐会算真有啥先见之明或接到了电话，而是他碰巧听说爷爷出事了放心不下，便急忙赶往小龙脊探视救命恩人。

电话在龙脊的出现，是几年后的事情。而且仅限于县政府和西边不远处京汉铁路东侧那个小火车站之间。普通百姓享用电话的日子还为时过早，那是半个世纪以后的事情了。

7

在小香宅正房东边卧室中，燕先生握着爷爷的手，和病中的他嘘寒问暖，劝慰他安心养病，勿作他想。

然后来到屋外，和奶奶在院子里讨论爷爷的身后事宜。

燕先生此前曾数次来小龙脊。当时还出于职业习惯，踏遍了小龙脊里里外外及其周围，对此地并不陌生。

燕先生给奶奶分析道：小龙脊之西、西南、南偏东方向，早已被赵家不同分支的祖坟占了先。南边有霍营的几座祖坟分布。北和西北方向附近，是后小龙脊赵氏和许家的坟茔。东北方则有李营分支的祖坟。这些地方，显然不可入葬。孤零零一个异姓，加上季平先生天性淡泊与世无争，和众多长期据守此处的外姓人竞争，没有任何风水方面的优势。看来看去，只有东地最佳。

奶奶没读过书，更不懂阴阳八卦这些神秘东西。对她来说，金木水火土、阴阳调和、方位、距离等等，实在太复杂太玄妙了，她无法搞懂，也没心情去搞懂这些。但可以肯定的是，她完全信任燕先生：一个差点因饥饿而离开这个世界、却被自己男人救下的知书达理之人，能不被信任吗？

一切全由燕先生做主。想到这里，奶奶这样结论性地告诉燕先生。

选定大致方位和范围后，燕先生带着罗盘来到东地，准备再好好踏勘踏勘，以确认穴位之具体位置。

燕先生的罗盘，用红绸布裹得严严实实，并装在一个散发着淡淡幽香的精致紫檀木小盒中。这个他赖以生存的罗盘，燕先生总是随身带着，绝不允许外人碰它一下。

从小香宅大门口外向东走几步，就是当地土著称作东地的农田。

小香宅大门前宽阔的东西向街道，在这块儿农田西边尽头、即小香宅大门外东侧，突然变成一条弯弯曲曲的蛇形小道。

这条不规则的羊肠小道，自小香宅院外东南角起，向东偏北方略微偏斜着穿过东地，然后从小龙脊东边李营的南侧穿过，最后交接到通往大陵的主干道上。

这条毫不起眼的小路，小香宅并不陌生。从九品生前曾走过多次，他前往大陵拜访老吴仙儿时，留下过无数足迹。

老吴仙儿和他儿子吴运昌，也常沿这条羊肠小道，前来小香宅拜访从九品等。

爷爷本人，也多次在这条小道上留下过印记。

小龙脊附近有历史内涵的东西不多，大陵是其中不得不提无法忽略的重要古迹之一。任何读过书喝过点儿墨水的人，是断不会忘记前往这个两千多年前的历史遗迹去发思古之幽情的。

就连奶奶和年幼的父亲，在前往大陵镇一带去看望大姑和二姑一家时，也常走这条近道。

对奶奶和父亲来讲，这条小道实在是普通得不能再普通、寻常得不能再寻常了。

相信在众多普通百姓眼中，这条小道和颍川古郡乃至整个华夏众多同类小道一样，没有任何本质区别。它们都是很久很久以前，人们为省时省力，出于方便而随意踩出来的近道。这些小道，近则近矣，却窄得无法通行任何车马，只能容单人步行。古人所谓抄近道或抄小路，就指此类蛇形小路。

然而，自从燕先生讲过这条小道的重大标志性意义后，它在奶奶和父亲心目中就不再普通了。非但不再普通，反而具有重大而神秘的现实战术和未来战略意义。因为它关系到小香宅这个家族未来的前途命运，尽管当时他们还半信半疑似信非信既信却又不敢全信。

风水术的神秘，在于其结果是后知后觉而非先知先觉，是短时间内完全无法验证的。它需要未来一、两代乃至多代人，用自己的前途命运去检验几十、上百年前风水师的掐算和预见，无论是好还是坏。

燕先生在东地不停地巡视着。时而低头掐算，时而举头四顾，时而立定思索。有时则手端罗盘，小心测量方位。

在不懂行的外人看来，燕先生所做的一切不但神秘，而且十二分地严肃。因为他关乎一个家族未来数代人的前途和命运，尽管鲜有人能说得清两者间究竟是一种啥联系。

在东地盘桓了好一阵儿的燕先生，终于回到小香宅。他喝过茶水缓过劲儿后讲的这段话，彻底颠覆了那条原本很普通的乡间小道在奶奶和父亲心目中的地位。

燕先生的寥寥数言，其实是给奶奶出了一道艰难的选择题。

若百年之后，季平兄长眠于东地那条小路北侧，将来小香宅会人旺；但若归葬于小路南侧，则小香宅会财旺人不旺。燕先生这样说道，语气平和，吐字舒缓清晰，和他平时的做派没任何区别。

奶奶努力听明白了。燕先生是说，爷爷将来如果葬在东地小路北边，小香宅后代会人丁兴旺、枝繁叶茂，但不会大富大贵。而如果葬在小路南边，小香宅后人会财源滚滚大富大贵，但人丁不旺、枝叶稀疏而零落。

搞清楚燕先生的意思后，奶奶不假思索地坚定答道：那就葬在北侧！

奶奶显然饱受了父亲这一枝人丁不旺的痛苦。这在那个一切以人力为主的社会，尤其如此。

自古以来，人们多子多福的观念，不就是期冀通过丰富劳动力即男丁、增加富裕的希望吗？

爷爷和奶奶只有父亲一个儿子，这使她常常无法心安：万一今后她有个三长两短，剩下儿子一个人无依无靠，该如何是好呢？

眼瞅着后小龙脊赵吉家有六个儿子，前小龙脊刺猬家有八个儿子，奶奶更觉得自己的儿子可怜。独苗一根不说，爷爷作为家里的顶梁柱还常年害病，而且恐怕很快就不再属于这个世界了！

想到这些，奶奶立即做出上述决定。

燕先生赞许地点点头，对奶奶的明快决断表示钦佩。

燕先生饱读圣贤之书，年轻时曾狂放不羁，不把红尘的一切放在眼里，婚姻家庭在年轻的他眼里更是大大地世俗。

他后来考中秀才后，却再也屡试不第；紧接着，科举考试制度取消成为绝响。他为此更淡泊了功名之心，轻看了官场之利。不轻看也没有用，因为一切都已成为历史。

但总要吃饭吧？哪怕是一人吃饱全家不饿的单身汉，也要果腹。但满腹经纶的读书人却手无缚鸡之力，农田劳作稼穑之苦，也不是年轻的他所能驾驭的。加上乐于周游，坐堂行医写处方开药也不是他的性格所能为之，因为他坐不住，在一个地方待久了，就会失去耐心、没了兴致。

无奈之下，燕先生只得苦读所有能够看得到的风水面相阴阳八卦之类书籍，算是掌握了一门吃饭糊口的本领。并从此远离故里到处云游，倒也快活。

古人讲破万卷书行万里路，这种生活，就是他的至爱。至于魂归何处，他倒不咋考虑。死后原知万事空，何况一个单身汉呢？燕先生常常如此自我安慰。

无产阶级的心理优势就在于"无产"，无家无业、无牵无挂，没有任何心理负担，也因此不会瞻前顾后、犹疑不定，而只管勇往直前。

相比之下，爷爷就不安心得很。他充满歉意，对儿子、妻子和在另一个世界的先人，他觉得自己拖累了一家人。这种心理折磨，让他死得很纠结很矛盾，却又徒唤奈何。

此前，爷爷曾劝燕先生成个家。当时他说：你贵姓燕，但不是燕子，飞来飞去无所可依。即便是燕子，还有个归巢呢，倦鸟知归，何况人乎？你不是讲究阴阳调和吗？男女成家在一起，乃天地间最大之阴阳平衡、天道伦常。你光棍一根儿，只有阳，没有阴，如何实践你所谓的阴阳调和呢？

爷爷这番话，让燕先生为之一震：都说季平平庸，这哪里是平庸之辈说出来的话？季平之淡泊宁静、与世无争，恰恰说明他的不平庸。平庸之人不会有如此深刻之见地。

可惜，季平几乎终生体弱多病。疾病抑制了他内在才华的激活，使之没有任何施展机会，最终只能落个平庸之名声，实在可悲可叹！

一个人没有强健体魄，哪怕再深藏才华，最终也只能流于平庸。历史上那些所谓才华横溢者，不过是有比别人更好的体魄和际遇，且因此得以施展并青史留名罢了。

又有多少才华横溢之士，终其一生无施展抱负的机会，而不得不终老荒野，化作滚滚红尘之普通尘埃呢？

欣赏归欣赏，看到爷爷因牵挂孤儿寡母无法安心的痛苦样子，燕先生还是觉得自己一个人挺好。无牵无挂无忧无虑，赤条条来再赤条条去。心灵一片宁静，世界干干净净！

8

在极度歉疚、不舍和不安中，爷爷走了。

一切如事先安排的那样，爷爷没有归葬香宅任何一个古老宏大的祖坟，而是在小龙脊另起炉灶，长眠于东地小路北侧燕先生为他选定的"人丁兴旺"穴。

此时，从九品的灵柩，还静静地停放在小香宅东侧一间斗室中。他要看着倭寇滚出颍川后，归葬城东香宅祖坟、与先祖同在。而这是三年后的事情了。

胆小怕事的爷爷，不该出生在香宅这种大家庭。若他出生在一个仅够温饱的普通人家，也许会过得更好、更健康一些。

就像一位能力平平、仅可勉强维持一个小县运转的七品知县，突然下旨让他进京去当宰相，他不但干不好这个重要职位，反而会因能力不怠而战战兢兢最终缩短自己的寿命一样。

大饥荒尚未远去，生活依旧困顿，生命也依旧脆弱。

长久的疾病、生命的消失、或新生命的到来，都意味着更多花费甚至倾家荡产。

雪上加霜的是，国军为抵抗倭寇入侵，不顾前所未有的巨大天灾，依然在包括龙脊在内的中原一带大肆征粮、滥抓壮丁。

天灾加上人祸，加剧了这个令人不寒而栗谈虎色变的大饥馑之年。而这个颍川土著终生念念不忘的年馑，也一直延续着其悲惨。

直到 1944 年，事情才有了转机。

至此，连续两年的大饥荒，导致中原一带数百万人死于非命，成千上万户断了香火，数千万人流离失所背井离乡，很多乡村十室九空，几成鬼城、空村！

后来有学者研究统计，仅 1943 年一年，颍川县就饿死 42500 人，逃荒要饭者 54000 人，离家未归者 2120 户、约万余人，弃卖妻子者 3500 人，卖儿卖女者 15200 户。

爷爷临终前的愧疚，也不是没有道理。他的长期患病，虽没导致小香宅倾家荡产债台高筑，但也差不了多少了。

家里几乎所有值钱的东西都出手了，田地也已卖出大半，尽管没有卖出好价钱、有点儿像白送一般。剩下的小香宅空壳，也将很快出售，以维持一家孤儿寡母两口人眼下的生计。

遵照爷爷的临终嘱托，一口薄薄的杨木棺材，成为他在另一个世界的永久安身之所，成为其一年四季的居室。

> 夏之日，冬之夜。百岁之后，归於其居！
> 冬之夜，夏之日。百岁之后，归於其室！

薄杨木棺材，是龙脊一带贫寒人家送别亲人的常用之物。当然，还有更惨的，那些连杨木棺材也买不起的人家，只好用一领破芦苇席子，裹着亲人的遗体下葬了事，这是比较极端的例子。

因此，爷爷的丧葬算是薄葬。在这食不果腹衣不蔽体的特殊年景，一切不得不从简、不得不以节约为原则。既要顾死人，更要考虑活人。一切该省或不该省的，最后都省了。

正常年景下，像爷爷这种家世背景的人，应按传统礼节，雇请一帮甚至多帮吹鼓手，在响器笙笛的热闹声中，大宴宾客数天。然后在众亲友浩浩荡荡护送下，一路吹吹打打送到安息之地。

如今，这些所谓白喜应有的热闹景象，统统都免了。

非常时期，当以非常手段处之。

安安静静之中，爷爷归葬于他生前选定的安息之地，倒也符合他的秉性喜好。

不过，爷爷的安葬并非一帆风顺，其间还有个不大不小的插曲。

爷爷和他前妻的女儿、即父亲的同父异母姐姐，在爷爷出殡那天前来小龙脊给爷爷送行。

不可思议的是，这个姐姐刚进家门，就嫌弃爷爷的棺木级别太低太寒酸，并在一怒之下，将好不容易为爷爷准备的棺木掀翻在地。

她认为，以香宅的家世和田产土地，应该为爷爷准备一口上好棺木。即便不用王公贵族富商巨贾们使用的金丝楠木，也该用颍川人心仪的红松、柏木之类千年不朽的上等棺木，最次也要用桑木，怎能用极易腐烂的杨木呢？她觉得父亲不孝、不舍得花钱为爷爷购买好棺木。而她本人，又不肯出钱为她父亲、我爷爷购买更好的棺木。

于是她当场发飙，在灵堂上大大地闹腾了一番。

她完全忘了或故意忽略掉，眼前这个年馑、以及爷爷常年之疾病，早已拖垮了这个家庭。小小年纪的父亲和他那小脚寡母，根本无力负担上好棺木！

众人好说歹说好言相劝，父亲的这个姐姐才平息怒气，勉强同意将爷爷就此下葬，以免误了风水先生堪好的吉时良辰。

奶奶和父亲都明白，这个姐姐其实是在故意找碴。

她一直觉得，父亲从爷爷那儿继承了太多土地等遗产，而她作为嫁出去的姑娘泼出去的水，却没捞到啥好处。心中因此很是失衡，故而借机发泄不满。

几年后，父亲的这个同父异母姐姐，临终前主动向父亲坦白了她曾参与毒杀他的不齿行为，算是很好地实践了"鸟之将死，其鸣也哀；人之将死，其言也善"的先贤总结。

9

爷爷去世这年，父亲12岁。

这个12的少年，虽然还背着"半拉天"的诱人名号，实际上家里却不得不靠典当、售卖过日子了。

奶奶开始合计着售卖小香宅这个四合院了。

家里已到山穷水尽之地步，否则不会抛售祖上传下来的家业。

此前，已无奈卖掉一些家具，包括祖上传下来的那张油光发亮光可鉴人的老古董樱桃木条儿，四扇红木屏风，一架紫檀木琴台，一对黄花梨太师椅，和几件黄花梨花架等。

等屋内家具卖得差不多了，就只能卖地卖房子了。

事情往往都是如此，由小及大、从里到外、由可移动之物到不可移动之物。循序渐进，直至某种不可预知的质变发生后，一切方才终止。

家具和部分土地，大多卖给刺猬家了。

刺猬是前小龙脊这个赵氏支脉一家之主的外号。

此人性格乖张是个刺头，说不得更碰不得，更不能吃一点儿亏。否则会给招惹他的人带来无尽麻烦和烦恼。

与爷爷年龄相仿的刺猬，是这支赵氏的独苗。但他却养育了八个儿子一个女儿，人丁兴旺得不行。

人丁兴旺是好事，但也是烦心事。那么多儿子那么多张嘴，都等着住房等着吃饭呢，咋不麻烦？人丁兴旺是让别人羡慕自己快慰的好事，但也是让自己压力山大的操心事。

看着满眼活蹦乱跳不断长大的孩子们，刺猬越来越觉得需要一座大房子大院子来容纳这一大家子人了。

建新房最好，好就好在想咋建就咋建。但那意味着更多金钱投入，更多粮食和时间消耗。当下这个大饥馑之年，显然不是建房的最佳时机。最省心最简单最经济的方式，是买一个足以容纳这个大家庭所有成员、带有很多房间的那种现成四合院。

小龙脊拥有真正四合院的也就两家。一是后小龙脊赵吉家，二是前小龙脊的小香宅。

和刺猬同龄的赵吉家也是儿女成群人口众多，他一时半会儿不可能卖那所宅子。即便他想卖，刺猬也对那种坐南朝北的院子不感兴趣，甚至有天然排斥心理，也因此不会购买。

自古以来先人的房屋大都坐北朝南，以便有个好风水。坐南朝北算咋回事？那不是和祖宗作对吗？刺猬有强烈的风水意识，但他本人并不懂风水，这种意识反而更加强烈。

如此一来，适合购买的房子只有小香宅了。

孤儿寡母俩人，住那么大的房子那么大的院子有啥用？空空荡荡的，容易招惹祸端，也不安全。

于是，刺猬瞄上了小香宅，确切地说，是他很早就开始琢磨小香宅了。

从某种意义上说，奶奶和刺猬有些不谋而合了。她也觉得，孤儿寡母俩口人，住这么大一个院子，确实显得过于空旷，空旷得缺乏安全感。尤其是当她想到这里曾经发生过的一切不愉快不开心时，如父亲差点儿被土匪杀死，爷爷英年终老于此等，奶奶更坚定了卖房的念想儿。

尽管她也知道，在此大饥荒之年，除粮食等可以充饥的东西以外，任何其它东西都卖不出价钱。人人都在顾肚子、保性命，谁会舍得花大价钱购买这种吃不得又喝不得的东西？

但她已经没有任何选择余地了。要么生存，要么死亡！

奶奶不知道谁是莎士比亚，但她却在一个与莎翁完全不同的时空中，体验到了这句话的厉害。

选择的余地是极其有限的，出路也只有一条，这就是卖房子顾肚子保生命。除此别无它法！

精于算计的刺猬，正是看准了奶奶走投无路的现实境遇，才选中这时下手的。

刺猬就是刺猬，无愧于他的名号。他占别人的便宜可以，别人想占他的便宜，没门儿。有门也进不去。

精明的刺猬，先安排他老婆频繁到小香宅对奶奶嘘寒问暖，本意却是打探奶奶的口风、收集战前情报、了解奶奶的底线。

这种商业刺探不是一件难事儿。因为奶奶本就准备卖小香宅，也想通过所有和她攀谈之人顺便透露一下口风，通过如此广而告之，看看是否有合适买主。

此时，奶奶并不知道，刺猬一家早已盯上了小香宅。这倒也好，送上门的买主，省得大费周章。

知道了奶奶底线的刺猬出手了，他亲自上门和奶奶讨价还价。

常常大门不出二门不迈的奶奶不是生意人，妇道人家哪知道生意场上的门道、商战的玄妙？

刺猬也不是生意人，但却胜似生意人。他的精明比生意人还生意人。

这场商战的较量结果，是早已注定了胜负双方的：刺猬以低得不能再低的价格，如愿以偿得到了小香宅的一切。

10

被迫卖掉小香宅后，奶奶和父亲这对孤儿寡母，搬进小香宅东邻一墙之隔的香宅仓房中去了。其隔壁，就是暂时安放从九品棺木的那间农具小房。

这所坐西朝东的茅草屋，孤零零的没有院子，也没有大门，天天迎着冉冉升起的旭日。

房屋左前方不远处，一株野生国槐正旺盛地生长着。似乎象征着奶奶的希望，希望孩子快快长大，快快成家立业，然后人丁兴旺起来，不再受眼下这种孤苦冷清的磨难。

爷爷的去世，无论是天意还是个人命运使然，彻底改变了这个小家庭的一切。换言之，爷爷的死是这个家庭的分水岭；小香宅曾经的辉煌，已彻底随着爷爷的去世，一起葬身另一个世界而不复存在了。

曾经让人羡慕的小香宅主人，已沦为比普通百姓还不如的贫寒之家，一个孤儿寡母俩人相依为命的苦寒之家。

尽管此时，父亲还挂着"半拉天"的名号。但此时的他上无片瓦只有麦草，下虽还有一些土地，却离"半拉天"这个可爱的土豪称号，已相去甚远矣！

一切都三十年河东三十年河西、今非昔比了，甚至可以说是沧海桑田了。

奶奶和父亲乔迁简陋粮仓后不久的一天，燕先生突然造访。

看到短短几天工夫，眼前这家人发生的巨大变化，燕先生唏嘘不已：不久前，季平兄尚在。他振臂一呼，开设粥棚，救饥民于水火之中。当时香宅还如日中天、名声在外。转眼间，就物是人非了。曾经的大户人家，沦为孤儿寡母平民百姓，几乎和不久前的饥民一样，惨淡度日。唉，人生真是无常，生命的意义究竟何在？

感叹唏嘘之余，燕先生说他要离开龙脊继续自己的云游之路了。临走前，特意前来跟救命恩人告别。

燕先生到爷爷坟上烧了纸钱、上了贡品、燃放了爆竹，还在坟前说了许多可能只有爷爷才听得懂的话。

在奶奶极力挽留下，燕先生在小龙脊吃过午饭、并告诫父亲好好读书后，就怀着复杂心情离开小龙脊，一路向西云游去了。从此杳无音信，一去不返。不知最终魂归何处！

燕先生黄鹤一去后不久，奶奶便开始托人给父亲提亲说媒了。

给小孩子早早提亲说媒，是那个年代的风俗习惯。

拐弯抹角鬼使神差之下，也可以说是天意，得知七里头北大街王家有个二女儿，与父亲年龄相当。此女子心地善良，品貌端庄，孝敬父母，温婉贤淑，踏实肯干，秀外慧中，且做得一手好针线活儿。更难得的是，她无师自通，完全靠自己摸索，学会了剪裁衣服。

听了媒婆的介绍，奶奶心中十二分地欢喜。相信这就是她理想的未来儿媳妇，万万不可错过。过了这个村就没这个店了，必须抓紧时机。

一阵紧锣密鼓之下，奶奶委托的媒人出发了。

于是，有人上门给母亲提亲了。

媒人口中诱人的"楼瓦雪片""半拉天"等等，实际情况究竟如何呢？姥爷自然会派人调查的，毕竟是女儿的终身大事。

结果，真实情况却是这样的：孤儿寡母，艰难度日。所谓"楼瓦雪片""半拉天"等等，不过是昨日黄花镜花水月。姥爷和姥娘就有些犹豫，怕女儿嫁过去受罪。

母亲却很愿意，不是冲着那些虚无的房产土地，而是冲着一个读书人。那时识文断字之人太少了，真正是凤毛麟角、金贵得很，不是千里挑一，也是百里挑一。

母亲对读书人，有种骨子里的天然好感。庙会上戏文中那些落魄书生，不都是读书人吗？读书不是改变了他们的命运吗？这是母亲最中意的地方。

母亲从小在庙会古戏的熏陶下长大，深受中国传统文化影响。戏文中人物的喜、怒、哀、乐，常常可以左右母亲的情绪。她们同悲同乐，同哭同泪。

少年父亲和少女母亲，就这样最终定下了这门娃娃亲。

这是当时社会之流行习俗。

定是定下来了。但母亲真正离开娘家、正式嫁到小龙脊来，是多年以后的事情了。

第九章　沟　口

1

　　生命在继续，按照它自身固有的规律，不紧不慢不疾不徐。没有啥能阻挡它的脚步，无论是灾荒之年，还是大收之季。

　　既然生活必须继续下去，作为家里的唯一男丁，父亲不得不早早扛起生活重担，尽管他还是一个不折不扣的少年。

　　父亲边读书、边耕种家里劫后余生的田地，边到龙脊古城一个印刷厂当学徒。

　　印刷厂是古老的石印，主要印制皇历、年画等华夏传统文化载体。

　　当学徒听起来好听，其实比长工还不如。学徒学徒，三年为奴。学徒实际上是师傅的仆人。为师父打洗脚水洗脚、倒洗脚水，清理夜壶，伺候师傅吃喝住行等。比师傅的儿子对师傅还要亲，还要温顺谦恭。

　　即便如此，也挣不了几个钱，但聊胜于无。

　　和父亲一起当学徒的，还有小龙脊德顺的大儿子百川。他比父亲大十岁左右。

　　后来，当父亲很快退出这个行当，彻底返回小龙脊照顾奶奶并耕读养家糊口时，百川因有俩弟俩妹在家帮助他们的父母耕种劳作，而得以继续在印刷厂工作，并直至退休。

　　乡镇摊派到家庭的一切义务工，父亲也不得不以少年之身亲力亲为，和那些成年男子干同样的活计。

　　最近几年，原本民风淳朴的颍川，因时时遭受来自西、北坡里土匪们的侵扰，开始出现让人不安的兆头。

　　吴仙儿隐隐感觉，龙脊将出现动荡与灾难，以前的安宁平和很快会成为追忆。

　　不久，为防土匪和倭寇，大陵镇号召辖区内所有村民出工，筑高寨墙、挖深护城河。因为有消息说，北、西坡里的两股土匪，要联合起来洗劫这一带。

　　小龙脊的壮劳力水镜、长聚和长根俩兄弟、满仓和满堂俩兄弟、金锁、群昌和德顺等，统统去大陵镇深挖坑高筑墙去了。父亲作为一个独立家庭的唯一男丁，也一起去了。

　　水镜脾气暴躁，却对父亲颇为照顾，常护着这个比他低一辈小很多的少年，大概是看在孤儿寡母的份上吧。

水镜日子过得不错。他并不完全指望土地生存，而是经常推上他那辆让人眼馋的独轮车、一种当时象征富贵的运输工具，早出晚归，到龙脊古城去做些买卖。

满堂满仓兄弟也对父亲照顾有加，尽量不让他干重活。

长聚和长根俩兄弟就更不用说了。看到年少的父亲，长聚会情不自禁想起英年早逝的好友季平、即我爷爷，想着该帮他做些啥，以不负当年两人间的友谊。石匠长聚常让父亲给他当帮手，递个凿子、找个斧子等这类轻省活儿。

2

1944年春，日本终于突破黄河防线，自黄河以北占领区，进入黄河以南包括龙脊在内的广大平原地区。

此前，日本因无法突破黄河天险，曾绕道安徽西部进入河南南部，试图从南部北上占领颖川，并为此数次派飞机轰炸龙脊古城，却最终未能得逞。爷爷就是在其中的一次轰炸中，被无端波及而英年早逝的。

长聚长根、满堂满仓兄弟、群昌和金锁等，曾商量一起进城，干掉几个日本鬼子，为爷爷报仇雪恨，以对得起爷爷生前和他们的良好友谊、告慰孤儿寡母的辛劳与不易。

终因无好计策，加上满堂满仓兄弟和金锁的胆怯，而一直没有实施。

但他们的确曾一起以赶集卖菜的名义，进城探听消息，查看虚实。结果一看到荷枪实弹凶神恶煞的鬼子，满堂、满仓俩兄弟和金锁就吓得瑟瑟发抖，还差点尿了裤子。这让长聚、长根兄弟和群昌在返回小龙脊的路上，一直喋喋不休地讥笑这仨人没出息。

想在城内和武装到牙齿的日本人干一下，大家显然没有任何底气也缺乏勇气。眼看一切要落空，大家就慢慢懈怠下来，不再提这事了。

实际上，即便是长聚长根兄弟和群昌，也没有决心和日本人干一场的足够勇气。尽管他们讥笑满堂、满仓和金锁胆小如鼠，其实他们本身也心虚得很：没枪少炮的，怎么和日本人干？

最重要的是，干日本人的理由不充分，为香宅的季平？季平生前对大家确实不错，活着时没少爷或老爷架子，跟大家玩在一起吃在一起，常将当时极其稀有大家闻所未闻的点心，从香宅家里拿来分给大家吃，让大家也过足了少爷瘾。一般人家的孩子，哪里吃过这种高档吃食儿？恐怕连见都没见过。但这就值得大家来为他拼命吗？

除了长聚兄弟，其他人都觉得没这个必要。

不久消息传来，龙脊王曲乡热血青年李鼎鑫，在邻县西华境内杀死一日本兵，抢得三八大盖步枪一支。初尝胜利甜头的他更加豪情万丈，觉得鬼子不过如此，也是凡胎肉长的，并非钢筋铁骨牢不可破。因此返回家乡后，又酝酿了一个更大计划。他约上同村学子、同样的热血青年李大田和李书田，在王街桥头袭击了一辆日本汽车，并再次成功得手，尽管没给鬼子造成重大损失。

两次得手却未遭任何波折，进一步壮了李鼎鑫的胆，使他更加觉得鬼子确实不过尔尔。于是，他更加豪气冲天，计划刺杀侵占颍川的日本最高指挥官沟口右京。如果刺杀成功，会给侵占颍川的日本人以沉重打击，毕竟沟口是辖区内鬼子的老大。

为保证此次行动能够成功，李鼎鑫约了王喜河、李吉庆等数人，准备一起行动、一击成功。

可惜，消息从内部人口中无意走漏，李鼎鑫被汉奸告发被捕入狱受尽酷刑，最后被杀害于古城南关沙坑之中。脑袋被倭寇割下来，轮流悬挂在东、西、南、北四个城门上示众，以杀一儆百以儆效尤。

再次进城赶集时，长聚等六人看到城门楼上悬挂的那颗脑袋，吓得两股战栗。进一步打消了他们袭击日本人的想法，挫伤了他们的锐气，起到了日本人想要的效果。

但不久后发生的几件事，又不断将他们要和日本人干一下的念头被时时撩拨起来，使他们欲罢不能十分纠结。

第一件事儿与满堂和满仓兄弟有关。

日本人听说满堂和满仓昵称"豆腐赵"的父亲豆腐做得好，于是派俩伪军前来小龙脊，将豆腐赵"请"到古城为日本人做豆腐。豆腐确实做得好，日本人吃得高兴又满意。

一次酒宴上，日本驻龙脊警备队队长吉田桔郎吃得畅快、喝得高兴，一时兴起把豆腐赵叫来，非要灌他喝酒，说是表示感谢。

豆腐赵一再声称自己晕酒不敢喝。那时龙脊土著不知道这是酒精过敏，只说是晕酒。

吉田不依，借着酒劲儿一定要豆腐赵喝。

结果果然如豆腐赵所说，被捏着鼻子灌了不少酒的他，第二天被抬着回到小龙脊家中。从此再没醒来，成了植物人。

这件事增强了满堂和满仓兄弟与日本人干一场的意念及决心，至少俩人常如此咬牙切齿地在小龙脊发毒誓、并极力鼓动其他几人。

但此时，除长聚和长根兄弟出于义气积极响应外，其他人都不大热心。毕竟这件事儿与他们关系不大，事不关己高高挂起。

第二、三件事与金锁有关。

龙脊沦陷前，国军扒开花园口释放黄河水，将日军暂时阻挡在黄河北岸。当日军终于突破黄河天险南下时，国军动用数万民工，将贯穿龙脊古城南北的老官路拦腰挖成数节，并在路中央挖出深约三米、宽约两米的深坑，试图阻止或迟缓日军南下。

当日军自北而南兵临城下时，因公路被破坏，不得不使用道路两侧的农田行进。大批日军兵马、坦克、汽车和炮车数路并行，在老官路两侧压出宽十多米的新路，大片麦田因此被摧毁。

老官路在小龙脊村西不远处。金锁家的麦田，恰恰在老官路东侧附近，全家大

饥馑后的全部希望，瞬间被日本人碾得粉碎。

另一件事情是，金锁在樱桃郭的姑父，不但家里一棵视为神树而年年被大家膜拜的百年古槐被鬼子砍伐当枕木了，而且他姑父还被强行拉去修路去了。

鬼子的告示霸道地声称：境内铁路公路，限三日内修通，如违，烧杀。

颍川境内临近铁路、公路的村镇，凡 15 到 60 岁的男性，不分昼夜一律出工。早上迟到者，拳棒交加；午后迟到者，罚跪铁轨。

时值盛夏，铁轨滚烫如烙铁。赤裸的双腿一跪数小时，双膝蜕皮发炎而变残者甚众。金锁的姑父便是其中之一。

金锁为此恨日本人恨得咬牙切齿，发誓要和鬼子干一下，否则誓不为人。

此时，满堂和满仓与长聚和长根兄弟积极响应，而有土匪姐夫靠山的群昌，还是因事不关己颇为冷漠。

但下面几个变故，终于把群昌推向日本人的对立面，使他无法再置身事外高高挂起了。

一是鬼子的飞机狂轰滥炸时，把群昌家位于村西的祖坟给炸出一个大坑，先人尸骨混合着腐烂棺木碎片，一片狼藉满地都是。乡人觉得很不吉利，这家人将来不是断子绝孙，就是有其它横祸。

这使群昌极为愤怒，他终于也加入诅咒日本人不得好死的阵营之中。

但事情似乎才刚刚开始。

不久，群昌住在固厢寨紧靠老官路的舅舅，被日本人就近抓丁拉夫。年过半百的老人，被迫为鬼子扛弹荷枪，一人背负数支沉重步枪，最后活活累死在颍川南部小商桥附近。

群昌的表哥，一个文弱小学教师，也一同被迫为日本人背负子弹箱。近百斤重的子弹箱，压在他瘦弱不堪的身躯上，一路又被枪砸脚踢，也累死在颍川南邻县境内。

这还没完，颍川陷落于倭寇之手后，日军在龙脊古城西大街开设"御料理"即慰安所。很多良家妇女被抢来供日本人蹂躏摧残，稍有反抗，即被杀害。不少妇女不堪其辱，或上吊或投井。群昌的表嫂，就死在"御料理"。

表嫂是在单枪匹马前往料理丈夫后事时，在龙脊古城南门被日本人强行抓获，硬生生投进"御料理"的。家破人亡万念俱灰的她，选择了投井自尽。

这还不是这个家庭悲剧的终结。

因家里接二连三发生重大变故，群昌的妗子疯了。没有谁能够承受亲人接连横死的巨大打击，所以，她疯了。一天，疯了的妗子正沿老官路漫无目的自言自语地走着，突然一声枪响，妗子应声倒下。她被日本人当活靶子给杀了。

悲剧还未完全收场。

群昌表哥的俩孩子，结伴去寻找疯了的奶奶、他们唯一还在世的亲人。不料在一块儿麦田里，也被正在附近训练的日本人当活靶子给杀了。

被日本人当活靶子枪杀的，还有金锁丈母娘的母亲。这个年近古稀的老太太，正坐在打麦场一个石碌上纺线时，突然一声枪响，老人家应声倒地不治而去。

所有这些，都切实激发了众人要和鬼子干一场的念头。

尽管其中没有长聚和长根兄弟的仇恨，但二人从一开始就是最坚决想和日本人干的。长聚是因他最好的朋友即我爷爷的去世，而长根则唯他哥哥的马首是瞻。哥哥宁肯自己打光棍，也要给弟弟娶上媳妇儿。长聚作为哥哥的无私情怀，一直感动着孔武有力的弟弟长根。

和训练有素全副武装的日本人交手，没有长根这种身板的英武青年参与，众人都感到底气不足。

群昌一度提议，请小龙脊另一条好汉水镜加入这个队伍，这样成功的把握更大一些。

在小龙脊，水镜和长根被视作并列第一的好汉。俩人同样高大威猛孔武有力，他们就像三国时的第一好汉吕布，或者隋唐时的第一好汉李元霸一样被人敬服，不服不行。

但心思缜密的金锁否定了这个提议。金锁说：水镜确实是一顶一的好汉，但他儿女情长英雄气短，在外面铁骨铮铮天不怕地不怕，却很惧内，是个妻管严。他在他老婆面前软得很，也听话得很。加上他有俩儿俩女，十分顾家，舍不得老婆孩子去和日本人拼命。再说，他和日本人也没啥深仇大恨。

精于象棋棋道的金锁是正确的。水镜确实惧内，尽管他是一条响当当的汉子。

这不稀奇，明朝抗倭大将戚继光，打得倭寇满地找牙战无不胜，却很惧内，最后还被离婚，创下中国历史上将军们空前绝后的奇耻大辱。一个声震海内外的大将军，被妻子抛弃，当然是奇耻大辱。

<h1 style="text-align:center">3</h1>

在使用何种工具打鬼子这个问题上，大家一直建议群昌去找他那占山为王的姐夫借枪。

大伙儿不好意思说他姐夫韩老六是土匪头子，那会显得说话者情商不高，也不好听，会伤了群昌的脸面。那样不但大家颜面都不好看，而且会坏了杀鬼子报仇的大计。

金锁情商极高，率先使用了占山为王这一中性词。占山为王者其实就是土匪，但表面上又没有土匪二字。非但没有难听的土匪两字，还有一个人见人爱的"王"字，多好啊！这让极要脸面的群昌十分受用。

于是，大家就顺坡下驴，跟着金锁说占山为王、占山为王。尽管大家心里都明镜似地清清楚楚，龙脊一带没有山，韩老六占的不过是一座废弃的老式土砖窑。土砖窑很高，在周围平坦的黄土地上，显得十分突兀，小山岗一般，就当是山吧。

奇特的是，因烧砖取土，砖窑四周之低洼地，在不大旱的正常年景，也常常积满清澈的雨水。看似湖泊一样的雨水，拱卫着砖窑和砖窑里面的无政府主义者，让他们过得安心快活。

韩老六小时候听说书的讲过《水浒传》，于是就以宋江自诩。可惜他缺少吴用、

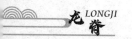

朱武之类的军师，凡事不得不亲力亲为事必躬亲。

他亲自设计了一个出入口。在正对窑洞口的方向，让喽啰们担土填出一个进出土窑的通道，却未将这条通道完全连通起来，而是在水中央断掉。然后在内侧竖起两根巨大木柱，木柱上挂起吊桥，派人时时把守。晚上还特意加了口令，口令每晚必换，以防万一。

鬼子入侵龙脊古城后，这里又加派岗哨，还设了流动哨。因为他听说，日本人计划收编他的队伍，如果不从，就把这个窝给端了。

韩老六当然不想给日本人干。他曾带着俩喽啰到龙脊古城悄悄观察过，当看见那些跟日本人干的中国人整天给鬼子点头哈腰，有时甚至被日本人抽耳刮子时，他就彻底打消了与日本人合作的念头。

一群长不高的外国人，来中国耀武扬威，还对中国人不客气，老子不伺候你们。老子在这儿自由自在的，多美啊！干吗要和你们这帮倭寇混在一起。韩老六一边这样骂着，一边打造几条小船，拴在窑洞后不远处立于水中的木桩上。万一鬼子从正门沿着那条通道越过吊桥偷袭，大伙儿可以从后面乘船逃跑，不至于被一网打尽斩尽杀绝。

借枪的建议，群昌没有接受。他知道姐夫不会借给他任何武器，因为他清楚，姐夫的队伍其实也武器不足。另外，他也知道姐夫不想和日本人正面作对，凭他那有限的人员、落后的土枪和乱七八糟的冷兵器，根本不是武装到牙齿的鬼子的对手。总之，姐夫是断不会借枪给群昌让他去给自己惹麻烦的。

大家只好另想办法。

长根提议说，干脆用他家打石器用的工具。

大家纷纷表示同意。

一切似乎都妥当了，大家却又觉得其实啥也没妥当，但又说不出究竟是啥没妥当。

仇恨归仇恨。一想到日本人设在紫阳书院内的吃人牢狱和活埋坑，他们中的有些人，心里多少还是有些打鼓、犹豫。

是的，日本人在曾经书声琅琅的紫阳书院，设置了镇压任何敢反抗他们的专政场所，其中最残酷的就是水牢。洋灰或水泥构造的水牢高不过一米二，上有铁钉，下有钢锥，其中污臭之水过膝。被打入水牢者双手被铐、双足被镣，还不得不弯腰低头。头不能抬、腿不能蹲，随时提审、昼夜难眠，还不时用刑。一旦入牢，鲜有幸存者。

念及这些，小龙脊这个一直信誓旦旦要报仇雪恨的小群体中的部分人，心中就有些打颤且犹疑不定起来。

击杀日本人的计划和想法，就这样反反复复地拉着锯，并随着时局的发展变化及其与每个当事人利益的密切程度，来回不断浮动着。

时光荏苒，光阴易逝。

就在大家和东洋鬼子干一下的念头逐渐淡漠时；确切地说，就在大家有贼心没贼胆犹疑不定时，出乎众人的意料，鬼子竟主动送上门来了。

是的，日本人到小龙脊来了。不是派那些二鬼子三鬼子之类的伪军、汉奸，而是正牌鬼子亲自来了。

到小龙脊来的日本人，无意中触动长聚和长根兄弟、群昌、金锁及满堂和满仓兄弟等的利益。或者应该这样说，群昌这帮人中的一些认为，日本鬼子触动了他们这个小团体所有人的利益。在此情况下，一切曾经的犹豫不定、畏缩不前和徘徊不决，突然间统统消失全都见鬼去了。他们终于展现出中华男儿应有的血性，给侵略者来了个迎头痛击。

因事发突然，他们此前准备好的工具或武器一件也没用上。而群昌一度想邀请入伙、但最终未邀请的小龙脊并列第一好汉水镜，却无意间给了他们有力援助。

人生往往就是如此阴差阳错，如此有心栽花花不发无心插柳柳成荫！

4

如果从著名方士、曾担任秦始皇御医的徐福，在秦始皇二十八年率领数千童男童女以及足以支撑他们三年的粮食、衣履、药品和耕具等，耗资巨大浩浩荡荡进入日本求长生不老之药算起，或从他于秦始皇三十七年再度携带种子和百工到日本、并"止王不来"、留在日本自立为王，教当地人农耕、捉鱼、捕鲸和沥纸等算起，至少2230年过去了。

两千多年来，深受中国传统文化影响的日本，一直对中国文化和文物情有独钟。

但在相当长一段时期内，日本人对中国文物只有羡慕嫉妒之心，却没有抢夺的能量和实力。因为在这两千多年的绝大部分时期内，位列世界至尊地位的中国，都是日本所不敢轻举妄动的。他们只能望洋兴叹，顶多像明朝时那样，派一些倭寇或汉奸在中国东南沿海一带打劫骚扰，最后还被打得狼狈鼠窜夹着尾巴逃跑了。

清末到民国时期，中国由盛转衰实力大不如前。而长期在孤岛苦心经营的日本人，却借助西方工业革命之助推，一下子实现质的飞跃。其经济和军事实力，均获空前大发展，并将其曾极力效仿的中国，远远抛到身后。

自20世纪30年代始，因全面侵华，日本掠夺中国文物等一切有形和无形资产的机会，终于最大限度地来临了。

到20世纪40年代，日本侵略者已占领中国东北、华北、华东，甚至华中和华南部分地区。

眼瞅着同学、邻居和亲戚朋友们，不断从中国境内将各种古董珍玩等文物带回日本示众炫耀，那些尚未捞到或未捞够的日本人就很着急。这其中就包括驻守龙脊古城的日本人沟口右京，即被颍川土著简称为沟口的那位。

沟口是日本派驻龙脊古城的最高指挥官。

加入侵华日军前，沟口一直从事中国相关文物的研究工作，并颇有心得和造诣。全面侵华战争爆发前，日本曾组织岛内文物专家，对中国各地可能存在之文物进行详细研究、列表、制图、登记造册等一系列工作，以便在占领相关地区后，可以有

组织、高效率地大肆掠夺。

日本疯狂掠夺中国文物有两个原因。一是 2000 多年来中国文化对东瀛之长久浸润，切实造成日本人对中国文物发自骨子里的钟爱；二是鬼子想用文物换来金钱弥补战争经费之不足，达到以战养战之目的。

相比中国的博大精深、无限辽阔及厚重历史，日本不但是弹丸之地，还是个历史年份相对轻薄的岛国。小小岛屿所拥有的自然资源、其中尤其是战争所需的矿产资源，显然无法支撑日本在亚太地区的广大战线。一只耗子想鲸吞一头大象，有些螳臂当车不自量力。但开弓没有回头箭，既然日本军国主义已吹响侵略号角，那就没有退路了。失败也因此早已注定。

作为扶桑岛上颇有名气的中国文物研究专家，沟口博士从一开始就在这个日本军方秘密设立的中国文物研究小组当中。

尽管沟口说中国话时十分生涩、拗口且不易听懂，但他阅读中国文献尤其是古汉语的水平却惊人地高超。更令人惊讶的是，他能写一手漂亮的毛笔繁体汉字。其中汉隶和魏碑体，是他最为喜爱也最拿手的。

翻阅着保存在日本的那些中国先贤们皓首穷究完成的古老文献，沟口不得不感叹中国的广博深邃和中国古代文物的精湛。他这种赞叹是发自内心的，并逐渐由最初喜爱中国文物，发展到爱屋及乌喜欢中国这个东方古老国度，进而常常幻想着有一天自己能踏足这块神秘国土。

随着侵华战争的不断推进和相关战线的不断拉长，沟口越来越多的小学、中学、大学和研究生同学，纷纷被征加入军队，走向古老的华夏大地去搏命拼杀。其中，有的同学战死了，也有的负伤归国了；但更多同学，还在那个广饶国土上浴血奋战着。

一天，前去探望那些因伤归国的同学时，沟口惊讶地看到，这些在中国走了一圈儿的同学，家中几乎都无一例外地摆满了从那里掠夺来的各种文物，至于金银玉器珠宝玛瑙之类就更不用说了。有的文物显然具有极高的学术研究价值，因为连他这个术业有专攻的专家本人，也从未在任何文献上见过如此巧夺天工的青铜器。显然，这些东西是侵华日军从哪个古墓或古庙中盗取的。

作为专家，沟口清楚这种缺乏科学组织的滥挖滥抢，使这些珍贵文物失去了其应有的身份和地位：它们从哪里来？主人是谁？有着怎样的经历？背后有何种故事？等等。

循序渐进有组织的科学现场发掘，是厘清上述问题的最佳和最可靠途径。而这种出于个人私欲的偷盗和滥挖，几乎彻底破坏了这些文物应有的文化价值，并因此大大降低了其经济价值。假设秦始皇墓中有件精美但缺乏铭文的青铜器，若通过正常考古发掘出土，其身份、地位、背后的故事等，都可以基本考证出来，其经济价值也会因和秦始皇挂钩而大大增加。但如果这件青铜器被盗挖后不加考证碾转数手卖到异国他乡，最后的拥有者不知其来龙去脉，更不知其与大名鼎鼎的始皇帝有密切联系，那它的文化和经济价值就会大打折扣。

5

沟口强烈要求到中国去时，已是 1943 年的下半年了。此时的日本军队，正拼命强渡黄河，准备向南岸的中原腹地进军。

作为一名文人，沟口被要求做好一切必要准备，以便随时进入华夏文明发源地。

进入颍川前，沟口驻扎在黄河北岸的安阳收集相关资料，研究颍川一带可能的文物古迹。此间，日本人对殷墟的非法挖掘，沟口也参与了，算是在中国这个他长久渴望国家的第一次实地挖掘考察。尽管他心里清楚，这其实就是一种赤裸裸的侵略行径。

1944 年春，沟口博士如愿以偿。作为指挥官侵占龙脊古城，成为颍川异国侵略者的最高长官，实际上的土皇帝和统治者。

刚进入古城的沟口忙乱、紧张且激动。终于实现实地探访了解中国的愿望，而且是一个古老郡县的实际一把手。尽管他知道，自己这个一把手，是军方考虑到他在日本的学术地位，有些勉强封给他的，他毕竟不是职业军人。能成为一方最高军事行政长官，明显是一种破例。这使沟口十分珍惜他这个职位。

龙脊一马平川地形简单，地表的一切一览无余一目了然。

等一切安顿下来后，沟口开始研究县衙中存放的不同版本《颍川县志》等典籍，并把目光投向辖区内各种文物古迹。

中原先贤大儒、名胜古迹太多了，但具体到一个县就没多少了。不过龙脊是个例外，所谓"中州贤哲众以颍川为盛"。这不仅仅是上天钟情独厚此地，也有赖此地厚重文化之熏陶。

颍之人物，素有志气，自汉以来，高风亮节，直己匡时，功在社稷，泽被生民，光耀炳蔚，师表百载，高山仰止。

雁过留声人过留名。先贤大哲们身后，少不了文物古迹。照古籍说法，颍川不但历史悠久，而且名人辈出，所大谓"古颍，中州名邑也，历官于兹者，卓异循良，非不接踵比肩"。

既有久远历史，又有贤良官吏，文物古迹该不会少吧？沟口暗暗寻思。

沟口在为日本军方研究罗列中国各地文物古迹时，聚焦在宏观范围内和那些在国际上赫赫有名的文物古迹，比如中原的殷墟、青铜鼎等等，没有具体到每个县。那不是军方想要的，中国实在太大了，时间上不允许，也太琐碎。

现在，作为一县之最高长官、颍川最高权力机关"军政部"首脑，他有充分时间弄清颍川的来龙去脉、风土人情、历史文化、文物古迹等一切。对他这个曾宏观研究过整个中国文物的博士而言，搞清一个县治的文物古迹是小菜一碟，应不费吹灰之力。毕竟明、清和民国早期县志，已列明境内所有历史古迹。剩下的，是找一个对皇军恭顺、服从的土著带路，前往现场查看、挖掘、收集和整理了。

按照沟口所列清单，大龙脊北方之大陵，是他必看项目之一。

当部分热情的汉奸告诉他，当地土著曾在大陵捡到过金盘子银碗之类的传说后，

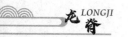

他对大陵更感兴趣了。

熟读中国典籍的沟口知道，在他读过的《水经注》上，大陵是郦道元描述过的唯一一处颍川古迹。这种载入史册的古迹，是万万不可忽略的。一定要去大陵！他这样承诺自己。

但学者型的侵略者沟口，给自己定了个原则，一个考察甚至挖掘颍川名胜古迹的原则：由近及远，先城内后城外。

这主要是出于安全考虑：城内驻扎着日本的大本营，各个城门都有日本人和投靠日本人的中国人把守，多安全啊！城外就不好说了，虽然龙脊一马平川缺山少石、目之所及一目了然，即便有敢和皇军作对者，也跑不出皇军先进武器的射程，但毕竟没有四周被高大城墙围起来的城内安全。

总之，在皇军刚刚入驻龙脊古城、还没完全站稳脚跟的情况下，还是小心为妙，安全为第一要务。

6

按照他自己定下的原则，沟口先开展了古城内文物古迹的考察、研究工作。

位于城中心的谯楼，自然是首选之地。作为这里的最高军政长官，登高一望大有极目楚天阔一览众山小的美好感觉。

沟口当然记得县志中对谯楼的详尽描述，但他还是愿意听陪伴在身边的伪县长极为恭敬的介绍。看着伪县长弓腰含笑饱含献媚之声的详细讲解，沟口在十分受用之余，也深知这家伙昨晚接到任务后，显然做足了功课。至于他是翻查史籍、还是求教于本地贤哲大儒，那就不得而知了。重要的是伪县长对皇军的态度，这种对皇军指示极为认真负责的精神，正是大日本帝国所需要的。希望支那人，都能如此对待千里迢迢来到异国他乡的大日本皇军。沟口这样暗暗想着。

谯楼主要用于瞭望，一般指古代城门洞上建的楼。

但龙脊古城谯楼，却不是建在东、西、南、北某个城门洞上，尽管它也可以用作瞭望。

建在古城中心县衙前的谯楼，是一座钟、鼓楼合体建筑。架层楼高五丈，铸钟两千斤，置鼓大十围。始建于明洪武三年，明景泰二年重修，明成化十五年及嘉靖三十九年又先后重修。明天启年间，知县靳光先于谯楼两侧建钟、鼓二楼，明末被闯贼焚毁。

清康熙二年，知县李馥先在旧址重修谯楼。谯楼平台上筑宫殿式楼房，面阔三间，进深两间。双层飞檐挑角，四角挂铁马风铃，周围立明柱十根支顶，平台四周有砖砌花墙。

拱门平台长 14.7 米，宽 9 米，高 3.5 米。拱门宽 2.9 米，正面上方有石刻"谯楼"二字，背面有"颍川古郡"石额一方。

沟口对这几个魏碑体大字十分感兴趣，觉得这些字棱角分明、骨力十足，却又丰满有致；既含汉韵，又隐唐风，十分难得。

接着，沟口一行到谯楼前东南隅的文庙拜谒孔夫子，并试图弄清，这个两千多年前的读书人，是如何修炼成万世师表、让全世界为之倾倒癫狂的。

伪县长介绍说，文庙有文字记载的历史远早于谯楼，其始建于隋大业年间，此后数次重修。

虔诚地拜过老夫子后，沟口开始细细品味碑文，一边和大家讨论碑文书法及刀工优劣，一边赞叹中国古代建筑艺术之精湛。

看着大成殿内悬挂的历代大清皇帝御书匾额，沟口评价说，这些书法，揭示大清在逐渐走下坡路：康熙的书法隐含傲视天下之自信和游刃有余之从容，雍正书法霸气充盈但缺少帝王应有之内心安详，乾隆书法透露着公子哥松弛休闲甚至玩世不恭之心态，嘉庆书法则拘束发紧缺少乃父之从容不迫；余下几位帝王之书法，明显笔力松软柔弱无骨且每况愈下。

众人半是恭维半是认真地鼓起掌来，随之是此起彼伏的谄媚之声。

走出文庙来到山陕会馆，沟口问伪县长，为何中国境内多山陕会馆？晋商成功之根本是什么？

伪县长答不出，沟口也不想为难这个被日本人希望来个以夷制夷的傀儡。

进入龙脊前，沟口曾在古都开封小住。开封市内山陕会馆之精美艳丽，让他印象深刻。颍川龙脊的山陕会馆，显然和开封那个风格迥异：后者用了大量彩色琉璃砖瓦，因而色彩华丽、工艺繁复。而前者琉璃瓦鲜见，几乎全是单一砖灰色色调，因而古朴素雅、沉静厚重。如果说开封那个是雕工繁杂之清式家具的话，那龙脊这个就是线条简洁的明式家私，有着粗大明之明快、朴拙、可爱。

众人一片喝彩，觉得沟口讲得好。其中一多半是真心，其余乃恭维。

沟口常年钻研中国文物，这些文物大多色彩单一、造型古朴，加上他本人崇尚简约，所以更喜欢朴拙之物，而不大入眼华丽艳俗工艺繁复之器。所以，龙脊山陕会馆更合他的胃口，尽管该会馆较开封那个小一些。正如他喜欢单色釉瓷器，远胜繁复的五彩、斗彩瓷一样，茶末釉瓷器就是沟口的至爱。

单色淡雅之器物看似单调，却给人宁静致远之感，让人冷静、淡泊、理性、集中注意力。而只有神气合一，才能办成大事。相反，华丽如斗彩、五彩瓷器者，乍一看确实夺人眼目、让人依恋。但时间长了，会觉得它们表面过于热闹、缺乏深沉内敛。过于闹腾喧哗之物，容易让人想入非非、无法淡定。一个无法淡定之人，何以明志致远？

众人再次对沟口之高论折服，恭维之声再次鹊起。

龙脊山陕会馆始建于明末。顾名思义，该建筑群是由山、陕客商为做生意方便、舒服而捐建的。商人常年远离故土，与家人聚少离多，时时有长途跋涉旅途劳顿之艰辛，且常冒生命危险，这在那个土匪横行的年代尤其如此。

人生得意须尽欢，挣钱是为了享受。于是，大家捐建了可以休养身心的会馆。雍正年间，会馆增建戏楼。光绪年间，颍川一代纺织业发达，"颍绸"、"颍布"名满华夏，外地客商前来收购颍川绸布者比肩接踵络绎不绝。原有会馆显得拥挤，

于是13家当时著名的绸布商行慷慨解囊，其中包括隆聚昌、恒泰正、天顺成等，在原址基础上进一步扩大规模，同时改建后寝宫，增建讲义堂、崇信阁及宿客厢房，最终建成一座占地6000平方米的宏伟壮丽馆舍。

会馆坐北朝南，门前一对铁狮子雄踞两侧，门后一座飞檐挑角、古色古香的戏楼，直面南侧广场。广场硕大，可容纳万余观众，乃龙脊一带最大戏楼。

南面戏楼之拜殿，为单檐悬山顶如意斗拱建筑，四角高挑，双双对称，面阔三间，进深三间，高8米，占地120平方米。殿顶单一绿色琉璃瓦覆盖，为其增添些许生机，殿顶最高处脊兽形态各异。殿内彩梁画栋、做工精细，正中匾额"文圣武神"四个苍劲雄浑的斗大金字。拜殿两侧左钟楼右鼓楼，楼角悬挂铁马风铃。民国十年，拜殿毁于火灾，后重修，年余竣工。

拜殿后为大殿，面阔三间，进深三间，高12米，面积160平方米。殿基高0.4米，殿前两侧蹲坐一对大石狮。大殿为双昂五脊单檐悬山顶，绿色琉璃瓦覆盖，每垄瓦檐上均有彩色瓷质人像。殿内同样彩梁画栋，槛栏上彩绘人物、花卉、山水等图案。正中暖阁内，端坐一尊一丈多高关公塑像。大殿两侧各有偏殿一所，分别为龙王殿、财神殿。殿前有东西配房各七间。殿后两进院落供关帝三代。东为面阔三间的讲义堂，西为三间楼房的崇信阁，另有东西厢房20多间。再后为寺院及和尚住处。

会馆西、南两侧是古城墙，墙外是碧玉般的护城河，河堤杨柳依依、桃花点点。

7

三天后，忙完手边军政事务的沟口，继续其城内寻幽探古之旅。

汲取第一次陪沟口时的经验教训，这次伪县长提前做足相关行程之功课，力图给最高长官留下更好印象。

为此，他特意将沟口带到城南，意欲讲一些典籍上没有的东西、依靠历史传说取悦沟口。他知道沟口熟读史籍，历朝历代各种版本县志上的相关内容，更不在沟口话下。但千百年来龙脊广为流传的野史，沟口这个初来乍到的异国人士，未必一定知道。此外，伪县长还想来个变被动为主动，主动向沟口提问题，而不是被动等待沟口提问。主动进攻就是最好的防守。

甫一上车，伪县长便主动问沟口，知否颖川历史上出过的最大官员？

沟口一直将注意力集中在文物古迹上，还真没注意这个问题。是啊？颖川出过的最大官是谁呢？他又有何种故事呢？沟口来了兴趣，反问道。

见沟口上了自己的既定轨道，伪县长兴奋起来。心说：大事已矣！自己的计划就要成功了。便开始唾沫四溅地向沟口显摆起来。

晋朝之前就别说了，您都知道。自晋以降，颖川出仕者众。其中官至尚书即部长级别者也不少，仅晋朝之荀氏一家就出了无数官员：荀崧官至尚书、光禄大夫，荀蕤为尚书左丞、东阳太守，荀家历代为官至南朝的宋，然后经陈一直到北齐。大宋朝李兑，官至工部尚书。元朝铁文忠，官至监察御史。明朝之世家宝官至刑部尚书，程达官至监察御史。但真正登峰造极、甚至空前绝后者，只能是明朝的桂阁老了。

桂阁老官至总理级别，头衔至少包括特进光禄大夫、柱国（国之柱石啊）、少保兼太子太保、礼部尚书加文渊阁大学士、武英殿大学士、知制诰、经筵官、国史总裁等。

高官桂阁老被赏赐的东西也多，包括大量马鞍、珠宝、金币和衣物等。桂阁老还活得长，在那个人生七十古来稀的时代，他活到八十多岁。繁忙的政务和烦琐的官场应酬，没有摧毁他的身体。

明朝历史上大名鼎鼎权倾一时的奸相严嵩，是桂阁老的学生。桂阁老主动离职告老还乡后，皇帝还对他念念不忘，特别手书"天恩存问"四个大字，让严嵩千里迢迢送到桂阁老手中。多大的荣耀啊！

话说桂阁老在朝为官时，因嘴甜能说会道情商高，既得皇帝赏识，又受娘娘们喜欢。这很不容易，很多官员往往是皇帝喜欢娘娘们不喜欢，或娘娘们喜欢皇帝不喜欢。如此左右逢源方方面面都落好的大好局面，桂阁老能不当大官吗？

话说有一天，桂阁老在紫禁城后花园陪皇上、娘娘闲聊。聊着聊着，便聊到桂阁老故乡龙脊。娘娘天性好奇，加之天天在皇宫中没啥正事儿做，除了伺候皇上，还是伺候皇上。大家嘴上不说，心里已乏味至极，便想着能出去走走看看，溜达溜达散散心。

深宫之内万人羡慕，但真走进来，和鸟儿进笼子没啥区别。不自由不说，还单调枯燥得很。趁皇上眼下心情愉快，是提要求的好时机。娘娘便装作漫不经心地把话往桂阁老身上引。皇帝喜欢他对他放心，以他为引子，是走出宫门的好机会。

娘娘似乎很随意地问桂阁老，家住哪里？那里风土人情如何？有何出产？娘娘本想直接问那里有啥好玩的？但她不想当着皇上的面这样问。这样太露骨，会让皇上产生"京城如此之大，皇宫如此之美，都盛不下你一个娘娘？你意欲何为"的疑问。

娘娘不想让皇上想太多。他对一个人想太多时，多半不是啥好事，尤其对后宫来讲。当皇上对后宫某人想太多时，那这人轻者会被打入冷宫，重者会被索命抄家，不值当。娘娘希望桂阁老自己说出来，最好是皇上让他说出来，因皇上对历史古迹之类的东西很感兴趣。

娘娘不了解皇上，还有谁了解皇上呢？不了解皇上的娘娘，一定是个不得宠的失败娘娘。

果然，当桂阁老闪动两片嘴唇、一条灵活舌头，上下翻飞将颍川一带的风土人情、历史沿革、农副出产之类讲完后。皇帝好奇地问：贵里有何名胜古迹啊？

桂阁老眉飞色舞地搬起他的手指头，从汉献帝和曹丕，讲到受禅台、"三绝碑"；从西豪故里，讲到历史上代代出将入相世世人才辈出、历经数百年几十代而不衰的颍川荀家。然后从比赵州桥还古老之小商桥，讲到附近抗金英雄杨再兴庙和墓地；讲杨爷庙香火之旺盛、杨再兴墓前之岳飞手迹……最后，桂阁老提到颍川十六连城、十里长街、龙脊古城一步二石三眼井、颍川八大名胜之颍水清流、豢龙遗迹、殷帝穹庐、巨陵野店、西豪故里、讲武旧台、商桥忠墓和研冈文峰等。最后，为佐证所言不虚，桂阁老摇头晃脑吟出一首《颍川怀古》诗来：

> 偶从十里驻邮亭，独立东风吊古城。
>
> 颍谷峰连云树香，石梁水出浪花清。
>
> 河名邓艾田空有，碑仆繁昌草自生。

惟有商桥千古恨，缅怀忠义不胜情。

皇帝对与汉献帝和曹丕有关的那些东西不感兴趣。这可以理解，一个现任在位帝王，当然不会对历史上改朝换代之事感兴趣。但皇帝对杨再兴庙和墓却很感兴趣，因大明正频频遭受盘踞北方的外族侵扰，搞得皇帝烦不胜烦。若本朝有一位像岳飞、或至少像杨再兴那样英勇的大将，何愁外患不除、边防不宁呢？

而娘娘则对一步二石三眼井感兴趣。于是她撒着娇对皇上说，既然万岁日理万机，不能亲临桂阁老故里与民同乐，她愿代万岁走一趟。一来祭拜万岁心目中的英雄杨再兴，二来也算是代万岁微服出访、了解当地风土人情，使皇恩浩荡，为万岁分忧。

龙颜果然大悦，说准了，准了，并吩咐桂阁老护驾随行。

娘娘要到自己家乡去！这是聪明的桂阁老完全没有料到的。他本是顺嘴说说，主要是想告诉大家，尤其是想让皇上知道，他的故乡颍川不是平凡之地，而是藏龙卧虎（幸亏是内心活动，没有说出口，否则就是大逆不道，要杀头的）地灵人杰、自古英雄辈出之地，别小瞧了俺老桂。

没想到，娘娘真动了心，皇上还真要娘娘前去走一趟！自己是不是有些画蛇添足了？想到这里，桂阁老很是后悔，但悔之晚矣。皇上是金口玉言，说出来的话就是圣旨，谁敢抗旨不遵？不要命了？

于是，经过烦琐而充分的准备，在桂阁老陪同下，娘娘一行多人，浩浩荡荡离开京城，一路向南进发，沿着千年官路，迤逦向比北京城古老得多的颍川进发。

这一路走来，就从春走进了夏，从草木一新鲜花朵朵，走进青涩果实挂满枝头的时空。

8

尽管贵为娘娘，年纪不大的她实际上还是一个未完全成熟的少女。而年少之人，从不缺乏对这个世界的好奇之心、憧憬之情。

富丽堂皇的皇宫，大则大矣，也确实美轮美奂、无与伦比。但长久待在一个缺乏自由的地方，没办法不枯燥、不腻歪。

现在好了，两千多里长的老官路两侧，满眼是与皇宫不一样的景致，望也望不到边。就连空气，也比宫内清新了许多，呼吸也因此顺畅了不少。更舒心的是，后宫女性为争宠相互之间的尔虞我诈、互使绊子、要心眼儿，这里都没有。皇家那些乌七八糟的烦心事，都可以暂时置于脑后弃之不顾。

于是，娘娘一路之上兴奋不断，满眼都是新奇和刺激。从田野里麦浪滚滚，到似雪梨花、粉嫩桃花、金黄菜花，再到牛羊成群、驴马嘶鸣，一路上应接不暇。她觉得这个世界太美了。确切地说，是皇宫外面的世界太精彩了。套句数百年后的流行歌词，就是"外面的世界很精彩"。

始知锁向金笼听，不及林间自在啼。

当然，此时的娘娘，还没到无奈的时候。那首流行歌的下一句"外面的世界很无奈"，还不到出场的时候。

人生无平坦，要么高开低走，先是"外面的世界很精彩"，然后是"外面的世界很无奈"，从高到低走下坡路，感叹着马致远式的"古道西风瘦马，断肠人在天涯"。要么低开高走，先是"外面的世界很无奈"，经过艰苦卓绝不懈奋斗脱离苦海胜利抵达彼岸后，苦涩地唱着"外面的世界很精彩"，并回过头来感叹万端。

眼下娘娘属于前者，高开的前者。年少的她，正处于刚冲出笼子的鸟儿的状态，除了兴奋还是兴奋，除了新鲜还是新鲜。

天高任鸟飞，海阔凭鱼跃。她觉得自己现在是蓝天白云下翱翔的鸟儿，是蓝色大海中自由自在畅游的鱼儿、美人鱼儿。

心情舒畅没有烦恼，更没有衣食住行之忧。一切待遇都是皇家顶级的：一路之上入住最好的驿馆。放在几百年后，就是夜夜总统套房，餐餐琼浆玉食，无比精美，都是她从小到大最喜欢的食品。

沿途官员工作做得好，马屁拍得巧，竟把本娘娘一切爱好打听得体无完肤一览无余。啥也瞒不住这些挖空心思求进步、望高升的官员。娘娘几乎时刻被鲜花包围着。这种鲜花，不是通常意义之大自然鲜花，而是官员们的笑脸。都说笑靥如花，果真如此。

这些平日在衙门里一本正经不苟言笑板着面孔呵斥属下和黎民百姓的官员，在娘娘面前完全是另一种状态。平时僵硬的面肌，此时变得温和柔软富有弹性丰富多彩起来。难怪大家争着进皇宫当大官呢。原来官大一级压死人，地位高了心情爽。

抱怨归抱怨，当娘娘的好处是显而易见的。一个娘娘出行，就有如此浩荡之大阵仗，若是至尊的皇上下来了，那场面不知要奢华多少倍呢。难怪众皇子皇孙争权夺利，拼命也要当皇帝呢。

娘娘发现自己想多了，想得大逆不道了。便赶紧收住她插了翅膀的思绪，回归现实世界。

一路走走停停慢打慢悠，两千多里路程，娘娘并不觉得难挨难耐。反而因途中目不暇接连续不断之新颖刺激，感觉时光好快。到颍川古郡时，已是初夏。

想来离开京城时，还是乍暖还寒之春。迎春、玉兰、海棠花等或已绽放，或含苞待放。如今，气温明显升高，龙脊古城外护城河上桃花之红色业已褪去，代之以青涩果实，在微风中随树木一起摇曳着。一起摇曳的，还有树下斑驳之细碎光影，像洒满一地的琉璃一样，不停地闪耀并变幻着夺目光辉。

娘娘年龄虽小，但长久待在皇帝身边察言观色，已被宫廷政治熏陶出师毕业了，知道事情孰重孰轻。

在古城驿馆稍事休息后，她便提出到小商桥，代表皇上祭奠杨再兴将军。尽管在内心深处，她急不可耐地想先去看看一步二石三眼井。

娘娘就是娘娘，政治觉悟相当高，轻重缓急拎得一清二楚。她明白，自己的一言一行，会有人天天快马报给皇上。圆滑的桂阁老世故得很，虽然不至于原原本本将她的所有行踪统统如实汇报，但为两边都不得罪，他一定会用中庸、多解之词句向万岁汇报她的一举一动。

多解和中庸，意味着有进有退、可左可右、能上能下，咋解释都行，主动权完全握在他自己手里。

这一点儿，娘娘对桂阁老看得极为透彻，八九不离十。

至于那个随行太监，就不好说了。他是万岁跟前的红人，这次特意被皇上以照顾娘娘的名义发来随行。尽管确实对娘娘恭敬得很，也照顾得很周到，但谁能保证他不是以照顾之名、行监视之实呢？万事小心为妙。娘娘这样想着。

娘娘对桂阁老看得极准。他也确实是这样做的。他没天天给万岁上折子奏报，但也每五、六天写一个报告。他的报告，谈天说地海阔天空上下五千年甚至花花草草风花雪月的内容多，涉及具体人与事的内容少。即便是关于娘娘的那部分有限内容，也是哼哼哈哈无关痛痒。无非是娘娘如何兴奋、如何高兴地看到和京城不一样的乡野风光之类。当然，桂阁老绝不会忘记捎带写上一句，娘娘如何思念皇上之类的话语。

这就是桂阁老，珠圆玉润，八面玲珑，滴水不漏，左右逢源，可进可退。如此高情商一个人，怎能不成国之柱石、大明脊梁？怎不骏马得骑高官得做？

总之，娘娘决定将皇帝的爱好放在第一位，以万岁的喜好作为她的行动指针。凡是皇上喜欢的，就毫不犹豫地去做、不折不扣坚决执行、第一时间去做。娘娘决定先到杨再兴墓和庙去祭拜，代表当今至高无上的万岁，向这个单枪匹马大战数万金兵的民族英雄表达深深之敬意。

一众人马出古城南门，沿千年古道一路向南，也就半个时辰，便来到小商桥畔。

听过杨将军以一当百力抗金兵为国捐躯的英勇事迹后，娘娘很感动。她毕竟居庙堂之高是从朝堂上走下来的，虽未亲身参与国家大事，却不时听宫里人说起，甚至直接看到皇上本人，常为来自北方外族的侵扰而食不甘味忧虑重重。出现这种局面的主要原因，恐怕还是朝内缺少像杨将军这样的血性男儿。为此，更多了几分对杨将军的敬仰之情，祭拜时就极为真诚，而非象征性地走过场。

一行人也被娘娘真诚之气场所感染，现场气氛一时肃穆庄重起来。

杨将军若真有在天之灵，一定会为自己当初的英勇无畏感到骄傲和自豪。毕竟身后能被如此多人顶礼膜拜、烧香许愿者，凤毛麟角、少之又少。

生命不在长而在美好。

当然，如果生命既长又美好那就更好。但世上之事，多半是鱼和熊掌不可兼得。人生自古谁无死？不管富贵贫贱，终免不了一死。既然如此，那不如死得其所、死得英勇，留取丹心照汗青，给历史留点儿东西，让历史不敢轻易忘记。

9

祭拜过杨大英雄回到驿馆后，县令和桂阁老特意让手下用精美的暗朱红色大食盒，提来颍川特产让娘娘品尝。

刚看到黏糊糊的汤时，娘娘很是有些犹豫。当她碍于情面微微品尝一小勺后，竟然胃口大开。便满面春风地称赞这种以前从未享用过的美食，并对胡辣汤、火烧和油煎包子的搭配激赏不已。

开心之余，娘娘便问这是啥吃食？有啥讲究？

桂阁老便回说：这是龙脊古城最受欢迎的"胡辣汤王"出的胡辣汤，一家老字号饭铺。传说是源自西域一带。

自此，娘娘便记住了"胡辣汤王"。

娘娘的开心，让县令和桂阁老心花怒放，觉得这是颍川至高无上的自豪和光荣，是颍川先人勇于创新敢于尝试的精神，成就了今日之荣耀。没有先人之不懈摸索与追求，并最终开发出这种被后人津津乐道的美味胡辣汤，哪有娘娘今日之欢颜和赞赏？

于是，大家在暗暗感谢先人的同时，高高兴兴道别各自安歇去了。

娘娘对这天所见所闻及所食确实满意。毕竟代表皇上祭奠了威名赫赫的大英雄，间接参与了军国大事。因此，她觉得这天的收获是丰硕的，自己的所作所为是适当而得体的。为此，她对未来的行程更是充满了信心。

就这样，伴着甜美梦想，娘娘进入安逸舒适之梦乡。

10

次日，娘娘要求去看她心仪的一步二石三眼井。

娘娘进宫前，在娘家的书香门第里，跟着同样是官员的父兄等了解过《道德经》，知道老子写的《道德经》中第四十二章说，"道生一，一生二，二生三，三生万物。"因而对一步二石三眼井很感兴趣，想知道这个景点是否与《道德经》有任何关联？"三眼"是否真的生出了万物？

但桂阁老却推三阻四，并力劝她先登谯楼来个穷尽千里目、拜文庙以尊孔崇儒、参观山陕会馆看秦晋商贾人来人往市场繁荣皇恩浩荡，甚至可在会馆欣赏颍川传统梆子、曲剧、越调等地方特色演出，也算与民同乐吧。然后拜万寿寺、普圣寺、研岗文峰寺、华严寺，走访繁昌清真寺、献帝庙、受禅台、盘龙寨遗址，欣赏"三绝碑"及大明本朝简洁美观之大沟桥。拜访刘累墓、刘累庙、大陵，走访清义冢、张辽城、湖里曹、葛家、纸坊、尼庄、凤岗庙、纣城、大田、怀王冢、尚书台、虚粮冢等历史遗址……

桂阁老所列的一长串参观项目中，唯独没有娘娘的至爱一步二石三眼井！

娘娘很不高兴、更觉蹊跷：这不像是桂阁老的做派啊？他明知我是冲着一步二石三眼井来的，却偏偏忽略这一项。以前要他做啥，他都屁颠屁颠地执行，现在怎么了？难道有啥事瞒着我。

想到这儿，就毫不掩饰地问桂阁老：在京城时说好的一步二石三眼井呢？怎么不在清单之上啊？

桂阁老反应极快，一面请娘娘赎罪，一面为自己开脱道：老鼠拉木锨，大头儿搁后哩。

意识到此乃颍川土话俚语，娘娘未必听得懂，便进一步解释说：按微臣家乡传统，最好的东西要放到最后去欣赏。就像戏班里台柱子或名角儿，往往是最后一个出场一样，称为压轴大戏儿。既然一步二石三眼井是娘娘的心仪之物，娘娘千岁尊贵无比，自然是当仁不让的主角儿，当然要放到最后来欣赏了。

如此一说，娘娘有些释然，便城内城外忙着先参观桂阁老清单上罗列的那些内容去了。

如此忽东忽西时南时北，不觉又过去月余。此间，那个特意被皇上派来照顾娘娘的太监，已先期返回京城。皇帝使唤此太监顺了手，用别的太监总觉得不那么得心应手称心如意。于是快马加鞭，将此太监宣回宫去。

从离开京城时的初春，到如今之盛夏，娘娘已离开皇上数月之久了。

外面的世界确实很精彩。但皇宫外的世界再精彩，也有新鲜劲过去之时。激动和刺激过去后，就是毫无例外地平淡和单调。娘娘开始思念繁华的京城了，当然也思念金碧辉煌的皇宫和至高无上的皇上。

但桂阁老承诺的一步二石三眼井，似乎还遥遥无期。因为他再也不提这件事情了，好像突然得了健忘症，完全忘记娘娘本人来此的初衷了。

桂阁老究竟是咋回事呢？

当桂阁老一时高兴，告诉皇上和娘娘，龙脊古城有一步二石三眼井古迹时，这个景致其实并不存在，还仅仅是桂阁老的美好设想、是海市蜃楼般的虚幻。

他根本没有料到，千乘之躯的娘娘，竟阴差阳错地对这样一个随口一说的东西感兴趣。更让他想不到是，娘娘竟要求前来颍川而皇上还真准了她。这可要了他桂阁老的命了。

为此，还在京城收拾行装准备陪同娘娘南下颍川时，桂阁老就画了图纸并派家人快马加鞭赶回龙脊，立刻组织工匠按照图纸挖土掘井。

在颍川这个黄土平原上挖口水井不是件难事儿，无非是选好地址，然后掘土即可成井。

问题出在"二石"上。

任何事物都有其利必有其弊，无法两全其美。黄土平原固然容易挖井，但少山缺石、当地不出产石料，必须到偏远山区寻找合适石料。考虑到是给娘娘观瞻的东西，石料还不能太差，最好是上等石材。比如颜色要看着顺眼，石质要均匀细密，有瑕疵带裂纹的不要。如此精挑细选加之从外地"进口"，便颇费时日。石料好不容易运到龙脊后，又要找熟练石匠去雕琢、打眼等。如此一来，很多天就过去了。

这才是桂阁老推三阻四的真正原因，他在给自己争取时间。

此间，桂阁老的日子并不好过，每天火烧火燎上蹿下跳如热锅上蚂蚁一般。一向淡定如老僧坐禅入定般的他，第一次满嘴火泡乱窜，却对娘娘说他是喝多了胡辣汤上火。久居京城思念家乡美食，好不容易在故乡停留这么长时间，便不由自主加紧补课、天天喝胡辣汤。结果喝过了头儿，加上天气逐渐炎热，于是上起火来。

终于有一天，桂阁老告诉早已等得不耐烦的娘娘说，可以前去观看一步二石三眼井了。

而此时，娘娘却已没有观看这个同时含有数字"一、二、三"景致的几乎任何心劲和兴趣了。不过最终还是去了，毕竟已千里迢迢来了。

不料不看便罢，看后却更加失望。巴掌大的一个地方而已！

后来的《颍川县志》，是这样描述一步二石三眼井的：建于明朝的一步二石三眼井，位于龙脊古城南街，面积约十平方米，井深五米。井口由两块并列青石覆盖。西面一块儿南北长 2.1 米，东西宽 0.8 米，厚 0.17 米；东面那块儿南北长 2.1 米，东西宽 0.75 米，厚 0.2 米。两块青石共有三口合起来呈三角形之圆形井眼儿，每个井眼儿直径约 0.42 米，井眼儿间距 1.23 米。俗称一步二石三眼井。

就在娘娘的失望正通过化学反应转化为愤怒时，她的贴身丫鬟给这种反应添了一把催化剂，使其发生得更猛更快，并最终导致谁也没有料到的严重后果。

这种严重，不是对当事者某一方而言的，而是对双方来说均是如此。

娘娘的丫鬟机灵、单纯且心直口快。她的直率是当着娘娘、桂阁老和众人之面直接表现出来的。就像皇帝新衣中那个小孩儿，当众指出皇帝赤条条一丝不挂一样。丫鬟直截了当指着一步二石三眼井说：这井是新的！

井当然是新的，众人都看出来了，连娘娘自己也看出来了。

当初桂阁老当着皇帝和娘娘的面说，家乡那个一步二石三眼井是汉代历史古迹，其水质甘甜爽口无可比拟。石质井台内侧，有数百年来被无数使用者之井绳磨出的无数道深沟，如此等等。而眼前井台之内侧，除了新鲜的石面儿，看不到任何井绳摩擦过的痕迹！

即便娘娘涵养再好，也无法忍受这种欺君犯上之重罪。她一怒之下拂袖而走，回驿馆去了。

聪明的桂阁老，明白自己玩大了。这可是杀头之罪，而且不只砍他一人之头，分明是诛灭他九族之重罪！

桂阁老慌神了。

慌神后的他六神无主中出了个下下策，变相软禁了娘娘，使娘娘无法启程回京，只能待在龙脊古城小小的驿馆中。

不过，如果娘娘想在古城乃至整个颍川古郡走动走动、拜拜佛、散散心，也是可以的。但必须是在桂阁老手下严密保护、实际上是绝对监控之下。

因出此下策，桂阁老和娘娘最终都走向不归路。这种结局，是当初任何人都未想到的、也是不敢想的。

11

一天，娘娘告诉桂阁老说，她十分想念京城，想看看京城。娘娘的真实意思是，希望甚至是求桂阁老放她回京。

但桂阁老理解错了，或故意装作理解错了。

他开始征发颍川一带的能工巧匠，在龙脊古城最高处建造"望京楼"，以便娘娘能站在上面、看到千里之外的京城。好在那时没有雾霾，常常蓝天白云，高楼大厦也少，能见度和视线都不成问题。

他是不会放娘娘回京的。除此之外，其它一切都可考虑。

尽管是事实上的软禁，但桂阁老对娘娘还是呵护备至。他的如意算盘是，把娘

娘伺候好了，一旦娘娘回心转意一心保他，不在万岁面前将事情说穿，那一切还可挽回，一切都会万事大吉。到时候娘娘还是娘娘，他桂阁老还是高官得做、骏马得骑、吃香喝辣。为此，他对娘娘之用心，比以前还要恭敬百倍甚至千倍万倍。

在定期写给皇上的报告中，他还一直告诉皇上说：娘娘一切安好，十分喜欢臣的故乡。尽管甚为思念万岁和京师，但希望再多住一段儿时间。毕竟万里遥遥，车马劳顿，来一趟不容易，云云。

但事情一旦走向邪路，就不但危险，还往往意味着血的代价。

当桂阁老忙忙活活赶建望京楼时，娘娘也没闲着。她发现闷在驿馆更难熬，便不时到寺庙去消磨时光。娘娘常去的寺庙，一个是华严寺，另一个是万寿寺。

位于古城西北角之万寿寺，俗称大寺。据后来的颍川县志：万寿寺，县治西北，元初僧福海建，后毁于兵。明初僧妙善重建，明末毁于左兵。清初乡耆卢守金监生卢生明重修。乾隆十年，知县刘沆率香宅十三世作琭公等绅士捐修，并改名万寿宫。从刘县令的《万寿宫告成恭记》看，有歌功颂德媚上的明显意图：

粤自皇恩玉冒，统四海而识尊亲，由是率土皆臣，向九天而申拜舞，千祥云起，万岁山呼，无非表乎拱极之忱，乃以昭夫朝宗之义。《易》曰："圣人作而万物覩"，良不诬之。仲秋恭逢圣诞，届期於万寿寺内设幄、陈炉、列庭燎、序班次，非不肃肃雍雍，究於其地不专斯，於其心不怿。越明年，政举人和，署乐民风之淳，境安吏治之拙。薄书休暇，阅及《河南通志》："雍正十三年特建万寿宫。"览其告成之蹟，玩其颂祷之文，不禁恍然兴起曰："万寿宫之设，岂惟省城宜有哉？属在州县，皆当专置龙亭之地，庶几快愉扬拜之心也。"因与乡绅士民谋，咸有同志焉。

由是相基址，物土方，计徒庸，书度支，量出入，彙捐金，越旬月而告竣。钦惟我皇上泽罩万宇，统接千龄，纳物象於熙和，捨生丰泰；成治功於简易，取法乾坤，福履骈臻，休征毕至，非独庆贺拜祝，分所应然，抑亦至德之广，运有以鼓荡之也。臣沆爰谋构宫而宏敞之，盖亦天颜不违咫尺意也，而本此意以令兹土。一时大夫济济，稽首而颂曰："单父鸣琴，垂帘而治，愿无疆之。"惟休诸士，跄跄稽首而颂曰："成人有德，小子有造，愿无强之，惟休庶民。"僬僬稽首而颂曰："日用饮食，耕田凿井，愿无强之，惟休惕然。"震叠莫不识朝廷之尊，则道德一而风俗同。拜首扬言，俱见一统之矩矱；瞻云就日，聿微四达之河山。所谓九天阊阖开宫殿，万国衣冠裳拜冕旒者，举备诸此。

斯宫之建，直可作一王绘图观也，即以绘圣德之广被也，亦无不可。臣沆诚欢诚忭，额首而赋曰："倬彼峨宫兮，丽明当阳。皇仁浩浩兮，颍水汤汤。如冈如陵兮，日升月恒。乃圣乃神兮，五咸三登。"

当年的万寿寺规模宏大，呈南北走向的长方形，占地60000平方米。东邻城隍庙，西至城墙，南至西大街山门，北到城墙。

后来，万寿寺年久失修逐渐倒塌，1939年夷为平地变成操场。

此为后话。

就在娘娘百无聊赖之际，一天，桂阁老来到驿馆，请她前去"望京楼"登高望远，一睹思念无比之京城。

娘娘去了，也登上了龙脊古城最高建筑"望京楼"。楼顶微风习习，在这个炎夏倒十分清爽宜人，可惜无法看到京城！

指神京，非雾非烟深处。向此成追感，新愁易积，故人难聚。凭高尽日凝伫，赢得销魂无语。

娘娘如此吟道。

桂阁老听明白了，娘娘是在借用古人词作说她无法看到京城，更看不见亲朋好友。桂阁老大怒，将首批参与建设"望京楼"的所有匠人统统杀掉！然后找来第二批能工巧匠，继续加高"望京楼"。

加高后，娘娘再次被桂阁老请来登高北望，看这次能否看得到她朝思暮想之京城。

结果是明摆着的，答案是否定的。于是，第二批工匠又被无端杀掉。下面轮到第三批工匠出场了。

无意中，娘娘听说前两批建造"望京楼"的能工巧匠都被杀掉了，皆因她看不到京城之故。

娘娘在极度震惊之余，默默落泪了。她觉得自己罪孽深重，不可饶恕。于是，到庙里去的次数更多了，主要是为死去的工匠们祈祷，不再是单纯打发无聊的时光了。

除华严寺和万寿寺，她还去了杨爷庙、龙脊古城东北之普圣寺和东南之文峰寺等。

位于古城东北约30里处之普圣寺，始建于元大德年间。因洪武十三年僧人普圣重修而得名。

普圣寺占地约30亩，主要由三部分组成：坐落在中轴线上的普圣寺各殿，左为关帝行祠，右为送子娘娘宫。中轴线上依次为金刚殿、天王殿、大佛殿和大雄殿，天王殿两侧有高五米十三级的楼阁，大佛殿前有伽蓝殿和禅堂。

大雄殿面阔五间，进深三间，高9.6米，为飞檐九脊歇山斗拱式建筑。寺院和殿宇内有历代石碑四十余通。

寺院内外有松柏、银杏和梧桐数百株。这些参天大树将寺院装扮得郁郁葱葱、清凉通幽、充满禅意，似乎将红尘远隔天外。在身处逆境和炎夏的当下置身其间，尤显清幽宜人。

娘娘十分喜欢这里的环境，常在大树下默默徘徊、思考。

位于县城东南约30里处的文峰寺，建于研岗之上。谁建的、何时建的？已无从考证。

坐北朝南的文峰寺占地约十亩，青砖围墙，设有东、西和南三门，其中南大门为正门。

文峰寺中轴线上有金殿、天王殿、佛爷殿和阎王殿等建筑。寺院内有翠柏数千株，

同样在炎夏构成一个清凉世界，足以抚慰滚滚红尘中无数受伤的灵魂。

文峰寺西北角有文峰塔，塔基高约九米，六棱柱塔身共十三层，高二十多米。

12

等桂阁老第三次请娘娘登楼望京时，站在塔顶的娘娘，感受到的不再是微微凉风，而是十足的大风、狂风。

> 危楼高百尺，手可摘星辰。

想起古人的诗句，娘娘不禁悲从中来：自己贵为娘娘，漫说摘星辰了，连京城也看不见、摸不着，还连累众多无辜百姓丧命，情何以堪啊！

> 不忍登高临远，望故乡渺邈，归思难收。叹年来踪迹，何事苦淹留？

娘娘又情不自禁借古人词作，抒发她的悲苦与感慨了。

当陪在身边的桂阁老问她是否看见京城时，娘娘长吐一口气说：看到了，终于看到了！那不是皇宫的角楼吗？里面的士兵，怎么如蚂蚁般大小呢？

桂阁老问：在哪儿呢？让我也看看。一边儿说着，一边儿趋近娘娘。

待桂阁老贴近娘娘后，娘娘右手按住桂阁老左上臂，左手抓住"望京楼"顶上护栏，纵身跳了下去。

桂阁老大惊之余，急忙本能地伸手去抓娘娘，可惜没能抓到，只是指尖触到了娘娘爽滑的衣袖。只能眼睁睁地看着娘娘轻薄瘦弱的身躯，长袖善舞，在空中如仙女般飘落，姿态极为优美。这个瞬间的画面，竟使桂阁老突然想到大明西部边陲的那些壁画。

第三批工匠得救了，以娘娘的自杀为沉重代价。

但桂阁老却注定在劫难逃了。他玩过了头，以至于引火烧身，不杀不足以平"皇"怒。

皇帝极度震惊、恼怒之下，派那个曾陪娘娘同来颍川的太监，带着锦衣卫，取了桂阁老项上人头，算是就地正法。然后，太监根据皇命，将桂阁老之人头，连同娘娘的尸体，一并带回京城复命。

不久，皇帝进一步下旨：即刻拆掉望京楼，在原址兴建娘娘庙，庙里塑娘娘金身供大家拜祭。考虑到桂阁老的身份和生前贡献，赏他一尊金头随葬，不要为难其家人。

因皇帝赏的这个金头，桂阁老出殡时，龙脊古城四个城门共出去八个一模一样的棺材。

出殡那天，桂阁老的儿女们痛哭流涕、捶胸顿足地哭喊道：金头银头，不如俺爹的肉头！

一遍又一遍，声嘶力竭。本应作为隐私以防盗墓贼光顾的金头，无意中成为公开秘密，搞得人人皆知。

但因有八口棺木、八个一模一样的墓冢，盗墓贼即便知道这八个墓葬的位置，一时也无从下手。加上桂阁老家看得严、官府对盗墓这种恶行也深恶痛绝且立有针对盗墓者的严苛刑法，长久以来，桂阁老的墓倒也安然无恙。尽管"金头银头不如俺爹的肉头"传扬得众所周知，并在不知不觉间流传了数百年之久。

13

听了桂阁老的故事，沟口一下子对这个颍川历史上地位显赫的人物产生了极大兴趣。他告诉伪县长，今天的行程就叫"桂阁老之旅"，就是只看与桂阁老有关的文物，重点是其墓葬。

伪县长唯唯诺诺，点头称是。

众人先去看并不起眼的一步二石三眼井。这个传说中捅破了天的明代遗迹，若不是那个传说的巨大冲击力，大家并不觉得它有任何特别之处。

然后众人顺道来到娘娘庙。

数百年过去，娘娘庙中当年幼小的银杏树，如今已遮天蔽日、清爽宜人了。其中部分高大银杏树上，挂满累累白果即银杏果。

考虑到娘娘生前喜爱绿茵清凉，皇帝才特别下旨，在娘娘庙内外广植叶片如小扇子般的银杏树，以使娘娘灵魂得以安息。伪县长如此向沟口介绍道。

春夏时节碧绿的银杏树叶，到了秋天则满眼金黄。当地土著们说，这是娘娘当年从塔上纵身而下时，身上穿的那件霓裳羽衣。娘娘漂亮的金黄色外衣，化作片片小巧扇子，年年光临人间，时时提醒人们，一个人要像银杏树叶那样干净、诚实、静美，把累累果实留给天地间之苍生！

后来不知为何突然传开，说是吃了娘娘庙中银杏树上结的银杏果、喝了银杏树叶泡的茶水，女人多子多福、男人身体康健、孩子学业进步有望金榜题名。

于是，每年深秋，龙脊一带的土著们，都自觉不自觉地来给娘娘上香，求她保佑全家平安，然后捡拾一些金黄色落叶和白果，心满意足地回家去了。

娘娘庙因此香火旺盛，前来拜谒祷告者众。

沟口也很喜欢这些遮天蔽日的银杏树。他知道银杏树是和恐龙一样古老的生物，只是庞大的恐龙灭绝了，而银杏树则幸运地生存下来，并因此被植物学家们称为活化石。沟口还知道，银杏树叶确实有软化血管之保健作用，只是想不到的是，科学技术远不及日本发达的中国，竟很早就摸索出银杏树叶之功效。这是一个了不起的民族啊，可惜离现代文明太远。但假以时日，这个东方大国必不可小觑。沟口如此暗暗想着。

看到殿内正中端坐的娘娘金身塑像，沟口不由自主想到栩栩如生、活灵活现和巧夺天工这些中国成语，并再次感叹中国人的聪明才智。同时再次想到，中国这个民族，一旦被现代科学技术武装起来，一定是世界一流强国，就像几千年前直至清中期的那个国度一样，雄踞世界之巅、傲视全球。届时，这个国家将会十分可怕。

想到这里，沟口不得不联想到最近日本在亚太各个战场的接连失利。和像中国这样有古老文明支撑的国家对抗，想必结果不会太妙。念及此，一时心中隐隐作痛，他不敢再想下去了。

走一步看一步吧，这种全球性大格局，不是他一个小小七品官所能决定的。沟口如此安慰自己，并有些疲惫地走出娘娘庙，随同满脸堆笑的伪县长，来到阁老洞。

阁老洞位于古城南大街南端西侧，为明嘉靖年间大学士桂颂所建。洞口为二尺见方的方形竖井口，深1.4米。竖井底部朝西是东西走向洞身，洞长5.0米，宽0.93米，高1.5米。拱券为老砖砌成。洞西端有高1.3米、宽0.33米的洞口与花园井相通。洞内夏天避暑、储肉，冬天放花、储菜。花园井内水质极佳，乃全城之冠。

最后，一行人来到阁老墓。

本来，沟口计划在彻底肃清境内治安问题前，决不出城访古探幽，但桂阁老的故事尤其是那个传说中的金头，让他感觉值得破一次例。

还好，阁老墓离县城不远，一箭之地而已，应该没啥风险。何况这是临时决定，那些想对日军、尤其是他本人不利的热血支那人，不会想到他会在此时突然出城。这些缺乏必要军事训练的支那人，仅凭一腔热血，是无法奈何皇军的。

与传说中桂阁老有八个墓冢或众多疑冢不同的是，现实中的阁老墓只有一处。该墓位于古城西南约三华里处高庄村北，占地约1500平方米，墓前有碑额二十多通，墓道两侧石刻林立，石坊、石人、石马、石羊、石狮等形态各异。

墓碑由权倾朝野的严嵩撰文并书丹。当时严嵩的地位仅次于皇上，而其势力范围，却比皇上还要大一些。但严嵩对恩师桂阁老却极为恭敬，曾在桂阁老生前数次前来龙脊拜望。其中一次，是特意来传圣谕、给桂阁老立皇上亲自书写的"天恩存问"四个大字石牌坊的。石牌坊立在古城东西、南北两条大街交叉处之十字街中心。

桂阁老名桂颂，字唱和。明弘治九年进士，官至礼部尚书，武英殿大学士。主持修编《武庙实录》，著有《南坞集》。卒于明嘉靖二十六年，其子、孙、曾孙等，均葬在其附近。

阁老墓立有谕答碑，碑呈长方形，长2.5米，宽0.84米，厚0.28米，素面无饰。此碑为世宗皇帝御书，镌刻柳体。其内容是嘉靖六年六月，大学士桂颂、杨一清值经筵，为世宗皇帝讲大学衍义，并和世宗五言古诗各一章。次日皇帝谕答俩大学士，褒奖勉励，以明励精图治之决心。

桂颂墓志铭长1.2米，宽0.73米，厚0.11米。路迎撰文，李登云刻石。字宋体，35行，满行82字，记载了桂颂一生的重要业绩。

桂颂的墓志铭有两通，除上面提及的那通外，还有更特殊的一通，即桂阁老的学生、大学士严嵩专门为他老师题写的墓志铭：

维桂之先，肇迹胶东。天佑聿启，世绩茂功。桓桓行省，始徙颍中。独祐流庆，以待於公。维公挺生，河洛之秀。神明内蕴，灵颖天授。发解乡围，蜚声文圃。晚膺爱立，仪政是司。洵美且仁，麟仪凤施。如何勇退，曰惟知足。皎皎白驹，在彼空谷。身退名完，不可以禄。易既归止，颍水之阳。绿野平泉，乐寿且康。进作舟霖，退为绮皓。逾八望九，皤皤元老。自天佑之，福履寿考。公神不昧，上返列星。遐瞻元德，慨想仪型。后有考者，视此刻铭。

严嵩版墓志铭，简单总结了颍川桂氏的来龙去脉，桂氏本人的十年寒窗科举之路；他此后的从政经历，人品德行；为何急流勇退，在耄耋之年退居乡野田园、在颍水之阳颐养天年，逍遥自在。最后祝愿老师上得天堂，如明星般在星空闪耀，照亮并保佑天下苍生社稷。

看着黄土平原上这个突兀且占地面积不小的墓地，尤其是墓地上默默立着的那些石像生，沟口能感受到桂阁老当年地位之显赫。一个平庸之辈，断不会死后如此奢华。

回到驻地，沟口翻出县府保存的《南坞集》，边读边品评这个明朝巨宦之文采，脑海中也有了计划。

沟口计划挖掘桂阁老墓，看看里面是否真有一个金头。即便无此金疙瘩，也应有明朝其它文物。此外，桂颂的墓碑、谕答碑和两通墓志铭等，也颇有价值。不但字体漂亮，而且是皇帝和宰相撰文甚至书丹，难得的文物。他计划将这些碑刻，统统运回日本去。

后来，沟口果然组织挖掘了桂颂墓。但未发现传说中的金头，倒是有一些金银玉器等陪葬品。其中一枚和田玉桂颂印鉴和一方端砚相当不错，深得沟口喜爱。

挖掘是从坟丘一侧打了个竖井，然后在小竖井底部打平硐进入墓室的。没有破坏墓葬地面任何建筑，墓冢外表也完好无损。

此后不久，当沟口计划将三块碑刻挖出并运回日本时，二战局势突然发生急剧变化。日本从刚开始气势汹汹势如破竹不可一世之进攻态势，转化为被动守势。未几很快投降，那三块碑刻得以留在原地并暂时安然无恙。

当城内考古工作都顺利无虞结束后，沟口对龙脊一带的治安有了足够信心，他觉得是时候考察城外那些历史遗迹了。

14

与其在中国的情况类似，《三国演义》在日本也是家喻户晓极为流行，沟口自然十分熟稔。

来看"三绝碑"前，他特意做了功课，进一步读了《三国志·魏书》和《三国志集解》。从这段可歌可泣精彩纷呈的历史中，沟口感悟到，人世间哪有真龙天子？只要有强大兵力做后盾，任何强势之人都可自称真龙天子并拥有天下。相反，若无强大实力，即便是正宗真龙天子，也无法保住自己的皇位。汉献帝就是活生生的例子之一。

这样思考着时，沟口等一干人，正站在受禅台上。

只不过，受禅台已没了当年的高度和威风，周围也不见当年数十万御林军威武的身影，更没有迎风招展的猎猎旌旗。经过一千多年的风吹雨淋，一度改变华夏历史的这个土台子，已无法让人想象这里当年万马嘶鸣庄严肃穆的场面，更无法想象，此地一度云集当时中国北方几乎全部英雄豪杰文臣谋士。

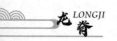

大汉开国皇帝刘邦，无论如何也不会想到，他的后代竟如此窝囊、如此不济，以至于不得不拱手让出他浴血奋战打下的江山。而这种出让，竟是在中原大地一个荒郊野外的土台上完成的！

与受禅台类似，盘龙寨也因年久失修，尤其是不断被当地百姓挖掘取土，目之所及仅见一萎缩了的小土岗。土岗四周，偶尔可见秦砖汉瓦之类的残片、碎块。

沟口站在受禅台上时，同样是在一个秋风瑟瑟的金秋十月，也同样是在十月之庚午日寅时。这是熟谙历史的沟口，特意选定的时辰。他想尽可能充分地感受当时的气氛和环境。

沟口一行人身边，是差不多已完全枯黄了的一人多高的凄凄荒草。这些荒草在秋风中抖动着，发出低沉的呜咽，似乎是当年汉献帝无奈的哭泣声。

当年，正是在瑟瑟秋风中，汉献帝流着永远也流不完、止不住的泪水，满腔悲愤地离开颍川，向着东北方一步一回头地离去了，从此再没返回这块他曾经生活了24个春秋的黄土地。

生生不息流转的时光，就这样戏剧性地轮回着人生，给人类制造着这样或那样的感慨！

受禅台原高18米，占地5880平方米，台上楼阁石栏雄伟壮观。古人有《受禅台》诗为证：

高台半出暮云中，野草萧萧古木风。
千载谁知舜禹事，衔悲惟有山阳公。

现如今的受禅台，高不过10米，占地2170平方米。伪县长热情地插着话，以防冷场。

沟口却没任何反应，站在那里凝视着、思考着。

受禅台南侧，是自西北向东南缓缓流去的颍水。这条淮河第一大支流，像一条碧绿的带子，柔柔地拱卫并陪伴着孤寂的受禅台。远远望去，受禅台像一个土黄色的太阳，被飘带一样的颍水这块云朵裹挟着、缠绕着。

受禅台北边不远，是当年的繁阳，其更古老的名字，包括春秋战国时期的狼渊、汉末三国时期的曲蠡等。

居住在繁阳镇的，主要是回族百姓。那与禅让历史密切相关的"三绝碑"，就在繁阳镇内一个角落里立着，且已孤独站立了一千多年，今后不知还要孤独多久。

看着"三绝碑"上圆润洒脱的碑文、想着有关历史，沟口心跳有些加快。抚摸碑文的手指，也有些微微颤抖。蚕头燕尾，多好的文字啊！

书法作品中，隶书是沟口的至爱之一。而中国隶书之妙，就在汉代，即所谓的汉隶。如此厚重的历史，如此流畅的行文、书法和雕刻，实在是难得啊！如果不得不在桂阁老墓之碑刻和"三绝碑"之间做个选择的话，当然要选择后者，这是毫无疑问的。但沟口决定，不在二者之间进行选择，而是把它们统统运回大日本去，如此就没有痛苦的选择了。

无论如何，也要将这两通石碑，运到日本去。沟口如此不动声色却坚定地暗暗下定决心。

成为颍川这个三国故事发生地大员的三国迷沟口，很有些当年苏东坡赤壁怀古的无限情怀和万丈豪情。

颍川没有赤壁、尽管南去赤壁也不太远，但颍川与三国之老大魏国相关的历史遗迹甚多，他是不会放过这个置身其间实地踏访的大好时机的，这对他以后的考古研究，必将大有裨益。

沟口认为，战争不是这个星球的主题，只是一时的危机转移和释放而已，和平与发展才是这个世界永恒的主题。既然如此，科学研究一定是人类社会的主旋律。

等战争结束，他还想继续从事中国文物研究。沟口想得比较远，也比较多。这是知识分子的通病，读书人彼此彼此。

就连智勇超群的诸葛孔明，在离开卧龙岗准备出山跟刘备干一番革命事业时，也曾雄心勃勃自信满满地告诉他弟弟说，他会回卧龙岗的。等帮助刘皇叔复兴汉室匡扶社稷后，他就会回到卧龙岗来。然后日出而作日落而息，过一种闲云野鹤般的生活。但他终究没能等到这一天，也终究没能复兴汉室。

理想和现实间的距离，往往不是个人所能左右的。但这并不能阻止人们思想的活跃甚至迸发。

参观过受禅台和"三绝碑"、并有盗运后者东渡日本的念头后，沟口对将来在日本建立他自己的"三国研究馆"，有了美好的憧憬和详尽计划。这个研究馆将由三部分组成。

首先是"三国实物室"，镇馆之宝就是"三绝碑"两通。这两通碑刻刀法炉火纯青、游刃有余。其中"受禅表"一文气势雄浑、结构严谨、层次清晰、脉络贯通、淳朴典雅，书体近乎熹平石经，为汉末隶书之冠。难怪历代文人墨客尤其是书家对其推崇备至，称其"结体方整，用笔迅捷，波磔以肆，奇伟雄强"；"结体端茂敦厚，笔法劲利挺拔，如铁铸成"。总之，二碑具极高的文化、历史、政治和科学价值。

另外，献帝庙中描述受禅仪式的壁画、献帝塑像和有些砖雕似乎也不错，可以拆卸下来一并打包运到大日本去。有了这些极具研究价值的一手文物，未来的三国实物室堪称天下第一、世界无双了。

想到可以天天守着这个梦想中的馆、每天临摹着"三绝碑"上自己钟爱的汉隶，沟口不禁咧嘴笑了出来，这是发自他内心的笑。果如是，生活将会是大大地美好！

其次是"三国图书室"。将中国甚至日本历代不同版本的《三国演义》《三国志》《三国志集解》等，统统搜集存放起来。其中当然会有很多孤本、善本，其价值不会比实物室差多少。

第三是"图片音像室"。沟口为此已向日本国内的朋友拍发了电报，要求代为购置高级照相机和录像机。他要用现代化设备，为将来的研究馆拍摄颍川甚至中国其它地区与三国有关的照片和音像资料。其中自然包括受禅台、献帝庙和"三绝碑"这些东西的图片和录像。

受禅台是无法搬走的，运一堆黄土到大日本帝国去不好看也没有必要。理论上，献帝庙可以编号拆掉，然后将相关材料运到大日本去重建，但难度太大、太费劲儿。

自己又不是大名鼎鼎的土肥原贤二、官职太小不足以完成这个使命，人家有这个实力和大权。既然如此，就退而求其次，全方位拍些照片录个像，存放在未来的图片音像室，也相当不错。

沟口未忘记阁老墓等。为此，他特意为计划中的三国馆增设一个"别室"，专门用来存放三国外的中国其它朝代文物，包括阁老墓之碑刻及陪葬品等。

沟口有些庆幸自己能主政颍川。虽不是和平时期之长久任命，只是一个并不光彩的临时异国占领者，但他还是庆幸自己的到来。得中原者得天下，而中原中的中原颍川，自古多英杰之士！既然如此，相关文物应不会少。这就为三国研究馆的建立，打下了良好基础。

设想中的三国研究馆，让军务并不繁忙的沟口，常没事偷着乐。平日里刮得铁青且十分板正严肃的面孔，一下子便柔和不少。

二战期间，颍川虽被日本占领，但境内无战事。无非是筹措军粮军饷、保证京汉铁路、公路安全畅通之类。至于境内极少数中国热血青年试图刺杀自己，那根本就不是一件事，实在不值一提，毕竟自己手下的士兵训练有素。

热血很重要，一个缺少热血青年的民族是没有希望的。不但没希望，而且很绝望，这个民族不灭亡都不行。

但仅有热血是不够的，还要有硬实力。热血仅仅是软件，是重要基础，科技和科技成果则是硬件。只有软硬结合、软硬兼施、内外兼修，方能成就大业。中国的软件没问题，但硬件实在不值一提。

沟口这样想道。

16

等他要的照相机和录像机一到手，沟口便迫不及待地出发了。

他先想到的地方，是张辽城。尽管他也知道，张辽城既无碑刻，又无建筑。但若能通过定点挖掘发现一些张辽用过的东西，比如枪头或宝剑之类，也不错，也可以作为实物充实计划中的三国馆。或者退一大步讲，哪怕是张辽用过的夜壶，也有将近两千年的历史，也算古董。即便一无所获，也可以拍照、充实计划中的图片音像室。

先到张辽城，也有沟口自己的内在原因。三国时期英雄辈出、豪杰无数，但沟口最佩服的，是子龙和文远两位。二人都智勇双全，忠诚无比。子龙乃赵云，文远就是张辽。

张辽先跟吕布后从曹操。

曹操生擒吕布时，吕布这个三国第一高手，却一直向曹操求饶。还可怜兮兮地说自己被绑得太紧了，能否松松？

曹操说不能，捆老虎不捆紧咋行！连曹操都忌惮吕布，知道这个三国第一高手的厉害，不敢掉以轻心。

看到自己的前主人如此怂包，张辽就很看不起吕布，并大义凛然地告诉曹操主要是吕布说：大丈夫死就死了，绝不求饶！

曹操因此很欣赏文远，满心欢喜将他收入麾下。

张辽此后果然终生跟定曹操，忠心耿耿地为曹魏卖命。不但因他和关羽交好在曹操败退赤壁逃跑时的华容道上救了曹操，此后更在逍遥津，以几千兵力大败孙权数十万大军，一时风头无二。

纵观众多三国英雄，智勇兼备、忠贞事主且一生鲜有败绩者，也就子龙和文远了。因为这些品质，二人均高寿善终。不像犹疑不定的吕布、骄傲的关羽和脾气暴躁的张飞之流，最后都不得好死。

但沟口进入张辽城却非一帆风顺。因张辽城并非沟口想象的那样荒无人烟、颓废寂寞，而是名花有主。

不知从何时起，一股土匪进驻占地百余亩、高出地面两三米的张辽城。并在残垣断壁遗址之一角建造房舍、构筑碉楼。几年过去，逐渐有了军事基地模样，成为当地有名的土匪窝。

土匪头子大字不识一个，却从小听说书的讲《三国演义》，喜欢三国英雄人物。因而颇有侠义之心，一直希望自己将来成为一个路见不平拔刀相助的侠客，助人为乐、解危扶困，成就一世英名。可惜理想虽丰满、现实却骨感。因种种原因，他长大后却一无所成。

但由于讲义气，周围慢慢聚拢了一帮混吃蒙喝的兄弟，愿意听他的吩咐调遣。这些除一身力气外一无所有的年轻人，不愿像一般黎民百姓那样在泥土里风吹日晒刨食儿吃，于是就开始打家劫舍、杀人越货了。

土匪头子没有成为他童年梦想中的三国英雄，倒成了乡邻谈虎色变的祸害。理想和现实之间的巨大差别，由此可见一斑。

刚开始，这股土匪像流水一样流来动去，居无定所来去无踪。潇洒倒是潇洒，但时间一长，便觉得不是那回事了，总觉得缺点家的安定感。尤其自土匪头子有了压寨夫人后，她常常抱怨这种飘来荡去的生活不是人过的日子，搞得土匪头子很烦，也觉得该有一个窝了。三国中刚开始浮萍一样飘游的刘备，最后不也占据西南一隅、成就了蜀国吗？于是，土匪头子开始留意合适基地，为将来长久发展打算。无奈一直找不到心仪之地，于是便继续漂游着。

也是有心栽花花不发无心插柳柳成荫。一个偶然机会，土匪头子听说了颍川境内废弃的张辽城。便满怀豪情带着一帮人进驻，从此这里成为他们的窝点。

沉寂了一千多年的荒废古城，由此逐渐活泛起来。

白天城内是半空的，昼伏夜出的土匪们要么在睡大觉，要么少部分人在哪个村镇或龙脊古城踩点。晚上则灯火通明人影幢幢，时而可以闻到猜枚划拳大碗喝酒大口吃肉之嘈杂声。

刚开始当地老乡以为这个废城在闹鬼，也或者是张辽的兵团复活了。一时传言纷纷人心惶惶，后来才搞明白是一帮土匪在作怪。

县政府知道这里盘踞着一股土匪后，本想来个大扫荡将之一举歼灭为民除害，无奈心有余而力不足。

其时颍川境内东西南北各个方向土匪甚多，邻县的土匪也不时越境进入颍川骚扰，而县政府本身力量却极其有限，于是土匪们得以在张辽城生存下来。

现在，沟口带着日本人来了。不是剿匪，而是考古。却最终有了一点儿剿匪的意味。

站在碉楼上瞭望的土匪，远远看到汽车和摩托车扬起的尘埃遮天蔽日，起初也只是好奇地看着。因为那时的汽车和摩托车，还是不常见的稀罕物。等意识到这些铁马们是朝着张辽城开来时，才醒悟似地赶快向领导报告。

土匪头子觉得有些不可思议。他买通的县府内线，没说官兵要来剿我们啊？再说，县府也没有车辆这些交通工具啊？

土匪头子从未和日本人交过手，但听说过鬼子的厉害。国民党军队可谓训练有素，武器装备比土匪强多了，可还是兵败如山倒。还是躲一躲吧，识时务者为俊杰。

于是，土匪头子让他手下一个兄弟，带着压寨夫人和寨内细软等贵重物品，先行出城躲避。他则率领手下强悍的十三太保继续留在寨内，看看日本人是否真的要来张辽城，然后再做计较。

土匪头子想得明白。自己的地盘，不能这么兵不血刃就拱手相让，至少要搞清楚，东洋鬼子凭啥无缘无故来抢占自己的地盘？

鬼子真的是来张辽城的！在他们的车队接近城门口时，土匪头子先放了一枪。意思是告诉鬼子，张辽城不是无主之地，不要再向前走了。

一声枪响，真让沟口吃惊不小。

自进驻颍川以来，除自己的部队军训时打枪外，几乎从未听到过敌方的枪声。这次怎么了？难道遇到了埋伏？

当搞清是盘踞在张辽城内的一股土匪后，沟口放下心来。他相信自己训练有素的士兵，会很快将这些乌合之众打散的。

沟口不想和这些土匪浪费时间，更不想和他们废话。他命令手下一小头目吉田，领着大约一个班的日本人，立刻向土匪发起进攻。

日本人的歪把子轻机枪一响，土匪头子马上意识到，他自己这十几个人，根本不是东洋鬼子的对手。自己这些土制武器，吓唬老百姓、打野兔子之类还有用，但对抗这种连珠炮般的机关枪，就是拿鸡蛋往石头上碰了。还是三十六计走为上计吧。

一声呼哨，众土匪撒丫子向后门跑去。一边跑，还一边朝身后的鬼子胡乱放着枪，漫无目的。

日本人在紧紧追赶的同时，也没忘记还击土匪。

短短的一来一往间，日本人密集的子弹和训练有素的枪法，已放倒八个土匪。从此以后，这股土匪之"十三太保"不复存在，代之以"五虎上将"。

日本人则无一伤亡。

这股残余土匪，干脆直接投奔韩老六去了。

这时的韩老六，因巧使妙计刚从被日军打垮的国民党第 20 师某部获得了一大批美式装备，而实力大增一跃成为龙脊一带土匪中的大树，并急于招兵买马。双方各取所需一拍即合。

民国 33 年仲春，被日军打垮的这部国军从北边的许昌败下阵来路过固厢寨。人困马乏惊魂不定的他们，在架枪埋锅造饭休息懈怠之际，被附近的韩老六一帮土匪包围，并收缴其全部武装。

次年春，沟口听说韩老六手里有一批武器弹药，就派人前去招降纳叛，实际上是要武器装备，被韩老六给一顿臭骂骂走。

并不把乌合之众的土匪们放在眼里的沟口大怒，很快派伪县大队队长孙晓夫率领日伪军一部攻打韩老六。却被早有准备的韩老六一伙打败，丢下 3 具伪军尸体狼狈逃窜。

对沟口来说，刚刚张辽城的交火实在是个小插曲，权当实战演练吧。他根本未将此放在心上，继续把心思转回到凭吊历史遗迹和文物考证上来。

惊魂未定的伪县长，等枪声完全尘埃落定后，才定了定神，继续向沟口介绍说：附近村落的土著们，曾无意间在张辽城挖出马蹬、矛、剑和铜镜之类兵器、用具等。

这更坚定了沟口在张辽城有所斩获的信心。他让伪县长找来附近村庄的一些青壮劳力，扛着爪钩、铁锹等来到土城，准备挖掘一下碰碰运气。

村民们在忙着挖掘时，伪县长继续向沟口讲解说：当初张辽城高三米多，占地 12000 平方米。由于岁月侵蚀、当地人取土烧砖建房等，现如今不过 5000 平方米多一点。

沟口点头称是。作为一名资深考古学家，他能看出这个本呈方形的土城，已因取土破坏了其原本形状。但尚能看出城内基本布局、大致形制。这些残留的大致轮廓，使他能大致推断出，哪个地方是帅府位置，哪个地方可能是张辽家眷住所，等等。据此，沟口在城内、外分别圈出三处位置，让伪县长指挥村民们热火朝天地挖掘起来。

另一边又指导他的亲随、一名日本小兵，在城内、外忙着拍照、录像、记录、描述。

当众人都忙起来后，沟口在伪县长和一班士兵跟随下，在土城内外边走边测量边记录。他仔细测量了遗址的方位朝向、长宽、残存城墙厚度和高度等，并在图上勾勒出残城的建制布局等。一切都进行得井井有条一丝不苟。

伪县长等并不了解沟口干这些事情的目的。大家纷纷耳语、猜测、交流着。有人以为沟口要古为今用，借用一千多年前的这个基础，搞个兵营之类的东西。

沟口注意到了众人的嘀嘀咕咕，但并不放在心上，只一心一意专心致志地干自己的事情。他无法给众人解释他的行为，也没有这个必要，更不能告诉大家他计划在日本建三国馆的构想，这是他个人的"军事"秘密。

大约五、六个小时后，张辽城的挖掘工作结束。收获是五只青灰色陶罐、几个箭头、一个护心镜、一把锈迹斑斑的大刀、三支枪头。

这些东西，基本都是在城外沟口点出的那三个不易察觉的土丘中挖出来的。事实证明，沟口还是有两把刷子的。三个土丘是埋葬士兵或下级军官的三座坟墓，因

为级别较低，所以葬得比较潦草，没有太多随葬品。

但沟口对今天的结果却很满意，他甚至认为成果是丰硕的，超过了他的预期。他最后这样总结今天的收获说：高兴而来，满意而归。

看着沟口有些春风荡漾的脸庞，伪县长及一干人众，也春风满面起来，觉得今天是个好日子。

于是，人群中有了欢声笑语。原本有些凝固的空气，也跟着松弛活泼起来。

返回县城途中，路过颍川旧城遗址城顶村，伪县长介绍说：此地为颍川原县治所在地，遗址内曾出土过窖藏金银、汉代绳纹陶片、筒子瓦等。

听说挖出过金银，沟口来了兴趣。一行人于是驱车来到遗址上，观察讨论一番后离去。

17

三天后，同样一行人，乘着同一辆军用大卡车，在车前车后两辆摩托车拱卫下，扬着漫天尘土，来到龙脊古城东南约 12 里处的影台寺村西，查看另一处三国鼎立前与曹操有关的遗址。

魏、蜀、吴三国鼎立前，正是东汉末年军阀割据的大混沌局面。手里有点军队的，就竖起大旗、拉杆子称王称霸，大家你来我往好不热闹。走马灯似地争夺下来的结果，是北方军阀属袁绍势力最大、占地面积最广，真正是兵多将广谋士如云。

从实力上讲，此时的曹操远远落于四世三公根基深厚人脉广博的袁绍之后。袁家几代在汉朝当大官，深耕广播、门生故吏众多、家族势力强大。但曹操老谋深算，按沟口的评价就是，孟德狡猾大大地、大大地狡猾。

一个人多势众根深叶茂，另一个雄心勃勃傲视群雄。这俩人注定会有一场生死大战，这就是著名的官渡之战。当时袁绍盘踞河北，而曹操却在袁绍故里颍川和汝南一带。

公元 199 年夏，贵族出身的袁绍亲率 40 万大军，准备南渡黄河，灭了他曾经的盟友曹操。

两军对垒僵持不下之际，曹操军中粮草捉襟见肘接近空空如也了。曹操果然狡猾，为虚张声势骗过袁绍的间谍，他派人连夜在影台寺村西，挖土建造了两座大冢。每座高约 17 米，周长约 700 米。顶上撒有一层薄薄的麦粒，以示自己粮草充足。

公子哥袁绍果然上当。

不久，曹操以少胜多，大败数倍于自己兵力的袁绍，创造了以弱败强的著名战例。

曹操所立的冢，是两个大土堆，与真正的粮食毫无关系，故被称为虚粮冢遗址。沟口此次来看的，就是这个遗址。

看过虚粮冢遗址，沟口觉得遗址本身不会有啥文物。但照相、录像、测量和描述，还是必要的。

他没让从影台寺找来的免费民工们挖掘遗址本身，而是在其南边不远，找到几个若隐若现的土丘，让这些村民去挖掘。

　　结果，这天所得与三天前在张辽城类似，只是多了一些石斧、兽牙和箭镞等。沟口挖的还是一些古老墓葬，这些墓的年龄从原始社会一直延续到汉末。

　　这天的挖掘完工后，沟口站在其中一个虚粮冢遗址上，环顾四周，发现附近约200米处有一台，不似天然形成，更像是人工所建。就问伪县长：那是何处？有何故事？

　　伪县长回答说：那是讲武台遗址，也叫尚书台遗址。东汉经学家马融任许令时，曾读书于台上。因融曾拜校书郎、诣东观典校秘书，故称尚书台。台旁有马融祠，后被鸠占鹊巢，成为僧寺。唐显庆二年，唐高宗李治在台上阅兵演武，故又名讲武台。因台高遮寺，故俗名影台寺，乃颍川八景之一。另七景是颍水或玛瑙清流、研冈胜概、柏冢磨云、莲池孕月、邓河水利、魏帝穹祠和钟繇古碑。颍川八景在不同时期有不同版本，另一说即桂阁老提及的那个版本。香宅从九品曾有《题影台寺》五言古风一首曰：

> 古树葱茏处，木鱼清脆声。
> 巍巍白塔仁，隐隐红墙竖。
> 颇有暗香来，为因红尘苦。
> 欲问沧桑事，赑屃背上诉。

　　沟口听后道：这个从九品的诗，倒是描写得极贴切。言毕，领着众人走到隐藏在高大讲武台后的影台寺。

　　寺庙不大，却极干净雅致并富恬淡之禅意，和日本国内众多寺庙颇有几分相似。

　　作为一个岛国，日本土地极其有限，加之寺庙大多建在险峻且郁郁葱葱的高山之巅，因此院落都不大。沟口的家乡在日本歌乐山一带，歌乐山上寺庙林立，且都不得不小巧精致。不大的寺内，除一进大门的小庭院内铺满颗粒大小均匀的细砂、且纤尘不染的淡黄色细砂被画满同心圆外，院内一般都有个小池塘，池塘内肥硕的金鱼优哉游哉地游动着。小巧庭院的其它地方，满是剪裁得体出神入化极其精妙的小树。树以松、柏、竹为主，还有日本特有的小叶枫等。

　　影台寺坐北朝南，背靠讲武台。山门外两侧一雌一雄两株高大笔直的银杏树，甚是茁壮粗大。银杏树叶正绽放着金黄，就连树下洁净的地面上，也铺满惹眼的金黄色。满地一片金碧辉煌，讲述着佛光普照、佛法无边的理念。

　　大门外高大的银杏树下，一个小沙弥正奋力用双手把着一个比他本人高很多的竹制大扫帚，清理满地金黄的银杏树叶。小沙弥脸蛋红扑扑汗津津的，饱满稚嫩的脸庞上，点缀着些许勤奋的汗珠。珍珠般的汗珠在阳光下晶莹地闪烁着，实在萌极了。

　　看到小沙弥，沟口就想起自己的童年和少年。这个孩子，似乎是当时的自己。换句话说，小沙弥让沟口有种时光倒流的感觉，仿佛这是他自己在歌乐山那个寺院劳作时影像的重放。

　　面前这一幕，使沟口颇有些恍惚，似乎已全然忘记自己置身何处、不知今昔何年了。

　　直到一个清瘦的老和尚站在面前，嘴里念叨着"阿弥陀佛"，沟口这才回过神来。

　　老和尚是小沙弥唤来的。

　　小沙弥很机灵，在大门外看到一群生面孔来到，便扔下大扫帚，一溜烟跑进寺内唤出师傅。

　　回过神来的沟口，得知眼前的清瘦老和尚是影台寺的方丈，便和他兴致勃勃地攀谈起来。

　　沟口问：影台寺有多少僧人？

　　老和尚答：三个而已。

　　沟口噗嗤一下笑出声来。不知为何，他突然想到那个流传极广的故事，三个和尚没水喝。于是忍俊不禁。

　　施主口渴吗？我们有足够的甜水喝。老和尚却反应极快，快得和他的年龄不相称。看他鹤发童颜的样子，想来已进入米寿之期了吧？

　　沟口大为吃惊！老和尚咋就看透了自己的心思呢？莫非他能掐会算、尽得奇门遁甲之妙、知道读心之术？只好顺嘴说道：正是，口渴得很啊！可否讨要清水一瓯？

　　方丈一声：施主请了。

　　沟口便紧随方丈，身后跟着伪县长和一些随从，众人一起步入寺庙一进院落内。

　　跨过大门，迎面一株粗大的国槐，树冠巨大遮天蔽日，伞盖般将寺院第一进院落遮蔽得凉爽宜人。

　　大雄宝殿大门两旁，各立一株石榴树。树上挂满胖嘟嘟肥乎乎着实可爱的石榴，像一群群充满童真惹人怜惜的孩童，正调皮地在树上嬉笑玩耍，勾人回到自己的童年时代。

　　沟口让其他随从留在一进院落内等候。另有一些士兵，在影台寺四周散布；更有俩日本兵，立在高大的尚书台上放哨，瞭望远方动静。沟口则紧随方丈，身后跟着伪县长，三人一起步入二门楼内。

　　二进院落有个小池塘，塘内荷花已败，但朵朵莲蓬，个个硕大无朋，可以想见其中莲子之饱满。池塘内不但有鱼，还有乌龟。院内其它地方，点缀着一些小巧花池，花坛内菊花开得正盛，黄、白色花朵鲜艳欲滴。可见寺内和尚之勤奋用功。

　　因自小在歌乐山寺庙中长大，沟口对禅意满满的寺庙，有种发自内心的亲近感。他一下子就喜欢上了影台寺，也因此有了攀谈的欲望和兴致。

　　在第二进院落，沟口终于看到第三个和尚。这个和尚与方丈倒是绝配：方丈清瘦如竹，这个和尚却十分胖大。只见他敞胸露怀，饱满的脸上莲花般欢喜着，很有大肚弥勒的影子和做派。

　　胖和尚笑眯眯地和沟口等打了招呼。然后按方丈吩咐，给客人捧上本寺特有的小竹叶茶水。

　　沟口呷了一口茶水，觉得妙极了。小竹叶茶水散发着淡淡清香，刚入口时，感觉不是很强烈，不一会儿，便觉满口生香。是那种淡雅醇厚之清香，与人们熟知的那些传统茶叶，完全不一样。

　　这是沟口第一次喝这种茶水，也是最后一次。因为从此以后，他再没机会到完整的影台寺来。

　　方丈好像看透了沟口的心思，解释说，影台寺后院有一口井，井旁生长着一小片小叶竹子。竹子每十年开一次花。竹子开花那年初夏采下的竹叶，泡茶水最好。施主正喝的竹叶，是九年前采下来的。下次开花，要等到明年了。据说这些竹子，是唐高宗在这里阅兵演武时种下的。小竹林旁的水井，则是东汉马融在此读书时挖掘的。井水清冽甘甜，不似颍川境内一般井水。

沟口似乎明白了为何马融在此读书、唐高宗在此阅兵演武。但他还是搞不清楚，究竟是地灵人杰呢？还是人杰地灵？哪个是鸡哪个是蛋呢？先有谁后有谁啊？这个问题一直在他脑海中翻滚着，让他很纠结。

看过后院那口水井和井旁那片不大的竹林，沟口便告辞离去。

此前，他在方丈陪同下，查看了寺庙的角角落落。这个寺庙，除让他流连忘返的小巧雅致和充满禅意外，没有啥值得他特别挂念的文物古董。

离开影台寺山门前，沟口心中突然涌出一种异样感觉。这种奇怪情绪，迫使他不由自主地立在两棵大银杏树下的金色光辉中，回过头来，对着巍峨的山门吟道：

偶过影台逢僧话，却忆红尘竹香茶。

唱罢，恋恋不舍离去。

次年夏天，即1945年的夏季。日本投降那一天，小沙弥一路小跑来到方丈室报告：竹子开花了，竹子开花了！

这是后话。

18

几次出城寻幽访古的无惊无险平安无事，使沟口胆子变得大起来。他决定实施古城外围较远地区文物古迹的考察了，而且必须尽早完成这项工作，越快越好。

二战进入1944年下半段后，日本在中国的入侵步伐，明显蹒跚迟滞沉重吃力起来。实际上已不得不收缩战线，并大有退却之态势。鬼子刚进入中国时气势如虹长驱直入势如破竹的态势已不复存在。中国在美、英等国际社会援助下，已可以组织起有效的战略反攻了。

日本在中国的不利战局并不是孤立的。因为美国的参战，日本在整个亚太战场开始陷入全面被动。

沟口自己也觉得，日本已是强弩之末，而"强弩之末势不能穿鲁缟者也"。这一点儿，他内心明白得很。

但沟口镇守的龙脊一带，大体上还是平静的。确切地说，暂时是平静的。这毕竟是个弹丸之地，和当年关羽败守的麦城大小差不多。但愿自己不会走关羽的老路败走麦城，最后落个杀身成仁之结局。战局的变化，虽然暂时还无法洞察最终结果，但总的趋势却是明显的，这就是日本已步入下坡路，这点儿是毫无疑问的。为此，他必须加快考古工作，否则可能会半途而废、黄粱一梦。

就是在这种大背景下，沟口有一种不得不赶紧为之的紧迫感。他必须加快在自己暂时统治的颍川这一亩三分地的寻幽访古行为，一个不可告人的个人秘密计划。

这天，沟口一行首先踏勘了杨再兴墓和庙，也顺便考察了那个隋代小石桥，看有否值得收藏之物。

当沟口一行也终于来到杨再兴墓园后，伪县长这样给他介绍道：

杨再兴墓也称忠墓，墓园坐北朝南，呈南北向长方形。园内翠柏遮天，占地40余亩。墓冢在墓园中央，高6.2米，周长100米。墓冢前15米处墓门两侧有四座碑楼，分别为清康熙、雍正、同治和道光年间所立。碑文记述了杨再兴抗金业绩和墓园重建过程，表达了对杨将军舍身报国的无限敬仰之情。

墓门后有三开间大殿，殿门上刻有"英雄抗金万古流芳"金字横额。两旁石柱上刻有"义气摧金师曾扫敌氛经百战，英风余颍水犹存孤冢峙千秋"挽联一副。此碑乃康熙四十九年知县沈近恩恭立。

初建京汉铁路时，本选址杨将军墓旁，引起当地土著和筑路者之争。双方正闹得不可开交时，突天降大雾，月余不散，白昼黑如夜晚，空中传来金戈铁马打斗之声。修路者恐惧不已，被迫将铁路线移至墓西数里开外。

传说中岳飞用长矛为杨再兴刻的那块石碑，毫无疑问入了他的法眼。他觉得凭岳飞如雷贯耳之伟名，这块看似并不起眼的毛石，就值得收藏，就有必要置于他筹备中的"三国研究馆"之"别室"中去，这就是名人效应。沟口很为自己的馆藏清单上又多了一件文物而大大地高兴。

沟口对有清一朝数代几块石碑上书法的评价，与他在文庙时对那些匾额的评价类似。

然后，沟口一行人又来到龙脊古城西南约四十里处的一个地方。传说这里是远古时期高士许由隐居的地方，所以一度被称作许由店。

上古时，唐尧计划将天下让给"志在青云"的许由。

许由不但毫无兴趣，反而逃到颍水之滨隐居起来。

后来，尧又想委任许由做九州长。结果许由认为这种任命违反了他"采山饮河所以养性""放发悠游"终生与天地浮云为伴的远大志向，也污染了他一向纯洁的视听和身心，于是不等尧派来的使者说完，便跑到颍水河畔去清洗他的耳朵，并为此再次隐居起来。

到了商代，不知为何殷纣王也相中了这块儿土地，并在此地大兴土木、征发大量民工筑城。是为纣城。

伪县长介绍说，香宅的质莆曾有《纣城遗迹》一诗说：

> 朝歌去颍川，远隔黄河上。
> 昔人事田游，岁时任来往。
> 危城奕奕高，景物千万状。
> 曲尺池新开，莲藕年年长。
> 楼高可摘星，香雾生帷帐。
> 物理有不长，欢乐成悲怅。
> 檀车煌煌奔，万事一反掌。

沟口说，这首诗不错，反映了沧海桑田时光无情、人生苦短世事无常。

纣城是个东西向的长方形城垣，其包括纣城、吴城、张城、刘城、李城和曹城，统称纣城。

纣城城壕宽五十米，周长 12 里。宫殿在刘城位置，城内辟御园于乾岗之巅、即后来的寇台。当时发人工开凿的望花渠，由城西北流向东南之通御苑东侧。城旁建有精灵城、又叫青陵城，是历史上赫赫有名的红颜祸水妲己之随幸居所。

沟口来到纣城遗址时，还可以看到城隍、莲花池、看花台和摘星楼遗址。时光可以侵蚀这个星球上的所有存在，却无法完全抹去一切历史痕迹。所谓人过留名雁过留声是也。

在很多方面，古、今之人的欣赏水平是一致的。比如近三千年前的古人，也喜欢荷花，所以有莲花池遗迹留存于世。

想必近三千年前的夏季，这个荷花池畔就已留下妲己妖艳而又肆无忌惮的笑声。只是不知，当时她的笑声是否瞬间抹杀了附近之蛙鸣与蝉声一片？当殷纣王和妲己划着小舟，穿行于荷花池中充分享受人伦的极致美好时，他们是否想到身后遗落的骂名？

就这样，沟口任自己的思绪在历史的时空中自由自在地翱翔、徜徉着。

当他注意到自己用了"遗落"一词后，心里猛然一动，寻思荷花池中是否会遗落妲己和殷纣王的用品呢？比如在荷花池中饮酒作乐时的酒杯、酒壶之类，还比如妲己头上和身上的饰品等等。人在得意尽欢纸醉金迷时，必不惜一切痛饮。而醉酒后的做派，是很容易将身上和身旁的东西遗落水中的。以纣王的地位，遗落也就遗落了，他肯定不会花很大力气去寻找打捞的。

想到这里，沟口命伪县长到附近去找村民，尤其是那些精壮劳力。然后在莲花池中划出几处地方，撞大运般挖掘起来。

大约两三个时辰后，果然挖出几个精致陶罐和那种类似被后世称为梅瓶的陶瓶来。

沟口极其欢喜。虽然限于当时的生产力水平，这些东西略显粗糙，因而无法和后世精美的真正瓷器相媲美。但这毕竟是殷纣王和妲己用过的物件。沟口觉得可以如此下结论了，自然感到十分高兴。这是可以放到未来"别室"中的物品。沟口再次如此提醒自己。

大家在沟口指挥下，对现场进行测量、拍照、录像、记录。

然后，众人离开这个两千多年前极为繁华甚至人头攒动、但如今已彻底冷落下来的所在，向沟口指示的下一个目标进发。

沟口的下一个目标，是古城东边约 30 里处的崔庄遗址。

伪县长向沟口介绍说，崔庄遗址上有古建和碑刻之类，以前还出土过陶器、瓷器等。

碑刻是沟口感兴趣的东西，当然值得走一趟，以尽可能充实"别室"。

最终，沟口在崔庄遗址上看到碑刻三通，分别为明万历、清嘉庆和光绪年间所立。碑上字体尚可，但碑刻较为普通，未能入沟口法眼。

遗址上尚存三间古房，但其中没有令人印象深刻的壁画、塑像和雕刻之类的东西。

尽管如此，他还是吩咐大家测量、记录。测量结果表明，遗址南北长约70米，东西宽约50米。沟口认为崔庄遗址有新石器时代的文化特征。

19

几天后，沟口重返繁昌。

一是放心不下他最心仪的"三绝碑"、想再看看，也顺便给"三绝碑"、献帝庙、受禅台和盘龙寨拍照录像、测量、记录、描述。二来，是想参观一下繁昌清真寺，看看那里是否有让人眼前一亮的物件。

位于古城西北约30里处的繁昌镇，一直是穆斯林聚居地。长期以来，繁昌的牛肉极为出名，至今亦然。

繁昌清真寺始建于明嘉靖三年，大清嘉庆三年重修。清真寺坐西向东，占地面积7850平方米。中轴线主体建筑有前门、二门、二门殿和大殿等。二门上方悬"天方国学"匾额，二门两侧有南北讲经楼各六间、南北配房各三间。大殿西侧有券门通往西侧之望月楼。大殿高22米，面积250平方米。外围有16根柱子，青石柱墩。大殿内雕梁画栋，光彩夺目。大殿正门悬挂"护国佑民"金字匾额，系清高宗乾隆皇帝御笔。

沟口到过南京和开封。感觉繁昌这个清真寺，在建筑风格上与明初南京静觉寺相同。而其大殿建筑，似乎比开封东大寺要略胜一筹。总之，繁昌清真寺在黄河流域尤其是中原一带，实属首屈一指。

尽管没有夺人眼球之文物，沟口还是觉得有必要测量、拍照、描述、记录，以为之建档。这毕竟是他在支那时自己治下的文物古迹。

品尝过繁昌牛肉、告别清真寺，沟口一行来到繁昌附近的怀王冢遗址。

该遗址相传为战国时楚怀王虚葬之所、即衣冠冢。古人尤其是有一定社会地位的王侯将相，为防止自己的墓葬被盗，往往在其真实墓冢被启用的同时，建有很多疑冢，以迷惑盗墓贼们，保护自己的安息之地。

经过测量，沟口发现现存之怀王冢南北长约200米，东西宽150米，文化层厚1.5米。

想必其完成之初，要比现在高大雄伟得多。

岁月不但催人老，也萎缩了世间的几乎一切。在时光面前，一切有生命力的东西，无一例外都会衰老、腐朽。沟口又习惯性地暗自感慨。

沟口让伪县长在附近村庄找来一些青壮劳力，点了一处位置试掘起来。最后出土一些绿莹莹锈迹斑斑的铜镞、铜斧和灰色秦砖汉瓦之类。这些铜制品，显然带有春秋战国的时代特征。而那些秦砖汉瓦，想必是秦汉之后来者们，在怀王墓冢上构筑的寺庙祠堂之类建筑的劫余。

返回古城路上，经过一高台。伪县长告诉沟口说，这是望乡台，相传是三国时曹丕虚葬之所。

此时天已黄昏，沟口一时无法顾及这个高台。

20

过了一段时间，在伪县长推荐下，沟口决定到程云汉墓去看看。

伪县长这样介绍程墓：程云汉比桂阁老晚三百余年，官职也比桂阁老小，但墓冢级别和规格却不比桂阁老低。

正是这后一句话，打动了沟口。

来中国后，让沟口大开眼界的，是中国古人的墓葬。他没有想到，中国人"事死如事生"的观念如此强烈。那些身份尊贵的人死后之奢华，让人吃惊！这在日本是不可想象的。谁会为一个死者投入如此巨大的人力、物力和财力建造如此庞大的墓葬呢？

中国的墓葬，已远远超出其本身的意义，并变成一种文化，即墓葬或丧葬文化。其奢华不限于地下大量价值不菲甚至价值连城的众多陪葬品，还有地面上众多精美的碑刻、石雕、建筑和古树名木等。换言之，墓葬本身就是建筑、历史、风土人情或民俗文化、绘画（有的墓葬有壁画）、书法、碑刻、雕刻、金银玉器、铜器、陶瓷、时代特征等众多文化的集合体。对后来者而言，这些古墓意味着文物、古董、历史、金钱和文化信息等。所以，一听伪县长介绍，沟口便对程墓有了兴趣。

程氏出生于清嘉庆二十二年，道光二十九年中举。其人"性沉毅，读书务穷理，遇人厚而持己严"。历任福建顺昌等地知县。做官期间迭用刚柔，兼施威惠，并因此将全体官民紧密团结起来。

晚清中兴名臣之一的左宗棠对程氏甚为欣赏，认为程乃不可多得之人才，并把他推荐给朝廷，交军机处记名升用，充丁卯科廉差，调知建安县。

在建安县任上，程大力发展文化教育事业、积极培养人才、提振当地文风。

调任闽县后，他积极清理词讼，扫清积弊。转任仙游后，编《八戒十劝歌》，感化好斗健讼之乡民，扭转当地好勇斗狠之恶习。民被感化，风气为之一新。

调任古田后，敢同当地土豪恶霸斗争，为贫民争取利益。当地百姓感恩，为之建生祠。

后升任台湾淡水、漉港同知，俱留良好官声。

光绪三年，中原大旱。程氏慷慨捐粮千石，救济本村村民。

光绪初年任台北知府后，大力修建城池。中法战争爆发后，程氏竭尽全力筹集款项购置武器弹药、招兵扩军、修筑工事、坚守台北。当时外无援兵，内乏粮草。因积劳成疾，背部生疮而突然病逝在任上，时年69岁，此光绪十一年。

程氏去世后，台北土著为他修建了"程公祠"，清政府追封他为三品道台"御赐祭葬如例"。其遗体经海运从台湾到浙江，然后转运河到颍川邻县西华之逍遥镇，最后通过陆路运抵其故里安葬。

一路尘土飞扬来到古城西南约12里处的程氏祖茔，沟口被眼前的景象点亮了双眼。

伪县长没说错，程氏墓之规制，不亚于桂阁老墓。占地约1500平方米的程云汉墓，呈南北向长方形。墓前有华表、碑碣，墓道两侧石刻林立，石人、石狮、石马、石羊和石猴姿态各异。墓园古柏森森，肃穆壮观。好一个中国墓葬文化的代表！

有些可惜的是，无论是碑刻艺术还是书法水平，程氏墓都无法与桂阁老墓相比，当然更无法和"三绝碑"相提并论。

也难怪，光绪年间的中国，早已飞驰在下坡道上。国力衰减得厉害，也顺势将文化拖向软弱不堪之境地。国力强，一切强；国力弱，事事弱。从不同时代碑刻之特点，可以看出这个时代国运兴衰昌盛与否。沟口这样想道。

沟口没有动程墓的一草一木。他计划过段时间统一挖掘、拆卸、装运颍川境内他看中的文物，然后经颍水、运河入海，一起运回日本去。

其中当然包括他几乎每天都要面对的县衙前介石亭中那块宋代介石碑。此碑乃宋初县衙庭前所立宋太宗御书碑，其铭文曰：尔奉尔禄，民脂民膏；下民易虐，上天难欺。

碑上覆以亭，额曰"介石亭"。此碑碑文乃大宋第二个皇帝手书。书法遒劲，碑刻隽永，值得收藏。

当然，沟口没有忘记古城文庙戟门东、西两侧相对而立的"御制学校八行八刑条碑"和"大成昭碑"。

前者立于大观元年农历三月十九，是宋徽宗赵佶亲自撰文书写，故又称"大观圣作之碑"，洋洋洒洒千余潇洒飘逸独特罕见之瘦金体字。其内容是皇帝求贤若渴，为此而苦口婆心劝学向上，并特别为学生制定的行为准则。开宗明义即称"学以善风俗、明人伦，而人才所自出也"。

这对研究中国古代学校的发展演化，尤其是宋朝繁荣灿烂之文化和登峰造极的科举制度，是不可多得的实物材料。

后者立于元大德十一年。表面上是加封孔子，实际上同样是彰显统治者对读书、教化之重视。

大宋是支那知识分子的黄金年代。当时提倡以文治国，读书人不但待遇高，且没有死罪，至多流放而已。因此被后世读书人念念不忘。沟口如此告诉众人。

看到沟口如此喜爱中国古代碑刻，伪县长献媚地告诉他说：颍川境内曾有一块唐代"张敬因碑"。据欧阳修在其《唐张敬因碑跋》中说，该碑是大书法家颜真卿撰书。

一听颜真卿的大名，沟口即刻两眼放光，紧紧盯着伪县长急切地问：真的？在哪里？快带我去看看！口气急切而不容置疑。

伪县长说：碑刻原在本县田野中。因颜真卿名声在外，宋仁宗庆历年间，常有人到此碑处拓模。久而久之，前来拓模者越来越多。田地主人因忧心碑刻周围庄稼被踩踏毁坏，一怒之下，将碑刻砸毁。

当时在安徽滁阳的欧阳修听说此事后，心痛不已。专门碾转来此收集残碎石碑，共得七块残片。因不是碑刻全部，文字已不连续，仅名氏尚存。这让欧阳修捶胸顿足不已，他哀叹道：其字画尤奇，甚可惜也！

欧阳修身后，连这些碑刻残片，也不知去向了。

得知碑刻已不复存在，沟口也心痛不已。后来，他还是忍不住查经据典，得欧阳修《唐张敬因碑跋》如下：

古《张敬因碑》，颜真卿撰并书。碑在许州颍川县民田中。庆历中，有知此碑者稍稍往模之。民家患其践田稼，遂击碎之。余在滁阳，闻而追往求之，得其残阙者，为七段矣。其文不可次第，独其名氏存焉，曰："君讳敬因，南阳人也。乃祖乃父曰澄、曰运。"

其字画尤奇，甚可惜也。

读到这里，沟口大为惋惜不已！

不久，沟口听说沙颍河堤上的铁牛很有故事，便对它动了心眼。

郾城县城濒临沙颍河，西关转弯处又存深潭，邑人常受水患威胁。一百多年前频频决口泛滥，淹没庄田，冲毁房屋，人畜遭殃，百姓苦不堪言。

传说大禹治水时，常用铁牛镇河患。每治理一处，便铸一铁牛，沉入河底。

为此，清道光九年，郾城第 22 任县令傅鸿邻效仿大禹，督导铁匠用生铁铸造一高 1.5 米、长 1.2 米的铁牛，腹部铸阳文"清道光九年"，置于沙颍河大堤上。铁牛浑身乌黑，四肢盘曲，翘首静卧，双角高耸，两眼凝视河面，气势威而不露。是郾城八小景之一。

后来，郾城接任知县在铁牛所在堤岸内侧 5 米以下，等间距嵌入五个红石雕刻的龙头，龙头长度介于五尺至三尺之间，皆张牙怒目气势威猛。

相传铁牛镇水非常灵验，人们称之为镇河铁牛。据说，镇河铁牛的肚子里有颗避水珠，故此十分灵验。每到沙颍河涨水季节，铁牛便在夜深人静之时，把头伸到水边将河水喝入肚子里一半，不至于河水泛滥成灾；而到了干旱时节河水少时，它又把之前喝进肚子里的水吐进沙河中，让人们灌溉农田。从而造福一方百姓。

所以，百姓对铁牛都很虔诚敬畏，视铁牛为镇河之宝、护城之神，不再担心河水泛滥、漫堤进城。

沟口对关于铁牛的传说信以为真。便在一个月光如水的夜晚，悄悄来到铁牛身边。果然，在明亮的月光下，铁牛的眼珠闪闪发光，便断定牛肚子里有宝贝。于是在铁水牛肚子上打了个窟窿，结果却啥都没有。

只是这个小窟窿，从此便一直留存下来。

第十章　断　金

1

时间很快来到 1945 年初夏。

颍川无战事。但沟口心间，却装满一个接一个日本在太平洋和远东战场节节败退的不利消息！

轴心国中的意大利，早已在 1943 年 9 月 8 日投降。德国在欧洲战场的局势，似乎比日本还要糟糕。这使沟口对德、日两个轴心国的结局，有了隐隐的不祥预感。他知道日本国内兵源和物资供应均已达极限，时间不在日本这边，日本人等不起，拖得越久对日本越不利。中国以空间换取时间的战略已开始奏效。日本因刚开始胃口太大、战线拉得过长，兵力和物资供应却无法齐头并进，而造成目前顾东顾不了西、顾头顾不了尾、捉襟见肘的局面。

想到这些，沟口有些焦躁，对大日本帝国眼下面临的严峻形势十分忧虑。但他作为一个低级军官，对整个战争形势的未来发展和走向，束手无策无能为力。他所能做的，就是加紧征收军粮，为大日本帝国尽个人本分。

眼下正是麦收时节，龙脊古城周围田野里，到处是一片又一片夹杂着淡绿色的金黄色海洋。这些即将举镰收割的小麦，在干热的风中一浪又一浪地摆动着，似乎在招呼主人赶快收割，更像是要急不可耐地进入粮仓，以躲避可能随时会降临的风雨摧残和霉烂腐败。

沟口计划再次出城到乡下去一趟。于公，他要考察一下小麦长势和收割状况，为筹措军粮做必要的功课和准备。于私，他要继续在颍川的考古和文物探寻工作。公私兼顾，其道也中庸。一石二鸟，何乐而不为？

沟口将此次行动路线，选在城北大陵和小龙脊一带。那里的刘累墓、凤岗庙遗址、见于典籍《水经注》的大陵、曹操割须自罚处碑、和荀彧衣冠冢等，都是他想一睹之文物。

在此麦收大忙季节，十分应景地前去查看曹孟德因考察屯田效果而不小心马踏小麦割须自罚之地，肯定别有一番滋味在心头：明月曾经照古人，古人何曾识今人？

就让我和曹操这个雄才大略之人，跨越近 1800 年的时间间隔，在小龙脊为他严于律己之碑刻前，来一次前无古人后无来者的对话吧！沟口很有些书生气地这样想着。

文人究竟是文人，即便在残酷的战争年代，也不乏浪漫情怀和诗意气质。

考虑到今天所看内容较多，沟口决定骑马抄近道前往。当然是他和伪县长骑马，其余士兵等列队步行。

之所以如此安排，一是这些近道，都是曲里拐弯的羊肠小路，无法容纳汽车甚至摩托车通行。二来他此前在颍川使用的卡车和摩托车等，均已被送到前线接受真正战火的洗礼去了。

前不久日本军部下发紧急通知，因战事吃紧而大日本帝国物质匮乏，所有交通工具尤其是汽车、摩托车之类，一律供应前线。因此，缺乏战事的颍川，原有的机械化工具都被征调到前线去了，沟口因此不得不以马代步。至于普通士兵等，就不得不安步当车了。

考虑到士兵的困难以及数次出城的平安无事，沟口决定此次不带机关枪之类的重武器，大家都携带普通军事装备轻装前进。

沟口根据手头一张大比例尺军用地图和伪县长的描述，计划了这样一条便捷考察路线：出古城北门，沿老官路一路向北。过五里河后下老官路向右，抄小道经符庄、娄庄，到蔡龙村去看刘累墓和庙。然后折回向西，到齐庄村西去看凤岗庙遗址。接着继续向西，在大陵镇吃过午饭稍事休息后，西行登大陵考察。最后从大陵下来继续向西，到小龙脊查看关于曹操之碑刻和荀彧之衣冠冢等。在小龙脊完事后，可以沿村西一条小道，直接上老官路南去返城；也或者出小龙脊村南，经霍营进入老官路返回古城；或者出小龙脊村东南，经宋阁返回古城。当然，沿途尽可能多地考察小麦长势和收割状况，是必不可少的公事和军务，这是关系到大日本帝国生死存亡的大事，绝对马虎不得。

沟口记得，唐朝大诗人李白曾感叹"多歧路今安在"。这不是嘛，到处是歧路。条条道路通罗马，条条土道连古城。沟口当然明白诗人本意何在，只是想和他较较劲、玩玩文字游戏，放松一下。

这天的实际行走路线，是一丝不苟地按照沟口的计划进行的。它确实是条近乎捷径的省力路线。

2

站在四年前刚修建完成的刘累庙内，看着庙堂横梁上栩栩如生腾云驾雾的彩绘巨龙、和堂中慈祥又不乏威严的刘累塑像，沟口觉得刘累这个名字起得不好，难怪他东躲西藏活得那么累。"刘累"两字的发音，与"流泪"相同，他不哭才怪呢。沟口这样好玩地想着。然后有些戏谑地吟道：

蔡龙城何在，在县北之东。

龙孰云可蔡，可蔡非神龙。

伊人何不智，坐受刘累蒙。

死雌已潜醢，上佐珍羞供。

醢尽计已屈，逃遁无追踪。

空城二三里，荆棘深蒙茸。

登临不胜慨，搔首斜阳中。

刘累庙门前立着两通石碑，记载了刘累养龙的故事和建庙经过。庙是1941年本地乡绅和村民捐资修建的，碑刻也是同年打造的，一切都是新东西，显然没有任何文物方面的意义。

但占地一亩多的刘累墓，却是地地道道的旧物。墓前也有碑刻，只不过是无名之辈的作品，难入沟口法眼。墓葬周围，生长着巨大的柏树，显露出这个墓葬久远的历史。

沟口记得《左传》记述的刘累及其养龙故事，也记得颍川有个豢龙城，更知道这是龙脊一带一个有3千余年历史的传奇。历代前来拜谒刘累的文人墨客多不胜数，他们吟诗作赋感慨颇多。其中康熙年间进士、颍川县令沈近思，在其《豢龙神迹》一诗中这样叹道：

神龙已向九天行，此地犹传古豢城。
何处云雷看物变，几村烟雨课农耕。
凤麟同畜知非妄，蝼蚁齐观本不惊。
偶向郊原寻往迹，为霖还望遍苍生。

豢龙城是颍川历史上著名的十六连城之一。属夏、商、周、东西两汉及三国文化遗址的十六连城，包括颍川旧县治城顶、繁城、商高宗城、纣城、平宁城和张辽城等。

平宁城旧名停灵城，明末当地居民为防匪患加固城垣，并为祈求平安将之改为平宁城。城东南隅有商高宗庙一座，明朝时改建为城隍庙，庙内有嘉靖二十五年建庙碑刻一通。伪县长向沟口解释道。

沟口的下一站，是西距豢龙城一箭之地的凤岗庙遗址。

听说这里有大清光绪年所建庙宇一座，碑刻数十通，勾起他的兴趣：几十通石碑啊，一个碑刻宝库，不得不看一下。

凤岗庙是新石器时代文化遗址，东西长约200米，南北宽约150米，文化层均厚1.0米，曾出土各类石器。

颍川此类遗址甚众。比如有原始社会龙山文化特征的清义冢遗址、湖里曹遗址、崔庄遗址、葛家遗址、纸坊遗址、尼庄遗址、大田遗址和大陵遗址等。这表明，颍川历史极其悠久，说他是中华文明的摇篮，一点儿也不为过。沟口如此推断着。

凤岗庙遗址兀立于周围田野上，呈明显高耸的土岗状。遗址上庙宇、碑刻俱全，人文气息浓厚，尽管它们无法和"三绝碑"同日而语。不过，可以考虑在日本建一碑林，如此，便可以将颍川境内不同时代的所有碑刻，全部挖走运到日本去。沟口这样美美地想着。

终于站在大陵脚下时，沟口方真正体会到"巍峨"这两个汉字的奇妙与精准。或者这样说可能更精准一些：站在大陵脚下，仰望两千多年前的一个浩大工程，方

— 374 —

知中国古人发明"巍峨"一词的确切含义。此时，大陵占地面积还有一百二十亩之巨。遥想当年那个生产力水平极其低下的原始荒蛮社会，人们是如何靠肩扛手提的纯粹人力活动，来完成这一巨大工程的呢？

想必在一个相当长的时期内，当年此地定是人声鼎沸热闹非常。如今，历经两千多年风风雨雨的大陵尚在，而那些曾鲜活地活跃在大陵及其周围的人们，已统统化为尘埃，不知魂归何处！沟口生发出思古之幽情，并感慨思索着，关于大陵的过去和现在、关于人生。

感慨中的沟口，很快被大陵周围生长茂盛的数百株枣树所吸引。这些枣树长得颇为古怪，壮硕的树干疙里疙瘩、粗糙乌黑，显示着岁月之沧桑。有些狰狞丑陋的树干上的树冠，却一片碧绿。碧绿之中，挂满饱满的青色枣子，一派丰收景象。

枣林中及其附近一片清凉，明显与这个炎热的六月天气存在错位，不似一个世界。果然是"玛瑙涵清，巨陵耸翠"啊，看来古人没有说错。沟口如此感叹道。

玛瑙河襟带于大陵之阳不远处，其源出襄城朱湖潭，俗名泥河，长一十八里，宽一、二丈，深八、九尺，北部通过灌沟与颍水相通。

灌沟命名自灌婴家臣灌夫，《史记·灌夫传》称：

夫字仲孺，为人刚直嗜酒，不好面谀……夫不喜文学，好任侠，已然诺……家累数千万，食客数百人，陂池、田园、宗族、宾客为权利横颍川。颍川儿乃歌之曰："颍水清，灌氏宁；颍水浊，灌氏族。"

今灌沟所在地，为当年西汉开国功臣懿侯灌婴封地。

眼前的景象，让伪县长想起吴仙儿《大陵赋》中的句子：

> 丽明当阳兮，颍水汤汤。
>
> 如冈如陵兮，日升月恒。

让伪县长没想到的是，他情不自禁的吟诵，竟引来沟口一阵掌声。好，大大地好！沟口激动地喊道。

这使伪县长颇有些受宠若惊。他告诉沟口说，此乃大陵主人吴运昌之诗句，听说他就住在大陵附近。

大陵脚下南侧、玛瑙河北岸，一个篱笆院落，隐藏在茂密枣林中。

院落中有茅屋数间，正房坐北朝南背靠巍巍大陵，面向天际正炽热的太阳。东侧另有茅屋两间，应该是厨房及堆放杂物的房间。干净整洁的院落中，有各种花草、翠竹和果树，还有一个不大却生长有淡雅荷叶的小池塘。

整个院落的陈设及其所散发出来的文化气息，和颍川一般普通农家明显不同。

院落后面东侧，一条发白的蛇形小道，呈重复的"之"字形蜿蜒而上，消失在大陵顶端与蓝天白云交汇处。据此羊肠小道的颜色可以判断出，院落的主人，大概常从家中踱出，然后沿小道徐徐而上，登高望远，俯察天地，思考人生。

沟口好奇地问伪县长，此为何人居所？

伪县长则转过头来，问刚刚找来的大陵保长。

保长告诉大家，此乃颍川最后一个秀才、阴阳大师吴仙儿居所。并顺带讲了几个关于吴仙儿的逸闻趣事。

以前在书本中才能读到的隐士们的奇闻趣事，如今亲眼得见、亲耳闻听，算是苍天有眼。这个吴仙儿，不会是当代孔明、庞统或徐庶之流吧？果真如此，大陵该是现代卧龙岗了。想到这里，沟口有了拜访吴仙儿的浓厚兴趣，便让保长前去通报一声。

在连续不断的狗吠声中，保长终于等来一位身材修长、气度不凡的少年。

少年来到大门口，隔着篱笆门和保长礼貌地打招呼。当问明是日本人想拜访他父亲时，很歉意地回道：家父身体欠安，连日来一直卧床不起，满脸病容蓬头垢面，如此不堪面目见客人甚不恭敬。十分抱歉！

保长知道吴仙儿这个读书人的臭毛病，一生潦倒困顿，却从不失读书人的傲气，和茅坑中的石头一样，又臭又硬。想到这里，便不再纠缠，给沟口复命去了。

沟口知道，绝大多数饱受孔孟之道圣贤之书熏陶的中国人，很讲究民族气节。他们和伪县长这种读书人明显不是一类，肯定不愿和自己这个侵略者打交道。就像当年大清刚从满洲那个酷寒荒蛮之地入关时那样，当时很多大明遗老遗少，十分不屑于和清朝这种外族为伍，更不愿意留辫子。即便是在大清"留头不留发留发不留头"的严酷命令下，仍有人不惜抛头颅洒热血，也不服从新政权的统治。这些人的民族气节值得钦佩。既然不愿一见，那最好还是不见为妙，免得打搅了今天的好兴致。

想到这里，沟口一挥手，带头朝茅屋后的羊肠小道走去。

3

沟口判断得不错，吴仙儿确实不愿见东洋鬼子。

昨夜，吴仙儿做了个怪梦。

梦中满世界都是水，只剩三个孤岛一样的东西。

其中东方那个大岛，天空挂着一轮血红太阳。西南方一个小岛上有座古建，隐约像是龙脊古城的谯楼，因其门额上，有他再熟悉不过的"颍川古郡"四个大字。剩下那个最小岛屿，似乎是身边的大陵。

一条大船从东边大岛上远远驶来，船上飘扬着孝布般的旗帜，旗帜正中血红的太阳，放射着同样血红的光芒。

大船先是飘到西边颍川古郡小岛上，不久又向大陵小孤岛飘来。

这个梦使吴仙儿意识到，鬼子要到大陵来。

对于沟口这个外族入侵者，看似闲居茅屋两耳不闻窗外事一心只读圣贤书的吴仙儿，其实早已得知此人一直在颍川境内东游西逛考察古迹、搜寻文物。以大陵的名气和沟口对文物的痴迷，预料此人早晚会到大陵来，只是不敢肯定其何时前来。昨晚的梦境，分明告诉吴仙儿，鬼子两天内便会出现在大陵。

为进一步确认沟口来大陵的确切时间和具体方位，吴仙儿这天早上登上大陵后，在大陵顶端那块平坦、他每天都在此盘腿打坐修炼呼吸吐纳之功的砖砌太极八卦符号内，从附近找来几根狗尾巴草当作蓍草，用源自周朝的古老占卜方法，判断沟口来大陵的时辰等细节。

结果表明，沟口将在午时自东方来到大陵。吴仙儿便吩咐儿子如此这般回应叩门者。

等儿子打发走沟口一干人后，吴仙儿听说鬼子沿着吴家几代踩出的那条小道上大陵去了，便十分不舒服极其别扭起来。他颍川最早的先祖之一武申等、爷爷吴太恒、父亲吴宗尧和他本人数千年间踩出的登陵巡查小道，竟玷污于东洋鬼子这帮入侵者臭脚之下，我岂能踏着这些畜生的脚步再登大陵之巅！

从此，吴仙儿再不从那条小道攀爬大陵。而是在当天傍晚凉风习习之中，手拿镰刀斧头，从院后西侧开始，在长虫和众多不知名小鸟出没甚至是栖息之地，刀砍斧剁，重新开出一条类似的"之"字形小道。

这条新鲜小道，因尚潮湿且多枯枝败叶，远远看去呈现一种深灰色，与那条他们吴家近百代走了数千年、因干燥而发白的小道明显不同。

几年后，那条被沟口践踏过的发白小道，很快被茂密杂草和各种低矮灌木覆盖而不复存在。而这条新开辟的小道，则逐渐干燥发白起来。

吴仙儿庆幸沟口未强行进入自家茅屋。否则，这个痴迷于文物的倭寇，一定会拿起室内吴家多年搜集来的文物，主要是大陵因雨水冲刷露出地表被无意捡到的那些青铜剑、青铜鼎、青铜戈、金盘和玉龙等，一一端详查看。即便沟口最后不将这些珍贵文物抢走，它们也会因他的触摸而被彻底玷污。

就在吴仙儿在家里既庆幸又有些懊恼而矛盾不已时，沟口等已站在大陵之巅，极目远望四顾，发欲穷千里目之感慨。

立于大陵顶上，东望可以清晰地看到大陵镇这个两千多年之久的古老十里长亭、以及街道上忙碌的人群；也可以毫不费力地看到鹤立鸡群的凤岗庙；还隐约可见上午刚刚考察过的刘累庙和刘累墓松柏之郁郁葱葱。南观，可以看到龙脊古城城墙、北门楼和谯楼，甚至因反射太阳光而呈白练状的护城河及五里河。西望，可以看见白带子一样的老官路、固厢寨和颍川旧城城顶村，还可以看到老官路东侧的小龙脊。北望，可将颍川北大门石桥寨及寨河尽收眼底，也隐约可见张辽城的残垣断壁。

大陵顶上东侧，立有一块坐北朝南的石碑。那是吴仙儿为他老爹老吴仙儿生前所题写的一首诗立的一块石碑，算是对父亲的一种念想。诗曰：

柏冢磨云

霁色分仙冢，停云锁墓山。

空余苍柏回，自入碧霄间。

古道青苔遍，荒丘明月贤。

西风吹叶落，飞鸟送人还。

沟口在碑前驻足良久后说：诗不错，汉隶书法也不错，颇得"三绝碑"之精髓，碑刻也好。算是新时代的"三好碑"啊。

众人一阵儿附和声。

　　这会儿，伪县长用从吴宗尧那里不知倒了多少手，才最终辗转传给他的信息对沟口献媚道：这座大冢的历史，和大陵镇的历史一样长，甚至比大陵镇还要长一些。春秋时期，颍川被称为城颍邑和大陵邑等，后者就是因大陵而来。将近一千余年后，大陵邑才被颍川这个新名所取代。

　　两千多年前，当这位楚王还在位时，便开始构筑他自己的陵寝。陵寝不止一个，而是散布在楚国境内不同地方的很多个。当然，其中只有一个是真的，其它均为疑冢。

　　计划筑陵之初，现今大陵一带近乎荒无人烟。楚王选中此地后，征调周围能工巧匠和老百姓，云集此地大兴土木。作为施工者驻地和劳动工具集中地的大陵，一时间热闹异常，各种店铺应运而生，并排列在大街两侧。

　　整个工程的工期前后长达数十年。等楚王归天后，大陵封起来了，那些建造者作为大陵守护者也留了下来，越来越多的店铺也留在了原地。所以大陵镇又叫"店街"，意即有很多店铺之街道。

　　久而久之，大陵成为这一带人口最密集的村镇之一。县志上说，大陵，"相传为楚王虚葬之陵，有蟒出入为害，建寺庙镇之，蟒遂为所拒。"也就是说，这上面或附近原来建有寺庙宝塔之类。

　　沟口很认真地问：何以知道这只是一个疑冢，而不是真墓呢？

　　伪县长进一步转述吴宗尧的话说：我也一直在想这个问题。大概不外乎两个原因，一是当时大家觉得这一带不靠山不面水，非上佳风水宝地。以当年楚国之大之强，尤其楚地大部分是南国水乡，那里风光无限山水旖旎，比大陵这里要好得多，楚王不大可能将自己的真身下葬此地。加之当时楚国国都远离大陵、交通不便，更不可能葬在这里。另一原因，是两千多年来，虽然绝大多数乡民不敢轻易进入大陵，但盗墓贼肯定光顾过不少次。盗墓行为自然令人不齿，但他们通过一次次罪恶实践，已间接证明真的楚王陵不在这里。否则，我们一定会知道是否有宝贝从这里被盗出。盗墓者当然不会马上告诉人们，但多年后时过境迁，他们自己会慢慢传出消息来的。

　　沟口觉得伪县长言之有理，却对他使用"盗墓""罪恶实践"等词汇，有些不大高兴，似乎这个伪县长在抨击他沟口本人一样。但转念一想，伪县长根本不知道沟口要建立"三国研究馆"这个隐秘计划，因而显然不是针对他的。想到这里，沟口便释然了。

　　沟口永远无法知道的是，伪县长这番关于大陵的评论，并非他本人心得，而是转述吴宗尧很多年前的个人总结而已。

　　当年吴宗尧和从九品考察大陵时，站在大陵顶上做出如此评论。后来他在宋阁学堂回答一个学生关于大陵的提问时，又进一步提炼总结复述了一番，并被学生们传播开来、流传下去。再后来阴差阳错，传到伪县长耳中。

　　今天，拾人牙慧的伪县长，居然轻而易举地用上了，几乎是原文照抄。不过，伪县长真不知道沟口的私密计划，也就没注意遣词造句。他毕竟不是沟口肚子里的一根蛔虫、无法对主子的一切都百分之百地掌握。

　　大陵顶上有一简易凉亭，亭中有石凳数只石桌一个。亭周围被不知名的野花们包围着，颇有古意。

沟口觉得吴仙儿及其先人确实有眼光，选择了一个读书品茗、修身养性的极好处所。也越发觉得此人不简单，将来有机会一定要结交一下。和这样有品位的人谈古论今、吟诗作赋，定是一大快事。

沟口命令，就此悠然凉亭及其周围淡雅环境中喝水吃饭休息。

吃的是日本军人配发的罐头、压缩饼干之类，喝的是军用水壶中的水。众人吃喝完毕，离开大陵，沿着那条西去土路，向小龙脊进发。

傍晚时分，吴仙儿沿新砍出的小道登上大陵查看时，发现凉亭中鬼子留下的一片狼藉和各种垃圾。他一边皱着眉头咒骂这些倭寇，一边又不得不将之清理收拾干净、恢复此前之干净面貌。

再次值得庆幸的是，吴家多年前用大陵周围出露的秦砖铺建的那个隐映在茂密翠竹中的小阴阳八卦阵，沟口们并未踏足。想必是行程匆匆，未来得及注意。

不久，当听本地那个保长说沟口他们到小龙脊去了时，吴仙儿就有些好奇和担心：不知这些倭寇，会在小龙脊惹下何种祸端？

于是，他再次用大陵上常见的狗尾巴草占卜起来。结果却让吴仙儿大吃一惊：小龙脊将有血光之灾！

4

其实，当吴仙儿在黄昏的大陵顶上算出小龙脊要遭殃时，事情已经发生了。二者几乎同时或后者稍微早一点点儿。

从凤岗庙遗址到大陵去的路上，需经过商铺云集的大陵寨。

在熙熙攘攘的街道上，伪县长遇到一个固厢寨的熟人。此人刚办完事，马上要回固厢去。

伪县长便拜托此人路过小龙脊时，让小龙脊的人通知保长霍铎，前来大陵相会，然后一起到小龙脊去。

等沟口一行吃饱喝足从大陵上下来，正向小龙脊行进的路上，个子不高敦敦实实的霍铎，已满头大汗赶到。他笑容可掬地和大家见面、问候。

众人合兵一处，在霍铎带领下，一起向小龙脊进发。

霍铎在日本占领颍川前的国民政府时期，就是小龙脊一带的保长。日本侵占颍川后，没有改变此前国民政府的任命，除那些自动去职者，其余的仍各就各位。日本投降后，国民政府还阳、重新统治颍川，除了惩办极个别死心塌地紧跟日本人干坏事的汉奸败类外，也没动这些九品芝麻小官，大家依然是保长之类的基层官员，这里包括霍铎。

霍铎能坐上这个位置且历经"三朝"而不倒，靠的是他的威信。

霍铎的威信，不仅仅因为他能说会道稳稳重重八面玲珑，还因为他会针灸。依靠这祖传的绝技，他治好过十里八乡不少病人，并因此名声大噪。基于此，霍铎才成为不倒翁似的九品芝麻小官。

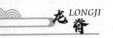

　　众人一边迎着偏西南的太阳行进，沟口一边和伪县长及霍铎等，探讨小龙脊一带的风土人情、历史起源等。

　　霍铎将传说中小龙脊与大宋朝的关系、村里颇具风水气象的四个芦苇塘及村中心的阴阳太极池、太极池北侧的古老庙宇和千年古槐，甚至关于大、小香宅的故事等等，云天雾地海阔天空地谈论一番。

　　他们有问有答。往往是答者无心，问者有意。

　　当这些话题基本谈尽说透后，大家便谈起沟口最为关心的那块"曹操割须自罚处"碑刻、荀彧衣冠冢及相关故事。

　　这些边走边聊的日本人没有料到，他们即将进入小龙脊的消息，已在小龙脊炸开了锅。

　　伪县长通过固厢那个熟人，通知小龙脊找保长霍铎前往大陵和日本人会合时，鬼子要来小龙脊的消息，便像长了翅膀一样，瞬间传遍整个小龙脊及邻近的霍、冯、李、郭、韩和陈营等。

　　这个惊人消息，让群昌、长聚和长根兄弟、满堂和满仓兄弟及金锁等，一下子变得兴奋、刺激和紧张起来。

　　他们很快聚在一起，探讨这件事情的真实性。

　　当大家最后一致认为消息切实可靠、鬼子肯定会来小龙脊后，便商讨为被鬼子伤害的亲戚朋友、炸坏的祖坟和毁坏的庄稼讨说法、甚至报仇雪恨的可行性。并进一步讨论如何准备、具体分工及如何出手等各种细节。

　　最后大家一致认为，强龙不压地头蛇，鬼子再厉害，也是在他们不熟悉的小龙脊。送到家门口的肥肉不吃上一口，有点儿说不过去，更对不起打下大宋江山的赵氏先祖们。

　　众人慷慨激昂摩拳擦掌好不激动。似乎一切尽在掌控之中，日本鬼子不过是小菜一碟、白菜萝卜一堆儿，可以任由他们小龙脊的这几个青年挥刀剁巴！

　　颖川土著常用"焦麦炸豆"一词，来形容麦收时节之极度繁忙和刻不容缓，说明夏初收割麦子和秋季收割黄豆一样，必须抓紧时机。一旦误了这个关键农时，田野里过于成熟的小麦和黄豆，会自动脱粒遗落泥土中而无法回收归仓，也因此会降低粮食产量。

　　所以，每年这个时候，家家户户都会紧盯自己地里的小麦。并根据其颜色变化等，及时挥镰收割，以免有遗珠之憾，并避免来冬及明春青黄不接时忍饥挨饿。

　　收割后的小麦，往往被一捆捆堆积在打麦场一个角落，形成一或几个金黄色麦垛。等不同地块中的小麦完全收割入场后，便将这些麦秸秆和麦穗连在一体的小麦，均匀平摊在打麦场上，边晾晒边用石磙反复碾压，直至小麦颗粒和麦秆分离。

　　会过日子家境比较殷实的人家，会骄傲地用牛、马、骡或驴等牲口拉着石磙碾压小麦。日子过得差的，只能全家老少齐上阵，用人力一同拉着石磙来回碾压小麦。

　　总之，大家都会争分夺秒抢收麦子，以免老天爷不开眼突降一场大雨。那样，麦子会毫不犹豫地借助高温雨水天气、迅速发芽乃至腐烂变质。真这样的话，全家人大半年就白忙活了，也别指望能吃上白面馒头和捞面条了。

这是一个看天吃饭的岁月。

沟口一行进入小龙脊时，村民正忙着麦收。

大家虽对鬼子怀有无限恐惧，却更担心成熟小麦能否及时颗粒归仓。一旦失去最佳收获机会造成损失，来年青黄不接时，全家人只能吃野菜、甚至饿肚子了。因此，在担惊受怕中，人们又不得不机械而心急地忙碌着，希望为来年储备足够的果腹活命之物。

打麦场是将村边一块田地，临时平整、碾压而成。往往同姓中相邻或关系不错的几家共用一个打麦场，以免浪费更多土地和时间。一般是今天这家用，明天轮到那家。大家互帮互助互惠互利。

这天下午，小龙脊村西头打麦场上，结实爹正病病歪歪地看着自家的老牛，拉着石磙慢悠悠地碾压自家的麦子。

结实爹是独苗。家里光景不错，只是他打小身体羸弱且常年不好。

结实他爷听说，给孩子结婚冲喜身体会好不少。便在这年春节，抱着巨大希望给结实爹成亲。

于是，溜光水滑的结实娘来到了小龙脊。到眼下这个麦收时节，俩人不过刚成亲四个月左右，儿子结实还未来到这个世界。

结实娘的到来，不但未将结实爹的疾病减除，反而让他又添心病。结实娘长得好看，从揭开盖头让小龙脊一睹芳容娇颜一现那刻起，便引起一帮少年的躁动不安。其中包括其西邻群昌、村东南的满堂和满仓兄弟、金锁、以及后来被无端牵涉进来的长聚和长根兄弟。以至于两、三年后，这些人因相互猜忌、争风吃醋，而自相残杀起来。

5

沟口这次出行，带了七个日本兵、一名翻译官。加上沟口本尊和伪县长，共十人之众。

一行人先来到小龙脊中心，站在浓荫蔽日的千岁槐下，看过庙宇南侧颇为神秘的阴阳小池塘，算是稍做休息。

随后沟口发出命令：兵分两路，一路由仨日本兵和那个翻译官构成，前往附近麦田和打麦场查看今年小麦收成，为征集军粮提供必要数据。另一路由沟口本人带队，外加伪县长和四名日本兵。下午七点钟，大家务必回到大槐树下集合。

分派既定，众人分头行动。

沟口带队先到村西北角芦苇塘边，去查看那通"曹操割须自罚处"碑。之后突然对小龙脊周围另外三个芦苇塘大感兴趣，并一一查看品评，试图搞清它们与村中央那个阴阳小池塘之间的关系，及其所代表的意义等。

他个人觉得，既然小龙脊赵氏是大宋皇室后裔，那这些芦苇塘和小池塘，就不仅具有风水意义，而可能隐藏着某种更大秘密。村中央那个阴阳小池塘更为可疑，其中埋有从皇宫中带出的金银珠宝并非不可能。沟口如此推断着。

当沟口领着自己那组人马绞尽脑汁地思量小龙脊五个水塘的秘密时，另一组日本人，正勤奋地四处查看小麦长势和收成情况。这组日本人的组长，是吉田桔郎。

讲究组织纪律的吉田，领着自己的小组，按东、南、西、北方位顺序，依次查看田间小麦长势、估算大致产量。

当吉田他们最终来到小龙脊村西打麦场时，太阳快要落山，黄昏即将来临。

此刻，正是忙碌了一天的村民，开始烧汤做饭之时。几乎家家户户的烟囱里，都争先恐后地冒着袅袅炊烟。远远望去，一派温馨和谐的田园风光。

都说红尘有烦恼，人间烟火却也感人而美好。

一行人快接近打麦场时，吉田要求大家继续前进。他到右边一户人家方便后，就赶去与大家汇合。

吉田要去的这户人家，恰巧是没有院墙更没有大门、近乎完全开放的群昌家。

此时，群昌、长聚和长根兄弟、满堂和满仓兄弟及金锁，正在群昌家坐北朝南的土屋中，聊日本人在小龙脊的相关事情。

群昌眼尖，隔着窗户看见一个全副武装的鬼子兵，正朝自己家走来。刚开始他还不敢相信，再仔细观察一会儿并确认无误后，赶紧喝住众人高门大嗓的说话声，并用手悄悄指向窗外。

众人猫腰悄悄来到窗前，透过窗纸上多不胜数的破洞，便看见全副武装疾步走来的吉田。

看到一个荷枪实弹的鬼子板着面孔接近自己，满仓立刻吓得脸色煞白，金锁说话也突然不利索起来。

此时，大家都以为鬼子发现了他们要对日本人不利的计划，所以前来先下手为强了。

这六人中，以金锁脑瓜最灵光，可惜因为紧张、害怕，他平素机灵的脑筋此刻已有些失智了。

倒是平时似乎只有蛮力而没有脑子的长根，却平静地用一句话点醒众人：若是来拿我们，不可能只有一个鬼子。这次来小龙脊的，明明是十来个人的队伍，何况鬼子根本不可能知道我们的计划。

大家以为长根说得有理，这才稍稍安定下来。

镇定后的金锁，恢复了他的聪明劲儿，提醒群昌赶紧以主人的身份，主动出去迎接吉田，看他究竟要干啥。同时建议长根等众人，在屋里找寻任何可用的家伙什当武器，准备实施计划。所谓武器，无非是抓钩、铁锹、叉子、扁担之类。

长根觉得这些武器都太轻而不趁手，无法一击致命。而一旦给这个鬼子还手时间和机会，以吉田之训练有素加上先进武器，众人便失去活下来的任何机会。于是就着急地在屋内巡视，却未能看到任何顺手的家伙什。当他透过窗户顺便向外一瞥时，一眼看见静静地躺在院中的碌碡。

碌碡是体积大大缩小的小圆柱形石磙，主要用来打麦子或敲打田地中的大坷垃土块儿，有时也用于碾压春天疯长的小麦苗。

长根一家数代和石器打交道，龙脊一带很多农用石器就来自靳家。至于小龙脊的石器，没有一个不是出自靳氏之手。对这些石器的品性、特点，长根是再熟悉不过了。他把玩这些石制品的技巧，和清朝、民国时期那些公子哥们提笼子架鸟逗蝈蝈玩蛐蛐的水平不相上下。

这边长根等在寻找各自称手的家伙时，那边群昌已经出门，硬着头皮迎着吉田去了。

吉田也会一些生硬的中国话，只是没有沟口那样高深的汉语言修养。见对面一年轻壮实的中国人满面含笑迎向自己，内急的吉田便着急地问哪里有厕所。

群昌刚开始没听明白鬼子在说啥，因为吉田问哪里有厕所时，虽然说的是极为生硬的汉语，但其句子构成却还是日式的：厕所地哪里地有？

群昌因一时紧张，对日本人重新组合汉字词汇顺序的汉语还不适应，故而无法马上理解吉田的意思。这是他第一次和杀人不眨眼的鬼子面对面零距离接触，他需要熟悉鬼子的用词习惯、说话腔调和方式。

当吉田涨红着脸重复数遍以后，群昌总算明白了：原来鬼子内急啊！于是放下心来，指着西南角那个由半人高黄土墙围起来的小地方，意思是那里就是茅厕。

吉田又用生硬的汉语，要群昌为他找些手纸来，并继续涨红着猪肝色的脸，十分急切地解释了数遍。

群昌好不容易才搞明白。

群昌从没用手纸擦屁股的习惯，他一直用土块解决。所以刚开始没有理解吉田的意思。

吉田的这一特殊要求，给群昌们结束他的性命，创造了绝佳机会。

群昌回屋为吉田找手纸时，吉田已急不可耐地冲进臭气熏天的露天茅厕中去了。

群昌也是冲进屋里来的。

不等他给众人解释，一直透过窗户观察外面动静的长根，已明白吉田来群昌家的目的了。群昌前脚刚进屋，长根已光着他自己那双大脚，悄悄出了屋门。

天气暖和时，龙脊汉子们大多光着自己的双脚，一来舒服，二来省鞋子省钱。

看着长根突然冲了出去，众人都惊呆了，不知他要干啥。但又怕惊动吉田，所以不敢喊出声来。

尤其是长聚，提心吊胆地为他兄里担心。

众人都不自觉地聚拢窗前，密切观察着屋外长根的一举一动。

光着大脚板的长根，悄无声息地冲到院中那个石碌碡跟前，轻舒猿臂，毫不费力地将之提起来。猫腰走近茅厕围墙北侧外，然后慢慢直起身子，将石碌碡高高举过自己头顶，照准吉田的脑袋，突然奋力砸将下去。

大家只听得一声沉闷的"噗"声，一切便迅速归于平静。

众人急不可耐地冲出来到现场一看，身材矮小敦实的吉田，整个身体都被长根有力的石碌碌压缩进臭不可闻的茅坑中去了，仅露着他头戴的钢盔顶部。吉田的步枪、子弹带、水壶、食物等物品，整齐地摆放在茅厕内一角不大的空地上。

金锁提醒大家，赶快收拾清理。

众人赶快将吉田的武器装备等藏起来，又在吉田露出茅坑的头盔上倒上几篮子黄土，将他彻底掩埋消失。

然后大家一起走出群昌家，来到前面东西向大街上，查看附近动静。

刚到大街上，便听到大街西端打麦场上，传来日本人的叫喊声，夹杂着结实他爹和娘的哀求声。

原来，当吉田进入群昌家方便时，另两个日本兵带着翻译，遵照吉田的命令，继续朝村西打麦场走去。

在打麦场上，通过翻译，俩鬼子与结实他爹攀谈起来，他们问收成、谈天气等等。一切似乎都很平和美好，与平时小龙脊来的陌生人没有啥两样。

直到顾盼生辉流光溢彩的结实他娘，迈着一双富有弹性的小脚，前来给丈夫送饭。事情才突然发生重大变化。

麦收大忙时节，往往是人歇、牲口和打麦场不能歇，因为众多人家正排队等打麦场收打自家的麦子。为此，每个打麦场的使用者，都争分夺秒加班加点地充分利用打麦场，以便及早完成、为邻家让路。为实现这一目标，大家总是在打麦场上用饭。

结实他娘的出现，使两个累了一天神情疲惫的日本人，突然两眼放光精神起来：难得见到一个皮肤白皙五官精致身材窈窕清爽可人的花姑娘。于是，俩鬼子围着结实他娘纠缠起来。

体弱多病形似麻秆的结实他爹，意欲上前保护结实他娘，却被一个孔武有力的鬼子，一下子给甩到几米开外的打麦场上，躺在那里痛苦地哼唧起来，再也无法顾及他的新婚媳妇。

眼看结实他娘被俩鬼子轻松地拖向不远处的麦秸垛，群昌和长根就从东边的大街尽头猛虎下山般冲了上来。其余人众，大概还是因为胆怯，尚在后面慢慢磨蹭着接近现场。

东北边不远处田野里，还有一个人正快速走近打麦场，那是水镜。

水镜是来查看打麦场使用情况的。按照事先约好的顺序，他是这个打麦场的下一个使用者。

群昌之所以奋不顾身冲上来，只因他看到自己心仪的女人、确切地说是他自己一直眼热的女人，竟被日本鬼子拖拽欲行不轨。

至于长根，则纯粹是个人英雄主义心理在作怪。尤其是在刚刚干净利落地干掉一个鬼子后，他更觉得东洋倭寇不过如此，也更豪情万丈、热血澎湃。自己作为小龙脊第一勇士，应该以身作则，主动出头保护乡里乡亲，以无愧于他自己小龙脊第一好汉这一伟大称号。

看到黄昏中有仁人从两个方向朝这边冲来，俩日本人便暂时丢下嘤嘤哭泣的结实他娘，迅速分别举枪朝这两个方向瞄准。

水镜、群昌和长根不得不放慢脚步，慢慢接近鬼子。其中狡猾的群昌，还半举着双手，脸上挂着惯有的笑意。

长根和水镜反应很快，也学着群昌的样子半举着双手，表示自己也手无寸铁，不是来给俩日本人打架的，而是来劝和的。

当然，这里面真正的劝架者是水镜。他根本不知道长根等已干掉一个鬼子，而且还准备趁热打铁、杀红了眼一般准备将眼前这俩鬼子加上翻译也一同干掉。

水镜是无意中撞上俩鬼子欺负同村妇女的，他想帮结实他娘摆脱日本人的纠缠，仅此而已。同村之人被外人欺负，当然要出手相帮，这是人老几辈的真理。

而群昌和长根却是动了杀机的：杀一个和杀几个鬼子，罪责上没啥区别。既然已开杀戒，干脆一干到底，能杀几个就杀几个。

俩鬼子似乎意识到并相信，仨支那人是来为花姑娘说情的，他们并不敢真与俩荷枪实弹的日本人干，也因此未真想开枪，只是想拉开架势吓唬吓唬这些不知好歹的东亚病夫，让他们赶快离开，别坏了太君们的好事。

群昌怜香惜玉，发自肺腑地心疼躺在地上的结实他娘，便假装弯腰去扶她起来。

一个鬼子不愿意了：八格，想动我的女人？鬼子举起枪托，奋力砸向群昌。

别忘了群昌的背景，他姐夫是颍川有名的山大王，这个土匪头子到老丈人家走亲戚时，总是荷枪实弹耀武扬威骑着高头大马。群昌是摆弄他姐夫及其护兵们的各种长、短枪长大的，也知道长枪头上一般都带有锋利的刺刀。

趁鬼子奋力将枪托砸向自己，矮小灵活结实有力的群昌，突然转过来，双手抱紧砸过来的枪托，借力顺势将长枪夺过来；然后一个迅速反刺，将刺刀狠狠插入正倒向自己的鬼子。

由于双方力量相向，且两人相距极近，加上群昌用上了吃奶力气，最终刺入鬼子胸腔的，不仅仅是锋利的刺刀，还有步枪顶部木质枪口部分。

另一日本兵见自己同伴被杀，嘴里"哇啦哇啦"嚎叫着，端起枪瞄准群昌就扣扳机。

此时水镜就在这个鬼子身旁，眼见群昌危险，本能地飞起一脚踹向鬼子后心。

日本兵一头栽倒在地，打着滚儿口吐鲜血。

群昌回过身来，狠命朝这个打滚的鬼子头部踢去。一脚正中其太阳穴，日本兵彻底毙命。

翻译官乃半路出家，从未上过战场。他曾一直庆幸来到颍川，只因这里无战事、万事平安。哪里见过如此猛烈之肉搏场面？早已木鸡般呆在那里。等他终于清醒过来，正要撒腿跑掉时，无奈两腿不听使唤，想喊救命之类的话也喊不出口。正进退不得之际，长根已一拳打过来，正中他的太阳穴，翻译官弱弱地就此毙命！

毫无心理准备的水镜，已被刚刚发生的一切给完全镇住。不是因为害怕，而是吃惊于一瞬间如此巨大的信息量让他无法完全接受和消化，于是就"吃撑了"般呆在那里，老牛反刍般"悠闲"，似乎要慢慢消化吸收掉刚刚那一瞬间发生的一切。

长根和群昌却是有备而来。他们提醒水镜赶快帮着清理现场，然后大家该干嘛干嘛去，别再待在这个是非之地。

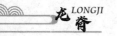

水镜这才醒过神来。

这时，长聚、金锁和满堂满仓兄弟也终于赶到。

大家一起动手，齐心协力将三具尸体拖到西南邻冯营竹林内一百年枯井中，再胡乱填上泥土枯枝败叶等加以掩盖。枪支弹药等则藏进竹林深处一个塌陷了的老坟洞中，一并掩盖好。

一切收拾停当，众人散去。

6

再说沟口领众人看完四个芦苇塘等以后，将近七点回到大槐树下，然后一边盯着阴阳小池塘畅想其中的秘密，一边等另一队人归来。

可左等右等，就是不见四人踪影。

到八点钟左右，天已昏暗下来，却还是不见他们的影子。沟口着急起来，便骑上马，和伪县长等一起，在村中漫无目地地巡视着，希望能迎面碰上这些人，然后臭骂他们一顿不守时、不遵守组织纪律，最后大家高高兴兴返回古城。

可惜，一直转悠到十点多钟，也没有见到那几个人的任何影子。此时，天已几乎完全暗下来，伸手不见五指。

沟口便有些恨自己失去了汽车和摩托车，否则不但可以照明，更能提高工作效率。

有心挨家挨户搜查，又担心自己兵力不足，在此昏黑暗夜会被各个击破而进一步吃亏。只能暗自祈祷，那队混蛋已私自返回古城。尽管这种可能性极低，因为日本人对组织纪律近乎崇拜，绝无可能擅自行动。

没想到，一向顺利的考察，竟在小龙脊这个神秘地方被沉重而无情地打破，自己治下的优秀记录，就此戛然而止！

小龙脊，我不会放过你的！沟口咬牙切齿地发着誓，踏着夜色恨恨而去。

沟口这样发誓有两层意思：一是准备第二天带大队人马返回小龙脊，就是翻个底朝天也要将四个失踪者找出来，活要见人死要见尸。一旦见到这些人的尸体或随身物品，马上血洗小龙脊，杀他个干干净净，来个满堂红。二是要抽干小龙脊阴阳小池塘中的水，弄清这个池塘底下的秘密。

7

惶惶不可终日地等待着暴风骤雨来临的水镜、长根和群昌等一干人，在忐忑不安中苦苦地挨着时光，生不如死地等待着死刑判决。

奇怪的是，第二天没有看到鬼子到来的身影。

此后几天，也一直未见他们有任何行动。

很快，日本宣布投降，小龙脊终于逃过被血洗的命运！

直到这时，小龙脊全体村民才得知，长根、群昌和水镜等七人，竟不声不响杀死仨全副武装的日本兵、外加一个翻译官！

众人不得不刮目相看这几个平日看起来流里流气甚至不乏匪气的年轻人。关键时刻胆小如鼠畏畏缩缩举步不前的金锁和满仓等，从此有了在众人面前唾液四溅口若悬河炫耀自己英武绝伦的巨大资本。因为他们是团体金牌获得者，尽管关键比赛，他们几个并没有出手，仅仅是看客而已，但按照有关规则，依然可以获得金牌。

长聚他娘等一干老太太们，越发觉得小龙脊风水好：老天爷开眼啊，上苍眷顾、垂青小龙脊，使它逢凶化吉、免遭大灾大难！

于是，原本香火不断的村中心小庙，更加热闹非凡。每天前来朝拜感恩者络绎不绝，小龙脊上空尤其是大槐树巨大的树冠，时时笼罩、沐浴在淡蓝甚至淡紫色的缭绕香雾中。远远望去，如仙国天界一般，虚虚幻幻缥缥缈缈着。

所谓紫气东来，大抵如是吧。

群昌的姐夫听说小龙脊几个青年的英勇事迹后，也大为惊讶：自己人多势众有刀有枪有组织纪律，却对日本鬼子畏若虎狼退避三舍不敢直接面对。这几个手无寸铁的毛头小伙子，竟一下子干掉四个日伪人员。若不是神助，那就是祖先保佑了。

当土匪头子韩老六详细了解整个事情的经过后，不得不对长根和水镜另眼相看，并认为此二人若出生在类似三国那样英雄层出不穷的乱世，一定会成为响当当的英雄人物。当然，小舅子群昌也差不到哪儿去，这小子心理素质极强，面对鬼子还能挤出笑容假意逢迎，即便是皮笑肉不笑、笑里藏刀，也需要良好心理素质支撑。

想到这里，韩老六便有心让长根和水镜入伙，做他的左膀右臂哼哈二将。却意识到土匪这个行当名声太坏，俩有家有室的年轻人，未必肯跳火坑。况且强扭的瓜不甜，只得作罢。

不过，韩老六还是大有收获，他收购了仨日本死鬼的三支快枪、子弹和军用水壶等军事装备。

正是凭借这三支东洋快枪，韩老六在颍川众多土匪群中进一步脱颖而出：三支快枪构成的强大火力，足以压制其他土匪团伙数十只土制慢枪的微弱火力。

群昌等不但成为事实上的抗日英雄、尽管非官方发文正式承认的那种，还通过贩卖枪支弹药等，获得一笔不菲的收益。

有感于水镜无意中的出手相救，群昌将那块从一个鬼子身上搜出来的怀表送给水镜，外加卖枪所得的四块银圆。

其余所得，论功行赏分发众人：长根得到最多，群昌次之，其余如长聚、满堂和满仓兄弟、金锁所得最少。

众人觉得公平合理。

毕竟多劳多得少干少分。长根、水镜和群昌三人，是豁出命去和鬼子干的，其余各位至多是呐喊助威而已，实际上仅仅是观众、看客。因为当时这几位，吓得连呐喊的勇气和劲头都没有了。

总之，大家各自欢喜而去，也算是功德圆满。

值得一提的是，长根等的无意之举，成为龙脊抗战史上最大的一场胜利。其所打死的日伪人员，占日本人在颍川总死亡人数的约百分之七十五。国民政府军和共

产党游击队，未在颍川打死过一个真正的日本鬼子。

吴仙儿听说小龙脊一众青年的壮举后，狠狠一掌击在他的书桌上，把桌上的文房四宝笔墨纸砚中的前三样，瞬间震落地上；并将他那正在室内一旁做针线活儿的妻子吴郭氏，给结结实实地吓了一跳。

狠拍书桌后立起身来的吴仙儿脱口喊道：兄弟同心，其利断金！壮哉兄弟，壮哉小龙脊！

吴郭氏这才反应过来，原来丈夫是在高兴，而不是冲她发脾气或自生闷气。

吴仙儿认为，考虑到小龙脊的规模，长根们歼敌四人自己却毫发无损的抗战结果，可以媲美共产党领导的平型关大捷，或者国民党组织的台儿庄大捷。

8

那天夜里郁闷地离开小龙脊、连夜回到龙脊古城后，沟口发现一份绝密电报正静静地躺在那里等着他。

电报是他关东军司令部的一个同学秘密发来的，大意是日本撑不下去了，天皇决定很快投降，曾经如日中天的大日本帝国行将就木！

电报还善意提醒沟口，在此存亡危机之关键时刻，请不要轻举妄动擅自兴兵用武，一切以稳为重，看未来数天形势发展变化再说。

读完电报后，沟口突然急火攻心病倒了。高烧不退，昏昏沉沉，全身无力。

三个日本兵无端失踪活不见人死不见尸，是他急火攻心瞬间垮掉的主因之一。而这封不期而至的电报，对沟口的打击是多重的：为大日本帝国的即将衰落和大东亚共荣圈建设的中道崩徂，为自己计划中的私人"三国研究馆"的彻底泡汤，为不能给三个平白无故消失的日本兵报仇，为无法揭开小龙脊阴阳小池塘的秘密！

不久，尚未完全康复的沟口，便接到日本天皇诏书，宣布日本战败投降！

接到日本投降的消息后，颍川县日伪党政军的重要人物、沟口曾经的亲密战友们，一时分崩离析树倒猢狲散、瞬间土崩瓦解灰飞烟灭。日伪县长张明辅连夜南遁，伪便衣队队长杨得金在南大街被击毙，日伪县大队队长钱大力被活埋，副队长胡玉海被刺死，连长马祥武被枪毙。

9

几年后，还戴着抗日勇士光环的长根和群昌们，因争风吃醋窝里斗而爆发月夜血战，毫无防备以一抵四且最终寡不敌众的长根死于非命。至于小龙脊另一条好汉水镜，也因邻里之争，而被一度极为欣赏他的土匪，枪杀于午夜之旷野。

从此以后，小龙脊短暂的英雄时代结束了！

先后听到长根和水镜突然早逝的消息后，吴仙儿回忆起少年时，大家一起在宋阁跟父亲吴宗尧学习的情景。一边回忆，一边感叹生命之无常和短暂。

在吴宗尧这批学生中，除吴运昌因家庭环境影响或遗传基因作用而十分出色外，其他几位一概是粪土之墙不可污也朽木不可雕也之类，平日也很难在学校见到他们，因他们常常逃课去干偷鸡摸狗之类的事情。

长聚倒非常喜欢到学校来，但动机不纯。他到学校不是为了学习，而是为躲避单调、繁重的石匠活计。他仅仅当一天和尚撞一天钟般上了三天课，就因要跟他爹到外地去施展石匠手艺，而彻底离开了学校。结果和从未进过学堂没啥两样。

长根干脆就不是学习的材料。他几乎天天领着满堂和满仓兄弟、群昌和金锁等，上蹿下跳一刻也安静不下来，根本听不进去吴宗尧的苦口婆心和谆谆教诲。

往往是宋阁校园里那棵杏树上的杏子刚刚结出一个个小青果实，就被他们几个破坏殆尽了。

这使对这棵百年老杏树十分有感情的吴宗尧心疼至极。

更可恶的是，小小年纪的他们，还不时合起伙来跑到大路上拦截调戏妇女。

万恶淫为首！是可忍孰不可忍！听到消息后的吴宗尧，一边恨恨地骂着，一边毫不犹豫把他们统统开回家去了。

水镜倒和群昌等不一样。他也看不上群昌一伙的做派。但他每天上课都会闷头儿睡大觉，似乎永远都睡不够似的。完全学不进去的他，最后只好退学。

这几匹脱缰野马，乐得从此永远离开枯燥乏味的学堂。

不久，他们脑中仅有的几个方块字，也彻底烟消云散了。结果不比长聚好到哪里去。

一天，西装革履的国民党新任县长顾灵石，拄着文明棍率领部分武装力量，从西关进入龙脊古城。

沿街百姓欣喜若狂，欢呼声和鞭炮声响彻云霄。

接着，以沟口为首的日军倒戴军帽，率领警备队全体官兵，出西门撤出龙脊古城，退向城外火车站准备离开颖川遣返回国。

途中，古城的青年学子们向日军投掷石子、土块、烂菜叶等，并振臂高呼：热烈庆祝抗日战争胜利！打倒日本帝国主义……等口号。

市场伪币立刻停止交易，日伪钞票瞬间成为废纸。

颖川为外族入侵者奴役的日子，终于结束了！

1945 年 9 月 20 日，颖川一带日军的投降仪式，在龙脊古城之南、许慎墓地附近的漯河三晋乡祠举行。沉寂许久的三晋乡祠，又一次站立历史潮头，迎来了一个令国人振奋的高光时刻。

漯河作为全中国第十三受降区，在三晋乡祠会馆举行了日军投降仪式，为乡祠历史上谱写了浓墨重彩的一笔。

就在三晋乡祠前，日本北支那军司令鹰孝森中将以战败国代表身份，向中国第五战区总司令刘峙鞠躬谢罪并签字投降。

从这一刻起，漯河便有了受降碑、受降亭、受降路和受降路小学等。

三晋乡祠位于源汇区西大街沙、澧两河交汇处漯河二中校园内。原名关帝庙，由晋商修建于清乾隆 34 年。

位居中原的漯河地势平坦、交通便利，自古以来就是水旱码头。古人有"江南百货萃，此处星辰罗"之美誉。

三晋乡祠见证了古漯河的喧闹与繁盛。漯河凭借发达的水路交通，成为中原商贾云集之地。全国客商纷至沓来，在沙、澧两岸落地淘金。后来，三晋乡祠也就应运而生。

据史料记载，坐北朝南的三晋乡祠原占地34亩，前有山门，后有戏楼，中有大殿，殿后有春秋阁，煞是壮观。

随着朝代更迭和交通方式的改变，漯河水运渐趋没落。商人撤离以后，三晋乡祠便慢慢淡出繁华，独处偏僻一隅，后改建为学校至今。

20世纪90年代，三晋乡祠的其它建筑渐次被毁，如今只存大殿三间。大殿面阔三间，进深两间，坐北向南，为单檐歇山式构造，绿色琉璃瓦顶。结构严谨，造型精美。

2008年，大殿被确定为省级文物保护单位，并成为"爱国主义教育基地"。

10

多年后，当到了米寿之年的沟口，在日本歌乐山宁静的故乡，呼吸着新鲜潮湿微甜的空气，回味着中国颍川境内影台寺小竹叶茶之清香和满地金黄的银杏树叶、并计划重返中国再访影台寺时，不但尚书台已夷为平地，影台寺也不复存在踪影尽失！

但此时沟口还不知道这些。他还沉浸在颍川古郡当年的清幽古朴之中，并深情赋诗《颍川古郡》二首感叹道：

之一

芰荷香度水边亭，骢马初临旧颍城。
讲武台连潘寨近，陡门河入灌沟清。
兵残古塔青烟冷，蟒出虚陵碧草生。
回首摘星楼址在，淡烟疏雨最伤情。

之二

路人沙沟水绕亭，行行又过蔡龙城。
烟屯古寨人家近，月照研冈客梦清。
翠竹影随篱外散，野棠花向冢边生。
望乡台上莺声滑，啼彻东风有无情。

沟口满怀期待地以为，当他再次降临影台寺时，不但台子、寺庙在，四十多年前那个萌萌的小沙弥也应该在，只不过少年的他，已是中年而已。

……

第十一章　水　镜

1

大龙、二龙、大凤、二凤，从今儿以后，恁姊妹几个再也见不到恁亲爹了！

紧随这撕心裂肺而又痛苦绝望的叫喊，一声沉闷的土制枪响，在暗夜寂静的旷野里，带着悠长的袅袅回音，异常清晰地向四面八方传播开来。暗哑了以蟋蟀为首正不知疲倦地呢喃着的秋虫们，也惊醒了四周秋田里正做着丰收大梦的各色看秋人。

痛哭流涕地叫喊着的，是外号"恶蛋"的赵水镜。

"恶蛋"死了！赵水镜真的死了！正值青春鼎盛的壮年！

这是震惊整个龙脊一带的一件大事儿，一个天大的事件。在20世纪四十年代晚期那个缺乏几乎所有娱乐形式的中原腹地这块小小的黄土地上，没有比水镜之死更让人兴奋、激动、刺激乃至窒息的大事了。

大多数与他没有深交的人，觉得水镜之死，给几十年来数代死水般平静却枯燥无比的小龙脊的生活，带来了不小的波澜甚至是巨浪。使这里的生活和生命，在一瞬间突然不再那么乏味单调了。那些曾被高大、威猛、帅气的水镜生前欺负过的少数人，则本能地长舒一口恶气或怨气，就差买些鞭炮来燃放以示庆贺了。极个别人甚至弹冠相庆，这其中自然包括传说中他的仇家，也就是水镜的东邻了。

事件缘起、发生与发展的全过程，往往是在最终结果出来以后，才得以完整还原并广为传播且被大家反复咀嚼念叨的。然后随着岁月的流逝和人事更迭，逐渐被大多数事不关己者慢慢淡忘。

水镜的死亡过程乃至前因后果也是如此。发生在不同时间、同一空间或同一时间、不同空间的种种相关现象，被有心人稍稍转动脑筋缀连在一起，整个事件便明晰起来。正如把本来互不相干的细绳用心地按照一定规律织补起来，就可以结成一张网一样。

水镜被杀后第二天，整个事件的"鱼虾们"便被网了上来，且是一网打尽、一览无余。

事发前多天，已出嫁多年的水镜的姐姐便被人善意提醒说，她兄里可能要有大麻烦了，他的邻家已悄悄密了当地土匪头子韩老六一伙，一定要做了他。

"密"这个字很有意思也颇为讲究，含义很深且颇值得玩味儿。

在龙脊一带，"密"就是悄悄地雇某人或某个团伙，去干某种见不得人的勾当。反正与"密"联系起来的，大都不是啥好事，说白了就是杀人收钱；反之亦然，收钱杀人。

"做"这个字也很传神且大有讲究。用"做"字而不用"杀"字，表面上似乎避免了血腥和罪恶，把一件本来极为负面的东西，一下子变得颇为中性，颇符合中国自古以来所提倡的中庸之道。此外，"做"字含有干活或工作之意。换言之，"做"这种活计是有报酬的，不会白费功夫。再者，"做"这种事是见不得阳光、是不合法的，更不符合华夏传统道德规范之要求。

传话者还悄悄告诉水镜他姐说，邻家密韩老六团伙做掉她弟弟的代价，是五斗麦子。确切地说，是五大斗小麦。

可别小看这五斗麦子。在20世纪九十年代以前一直饱受饥恶之苦的华夏大地，吃食儿一直是重中之重，是几乎所有人终生不懈追求、努力梦想的东西，是比黄金还贵重的生命之源。

而在20世纪四十年代后半叶，也就是1946到1949年间，由于政府滥发纸币、国共内战、自然灾害等，物价尤其是粮价飞涨，每年都上涨数百倍。为此，精明的土匪们，宁肯要实惠的粮食去果腹，也不收不值钱的法币来养眼。

天大地大，吃饭最大。

这个铁律与身份地位出身贵贱没任何关系。吃食儿面前人人平等，皇帝老子王侯将相才子佳人概莫能外。

至于当年的计量单位斗，若折合成后世的斤或公斤，大致是这样的：每斗麦子，小斗18斤，大斗36斤。五斗麦子，总量在90到180斤之间，即大约45到90千克。而当时颍川一带小麦平均亩产也就50斤左右。如果赶上风不调雨不顺之年，亩产仅20、30斤而已。180斤小麦，大约是四、五亩地一季即一年的产出。

长姐如母。姐姐总是格外心疼弟弟，乡村比城市尤甚。

接到凶信的水镜姐姐，丝毫也不敢怠慢，即刻迈着细碎急促的一双莲花小脚，在通往小龙脊的土道上，制造出一串不大却明显有些慌乱的土黄色尘雾。汗流浃背地赶到娘家，和她年轻的弟媳妇一起，苦口婆心地劝水镜赶快想办法避凶化吉、实在不行就干脆出去躲一躲。

一向自信满满的水镜，反而毫不在乎地劝慰姐姐一番儿，还十分虎实爽朗地说，他不会有事儿的，一切都会好的。并告诉他姐说，秋收将至，家里也离不开他这根顶梁柱。

这倒是实情。此时，水镜的俩儿俩女，还都是不谙世事不事稼穑的少男少女，还远远担不起家里繁重的农忙大计。

满面愁容的俩小脚女人，在水镜不停地吞云吐雾之中，也实在想不出啥好办法。毕竟明枪易躲暗箭难防，让家里的顶梁柱在秋收在即的农忙季节外出躲避，而且这种躲避也不知何时是个头，确实也不现实。更何况躲了初一也躲不过十五，跑了和尚跑不了庙。让年少的孩子们和年轻俊俏的媳妇独自在家，也根本不是那回事儿。

志忑无奈之中，水镜的姐姐只好郁闷地离去，并将弟弟的性命和弟弟全家的命运，交给她一路之上喋喋不休地念叨着的老天爷去保佑了。

该来的总会来的。命中注定的事情，似乎无法躲避。

2

水镜刚出生时，受水镜父亲之邀，吴仙儿的父亲老吴仙儿，前来水镜家为水镜批八字、堪运势、起名字。掐算一番后，老吴仙儿认为水镜八字太硬，不但克父伤母，而且命里缺水。如果不在他名字中添水降火改运，凭他孤傲自负的天性，命不久矣。于是建议给他起大号水镜，以降降他八字中过旺的火，寻求五行平衡、延年益寿，永续这门赵家的香火。

吴仙儿是"吴先生"这三个字在龙脊一带的土语发音。当然，"仙儿"也表示这个人很神、很受人尊敬。

颍川人往往把那些能识文断字、把脉诊病、通阴阳八卦且有相当水平和造诣者，尊称为先生。而先生这两个字的当地土话发音，听起来和"仙儿"接近，于是便如此称呼官名吴运昌的吴先生、和他同样德高望重的父亲吴宗尧吴仙儿和老吴仙儿。这倒也十分贴切。

吴仙儿一家，就是前文提到的三国时期武申的后代。到老吴仙儿这一辈，已是第87代了。他们一家依然住在小龙脊村东约五里左右的大陵脚下。

老吴仙儿的父亲武太恒生不逢时，虽是当地不多见的举子，却身处战乱之秋，并因此常常慨叹无法静心读书修身齐家，更别提平天下了。因此十分厌倦战争和动荡，并以实际行动化干戈为玉帛，改原武姓为吴姓，期望从此以后再没有战争。

自此，世上再无武太恒，而只有一个吴太恒了。

他还对儿子吴宗尧说：天上有口成吴，上天开眼看着呢。希望从今以后，子子孙孙远离战争。结果自然不如人意，吴太恒作为一介书生也无可奈何，只好随它去了。

因当地土著习惯尊称父子二人为吴仙儿，久而久之，他们的本名便不被大多数人所知了。尤其是年轻人，如果你问他们到吴宗尧或吴运昌家如何走。他们肯定会一头雾水面面相觑地摇头告诉你说：不认识，也压根没听说过这些名字。但如果你说找吴仙儿，他们一定会热情地指引你通往吴家的那条路径的。

3

三十岁前的水镜，一切都十分顺利：娶妻生子、成家立业，先后生养了俩儿俩女，且个个相貌出众、聪明可爱。就连水镜本人，也是吃嘛嘛香，身体健壮且倍儿棒。

长得高大威猛的水镜，自然孔武有力。加上天生傲骨，更兼傲气十足，从不把一般人放在眼里。看不顺眼儿的事情，他会忍不住出头出手、甚至拳脚相向。由此得罪不少人。他"恶蛋"的外号，便由此而来。尽管事实上，他没有那么恶。

不过，水镜也有他自己的练门，即他柔软的地方，这就是他侠骨柔肠、同情弱

者的一面儿。

水镜家在小龙脊地势最高处中心偏西一点儿。坐西朝东的三间正房，为外包青砖内砌土坯的半瓦顶式房屋。房前有很大一处院子，院子北侧靠东是一排坐北朝南的土墙草顶偏房。院子大门在院子西北角。大约一人多高的砖脚土墙外北边，是一大片空场地。

空场地近水镜家偏房一侧屋外，稀疏地生长着几棵野生楝子树。树上每年都会结出一种花生米粒大小的椭圆形果实。这种盛夏青绿、秋冬金黄的果实，其薄薄的果皮和坚硬的果核之间那种黄油状黏稠汁液，是冬天防治和治愈手脚冻疮的天然药物，算是老天爷对黎民百姓的一种恩赐。这种果实叫楝子籽，树也因此而得名。

楝子树这种木材，因在任何气温下都颇为稳定不易变形开裂，便成为制作蒸笼的上好材料。后小龙脊两户没出五服的赵姓人家，就是凭借制作这种蒸笼而一直维持着让人羡慕的殷实生活水平。

生长着楝子树的这块儿空场地，是后小龙脊大人和孩子们聚会、嬉闹、玩耍的所在。

本身并不大的小龙脊，被人为地分成前、后小龙脊。前小龙脊在近东西向土岗中脊线南侧，房屋多坐北朝南。后小龙脊则在土岗中脊线北侧，房屋多坐南朝北。

千百年来，人们约定俗成地把朝向正午太阳的那面也就是南部，称为前；而把背对太阳的那一面也就是北部，称为后。换言之，这里的前和后，含有阳和阴、早与晚的意味。

紧靠水镜家大门西偏北侧，有一座土墙草顶坐南朝北的房屋，土屋不大却较高。这是德顺家的烤烟房，颍川人简称之为烟炕，是龙脊一带乡民用来烤制烟叶用的。

德顺家数代种烟、晒烟、烤烟、卷烟、卖烟，金黄的烤烟叶远近闻名很是抢手。每年夏秋之交，都是打烟、编烟、烤烟和分拣烟叶的旺季。

水镜家大院外南边，曾鲜活地生存着两户人家，如今却只剩残垣断壁。那年年馑——龙脊人称1942至1943年的大饥荒为年馑，彻底灭绝了这两户一度十分旺盛的生命火种，仅留下一地冰冷的碎砖烂瓦。

水镜的东邻，是一个坐南朝北的小四合院。四合院中的所有房屋，均为土墙草顶。其中的主房，刚好坐落在小龙脊最高处的中心位置。水镜家正房的屋门，正对着这家四合院主房的西山墙。

这个四合院的布局，颇符合步步高的风水地势：从北侧大门进去，一直到正房中间的屋门，地势自然而舒缓地慢慢升高，需要拾级而上。大门外左侧紧靠院墙，生长着一棵树干笔直、树身高大却明显倾向南方的百年大桐树。

每年春夏之交，高大的桐树花开，犹如一片紫色祥云，漂浮并笼罩在这家院落的东北上空。

后来，四合院中的孩子们逐渐长大，原有的房屋不够用，这家院落便向北扩展延长，将原本一进的小四合院，面积扩大二倍改为二进。北部新扩的部分新建了大门楼，原来相对较小的大门楼则降格成二门楼。

院落的扩大，将那棵颇有气势的古老大桐树，彻底圈进两进四合院内的前院之中。

四合院的主人也姓赵、单名吉，与西邻水镜同宗，但已出了五服。

赵吉有六男一女七个孩子，年龄介于七到十八岁之间不等。

体弱多病的独苗赵吉，其最大功劳是将这一支赵家人丁兴旺起来。至于是否能进一步发扬光大，那就要看老天爷的安排和他的造化了！

4

早年间一个春光明媚的日子，曾先后在洛阳白马寺和嵩山少林寺出家、最终在嵩山东麓一个叫颍谷的山川中隐居修炼的云游僧人竹心大和尚，半是顺着颍谷的水流方向、半是跟着他自己的心劲儿即追随着他本人的感觉，信马由缰般来到颍水之滨的龙脊古城即大龙脊。

拜访过位于古城西南角山陕会馆里的悟真大和尚后，竹心兴致勃勃地来到不远处东街的文庙，并在文庙留下如下墨宝：

> 观紫气东来，函谷关前思老道；
> 闻空谷足音，夫子庙里念先贤。

竹心在文庙与颍川的众学子谈经论道一番后，带着他刚刚结识却一见如故的年轻书生吴运昌等数人，攀爬到兀立于大龙脊脊背中心位置高耸的谯楼上，左顾右盼四处瞭望，吟诗作赋谈古论今。呼吸吐纳之间，舒天地之气、发古人之幽情。

谯楼一侧的墙壁上，还留有乾隆年间颍川一刘姓县令关于《谯楼》的墨迹，其诗曰：

> 龙脊县署瑞葱葱，门外鼓楼势更隆。
> 暮鼓喊回犁雨叟，晨钟惊起织云工。
> 一天朗月飞檐里，四野祥烟画栋中。
> 揽胜偶来台顶上，满城歌笑散春风。

众人觉得这首诗很有些不食人间烟火的田园风味，更与大家当下的身临其境相契合。于是纷纷忘却红尘中各自的诸多现实烦恼，争先恐后作诗唱和《谯楼》一诗。

一阵儿浓浓的激情过后，大家似乎都有些疲倦，谯楼上顿时安静下来。

当竹心不经意间望向北方时，隐约看到城北约十里处，一片紫气暗暗浮动在半空，煞是惹眼。心里不禁一动，随口吟道：

> 紫气当头吉祥如意，和风洗面春满人间。

然后用手指着那个方向问身旁的吴仙儿：彼为何处？

吴仙儿恭敬地回答说：那儿是小龙脊，距学生我蜗居的大陵草庐就一箭之地。并顺便提起，小龙脊是三国时期曹操屯田时割须自罚之所在。

竹心听后心中又是一动，略一沉思后便决定到小龙脊走一趟，并希望熟悉当地环境的吴仙儿作陪。

吴仙儿爽快地答应下来。

第二天，银须长飘、一袭淡灰蓝色僧袍、着灰白色裹腿、蹬皂褐色布鞋的竹心，在忘年交吴运昌陪同下，精神抖擞满面红光、轻快地步出龙脊古城北门，在和煦的春风中拜过北门外黄龙渠畔的火神庙，二人一路品评着龙脊古城中心十字街那座石牌坊上嘉靖皇帝的四字书法"天恩存问"、和当年将这幅书法亲自送到龙脊来的当朝宰相严嵩这个历史上著名奸臣的人生结局，一路向城北的小龙脊走去。

路过城北五里河时，两人在依依杨柳和朵朵桃花围绕着的河边稍事休息、并用清清的河水净面除汗后，继续轻快地向北而去。

接近小龙脊时，二人来到小龙脊村东南不远处的宋阁，进庙内拜谒孔子画像、并和吴仙儿的父亲老吴仙儿攀谈且稍事休息后，抄小路向西北，迤逦进入小龙脊。

此时的小龙脊，村周围四个芦苇塘中休养生息般冬眠了一冬的嫩嫩苇子，正精力充沛争先恐后地钻出泥土，毫不犹豫地刺向湛蓝洁净的天空。

清清浅浅的塘水中，小鱼儿在静静地享受着春日阳光透过水面传来的温暖和惬意。

村内及村子四周，杏花的娇艳刚要退去且正在转化为果实，带着些许淡黄的白色梨花笑得正欢，粉红的桃花儿欲绽放，梅子树的雪白花蕾也跃跃欲试，高大的柿树正吐着嫩黄的叶芽；枣树们却依然不慌不忙地沉睡着，一副大智若愚与世无争甘落人后的淡定和泰然。大地散发着一股温软的春意，让人有种隐约的出世之感。竹心忍不住吟道：

> 暖阳如笔，刻春秋、写寒冬盛夏

吟毕，竹心微笑地看着吴仙儿。

吴仙儿便谦逊道：那我就献丑了。然后唱和道：

> 星月似墨，描天地、绘沧海桑田

竹心会心一笑，点头称是。

二人围绕小龙脊，前后左右走了几圈儿。一边踏勘，一边谈风论水细品周易八卦奇门遁甲阴阳五行人生参悟之类。聊了近两个时辰之久，十分投机舒畅。

在前小龙脊那棵千岁槐下的庙宇内，两人拜过各路神仙后，开始情不自禁地品评庙宇正前方那口阴阳水塘的神奇：清清水塘中，一白一黑两条阴阳鱼，构成水塘的全部。似乎在无声地昭示着这个世界人生的秘密、万事万物的演化规律。说是黑白两色，其实是淡绿和墨绿，完全是水的颜色。只不过因水深浅不一，故而有此差异。淡绿自然就是白了，代表阳；墨绿则是黑，代表阴。

吴仙儿告诉竹心：千百年来，当地世代传说水塘下藏有无数奇珍异宝，也掩藏着小龙脊起源的秘密、以及小龙脊及这一带很多村子与北宋皇室之间的血缘关系。

竹心微微点点头说：仅此造型别致、小巧精致的阴阳水塘，便足以说明小龙脊是个有故事的地方。该水塘和村子四角的芦苇塘之间，应该有某种联系。不然小龙脊的先人们，断不会如此费尽心机去布局。至于水塘之下有宝藏一说，应是小龙脊先祖们煞费苦心之护村隐语了。

说完，竹心又好奇地围着水塘转了一圈儿，然后抬头望望枝繁叶茂的老槐树，半是自言自语地念叨道：一水，一树，一庙，一阴阳。好一派无限风光！

意识到竹心话中有话，吴仙儿却不便多问，只是让大和尚完全沉浸在他自己神秘的精神世界之中，并不去打扰。

等竹心在古槐下水塘边有了足够的冥想和心得后，俩人离开前小龙脊，慢慢转到后小龙脊那座四合院的大门楼前。

吴仙儿叩开当时同样还是一个少年的赵吉家大门，讨来两碗小米粥。然后和竹心一边喝，一边在大门楼里举目观看那片"紫气"，却并不当着少主人的面评论，只是偶尔用眼神无声地交流着。

喝过粥，道过谢，并征得少主人同意，二人拾级而上穿过二门楼，走入另一进院落查看一番儿。

最终再次向主人真诚道谢后，俩人一同离去。

站在四合院大门外北侧那条连接大陵和千年官路小道旁的那株挂满白花的赵吉家的老梨树下，竹心似乎有意考吴仙儿的学问，问他以为如何？

吴仙儿答曰：这座四合院及其西邻，二十年内必损四命；三十年内会有食禄之人，同时还有一人死于非命。紫气消失之日，乃此家归于平庸之时。

竹心进一步追问：何也？

初生牛犊不怕虎。吴仙儿满怀信心答曰：步步高升的四合院妙则妙矣，可惜朝向背矣！背阳向阴，乃离阳向阴之兆。两进四合院落，一进一出就是四个长方形小天地，外加整个四合院这个最大的长方块儿，岂非预兆着整整五条性命？

竹心双手合十忙不迭地念叨一串儿"阿弥陀佛"后，嘱咐吴仙儿道：天机只在你我之间，不可妄泄！天意不可违。但愿此家多行善事，以求破灾多福。

俩人边说边慢慢走着，不知不觉来到小龙脊西北角芦苇塘边的"曹公孟德割须自罚处"碑亭。饶有兴趣地观察一番后，细细品评碑刻的优劣得失，并对曹操及其所处的那个英雄辈出的大时代追忆感慨一番儿后，便在芦苇塘北沿的土道上拱手告别，吴运昌向东边大陵方向，竹心则向西方老官路方向，各个去讫。

大和尚要到颍川境内西北之繁昌，去拜谒受禅台和汉献帝庙，欣赏"三绝碑"。然后继续沿颍水顺流东下，直抵浩渺的大海，一抒胸臆。

5

赵吉家扩充四合院时，因宅基地问题，与西邻的水镜家产生了纠纷。

自古以来，土地便是国与国、邻与邻之间纠纷、打斗、甚至战争的重要根源之一。这种纠纷乃至战争，往往使"远亲不如近邻"的古训显得极为软弱无力，并常常惨败给"距离产生美"的现实。

邻里之间小小的土地纠纷，最终是没有赢家的，输赢也只是相对和一时的。三十年河东三十年河西，风水轮流转，福祸相依相互转换，此一时彼一时也。人生大抵如此！

　　独苗的水镜没有兄弟势单力孤，但正值英年孔武有力拳硬手狠名声在外。赵吉同样正值青春鼎盛，但体弱多病自顾不暇，虽然子女众多却都青春年少。两个邻里同宗都没被"让他三尺又何妨"的劝告打动，也或许根本就没听说过这个典故。

　　就这样，两家在时断时续的吵吵骂骂别别扭扭之中，赵吉竟撒手而去驾鹤西游了，最后长眠于小龙脊西北约二里地左右的后小龙脊赵家祖坟之中。

　　赵吉临终前，勉强憋着一口气儿，急急托人为大儿子赵大聘下小龙脊南邻霍营赫赫有名的霍铎大闺女为未来大儿媳。霍铎是小龙脊这一带数村多年的保长，这门亲事试图借力政治保护后小龙脊四合院一家老少的意味不言自明，赵吉临终前托孤地方强人霍铎的意思也十分清楚。

　　此时的赵大，正在国民党军队服兵役。

　　赵吉之死，意味着俩邻居之间的仇恨就此结下。而此后发生的一件事，让俩家之间的死结，变得更加结实且牢不可破。

　　一天，赵吉家的那头耕牛，突然挣脱缰绳的羁绊，鬼使神差般跑进水镜家的地里，啃食毁坏了一小片儿玉米苗。

　　此事惹得水镜大怒，新仇加旧恨，促使脾气火爆的他打断一条牛腿。

　　牛之于农耕文明的重要性不言而喻。断了一条腿的牛，彻底丧失劳动能力。这对寡母幼儿的赵吉一家，无疑是又一个沉重打击和重大损失，也同样是旧痕添新伤。此时，赵吉的坟头上，已被一层荒草默默覆盖。

　　有人这样劝水镜说：欺老不欺小啊。

　　但此时的水镜已骑虎难下，尽管他明白这句话的含义。

　　就是在这种情况下，谣言开始不胫而走四下蔓延开去：后小龙脊那个四合院里暗暗蒸腾着杀气，紫色桐花下磨刀霍霍刀光剑影。不可一世的水镜要有麻烦了，还是性命攸关的大麻烦。

　　乡野村夫之争无大事儿，无非是田产、庄稼、粮食和家畜之类。而这些看似鸡毛蒜皮之事，结果却往往是致命的。

　　很快，已嫁到外村多年的水镜的姐姐，就被所谓的知情人告知：后小龙脊四合院中外号"孬蛋"的赵三出面，暗中联系了小龙脊村北约十里处黑窑坡里的土匪韩老六，准备悄悄做了水镜。

　　对颍川一带的乡民来说，"坡里"一词和"漫天地"或"蛮天地"两词相似，意味着偏僻荒凉、人烟稀少、充满危险与杀机。

　　一个公开的秘密是，黑窑坡里驻扎着土匪韩老六一伙。尽管没人说得清韩老六的实力，不知道他究竟是七八个人来五六条枪，还是数百个人来几十条枪，但大家还是不由自主地谈韩色变。韩老六也因此常被父母和爷爷奶奶们，用来呵退孩子们歇斯底里般饥饿的哭声：别哭了，再哭韩老六就循着哭声过来了！哭声因此戛然而止，有效极了。

　　无形的谣言，一下子置小龙脊于恐慌之中。一种不安的气息，在村中悄悄弥漫着、幽灵般游荡着。

另一方面，在貌似一如既往地平静的氛围下，少部分事不关己的村民，心中则暗暗涌动着一丝丝莫名其妙的躁动、潜意识中有某种隐隐期待。他们似乎渴望发生一些事情，以便在死水般枯燥的生活中添加些许波澜，以调剂单调乏味的日子。

如果说同情与关爱是这个滚滚红尘中的正能量，那幸灾乐祸就是与之相对应并伴生共存的负能量。在这个纷繁复杂的大千世界中，正与负、好和坏，总是伴生共存的。人类社会，大概就是在正、负能量之间的不断相互冲撞搏杀中滚滚向前的。

倒是处于事件漩涡中心的当事人水镜，反而透着少有的安详与平静，似乎事不关己，他要高高挂起了。

冬去春来，花落夏至，酷热的夏天来到了。大半年都过去了，小龙脊一切都平安无事。

人心的躁动与不安，似乎也在时间的抚摸和宽慰下，慢慢平息下去了，一切都美好如初。

白天的田野里，人们忙着给玉米、红薯、黄豆、谷子、高粱、芝麻、黄瓜、西瓜、香瓜等除草、松土、翻秧、打枝等。

水镜的西邻德顺一家，则忙着修补烟炕中的火道，准备开始采摘芭蕉叶般大小的肥厚烟叶、烧制金黄的烤烟了。

一派日出而作日落而息的美好原始和平画卷，很田园很诗意的风光与气象。一如香宅主人从九品于十年前的此时在小龙脊的感受那样：

> 野鹤在世外
> 闲云自逍遥

6

时光如梭，转眼已是夏末秋初。按吴仙儿的描述，此刻的景象应该是这样的：

> 蝉声凄切恐秋至
> 绿叶渐变悲夏归

这时，德顺家的烟炕已冒出青烟，他也不得不一天十二个时辰都吃住在烟炕旁的小棚中了。

烤制一炕烟叶儿，需要不停歇地连续烧烤数天。中间还要几乎脱得一丝不挂，进入高温的烤烟房，前去查看烟叶的成色，以便决定是停火出烟叶，还是继续烧上几个时辰。

一天深夜，刚吃了一块儿烤红薯的德顺正在打盹儿，隔壁水镜家大门口，突然传来几个人的说话声：不会不在家吧？大门里头锁着呢。千万别让我们扑个空啊，白走这十多里地儿。

时值万籁俱寂的夤夜，德顺无法看清来人的模样，但声音却清晰可闻。

想起前段时间关于水镜东邻的传言，德顺不禁心里一紧打了个冷战。有心给水镜报个信儿，让他提前有个准备，甚至可以从从容容轻轻松松地从他家较为低矮的南院墙越墙而走。

想到这里，德顺走近水镜家大门口的西隔墙，在墙西边有些自保地主动大声打

招呼道：恁是水镜的朋友吧？半夜三更投朋友不容易。肯定走了不少路，也饿了吧？要不先到我棚里来歇歇脚解解乏、吃个烤红薯？水镜可能不在家，我今儿个还一直没见到他。

德顺想拖住这些人，然后找机会给水镜报信儿。其实，他知道水镜在家。傍晚时分，德顺还和刚从地里收早玉米回家来的水镜打过招呼，两人还谈论过今年的收成之类。饿坏了的水镜，还吃了一块儿德顺在烟炕里烤的红薯。他此刻肯定在家，估计劳累了一天，正在酣睡。

这几个看不清面目的人，显然是有备而来。他们并不被德顺的热情所打扰，反而同样热情地回道：不了，水镜应该在家，我们和他约得好好哩。

德顺看事情没有回旋余地，只好顺水推舟般地说：那我帮恁喊喊他……

言未毕，便立即高声叫喊起来：水镜，水镜，水镜……在不在家呀？赶紧起来，大门口有几个朋友找你。

平日里慢声细语的德顺，此刻却前所未有地高声叫喊起来，甚至叫得有些撕心裂肺，喊声在寂静的夜里几乎可以传遍整个小龙脊。显然，德顺在给水镜传递消息：赶紧跑吧，韩老六的人来了！恁家院外南侧没有任何人家，你完全可以从那里翻墙逃走。

杀人如麻、见惯了各色人物的土匪，情商和智商都不低。他们很快就洞察了德顺的用意，便赶紧制止他说：中了，甭喊了，忙你的去吧！

说完，土匪一行五人，十分轻松地翻墙而入。

眼瞅着事情没有了任何转圜余地，暗夜中的德顺只能捶胸顿足、暗叹水镜此次在劫难逃了！

德顺有五个孩子，三儿俩女。作为水镜的邻居，两家处得其实并不十分融洽。一怪水镜强势，二怪大家生活都不宽裕，不得不斤斤计较。为此，平日的磕磕碰碰就在所难免。但关键时刻，他还是不希望水镜出啥大差池，一来他坚信"远亲不如近邻"这条古训，二来他从小就耳濡目染仁义道德礼义廉耻之类的传统文化、以及"救人一命胜造七级浮屠"的佛家理念，这都不允许他袖手旁观见死不救。水镜虽然脾气大，人也强梁一些，但他人不坏，更罪不至死。

中国人就是这样，平时邻里甚至兄弟姐妹之间，难免会磕磕碰碰、打打闹闹。但一旦有外村或外族入侵，大家却天然本能地共弃前嫌、空前团结、一致对外。

白天累了一天、此刻正在酣睡的水镜，被翻墙而入的土匪们堵在正房中。
最先被惊醒的，是水镜媳妇。女人往往比男人敏感得多，也机灵得多。
四个孩子正无忧无虑地各自继续酣睡着。少年不识愁滋味啊。

再次在水镜家大门口，看到从酣睡中被众土匪裹挟而来的水镜时，德顺的眼睛已适应了夜的黑暗，并从墙西边他自家的院子，来到水镜家大门口。

站在水镜家大门口的德顺，借助自家烟炕火道中发出来的余光，几乎贴身看清了面前几个土匪的大致轮廓和装束：个个精瘦，身穿对襟粗棉布褂，头上没戴头套，但脸上显然涂抹了类似烟炕或灶洞中生成的黑灰之类的东西遮面。其中一个稍胖些的汉子，腰里插着盒子炮。另外两个背着土枪，颍川一带热衷野味的人们打猎用的那种，就是里面填着火药混合着铁砂的那种。其余两个还是孩子模样的身高和做派，光着脚丫，各拿一把红缨枪，且枪比人高。

裹着小脚的水镜媳妇，披头散发惊慌失措，手中抖抖地提着一个纸糊灯笼，紧跟在这帮人后面，一路走来紧紧张张趔趔趄趄，深一脚浅一脚的。

此时，住在德顺家西北邻的巧生他爷许双木，手里拿着梆子，也来到水镜家大门口。

当德顺高喊"水镜，水镜，水镜……"试图通风报信时，惊动了正敲着梆子在小龙脊巡夜的双木，并循声赶到这里。

一起和双木来到现场的，还有我父亲。那时还是个少年，一个被迫流落到小龙脊的孤儿寡母家庭的孩子。这对孤儿寡母，曾得到过水镜的关照和保护。这就是水镜，遇强不弱，遇弱不强。是夜，刚好轮到我父亲跟随双木值夜打更。

颍川一带规矩，无论大小城镇乡村，晚上一律安排一老一少联手巡夜。巡夜时要不停地敲打梆子，以示平安无事。巡夜的主要目的，是防火、防盗、防匪。这三种目的，其中尤其是防匪，在有自卫队或壮丁队的古城大龙脊、大寨如小龙脊东边的大陵或西北方的固厢，或能全部实现。但在没有任何兵丁组织的小龙脊，巡夜只能起到防火、防小偷小摸的作用。至于防范有规模有组织的土匪甚至是盗窃团伙，只能是镜花水月中看而不中用了，根本就无能为力。

现在，无能为力的双木和他这个十多岁的少年搭档，就在五个全副武装荷枪实弹的土匪身边。双方近在咫尺，但二人却战战兢兢毫无作为，只能沦为一般看客。

很多年后，父亲都无法忘记这个夜晚水镜媳妇惊慌失措的样子，以及与她形成强烈反差的水镜那毫不畏惧大义凛然的豪迈神态。

每个人一生中，都会遇到自己无能为力的事情，也肯定会面临呼天天不应叫地地不灵的场面。

水镜媳妇、德顺、双木和少年一行四人，紧跟在裹挟着水镜的土匪后面，一起来到小龙脊西北角那个芦苇塘的东北侧。

在一片鼓噪的蛙声和蝉鸣声中，带盒子炮的土匪发话了：恁都回去吧，别跟着了，水镜明天就会回来。口气不容置疑。

早已六神无主的水镜媳妇，却执意要一直跟过去，并情不自禁地哭着央求土匪。

水镜明白，此去应是良辰美景虚设，自己的阳寿将止于今晚。让自己年轻漂亮的老婆跟着，不但于事无补，还会伤及她本人，四个孩子可不能同时失去父母！想到这里，他宽慰媳妇说：回去吧，我不会有事的，看好孩子们。

裹着小脚的水镜媳妇，一万个不情愿地放慢脚步。继续抖抖地提着灯笼，在土匪的恐吓和谩骂声中，慢慢落在土匪和丈夫身后，眼看着由水镜和五个土匪组成的一团黑影，缓缓地向北蠕动着，沿着从小龙脊到梁营方向的那条土路，由清晰到暗淡，逐渐融化消解在暗夜的黑色中，像是世界末日。

对水镜媳妇而言，此时此刻确实是她的世界末日。

她身后不远处的芦苇塘边，是由德顺、双木和一个少年组成的另一团黑影。这团定定地站立着呆若木鸡的黑影，在星淡少月的深夜，缺乏清晰的轮廓，更像是暗夜这种看不见摸不着颜色的一个组成部分、一个小小色块儿。

今夜秋高气爽，却无论如何也无法让人觉得舒畅。

在场的人，都毫不例外地觉得自己的呼吸有些急迫甚至阻滞。在这个本应温暖踏实的丰收季节，大家却都有些许说不出来的寒意和恍惚，身体也不由自主地微微抖动着。

就在这些近乎凝固的众人，觉得时间缓慢得快要停滞时，东北方突然传来一声带着回音的巨响：砰……

几乎与枪声同时，水镜媳妇突然倒在那条土道上，随之一团不大的火光，在暗夜中极为刺眼地闪起。不大的纸糊灯笼迅速起火燃烧起来，又很快因被烧尽而暗去。一切都疾如流星，快如闪电。

她身后不久前还雕塑般呆立着的那三人团黑影，突然间却充满了能量般复活，冲向水镜媳妇倒下的方向……

就在这电光火石的一刻，水镜家人的命运，永远改变了。

7

第二天中午，水镜的尸体在小龙脊村东北、固厢寨以东、大陵以西荒野中的一个废弃土砖窑中被找到，他脑袋上千疮百孔惨不忍睹。

大家都说，这是因为土匪使用了炸子的缘故。

所谓炸子，就是由火药和大小不一圆滚滚的铁砂混合而成的霰弹。

后来传言，有看秋人无意中听到土匪和水镜的临终对话。水镜要求死个明白，土匪便告诉水镜说：你得罪了邻居，几近扒房杀牛。土匪还明明白白近乎摊牌般地告诉水镜，这趟活儿是五斗麦子密的。

水镜问：那我给恁七斗麦子赎命咋样儿？

土匪答：那不中，俺不干不讲信誉的买卖。你要真想报仇，以后让恁家里密俺杀你的仇家，还是一命五斗麦。

尽管已是穷途末路，鲜活壮实的生命已进入残酷的倒计时，彻底明白过来的水镜，还是不改往日的本色，他十分虎气地要求土匪：伙计，活儿做得漂亮些！

土匪回道：放心吧，伙计，一响就中。意思是一枪毙命，不会受罪。

传言还说，仇家通匪杀水镜，是通过保长亲家霍铎和土匪搭上线的。

水镜媳妇也听到了这些传言。但此时家里刚刚失去顶梁柱的她，真正是孤儿寡母孤家寡人。即便有心报仇，也无力密土匪，五斗麦子绝不是一个小数目。而且，密土匪也绝非易事儿，它需要牢靠的搭桥牵线人。到哪里去找牵线人呢？更何况，谁是仇家？去杀谁？她心里根本就没底儿。传言毕竟是传言，不能作为切实的证据。

对水镜媳妇一家来说，一切突然变得无序而混沌起来，生活也不再是原来的模样了。

祸不单行。水镜一家的劫难，还远远没有结束。

水镜暴死后不久，他那俩年少英俊的儿子大龙、二龙，竟也不明不白地先后被毒杀！至此，曾经勇武异常不甘人后的水镜，彻底断后。

新的传言说，这是成为世仇的邻家，想通过这种近乎斩草除根的方式，彻底霸占水镜家的田产。

自清末至新中国成立之初，中州一带土匪蜂起，大杆小杆不可胜计。至于颍川境内，绑架勒索杀人越货之事常有所闻。

在这种整个国家风雨飘摇、个人完全无能为力的社会大环境中，个别家庭的不幸、哪怕是此类杀人之大不幸，也只能被无情地延续着。与此同时，她们对仇家的怨恨，也在滚雪球般不停地扩大着。苟活于世的亲人，一时无法找到释放胸中悲愤块垒的任何出口。

生于这种社会，长于这块土地，有时也是种很无奈的事情！一如当年吴仙儿听说水镜的悲剧后所无奈吟唱的那样：

> 户户炊烟袅袅
> 家家冷暖悲欢

于是，传言在近八十年后的今天，也只能依然是传言。既有的证据、相关的人事等，都几乎消失得干干净净，一切都已近乎无迹可寻了。

但传言却没完全消失，一切还未到云淡风轻之时。

在极度缺乏几乎任何现代娱乐形式的年月，传言，无论其真假与否，都会变成一种颇耐人玩味的特殊玩具，不停地被大家反复把玩、咀嚼、反刍，并在不知不觉中被编辑、夸大、异化、升级、甚至篡改。

传言是种看不见摸不着的特殊消遣方式，在农耕为主的年代尤其如此。传言之娱乐性，绝不亚于后来信息化时代的任何消遣方式。

后来，当很多事情进一步水落石出、更加明朗化以后，有人这样评价水镜和后小龙脊四合院的赵三："恶蛋"不恶，"孬蛋"真孬。

"恶蛋"水镜只是脾气暴躁不讲究说话方式，按后来的时髦说法就是情商低，但他从没干过伤天害理儿的事儿，反而在他被谋杀前几年，还出手相助杀死过侵犯龙脊的日本鬼子。

而"孬蛋"则心狠手辣，正如他五弟后来在和他因家事儿干仗时一时激愤所说的那样，他手里有两条人命！

"恶"与"孬"之优劣好坏，由此可见。

8

不久前，陪老父外出龙脊一带寻幽访古、试图刷新他儿时的记忆，让他开心健康延年益寿。

汽车在前不着村后不着店的平展展田野中穿行时，一块长满数株高大野生树木、与周围平展展绿油油的麦田极不协调的小高地，十分突兀地映入我的眼帘，但我并没太在意。

父亲却突然隔着车窗指着此处道：那就是水镜死难处！八十年前有座废弃土砖窑。

仅此一句话，便在我心中突然翻起巨浪，这个弹丸之地也不再平凡。让我瞬间想起龙脊的很多陈年旧事，更仿佛看到水镜正寂寞地徘徊于这个晚秋的那丛野生苦楝子树影中，日夜不停地向小龙脊所在的方向张望，悲怆而无奈！

此处距小龙脊并不远，四里地左右的样子，可以说是近在咫尺。但对死于青壮之年的水镜来说，却很远很远遥不可及，远得使他再也无法回到他衷心热爱的亲人和那片热土身边了！

> 斯人寂寞，独享秋风悲落叶
> 阴阳两隔，遗恨绵绵无绝期

身旁的父亲突然缓缓吟道，脸上挂着两行老泪！

这是我第一次看到他老人家动情、垂泪。

父亲是老吴仙儿吴宗尧的关门弟子，他的启蒙是由后者应好友从九品之约，在老吴仙儿垂暮之年颤颤巍巍完成的。

几天后，我又两次顺道路过此地。

隔着车窗，我长久地凝视着那片不大的岗地，目光久久不愿移开，思绪如开锅的沸水一般剧烈翻腾着，想念那个岁月的天、地和人。主角之一，是我从没见过的水镜。

远处含烟，幽幽渺渺。

轻舞飞扬中，其中隐约有水镜的身影。还是那么自信、虎实，似乎还活着，还是雄姿英发的青壮一枚。而他当年关照过的那个少年、我的父亲，却已老态龙钟，正悠然享受着夕阳之大美！

> 桐叶飘零，枫叶初红，雁影翩翩秋色动
> 霞光妩媚，芦花见白，颍水瑟瑟夏去也

2001 年 1 月 10 日 – 6 月 25 日初稿
2015 年 4 月 4 日 – 11 月 1 日一稿
2016 年 4 月 12 日 – 9 月 29 日二稿
2017 年 3 月 3 日 – 2018 年 7 月 29 日三稿
2020 年 3 月 – 2021 年 12 月终稿